山崎敏夫 著

企業経営の日独比較

――産業集中体制および「アメリカ化」と「再構造化」――

東京 森山書店 発行

は　し　が　き

　アジアの1国である日本からみると第2次大戦後のドイツの発展はどのように理解され，また欧州の1国であるドイツからみると日本の発展はいかに理解されうるであろうか。本書の意義は，こうした複眼的な比較視点に基づく両国の企業経営の展開とグローバル地域化の国際比較研究の成果を発信することにある。

　1990年代以降のグローバリゼーションの時代になって，資本主義と企業経営のモデルとして「アメリカン・スタンダード」ということが喧伝されてきた。しかし，現実には，そのような収斂化の動きにはなく，むしろ資本主義の多様性ということが重要な問題となってきた。なかでもドイツをみると，第2次大戦後，企業はアメリカから技術と経営方式を導入しながらも独自の経営スタイルを展開し，アメリカへの貿易依存の強い日本とは対照的に，欧州市場での棲み分けをすすめるなかで，欧州統合の一層の深化というかたちでヨーロッパ化を強力に推進してきた。一方，日本もアメリカの技術や経営方式の導入・修正をはかりながら企業と経済の発展をとげてきたが，戦後，アメリカへの輸出依存という状況が長く続いてきた。日本企業においては，1990年代以降，こうした依存的発展からの脱却のカギをアジア化に求めるかたちでの動きがすすんできた。

　本書は，ともに第2次大戦の敗戦国でありながら戦後に主要な貿易立国となった日本とドイツの間にみられるこのような発展の共通性と相違性に着目し，それらを規定した根本的要因を企業経営のあり方に求め，第2次大戦後の発展過程の帰結ともいうべき現在の状況とそれを規定した諸要因に関する独自の知見を提示するものとなっている。第2次大戦後における企業と経営の歴史的発展過程を両国に共通にみられるアメリカとの関係，欧州とアジアという地域的条件の相違点から両国企業を比較分析し，EUを基軸とするグローバル・ヨーロッパ化というドイツ企業の方向性を明らかにし，EUに匹敵するような地域

経済統合がアジアにおいては今なお実現していないなかでグローバル・アジア化を目指す日本企業の方向性について解明する点に，当該分野における本書の学術的な特色・独創性と意義がある。

　今日もなおアメリカへの貿易依存が強いだけでなく同国市場での産業分野間・製品分野間の棲み分けができておらず，アジアでの共同市場の成立も未実現であるという日本の状況を規定した企業経営の構造との比較でみれば，ドイツの経営スタイルと資本主義のモデルとは何か，同国の企業経営が欧州のなかでいかに適応し，アメリカから自立したかたちで企業と経済の発展を実現してきたのか。またドイツが欧州統合とその一層の進展を主導してきたという事実は企業経営やそれに基づく同国資本主義の蓄積構造の特質にいかに規定されたものであるのか，その一方で，アメリカ依存の打開策でもあるグローバル・アジア化というこの間の日本の動きは企業経営の構造といかに関係しているのか。これらの点は，アジアと欧州という地域的条件に規定された両国の発展の必然的な過程と深く関連しており，本研究は，一般的に類似性が多いと考えられてきた日独の状況の相違，その構造的諸要因を解明している。一貫した統一的視角・分析枠組，このような複眼的視点からの日独比較は，これまでの研究には類をみない成果であり，ドイツからみた日本の資本主義と企業経営，また日本からみたドイツの資本主義と企業経営はどのように理解されうるかという点をめぐって，独自の知見を提示している。

　このような研究課題の解明にあたり，つぎのような分析の視点に基づいて考察を行っている。本書では，「企業経営のあり方は，その国の政治経済社会の歴史的特殊性・条件性に規定される」という見方に立って，第2次大戦後の日本とドイツの企業経営の構造，システムについて，産業集中体制の変化とアメリカ的経営方式の導入・移転（企業経営の「アメリカ化」）という点から比較分析し，日欧のこれら両国の発展の特質を解明している。すなわち，日本資本主義とドイツ資本主義の発展が両国の企業経営のなかにいかに貫いているのか，また企業経営の特殊日本的な展開あるいは特殊ドイツ的な展開がそれぞれの国の資本主義発展のあり方をいかに規定することになったのかという点の解明が試みられている。そのさい，とくに以下の点に留意して分析を行っている。

　第1に，「政治経済——産業経済——企業経済（経営経済）」の相互の関連の

なかでそれぞれの問題がどのように規定されたか，またその国のどのような独自的な企業経営のあり方，特徴が生み出されることになったかという点の解明である。こうした研究方法においては，客観的な変化の社会科学的意義，変化・発展の法則的な関係性の解明が重視されており，企業レベルに固有の諸要因に限定されることなく，企業経営をとりまく経済的要因と産業的要因を十分に取り込んで分析し，企業の活動がその国の資本主義の再生産構造（蓄積構造）を築いてきた過程を解明することが意図されている。この点は，企業経営の国際比較研究の重要な中心的課題とも深く関連する問題である。

　第2に，この点とも関連して，第2次大戦後の戦勝国による大企業解体後の企業の再結合によって形成された日本とドイツの産業集中体制はどのような構造，特徴，意義をもつものであるのか，産業集中体制の変化を企業グループと産業・銀行間関係に基づく産業システムという面から分析している。ここでの考察は，産業集中体制の両国に固有のあり方を明らかにするだけでなく，企業の経営行動の基盤を解明するものでもある。

　第3に，アメリカの経営方式の影響を受けながらも日本とドイツにおいてどのような企業経営の独自的展開がみられたのか，そこにみられる日本的あるいはドイツ的な現象形態，経営のスタイルとは何か，そのことはいかなる意義をもち，企業の発展と社会経済においてどのような帰結をもたらしたのかという点の解明である。そこでは，両国の企業発展と経営の特徴，それぞれの国の資本主義発展において果たした企業経営の役割の解明が重要な問題となってくる。

　第4に，第2次大戦後の日本とドイツの発展は両国の企業がおかれていた地域的条件とどのような関連をもつのか，そのことは両国の企業のグローバル地域化の動きをどのように規定することになったのかという点の把握である。アメリカからの技術と経営方式の導入（「アメリカ化」）の生かし方にもかかわる戦後における日本とドイツの企業の発展，行動様式，国際競争力とそれを支える企業経営の全体的な構造・システムの形成，地域的条件とのその関連性が重要な問題となる。

　第5に，戦後における企業経営の変化の重要な契機をなしたアメリカ的経営方式の導入・移転の問題をめぐって，導入されてきた外国の経営方式の適応・

修正・適合をともなう変化の諸相を明らかにするための「再構造化」という独自の分析枠組みから考察を行っている。こうした再構造化に深く関係するいくつかの諸要因との関連でアメリカ的経営方式の導入にともなう変化を明らかにしている。

第6に，以上のような視点をふまえた研究課題の解明のために，企業経営の特定の領域やテーマに限定することなく，主要な領域の問題を広く取り上げて包括的・総合的な分析を行うことである。本書では，企業集中，企業構造，管理システム，生産システム，組織構造，経営戦略，マーケティングなどの重要な問題領域全般に対象を広げて包括的に分析し，日本とドイツの企業経営の全体構造を体系的に解明している。

以上のような問題意識と研究課題のもとに，本書では，つぎのような章別構成で考察を展開している。その主要内容を示すと，以下のようになる。

まず序章「企業経営の日独比較——課題と方法——」では，本書の主要研究課題とそれを解明することの意義を明らかにしている。そこでは，本書の問題意識と研究課題について述べた上で，分析の枠組み，方法の提示を行っている。

それをふまえて，**第1部「大企業への産業集中体制の日独比較」**では，日本とドイツの資本主義の蓄積構造において基軸をなす，大企業の解体後の再結合にともなう企業グループ体制の再編，産業・銀行間関係に基づく産業システムの新しい展開について考察している。第2次大戦後の産業集中の構造とそこにみられる変化の諸特徴・意義を把握することによって，企業経営の基盤を明らかにしている。

まず第1章「企業グループ体制の日独比較」では，戦勝国による占領政策のもとでの独占的大企業の解体を経た1950年代以降の再結合とそれにともなう企業グループ体制の新展開について，日本とドイツの比較を行い，両国にみられる産業集中体制の構造，基本的諸特徴，意義を明らかにしている。こうした考察をとおして，戦後の産業集中の新しい展開における企業グループ体制の構築の歴史的意義を解明している。

また第2章「産業・銀行間関係に基づく産業システムの日独比較」では，産業集中体制の根幹をなす「産業と銀行の関係」にみられる企業間関係をひと

つの「産業システム」としてとらえ，日本とドイツにおける戦後のその新しい展開について考察し，両国にみられる諸特徴，産業集中体制としての意義を明らかにしている。そこでは，両国の銀行制度の相違との関連をふまえて，産業・銀行間の関係に基づく産業システムの機構・メカニズム，そのようなシステムの競争構造との関連，企業統治システムとしてのその意義の解明を行っている。

第1部におけるこのような考察をふまえて，**第2部「経営の『アメリカ化』と『再構造化』の日独比較」**では，第2次大戦後の日本とドイツにおける企業の発展の大きな契機をなしたアメリカの経営方式の導入・移転をめぐる問題を考察し，適応・修正・適合をともなう変化（再構造化）の諸相，両国にみられる諸特徴，相違，それらを規定した諸要因とともに，意義を明らかにしている。アメリカの世界戦略のもとでのマーシャル・プランと生産性向上運動の展開において，またその後の時期をとおして，アメリカ的経営方式の学習・導入・移転がどのように行われ，そのなかで日本とドイツの企業経営がどのように変化したのか。こうした点について，主要な方式を取り上げて考察し，企業経営における日本的なあり方，ドイツ的なあり方がどう現れたかという点の解明を行っている。そこでは，①管理方式・生産方式，②経営者教育・管理者教育，③大量生産の進展にともなう市場への対応策・適応策，④組織の領域の経営方式を取り上げて分析している。そのさい，アメリカ側の政策的意図をふまえて，また日本企業とドイツ企業の戦略的意図，さらに企業経営の伝統・経営観や，労使関係，教育システムなどの制度的側面，市場の条件・特質などの社会経済的諸条件との関連をふまえて考察している。それをとおして，アメリカ的経営方式の導入の実態，そこにみられる諸特徴とともに，企業経営における日本的あるいはドイツ的なあり方がどう現れたかという点について，産業間の比較とともに代表的企業の比較を行うなかで，明らかにしている。

まず**第3章「インダストリアル・エンジニアリングの導入の日独比較」**では，企業経営の変化の重要な契機をなしたアメリカ的管理方式の導入について，当時の最も代表的な方式として，インダストリアル・エンジニアリング（IE）を取り上げて分析し，適応・修正・適合をともなう変化の諸相とそこにみられる諸特徴を明らかにしている。すなわち，インダストリアル・エンジニ

アリングの導入の社会経済的背景についてみた上で，その導入・展開の状況を産業間の比較をもとおして考察し，こうしたアメリカ的管理方式の導入の日本的特徴とドイツ的特徴を明らかにしている。そこでは，インダストリアル・エンジニアリングにおける重点のおきかた，インダストリアル・エンジニアの役割，生産現場の監督者の機能と役割，作業測定において根幹をなす作業標準の性格などとの関連に着目して考察を行っている。

　つづく**第4章「ヒューマン・リレーションズの導入の日独比較」**では，第2次大戦後の経済成長期に取り上げられた代表的なアメリカ的管理方式のひとつであるヒューマン・リレーションズについて考察し，その導入の状況，特徴，意義を明らかにしている。そこでは，こうした経営方式の導入の社会経済的背景とともに，その導入・展開の状況を考察し，そこにみられる変化の諸相，日本とドイツにおける特徴，相違，それらを規定した諸要因を明らかにしている。そのさい，アメリカ側の政策・意図，戦後当初の企業と経営の状況，労使関係，経営参加制度，経営観，市場構造などとの関連をふまえて分析を行っている。

　また**第5章「フォード・システムの導入の日独比較」**では，戦後の大量生産の展開において重要な役割を果たしたアメリカ的な生産方式であるフォード・システムの導入について考察し，その状況とともに，日本的あるいはドイツ的な大量生産の展開とものづくりの特徴，意義を明らかにしている。こうした問題を，設備近代化の特徴，労働者の熟練の役割，作業組織の特徴，職場小集団活動，日本の国内市場の構造，ドイツおよびヨーロッパの市場特性などとの関連のなかで明らかにしている。

　さらに**第6章「アメリカ的経営者教育・管理者教育の導入の日独比較」**では，アメリカ的経営教育の問題について，その導入の社会経済的背景をみた上で，その導入の状況を考察している。そこでは，戦後当初の企業経営の発展状況，日本とドイツの教育制度，経営教育における大学の役割のほか，経営教育改革におけるアメリカのイニシアティブ，経営者に求められる素養・特性，企業内の昇進システムなどにみられる制度的特質，経営慣行，経営観，労働市場の特質などとの関連のなかで分析し，その導入の特徴と意義を明らかにしている。

大量生産の進展とそれにともなう大衆消費社会の確立は第2次大戦後の重要な特徴をなすが，**第7章「アメリカ的マーケティングの導入の日独比較」**では，そのような大きな変化にともない重要な問題となってきた市場へのアメリカ的な対応策・適応策の最も代表的な手段であるマーケティングの導入について，産業間の比較をもとおして考察し，その特徴と意義を明らかにしている。そこでは，とくに日本市場，ドイツおよびヨーロッパの市場の特性，社会構造の変化，流通システム，経営戦略，経営観，経営者の構成，競争構造の変化などとの関連に着目しながら分析を行っている。

また多角化の展開による事業構造の再編の進展という現象も戦後の重要な変化のひとつであるが，**第8章「事業部制組織の導入の日独比較」**では，そうした戦略の展開にともなう事業部制組織の導入について考察している。そこでは，その全般的状況を考察するとともに，産業間の比較をもとおして分析し，アメリカとは異なる日本とドイツの企業における管理の機構や特質などとの関連のなかで，組織の変革の特徴と意義を明らかにしている。すなわち，こうした問題について，経営戦略の展開，戦略と組織の関係，権限と責任の委譲，経営権の委託・受託をめぐる契約関係のあり方，事業部の自己充足性と独立採算制，企業経営の伝統・慣行，トップ・マネジメント機構の特質，事業部長に対するインセンティブ・システムなどとの関連のなかで論究している。

以上の考察をふまえて，**結章「日本とドイツの産業集中体制と企業経営」**では，戦後の日本とドイツにおける企業経営の展開とそれを規定した諸関係の相互連関的な把握を試みている。そこでは，両国の産業集中体制の特徴と意義を明らかにした上で，これらの国の資本主義的特質のもとで企業経営の固有のあり方を規定した構造的枠組みについて分析し，その全体像を明らかにしている。それをふまえて，日本とドイツにおけるアメリカ的経営方式の導入（企業経営の「アメリカ化」）に関する第2部での考察結果を「再構造化」という独自の分析枠組みからとらえ直すなかで，両国の企業経営の特徴と意義を明らかにするとともに，戦後の企業経営の展開と企業のグローバル地域化との関連の解明を行っている。

1970年代初頭までの戦後の経済成長期における産業集中体制と企業経営についてのこのような考察をふまえて，2つの補論において，それ以降の時期から

最近に至るまでの重要な問題について，本書を補うべく補足的に分析を行っている。**補論 1 「1970年代から80年代における生産システムの展開の日独比較」**では，日本とドイツの企業の国際競争力要因ともかかわって，大量生産システムの変革について考察している。そこでは，1970年代以降の資本主義の構造変化のもとで取り組まれたアメリカモデルをベースにしたそれまでの大量生産システムの改革について，自動車産業を中心に考察し，生産システム改革の特徴，意義を明らかにしている。すなわち，この時期にアメリカ的大量生産システムの限界が顕在化し生産システム改革が取り組まれるに至る背景，日本とドイツにおける多品種多仕様大量生産システムの展開の特徴を明らかにしている。こうした考察をとおして，日本とは異なるあり方が追求されたドイツの生産システム改革の意義と限界を把握するなかで，その後のモジュール生産方式への展開との関連性をふまえて，同国における今日に至る変化の方向性を規定することになった諸要因の解明を行っている。

また**補論 2 「1990年代以降における株主主権的経営，コーポレート・ガバナンスへの転換の日独比較──企業経営の『アメリカ化』の再来とその影響──」**では，1990年代以降に顕著になってきた資本市場の圧力の増大と企業経営の「アメリカ化」の再来という現象のもとでの株主主権的な経営，そのような方向性を指向するコーポレート・ガバナンスへの転換とともに，それまでの企業経営の「アメリカ化」と比較した場合のこの時期におけるその性格の変化を考察している。そこでは，企業の資金調達条件の変化，資本所有と人的結合の両面での産業・銀行間および産業企業間の関係，銀行間の協調的関係，共同決定制度のもとでの労使協調的な体制，経営観，トップ・マネジメントの機構・人事構成の問題などとの関連で，この時期にみられた諸変化の特徴と意義を明らかにしている。

以上のような内容と構成からなる本書は，筆者にとっては，ドイツを対象とした 6 冊の著書（『ドイツ企業管理史研究』森山書店，1997年，『ヴァイマル期ドイツ合理化運動の展開』森山書店，2001年，『ナチス期ドイツ合理化運動の展開』森山書店，2001年，『戦後ドイツ資本主義と企業経営』森山書店，2009年，『現代のドイツ企業──そのグローバル地域化と経営特質──』森山書店，2013年，『ドイツ戦

前期経営史研究』森山書店，2015年），経営学研究のあり方を考究した著書（『現代経営学の再構築——企業経営の本質把握——』森山書店，2005年），さらにシュプリンガー社より出版した英書（"*German Business Management: A Japanese Perspective on Regional Development Factors*", Springer, 2013) につづく9冊目の著書となる。本書の公刊にあたり，多くの先生方に感謝を申し上げなければならないが，ここでは，尊敬するお二人の恩師の先生に感謝の言葉を述べておきたい。

　学部・大学院時代の指導教授としてわたくしを研究者に育ててくださった今は亡き恩師，前川恭一先生に心から御礼申し上げたい。前川先生からは大学院での研究を始めるにあたり1920年代のドイツ合理化運動をテーマとして与えていただいたが，その後，独占形成期から第1次大戦前までの時期，ナチス期，第2次大戦後の時期へと研究の領域を拡大させてきた。これまでに取り組んできた研究は，今ふりかえっても解明の難しい問題が多いテーマであったが，研究対象のポテンシャルに救われるかたちで何とかここまで研究をすすめてきた。ここに至り，ドイツの研究を開始したそのときからつねに念頭にあった企業経営と資本主義の日独比較という問題にやっとアプローチすることができた。本書では，前川先生が1997年に，お亡くなりになる直前に出版された御著書『日独比較企業論への道』（森山書店）で示された日本とドイツの比較研究の「道」をたどりながら，しかしまた実際の企業経営や産業集中体制の実態，ありようをより具体的に追跡しながら日独比較を試みた。1997年12月，京都の衣笠キャンパスにあった立命館大学の研究室に出版社から届いたばかりの拙書『ドイツ企業管理史研究』をお持ちして，当時前川先生が入院されていた病院にお伺いしたのであるが，先生もほぼ時を同じくして日独比較の著書を刊行されたのであった。先生は，「指導教授と弟子がほぼ時を前後して著書を出版することができるのは，何よりも幸せなことだ」と嬉しそうに仰せになり，師弟で握手を交わしたあの日から20年近くの時間が流れた。先生が亡くなられてから，あの日の思い出がわたくしの研究に大きな力を与えてくれたが，そのときに，いつの日か日独比較研究を成し遂げることを心のなかで誓ったものである。

　しかし，ここまでの道のりは長く，自分にとっては困難な研究の連続であっ

た。最近になってようやく，苦労は多くても研究が楽しく，また有意義であることを強く実感することのできる状況になり，研究者としての仕事がまさに「天職」と思えるようになってきてはいるが，大学院時代から，自らの研究力量の低さを痛感し苦悩する日々が続いた。大学院での論文指導を前川先生から一対一のマンツーマンのかたちで受けるという恵まれた条件でありながら，「こんな水準の研究しかできていない自分が研究者として社会的に意義のある仕事ができるのか」，と苦悩したものである。大学院での指導があった水曜日の昼，2時間目の授業を終えて，同志社大学の今出川キャンパスを沈んだ心で歩いていると，応援団の演舞が行われているのに出くわすことがあった。わたくしの母校である同志社大学の応援歌は「鉄腕アトム」よろしく「同志社アトム」であり，聞こえてくる曲は，「鉄腕アトム」の主題歌であった。それを口ずさみながら応援団の演舞を見たものであった。演奏だけで歌詞は歌われなかったが，そのなかのひとつのフレーズである「心優し，ラララ科学の子」という歌詞の部分が自分の心を強く動かしてくれた。「そうだ，理科系とは違う文科系ではあるけれど，『科学の子』になるために，いま研究者の訓練を受けているのだ」と。大学3年の夏，福島県の猪苗代湖のほとりにある野口英世の生家を訪ねたときに見た「科学への貢献をとおして生き，また死にたい」という主旨の英文で書かれた彼の言葉がそれに重なり，何度も再び前を向いて歩むことができた。つねにこの時の思いに立ち返り，そこをひとつの原点としてこれまで歩んできた。かつての著書『戦後ドイツ資本主義と企業経営』の「はしがき」に書いた，その内在的な関係にひそむ大きな力によってときには激しく荒れ狂い企業にもまたわれわれの生活にも深刻な影響をもたらすまさに「妖怪」の如き現代資本主義の把握には，まだまだ果てしない研究への取り組みが必要となるが，恩師前川先生の弟子らしく社会に眼を開いて研究を進めていくことを誓いたい。

　わたくしが心より尊敬するもうおひとりの恩師は，学部・大学院の先輩として，また10年以上にわたり同じ大学の学部の同僚として，またその後も現在に至るまで計り知れない貴重な御教示を与えてくださっている仲田正機先生（立命館大学名誉教授）である。先生との出会いに恵まれた1983年4月以来，つねに先生との議論，先生から賜るご教示が研究の推進力であり，また研究を大き

く前進させる重要なヒントを与えていただいた。同じ大学の同僚として過ごすことができるようになった1994年4月より以前の時期や先生が2007年3月に立命館大学をご退職されてからの時期には，先生にお目にかかることができるというそのこと自体が嬉しく，先生との時間は，いつのときも，有意義な議論とご教示に恵まれる豊かな時間であった。先生から，研究とはどういうものであるのか，その方法や意義など，研究者としてのあり方を教えていただいたように思う。指導教授の背中を見ながら感じ取るのとは異なる，重要なご教示を多く賜ったものである。研究テーマやその内容，数冊におよぶ著書の研究課題の設定，構成など，先生の御指導なしにはなしえなかった仕事も多い。

　最近では，よく先生のご自宅にお伺いして，長い時間の議論をしていただき，奥様がご用意して下さった夕食をいただきながら楽しいお話しができるという幸せに恵まれている。先生に電子メールなどで議論していただくこと，つぎにお伺いさせていただく日程をご相談することが，わたくしにとっては，最も心はずむ時間となっている。帰宅した翌日には，当日録音したテープを聴きながらレジュメを作成し，研究の基盤を築いていくことにしている。本書についても，とくに序章と結章，全体の構成などについて，計り知れない貴重なご教示をいただくことできた。すばらしい恩師に出会え，御指導を賜ることが今もできているということに，心から感謝を申し上げるとともに，先生のますますのご健勝とご多幸をお祈りしたい。

　仲田先生の御指導で現在取り組んでいる研究として，ドイツの企業間関係の分析があるが，これを何冊かの著書として成果を結実させるという大きな課題が残っている。本書の第1部で考察している大企業への産業集中体制のドイツ的なあり方，特徴と意義について，自立した行為主体である個別企業間の相互作用のシステム，ドイツ資本主義の協調的特質とのその関連，企業の行動様式との関連など，解明すべき重要な問題が残されている。このテーマに関しては，何度にもおよぶ先生との議論によって多くのレジュメを積み重ね，原稿としてもかなりの進展をみているが，1日も早い完成をめざしたい。先生からは，「あなたに解明してもらいたい問題はたくさんあるから……」というお言葉を頂いたことがある。そのとき，「こんな未熟な自分にそのような御期待に応えることのできる力があるとはとうてい思えない」という気持ちで伺ったの

を今もよく覚えている。立命館大学の退職後に勤務されていた京都橘大学の先生の研究室を上述の英書の出版に関するご相談のためにお伺いした2011年8月のことである。しかし，先生との議論を重ねる度に，いままでの研究の蓄積があるのだから自分しかできない，自分がやらねばならない仕事もあるようにも思えてきた。本書の結章に書いた残された研究課題もそうであるが，それらの1日も早い解明，著書としての研究成果の発信をお誓いするとともに，これらの仕事が完成したとき，再び先生に新しくできた著書を手にとって御覧いただける日を楽しみにして一層精進を重ねていきたい，と決意をあらたにしている。

　また本書は，3度におよぶドイツ留学の成果の一部でもあるが，ベルリン自由大学，ケルン大学，マールブルク大学の受け入れ教授，研究室の同僚諸氏，秘書の方など，多くの人に支えていただいた。3度の留学は，すべて上述の著書の成果として結実している。外国での研究生活は，学者としての良い経験となり，外国の状況との比較のなかで日本のおかれている研究の状況やあり方，大学をめぐる情勢，社会との関係など，視野を広げる契機となった。またドイツの各企業の文書館や連邦文書館，ケルンにあるライン・ヴェストファーレン経済文書館，アメリカの国立公文書館などのスタッフの方々にも，感謝を申し上げなければならない。本書で使用した各種の一次史料の閲覧・収集にあたり，関係の方々から暖かいご配慮をいただいた。本書では多くの産業を対象として比較分析を行っているため，鉄鋼業，化学産業，電機産業，自動車産業，機械産業など，基幹産業部門の多くの企業文書館の職員の方々にお世話になった。

　なお本書の出版にさいして，森山書店の菅田直文社長には格別のご高配を賜った。専門性の高い本格的な研究書をこれまで何冊も出版してくださった氏のご高配に対しては，感謝の念に堪えない。心より厚く御礼申し上げたい。また本書の刊行にあたっては，立命館大学の「学術図書出版推進プログラム」による助成を受けることができた。記して感謝の意を表したい。

　最後に，これまでの研究生活を支えてくれた家族にも感謝の言葉を述べておきたい。高齢になる母とは残された時間はもう少ないのかもしれない。27歳で前任の勤務校のある高知に赴任し，その5年後に立命館大学に移ってからも，

実家で両親と一緒に暮らす機会はなかった。父が他界した後，母は兄と2人で暮らしているが，実家に戻ったときは，近くの店に買い物に行くことや，一緒に食事を作ることが楽しみになっている。人の命とは限りのあるものであるからいつかは別れの時がやってくるが，ひとつでも多くの思い出を残していきたいと願っている。長年同居してきた義母も同様に高齢であるが，家事や子供の世話などで生活やわたくしの研究を支えてくれたことに深く感謝するとともに，元気で長生きしてくれることを心より祈っている。

またわたくしの健康を願い研究生活を支えてくれた妻直美には，本当に感謝している。研究者は社会に生き生かされている以上，自らの強い意思のもとに時間の使い方も含め与えられた環境を完全に生かしきる責務があることはいうまでもないことであるが，あまりにもそれを完璧なまでに追求しようとする夫を，直美はつねに心配しながら暖かく見守り，支えてくれた。こうして著書の「はしがき」に妻への思いを書き示すということがあと何回できるであろうか。最大限チャレンジしていくことを愛する直美に誓いたい。そして，思いもかけず「研究者」という見知らぬ世界の人間と出会い結婚することになった彼女の人生が豊かであったと思えるよう，日々の生活に取り組んでいきたいと思っている。

我が子智孝にも思いを伝えておきたい。わたくしが行ったこれまでの3度のドイツへの留学はすべて単身で行ったものであり，父親のいない時間を何度もつくってしまった。その子も今は，高校を卒業して大学生になる春を迎えている。希望の大学の学部に無事合格し，新しい生活が始まる春である。自営業という学問とは無縁の世界の家庭で生まれ育ったわたくしとは違い，小さい頃から子供を大学や研究室に連れて行ったことがあったので，智孝にとっては，大学や学問の世界が少なくともわたくしの大学入学時よりは身近なものに映っていることであろう。高校までの勉強とは違い，大学でのそれはまさに多様な理解が存在しうる世界であり，学問の力と楽しさを感じることであろう。しかしまた，父がそうであったように，彼が出会う先生方も家族に支えられ，子供の成長に力と勇気を与えられて歩んでいるひとりの人間であるということにも，触れることになるだろう。また友との出会い，その関係を育んでいく上でも，それまでにない大きな可能性が生まれてくるであろう。「人は人に力と光を与

えるためにこの世に生まれてきたのだ，そのために存在するのだ」，こう直接明確に言葉で語って教えたことはないが，研究者として歩む父の背中にそれを感じて人生を歩んでいって欲しいと願っている。智孝のこれから新しく始まる未来が輝かしいものとなることを心より祈ってやまない。

　　　2017年３月　これからも社会のなかに研究者らしく生きていくために

山　崎　敏　夫

目　　次

序章　企業経営の日独比較——その課題と方法——……………………*1*

第1節　企業経営の日独比較の課題………………………………………*1*
　　1　本書の問題意識……………………………………………………*1*
　　2　本書の研究課題……………………………………………………*3*
第2節　企業経営の日独比較の方法……………………………………*10*
　　1　基本的視点としての「企業経営の構造体系」…………………*11*
　　2　国際移転の分析の枠組みとしての経営方式の「再構造化」…*15*

第1部　大企業への産業集中体制の日独比較

第1章　企業グループ体制の日独比較………………………………*25*

第1節　日本とドイツにおける大企業の解体とその影響……………*26*
　　1　日本における大企業の解体とその影響…………………………*26*
　　2　ドイツおける大企業の解体とその影響…………………………*28*
第2節　日本における企業グループ体制の新しい展開………………*30*
　　1　6大企業集団の形成と企業グループ体制の新しい展開………*31*
　　2　大企業の同一資本系列内におけるグループ化…………………*45*
第3節　ドイツにおける企業グループ体制の新しい展開……………*49*
　　1　大企業の再結合の展開……………………………………………*49*
　　2　産業における企業グループ体制の新展開の意義………………*54*
　　3　銀行とのかかわりでみた企業グループとそれをめぐる論点…*56*
第4節　企業グループ体制の日本的特徴とドイツ的特徴……………*58*
　　1　企業グループ体制の日本的特徴…………………………………*58*
　　2　企業グループ体制のドイツ的特徴………………………………*62*

第2章　産業・銀行間関係に基づく産業システムの日独比較………77

第1節　日本における産業・銀行間関係の展開………78

1　企業集団における産業・銀行間関係と銀行の役割………78

2　メインバンク・システムと系列融資に基づく産業・銀行間関係………82

3　株式の相互持合に基づく産業・銀行間関係と銀行の役割………86

4　役員派遣による人的結合に基づく産業・銀行間関係と銀行の役割………89

5　産業・銀行間関係と企業統治………92

第2節　ドイツにおける産業・銀行間関係の展開………92

1　産業・銀行間関係に基づく産業システムの展開………93

2　産業・銀行間関係と企業統治………106

3　産業・銀行間関係の新しい展開とその意義………110

第3節　産業・銀行間関係に基づく産業システムの日本的
特徴とドイツ的特徴………112

1　産業・銀行間関係に基づく産業システムの日本的特徴………112

2　産業・銀行間関係に基づく産業システムのドイツ的特徴………115

第2部　経営の「アメリカ化」と「再構造化」の日独比較

第3章　インダストリアル・エンジニアリングの導入の日独比較-129

第1節　インダストリアル・エンジニアリングの導入の社会経済的背景…131

1　日本におけるインダストリアル・エンジニアリングの導入の社会経済的
背景………131

2　ドイツにおけるインダストリアル・エンジニアリングの導入の社会経済
的背景………133

第2節　日本におけるインダストリアル・エンジニアリングの導入………135

1　インダストリアル・エンジニアリングの導入の全般的状況………135

2　主要産業部門におけるインダストリアル・エンジニアリングの導入………139

第3節　ドイツにおけるインダストリアル・エンジニアリングの導入……148

　1　ワーク・ファクター法の導入…………………………………………149

　2　MTMの導入……………………………………………………………150

　3　主要産業部門におけるワーク・ファクター法とMTMの導入………151

第4節　インダストリアル・エンジニアリンの導入の日本的特徴と

　　　　ドイツ的特徴……………………………………………………………154

　1　インダストリアル・エンジニアリンの導入の日本的特徴…………154

　2　インダストリアル・エンジニアリングの導入のドイツ的特徴………159

第4章　ヒューマン・リレーションズの導入の日独比較……………176

第1節　ヒューマン・リレーションズの導入の社会経済的背景……………177

　1　日本におけるヒューマン・リレーションズの導入の社会経済的背景………177

　2　ドイツにおけるヒューマン・リレーションズの導入の社会経済的背景………178

第2節　日本におけるヒューマン・リレーションズの導入……………………180

　1　ヒューマン・リレーションズの導入の全般的状況…………………180

　2　ヒューマン・リレーションズの諸施策の導入………………………183

第3節　ドイツにおけるヒューマン・リレーションズの導入………………190

　1　ヒューマン・リレーションズの導入の取り組み……………………190

　2　ヒューマン・リレーションズの導入の限界とその要因……………194

第4節　ヒューマン・リレーションズの導入の日本的特徴とドイツ的特徴・197

　1　ヒューマン・リレーションズの導入の日本的特徴…………………197

　2　ヒューマン・リレーションズの導入のドイツ的特徴………………199

第5章　フォード・システムの導入の日独比較……………………208

第1節　日本におけるフォード・システムの導入……………………………209

　1　市場の制約的条件のもとでの大量生産方式の日本的展開……………210

　2　流れ生産方式の展開…………………………………………………212

　3　設備近代化の進展……………………………………………………213

4 目　　次

　　4　生産工程の同期化の追求とジャスト・イン・タイム生産の展開…………215

　　5　労働編成の日本的展開……………………………………………………217

　第2節　ドイツにおけるフォード・システムの導入………………………………219

　　1　フォード・システムの導入の全般的状況………………………………219

　　2　自動車産業におけるフォード・システムの導入とその特徴……………221

　第3節　フォード・システムの導入の日本的特徴とドイツ的特徴………………233

　　1　フォード・システムの導入の日本的特徴………………………………233

　　2　フォード・システムの導入のドイツ的特徴……………………………235

　第4節　日本とドイツにおける大量生産システムの展開とものづくり……236

　　1　大量生産の展開と日本的ものづくり……………………………………236

　　2　大量生産システムの展開とドイツ的ものづくり………………………240

第6章　アメリカ的経営者教育・管理者教育の導入の日独比較…257

　第1節　アメリカ的経営者教育・管理者教育の導入の社会経済的背景………258

　　1　経営教育改革の必要性とアメリカのイニシアティブ…………………258

　　2　アメリカ的経営者教育・管理者教育の導入における生産性向上運動の
　　　意義………………………………………………………………………262

　第2節　日本におけるアメリカ的経営者教育・管理者教育の導入…………263

　　1　戦後の企業内教育の時期区分……………………………………………263

　　2　アメリカ的経営者教育・管理者教育の導入における官庁の役割…………265

　　3　アメリカ的管理者教育の導入……………………………………………265

　　4　アメリカ的経営者教育の導入……………………………………………268

　　5　アメリカ的経営者教育・管理者教育の導入に対する反省………………268

　　6　経営者教育・管理者教育の日本的展開…………………………………271

　第3節　ドイツにおけるアメリカ的経営者教育・管理者教育の導入………274

　　1　経営者教育・管理者教育におけるドイツの大学の役割とその限界………274

　　2　アメリカ的管理者教育の導入……………………………………………277

　　3　アメリカ的経営者教育の導入……………………………………………279

4　アメリカ的経営者教育・管理者教育の導入の限界とその要因················282

　第4節　アメリカ的経営者教育・管理者教育の導入の日本的特徴と

　　　　　ドイツ的特徴···284

　　1　アメリカ的経営者教育・管理者教育の導入の日本的特徴···········284

　　2　アメリカ的経営者教育・管理者教育の導入のドイツ的特徴··········285

第7章　アメリカ的マーケティングの導入の日独比較·····················298

　第1節　日本におけるマーケティングの導入·································299

　　1　戦後におけるマーケティングの導入の歴史的段階とその特徴···········299

　　2　マーケティング手法の導入の全般的状況·······························302

　　3　主要産業部門におけるマーケティング手法の導入·····················311

　第2節　ドイツにおけるマーケティングの導入·······························316

　　1　アメリカのマーケティングの影響····································317

　　2　マーケティング手法の学習・導入の経路·······························317

　　3　マーケティング手法の導入の全般的状況·······························319

　　4　主要産業部門におけるマーケティング手法の導入·····················325

　第3節　マーケティング手法の導入の日本的特徴とドイツ的特徴···········333

　　1　マーケティング手法の導入の日本的特徴·······························333

　　2　マーケティング手法の導入のドイツ的特徴·····························341

第8章　事業部制組織の導入の日独比較·····································357

　第1節　日本企業における戦略展開と事業部制組織の導入·····················358

　　1　多角化戦略の展開··358

　　2　事業部制組織の導入··360

　第2節　ドイツ企業における戦略展開と事業部制組織の導入·····················379

　　1　多角化戦略の展開··379

　　2　事業部制組織の導入··380

　第3節　事業部制組織の導入の日本的特徴とドイツ的特徴·····················399

6 目　　次

　　1　事業部制組織の導入の日本的特徴··399

　　2　事業部制組織の導入のドイツ的特徴··405

結章　日本とドイツの産業集中体制と企業経営················425

第1節　日本とドイツにおける産業集中体制の戦後展開とその意義········426

　　1　日本における産業集中体制の戦後展開とその意義··················427

　　2　ドイツにおける産業集中体制の戦後展開とその意義··············429

第2節　日本とドイツにおける「企業経営の構造体系」とその全体像······431

　　1　日本における「企業経営の構造体系」とその全体像···············431

　　2　ドイツにおける「企業経営の構造体系」とその全体像···········435

第3節　日本とドイツにおける経営の「アメリカ化」と「再構造化」······441

　　1　経営の「アメリカ化」における日本的適応とドイツ的適応··········444

　　2　日本における経営の「アメリカ化」と「再構造化」················446

　　3　ドイツにおける経営の「アメリカ化」と「再構造化」············455

第4節　戦後の日本とドイツにおける企業の発展と
　　　　　グローバル地域化への異なる道···465

第5節　残された問題と今後の研究の展望··468

補論1　1970年代から80年代における生産システムの展開の
　　　　　日独比較···476

第1節　1970年代以降の低成長期における生産システム改革の背景········477

第2節　日本における生産システムの新しい展開·································479

　　1　日本的生産システムの展開··479

　　2　日本的生産システムの構造と機能···480

第3節　ドイツにおける生産システムの新しい展開····························493

　　1　ドイツ企業の生産システム改革··493

　　2　生産システム改革の限界とその要因··502

　　3　生産システムのキャッチアップとモジュール生産方式への展開········508

第4節　生産システムの新しい展開の日本的特徴とドイツ的特徴··········512

　　1　生産システムの新しい展開の日本的特徴··········512

　　2　生産システムの新しい展開のドイツ的特徴··········513

補論2　1990年代以降における株主主権的経営，コーポレート・ガバナンスへの転換の日独比較··········527

──企業経営の「アメリカ化」の再来とその影響──

第1節　1990年代以降の企業経営のアメリカ化における性格の変化とその意義··········529

第2節　日本における株主価値重視の経営モデルへの転換とその状況······531

　　1　日本企業における　アメリカ的「金融化」の影響··········531

　　2　株主価値重視の経営への転換の進展··········535

　　3　株主価値重視の経営モデルと日本的経営モデルのハイブリッド化·········541

　　4　株主価値重視の経営モデルと日本的経営モデルとの相克とその要因·······543

第3節　ドイツにおける株主価値重視の経営モデルへの転換とその状況··546

　　1　ドイツ企業における　アメリカ的「金融化」の影響··········547

　　2　株主価値重視の経営への転換の進展··········551

　　3　株主価値重視の経営への転換の限界··········560

　　4　株主価値重視の経営モデルとドイツ的経営モデルのハイブリッド化·······563

　　5　株主価値重視の経営モデルとドイツ的経営モデルとの相剋とその要因···564

第4節　株主価値重視の経営モデルへの転換の日本的特徴とドイツ的特徴··573

　　1　株主価値重視の経営モデルへの転換の日本的特徴··········573

　　2　株主価値重視の経営モデルへの転換のドイツ的特徴··········575

索　　引··········598

序章　企業経営の日独比較
──その課題と方法──

第1節　企業経営の日独比較の課題

1　本書の問題意識

　日本とドイツには，第2次大戦の敗戦国でありながら戦後には世界有数の貿易立国となったという共通性がみられるが，今日の経済的状況および企業，経営をとりまく状況は大きく異なっている。アメリカから自立した発展をとげ，ヨーロッパ化するドイツに対して，日本は，貿易におけるアメリカ依存がなお強く，アジアにおいてEUのような地域経済圏をもたないという状況にある。戦後，両国は，産業集中の独自のシステムを構築する一方で，アメリカから技術と経営方式を自国の条件に合わせるかたちで導入することによって，企業，産業および経済の発展を実現してきた。戦後における産業集中体制の展開，企業経営の展開，それらを基礎にした企業の発展のあり方は，両国の企業と資本主義の現在の状況をどのように規定することになったのか。本書は，経営学の立場から，日本とドイツの資本主義の特質，蓄積構造との関連のなかで，企業経営および産業集中の問題を中心に考察することによって，こうした問いに答えようとするものである。

　そのさい，「アジアの一国である日本」からみたドイツ，「ヨーロッパのなかのドイツ」からみた日本という複眼的な視点から両国の比較を行い，アメリカ的経営方式の導入，その生かし方も含めて，企業経営の展開が「グローバル化」と「地域化」の問題についての2つの国の違いにどのように結実することになったのかという点の解明を試みる。そこでは，企業経営の展開による成果，その生かし方，帰結にみられる両国の相違とは何か，とくに，「グローバ

ル化」のなかでの「地域化」の方向性とは何か，両国の「グローバル化」の意味の違いを明らかにすることが，重要な課題となってくる。

　本書では，1970年代初頭までの戦後の経済成長期における日本とドイツの産業集中体制の比較，企業経営の比較が主要研究課題となるが，それとの関連において，その後の80年代末までの時期，さらに企業経営の「アメリカ化」の再来がみられた90年以降の時期についても，補足的に考察を行う。戦後における両国の企業の発展，企業経営の展開にアメリカがおよぼした影響はきわめて大きかったといえる。それゆえ，企業経営レベルでは，アメリカ的経営方式・システムの導入が考察すべき重要な問題となってくるが，その意味では，本書での分析は，日独比較をとおしてアメリカ，日本，ドイツの企業経営の国際比較を試みるものにもなっている。

　戦後の歴史的過程をみると，日本企業は，市場の面でも生産力の面においても，まずアメリカへの進出を推し進め，その後，ヨーロッパへ，さらに東アジア，中国への展開というかたちで発展をとげてきた。すなわち，日本企業は，企業経営と技術のアメリカ化，独自的な大量生産システムの展開による生産力発展，国際競争力を実現してきた。しかし，こうしたプロセスは，輸出競争力の向上とその結果としての日米間の貿易摩擦を引き起こしてきた。それは，繊維，鉄鋼，さらには自動車，電機・電子といった産業においてみられた。1960年代中盤から70年代には生産高に占める輸出の割合が上昇したが，80年代後半には，円高への対応として日本企業の生産の国際化・国外移転がすすんだ。さらに1990年代以降になると，世界最適生産力構成による経営のグローバル化が，アジア地域への展開を基軸として，他の資本主義国よりも広範に，また強力に展開されていくことになった(1)。日本企業の生産の国外移転にともない，部品のような中間財や生産設備などの輸出も増大の傾向を示すことにもなったが，中国，東アジアからの安い製品や原材料の輸入が増大するという傾向も強まっている。

　一方，ドイツ企業は，戦後の市場と資本の世界的連鎖の広がり・深まりという点での「グローバル化」のなかにあっても，ヨーロッパに大きな重点をおいた発展をとげてきた。市場と生産力発展の両面におけるドイツ企業の地域化という面のみならず，それを支える条件づくりという意味をもつ共同市場化，地

域経済圏の形成という，２つの面での「地域化」が推進されてきた。1980年代以降，日本と同様，ドイツも自国通貨の上昇に見舞われざるをえなかったが[2]，事業拠点の国際展開では，ヨーロッパが大きな位置を占めていたといえる[3]。この時期には，自動車産業のフォルクスワーゲンの中国への進出[4]などの事例もみられたが，生産額，拠点の数や地域の広がりなどの点でも，経営のグローバル化が本格的に展開されていく1990年代以降との比較では，相違がみられる。1990年代以降になると，経営のグローバル化と同時に一層の地域化が推進されることになり，ドイツ企業のグローバル地域化においては，経営のグローバル化の欧州企業的特徴と蓄積構造のヨーロッパ的展開が強化されてきた[5]。

　このように，本書は，企業経営の展開による社会経済にとっての成果・帰結，意義（役立ち方）を解明するという，資本主義分析の一環としての経営学研究の立場に立っている。そこでは，企業経営の展開が「グローバル化」のなかでの「地域化」の方向性をいかに規定したのか，日本とドイツの間にみられる「グローバル化」と「地域化」の意味の相違を解明することを目的としている。そのさい，産業集中の体制は，そのような企業経営のあり方を支える重要な役割を果たすとともに，企業の行動様式を規定する重要な要因となるものであり，戦後の日本とドイツにおける産業集中体制の基本的特徴と意義を明らかにするなかで，両国の企業経営のトータルな分析を行うことが重要となってくる。

2　本書の研究課題

　以上のような問題意識のもとに，本書の研究においては，「企業経営のあり方は，その国の政治経済社会の歴史的特殊性・条件性に規定される」という見方に立って，第２次大戦後における日本とドイツの企業経営の構造，システムについて，産業集中体制の変化とアメリカ的経営方式の導入・移転（企業経営の「アメリカ化」）という点から比較分析し，両国の発展の特質を解明することを，基本的な課題としている。すなわち，日本資本主義とドイツ資本主義の発展が両国の企業経営のなかにいかに貫いているのか，また企業経営の特殊日本的な展開あるいはドイツ的な展開はそれぞれの国の資本主義発展のあり方をい

かに規定することになったのかという点の解明が，重要な問題となる。本書で考察すべき主要研究課題について，その論点を示すと，つぎのようになる。

第1に，第2次大戦後の戦勝国による大企業解体後の企業の再結合によって形成された日本とドイツの大企業体制としての産業集中体制に関して，それはどのような構造，特徴，意義をもつものであるのかという点である。本書では，こうした問題について，企業グループ体制および産業・銀行間関係に基づく産業システムという2つの面から分析し，両国における企業の経営行動の基盤を明らかにしている。戦勝国による占領政策のもとでの戦後改革において大企業解体（日本の場合は財閥解体，ドイツ場合はコンツェルン解体），戦前の経済集中の体制からの変革がすすめられるなかで，日本とドイツにおいて産業集中の新しい体制がどのように構築されたのか。またそれはいかなる特徴，意義をもつものであったのか。ことにそのような体制によって企業間競争の構造がどう規定されることになったのか。こうした点をふまえて企業経営の展開，企業の発展におよぼした影響を明らかにすることが，重要な問題となってくる。

第2に，アメリカの経営方式の影響を受けながらも日本とドイツにおいてどのような企業経営の独自的展開がみられたのか，日本的な現象形態あるいはドイツ的な現象形態，経営のスタイルとは何か，そのことはいかなる意義をもち，それぞれの国の企業の発展と社会経済においてどのような帰結をもたらしたのか，という点である。すなわち，アメリカ的経営方式の導入・移転のプロセスにおいて，全体としてみた場合，企業経営においてアメリカナイズされたもの（部分）と，されなかったもの（部分）は何か，その結果として構築されてきた日本的な経営のスタイル・構造，ドイツ的なそれとはどのようなものであるのかという点とともに，そのことのもつ企業経営上の意義のみならず社会経済的意義を明らかにすることである。

第3に，第2次大戦後の日本とドイツの発展は両国の企業がおかれていた地域的条件とどのような関連をもつのか，そうした地域的条件は企業のグローバル地域化の動きをどのように規定することになったのかという点である。アメリカからの技術と経営方式の導入の生かし方にもかかわる日本とドイツの企業の発展，行動様式，国際競争力とそれを支える企業経営の全体的な構造・システムの形成は，地域的条件とどのような関連性をもつのかということが，ここ

での重要な問題をなす。そこでは，戦後の産業集中の体制にも支えられた企業経営の展開は，1990年代以降の「グローバル化」のなかでの「地域化」という問題とどのような関連性をもち，こうした動きにおいていかなる帰結をもたらすことになったのかという点が，解明すべき重要な課題となってくる。

　本書では，企業経営の特定の領域やテーマに限定することなく，企業集中，企業構造，管理システム，生産システム，経営者教育・管理者教育，マーケティング，組織構造，経営戦略，コーポレート・ガバナンスなどの重要な問題領域全般に対象を広げて包括的に分析する。そのような考察をとおして日本とドイツの企業経営の全体構造を体系的に解明するなかで，両国の企業経営の独自的なあり方は何によってどう規定されたのかという点の把握を試みている。さらにまた，産業集中体制と企業経営の展開におけるこれら2つの国のあり方は戦後におけるそれぞれの国の資本主義発展のあり方とどのような関連をもつことになったのか，両国にはいかなる相違がみられるのかという点の解明を試みている。

　なかでも，上記の第1の論点，すなわち，産業集中体制にかかわる問題について，現代の資本主義および企業のひとつの重要な特徴は，「現代企業がさまざまな形態・方法によって結合し，各種の独占体を形成し，それらの独占体が現代資本主義の再生産構造の基幹部門を掌握しており，現代資本主義の再生産構造＝資本蓄積過程の推進的役割を担っている[6]」という点にみられる。そのような結合のあり方を産業集中という面でみると，それは，産業・銀行間関係に基づく産業システムと企業グループ（コンツェルン）体制という大企業体制に最も特徴的に表れている。なかでも，企業グループ体制についてみると，日本とドイツのいずれにおいても，戦後の戦勝国の占領政策による大企業の解体を経たその後の再結合による再編は，戦前の構造へのたんなる復帰ではなく，寡占的競争に適合的なシステムへの転換をはかるものであった。大企業体制としてのそのような産業集中の体制は，両国資本主義の資本蓄積構造の基軸をなすとともに，戦後における企業の発展の重要なプロセスとして展開された。

　しかし，日本とドイツの産業集中の体制には相違がみられる。日本では，6大企業集団と呼ばれる，銀行，商社，産業企業から構成されるヨコの関係の企業グループが形成されるとともに，それに属する各産業の大企業あるいは企業

集団に所属しない独立系の大企業の親・子型のグループが形成されるという重層的構造にあった。これに対して，ドイツでは，日本の企業集団のような産業横断的な企業グループによる大企業体制はみられず，特定の産業部門において，それを基盤とする親子型の企業グループが形成されてきた。しかし，企業間，企業グループ間でみるとき，銀行の果たす役割はきわめて大きく，産業企業と銀行の関係にみられる企業間関係を基礎にした協調的な「産業システム」がどのように構築されてきたか，またそのことが企業グループ体制のあり方，さらに競争構造のありようとどのように関係しているのかということが，重要な問題となってくる。

　すなわち，企業集団の産業企業のメインバンクとして中核的位置を占めるとともに重要な役割・機能を果たしてきた日本の大銀行とは対照的に，ドイツの大銀行はユニバーサルバンクとして産業企業と深いかかわりをもつだけでなく，特定のコンツェルン（企業グループ）と固定的に結びつくというよりはむしろ広く多くのコンツェルンと結びついている[7]。このことは，両国における企業間の競争の構造，協調的関係のあり方を規定する重要な要因のひとつとなっている。それゆえ，そのような競争構造の相違に規定された企業の経営行動，その様式，そこにみられる両国の相違を解明することが，産業集中体制の構造と機能，そのようなシステムの本質を把握する上で不可欠となってくる。

　また上記の第2の論点をなす企業経営の「アメリカ化」の問題にかかわっていえば，世界の各国における生産力の発展，企業経営の展開，企業の発展においてアメリカの経営方式・システムが果たした役割はきわめて大きく，多くの諸国においてその導入・移転が行われてきた。歴史的な視点からみると，第2次大戦前と大戦後の時期の比較では，先進的な経営モデルをなしてきたアメリカの方式の導入・展開（「アメリカ化」）という面では，それが可能ではなかった「戦前」とは対照的に，可能となった「戦後」というとらえ方ができる。

　戦前の日本とドイツの資本主義の特殊性は，生産力と市場との間の不均衡というかたちで市場問題に集約的に現れ，そのことが企業経営の展開，生産力発展の最大の隘路をなした[8]。ドイツについては，資本主義諸国間の協調体制の弱さ・限界のもとで，輸出市場として重要な位置を占めていたヨーロッパ市場を十分に生かすことができなかったことも，限界を規定する大きな要因をなし

た。しかし，第2次大戦後になると，そのような特殊的条件・制約は大きく変化し，市場の面でも生産力の面でも，それまでの限界が大きく克服されるかたちとなった。すなわち，労資の同権化による国内市場基盤の整備に加えて，自由貿易体制と国際通貨体制，さらにヨーロッパにおける共同市場化による市場の世界的連鎖の関係が生み出され，それまでの限界が大きく克服されるかたちとなった。またアメリカ主導の生産性向上運動の国際的展開のもとで，同国の技術と経営方式の学習・導入のための特別な枠組みが築かれた。例えばヨーロッパにおいては，マーシャル・プランの技術援助計画がそれであり，アメリカへの研究旅行（A企画），アメリカ人専門家の招聘（B企画），ヨーロッパの諸国の間での経験交流（C企画）という3つの企画が用意された[9]。アメリカによる財政的支援も行われるなかで[10]，学習のルート・機会が大幅に整備され，その質も大きく変化した。

　こうして，市場と生産力の両面から，企業経営の「アメリカ化」のより本格的な進展の条件が整備された。しかし，第2次大戦後には，市場条件の枠組みの大きな変化のもとで量産効果の発揮をひとつの大きな前提とするアメリカ的な経営方式の導入が可能となってくるという状況のなかにあって，その導入をはかりながらも，日本とドイツのいずれの国においても，独自の経営スタイルが展開されてきたという面も強い。

　アメリカ的経営方式の国際移転には，①20世紀初頭から第1次大戦までの時期，②第1次大戦後，③1970年代初頭までの第2次大戦後の経済成長期，④1990年代以降の時期にみられた4つの「アメリカ化」の波が存在している[11]。第1の波ではテイラー・システムの導入が中心的な問題をなしたが，第2の波では，第1の波の時期に本格的な導入には至らなかったテイラー・システムの普及のほか，フォード・システムの導入の試みがみられた。第3の波では，生産力発展にかかわる方式のみならず，経営教育，大量市場への対応・適応策や組織の領域にまでアメリカ的経営方式の導入は拡大した。すなわち，当時アメリカから導入された経営方式を領域別にみると，①管理方式・生産方式（インダストリアル・エンジニアリング，統計的品質管理，ヒューマン・リレーションズ，フォード・システム），②経営者教育・管理者教育，③大量生産の進展にともなう市場への対応策（マーケティング，パブリック・リレーションズ，オペレーショ

ンズ・リサーチ），④組織（事業部制組織，トップ・マネジメント機構）などがあげられる[12]。

　第１，第２および第３の「アメリカ化」の波において導入が試みられた経営方式の多くは，「能率向上」という経営原理，企業の行動メカニズムが経営の実務において歴史的に重視されてきたというアメリカのプラグマティックな経営風土を背景としたものであった。それゆえ，能率向上という原理に基づくアメリカの経営方式の導入は，その受け入れ国側からみても，大きな意味をもつものであった。これに対して，1990年代以降の第４の波においては，その性格は大きく変化しており，企業を「契約の束」として売買の対象とみるアメリカ的な企業観・イデオロギー，それに基づく経営観，そうした考え方に適合的な経営のあり方や制度の導入が中心をなした。それゆえ，そのことは，それまでのアメリカ的経営方式の導入の波と比べた場合，日本とドイツの企業にどのような影響をおよぼすことになっているのか，企業経営の「アメリカ化」における性格の変化の意味を明らかにすることが重要となってくる。

　このようなアメリカ的経営方式の導入をめぐっては，移転先の国の諸条件にあわせて修正・適応され適合されるかたちでどのような独自の経営のスタイル，様式，特徴がみられることになったのか，そのことはいかなる意義をもったのかという点が，重要な問題となってくる。ことに1970年代初頭までの戦後の経済成長期におけるアメリカ的経営方式の導入を大きな契機とする企業経営の基本的構造とそれのもつ意義の解明が，重要となってくる。その意味でも，アメリカ的経営方式の導入と生かし方が問題となってくるのであり，そのことのもつ企業経営上の意義と社会経済的意義，その後の時期の展開におよぼした影響の解明，各国における企業経営の独自的なあり方とそれを規定する諸要因の解明が，重要な課題となってこよう。

　ここで，本書のテーマに関する先行研究についてみておくと，日本とドイツのいずれかの国における産業集中体制の問題，アメリカ的経営方式の導入を重要な契機とする企業経営の変化を考察した研究は多くみられるが，日本とドイツの比較をとおしてこうした問題を分析した研究はきわめて少ない。主要な経営方式を包括的・系統的に取り上げて考察した研究は，皆無といってよい。そ

うしたなかで，戦後の日本企業とドイツ企業の発展，企業経営の比較を試みた研究もみられるが，そこでは，両国の企業経営の重要な問題が取り上げられているとはいえ，企業経営の具体的な展開過程，アメリカの経営方式・システムの導入による変化が体系的に考察されているわけでは必ずしもない[13]。

　戦後における日本とドイツの企業経営の変革，企業の発展の重要な契機をなしたのはアメリカの経営方式・システムの導入であり，こうした問題は本書でも中心的な対象をなすものであるが，日本とドイツにおける企業経営の「アメリカ化」のこれまでの研究状況としては，つぎのような点を指摘することができる。日本あるいはドイツの資本主義的特質に規定されて，アメリカ的経営方式の導入における修正，改造に関して，どの部分がいかに修正されて導入されたのか，アメリカ的要素と日本的要素とが，あるいはアメリカ的要素とドイツ的要素とがどのように混合・ハイブリッド化されることになったのかという点については，十分に明らかにされているわけではない。またそのような修正的導入を規定した諸要因とは何か，経営方式によっていかなる状況の相違がみられるのか，そのようなアメリカ的経営方式の導入は日本とドイツにとっていかなる意義をもつものであるのかという点についても，十分な解明が行われているわけではない。しかも，日本あるいはドイツのいずれかの特定の国の問題を考察した研究にあっても，当時導入が試みられたアメリカ的経営方式を広く包括的に取り上げて分析した研究はきわめて少ない。編著書の場合には，特定の国の問題に考察を限定した研究，あるいは複数の国を取り上げた比較研究のいずれの場合でも，別々の章において異なる著者によって特定の国や個別の経営方式が分析されているというかたちがほとんどであり，統一的な視点からのトータルな分析というかたちになってはいない[14]。

　また日本とドイツの企業経営の展開，企業の発展が今日のグローバル地域化，すなわち日本企業のグローバル・アジア化，ドイツ企業のグローバル・ヨーロッパ化というグローバル地域化のあり方に帰結する全般的な傾向，そこにみられる企業の行動様式の分析・把握という点についても，これまでの研究では取り上げられてはこなかった。しかし，1970年代初頭までの時期を中心とする経営の「アメリカ化」，その後の時期における企業経営の展開は，1990年代以降に本格的な進展をみる「グローバル化」と「地域化」の動きにおける両国

の相違に結実しており，こうした視角からの歴史的過程の分析・把握が必要かつ重要である。企業経営が社会経済の発展において果たした役割・意義の解明が重要な課題となるのであり，日本とドイツの企業経営の全体構造，システムの解明をとおして，企業経営が社会経済の発展においてどのような役割を果たしたのか，その意義を解明することが重要となってくる。こうした問題意識から，本書の研究は，日本とドイツの独特なマネジメント（企業経営）が果たした役割，すなわち，グローバル化のもとでの地域化における両国の相違を企業経営のレベルで規定している諸要因・関係の解明を試みるものでもある。

第2節　企業経営の日独比較の方法

　以上のような本書の研究課題をふまえて，つぎに，企業経営の日独比較の方法・枠組みについてみておくことにしよう。筆者はこれまで，日本において独自の発展をとげてきた「批判的経営学」，なかでも「企業経済学説」の研究方法を受け継ぎながらも，それを今日的に発展させるかたちで分析の方法・フレームワークを構築してきた。「企業経済学説」においては，「政治経済学――部門経済学――企業経済学」という経済科学の体系のもとに，「政治経済――産業経済――企業経済（経営経済）」の相互の関連のなかでそれぞれの問題がどのように規定されたか，またその国のどのような独自的な企業経営のあり方，特徴が生み出されることになったかという点の解明が，行われてきた[15]。そこでは，客観的な変化の社会科学的意義，変化・発展の法則的な関係性を明らかにすることが重視されてきた。

　本書では，こうした研究の流れを受け継ぎ，企業レベルに固有の諸要因に限定されることなく，企業経営をとりまく経済的要因と産業的要因を十分に取り込んで分析し，企業の活動がその国の資本主義の再生産構造（蓄積構造）を築いてきた過程を解明している。日本とドイツの企業経営のあり方に影響をおよぼす政治経済的諸要因との関連での，また産業経済的（産業的）諸要因をふまえた考察を行うという，「多要因分析」の方法に基づいて論究している。

　そのさい，日本とドイツの社会経済的特質に規定されて戦後における両国の企業経営はどのように展開されたのか，主要各国に一般的にみられる共通項の

なかでの日本的特徴あるいはドイツ的特徴，それらの国に特殊的な現象形態とはどのようなものであるのか，そのことはいかなる意味をもったのかという点の分析を重視している。ひとつには，戦後の両国の発展が各国の企業経営のなかにいかに貫いているのか，両国の企業経営の特殊的な展開がそれぞれの資本主義発展のあり方をいかに規定することになったのかという点である。いまひとつには，ドイツにとっての「ヨーロッパ」と日本にとっての「アジア」という両国の企業経営の重要な基盤をなすべき地域的条件との関連に注意を払いながら分析を展開するということである。この点は，戦勝国による占領政策の影響とアメリカとの経済関係，とくに貿易関係（市場依存）という点との関連をふまえた分析，日本とドイツの地域的条件がアメリカやそれ以外の諸国との経済関係のあり方をどのように規定することになったのかという点をふまえた分析を行うことを意味する。本書では，このような分析の視点のもとに，日本資本主義あるいはドイツ資本主義の構造によってそれぞれの国の企業経営がどのように規定されることになったか，産業集中のあり方がどう規定されたか，また逆にそれらによって両国の資本主義の型やあり方がどう規定されたかという構造分析のフレームワークに基づいて考察を行う。

　本書では，企業経営を総括的・全体的に分析するための基本的方法として，「**企業経営の構造体系**」という著者独自のフレームワークを提起するとともに，戦後の日本とドイツにおける企業経営の変化の重要な契機をなしたアメリカ的経営方式の導入・移転の問題を分析するための視角として「**再構造化**」という概念を提起する。これら2つの独自の分析の枠組みは，日本とドイツの企業経営の比較において根幹をなすものである。

1　基本的視点としての「企業経営の構造体系」

　まず「企業経営の構造体系」という概念についてみると，それは，市場の関係や資本の関係の面でのグローバルな連関・連鎖にみられる世界的な資本主義の相互の関連性・規定性（資本主義の世界的構造）のなかにあって，「ある国の資本主義的特質のもとでの企業経営の固有のあり方を規定する条件をなす構造的枠組み」を意味するものとしてとらえる。そこでは，そうした構造的枠組み・条件に対応あるいは照応するかたちで企業経営の具体的なありよう，あり

方が規定されるという面が重視されている。またそのような条件のもとでの企業経営のあり方が逆に「企業経営の構造体系」にどのような影響・作用をおよぼすことのなったか，その規定性という面も重要な問題となってくる。「企業経営の構造体系」という概念は，企業をとりまくある国の資本主義的システムの構造，産業的システム，市場や資本の面での関係などの外部的な経営環境的要因と，企業の内部構造的な側面（生産関係における制度としての労使関係のほか，管理や組織，ことに一層制構造か二層制構造かといったトップ・マネジメントのシステムなどの制度的な面にみられる経営構造的要因）による規定性をさす概念として用いる。なお両者の関連については，一般的には，企業経営の展開のありよう，あり方を規定する当該国の資本主義的な外部的要因・条件的枠組みによる規定的関係のもとで，企業経営のあり方が大きく方向づけられ，さらにその上でその国の企業の制度的特質・機構による経営への規定性が作用するという関係にある。

　「企業経営との全体的な関連性」という点については，今日的問題をも視野に入れて一般的にいえば，「資本主義の世界的構造」として，戦後のアメリカを枢軸とする世界資本主義体制の枠組みにみられるような覇権国の主導と援助のもとでの支配構造的な世界的連関とともに，ことに市場と資本の関係においてグローバルに広がった世界水平的な連関性・相互規定性をめぐる問題がある。戦後におけるアメリカの世界戦略のもとでの貿易制度およびドルを基軸通貨とする国際通貨体制の構築は，世界市場の整備をはかるものであり，市場構造，わけても商品市場の発展に対して促進的作用をおよぼすものであった。こうした国際通貨体制と世界貿易制度による国際市場の条件の整備，マーシャル・プランによる支援政策とそのもとでの生産性向上運動の展開を基礎とする資本と市場の国際的な連関・連鎖の問題のほか，企業経営の変化に大きくかかわる生産力発展のための条件の組み込みなどの問題がある。すなわち，それらは，資本主義市場における貿易の自由化の体制と固定相場制のもとでの市場の世界的連鎖の広がり・深まりをもたらすものであった。この「資本主義の世界的構造」については，基本的に戦後の資本主義世界の諸国におよぼす作用要因であるが，そのなかにあって，第2次大戦における同じ敗戦国であっても，日本とドイツのおかれていた状況，条件は必ずしも同一ではなく，それぞれの国

の特殊的状況もみられる。

　例えばヨーロッパにおけるマーシャル・プランとそのもとでの生産性向上運動の国際的展開も，アメリカの世界戦略のもとでの資本主義の世界的構造と深くかかわる問題であるが，それは，資本主義諸国への資本援助と技術援助の展開，欧州の各国，ことに西ドイツの世界資本主義への組み込みを強化し，市場の世界的な連鎖の関係の創出を促進するものであった。なかでも，ドイツの東西分裂という特殊的事情とヨーロッパの経済再建における最有力工業国としての位置から，西ドイツはそのような世界的な連関・連鎖の中核をなしたといえる。この点は，戦後の資本主義の世界的構造において重要な意義をもった生産性向上運動の国際的展開のなかでの西ドイツの特別な位置にもあらわれている。それゆえ，戦後の資本主義の世界的構造については，旧社会主義圏における世界的な構造との比較，東西冷戦とドイツの東西分裂とその影響という点をふまえてみていくことが重要となってくる。さらに市場の連鎖という点での戦後の資本主義の世界的構造については，そのような市場的関係は，西ヨーロッパ統合による共同市場化のもとでの地域市場の深い連鎖の創出によって補完されるという関係にもあった。またアメリカの対ドイツ政策は，大企業解体・コンツェルン解体，独占規制への圧力というかたちで，「国家と企業の関係」，なかでも競争制限防止法のかたちで一応の結実をみる戦後の独占規制の問題にも大きな影響をおよぼした。同様のことは日本においてもみられ，それは，財閥解体，独占禁止法の制定など独占規制にかかわる占領政策，戦後改革にあらわれている。

　世界的な資本主義の相互の連関・規定性を構造化した「資本主義の世界的構造」のもとでの当該国に固有の条件性をふまえて分析することが，重要である。それには，①国家と企業の関係，②生産関係としての労資関係の制度的側面をなす労使関係，③企業間関係に基づく産業システム，④金融システム，⑤生産力構造，⑥産業構造，⑦市場構造，⑧それらとも関係する「企業と市場との関係」，すなわち「市場化のあり方」などである。

　そこで，企業経営の構造体系にかかわる諸要素についてみると，①の「国家と企業の関係」については，国家の秩序政策，ことに独占規制政策，貿易政策，産業政策などがある。また②の「労使関係」については，労働協約を軸と

する労使関係のシステムのあり方や経営参加制度などがあるが，それらは，企業にとっての外部環境的要因をなすとともに，同時にまた企業の内部構造的要因をなすものでもある。③の「企業間関係に基づく産業システム」には，企業間の所有と支配の構造，産業企業間の関係や，「産業と銀行の関係」に基づく産業システムのほか，大企業体制としての企業グループ体制（コンツェルン体制）における協調的な産業システム・体制などがあげられる。④の「金融システム」については，企業金融にかかわる問題のほか，銀行業務と証券業務の分離のシステムであるか両者が一体となった経営が可能なシステムであるかという点がある。アメリカのように州ごとに分断された銀行制度であるか日本やドイツのように全国的に統合された銀行制度(16)であるかということも，証券市場の役割とのかかわりも含めて，企業経営に影響をおよぼす要因となりうる。また今日的にみれば，情報技術を基礎にしたネットワークに支えられるかたちで金融市場を世界的につなぎ，市場の国際的な連鎖の著しい拡大をもたらす金融的システムの問題がある。さらに金融システムを媒介とした「産業と銀行の関係」のあり方にかかわる，金融機関を基軸とする協調的な調整システムの問題がある。

　また⑤の「生産力構造」に関しては，生産力の歴史的な発展の特質，そのもとでの労働力利用のあり方，職業教育制度や専門技能資格制度などを反映した生産体制のあり方が生産力構造の変化にどのような影響をおよぼしたか，いかなる規定的関係をもったかという点が重要となってくる。⑥の「産業構造」については，当該国の資本主義の歴史的発展過程にも規定された産業発展の特質，産業構造的特質や，国際競争力を有する産業部門がどこであるかという点での構成の問題，その産業の特性をめぐる問題などがある。そこでは，基幹産業部門の構成，産業特性（例えば技術特性，市場特性，製品特性）からみた産業の諸特徴，国際競争力や産業部門間の相互の連関・からみあいという点からみた各産業の国民経済に占める位置，国家とのかかわり，国家への依存の強さ・弱さという面や資本蓄積条件の産業間の差異といった問題などが関係してこよう。⑦の「市場構造」については，商品市場，労働市場および金融市場が含まれるが，なかでも商品市場に関していえば，その国の企業のターゲットとなる市場の特質，商品構成，ことに輸出市場における地域構成とそこでの商品構

成，輸出先となる国の貿易政策の問題，それらの諸要素にも規定された競争構造のありようなどが，企業の経営行動に大きく関係してくる。こうした市場構造については，産業間でも大きな差異がみられるということも考慮に入れておくことが必要となる。さらに市場構造を今日的にみれば，2008年に決定的に顕在化したアメリカ発の金融危機と実体経済へのその影響の世界的な広がりや，特定の国の市場の収縮による影響のグローバルな拡大・連鎖などにみられるように，世界的な市場の連鎖とその影響の問題がある。

　さらに⑧の「企業と市場との関係」，すなわち「市場化のあり方」については，その国の資本主義的市場化のあり方が企業経営や産業集中のあり方におよぼす影響，規定性が問題となってくる。またそうした資本主義的なあり方に規定された企業経営，産業集中のあり方，特質は，市場化のありようともかかわって，当該国の資本主義の独自的なタイプなり特徴を一面において規定するという関係にもある。

　以上のような全体的な関連性のなかで，またここにあげた8つの諸要素を構成する各諸要因・問題の相互の関連性・規定性のなかで，どのような企業経営の変化，産業集中の変化がみられることになったのか。また企業経営レベルの変化に規定された生産力の発展と市場との関係のなかで，戦後における日本とドイツの資本主義の蓄積構造がどのように規定されることになったか。こうした点の解明が重要な問題となってくる。本書では，日本とドイツの企業経営の変化，さらに産業集中体制の変化をあとづけ，そのなかで，生産力と市場との関係の変化を軸に日本資本主義，ドイツ資本主義を構造的にとらえる試みを行うことにする。

2　国際移転の分析の枠組みとしての経営方式の「再構造化」

　また各国の企業経営の展開に大きな影響をおよぼしたアメリカの経営方式の導入・移転という点に関していえば，そうした現象は「アメリカ化」としてとらえることができる。こうした問題を分析するためのフレームワークをいかに設定するかということが，重要となってくる。本書では，導入されてきた外国の経営方式の適応・修正・適合をともなう変化の諸相を明らかにするための視角として，「再構造化」という分析の枠組みを設定している。ここにいう「再

構造化」とは,「ある国の資本主義の構造的特質によって規定された企業経営の方式やシステム,あり方が移転先の国の資本主義の構造的特質にあわせて適応・修正され,適合されるかたちで定着し,機能するようになること」をいう。そこでの資本主義の構造的特質においては,①生産力構造,②産業構造,③市場構造の3つが基本をなし,それらを反映したその国の特質が,「再構造化」の問題と深く関係する。また④経営観,企業経営の伝統,文化的要因や⑤制度などの面の規定性も,再構造化のあり方に深く関係している。以上の5つの諸要因が企業経営の「アメリカ化」における「再構造化」に深くかかわってくる。

これら5つの諸要因のうち,生産力構造,産業構造および市場構造にかかわっていえば,つぎのようにいえるであろう。まず**市場構造**に関していえば,なかでも商品市場については,ある国の市場の特質,商品構成,ことに輸出市場における地域構成とそこでの商品構成,輸出先となる国の貿易政策の問題,それらの諸要素にも規定された競争構造のありようなどが,企業の経営行動に大きく関係してくる。それゆえ,市場構造の相違にあわせた経営展開が求められる。例えばドイツの場合,国内市場の特質のみならず,貿易において非常に大きな位置を占めるヨーロッパ市場のもつ特質と意義が重要であるほか,共同市場のような市場の条件が企業経営の展開におよぼす影響が,重要な問題となる。標準化のすすんだアメリカの市場の条件との比較でみれば,消費者の品質重視や機能重視の志向など,市場の特質は,各国において必ずしも同じであるというわけではない。そのことは,企業の製品戦略やマーケティング活動,生産の方式,労働力利用のあり方などとも深いかかわりをもつ。またヨーロッパでは,重化学工業と加工組立産業を中核とするドイツの産業構造的特質のもとで,また同地域の諸国間にみられる産業構造の差異のもとで,産業分野や製品分野の間の相互補完的な貿易関係,各国の間の生産分業的関係が他の地域と比べても強い。このことは,ヨーロッパ市場の条件に適合的なドイツの企業経営のあり方とも深く関係している。

労働市場についてみると,その構造的特質や各種の規制的措置のありようが企業経営のあり方に深く関係する。ことに経営者・管理者の労働市場が外部労働市場となっているか内部労働市場となっているかという点は,企業内の昇進

システムと深いかかわりをもつだけでなく，経営者教育・管理者教育，さらには当該企業の経営の価値基準にも大きな影響をおよぼす要因ともなる。金融市場については，信用業務にかかわる市場と証券市場との関連およびそれらの構成，金融機関の制度的なシステムなどが企業間関係のあり方にも深いかかわりをもつ。今日顕著に現れているように，金融市場が商品市場や労働市場におよぼす影響は大きく，その世界的な連鎖の関係による影響をふまえてみていくことも，重要となる。

　また**産業構造**については，当該国の資本主義の歴史的発展過程にも規定された産業発展の特質，産業構造的特質や，国際競争力を有する部門の構成，当該産業の特性の影響などが重要である。しかしまた，産業構造に関しては，輸出の主要なターゲットとなる地域の諸国の産業構造との共通性や相違も重要な意味をもつ。例えばドイツの場合，戦後には，先進工業諸国が存在していた西ヨーロッパの他の諸国との生産力格差と産業構造の差異のもとで，アメリカ的経営方式の導入をはかりながらも，ヨーロッパ市場の特質により適合的な企業経営の展開によって，「棲み分け分業」とでもいうべき産業分野・製品分野間の相互補完的な貿易体制[17]の構築がはかられてきた。こうした各国間の産業構造の差異は，EUにおける市場統合の深化，EUの東方拡大による共同市場のさらなる拡大のもとで，一層大きな意義をもつようになっている。こうした点を日本についてみると，戦後において輸出市場の中核をなしたアメリカとの関係では，両国の基幹産業が重なっている部分も多く，ドイツとヨーロッパ諸国との間の産業構造の相違にみられるような状況とは大きく異なっている。

　さらに，こうした市場構造と産業構造にも適合的な**生産力構造**のありよう，それまでの発展過程を反映した生産力構造の特質も重要な問題となってくる。それまでに形成されてきた生産力構造の特質は，専門技能資格制度や職業教育制度ともかかわって，外国で生み出された経営方式の生産力的要素の導入，労働力利用のあり方などにも大きな影響をおよぼすことにならざるをえない。そこでは，これらの制度のもつ特質を反映した生産体制のあり方が生産力構造の変化にどのような影響をおよぼしたかという点が，重要となってくる。例えばドイツでは，アメリカ的な大量生産方式とは異なるかたちでの第2次大戦前にみられた「品質重視のフレキシブルな生産構想」の伝統[18]のほか，アメリカ

より少ない生産量のもとでも一定の量産効果の追求や生産のフレキシビリティを確保することをめざした大量生産方式の展開[19]の歴史がある。またマイスター制度のような専門技能資格制度や職業教育制度に支えられるかたちでの，熟練労働力に依拠した生産体制の基盤がみられる。アメリカの技術と経営方式の導入を基礎にしながらも，それらは，第2次大戦後の生産力構造の変化にかかわる重要な要因として作用することになった。一方，日本でも，狭隘で多様化した市場という特質[20]にあわせた生産力構造の形成，そのための生産システムの独自的な部分を多分に含んだ展開など，アメリカ的経営方式の導入における「再構造化」のあらわれがみられる。

　ある国の資本主義の構造的特質を示すこれらの諸要素は，経営観，企業経営の伝統・文化，さらに制度の面とも深く関係している。**経営観，企業経営の伝統・文化的諸要因**は，企業経営の価値基準にかかわる問題である。利潤追求を最大の目標とする資本主義制度のもとでも，企業の経営において重視される価値基準は，各国において必ずしも全面的に同一のものであるというわけでは必ずしもない。例えばプラグマティズムに基づく価値基準が伝統的に重視されてきたアメリカ，利子生み資本としての金融的利得の獲得や資本市場指向の経営のあり方に大きな価値基準をおくアメリカやイギリスに対して，ドイツを含む大陸ヨーロッパや日本では，そのような価値基準が第一義的に重視されるというものでは必ずしもない。こうした価値基準の違いは，生産や技術，品質を重視するか，あるいはより直接的に利益に結びつきやすいマーケティング的方策，短期的な利益や金融利得の獲得により大きな価値をおくかという点において，企業行動におよぼす影響は大きい。しかしまた，経営観，企業経営の文化的側面は，たんに文化一般という問題ではなく，企業がターゲットとする市場の構造的特質とも深いかかわりをもつものである。例えばある国や地域の商品市場が製品の品質や機能を重視する傾向が強い場合には，そうした市場特性にあわせた経営の価値基準として，技術や機能，生産の面での価値や差別化が重視されることも多い。このように，市場特性は，企業が重視する経営の価値基準のあり方にも深いかかわりをもつ。こうした経営観の影響は，1990年代以降のグローバリゼーションのもとでの「アメリカ化」の再来のなかにあっても，アメリカ的な経営モデル，ことに株主価値重視の経営や資本市場指向のコーポ

レート・ガバナンスの広がりという動きに対して抑制的に作用してきたという面も強い。

このような経営観は，各国において重視される合理性原理のありようとも深く関係している。すなわち，経営方式の有力なモデルを生み出しきたアメリカとの合理性原理，経営観の相違を重視しながら，日本やドイツとの比較，日本とドイツの間の比較を行うなかで，各国の企業経営の特徴をよりクリアにするという視点が重要となる。アメリカにおける合理性原理においては，市場の機能を信じ，競争が生む創造性と恩恵を最大限に享受することを徹底して重視したものであるという特徴がみられる。そこでは，プラグマティズムに基づく経営観が根底にあり，そのような企業経営の価値基準のもとで，「能率向上」という原理が歴史的にも重要視されてきた。これに対して，日本では，長期的な利益の確保や濃密な人的関係に基づく信頼による協調がもたらす，集団主義的思考を基礎にした社会的な合理性を考慮した合理性原理が重視されるなかで，短期的な利益の追求よりはむしろ長期志向の観点に基づく企業の運営の重視，利益極大化よりはむしろ市場シェアの重視という経営観が普及してきた。またドイツでは，合理性原理としては社会的合理性の観点が重視されており，それは主体間の調整を重視したかたちでの合理性である[21]。そのような合理性原理の重視という傾向のもとで，長期的な利益の配慮と社会共同体としての企業を優先するという考え方が重視される[22]とともに，製造業に国際競争力部門をもつという産業構造的特質のもとで，技術・品質・生産重視の経営観が企業経営の中核的な価値基準となってきたといえる。

さらに**制度的要因**に関していえば，それには各種の規制を含む法制度，労使関係，教育制度，専門技能資格制度などがある。とくに労使関係は，労働条件や雇用保障の体制のもとでの労働力への教育投資，それを基礎にした企業の製品戦略や市場戦略，そのような戦略に適合的な生産や経営のシステムなど，企業経営の特徴を規定する要因ともなる。またその国の教育制度のありようは，経営者や管理者の養成，熟練労働者の養成，さらには生産体制とも深いかかわりをもつとともに，経営者の価値基準に影響をおよぼす要因にもなりうる。また「資本主義の多様性」の議論にみられるように，ある国の生産レジームのあり方は，教育訓練制度のほか，労働市場規制とコーポレート・ガバナンス，金

融制度，市場競争と技術移転からみた企業間関係などの制度的諸要因とそれら
の補完性に深く関係している[23]。それゆえ，ある国の生産のシステム，それ
を支える経営方式が他の国に導入・移転される場合には，これらの制度的諸要
因も，経営方式の「再構造化」に影響をおよぼす要因となりうる。

　このような「再構造化」という分析の枠組みは，ある経営の方式やシステム
が生み出された国とそれが導入・移転される国の資本主義の再生産メカニズム
にかかわる構造的特質という「条件性」を重視したものである。またある国の
経営の方式やシステムなどが移転先の国の資本主義の構造にあわせて適応・修
正されるかたちで取り入れられ，機能することによって，そうしたあり方が，
当該国の資本主義の構造とその特質，再生産構造を一面において規定すること
にもなりうる。本書での「再構造化」は，企業およびそれにかかわる人間の行
為について，企業という組織における社会制度が他の国に移転するときにそれ
がつくりかえられるさいの問題に光を当てるものである。すなわち，ここにい
う「再構造化」とは，ある国の資本主義の構造的特質にあわせてつくられた経
営方式が外国から入ってくる場合も，また自国の方式を外国に展開させていく
ときにも，受け入れ国のもつ資本主義の構造的特質にあわせて，それに適合的
なかたちに修正・改造されることをいう。したがって，再構造化は，異なる条
件への構造適応の過程を意味しており，そこでは，企業経営の全体構造をみる
視点という構造分析の方法が，基本にすえられている。本書では，こうした筆
者独自の分析枠組みに基づいて，国際比較の視点から日本とドイツにおけるア
メリカ的経営方式の導入・移転をめぐる問題を考察する。

　以上において，本書の研究課題，分析の方法・枠組みについて明らかにして
きた。本書では，国際比較の視点からアメリカ，日本およびドイツという主要
国に共通する傾向性のなかにみられる日本的な現象形態，ドイツ的な現象形
態，それらの諸特徴が戦後の歴史的過程のなかにいかに貫徹しているのかとい
う点を明らかにしていく。まず第1部において，戦後の大企業体制において根
幹をなす産業・銀行間関係に基づく産業システムと企業グループ体制の両面か
ら産業集中体制の日独比較行う。それをふまえて，第2部では，戦後の日本と
ドイツの企業，産業，経済の復興・発展において重要な役割を果たしただけで

なく，企業経営の変化の重要な契機をなしたアメリカ的方式の導入，すなわち
企業経営の「アメリカ化」の日独比較を行う。

　このような「アメリカ化」の過程は1970年代初頭にほぼ完了の段階に至る
が，その後の時期にみられた資本主義の構造変化のもとで，こうした産業集中
体制の再編とアメリカ的経営方式の導入を基礎にした日本企業とドイツ企業の
国際競争力については，大量生産システムの再編というかたちで一層の強化の
ための動きがすすむことになった。それゆえ，補論1では，1970年代から80年
代の加工組立産業における大量生産システムの改革，新しい展開について考察
を行う。さらに，1990年代以降になると，グローバリゼーションの大きな動き
のなかで，株主主権のアメリカ的経営モデルである株主価値経営，資本市場指
向のコーポレート・ガバナンスへの転換の圧力が強まり，そのような経営への
転換の動きがすすむことになった。その意味でも，それは企業経営の「アメリ
カ化」の再来であり，第4の波をなす。それゆえ，補論2において，こうした
アメリカ的経営モデル，コーポレート・ガバナンスへの転換をめぐる問題につ
いても，考察を行うことにする。これら2つの補論によって，1970年代以降の
時期から最近に至るまでの重要な問題について，本書を補うかたちとなっている。

(1) 拙書『現代経営学の再構築——企業経営の本質把握——』森山書店，2005年，第8
　　章。
(2) 1971年，73年，80年，85年，1990年の日本円とドイツマルクの対ドルの為替相場を年
　　平均でみると，前者（実質実効為替レート指数）はそれぞれ，349.33円，271.666円，
　　226.685円，238.526円，144.810円となっており，後者はそれぞれ3.5074マルク，2.6726
　　マルク，1.8177マルク，2.9440マルク，1.6157マルクとなっている。1980年代前半には
　　「強いドル」というアメリカのレーガン政権の政策によって，対ドルの円およびマル
　　クの為替相場はいずれも下落の傾向にあったが，80年代後半には再び大きく上昇して
　　いる。International Monetary Fund, International Financial Statistics（https://data.imf.
　　erg/?sk=5 D ABAFF 2 - 5 AD- 4 D27-A-175-1253419C02D 1 &sId=1390030341854）（2017
　　年3月28日参照），日本銀行「時系列統計データ」（http:// stat-search.boj.or.jp/ssi/
　　cgi-bin/famecgi 2 ?cgi-$graphwnd）（2017年3月28日参照），『財政金融統計月報』，第
　　458号，1990年6月，74–75ページ。
(3) 例えば，拙書『現代のドイツ企業——そのグローバル地域化と経営特質——』森山
　　書店，2013年，第12章のほか，R. v. Tulder, W. Ruigrok, International Production
　　Networks in the Auto Industry : Central and Eastern Europe as the Low End of the West

Europe Car Complexes, J. Zysmann, A. Schwartz（eds.）, *Enlarging Europe : The Industrial Foundations of a New Political Reality*, Berkeley, California, 1998, p. 215, L. Pries, Volkswagen : Accelerating from a Multinatinal to a Transnational Automobile Campany, M. Freyssenet, K. Shimizu, G. Volpato（eds.）, *Globalization or Regionalization of the European Car Industry?* Basingstoke, 2003, p. 62, E. W. Schamp, The German Automobile Production System going European, R. Hudson, E. W. Schamp（eds.）, *Towards a New Map of Automobile Manufacturing in Europe? New Production Concepts and Spatial Restructuring*, Berlin, Heidelberg, New York, 1995, p. 101などを参照。

（4）フォルクスワーゲンが中国での生産を開始したのは1985年のことであり，合弁の上海フォルクスワーゲン社でのサンタナの生産であった。Volkswagen AG, *Bricht der Volkswagen AG über das Geschäftsjahr 1985*, S. 70, Volkswagen AG, *Bricht der Volkswagen AG über das Geschäftsjahr 1988*, S. 18.

（5）この点については，前掲拙書『現代のドイツ企業』，第12章を参照。

（6）前川恭一『現代企業研究の基礎』森山書店，1993年，11-12ページ。

（7）前川恭一『日独比較企業論への道』森山書店，1997年，58ページ。

（8）この点をドイツについて分析した研究として，拙書『ドイツ戦前期経営史研究』森山書店，2015年，拙書『ドイツ企業管理史研究』森山書店，1997年，拙書『ヴァイマル期ドイツ合理化運動の展開』森山書店，2001年，拙書『ナチス期ドイツ合理化運動の展開』森山書店，2001年を参照。

（9）Bundesminister für Wirtschaft, Bericht über Produktivitäts-Massnahmen in der Bundesrepublik Deutschland, *Bundesarchiv Koblenz*, B102/37023. アメリカ主導の生産性向上運動の国際的展開については，拙書『戦後ドイツ資本主義と企業経営』森山書店，2009年，第2章を参照。

（10）Produktivitätsprogramm（5.8.1953）, *Bundesarchiv Koblenz*, B102/37099, Produktivitätsprogramm, Dezember 1954, *Bundesarchiv Koblenz*, B102/37100.

（11）企業経営の「アメリカ化」の第1および第2の波については，前掲拙書『ドイツ戦前期経営史研究』，前掲拙書『ドイツ企業管理史研究』，前掲拙書『ヴァイマル期ドイツ合理化運動の展開』，前掲拙書『ナチス期ドイツ合理化運動の展開』を参照。

（12）第2次大戦後にアメリカから紹介され導入が問題となった経営の方式としては，コントローラー制度のほか，予算管理や標準原価計算のような管理会計の手法などもみられたが（例えば，下川浩一「戦後の経営者と経営管理　サラリーマン経営者とアメリカ的経営管理」，小林正彬・下川浩一・杉山和雄・栂井義雄・三島康雄・森川英正・安岡重明編『日本経営史を学ぶ　3　戦後経営史』有斐閣，1976年，54ページ，58-60ページ，土屋守章「企業経営の近代化　日本的経営革新の模索」，小林・下川・杉山・栂井・三島・森川・安岡編，前掲書，294-295ページ），それらは会計の領域に深く関係する経営手法であることから，本書では考察の対象外としている。今後の研究課題としたい。

序章　企業経営の日独比較　*23*

(13) 例えば，A. Kudo, M. Kipping, H. G. Schröter（eds.），*German and Japanese Business in the Boom Years. Transforming American Management and Technology Models*, London, New York, 2004, 前川，前掲『日独比較企業論への道』，大橋昭一・小田章・G.シャンツ編著『日本的経営とドイツ的経営』千倉書房，1995年，大橋昭一・深山明・海道ノブチカ編著『日本とドイツの経営』税務経理協会，1999年などを参照。

(14) 日本あるいはドイツにおけるアメリカ的経営方式の導入に関する先行研究については，紙幅の関係から列記は割愛することとし，本書の各章において引用されている著書，論文，各種の調査資料などを参照されたい。

(15) 例えば，前川，前掲『現代企業研究の基礎』，前川，前掲『日独比較企業論への道』，前川恭一『ドイツ独占企業の発展過程』ミネルヴァ書房，1970年，上林貞治郎『経営経済学・企業理論』所書店，1976年，上村貞治郎『新版現代企業総論』森山書店，1987年，上林貞治郎ほか『経営経済学総論』大月書店，1967年，林　昭『現代ドイツ企業論　戦後東西ドイツ企業の発展』ミネルヴァ書房，1972年などを参照。なお「企業経済学説」のこれらの論者にみられる研究方法のもつ問題点については，前掲拙書『戦後ドイツ資本主義と企業経営』，23-24ページの注19を参照。

(16) 工藤　章『日独経済関係史序説』桜井書店，2011年，261ページ。

(17) 古内博行『現代ドイツ経済の歴史』東京大学出版会，2007年，第3章2を参照。

(18) Vgl. M. Stahlmann, *Die Erste Revolution in der Autoindustrie. Management und Arbeitspolitik von 1900-1940*, Frankfurt am Main, New York, 1993.

(19) Vgl. T. v. Freyberg, *Industrielle Rationalisierung in der Weimarer Republik : Untersucht an Beispielen aus dem Maschinenbau und der Elektroindustrie*, Frankfurt am Main, New York, 1989, T. Siegel, T. v. Freyberg, *Industrielle Rationalisierung unter dem National-sozialismus*, Frankfurt am Main, New York, 1991.

(20) 例えば，藤本隆宏『生産システムの進化論　トヨタ自動車にみる組織能力と創発プロセス』有斐閣，1997年，57ページ，59ページ，74ページ，100ページ，120ページ，橋本寿朗『戦後日本経済の成長構造　企業システムと産業政策の分析』有斐閣，2001年，241-242ページなどを参照。

(21) 日米独の合理性原理をめぐる問題については，拙稿「国際比較の視点からみた市民社会の可能性と企業の役割――ドイツと日本――」『比較経営研究』，第40号，2016年3月，13-14ページ，前掲拙書『現代のドイツ企業』，584-586ページを参照。なおドイツ企業の長期志向の経営重視という点については，W. R. Smyser, *The Economy of United Germany : Colossus at the Crossroads*, Harlow, 1992, p. 74〔走尾正敬訳『入門現代ドイツ経済』日本経済新聞社，1992年，104ページ〕をも参照。

(22) M. Albert, *Capitalisme contre Capitalisme*, Paris, 1991, p. 105, p. 137, pp. 231-232, p. 275〔小池はるひ訳『資本主義対資本主義』，新訂版，竹内書店，1996年，116ページ，152ページ，254ページ，301ページ〕.

(23) P. A. Hall, D. Soskice, An Introduction to Varieties of Capitalism, P. A. Hall, D. Soskice

（eds.）, *Varieties of Capitalism : The Institutional Foundations of Comparative Advantage*, Oxford, 2001〔遠山弘徳・安孫子誠男・山田鋭夫・宇仁宏幸・藤田奈々子訳『資本主義の多様性：比較優位の制度的基礎』ナカニシヤ出版，2007年〕参照。

第1部　大企業への産業集中体制の日独比較

第1章　企業グループ体制の日独比較

　日本とドイツは，ともに第2次大戦の敗戦国でありながら，戦後，企業，産業および経済の急速な復活・発展をとげ，世界有数の貿易立国となった。他国に類をみないこうした急速な発展の実現において重要な役割を果たしたのが，アメリカの技術と経営方式の導入とともに，産業集中の独自的なシステムの構築であった。それは，戦後における企業の発展の重要なプロセスとして展開された。それゆえ，第1部では，戦後における日本とドイツの企業経営の問題とも深くかかわる，企業間関係に基づく産業集中の問題について考察を行い，こうした集中体制の構造とそこにみられる変化の諸特徴・意義を明らかにする。

　戦後の企業間結合のあり方を産業集中という面でみると，それは，産業・銀行間関係に基づく産業システムと企業グループ体制（コンツェルン体制）に最も特徴的に表れており，日本とドイツにおける資本主義の蓄積構造の基軸をなすものとなっている。産業・銀行間の関係は戦前にもみられたが，戦後には，産業システムの新しい展開となって現われ，産業と銀行の間および産業企業間の協調的なシステムとして重要な役割を果たすようになった。また戦後の占領政策のもとで解体された独占的大企業の再結合が推し進められ，それにともない企業グループの体制の新展開がすすむことになった。しかし，それは，戦前の構造へのたんなる復帰ではなく，寡占的競争に適合的な事業構造への再編などをとおして企業グループ体制の新しい構造をもたらした。また子会社の設立や資本参加，競争関係にある企業の集中・結合などによって，新分野への進出や，親会社の事業領域を補完するかたちでの多角化やフルライン化が推進され，グループ全体としてみれば，当該産業部門における全般的・包括的な事業

領域の展開がはかられるようにもなった。この点に関していえば，現代の企業は，多くの子会社とともに，親会社による株式所有，役員派遣あるいは経理・販売の統一などによってひとつの「経済的統一体」として運営される有機的な企業グループというかたちで存在しており，「一個の事業統合体」を形成している[1]。

それゆえ，本章では，戦後の日本とドイツにおける産業集中の新しい展開において基軸をなす企業グループ体制の内部構造の変化，寡占的競争への転換のもとでの大企業体制の再編の歴史的意義を明らかにしていく。こうした考察は，大企業体制，産業集中の構造と特徴の把握をとおして，両国の競争構造の相違，それにも規定された企業の戦略展開，経営行動の基盤を明らかにせんとするものでもある。

以下では，まず第1節において，戦後の占領政策のもとでの独占的大企業の解体とその影響について考察する。第2節および第3節では，日本とドイツにおける大企業解体を経た1950年代以降の企業の再結合とそれにともなう企業グループ体制の新展開についてそれぞれ考察を行う。それらをふまえて，第4節では，戦後の企業グループによる産業集中の体制の日本的特徴とドイツ的特徴を明らかにしていく。

第1節　日本とドイツにおける大企業の解体とその影響

1　日本における大企業の解体とその影響

そこで，戦勝国による占領政策のもとでの独占的大企業の解体とその影響について考察を行うことにするが，まず日本についてみると，アメリカは，財閥家族の企業権力からの排除，その構成会社を企業結合組織に結びつけていた，所有，人事，信用，契約といったさまざまな紐帯の切断を要求した[2]。こうしたアメリカの占領政策の基本的立場のもとに，銀行を含む各種事業分野の主要企業が財閥家族および財閥本社（持株会社）のもとに組み込まれた構造となっていた戦前の体制からの転換がはかられた。戦前にも株式は公開されていたとはいえ財閥の同族の持株比率は高く，そのために財閥解体の重点は財閥本社および一部の巨大会社におかれ，財閥の株式は市場に放出された。また持株会社

の禁止，自己株式の取得・保有の禁止が定められたが，それらは，6大企業集団の形成の契機となった[3]。

財閥解体措置は，①財閥家族—本社—直系企業の関係の解体，②財閥直系企業，新興財閥の解体および集中排除という2つの面からすすめられた。前者では，本社の解体と株式の譲渡・放出が行われた。株式の放出は，ピラミッド型財閥組織を支える株式所有関係だけでなく，独立系大企業の株式所有に基づく傘下企業への支配もほぼ完全に解体された。こうした措置は，財閥直系企業にとっては，本社の統轄からの傘下直系企業の人事権の解放，安定株主の喪失，本社の解体による傘下企業間の利害調整，情報交換の場の喪失という大きな変化をもたらし，財閥の持株支配と人的支配はほぼ完全に排除された[4]。

しかし，銀行は解体の対象とはされなかった。このことは，「戦時下で生み出された，財閥における銀行と産業企業との融資関係が財閥解体によって断ち切られなかったことを意味しており」，戦後の企業集団形成の重要な基礎をなした。銀行による融資関係を中心とする取引関係の存続が，旧同一財閥企業間で持合が生じたこと，銀行を中心とした持合となったことの理由のひとつをなす。また企業間取引や人的つながりを含めた多面的な結びつきによって，集団としての大枠が維持されたこと[5]も，企業集団というかたちでの再結合の展開にとって重要な意味をもった。事業会社に比べての金融機関による持株の比重の高さ，同系企業集団の金融機関への事業会社の依存度の増大は，戦後の企業グループの再編過程における解体を免れた金融機関の重要な地位と役割を示すものである[6]。

また旧財閥傘下の構成企業が担う現業部門はほぼそのまま残された。集中排除の対象となった企業は，分割されながらも存続することになった。財閥家族の支配から解放された傘下の企業は，ヨコへの結合をとおして再編成されたが，銀行は解体されずに温存されたことが，そのような再編において大きな意味をもった[7]。

アメリカによる財閥解体，過度経済力集中排除の政策のこうしたあり方は，東西冷戦体制のもとでの対日政策の転換[8]によるものであり，財閥という特殊日本的な資本結合の形態を破壊しながらも，その基礎をなす独占的産業企業と独占的銀行の「温存」をはかるという点に，同国の対日政策の特徴があ

28 第1部　大企業への産業集中体制の日独比較

る[9]。こうして，温存された旧財閥傘下の大手企業と大銀行は，戦後の大企業体制の担い手として登場することになるとともに，両者が直接的に結びつく条件が生み出されることになった[10]。東西冷戦体制のもとでの占領政策の転換は対独政策においてもみられたが，戦前の企業結合の構造，産業集中の体制のありようは，戦後における日本とドイツの企業間の結合，企業のグループ化のあり方の相違を規定する重要な要因をなした。

2　ドイツおける大企業の解体とその影響

（1）　大企業の解体政策の展開

　つぎに，ドイツについてみると，アメリカの側では，ドイツの過度の経済力・政治力は独占的大企業の解体と非カルテル化によって妨げられるべきであるという考え方に立っていた[11]。それゆえ，アメリカのような競争の原則に基づいた寡占的な市場組織への方向づけが基本的な政策とされ[12]，そのような考え方が大企業の解体政策の基本をなした。

　石炭・鉄鋼業では，とくに深刻な影響をおよぼしたのは，大企業の解体による鉄鋼と炭鉱の分離であった[13]。重工業では，8つのコンツェルンが最終的には23の鉄鋼会社に分割された。合同製鋼の場合には，鉄鋼部門では13の事業会社に分割されたほか，炭鉱部門3社，加工部門1社，商事部門1社に分割された[14]。クルップでも，主力工場のフリードリィヒ・アルフレッド製鉄所が切り離され，別会社（Hüttenwerk Rheinhausen AG）に解体されたほか，炭鉱部門でもエッセンクルップ炭鉱の切り離しなどが行われた[15]。クルップは，以前には原料産業と加工工場の有効な協力・補完によって品質と価格の面で世界的な優位をもつ製品を生産することができたが，こうした生産段階の結びつきは引き裂かれ，同社の様相は完全に変化した[16]。こうした解体の状況は，マンネスマンやヘッシュ，さらにグーテホフヌングなどでも同様にみられた[17]。しかし，占領軍によって当初構想されていた石炭業と鉄鋼業との完全分離の方針に関しては，西ドイツ側の強い抵抗もあり，コークス消費量の75％を上限として鉄鋼業による石炭業の兼営が認められた[18]。

　また化学産業のIGファルベンも解体され，結果的には，BASF，バイエルおよびヘキストの3大企業が主要後継企業となる寡占的体制へと再編され[19]，

資本関係にも大きな変化がみられた。さらに銀行業でも、大銀行は30の小規模な地方銀行の単位に分解され、ひとつの特定の単位の銀行業務は、ひとつの州の地域に限定された[20]。しかし、大銀行の解体・再編によってユニバーサルバンク制度そのものが変革されたわけではなく、そのことは、ドイツにおける産業集中の体制のいまひとつの機軸をなす、産業・銀行間関係に基づく産業システムの新たな展開において重要な意味をもった。

(2) 大企業の解体・再編の意義

　大企業の解体は、それ自体としては大きな打撃を与えるものであったが、独占的大企業の合理的再編の契機ともなり、構造変革の過程をもたらすことになった。例えば合同製鋼の場合、「企業解体を契機に、管理に適した規模での大企業が形成され、機能的な独占ないし寡占体制が定着した」。IGファルベンでも、「動きのとれない過大コンツェルンを清算して機能的なコンツェルンが形成され、これが戦後の技術革新に対応して新分野を開拓しつつ蓄積を展開するうえで、より適合的な構造をなした[21]」。大企業の解体にともなう石炭業と鉄鋼業の組織的な再編のためのアメリカの提案は、より低いコストの実現、効率性の向上および生産増大を目的としてこれらの産業を合理化するひとつの試みとなった[22]。アメリカによる戦後改革では、独占企業やカルテルの排除による市場の再編と規模の経済の実現に最も大きな重点がおかれていた[23]。

　鉄鋼業では、大企業の解体によって多くの生産能力が他の鉄鋼生産単位に配分された。この方法によって、この産業の圧延生産能力の構成部分は産業全体に広がることになった。この種の生産能力の配分は、寡占的競争の条件を生み出し、多角化のコストを引き上げただけでなく、企業の圧延工場の規模拡大によってそれらの企業に成長のインセンティブを生み出す可能性を与えた[24]。こうして、戦前の国内市場の構造は、解体政策によって寡占におきかえられ、それまでの独占や専門化といったあり方も、大量生産にとって代えられるようになった[25]。またクルップ、グーテホフヌング、クレックナーなどのように、重工業では、解体・再編成によって機械産業での支配の強化、同部門の飛躍的発展のための主体的条件が形成されることになったという点も重要である[26]。このような産業再編は、戦前のドイツ鉄鋼業の構造、産業組織、市場秩序を前

提としたものとは異なる，寡占的競争に適合的な企業行動を展開していく上での基盤をなすものでもあった。

　また化学産業では，IGファルベンの解体の結果，形式的には同社の成立以前の企業間関係が整理されるかたちで復活がはかられた。しかし，実際には，その後の展開において，石油を基礎原料とした合成ゴム，合成樹脂，合成繊維などへの多角的コンビナートの独自の構築というかたちで，石炭化学から石油化学への転換に対応して，3大企業体制への再編が行われた。それは，たんなる戦前の状態への回帰ではなく，戦前よりも競争的な企業間構造の確立をもたらしたという点で合理的な再編成であった[27]。解体のもとで達成されたものは，ひとつには競争的な線に沿った化学市場の再編であり，いまひとつには，西ヨーロッパ全体の再建と成長のエンジンとして役立ちうるような，またアメリカによって支配された自由主義的資本主義世界の多角的貿易制度のもとで存続しうるのに十分な大規模な単位の創出であった[28]。

　このように，大企業の解体を契機とした再編では，戦前のままの形態での企業組織の再建がめざされたのではなく，弾力性にとんだトラスト構造の形成がめざされた[29]。第3節において考察するように，1950年代後半以降にみられた大企業の再結合の動きは，そのような合理的再編の実現において重要な役割を果たすことになった。

第2節　日本における企業グループ体制の新しい展開

　以上の考察をふまえて，つぎに，日本における企業グループ体制の新しい展開についてみていくことにしよう。戦後，6大企業集団の形成と，それらに属する各産業の大企業による同一資本系列内の企業や独立系企業のグループ化といういわば重層的な構造が存在してきたという点が特徴的である。日本の企業集団は，「縦の系列を有する巨大企業が横に連携するという重層的構造」をもつ[30]。それゆえ，以下では，これら2つの点についてみていくことにする。

1　6大企業集団の形成と企業グループ体制の新しい展開

（1）　戦後の企業集団の基本的特徴

　まず企業集団についてみると，戦後の財閥解体，持株会社の禁止，自己株式の取得・保有の禁止のもとで，6大企業集団の形成がすすんだ。企業集中はこれらの企業グループのなかで行われ，集中の方法としては株式の相互持合がとられた。集中のかたちは，大企業を頂点とするタテの資本系列ではなく大企業相互のヨコの結合関係となった。こうして形成された企業集団は，いくつもの産業にまたがるグループであり，そこでは産業企業と銀行と商社が中心をなした。主要産業を包含するいわばフルセット産業型の展開というかたちで形成された企業集団の内部では，融資，株式の相互持合，相互の系列取引，共同投資が行われた。そこでの銀行と商社の役割は大きかった。しかも社長会と呼ばれる組織による調整が行われた[31]。

　企業集団には製造業のあらゆる部門に同系のメーカーが，商業・金融部門には商社や各種金融機関が配置されており，グループの内部で自己完結するよう系統的に企業が準備されているという構造になっていた[32]。企業集団は，「銀行，総合商社と多くの産業分野の巨大企業が株式所有関係によって結合しているひとつの実体」であり，各系列の企業集団は，社長会のメンバー企業を中核にして，その周辺にある企業を含めたものである[33]。企業集団において銀行と総合商社が中核に位置するということは，それらを欠いたものは企業集団としては機能しないということを意味する[34]。旧財閥系では，銀行が再グループ化のオルガナイザーとしての役割を果たしたのであり[35]，金融機関の資本力が各グループの結合の強弱を規定する重要な要因となった。この点では，三井は三菱，住友に比べ不利な立場にあった[36]。一方，芙蓉，三和，第一勧業銀行（以下，第一勧銀）の非財閥系のグループは，先行して形成された旧財閥系の企業集団に対抗して，銀行が商社と連携しながら企業集団を形成した[37]。銀行の位置については，例えば三菱銀行にみられるように，グループの金融機関，とくに中核をなす都市銀行は，大株主としての統制と金融上の統制という2つの形態でもって統制体制の中心の位置を占めた[38]。

　企業集団は，石油産業や原子力産業といった新興産業への進出のさいにみられたように，メンバー企業が達成すべき，市場が要請する事業計画と組織能力

との間にギャップが生じた場合にそれを埋めるという補完的な機能を発揮した[39]。また石炭産業や海運産業においてみられたように，企業集団は，他の産業への進出の支援や同一系列内の他の企業が抱える余剰人員の再雇用などにより，不況産業の整理を促進する機能，産業構造の転換をよりスムーズなものにする役割も果たした[40]。

　企業集団のようなグループ化は，産業企業のみならず金融，商社を含む取引上の大きなメリットをもたらし，市場確保の戦略の一部として利用されてきた。取引上のメリットは，異業種を多く抱えるワンセット化によって相互的なものとなった[41]。企業集団とは，「構成主要諸企業間での内部取引を軸に外部者との間でみずからにより有利な取引を行い，いっそう蓄積を促進しているメカニズム[42]」である。すなわち，企業集団は，株式の相互持合，系列融資，集団内の原材料や製品の相互取引などによって，一方で系列内の互恵取引のメリットを享受しながら，他方でそのような取引を基礎に外部取引の排除や不当な利用による利益の獲得を追及してきたとされている[43]。企業集団はまた，相互取引によるメリットのほか，さらに取引コストの削減，情報の交換，リスク・シェアリングなどの機能も発揮した[44]。

　また企業集団の内部では株式の相互持合によって株主安定化がはかられ[45]，外部の勢力の圧力に対する防衛機能が発揮されてきた。こうした株式所有構造をとおして，企業集団の形成は，企業統治（コーポレート・ガバナンス）の問題・体制とも深いかかわりをもつものとなってきた。

　日本の6大企業集団の企業間結合の度合いをみるうえでの指標としては，例えば1975年の公正取引委員会の調査では，①株式の持合，②社長会の開催，③役員の相互派遣，④系列融資，⑤集団内取引，⑥新規事業への集団としての進出，⑦共通の商標等の管理という7つがあげられている[46]。ただ，例えば銀行による資金の融資と銀行が所有する株式の多寡との関連，役員派遣と株式の所有や取引関係との関連など，それらの関係性にこそ企業集団の力の源泉があるといえる[47]。それゆえ，つぎに，上記の結合の方法のうち，相互の関連性にも注意を払いながら，最も代表的なものを中心にみていくことにする。

(2)　株式の相互持合とその意義

　まず株式の相互持合についてみることにしよう。財閥解体によって，本社の統轄から解放された新しい経営者は，株式市場によるモニタリングの可能性に直面するとともに，実際に発生した株式の買占めへの対応として，株主安定化の必要性と目的から，株式の相互持合をすすめるようになった。そのさい，各グループの持合の中心をなしたのは金融機関であり，さらに社長会がそのような防衛的措置に対して調整的役割を果たした[48]。独占禁止法によって戦前の財閥本社のような金融持株会社が禁止されたので，所有関係の結合は株式の持合による以外に方法がなかったという事情があった[49]。

　企業集団が形成される契機となったその基本的な機能は，株式の相互持合による株主安定化にあったといえる[50]。ただ，株式の相互持合による安定株主構造の確立の方法は，必ずしも同系企業群や銀行との間の持合に限られるわけではなく，相互持合の形態として企業集団が必然であるというわけでもない。企業集団メンバー間の株式の相互持合による安定株主の関係は，系列融資をはじめとする蓄積の条件を求めて形成される結合を基礎として成立する関係である[51]。株式の相互持合それ自体は，企業集団に固有の株式所有構造ではなく，戦後の大企業体制に普遍的なものである。企業，商社，銀行，その他の金融機関が，それぞれの恒常的な事業上，金融上の取引関係を基礎に，安定株主構造としての株式の相互持合の構造を形成してきたのであり，企業集団という形でそのような構造が成立するのは，株式の相互持合の基礎となる取引関係（互恵的な取引関係）にある。企業集団における株式の相互持合の特殊性は，独立巨大企業における放射線状の相互持合とは異なり，社長会を構成する企業の間で円環状，マトリックス型の持合が形成されていること，総合商社と都市大銀行が相互持合の2つの支柱を構成していることにある[52]。

　旧財閥系と銀行系の企業集団との間には成立の時期の違いがみられるが，それは，終戦時における系列企業の株式所有のあり方と財閥解体による衝撃の大きさによるものである。株式所有が閉鎖的で財閥解体による株式公開の衝撃がより大きかった財閥系では，企業集団の形成がはやくにすすんだ[53]。戦後，銀行による同系企業の株式の所有がすすむなかで銀行が持合の中軸となるという関係が成立し，都市銀行による融資を基礎にした企業と銀行の間での株式の

相互所有，さらにはメインバンクを共通にする企業間での株式の相互所有がすすんだ。この過程を経て，1955年前後には株式の相互持合の原型が出来上がることになった[54]。

　企業集団における株式の相互持合においては，持合株式の購入額がそれぞれ相手企業の資金調達源となるため，実質的には持合株式の一定部分には追加の資金を必要とせず，グループ内での株式の相互所有の目的は，株式本来の機能である資金調達にあるのではない。持合という実質的には資金を必要としない形式によるグループ内での株式保有の比率は，1960年代以降に上昇する傾向にあった[55]。株主安定化を目的とした株式の相互持合という日本的な特質と意義は，この点あるといえる。企業集団には安定株主比率が高いという特徴がみられ，この比率の高い企業集団所属企業では経営者の自立性が高いという状況にあった。企業集団への参加は，株式市場の圧力を回避することによって経営者の自由を得ることを可能にした[56]。企業集団のもつ株主安定化の機能は，メンバー企業の専門経営者が長期的視野に立った成長志向型の経営戦略を選択することを容易にし，その展開を促進した[57]。

　1950年代半ば以降には株式相互持合比率は低下傾向にあったが，60年代半ば以降になると，資本自由化への対応として株式の相互持合は一層強化され，株主安定化工作がはかられた[58]。資本自由化と1965年からの証券不況にみられる株式市場の崩壊は，企業集団相互の凝集と凍結株式の放出処理の2つの観点から，株式の相互持合と銀行系の企業集団における社長会の結成を促進した[59]。企業集団内のこうした株式持合と銀行系企業集団での社長会の整備の理由は，「株式発行企業の安定株主工作が産業構造変化への適応をグループ化に求める銀行の経営戦略と結びついたこと」にあった[60]。

　また持合の構造という点でみると，金融機関と商社は高い集団内持株比率を示していた。それは集団内の取引の多面的連関を反映するものであった。集団内の有力企業への株式所有の集中は，それらの企業の技術的・産業的連関の広さを反映するものであり[61]，株式の相互持合は，企業間の取引上の連関が重要な前提となっている場合が多かった。株式の持合は，企業集団という利益集団の基礎にある産業関連がどの程度の完璧さにあるかということを反映しており，6つのグループは，産業バランスの完璧さの程度に応じて相互持合の体制

を整備していった[62]。このように，株式の相互所有によって結びついた企業がそれらの相互の間で原材料の調達を完結しうるような傾向は，大きな意味をもっており，この点に企業集団のワンセット主義の意味がみられる[63]。ことに商社の所有する株式の銘柄数と株式数は，産業企業のような他の所有主体を圧倒しており，企業集団のメンバー企業のなかでも，商社は銀行と並ぶ相互持合の一方の要をなした。集団内の株式の相互持合は，いずれの企業集団においても，銀行と企業，銀行と商社の持合を軸にして形成された[64]。

　ここで株式の相互持合の状況を1960年，65年，70年，75年，80年（60年，65年は上半期，70年，75年は9月，80年は3月の数値）の株式持合比率でみると，三菱ではそれぞれ21.28％，17.20％，20.71％，26.41％，26.15％，住友では22.17％，18.79％，21.83％，24.71％，26.19％，三井では11.59％，10.04％，14.14％，17.23％，18.35％，芙蓉（富士）では12.47％，10.85％，15.26％，19.23％，19.06％，三和では7.89％，9.02％，11.18％，13.15％，11.74％，第一勧銀（1960年，65年および70年は第一銀行）では13.37％，10.26％，17.19％，16.76％，15.52％となっていた。株式持合比率は，6大企業集団の平均では，それぞれ14.79％，12.69％，16.72％，19.58％，19.50％，旧財閥系の平均では，18.35％，15.34％，18.89％，22.78％，23.56％，非財閥系の平均では，11.24％，10.04％，14.54％，16.38％，15.44％となっていた[65]。

(3) 社長会とその機能

　つぎに，社長会についてみると，第2次大戦の終結までは，財閥のネットワークのための意思決定は，圧倒的に財閥本社をなす最高持株会社に集中していたが[66]，財閥解体による財閥本社の解体は，傘下企業間の連絡組織の基礎が消失したことを意味した。敗戦による不確実性の増大のもとで，情報の創出という面で大きなメリットをもつ傘下企業間の横断的な組織が解体したことは，のちに形成される企業集団にとっては，それに代わる新たな組織の構築が必要となった[67]。また財閥の人的支配網の切断が行われ，財閥企業の経営陣の排除と公職追放の措置によって，経営陣の全面的交代がもたらされた。その多くが工場長・部長クラスから昇進した新しい経営陣は，経営者としての経験の蓄積を欠いていた。新しい経営陣は，経済集中排除法の問題，深刻な労働争議，

36 第1部 大企業への産業集中体制の日独比較

流動性の危機，経営の自律性の危機などの困難な課題に直面するなかで，インフォーマルな相互の連絡機関の創出に取り組むことになった。こうした企業間の連絡機関として社長会が形成された。そこでは，経営者としての彼らのキャリアの未熟さの補完ということも，重要な意味をもった[68]。社長会は，新しい経営者らのリーダーシップの欠如を企業集団のレベルで解消しようとするものでもあった[69]。

　このように，戦前の財閥にみられたようなメンバー企業に対する管理統括が機能しえない状況のもとで，社長会は，各社の自律的な協調のもとでの調整のための組織として形成された[70]。企業集団においては，こうした組織によるメンバー企業間の情報交流と調整が行われた。財閥系の3グループでは，株式の相互持合の上に社長会が形成された[71]。企業集団において資金の面からメンバーの取りまとめを担う金融機関を中心とした「金融系列」にあっては，大銀行が第1位の融資会社となり，さらに人的な結合関係をもつことにより方向性のある影響関係が生まれることになるが，社長会は，こうした金融系列の形成・維持・発展に重要な役割を果たすことになった[72]。こうして，金融機関は，社長会の形成，その組織的中心としても重要な意味をもった。しかし，社長会の中核に金融機関が位置しながらも，銀行がつねに決定的に優位な位置を占めるというわけでは必ずしもなく，それに固定しているわけでもなかった。また社長会に参加する企業間に上下関係が存在するというものでもなかった[73]。社長会による調整は，グループ内の企業の社長という特定職位の担当者間で行われるものであり，企業集団がフルセット型であることによる産業間の広がりがみられるとはいえ，企業間の情報共有，調整の手段という面では，ドイツのような銀行・産業企業間の緊密な関係を支える多様な諸機構による調整とはなっていない（第2章参照）。

　社長会は任意の組織であり，戦前の財閥本社が有していたような傘下の直系企業の意思決定への発言・介入，支配の機能をもつものではない[74]。この組織はメンバー企業の意思決定にある程度の影響をおよぼしうるものであるが，各企業の自律性を脅かすようなものではない[75]。社長会は，新事業の設立，集団内の不況産業の企業を救済することなどを目的とした集団の協力の確保，集団内各社間の意思の不調和を調整する機能などの役割を果たした[76]。社長

第1章　企業グループ体制の日独比較　37

会という経営者のネットワークは，不確実性への対応のための情報交換と利害調整という経済的合理性をもつが，それは株式の相互持合によって制度的に保証されることになった[77]。

　いったん企業集団が形成されると，集団体制の維持という観点から，個別企業の行動は何らかの程度において拘束されざるをえないようにもなるが，社長会は，こうした個別企業の論理と企業集団の論理との連関において，それらの調整の機能を担うことになった[78]。社長会にはメンバー企業同士の相互信任の機関としての性格があり[79]，各メンバーは自立した対等の企業の代表でありそこに階層的関係がないため，各企業の利害を超越した企業集団としての意思決定が行われる可能性は低い[80]。社長会においては，有力メンバー企業の経営者によって提起された企業集団の大まかな方針や具体的な問題に対する対応策などが，強制や介入という形ではなく，自主規制という形で各メンバー企業に受け入れられていくという状況[81]にあったと考えられる。

　また財閥系以外の銀行系の企業集団においては，同一企業が複数の企業集団の社長会に加わっているケースもみられた。社長会への加盟にはそれに先立つ金融的取引関係が基礎となっているが，複数の企業集団に所属する企業の存在は，大手都市銀行との金融的結びつきを強化しようという，重複加盟する産業企業側の戦略と，取引先として有力な産業企業や重要な基幹産業部門の主取引先の囲い込み競争を背景とする銀行側の政策的意図によるものであった[82]。鈴木　健氏が指摘されるように，「大手都市銀行が，主取引先企業の金融的な囲い込み競争を展開する過程で，互いの『排他的』取引先として承認しあう大手企業を，ワンセット的な産業連関を体現するように組織したのが企業集団であり，社長会はその境界・輪郭を外的に表現するもの」であった[83]。

　社長会企業は，個々の社長会メンバー企業が中核をなす企業グループという下位システムとそれを包摂する「企業集団」としての上位システムをつなぐ「連結ピン」ともいうものである[84]。社長会の機能をめぐっては，懇親会程度のものとする見方から情報交流の機能，さらにはメンバー企業間の利害調整，統一的な意思決定の行使を含むとする見方まで，さまざまな理解が示されている[85]。社長会の実質的な機能については，議事録が公開されていないことなどもあり，明確な把握は可能ではない。しかし，社長会は企業集団を超える調

整のような機能をもちえないのであり，この点は，ドイツとの比較においては非常に重要な問題のひとつである。

（4）　系列融資とその意義

つぎに系列融資についてみることにしよう。第2章では産業・銀行間関係の重要な手段のひとつとしてメインバンク・システムのもとでの系列融資を考察するので，本章では，企業集団の形成とグループ内の結合の手段としての系列融資の性格と意義を中心にみていくことにする。

企業集団においては，巨大都市銀行の融資を中心とする金融業務が企業間結合を媒介し，それによって集団体制が主導されるという関係にあった。こうした意味でも，系列融資が結合の紐帯をなした[86]。系列融資をとおして銀行と産業企業の関係は緊密になり，銀行優位の体制が急速に進展した。また系列融資が軸となって財閥系企業間の株式持合関係が強化され，人的結合関係も強められており，グループ内の企業の結束が再編された[87]。銀行による系列融資は，旧財閥系の企業集団の再建において重要な役割を果たしたのであり，同系集団の構成諸企業への最大の資金供給機関であるグループ内の金融機関によって形成された融資系列が，「集団を集団たらしめる重要な要素」となった。それゆえ，系列内銀行の融資力，資金力の強弱が企業集団の結束の強さを規定しているという関係にあった[88]。

こうして，銀行は，旧財閥系企業のグループの要としての位置を占めるようになった。系列融資の強化が基礎となって，財閥系グループの企業間の株式持合関係が強化されただけでなく，役員派遣や社長会による人的結合も強められた。重化学工業化による産業構造の変化がすすむにつれて，系列融資は，財閥系企業以外にも拡大し，富士銀行，三和銀行および第一銀行のような財閥系ではない諸銀行でも，系列融資によるグループの形成がすすんだ[89]。このように，系列融資とは，大企業の銀行依存が大企業全体と代表的な銀行全体との総体的な相互関係としてではなく，企業集団に典型的にみられるような特殊な系列のもとにみられるものである[90]。

銀行の果たす金融的機能という面からみると，企業集団内の各大銀行は，間接金融の比重の高い戦後における日本企業の資金調達方式のもとで，メインバ

ンクとして，系列融資のかたちで，「当該企業の需要する支払決済手段を信用
創造によって機動的かつ弾力的に供給」し，大企業の外部資金調達において主
導的な役割を果たした[91]。また系列融資は，主要企業が支払う金融コストと
しての利息および割引料などを企業集団内に実質的には利益として蓄積するこ
とを可能にするという効果をもたらした[92]。

　大銀行における系列融資による取引網の確保と資金の効率的運用は，大銀行
による同一の旧財閥系企業への融資集中と銀行の貸出競争をもたらした[93]。
企業集団を構成する6大都市銀行は，貸出額，とくに上場企業への融資額，系
列企業数，派遣役員数などでみてもその他の銀行に比べ傑出していた。しか
し，企業集団内の金融的機能における都市銀行の中心的役割に加えて，信託銀
行や生命保険会社も，グループ内の企業に対する都市銀行の金融力を補強する
上で，重要な役割を果たした[94]。

　都市銀行による企業系列化の競争は，産業連関を利用した系列内の資金循環
体系の確保を目的としたものであり，融資効率の上昇を目的とするものであっ
た[95]。銀行部門において支配的な地位を保持する銀行は，支払決済が自行内で
完結する体制を整備することができている銀行である。それを支える条件が，
「『ワンセット』的産業配置を示す大企業群との排他的取引関係」である。他の
グループの銀行との協調融資体制を維持しながらもシェアの拡大や融資系列の
拡大をめざす銀行間競争は，あらゆる部門の大企業との取引関係の形成を都市
銀行に強制することになった。産業企業の動機からは出てくることのない総合
的産業連関を体現するような企業集団的結合は，そのような銀行側の利害に基
づくものである[96]。企業集団のなかにあっては，投資計画の策定は，複雑な
産業連関に結ばれた多数の企業が相互に需要を保証しあうという前提のもとに
行われた。有力大銀行がワンセット・システムと呼ばれる企業集団の形成に傾
倒した理由も，この点にある[97]。ワンセット型産業関連を体現する大企業の
集団として主取引先大企業を組織することが，大手都市銀行に共通の金融戦略
であった[98]。

　企業集団の大手都市銀行の側からみると，それらの銀行が成長産業の優良大
企業を主取引先として囲い込むことを競う過程は，全産業連関を体現するよう
に主取引先大企業を配置し編成する過程であった[99]。しかしまた。各銀行の

40 第1部　大企業への産業集中体制の日独比較

融資系列ごとに新興産業をワンセットずつ支配しようという投資行動である「系列ごとの新興産業ワンセット主義」によって，どの業種においてもライバルが重なり合うことになった。これは，これらの産業における市場競争の激化をもたらす要因となった[100]。

　　ここで企業集団メンバー企業（第1部上場企業）の借入金依存率（充足率）を1955年，60年，65年，70年，75年，80年，85年，90年（65年は上半期，70年，75年は9月，80年，85年，90年は3月の数値）についてみると，三菱ではそれぞれ19.5％，20.94％，18.15％，27.31％，26.95％，24％，23.44％，20.15％，住友では21.3％，18.16％，17.80％，28.12％，25.22％，23.29％，22.28％，14.11％，三井では20.60％，16.16％，14.31％，23.32％，20.43％，17.04％，16.01％，15.63％，芙蓉では25.7％，22.34％，20.57％，27.03％，25.99％，22.18％，19.73％，18.93％，三和では24.8％，22.99％，19.23％，21.96％，21.82％，20.60％，18.31％，18.39％，第一勧銀（1965年および70年は第一銀行）では20.4％，15.36％，13.85％，12.92％，18.02％，15.25％，14.82％，15.83％となっていた。これを6大企業集団の平均でみると，それぞれ22.05％，19.33％，17.32％，23.44％，23.07％，20.39％，19.1％，17.17％，旧財閥系の平均では，20.47％，18.42％，16.75％，26.25％，24.2％，21.44％，20.58％，16.63％，銀行系の平均では，23.63％，20.23％，17.88％，20.64％，21.94％，19.34％，17.62％，17.72％となっていた[101]。

　　また企業集団内の都市銀行の融資比率を1974年，84年および94年についてみると，三菱系の社長会メンバー企業に対してはそれぞれ13.66％，11.71％，9.93％となっており，同様の数値は住友系では13.66％，14.11％，11.4％，三井系では11.49％，9.31％，9.33％，芙蓉系では13.19％，9.94％，8.43％，三和系では13.65％，11.7％，10.16％，第一勧銀系では11.42％，10.09％，10.38％となっている。これを社長会メンバー外の企業に対しての数値でみると，三菱系ではそれぞれ24.27％，22.9％，29.08％，住友系では18.1％，22.92％，24.98％，三井系では14.81％，21.88％，23.51％，芙蓉系では17.79％，21.71％，22.77％，三和系では26.82％，28.45％，21.56％，第一勧銀系では44.56％，51.91％，44.45％となっている。

　　さらに信託銀行による同系の社長会メンバー企業への融資比率をみると，三菱系ではそれぞれ10.46％，7.64％，6.2％，住友系では12.61％，9.8％，6.43％，三井系で

は7.17％，6.61％，6.62％，芙蓉系では8.2％，5.88％，4.91％，三和系では6.51％，5.43％，4.44％であった。これを信託銀行による社長会メンバー外の企業に対しての融資でみると，三菱系ではそれぞれ14.18％，12.67％，7.78％，住友系では15.6％，14.54％，11.25％，三井系では16.42％，12.52％，10.37％，芙蓉系では16.73％，12.7％，12.01％，三和系では12.1％，6.68％，10.77％であった[102]。

　企業集団内における系列融資の意義は，協調融資によってさらに高まることになった。系列融資の体制の上に協調融資の体制が存在するという補完的関係にあり，企業集団における銀行はメインバンクの地位を守りながら，その範囲内で他の金融機関を動員し利用した[103]。協調融資による補完によって支えられた系列融資を基礎とする企業集団内の金融は，資本市場の未成熟ゆえにグループの形成によって資金需要を補充し調整するための，企業の資金供給構造であった[104]。破滅的な競争の制限を意図する都市銀行間のそのような協調は，企業集団の実態を前提にした上で企業集団間での相互乗り入れを行おうとするものであり，系列融資の財務的機能の一層の拡大と強化，および企業集団間の協調体制の一層の進展を意味するものである[105]。協調融資の意義については，第2章においてさらに詳しくみることにする。

(5)　商社の役割と系列内相互取引の意義

　つぎに，系列内取引と商社の役割をみると，商社は，流通部門を代表するだけでなく，株式所有，企業金融，役員派遣などの方法によって，あるいは国内外の情報収集や多くの産業部門にまたがる集団としての活動のオルガナイザーとしての機能を果たしつつ，企業集団全体との結合と拡大をはかった[106]。商社には，「相互的な取引関係の中に占める普遍的な位置によって総合的な産業連関を体現する企業間の結合を組織する」という客観的な役割がある[107]。企業集団において商社が果たす役割には，①取引機能，②金融機能，③情報収集機能，④オルガナイザー機能，⑤開発機能などがあるが，とくに③から⑤の機能を武器として，商社は企業集団のまとめ役を果たしてきた[108]。これらの多様な機能を果たす上で，同一の企業集団に属する商社と大都市銀行との間には密接な協力関係が存在してきた[109]。また物的流通にともなう資金流通の系統

42　第1部　大企業への産業集中体制の日独比較

化は，物的流通をいかに組織化・系統化するかという点かかっており，そこで
の商社の役割はきわめて大きい。それゆえ，銀行の側からみても，商社は，系
列集団をつくる上での重要な前提であると同時に，オルガナイザーとしての役
割を果たすものでもあった[110]。

　日本では，企業集団内取引が相互取引のかたちをとることが多いが，それ
は，総合商社が集団内取引を仲介する場合が多いことによるものである。大手
総合商社が企業集団内の企業を優遇するかたちで系列内の企業の売上を伸ばす
よう努力することによって，集団内の企業は集団外の企業よりも有利な立場と
なり，集団内の商社は集団外の商社に対して有利な立場に立つことにもなりう
る。このように，相互取引のメリットは，企業集団内の企業をベースにしなが
ら商社が集団外の企業とも取引を行っていることから生じる。集団内外の企業
との取引によって，総合商社は，企業集団の中核的位置を占めることになっ
た。商社によるこのような企業集団内外の企業の販売や購買によって，企業集
団内の企業にとっては，たえず販売を拡張することが可能となるというメリッ
トが生まれる[111]。商社による相互取引のメリットは，「集団内相互取引の外
延上の商圏拡大」という点にある[112]。

　商社がグループの代表としての地位を与えられたときに期待できる他の商社
に対する優位性は，企業集団という複数の幅広い業種を含む企業群が系列内商
社を利用することによるスケールメリットにある[113]。そのような相互取引の
背後には株式の相互持合があり，それによって集団内企業と商社の統一的な利
害の関係が築かれてきた[114]。商社が介在することによって製造企業が単独で
はもちえない強力な販売網，情報網の共同利用が可能となることから，商社は
同系集団内の企業によって共同に利用された。そのことは，商社の発行株式に
対する同一グループ企業の持株率の高さにも現われている[115]。

　また金融的機能についてみると，総合商社は，高度成長期には，同系銀行か
らの借入金によって，約束手形形態での商業信用による企業間信用を産業に対
して大量に提供したのであり，「銀行の別動隊」としての商社金融を展開し
た[116]。銀行融資とは異なり，商社金融は具体的な取引を基礎として行われる
ものであり，企業集団内の商社金融は，集団内取引の実態を反映するものであ
る[117]。商社が組織する取引網は信用網でもあることから，商社は，企業間信

用を連鎖する結節点としての位置にあり，グループ内企業との間の信用網を基礎に，グループ企業間の取引やグループ内企業の取引を媒介する役割を担った[118]。

こうした膨大な商社金融を可能にしたものが大都市銀行であり，その貸出額の最も大きな部分を商社への融資が占める場合が多かった[119]。大銀行は総合商社の広範な物流ネットワークに金融の網をかぶせることによって，融資領域の拡充，資金運用の効率化をはかったのであり，それによって商社の活動が支えられた[120]。また商社が銀行と連携して行う金融機能には，日常の取引関係を通じて予備知識をもつ商社が銀行の適切な融資先の選定に関与する審査機能と，銀行からの商社への融資に基づく産業企業への商社の信用供与によって信用の提供にともなう銀行の危険を回避し，銀行の利益を保護するバッファー的機能とがあり[121]，それらは銀行にとっても大きな意味をもった。1965年以降になると，主力銀行本位の融資集中構造の後退が現れたが，企業集団所属の総合商社による同系企業への資金融通がそれをカバーするとともに，総合商社の株式所有による持株会社化がすすんだ。こうして，企業集団における結束は，銀行と商社という2つの核心をもつことによって一層強化されることになった[122]。

ここで，企業集団内の取引の状況についてみると，旧財閥系3グループでは，1975年の商社の総売上高に占める同系社長会メンバー企業向けの売上高の比率は5％から6％程度，総仕入高に占める同系社長会メンバー企業からの仕入高の比率は2％弱であった。しかし，社長会メンバー企業の総売上高や総仕入高に占める中核商社に対する売上高あるいは仕入高の比率はそれぞれ30％程度に達していた。自動車や家電のような商社取引を介さない商品が存在することを考慮に入れると，これらの数値はかなり高い数字であるといえる[123]。また1981年度の金融業を除く企業と製造業企業の集団内売上依存率は，6企業グループではそれぞれ10.8％，20.4％，旧財閥系の3グループの平均では13.4％，29.0％，その他の3グループの平均では8.6％，14.9％であった。一方，仕入依存率は，6企業グループの平均ではそれぞれ11.7％，12.4％，旧財閥系の3グループの平均では14.8％，18.6％，その他の3グループの平均では9.1％，8.2％であった[124]。

(6) 役員派遣とその特徴

　また企業集団内の企業間の役員派遣についてみると，それは銀行と産業企業の間，商社と産業企業の間，銀行と商社の間などでみられるが，銀行による役員派遣がとくに重要な意味をもった。戦後になって銀行と製造企業との人的結合が大きな展開をとげたことは，解体された財閥本社に代わって銀行がグループ内部の業務統制の機能をある程度引き受けたことを意味するものであった[125]。また商社との人的結合も大きな意味をもっており，E. M. ハードレーは，三菱グループでは，三菱商事と中核会社との間の広範な役員兼任の仕組みのなかに共通の商号や商標に関しての説得が効果を発揮している証拠がみられるとしている[126]。

　独立系大企業によるタテの企業グループの場合には，ピラミッドの頂点に位置する大企業からの子会社・関連会社への役員派遣が多いのに対して，企業集団では集団内企業への役員派遣が多いのは，金融機関と総合商社であった[127]。ことに銀行からの集団内企業への役員派遣が多いが，それは，銀行が多くの企業に対してメインバンクとして大株主となっていることによるものであり，系列融資を行っている相手先企業が多いという事情がある[128]。メインバンク制度による系列融資の問題とも深い関連をもつ銀行からの役員派遣については，それは，貸出先の企業の行動に対して影響を与えることを意図したものではなく，借り手の情報の蓄積に加えて，基本的には債権の保全のためのモニタリングを目的とするものであったといえる[129]。

　そこで，企業集団内の役員派遣の状況をみると，同一企業集団内企業から役員が派遣されている企業の割合を1977年度，81年度，87年度について比較すると，6企業集団の平均ではそれぞれ65.64％，72.53％，67.69％，旧財閥系の平均では71.22％，77.42％，64.13％，銀行系の平均では60.07％，67.63％，71.25％であった。また銀行から役員を派遣されている企業の比率は，6企業集団の平均ではそれぞれ55.51％，58.97％，57.79％，旧財閥系の平均では62.05％，59.92％，55.96％，銀行系の平均では48.96％，58.02％，59.61％であった。一方，商社から役員が派遣されている企業の比率は，6企業集団の平均ではそれぞれ13.39％，11.43％，9.99％，旧財閥系の平均では23.26％，21.29％，18.52％，銀行系の平均では3.52％，1.57％，1.46％であった。

また同一企業集団内の全企業の役員総数に占める同系メンバー企業からの派遣役員数の割合を1977年度，81年度，87年度について比較すると，6企業集団の平均ではそれぞれ8.29％，8.69％，7.13％，旧財閥系の平均では10.54％，11.39％，8.65％，銀行系の平均では6.04％，5.98％，5.61％であった。また銀行から派遣されている役員数の比率は，6企業集団の平均ではそれぞれ3.56％，3.55％，3.92％，旧財閥系の平均では3.95％，3.60％，4.18％，銀行系の平均では3.17％，3.50％，3.65％であった。一方，商社から派遣された役員の比率は，6企業集団の平均ではそれぞれ0.85％，0.54％，0.44％，旧財閥系の平均では1.39％，0.94％，0.82％，銀行系の平均では0.30％，0.13％，0.06％であった[130]。

(7) 共同会社の設立と共同投資の展開

　最後に共同会社の設立と共同投資についてみておくことにしよう。グループ内の共同投資は，「企業集団としての共通の利益を指向する内外にまたがる新規事業をオルガナイズし，そこに結合の利益を生み出すこと」を目的としたものである。そこでは，個別の企業集団グループに所属する中核商社が中心をなした[131]。メンバー企業による共同投資は，新規分野・成長分野への集団的進出などにみられたが，それは1950年代における石油化学コンビナートの建設，原子力産業への進出，60年代における都市開発，住宅開発，情報産業，海洋開発，70年代におけるレジャー部門，海洋資源開発，80年代における最先端技術開発などにみられ，共同投資会社が設置されてきた[132]。なかでも，1970年代前半に設立された共同投資会社は，その規模の大きさ，6大企業集団によっていっせいに設立されたという点で目立っていた。企業集団単位の共同投資会社は複数法人による一方的所有でありしかも閉鎖的な所有であること，企業集団内での協調を目的としたものであることが特徴的である。こうして，共同投資会社は，株式の相互持合とは異なる企業集団の結集のテコとして機能した[133]。

2　大企業の同一資本系列内におけるグループ化

　戦後には，6大企業集団にみられるような複数の産業におよぶ企業グループとともに，大企業による同一資本系列内におけるピラミッド型の企業のグルー

プ化もすすんだ。それゆえ，つぎに，そのような親・子関係型の企業グループについて考察を行うことにしよう。

　親会社による子会社の設立などのかたちでの関係会社の増大は，「親企業の株式所有による支配力の増大が，生産技術上の企業間関係と重複して発現されるもの」である[134]。例えば日立では，日本経済の再建がすすみ，同社の業績も伸び，経営規模が拡大されるにつれて，一層高度の多角的な総合経営の形態の確立をはかる必要性から，再び関係企業の育成がはかられ，1955年以降，関係会社の増加が顕著になった[135]。

　日本の大企業は，一方では新しい子会社のスピンオフによって，また他方では企業の買収・系列化の推進によってグループ化を一層すすめ，グループとしての勢力の拡大をはかってきた。同一資本内におけるピラミッド型の企業のグループ化は，とくに1970年代以降に中核的大企業の本体からの子会社のスピンオフによって大きくすすんだ。そのような動きは，事業部制が多くの企業に普及した状況のもとで，さらに事業部制を超えるよりフレキシブルな組織の創出が重要な問題となるなかで，ある業務部門の子会社化によって，管理機構上，分権化の程度の多様性を発揮することがめざされたものである[136]。すなわち，「企業グループの内部において事業部制と分社制の両者を使い分けることにより，全体として1つの経営統合体を運営している」という実態があり，「子会社は，親会社からの距離（依存度）の相違によって，企業グループ内部において相互に一種の分業関係（とくに垂直的なそれ）を作り上げている」[137]。

　こうした内部子会社化は，別会社の形式の意識的な活用による，管理面にまでおよぶ「競争様式の体制化」の進展を意味するものである[138]。例えば1982年の日本大学経済学部産業経営研究所の調査報告によれば，関係会社の設立によって，職能分化のより一層の進展と組織の多様性の実現がはかられてきたとされている。関係会社を単独に設立した理由としては，回答の得られた企業の半数超が，製造部門または販売部門の独立，異業種分野への進出をあげており，約3分の1の企業が新製品の開発，製造，販売をあげていた[139]。今日では，リストラクチャリングが親会社だけでなくグループ企業を含めた規模で展開されており，グループとしての事業戦略を展開する必要性の増大などのもとで，グループ内の分業関係の再編，グループ全体の戦略の構築など，グループ

第1章 企業グループ体制の日独比較 *47*

のあり方が重要な問題となっている[140]。

日本の場合，100％子会社の設立という点では，本体のたんなる一職能部分だけを担当する非自律的単位の分社化が非常に盛んになっているという状況にあった。こうした非自律的単位の積極的な分社化には，親会社本体の可能な限りの「スリム化」によって機動性を高めるというねらい，あるいは非自律的単位の切り離しによってそれらを新たにプロフィット・センター化し全体の経営効率の向上をはかるという意図がある[141]。日本企業では，本社機能を残して多くの部分の「外部化」を行い，子会社や関連会社など他の企業に生産・販売にかかわる諸機能を分散・分担させることによって企業間システムにおいて全体として企業活動が完結するような構造となっている場合が多い[142]。

それゆえ，企業のグループ化の状況を代表的なケースでみることにしよう。例えば日本電気グループを1980年代後半までの状況でみると，グループを形成する関係会社は，既存企業を系列化したものと新設のスピンオフ子会社の2つの範疇に分かれる。親会社本体から直接分離したスピンオフ子会社が圧倒的に多く，1970年代以降にはその展開が支配的となった[143]。日本電気のすべての事業グループは，自社内の生産拠点とともにいくつかの子会社形態の生産拠点をもち，それらが一体化したかたちでその生産体制を形成していた。例えばIC生産体制にみられたように，①開発・設計を含む総合一貫製造所，②IC製造の前工程と後工程を一貫して担当する前後一貫製造所，③後工程だけを担当する単純製造所の部分という3重の階層構造をなしており，第2および第3の層の部分が生産子会社によって担われた。このような分権化方式による生産コストの管理の徹底，それをとおしての製造所レベルでの管理責任者への経営責任の担い手としてのトレーニングの浸透をめざして導入されたのが，1960年代後半からの製造所の新たな増設にさいしてみられた生産子会社の形態であった。この点に，たんなる製造所の新増設というかたちがとられなかった理由があった[144]。量産に専念する地方生産子会社の設立による親会社側（事業部）への高次の技術開発と販売の機能の集中化という点に，子会社の設立による企業のグループ化の大きな意義があった[145]。

また松下電器をみると，事業部の数が著しく増加した結果，効率的な管理運営のために事業部の分社化（スピンオフ）が活発に行われており，この点は，

48 第1部 大企業への産業集中体制の日独比較

同社のグループ化の特徴のひとつであった[146]。1960年代にはまた，活発な海外進出，その結果としての海外現地法人の設立が相次いだことによっても，グループ化が急速に促進された。海外子会社の多くは，新市場の開拓の先兵の役割を担って次々と設立された。事業部の場合と同様に，海外子会社は，その分社化と再編統合を繰り返しながら増大した[147]。関係会社群は，製造や販売の事業上の垂直的関連性によって親会社と強く結ばれており，それぞれの分業関係に応じて，「親会社組織の延長線上に，また親会社を中心とする幾本もの放射線状に，それぞれのランクと職能に応じて位置している」というかたちになっていた。産業本社の経営計画との密接なリンクによって，企業グループを構成する組織単位は，「産業本社の『不可欠な内的構成要因』」をなした[148]。

　さらに素材産業の鉄鋼業でもグループ化がすすんだが，電機産業とは状況が異なる部分も多かった。例えば新日本製鉄では，すでに1950年代に，①普通鋼，②特殊鋼，③鋼材加工，④化学・エネルギー・非鉄・窯業，⑤エンジニアリング，⑥流通・運輸，⑦都市開発・住宅・余暇，⑧一般サービスの8つの分野別のグループが築かれた。その後グループ企業の数も増加していったが，その多くは製鉄事業に密着したものであった。しかし，1980年代には，製鉄事業を中心とする事業構造からの転換の本格的な推進にともない，新規事業の模索は，既存のグループ企業の活用の域を大きく超えるものとならざるをえなかった。それゆえ，グループ企業の新設，グループ内での連携の強化，既存グループ企業の整理・淘汰といった重層的な展開のかたちで，グループの再編が推進された。1980年代に急増したグループ企業の多くは，多様な事業領域を抱える「複合経営」の主体をなした。こうして，鉄鋼業の大企業では，新規事業への進出は，大量の事業単位レベルのグループ企業を中心に展開され，新しい企業群が大量に生まれることになった[149]。

　このようなタテの関係にある親子型の企業グループでは，子会社は自律的な意思決定権をもたず実質的には親会社の一部門をなす場合が多い[150]。例えば1972年度に実施された「経営関与調査」をみても，大企業が支配している関係会社では，長期経営計画の策定のような長期的な意思決定や幹部人事，新規設備投資などにおいて親会社に事前に相談するなどのかたちをとる場合も多かったとされている[151]。

第3節　ドイツにおける企業グループ体制の新しい展開

　以上の考察をふまえて，つぎに，ドイツにおける企業グループ体制の新しい展開についてみていくことにしよう。まず1において，大企業の解体・分割を経た1950年代以降にみられた企業の再結合の展開とそれにともなう企業グループの構造の変化について考察する。つづく2では，戦後に解体された大企業の再結合による企業グループ体制の新展開の意義についてみていくことにする。3では，銀行とのかかわりでみた企業グループをめぐる問題について考察する。

1　大企業の再結合の展開

（1）　大企業の再結合の背景

　まず戦後に解体・分割された大企業の再結合の展開についてみることにするが，ドイツでは，1957年から58年の恐慌の時期に戦後初めての最も重要な企業合同の波がおこった。その中心は伝統的なコンツェルン構造の基礎の上に行われた企業合同，子会社の吸収・合併にあった。そこでは，同一資本系列内での企業集中が中心となっており[152]，戦後に解体された企業の再結合は，その重要な部分をなした。

　1950年代後半から末の再結合および集中の背景としては，①最適規模の経済性の利点，②規模のもたらす法的な利点，③心理的要因の3つがあげられる。①は「規模の経済」の実現の問題であった。②に関しては，垂直的に統合された産業企業に適用される税制面での優遇措置があった。1956年の転換法と57年の転換租税法によって，コンツェルンは，かつてない規模でその力を集中する可能性，小株主をコンツェルン会社から排除する可能性が与えられた。また会社法の改正は，株式会社に対して，利益の一部を無税ないし減税とする租税上の特典を享受しながら株式資本に転換することを可能にした[153]。さらに③については，競争ではなくカルテル化や集中がヨーロッパの経済システムにおけるそれまでの標語となっていたことがあげられる[154]。

　また占領軍によるルール管理の終結，欧州石炭鉄鋼共同体への加盟にともない，分割・解体された大企業の再結合がすすめられた。欧州石炭鉄鋼共同体の1954年5月の条約第66条の実施基準によって，市場での競争を妨げない場合に

は集中が許可されるというかたちで，石炭・鉄鋼業の企業に対して相当大幅な結合の自由が認められた。そのことは，これらの産業における再結合を促進する要因として作用した[155]。また炭鉱と鉄鋼工場との垂直的な結合に基づく再結合が認められたことから，マンネスマン，クレックナー，ライン鋼管フェニックスのように，解体された炭鉱企業と鉄鋼企業のいくつかは，炭鉱と鉄鋼の結合という戦前の基礎のうえにたって改革を行ってきた[156]。欧州石炭鉄鋼共同体が1962年までに承認した旧西ドイツに関係する34件の企業集中のうち，14件が，戦後強制的に解体された企業の再結合に関係していた[157]。

このような比較的少数の大企業への強力な生産の集積は，はるかに激化している競争の結果でもあった[158]。例えばティセン・グループの企業においては，内部での株式交換でもって，①すでにみられた協力関係の強化，②徹底的に専門化されている生産領域の水平的統合による市場変動に対するより大きな抵抗力の確保，③合理化およびコスト引き下げのための新しい可能性の追求，④競争力の一層の確保の４点がめざされた[159]。そこでは，市場面での経営環境への適応や競争力強化のための手段としてグループ内での結合の強化が重要な課題となってきたことが，再結合を必要にした。またEEC諸国は，その工業生産の構造からみても，決して補完的なパートナーではなく競争相手となっており，そのような競争状態は，集中・合同の過程の著しい加速化をもたらした[160]。

銀行業でも，連合国側の規制的措置の解除・廃止が再結合の大きな契機をなした。1952年のアメリカ側の同意を受けて，北部，西部および南部の３つへの業務地域への分割が行われ，合併によって，９つの大規模な銀行への集中が行われた。こうして，ドイツ銀行，ドレスナー銀行およびコメルツ銀行は，それぞれ３つの後継金融機関をもつことになった[161]。また1956年12月の法律によって，後継銀行の役員の人的結合や銀行相互の資本参加の禁止，記名株式のみの発行への制限が撤廃された[162]。３大銀行は，ベルリンの子会社の金融機関を除いて，その各々の３つの後継機関の合併によってそれらの戦前の組織を再び確立することが認められた[163]。こうした再結合は1957年に実施されたが，例えばドイツ銀行の場合，その主たる理由は，大規模な口座を扱うためにこの新しいグループをよりよい地位におくこと，国際的地位の向上，統一的な信用

政策を維持する上でのより大きなフレキシビリティの確保，業務のより高い経済性の実現にあった[164]。

　そのような再結合の取り組みにおいては，３大銀行は，政府に対して非常に強い働きかけを行うとともに，イニシアティブを発揮した[165]。当時，政策的な立場からそのような合併に対する反対はみられず，社会民主党の主導者の大部分でさえ，銀行の集中への回帰に賛成していた[166]。1950年代には，ヨーロッパの新しい秩序やより大規模な経済圏における協力の新しい諸形態への努力がすすめられた。それにともない，戦後の最初の時期に講じられたドイツの大銀行に対する規制はもはや時代に合ったものではなく，また経済的合理性に反するものであったとする見解もますます広まっていった[167]。

(2)　大企業の再結合と事業領域における分業の展開

　以上の考察をふまえて，つぎに重要な問題となるのは，再結合・集中化にともない企業グループとしてみた大企業の事業がどのように再編されたかという点である。こうした事業の再編成が最も顕著に現れたのは鉄鋼業であった。

　それゆえ，鉄鋼業についてみると，1950年代以降の企業の集中過程は，本質的には２つの段階ですすんだ。その第１段階は，解体による一時的な集中排除がもとの状態に戻り全体的にみれば再組織が終わった後に，1958/59年に終了した。第２段階では，より多くのコンツェルン（企業グループ）が生産と投資の領域で密接な協力を結ぶようになった[168]。

　すでにみたように，戦後の大企業の解体は，ドイツ重工業の生産力基盤の根幹をなす「結合経済」のあり方にかかわるものであった。それゆえ，再結合の動きは，石炭と鉄鋼との垂直的結合の強化，生産単位や製品種類の拡大をめざして推進された[169]。それらは，鉄鋼業の生産能力の統合と大型技術への適応をはかるためのものでもあった[170]。

　そこで，まず合同製鋼の後継会社についてみると，フェニックスとライン鋼管の合併では，その背景には，前者が後者への半製品の供給を行っていたという関係があった[171]。またイルセダー製鉄は，1959年に，親会社の事業部門への２つの子会社の転換を決定した。それは，管理の構造の単純化と財務およびその他の負担の軽減のための手段であった[172]。ティセンでは，再結合の最初

52 第1部 大企業への産業集中体制の日独比較

の対象は徹底してデュイスブルク地域に関係していた。資本の結合に先立って，1955年9月には再結合の第一段階としてアウグスト・ティセンとニーダーライン製鉄との間で利益共同体協定が締結されたが，翌年には株式交換による結合が行われた[173]。こうした再結合は，ティセンのしかるべき生産設備が戦後に解体撤去されたことによってこれら2社の工場の効率的な補完関係が打ち砕かれたことへの対応であった。その一方で，ニーダーライン製鉄の側でも，設備の解体によって厚板と中板の生産が不可能となったという事情があった。両社の結合では，供給契約では解決されなかった供給の欠落部分を埋めることに寄与することがめざされた[174]。

　またティセンの再結合の第2の対象としては，ドイツ高級鋼株式会社（1957年に結合）が問題となった。そのことは，アウグスト・ティセンはもはやデュイスブルクにおいて自前の電炉鋼の生産を行っていなかったことによるものであり，そこでは，とくに粗鋼の領域での生産技術的な協力の可能性が考慮された[175]。ニーダーライン製鉄，ドイツ高級鋼株式会社の2社とのティセンの結合によって，つぎのような分業化と専門化がはかられた。すなわち，企業間の生産の重複を避けるかたちで，また販売の確保を目的として，ティセンは平鋼と半製品・大型の形鋼の生産に重点をおいた。これに対して，ニーダーライン製鉄は線材と棒鋼の生産に，ドイツ高級鋼株式会社は高級鋼とその他の高付加価値の鋼の生産に集中した。それによって製品プログラムの補完がはかられた[176]。また1957年のジーガーランド製鉄の株式の取得，58年と61年のラッセンシュタイン・アンデルナッハ製鋼圧延の株式の取得によって，ティセンの帯鋼の販路の確保がはかられた。これらも，製品別の生産分業の利点を追求するものであった[177]。新しいティセン・グループは，超大型の高炉，LD転炉および連続圧延＝自動圧延に代表される戦後段階の鉄鋼生産構造，それに照応するだけの生産規模をもつ鉄鋼生産体を形成していった旧西ドイツで唯一の資本グループであった。その意味でも，解体後の再結合による再編成の意義は大きかった[178]。

　このように，戦後の解体によって13の鉄鋼会社に分割された合同製鋼の後継企業では，再結合によって，1960年代初頭には，アウグスト・ティセン，フェニックスライン鋼管，ライン製鋼，ドルトムント・ヘルデ製鉄連合の4社のみ

第1章　企業グループ体制の日独比較　*53*

が存続していたにすぎない。大部分において，こうした企業の合併・拡張は，これらの企業間の直接的な競争という結果になったのではなく，各社は，他の企業がカバーしていない領域の生産能力の拡大・統合をはかっており，生産分業の利益がめざされた。すなわち，合同製鋼の鉄鋼生産能力の大部分は，アウグスト・ティセンかフェニックスライン鋼管のいずれかの事業のなかに再び組み入れられた。そこでは，圧延製品市場での製品の供給や専門化は大部分重複することはなく，両社の間での製品間分業がはかられた。すなわち，ティセンは，中板，半製品および完成品の薄鋼板，コイル，線材，特殊鋼の生産に専門化し，一方，フェニックスライン鋼管は，鋼管，厚板，半製品の鋼，銑鉄の生産に専門化した。またライン製鋼は，解体の結果，合同製鋼の鉄鋼生産以外の利害のすべてを受け継いだ。ドルトムント・ヘルデ製鉄連合は粗鋼の重要な生産者となったが，これらの企業とは異なり，鉄鋼業の市場に広く多様化していなかった。同社は，1960年代初頭までに，厚板と棒鋼・構造用鋼の2つの領域への集中化をはかった。

　ヘッシュ，クレックナー，マンネスマン，オーバーハウゼン製鉄，クルップといった他の企業グループも，ドルトムント・ヘルデ製鉄連合の専門化のかたちにほぼ従った。これら各社は，限られた数の市場における自社の強力な地位を確保しうるような方法で，製鋼製品・圧延製品の生産を組織するように試みたのであった[179]。

　それゆえ，合同製鋼以外の企業についてみると，フリック，グーテホフヌング，クレックナー，オットボルフおよびヘッシュは，解体にともなう再編後の数年のちに，その投資と生産の規模が以前の合同製鋼の規模を上回る混合企業として，再び登場することになった[180]。またマンネスマンでは，戦後の解体によって切り離された炭鉱の結合がすでに1950年代半ば頃までに行われ，混合企業への復帰が推し進められたほか[181]，58年秋には，6つの最も重要な子会社が親会社と合併した[182]。ヘッシュでも，1950年代半ば頃には，解体によって3つのグループに分割された後継会社のうち2社が親会社に組み入れられ，炭鉱と鉄鋼との結合経済の復活がはかられた[183]。ヘッシュは，1950年代末には，4つの中核企業から構成されるコンツェルン（企業グループ）に再編されており，そのもとには多くの子会社がおかれた[184]。またクルップでも，1958

年にラインハウゼン製鉄が合同製鋼の後継会社のひとつであるボーフム・フェラインを支配下に収めたが，そこでも，生産分業の利点の追求が主たる目的であった。ラインハウゼン製鉄は主としてトーマス鋼による大量製品を生産していたのに対して，ボーフム・フェラインは平炉LD法や電気炉による高級鋼の生産に中心をおいた。この統合によって，生産プログラムの拡大，分業化が可能となった。また加工部門への原料供給においても，クルップにとっては，その供給者となるボーフム・フェラインとの結合は大きな意味をもっており，結合の利益は大きかった[185]。グーテホフヌングでも，再結合の動きは，1957年に鉄鋼部門と炭鉱部門の結合というかたちで現われた。オーバーハウゼン製鉄とノイエホッフヌング鉱山の間のエネルギー面での結合は，後者が資本参加しているルール化学株式会社との結びつきによってさらに高められた[186]。このように，鉄と石炭との再結合は，解体以前よりも一層有利な条件を生み出すことになった。

　また大企業の再結合がいったん終了した1950年代末以降の第2段階には，58年の恐慌の圧力のもとで競争が激しくなるなかで，集積・集中の過程がすすんだ。その後の1959/60年の新たな経済躍進は，すでに61年には再び停滞局面に入っており，ティセン・グループでは，それまでの強力な拡大への対応として，60年初頭にドルトムント・ヘルデとヘッシュ・グループとの緊密な協力関係が築かれた。ヘッシュも，すでにその数年前に，マンネスマンと共同で大規模な鋼管工場の建設を行っており，これら3グループの協力は，圧延設備の共同利用や一部では共同の資金調達にみられた。1962年にはティセンとマンネスマンとヘッシュの間でも，生産と投資の領域での協力に関する協定が結ばれた[187]。このように，とりわけ1950年代末から60年代初頭の競争激化の結果としての集中のひとつの形態は，生産プログラムの調整，共同での研究開発活動，共同利用される生産設備の配置などのためのさまざまなコンツェルン間の協定にみられた[188]。

2　産業における企業グループ体制の新展開の意義

　以上の考察をふまえて，つぎに，大企業の解体とその後の再結合にともなう企業グループ体制の新展開の意義についてみることにしよう。戦前の過大コン

ツェルンの清算による管理に適した規模での大企業の形成，全体の管理構造の単純化でもって，はるかに徹底的な合理化のための重要な前提条件が与えられた[189]。こうした集中は，寡占的競争への移行のもとで，アメリカからの導入を重要な契機とする技術革新に対応しつつ事業展開を機能的に行うことのできる条件を生み出すために，分業化と専門化の利点の追求による量産効果の発揮ための体制を整備するものであった。すなわち，こうした展開は，「製品補完による分業」のかたちで，寡占的競争に適合的な，市場セグメントを重視した企業行動を展開するための体制を企業間関係の面から強化しようとするものでもあった。この点を鉄鋼業についていえば，石炭と鉄鋼との「結合経済」の利点を生かしつつ，企業グループ内の「製品補完による分業」とグループ間の「製品分野間の棲み分け分業」による量産効果の追求という，企業間の協調的な関係を基礎にした体制への転換が，はかられたのであった。

　こうした体制への転換は，生産・販売・経営などの経済的統一性を保持するかたちで「ひとつの産業体系を基盤として形成された諸企業の集合体」であり有機的な親子型の企業グループとしての「コンツェルン」というドイツ的なあり方[190]を「製品補完による分業」の原理に基づいて強化し経済的合理性の確保をはかろうとするものである。それは，規模の経済の追求や経営合理化の展開のためのよりよい条件を築くものであり，また協調に基づく市場支配の基盤の強化をはかるものでもあった。

　戦後のそのようなあり方は，第2次大戦前，とくに1920年代以降にみられたひとつの産業部門を包含するような巨大トラストと広範なカルテルによる市場支配の高い集中度を基礎にした産業集中の体制とは異なり，機能面の効果をより徹底して追及したものであった。こうした企業グループの再編に関して重要なことは，そのような分業関係は企業グループ内だけでなくグループ間でもすすんだということにある。このことは，本章で考察した鉄鋼業のみならず，大企業の解体後に再結合が行われなかった化学産業でもみられた[191]。それは，戦前におけるカルテルによる経済集中や動きのとれない過大コンツェルンという特質とは異なるかたちでの，生産分業の経済的利点を基礎にした独占的市場支配の体制への転換を意味するものである。

　このようなドイツ的なあり方は，日本の企業集団，そのもとでのフルセット

産業型のような構造とは異なるかたちでの大企業体制であった。協調的関係を組み込んだ戦後のこうした大企業体制は，ドイツ企業が激しい価格競争を回避し，品質競争を重視した経営とそれを支える経営方式の展開のためのひとつの重要な基盤をなした。

3　銀行とのかかわりでみた企業グループとそれをめぐる論点

　戦後，ドイツでは，以上のような特定の産業における企業グループとしてのコンツェルンが形成されてきたが，このような「企業グループ」がさらに上のレベルでどのように結集されているか，どのようなかたちのグループを形成しているのかという点[192]でみると，つぎのような特徴がみられる。ドイツには，日本の戦前の財閥のような「大規模な産業と金融の結合体」の形成はみられず[193]，また6大企業集団に相当するような，広い産業分野をカバーする大規模な企業集団も存在しない。しかし，日本との大きな相違は，ドイツの系列は「競争関係を問わず，ほとんどすべての大銀行，大保険会社，大企業を構成していること」にある[194]。企業間関係において銀行が果たす役割は，日本とドイツとでは大きく異なっており，そのことは，産業集中の体制の相違を規定する重要な要因のひとつとなっている。

　ドイツでは，銀行は特定のコンツェルンと結びつくというよりはむしろ広くコンツェルン全体との結合関係を展開させてきたという傾向にある[195]。このように，銀行は，さまざまな産業において形成されている複数の企業グループとの結合関係を有していることが特徴的である。しかし，こうした結合関係は，日本のような構成企業がいずれも巨大産業資本である各個別企業集団に固有な金融機関（銀行）の存在という形態をとるものではなく，「それ自体多数の子会社・関連会社を傘下に持つ各巨大産業資本総体を連結し，全体的にその矛盾を調整する機能を持つものとしての結合関係（とりわけ銀行資本主導の結合）がその特質のひとつ」となっていると指摘されている[196]。

　この場合，銀行資本主導の結合という点をめぐっては，基本的にひとつの産業体系を基盤とした親子型の企業グループという構造とともに，大銀行を中核として産業企業をも巻き込んで展開される企業のグループ化という実態もみられるとする指摘もある。例えばH. パイファーは，①銀行出身者の非銀行企業

での人的結合と彼らの機能，②代表的な銀行では他の大銀行と比べ人的結合の数が際だっていること，③代表的な銀行による監査役会会長や取締役会会長，主導的な経営委員会の機能といった重要役職での人的結合の3点を指標として，ドイツの銀行グループの存在を認識している。その上で，1980年代前半の時期には，ドイツの上位75の巨大企業体のすべてが，資本関係・人的関係において，同国の金融機関の頂点に位置するドイツ銀行，ドレスナー銀行といった銀行グループ，両銀行の間に位置する企業の存在というかたちに収斂していたとしている[197]。また，A. ゴットシャルクが調査した32社[198]にかかわって，佐久間信夫氏は，①出資関係，②寄託議決権の保有関係，③役員派遣の3点を大銀行グループの認識の指標として重視し，その上で，大銀行が最大の議決権を有している企業を銀行グループとして捉えている[199]。

　それゆえ，銀行を中核とする企業グループが形成されてきたとする見解についてみると，同一集団内の産業企業同士の株式所有関係はほとんど存在せず，他の集団の産業企業との結合関係がみられることは，日本の企業集団と比較した場合にみられる株式所有関係における特徴であるとされている[200]。また監査役派遣という点でみると，3大銀行グループでは，銀行はグループ内のみならずグループ外の企業への監査役の派遣も広範に行っているが，同一集団内の産業企業間での監査役派遣は，他の集団のメンバー企業との監査役派遣よりもその頻度が低く，むしろグループ外の企業との密接な人的関係をもっていると指摘されている。また銀行の監査役会への産業企業からの役員派遣もわずかしかみられないのが一般的であるとされている。それゆえ，銀行を中核とする同一の集団内の産業企業間には，日本でみられるような緊密な結合関係はほとんどみられないが，他の銀行グループの産業企業と監査役派遣を介して広範な結合がみられるほか，特定の銀行グループに属する産業企業には，他の2大銀行によるかなり高い率の寄託議決権の保有，監査役の派遣という関係があるとされている。さらに3大銀行間にも協調関係がある。このように，ドイツの集団内の企業間関係は，「銀行を中心とする放射状の関係」にあり，産業企業間の関係は希薄であり，日本の企業集団のようなマトリックス上の関係ではないと理解されている。また一般的に，3大銀行間には直接的な出資関係も監査役派遣による人的結合の関係も存在しなかったが，アリアンツやミュンヘン再保険

という大手保険会社を介しての緊密な間接的結合関係がみられ，それは，相互には直接的な資本的・人的関係をもたない大銀行の相互関係に対する架橋の意味をもつものとされている[201]。

　この点をめぐっては，ドイツの場合，日本の企業集団にみられたような，各産業において形成された企業グループをさらに上のレベルで結合・結集させている，またグループ内で完結するかたちでの集団化という実態をとらえる上での，社長会，系列融資，集団内取引などのような明確な指標が見いだされるわけでは必ずしもない。むしろ企業間の人的結合という面に着目すると，多くの産業企業のグループでは，他社から多くの監査役を受け入れており，これらの兼任監査役は同グループと関係の深い企業のみならず，自らの出身企業と深い関係・利害をもつ企業との役員兼任をも行っており，じつに多様でかつ広範な産業にわたる人的結合関係が築かれているという実態がある。しかも，大銀行の監査役会にも多くの産業企業からの兼任役員が存在しており，そのことが，銀行をひとつの基軸とする企業間，企業グループ間の協調・連携の基礎をなしている。それゆえ，企業グループが銀行を巻き込んだものであるという点こそが重要であり，産業企業との銀行の密接な関係に基づく結合，グループの形成という場合にむしろ重要な問題となってくるのは，こうした産業・銀行間の関係に基づく産業システムにおいて，人的結合の構造がどのようになっており，それを基礎にして，銀行が中核となって何をいかに調整しているのか，企業間，企業グループ間の協調的体制，その機能の面におけるメカニズムの解明をとおしてその実態をとらえることである。この点については，第2章において考察を行うことにする。

第4節　企業グループ体制の日本的特徴とドイツ的特徴

1　企業グループ体制の日本的特徴

　以上の考察をふまえて，つぎに，戦後に形成されてきた企業グループの体制の日本的特徴とドイツ的特徴を明らかにしていくことにしよう。まず日本的特徴についてみると，銀行を含む各種事業分野の主要企業が財閥本社のもとに組み込まれていた戦前的体制からの転換がはかられ，純粋持株会社，自己株式の

第1章　企業グループ体制の日独比較　*59*

取得・保有が禁止されるなかで，新たな企業グループの体制として6大企業集団の形成がすすみ，企業集中は一般的にこれらの企業グループのなかで行われた。集中の方法としては株式の相互持合がとられ，集中の形態は，大企業相互のヨコの結合関係となった。そこでは，株式の相互持ち合いによる株主安定化をとおして，外部の勢力からの防衛機能の発揮による経営の自律性の確保がはかられることになり，企業統治の独自の体制が構築されてきた。日本の企業集団は，「蓄積の条件を前提しあう関係であり，株式相互持ち合いによって安定株主体制を形成して関係の恒常性を保持している集団」であるといえる[202]。

　またフルセット産業的連関を体現するようなかたちでの企業集団の形成のもとで，日本の企業集団はいくつもの産業にまたがる企業グループであり，この点，アメリカの企業集団・グループの場合には勢力の拠点あるいは主たる産業分野が比較的はっきりしている[203]のとは異なっている。このような日本的な結合関係は，ドイツにおけるひとつの産業体系を基盤とした企業グループとしてのコンツェルンというあり方とも異なっている。日本の企業集団の内部では，融資，株式の相互持合，相互の系列取引，共同投資が行われたほか，企業間の調整は社長会と呼ばれる組織によって行われた。このような企業集団の存在は，株式市場の脅威や圧力からの自律性の確保，長期的視野での経営の展開，従業員重視の分配政策というかたちでの共同体利益を優先する日本的な経営の追求の基盤をなした。企業集団は，平時における業績の悪い企業の援助や銀行とのつき合いの重視の一方でまさかのときには援助を仰ぐという，「企業業績に関する『相互保険システム』」としての機能を発揮するものでもあり，グループ内企業の安定的な成長を支える仕組みをなした[204]。

　企業グループという結合関係のもとでの企業間の利害調整，統一的指揮という点では，ドイツの場合とは異なり，銀行は社長会の中核にあったとはいえつねに決定的に優位な位置を占めるというわけでは必ずしもなかった。社長会による調整については，グループ内の企業の社長という特定職位の担当者間で行われたために，企業集団がフルセット型であることによる産業間の広がりがみられるとはいえ，企業間の情報共有，調整の手段という面では，ドイツのような銀行・産業企業間の緊密な関係を支える多様な諸機構による調整とはなっていない。また社長会が企業集団というグループの統一的管理・指揮の機能を果

たすものであったかどうかという点は必ずしも明確になってはいないが，基本的には，少なくともタテのピラミッド型構造にある企業グループの親会社のような統一的管理の機能が強制力をともなうようなかたちで発揮される状況にはなかったといえる。この点，E. M. ハードレーが指摘したように，支配力はメンバー企業の行動の統一性を強制するには十分ではなく，企業集団を構成する各企業の意思決定はメンバー企業の影響を受けることはあっても強制を受けることはほとんどないというのが，実態に近いといえるであろう[205]。

　高橋宏幸氏は，ドイツのコンツェルンと日本の企業グループとの決定的な相違は統一的指揮の有無にあるとされている。前者では，「統一的指揮によってあたかも一つの企業のごとく，総合力を戦略的に駆使して競争力を確保している点」が特徴であるとされているが[206]，統一的指揮がないとする日本についての指摘は，親子型の企業グループではなく横の関係である企業集団について妥当するものである。さらに企業集団内には社長会のような一定の利害調整をはかるための機関が存在していたが，日本の企業集団間にはドイツにおける産業・銀行間関係に基づく緊密な調整的機能を果たす組織的手段は存在しなかったということも重要であり，そのことは，多くの産業において大企業間の激しい競争をもたらす要因となった。

　日本の企業集団においては，それを構成する産業企業が産業連関を総体として「自己完結的」に体現するよう配置されているという点に顕著な特徴がみられるが[207]，しかしまた，そのことは，同一産業部門おける競争関係にも大きな影響をおよぼすことになった。多くの産業をフルセット的に抱えるいくつかの企業集団の形成のもとで，いずれの産業部門においても，各企業集団に属する数社の比較的勢力の伯仲した競争的大企業の並存というかたちとならざるをえなかった[208]。そのために，競争が激化し，こうした状況は，激しい競争関係にある企業における過剰投資や製品の多様化の推進，各企業集団に属する競争企業間での重複投資など，競争戦略，製品戦略の展開，投資など各産業における企業行動のあり方にも大きな影響をおよぼす要因となった。

　また財閥系と銀行系の企業集団の比較でみると，芙蓉，三和，第一勧銀（第一銀行）の3集団では，自立的個別企業が戦後の競争条件のもとで財閥系集団への対抗勢力の形成という目的から集団が形成されたという事情があり，競争

第1章　企業グループ体制の日独比較　*61*

企業同士が同一集団に所属している場合もみられた。そのことは，集団内の持合比率の低下や社長会の結成の遅れの要因となった。このような歴史的経緯はまた，財閥系と銀行系の企業集団の事業上の統一性あるいは産業配置においても相違をもたらす結果となった。財閥系の企業集団では，一業一社体制がほぼ築かれることによって集団内部の競争が回避され，集団内分業体制がとられ，関連事業部門間での取引が比較的スムーズに行われやすい条件にあった[209]。これに対して，銀行系の企業集団では，同一分野に多くの企業が存在したケースもみられ[210]，グループ内企業の競争の排除という点では，限界があった。このことは，競争構造のあり方とも関係している。

　さらに企業集団の結合に貫かれる論理についていえば，それは，旧財閥系でみても，もはや財閥のそれではなく，主体として自ら激しい競争戦を勝ち抜くための条件の獲得競争を余儀なくされた個々の大企業，大銀行の論理であった[211]。ただ例えば三菱企業集団にみられるように，「集団での共同行動よりは各社独自の行動を志向する求心力としての自立性」と「グループの結束を自社単独の行動よりも重視する求心力としての依存性」という，2つ行動原理を備えていたというケースもあり[212]，こうした点に日本的な企業集団的結合のひとつの特徴があるともいえる。迂回生産を原理とする重化学工業では大企業が互いに結合することが必要であったこと，大量生産・大量販売の原理に基づく規模の経済性の追求とそこでの設備投資の大規模化という傾向のもとで銀行と大企業の結合が必要となったことなどから，日本の企業集団は，高度成長期に産業構造が重化学工業化していく段階においてその経済的メリットを発揮した[213]。この点，日本と比べすでに重化学工業化がすすんでいたというドイツの事情とは大きく異なっていたといえる。

　日本では，6大企業集団の形成とともに，企業集団を構成する主要な産業において，子会社の設立などによって，大企業の同一資本系列内におけるピラミッド型の企業のグループ化も行われ，それは，戦後比較的はやい段階からみられた。しかし，こうしたグループ化は，とくに1970年代以降には，子会社の形態による分権化の程度の多様性の発揮を目的とした子会社のスピンオフによって一層すすんだ。このような企業グループは，企業集団のようなヨコの結合という特徴をもつものではなく，ドイツの企業グループとほぼ同様の形態に相当

62　第1部　大企業への産業集中体制の日独比較

するものであり，基本的には生産・販売などの基本的な職能活動の統一性を確
保したかたちでの「ひとつの産業体系を基盤とした企業グループ」として形成
されてきた。

2　企業グループ体制のドイツ的特徴

　このような日本からみると，ドイツの企業グループ体制のあり方には相違が
みられる。ドイツにおける企業グループ体制の再編は，戦後の寡占的競争に適
合的な，いわば産業ベースの企業グループの形成であり，分業化と専門化の利
点の追求による量産効果の発揮ための体制を整備するものであった。そうした
展開は，「製品補完による分業」のかたちで，寡占的競争に適合的な，市場セ
グメントを重視した企業行動を展開するための体制を企業間関係の面から強化
しようとするものでもあった。そこでは，企業グループ内の製品補完に基づく
分業による量産効果の追求のみならず，グループ間の「製品分野間の棲み分け
分業」とそれに基づく競争回避という，企業間の協調的な関係を基礎にした体
制への転換がはかられたという点が重要である。そのような状況のもとで，日
本のような子会社の形態による分権化の程度の多様性の発揮という目的よりは
むしろ，企業間の分業と専門化に基づく機能面の利点を重視したあり方が一層
重要な意味をもった。またドイツでは，日本のように持株会社が禁止されなか
ったことから，企業の集中の方法として，持株会社が利用される余地が残さ
れ，こうした方法も利用された。

　分業化と専門化の利点の追求による量産効果の発揮ための体制の整備という
かたちでの企業グループ体制の新しい展開は，1920年代の合同製鋼やIGファル
ベンのようなトラストでみられた「契約による分業」に基づく生産組織の再編
の原理[214]を，第2次大戦後に解体された大企業の再結合によって生まれた新
しい企業グループ内の「製品補完」というかたちでの分業関係の構築に応用す
るものでもあった。そのことにより，量産効果の実現を保証しうるような体制
の構築がはかられたのであった。それは，1920年代以降にみられたいわばひと
つの産業部門をまるごと包含するような巨大トラストと広範なカルテルによる
市場支配という産業集中の戦前的体制からの転換であった。

　また日本の企業集団との比較でみると，企業の結合とグループ化のあり方に

は，戦前期からの産業構造の相違による影響も大きかったといえる。高度成長期にすすんだ産業構造の重化学工業化のもとで経済的メリットが大きかった日本の企業集団のような結合，グループ化の必要性は，ドイツではあまりなかった。ドイツでは日本と比べすでに重化学工業化がすすんでいたという事情もあり，日本のような産業横断的な結合という構造が築かれる必要性もまた必然性も低かったといえる。

　このような事情もあり，ドイツでは，ひとつの産業体系をベースにした企業間の分業と専門化の利点を追求したグループ化が中心をなしたが，こうした産業ベースのコンツェルンを基軸として銀行の勢力圏に組み込まれた集中の体制もすすんだ。しかし，日本の系列とは異なり，グループ企業間の継続的取引は，主力銀行を除くと大きな意義をもつものとはなっていないという点[215]にも特徴がみられる。また企業グループ間の結合関係という点でみると，ドイツでは，6大企業集団のメンバー企業の社長会への重複加盟や協調融資などの例外を除くと集団外の企業との結合関係がほとんどない排他的な結合となっている日本とは，大きく異なっている。このことは，銀行と産業企業との関係のありようやそこでの銀行の果たす役割ともかかわって，競争構造のあり方を規定する重要な要因のひとつにもなっている。そのことはまた，企業の経営行動，戦略展開のあり方の基盤をもなしてきた。

　こうした変化は，戦後の国内競争および世界市場での競争に対応するための，協調的関係を組み込んだ大企業体制への変革でもあった。補完的分業の原理に基づく企業グループ体制は，その後の1970年代にもおよぶ第3次企業集中運動のもとでの結合・集中の一層の進展，国際的な集中[216]によって，一層補完されたのであった。このような体制は，激しい価格競争の回避，品質競争への特化というかたちでのドイツ企業の経営展開のためのひとつの重要な基盤をなしたのであり，競争のあり方という点でも，また競争戦略の展開という面でも，日本とは大きく異なる条件を築くことになったといえる。企業結合に基づくこうした協調的体制は，国内市場の支配体制を基礎にして，ドイツ企業の国際競争力に裏づけられたヨーロッパ市場での支配体制と棲み分け分業的な貿易構造を支えるものでもあるとともに，そのような貿易構造のもとでとくに有効に機能しえたといえる。

（ 1 ）下谷政弘『日本の系列と企業グループ　その歴史と理論』有斐閣，1993年，4ページ，198ページ。

（ 2 ）E. M. Hadley, *Antitrust in Japan*, Princeton, New Jersey, 1970, p. 10〔小原敬士・有賀美智子監訳『日本の財閥の解体と再編成』東洋経済新報社，1973年，11ページ〕.

（ 3 ）前川恭一『日独比較企業論への道』森山書店，1997年，23ページ，58-59ページ，247ページ，263-264ページ，宮本又郎・阿部武司・宇田川　勝・沢井　実・橘川武郎『日本経営史』有斐閣，2007年，246-249ページ，奥村　宏『日本の六大企業集団』ダイヤモンド社，1976年，21ページ，宮崎義一『戦後日本の経済機構』新評論，1966年，221-222ページ，227-228ページ。

（ 4 ）宮島英明「財閥解体」，法政大学情報センター・橋本寿朗・武田晴人編『日本経済の発展と企業集団』東京大学出版会，1992年，205-211ページ，宮本・阿部・宇田川・沢井・橘川，前掲書，250-251ページ参照。

（ 5 ）工藤昌宏「戦後企業集団分析によせて」『商学論纂』（中央大学），第24巻第 1 号，1982年 5 月，212-213ページ，223ページ。

（ 6 ）儀我壮一郎「コンツェルンとコントロール——戦後日本の『財閥解体』と経営制度——」，日本経営学会編『技術革新と経営学』（経営学論集，第29集），同文館，1958年 8 月，366ページ。

（ 7 ）奥村，前掲書，1976年，39-43ページ。

（ 8 ）アメリカのこうした政策転換については，E. M. Hadley, *op. cit.*, Part Ⅰ, 9〔前掲訳書，第 1 部，第 9 章〕を参照。

（ 9 ）鈴木　健『日本の企業集団——戦後日本の企業と銀行——』大月書店，1993年，49ページ。

(10) 鈴木　健『六大企業集団の崩壊——再編される大企業体制——』新日本出版社，2008年，27ページ。

(11) A. Schlieper, *150 Jahre Ruhrgebiet. Ein Kapitel deutscher Wirtschaftsgeschichte*, Düsseldorf, 1986, S. 156.

(12) V. Berghahn, *Unternehmer und Politik in der Bundesrepublik*, Frankfurt am Main, 1985, S. 280, M-L. Djelic, *Exporting the American Model. The Postwar Transformation of European Business*, Oxford, 1998, p. 167, D. Hanson, *Managerial Cultures. A Comparative Historical Analysis*, New York, 2014, pp. 195-196.

(13) V. R. Berghahn, *The Americanization of German Industry 1945-1973*, Leamington Spa, New York, 1986, p. 95, p. 110.

(14) H. Fiereder, Demontagen in Deutschland nach 1945 unter besonderer Berücksichtigung der Montanindustrie, *Zeitschrift für Unternehmensgeschichte*, 34. Jg, 1989, S. 237, H. Uebbing, *Wege und Wegmarken. 100 Jahre Thyssen, 1891-1991*, Berlin, 1991, S. 55.

(15) Headqurters Military Government L/K MOERS（15.10.1945), p. 1, *Historisches Archiv Krupp*, WA70/1, Kruppbetriebe im Existenzkampf, *Der Volkswirt*, 8. Jg, Nr. 1, 16. 1. 1954,

第1章　企業グループ体制の日独比較　*65*

S. 24.

(16) Fried. Krupp. Nur noch Verarbeitungsgesellschaft ohne Kohle und Stahl, *Der Volkswirt*, 8. Jg, Beilage zu Nr. 44 vom 30. Oktober 1954, Das veränderte Gesicht der Montan-Industrie. Zum Eisenhüttentag, S. 49, Weitere Konsolidierung bei Krupp, *Der Volkswirt*, 10. Jg, Nr. 14, 7. 4. 1956, S. 28, S. 30.

(17) Beendeter Mannesmann-Umbau, *Der Volkswirt*, 6. Jg, Nr. 16, 19. 4. 1952, S. 24-25, Mannesmann für neue Aufgaben gerüstet, *Der Volkswirt*, 7. Jg, Nr. 25, 20. 6. 1953, S. 23, Die Neuordnung bei Hoesch, *Der Volkswirt*, 6. Jg, Nr. 31, 2. 8. 1952, S. 23-24, Liquidation der Hoesch AG. Die Nachfolgegesellschaften entwickeln sich günstig, *Der Volkswirt*, 8. Jg, Nr. 19, 8. 5. 1954, S. 24, Gutehoffnungshütte neu geordnet, *Der Volkswirt*, 7. Jg, Nr. 31, 1. 8. 1953, S. 21.

(18) 戸原四郎「西ドイツにおける戦後改革」，東京大学社会科学研究所編『戦後改革2 国際環境』東京大学出版会，1974年，141ページ，矢島千代丸『ルールコンツェルンの復活』（経団連パンフレット No. 48），経済団体連合会，1959年，37ページ。

(19) Vgl. H-D. Kleinkamp, Die Entflechtung der I. G. Farbenindustrie A. G. und die Gründung der Nachfolgegesellschaft, *Vierteljahrhefte für Zeitgeschichte*, 25. Jg, Heft 2, 1977, H. Gross, *Material zur Aufteilung der I. G. Farbenindustrie Aktiengesellschaft*, Kiel, 1950.

(20) M. Pohl, *Entstehung und Entwicklung des Universalbanksystems : Konzentration und Krise als wichtige Faktoren*, Frankfurt am Main, 1986, S. 102-104, M-L. Djelic, *op. cit.*, G. Stolper, K. Häuser, K. Borchardt, *Deutsche Wirtschaft seit 1870*, Tübingen, 1964, S. 227-228〔坂井栄八郎訳『現代ドイツ経済史』竹内書店，1969年，216-217ページ〕。

(21) 戸原，前掲論文，145-147ページ。

(22) V. R. Berghahn, *op. cit.*, p. 90, p. 95, pp. 108-109, M-L. Djelic, *op. cit.*, p. 166.

(23) G. Herrigel, American Occupation, Market Order, and Democracy : Reconfiguring the Steel Industry in Japan and German after the Second World War, J. Zeitlin, G. Herrigel (eds.), *Americanization and Its Limits. Reworking US Technology and Managemnet in Post-War Europe and Japan*, Oxford, 2000, p. 361.

(24) *Ibid.*, p. 364.

(25) *Ibid.*, pp. 352-353, p. 368.

(26) 佐々木 建『現代ヨーロッパ資本主義論　経済統合政策を基軸とする構造』有斐閣，1975年，65ページ。

(27) 工藤 章『現代ドイツ化学企業史──IGファルベンの成立・展開・解体──』ミネルヴァ書房，1999年，378ページ。

(28) V. R. Berghahn, *op. cit.*, p. 95.

(29) 前川恭一『ドイツ独占企業の発展過程』ミネルヴァ書房，1970年，147-148ページ。

(30) 小林好宏「企業集団と産業組織──再論──」『経済学研究』（北海道大学），第27

巻第 1 号，1977年 3 月，134ページ，坂本和一・下谷政弘「まえがき」，坂本和一・下
谷政弘編著『現代日本の企業グループ』東洋経済新報社，1987年，iページ，坂本和一
「企業グループ論の課題と視角」，坂本・下谷編著，前掲書，2-5ページ，7 ページ，下
谷，前掲書，132-133ページ，213ページ，佐久間信夫「ドイツの『企業集団』」，坂本
恒夫・佐久間信夫編，企業集団研究会著『企業集団研究の方法』文眞堂，1996年，80
ページ，後藤　晃「日本の企業集団：その構造と機能」『ビジネスレビュー』，Vol. 30,
No. 3 ・ 4，1983年 3 月，171ページ，175ページ。

(31) 前川，前掲『日独比較企業論への道』，23ページ，58-59ページ，247ページ，263-264
ページ，宮本・阿部・宇田川・沢井・橘川，前掲書，246-249ページ，252-253ページ，
奥村，前掲書，12ページ，21-23ページ，宮崎，前掲書，221-222ページ，224-225ペー
ジ，227-228ページ，橘川武郎「企業集団の成立とその機能」，森川英正編『ビジネス
マンのための戦後経営史入門』日本経済新聞社，1992年，62-63ページ，69ページ，73
ページ，77ページ。

(32) 坂本恒夫『企業集団経営論』同文舘出版，1993年，13ページ。

(33) 奥村　宏『法人資本主義の構造――日本の株式所有――』日本評論社，1975年，164-
165ページ。

(34) 奥村　宏「日本の企業集団――その構造と機能――」『季刊中央公論』，第51号，
1975年 3 月，324ページ。

(35) 小山明宏・ハラルド. ドレス「日独企業の比較分析のために（2）――『金融系列』
の基本的再検討（2）――」『学習院大学経済論集』，第30巻第 4 号，1994年 2 月，424-
425ページ。

(36) 中村瑞穂「三井コンツェルンの復活過程」，野口　祐編著『三井コンツェルン　経営
と財務の総合分析』新評論，1968年，193ページ，196-197ページ，中村瑞穂「住友コ
ンツェルンの復活過程」，野口　祐編著『住友コンツェルン　経営と財務の総合分析』
新評論，1968年，173-174ページ，野口　祐「三井コンツェルンの機構と役割」，野口編
著，前掲『三井コンツェルン』，18ページ。

(37) 鈴田敦之『第一勧銀グループのすべて』日本実学出版社，1976年，13-14ページ，
201ページ。

(38) М. В. Сутягина, *Мицубиси*, Наука, 1973, p. 149〔中村平八・二瓶剛男訳『三菱
――この巨大企業集団――』青木書店，1975年，163ページ〕。

(39) 橘川武郎『日本の企業集団――財閥との連続と断絶』有斐閣，1996年，192-200ペー
ジ参照，橘川武郎「企業集団の成立とその機能――企業集団はメンバー企業の行動に
どんな影響を及ぼすか――」『Will』，1991年 9 月，142ページ，三上敦史「住友グルー
プと社長会」，小林正彬・下川浩一・杉山和雄・栂井義雄・三島康雄・森川英正・安
岡重明編『日本経営史を学ぶ　3　戦後経営史』有斐閣，1976年，245ページ，253-255
ページ。

(40) 橘川，前掲書，200-206ページ，橘川武郎「戦後型企業集団の形成」，法政大学情報

センター・橋本・武田編，前掲書，288-293ページ。

(41) 島田克美『企業間関係の構造——企業集団・系列・商社』流通経済大学出版会，2010年，120-122ページ。

(42) 坂本，前掲書，6-7ページ。

(43) 坂本恒夫「企業集団研究の方法」，坂本・佐久間編，企業集団研究会著，前掲書，12ページ。

(44) 橘川，前掲書，22ページ，134ページ，148ページ，231ページ。

(45) 橘川，前掲「企業集団の成立とその機能」，69ページ。

(46) 公正取引委員会「総合商社に関する第二回調査報告——独占禁止政策からみた商社問題ついて——」『週刊金融財政事情』，第26巻第5号（1975年2月3日号），1975年2月，55-57ページ。

(47) 二木雄策「公正取引委員会事務局編，『日本の六大企業集団——その組織と行動——』」『国民経済雑誌』（神戸大学），第167巻第5号，1993年5月，124ページ。

(48) 宮島，前掲論文，209-210ページ，245ページ。

(49) 鳴坂 収「企業集団に関する一考察」『千葉商大論叢』（千葉商科大学），第11巻第4号-B（商経篇），1974年3月，74ページ，二木雄策『現代日本の企業集団——大企業分析をめざして——』東洋経済新報社，1976年，51-57ページ。

(50) 橘川，前掲書，22ページ，142-143ページ，152ページ，229ページ，231ページ。

(51) 鈴木 健『メインバンクと企業集団——戦後日本の企業間システム——』ミネルヴァ書房，1998年，36-37ページ。

(52) 同書，104ページ，106-109ページ，112ページ，鈴木，前掲『六大企業集団の崩壊』，213-214ページ，奥村，前掲『日本の六大企業集団』，21ページ，108ページ。

(53) 橘川，前掲書，132ページ，147ページ。

(54) 鈴木，前掲『日本の企業集団』，43ページ，71ページ。

(55) 二木雄策「企業集団のなかの金融機関」『経済評論』，第24巻第3号，1975年3月，24-27ページ。

(56) 橋本寿朗「課題と分析・叙述の視角」，法政大学情報センター・橋本・武田編，前掲書，12-13ページ。

(57) 橘川，前掲書，133ページ，橘川武郎「中間組織の変容と競争的寡占構造の形成」，山崎広明・橘川武郎編『「日本的」経営の連続と断絶』岩波書店，1995年，263ページ。

(58) 小林好宏『企業集団の分析』北海道大学図書刊行会，1980年，132-133ページ，小林好宏「企業集団の分析8」『経済評論』，第26巻第11号，1977年11月，85-86ページ，中谷 巌「企業グループの経済機能——日本企業の行動原理を探る」『季刊現代経済』，第58号，1984年6月，18ページ，中谷 巌「日本経済の『秘密』を解くカギ　企業集団と日本的経営」『エコノミスト』，第2500号記念増大号，1983年2月15日，81-82ページ，坂本恒夫「大企業の財務管理と企業集団」，坂本・佐久間編，企業集団研究会著，前掲書，207ページ。

68 第1部 大企業への産業集中体制の日独比較

(59) 及能正男「グループ内の銀行パワーが揺らいでいる」『エコノミスト』，第73巻第23号（1995年5月30日号），1995年3月，42ページ，吉田正樹・内山東平「〔古河・川崎〕コンツェルン」，野口祐編著『富士・三和・第一（古河・川崎）コンツェルン　その歴史と今後の動向』朝日出版社，1970年，186ページ。

(60) 岡崎哲二「資本自由化以後の企業集団」，法政大学情報センター・橋本・武田編，前掲書，320ページ。

(61) 工藤，前掲論文，235ページ。

(62) 鈴木，前掲『日本の企業集団』，99ページ。

(63) 二木，前掲書，32-33ページ，60ページ。

(64) 鈴木，前掲『日本の企業集団』，118ページ。

(65) 社団法人経済調査協会『年報系列の研究』社団法人経済調査協会，1962年版，1962年，96ページ，社団法人経済調査協会『年報系列の研究——第1部上場企業編——』社団法人経済調査協会，1968年版，1968年，12ページ，1978年版，1978年，9ページ，1983年版，1983年，概況11ページ。

(66) E. M. Hadley, *op. cit.*, p. 211〔前掲訳書，248ページ〕。

(67) 宮島，前掲論文，210ページ，中村，前掲「三井コンツェルンの復活過程」，187ページ，中村，前掲「住友コンツェルンの復活過程」，158-159ページ。

(68) 宮島，前掲論文，210-214ページ。

(69) 坂本恒夫「企業集団経営の史的分析」『創価経営論集』（創価大学），第15巻第2号，1991年2月，156ページ。

(70) 平井岳哉『戦後型企業集団の経営史——石油化学・石油からみた三菱の戦後』日本経済評論社，2013年，34-5ページ。

(71) 中谷，前掲「企業グループの経済機能」，18ページ。

(72) 小山・ドレス，前掲論文，434ページ。

(73) 宮崎，前掲書，225ページ。

(74) 橋本，前掲論文，1-2ページ，橋本寿朗『日本経済論　二十世紀システムと日本経済』ミネルヴァ書房，1991年，160-161ページ。

(75) 後藤，前掲論文，171ページ。

(76) 森川英正「財閥企業集団と戦後企業集団」『経営史学』，第28巻第2号，1993年7月，72ページ。

(77) 上田義朗「6大企業集団における社長会の意義」，現代企業研究会編『日本の企業間関係——その現状と実態——』中央経済社，1994年，125-126ページ，130ページ。

(78) 工藤，前掲論文，244ページ。

(79) 佐久間信夫「企業集団における社長会の機能」『創価経営論集』（創価大学），第19巻第3号，1995年3月，26ページ。

(80) 鳴坂，前掲論文，75-76ページ。

(81) 佐久間信夫「企業集団の経営構造」，坂本・佐久間編，企業集団研究会著，前掲書，

142ページ。

(82) この点ついて詳しくは，鈴木 健「複数の企業集団に加盟する企業の銀行取引関係」『桃山学院大学総合研究所紀要』，第28巻第1号，2002年7月，十川広国・鈴木清之輔「三和コンツェルン」，野口編著，前掲『富士・三和・第一（古河・川崎）コンツェルン』，132ページ，137ページ参照。

(83) 鈴木，前掲論文，65ページ。

(84) 中村瑞穂「企業集団の構造——公正取引委員会調査に見る——」『明大商学論叢』（明治大学），第76巻第2号，1994年2月，103ページ。

(85) 多くの研究が存在するなかで，社長会が企業集団の統一的な意思決定機能を果たすものとみる見方としては，例えば，宮崎，前掲書，222ページ，225ページ，宮崎義一『戦後日本の企業集団　企業集団表による分析：1960～70年』日本経済新聞社，1976年，63ページ，249–250ページ，奥村 宏『新・日本の六大企業集団』ダイヤモンド社，1983年，102–103ページ，М. В. Сутягина, *op. cit.*, pp. 162-163〔前掲訳書，176–178ページ〕，菊池浩之『企業集団の形成と解体　社長会の研究』日本経済評論社，2005年，3ページ，三上，前掲論文，247ページ，角谷登志雄『日本経済と六大企業集団』新評論，1982年，123–124ページ，福田善乙「企業集団形成と高度経済成長」『社会科学論集』（高知短期大学），第49号，1985年3月，128–129ページなどを参照。

(86) 工藤，前掲論文，230ページ。

(87) 宇野博二「戦後の企業集団とその問題」『学習院大学経済論集』，第8巻第3号，1972年3月，7ページ。

(88) 鳴坂，前掲論文，77ページ，柴垣和夫「『財閥』から『企業集団』へ——金融資本の形態変化とその意義——」『経済評論』，第20巻第3号，1971年3月，21ページ，宇野，前掲論文，6–7ページ，中村，前掲「三井コンツェルンの復活過程」，197ページ。

(89) 宇野，前掲論文，7ページ，9ページ。

(90) 二木，前掲「企業集団のなかの金融機関」，29ページ。

(91) 鈴木，前掲『日本の企業集団』，140ページ。

(92) 坂本恒夫「企業集団財務論（1）——とりわけその財務的機能について——」『第一経大論集』（第一経済大学），第10巻第1号，1980年6月，58–59ページ。

(93) 工藤昌弘「企業間関係の経済理論」，現代企業研究会編，前掲書，31ページ。

(94) 角谷，前掲書，114–115ページ，奥村，前掲『日本の六大企業集団』，120–121ページ，E. M. Hadley, *op. cit.*, p. 232〔前掲訳書，280ページ〕，中谷，前掲「企業グループの経済機能」，18ページ。

(95) 坂本，前掲「企業集団財務論（1）」，52ページ。

(96) 鈴木，前掲『日本の企業集団』，15ページ。

(97) 企業集団研究会「分岐にたつ日本の企業集団——ワンセット方式の再検討」『経済評論』，第13巻第11号，1964年11月，88ページ。

(98) 鈴木，前掲『六大企業集団の崩壊』，57–59ページ。

70 第1部 大企業への産業集中体制の日独比較

(99) 同書，32-33ページ。

(100) 宮崎，前掲『戦後日本の経済機構』，52-53ページ，55ページ，宮崎義一「企業集団へのアプローチ」『経済評論』，第39巻第6号，1990年6月，30-31ページ。

(101) 社団法人経済調査協会『年報系列の研究』社団法人経済調査協会，1961年版，1961年，24ページ，社団法人経済調査協会『年報系列の研究——第1部上場企業編——』社団法人経済調査協会，1968年版，1968年，13ページ，1978年版，1978年，10ページ，1983年版，1983年，概況8ページ，1990年版，1990年，概況2ページ，1993年版，1993年，3ページ。

(102) 東京大学社会科学研究所編『6大企業集団・融資系列の系列融資——1974，1984，1994年の企業別データ——』〔東京大学社会科学研究所資料 第17集〕，東京大学社会科学研究所，2000年，90-91ページ・

(103) 奥村，前掲『日本の六大企業集団』，119-122ページ。

(104) 正木久司「わが国の企業集団金融の展開——6大企業集団の分析を中心に——」『同志社商学』（同志社大学），第37巻第1号，1985年5月，113ページ。

(105) 奥村，前掲『日本の六大企業集団』，164ページ，坂本，前掲「企業集団財務論(1)」，65ページ，鈴木，前掲『メインバンクと企業集団』，232ページ。

(106) 角谷，前掲書，115ページ。

(107) 鈴木，前掲『日本の企業集団』，104ページ。

(108) 福田，前掲論文，144-146ページ。

(109) 奥村，前掲『日本の六大企業集団』，23ページ。

(110) 志村嘉一「銀行行動の日本的論理」『経済評論』，第24巻第3号，1975年3月，17-18ページ。

(111) 奥村，前掲『日本の六大企業集団』，132-135ページ，138-139ページ，奥村，前掲『法人資本主義の構造』，173-174ページ，奥村，前掲論文，329-330ページ。

(112) 磯田敬一郎「企業集団と総合商社（1）——日本型多国籍企業の模索——」『神戸学院経済学論集』（神戸学院大学），第8巻第2号，1976年9月，14ページ

(113) 島田，前掲書，259ページ。

(114) 奥村，前掲論文，330ページ。

(115) 島田，前掲書，260ページ。

(116) 山崎広明「概説 一九三七—五五」，山崎・橘川編，前掲書，57ページ，63-64ページ。

(117) 田中 彰「企業集団と総合商社の新局面」『化学経済』，2004年6月号，2004年6月，91ページ。

(118) 鈴木，前掲『日本の企業集団』，114ページ，117-118ページ。

(119) 奥村，前掲『日本の六大企業集団』，140ページ。

(120) 工藤，前掲「企業間関係の経済理論」，33ページ。

(121) 中村瑞穂「三菱コンツェルンの復活過程」，野口 祐編著『三菱コンツェルン 経

営と財務の総合分析』新評論，1968年，196-197ページ。

(122) 正木，前掲論文，114ページ。

(123) 公正取引委員会，前掲論文，56ページ。

(124) 公正取引委員会事務局経済部企業課「企業集団の実態について」『公正取引』，第394号，1983年8月，24ページ。

(125) М. В. Сутягина, *op. cit.*, p. 153〔前掲訳書，167ページ〕。

(126) E. M. Hadley, *op. cit.*, p. 248〔前掲訳書，280ページ〕.

(127) 小林，前掲書，145ページ。

(128) 奥村 宏『企業集団時代の経営者 株式会社はどこへ行く』日本経済新聞社，1978年，101ページ。

(129) 宮島，前掲論文，233-234ページ。

(130) 上野隆司「六大企業集団の実態について」『公正取引』，第464号，1989年6月，49-50ページ。また社長会メンバー企業についてみると，例えば1980年7月1日現在では，同一企業集団内の派遣比率は，6大企業集団の平均では，9.5%であり，最も高い比率を示していた住友の白水会では13.4%，三菱の金曜会では13.1%であった。三井の二木会では4.1%，富士銀行系の芙蓉会では4.7%，三和の三水会では5.8%，第一勧銀の三金会では8.9%となっており，住友，三菱と比べると低い比率となっている。東洋経済新報社『企業系列総覧』，1981年版，東洋経済新報社，1980年，32ページ。

(131) 磯田，前掲論文，16-17ページ。

(132) 角谷，前掲書，130-131ページ。

(133) 奥村，前掲『日本の六大企業集団』，142ページ，145-146ページ。

(134) 二木，前掲書，22ページ。

(135) 株式会社日立製作所臨時50周年事業部社史編纂部編『日立製作所史2』，株式会社日立製作所，1960年，180ページ。

(136) 坂本，前掲「企業グループ論の課題と視角」，2ページ，6ページ，22-24ページ。

(137) 下谷政弘「事業部制と分社制——松下電器産業のケース——」，坂本・下谷編著，前掲書，77-78ページ。

(138) 榎本里司「巨大企業のグループ戦略」，現代企業研究会編，前掲書，169ページ。

(139) 日本大学経済学部産業経営研究所編『企業集団の経営と会計に関する実態調査』（産業経営動向調査報告書 第4号），日本大学経済学部産業経営研究所，1982年，3ページ，12ページ。

(140) 寺本義也「製造業のグループ経営の変革課題」，寺本義也編著『日本型グループ経営の戦略と手法［2］〈製造業編〉』中央経済社，1996年，2ページ，寺本義也「まえがき」，寺本義也編著『日本型グループ経営の戦略と手法［I］≪情報・サービス編≪』中央経済社，1994年，2ページ，寺本義也「現代のグループ経営の意義と課題」，寺本編著，前掲『日本型グループ経営の戦略と手法［I］』，3ページ，高井 透「東芝のグループ経営」，寺本編著，前掲『日本型グループ経営の戦略と手法［2］』，16

72 第1部 大企業への産業集中体制の日独比較

　　ページ，28ページ。

（141）下谷，前掲書，45ページ。

（142）谷本寛治「〈企業間関係〉という視点」，現代企業研究会編，前掲書，3ページ。

（143）榎本，前掲論文，143ページ，162ページ。

（144）坂本和一「生産子会社の展開――日本電気のケース――」，坂本・下谷編著，前掲
　　書，31ページ，33ページ，39ページ，45-47ページ。

（145）榎本，前掲論文，160ページ。

（146）下谷，前掲書，146ページ。

（147）下谷政弘『松下グループの歴史と構造――分権・統合の変遷史』有斐閣，1998年，
　　146-147ページ，150ページ。

（148）下谷前掲論文，99ページ，108-110ページ。

（149）岡本博公「事業構造の変革と企業グループ――新日本製鉄のケース――」，坂本・
　　下谷編著，前掲書，120ページ，123ページ，125-127ページ，129ページ，134ページ，
　　136ページ。

（150）後藤，前掲論文，173ページ。

（151）石寺隆義「株式所有と経営関与（上）――経営関与調査を中心に――」『公正取
　　引』，第275号，1973年9月，27-28ページ，石寺隆義「株式所有と経営関与（下）――
　　経営関与調査を中心に――」『公正取引』，第276号，1973年10月，34-35ページ。

（152）W. Hahn, H. Tammer, Kapitalkonzentration in Westdeutschland an der Wende zum
　　neuen Jahrzehnt, *D. W. I. -Berichte*, 21. Jg, Nr. 8, August 1970, S. 24.

（153）Der Stand der Konzentration der Produktion von Produktionsmitteln in West-
　　deutschland, *D. W. I. -Berichte*, 12. Jg, Nr. 2, Januar 1961, S. 5.

（154）Reconcentration in Iron, Steel and Coal Industries of the Federal Republic（5. 10. 1959），
　　pp. 3-4, *National Archives*, RG59, 862A. 33.

（155）G. Sieber, Die Rekonzentration der eisenschaffenden Industrie in Westdeutschland,
　　WWI-Mitteilungen, 11. Jg, Heft 3, März 1958, S. 48. なお石炭・鉄鋼業における企業の再
　　結合・集中に対する欧州石炭鉄鋼共同体の政策については，T. Witschke, *Gefahr für
　　den Wettbewerb? Die Fusionkontrolle der Europäischen Gemeinschaft für Kohle und Stahl
　　und die 》Rekonzentration《 der Ruhrindustrie 1950-1963*, Berlin, 2009を参照。

（156）Status of Decartelized and Deconcentrated German Coal and Steel Companies（23. 6.
　　1955），p. 1, *National Archives*, RG59, 862A. 054.

（157）W. Abelshauser, *Deutsche Wirtschaftsgeschichte seit 1945*, München, 2004, S. 245.

（158）Der Stand der Konzentration der Produktion von Produktionsmitteln in West-
　　deutschland, *D. W. I. -Berichte*, 12. Jg, 1961, S. 5.

（159）August Thyssen Hütte AG, *Bericht über das Geschäftsjahr 1957/58*, S. 11.

（160）Die mächtigsten Konzern der EWG und Großbritanniens in wichtigen Zweigen der
　　Produktionsmittelindustrie, *D. W. I. -Berichte*, 13. Jg, Nr. 23, Dezember 1962, S. 20.

第 1 章　企業グループ体制の日独比較　*73*

（161）Reconcentration of German Commercial Banks（10. 1. 1957）, *National Archives*, RG59, 862A. 14, p. 1, M-L. Djelic, *op. cit.*, p. 165, M. Pohl, *a. a. O.*, S. 102–104, T. Horstmann, *Die Alliierten und die deutschen Großbanken. Bankenpolitik nach dem Zweiten Weltkrieg in Westdeutschland*, Bonn, 1991.

（162）相沢幸悦『欧州最強の金融帝国』日本経済新聞社，1994年，49ページ。

（163）Reconcentration of German Commercial Banks（10. 1. 1957）, p. 1, *National Archives*, RG59, 862A. 14, M. Pohl, *a. a. O.*, S. 105, E. Wandel, *Banken und Versicherungen im 19. und 20. Jahrhundert*, München, 1998, S. 40–41.

（164）Present and Forthcoming Bank Mergers in West Germany（3. 5. 1957）, *National Archives*, RG59, 862A. 14.

（165）Vgl. L. Gall, G. D. Feldmann, H. James, C-L. Holtfrerich, H. E. Büschgen, *Die Deutsche Bank 1870–1995*, München, 1995, S. 526–544.

（166）United States Policy regarding Reconcentration of German Banks（1955. 12. 15）, p. 1, *National Archives*, RG59, 862A. 14.

（167）Deutsche Bank AG, *100 Jahre Deutsche Bank 1870–1970*, Deutsche Bank AG, Frankfurt am Main, 1970, S. 35.

（168）Die mächtigsten Konzern der EWG und Großbritanniens in wichtigen Zweigen der Produktionsmittelindustrie, *D. W. I. -Berichte*, 13. Jg, 1962, S. 1.

（169）Der westdeutsche Steinkohlenbergbau, *D. W. I. -Berichte*, 6. Jg, Nr. 6, März 1955, S. 9, 矢島，前掲書。53ページ。

（170）G. Herrigel, *op. cit.*, p. 381.

（171）Merger of Rheinische Roehrenwerke AG and the Huettenwerke Phoenix AG with Approval of High Authority（11. 2. 1955）, *National Archives*, RG59, 862A. 331, Zusatzprotokoll zur Niederschrift über die 38. Aufsichtsratssitzung der Hüttenwerke Phoenix AG am 2. 07. 1954 zur geplanten Fusion, S. 7, *ThyssenKrupp Konzernarchiv*, NST/82.

（172）Reconcentration of Ilseder Huette, Pein（1. 4. 1959）, p. 1, *National Archives*, RG59, 862A. 053.

（173）Die Schrit über die Entscheidung der Genehmigung des Abschlusses eines Interessengemeinschaftsvertrages zwischen der August Tyssen-Hütte Aktiengesellschaft und der Niederrheinische Hütte Aktiengesellschaft durch die Hohe Behörde（23. 5. 1956）, S. 1, S. 3, *ThyssenKrupp Konzernarchiv*, A/33073, Rückgängigmachung von Entflechtungsmaßnahmen im Bereich der August Thyssen-Hütte und der Niederrehinischen Hütte（16. 1. 1956）, S. 3, *ThyssenKrupp Konzernarchiv*, A/33073, H. Uebbing, *a. a. O.*, S. 60.

（174）Vgl. Abschluss eines Interessengemeinschaftsvertrages zwischen der August Thyssen-Hütte AG. und der Niederrheinische Hütte AG., Duisburg（15. 9. 1955）, S. 7–9, *ThyssenKrupp Konzernarchiv*, A/30819, K. Rennert, *Wettbewerber in einer reifen Branche*.

74　第1部　大企業への産業集中体制の日独比較

Unternehemensstrategiien von Thyssen, Hoesch und Mannesmann 1955 bis 1975, 1. Aufl.,
Essen, 2015, S. 110.

（175）Pressenotiz zur Übernahme eines Mehrheitpakets der Deutsche Edelstahlwerke AG
durch August Thyssen-Hütte AG（20. 12. 1956）, *ThyssenKrupp Konzernarchiv*, A/ 30778,
H. Uebbing, *a. a. O.*, S. 60, S. 330.

（176）Abschluss eines Interessengemeinschaftsvertrages zwischen der August Thyssen-
Hütte AG. und der Niederrheinische Hütte AG., Duisburg（15. 9. 1955）, S. 8-10,
ThyssenKrupp Konzernarchiv, A/30819, Interessengemeinschaftsvertrag zwischen der
Niederrheinische Hütte Aktiengesellschaft, Duisburg-Hochfeld, und der August
Thyssen-Hütte Aktiengesellschaft, Duisburg-Hamborn（15. 9. 1955）, S. 1, *ThyssenKrupp
Konzernarchiv*, A/30819, W. Treue, H. Uebbing, *Die Feuer verlöschen nie : August
Thyssen-Hütte 1926-1966*, Düsseldorf, Wien, 1969, S. 219.

（177）Unser Antrag auf Genehmigung des Zusammenschlusses unseres Unternehemens mit
der Phoenix-Rheinrohr AG（27. 4. 1960）, S. 3, *ThyssenKrupp Konzernarchiv*, A/ 31870,
Die Schrift von Dr. Pferdmenges an den Herrn Bundeskanzler, *ThyssenKrupp
Konzernarchiv*, A/31870, Der Brief an Herrn Dr. Robert Pferdmenges（3. 9. 1960）,
ThyssenKrupp Konzernarchiv, A/31870, W. Treue, H. Uebbing, *a. a. O.*, S. 215, S. 281. ア
ウグスト・ティセンではまた，その後も再結合の動きがすすんだ。1964年のフェニッ
クスとライン鋼管の結合は，戦後アウグスト・ティセンに欠如していた鋼管部門を製
品間の分業のかたちで補完するものであり，60年代に推し進められた「統一的な鉄鋼
生産体」としてのティセン・グループへの脱皮，この新しいコンツェルン内での分業
体制の末端に至るまでの確立の一環をなすものであった。小林賢齋『西ドイツ鉄鋼業
戦後段階＝戦後合理化』有斐閣，1983年，156-162ページ参照。

（178）同書，1ページ，179ページ。

（179）G. Herrigel, *op. cit.*, pp. 381-383, B. Huffschmid, *Das Stahlzeitalter beginnt erst*,
München, 1965, S. 110-115, S. 149, G. Sieber, *a. a. O.*, Zusammenschluß im Sinn des
Artikel 66 des Montanunionvetrages（MUV）zwischen der August Thyssen Hütte AG
（ATH）und der Phoenix-Rheinrohr AG Vereingte Hütte- und Röhrenwerke（Phoenix）
（22. 5. 1962）, S. 1, *ThyssenKrupp Konzernarchiv*, A/31927.

（180）D. Petzina, Zwischen Neuordnung und Krise, O. Dascher, C. Kleinschmidt（Hrsg.）,
*Die Eisen- und Stahlindustrie im Dortmunder Raum. Wirtschaftliche Entwicklung, soziale
Strukturen und technologischer Wandel im 19. und 20. Jahrhundert*, Dortmund, 1992,
S. 532.

（181）Rückgliederung abgeschlossen. Die Mannesmann AG berichtet, *Der Volkswirt*, 9. Jg,
Nr. 24, 18. 6. 1955, S. 27, Der neue Mannesmann-Konzern, *Der Volkswirt*, 10. Jg, Nr. 27,
7. 7. 1956, S. 27.

（182）Vgl. Mannesmann AG : Erfolgreiche Verarbeitung. Schulden konsolidiert―Zum dritten Mal 10 vH Dividende, *Der Volkswirt*, 13. Jg, Nr. 28, 11. 7. 1959, S. 1439.

（183）Bald 2 Mill. t Stahl bei der Hoesch Werke AG, *Der Volkswirt*, 10. Jg, Nr. 20, 19. 5. 1956, S. 36–37, Hoesch Werke AG geht auf 8 vH, *Der Volkswirt*, 11. Jg, Nr. 23, 8. 6. 1957, S. 1163.

（184）Vgl. Hoesch AG in solidem Fortschritt. Dividende von 8 auf 10 vH erhöht—Abrundendes Investitionsprogramm, *Der Volkswirt*, 14. Jg, Nr. 23, 6. 4. 1960, S. 1092, Hoesch Aktiengesellschaft, *Der Volkswirt*, 14. Jg, Nr. 26, 25. 6. 1960.

（185）矢島，前掲書，98–100ページ。

（186）同書，124–125ページ。

（187）Die mächtigsten Konzern der EWG und Großbritanniens in wichtigen Zweigen der Produktionsmittelindustrie, *D. W. I. -Berichte*, 13. Jg, 1962, S. 2.

（188）Der Stand der Konzentration der Produktion von Produktionsmitteln in Westdeutschland, *D. W. I. -Berichte*, 12. Jg, 1961, S. 5–6.

（189）Die neue Konzentrationswelle in der westdeutschen Industrie, *D. W. I. -Berichte*, 11. Jg, Nr. 1, Januar 1960, S. 11, S. 13.

（190）下谷政弘『新興コンツェルンと財閥　理論と歴史』日本経済評論社，2008年，3-4ページ，8ページ参照。

（191）戦後の独占的大企業の解体の後に重工業のようには再結合がみられなかった化学産業でも，後継企業の間で「棲み分け分業」のかたちでの再編がすすんだ。すなわち，BASFは基礎化学品の主要な製造業者として現れたのに対して，バイエルとヘキストでは，より狭い原料を基礎としながらも，プラスティック，繊維および医薬品への強力な前方統合をはかるかたちで再構成されたのであった。G. P. Dyas, H. T. Thanheiser, *The Emerging European Enterpreise. Strategy and Structure in French and German Industry*, London, 1976, p. 92.

（192）下谷，前掲『日本の系列と企業グループ』，133ページ。

（193）高橋岩和『ドイツ競争制限禁止法の成立と構造』三省堂，1997年，55ページ。

（194）小山明宏・手塚公登・上田　泰・ハロルド．ドレス・ギュンター．シュタール「日本とドイツにおける企業グループの比較分析：序論的考察」『学習院大学経済経営研究所年報』，第11巻，1998年3月，19ページ。

（195）前川，前掲『日独比較企業論への道』，58ページ。

（196）鈴木清之輔「西ドイツにおける企業集中について」『三田商学研究』（慶應義塾大学），第24巻第5号，1981年12月，114ページ，鈴木清之輔「西ドイツにおける企業集中に関する一考察」，日本経営学会編『産業技術の新展開と経営管理の課題』（経営学論集　第53集），千倉書房，1983年9月，277ページ。

（197）Vgl. H. Pfeiffer, *Die Macht am Main. Einfluß und Politik der Deutschen Großbanken*, Köln, 1989, S. 25–35. またパイファーのこの研究に依拠した丑山　優「ドイツ銀行の企業集団化政策」『経済学研究』（九州大学），第55巻第4・5合併号，1989年12月，81ペ

76 第1部 大企業への産業集中体制の日独比較

　　　ージをも参照。

(198) Vgl. A. Gottschalk, Der Stimmrechtseinnfluß der Banken in den Aktionärsver-
　　　sammlungen von Großunternehmen, *WSI Mitteilungen*, 41. Jg, Nr. 5, 1986.

(199) 佐久間，前掲「ドイツの『企業集団』」，82-87ページ参照。

(200) 同論文，82-83ページ，90-91ページ，95ページ。

(201) 同論文，90ページ，92-97ページ，103-104ページ，佐久間，前掲「ドイツにおける
　　　大銀行と大企業」，69ページ参照。

(202) 鈴木，前掲『メインバンクと企業集団』，238ページ。

(203) 小林好宏「比較企業集団論――日本とアメリカ――」『経済セミナー』，第289号，
　　　1979年2月，49ページ。

(204) 中谷，前掲「日本経済の『秘密』を解くカギ」，80-84ページ。

(205) E. M. Hadley, *op. cit*., pp. 268-269〔前掲訳書，304-305ページ〕．

(206) 高橋宏幸「コンツェルンの統一的指揮と人的結合――戦略的コンツェルンにおける
　　　支配・調整メカニズムに関連して――」『総合政策研究』（中央大学），第5号，2000
　　　年3月，24ページ。

(207) 鈴木，前掲『六大企業集団の崩壊』，54ページ。

(208) 前川，前掲『日独比較企業論への道』，59ページ。

(209) 工藤，前掲「戦後企業集団分析によせて」，237ページ。

(210) 植竹晃久「企業集団論の現状と課題」，現代経営学研究会編『現代経営学の基本課
　　　題』分眞堂，1993年，149ページ。

(211) 工藤，前掲「企業間関係の経済理論」，31-32ページ。

(212) 平井，前掲書，415-416ページ。

(213) 奥村 宏「社長会解散のススメ」『エコノミスト』，第72巻第23号，1995年5月30日，
　　　61ページ。

(214) この点について詳しくは，拙書『ドイツ戦前期経営史研究』森山書店，2015年，第
　　　4章を参照。

(215) 小山・手塚・上田・ドレス・シュタール，前掲論文，20ページ。

(216) この点については，拙書『現代のドイツ企業』森山書店，2013年，第2章第2節を
　　　参照。

第2章　産業・銀行間関係に基づく
産業システムの日独比較

　第1章では，企業間関係に基づく産業集中の体制について，企業グループの体制を中心に考察を行ってきたが，戦後の集中体制のいまひとつの重要な柱をなすものが，産業・銀行間関係に基づくシステムである。それは，各国の資本主義の蓄積構造の基軸をなすものとなってきたが，主要諸国の間の一般的傾向とともに，各国の独自的な展開がみられる。この点は，日本やドイツについてもいえる。

　ドイツでは，ユニバーサルバンク制度という特徴的な金融システムのもとに第2次大戦前から産業企業と銀行の強い結びつきがみられたが，そのような企業間関係の体制は，戦後，産業システムの新しい展開となって現われた。それは，産業・銀行間および産業企業間の協調的なシステムとして重要な役割を果たすようになった。また日本では，財閥解体を経て形成された企業集団のもとで，各グループのメインバンクとなる中核的銀行を基軸として産業企業と銀行の結びつきが築かれ，強化されてきた。そこでは，銀行は，金融的業務によるグループ内企業との結びつきだけではなく，株式の相互持合や役員派遣，社長会による調整的機能などをとおして産業企業と深い関係を築いてきた。大銀行はまた，同系の企業集団を構成する企業のみならず，多くの産業企業にとってのメインバンクとしての役割を果たすことによって，金融的業務をとおして，それらの企業とも深いかかわりをもつことになった。

　このように，日本とドイツをみても，産業集中体制のありようには相違もみられる。この点を銀行の役割という点でみると，日本では，企業集団内の産業企業のメインバンクとしての役割・機能がとくに大きかった。日本の大銀行とは対照的に，ドイツの大銀行は特定のコンツェルン（企業グループ）と固定的

に結びつくというよりはむしろ広く多くのコンツェルンと結びついている[1]。そのことによって，情報共有や利害調整という面も含めて，産業企業，産業企業のグループとの関係が広い範囲にわたり構築されてきた。

　そこで，本章では，産業企業と銀行の関係にみられる企業間関係をひとつの「産業システム」としてとらえ，日本とドイツにおける戦後の産業集中の新しい展開について考察し，その特徴と意義を明らかにしていく。ここにいう「産業」とは，製造業のみならず流通業，サービス業なども含む広義の産業をさし，非金融部門の産業のことをいう。大企業による市場支配の様式・構造としての大企業体制という点からみても，産業・銀行間関係に基づく特徴的な産業システムは，市場支配体制とそのもとでの金融資本的利害の貫徹のための機構的・基軸的要素をなすものである。こうした産業システムはまた，企業統治（コーポレート・ガバナンス）の問題とも深く関係しており，日本とドイツの企業体制のひとつの重要な要素をなすものにもなっている。

　以下では，まず第1節において日本における産業・銀行間関係の展開についてみた上で，つづく第2節では，こうした問題をドイツについてみていく。それらの考察をふまえて，第3節では，産業・銀行間関係に基づく産業システム，産業集中体制の日本的特徴とドイツ的特徴を明らかにしていく。

第1節　日本における産業・銀行間関係の展開

1　企業集団における産業・銀行間関係と銀行の役割

　まず日本における産業・銀行間関係とそれに基づく産業システムの新しい展開についてみることにするが，それは，財閥解体にみられる戦後改革のあり方，その後の企業集団の形成と深いかかわりをもつものであった。それゆえ，最初に，企業集団における産業・銀行間関係とそこでの銀行の位置，役割についてみることにしよう。

　日本では，財閥解体によって，銀行を含む各種事業分野の主要企業が財閥家族および財閥本社（持株会社）のもとに組み込まれた体制となっていた戦前的体制からの転換がはかられた。そこでは，持株会社の禁止，自己株式の取得・保有の禁止のもとで，企業集団の形成がすすみ，株式の相互持合による集中の

第2章　産業・銀行間関係に基づく産業システムの日独比較　*79*

方法をとおして，大企業を頂点とするタテの資本系列ではなく大企業相互のヨコの結合関係が生み出された。企業集団の内部では，融資，株式の相互持合，相互の系列取引，共同投資などが行われたが，そこでは，商社とともに銀行が大きな役割を果たした[2]。

こうした企業グループにおいては，全体としてみると，株式の相互持合も系列融資も，同一の企業集団に収斂するかたちで行われ，他のグループに対しては排他的であることが多く，それらは，企業集団としての同一性を維持する物質的基盤となっていた[3]。株式の相互持合と系列融資のいずれにおいても，グループ内において銀行が重要な位置を占めており，企業集団の形成という点にも規定されて，日本における産業・銀行間関係とそれに基づく産業システムは，ドイツとは異なるあり方，特徴をもつものとなった。

企業集団の形成とも深く関係する産業集中の新しい体制における産業・銀行間関係に基づく産業システム，そこでの銀行の役割という点にかかわっていえば，財閥解体措置にもかかわらず，銀行は解体指令を免れ，金融機関の資力が温存される結果となったことが大きな意味をもった。財閥における銀行と産業企業との間の融資関係が断ち切られなかったことが，戦後における企業集団の形成の重要な基礎をなした。財閥集団としての性格は失われたとはいえ，企業間取引や人的なつながりなど多面的な結びつきによって，集団としての大枠が維持され，銀行と企業の関係がより直接的なものとなり，企業集団の再建は，銀行主導のかたちをとった[4]。

財閥解体の過程において進展した企業間結合を媒介したのは都市銀行による融資であったこと[5]，金融機関の持株の比重が事業会社に比べ相対的に高いこと，同系企業集団の金融機関への事業会社の依存度の増大という事態は，解体を免れた金融機関の重要な地位と役割を示すものである[6]。「大手都市銀行が，主取引先企業の金融的な囲い込み競争を展開する過程で，互いの『排他的』取引先として承認しあう大手企業を，ワンセット的な産業連関を体現するように組織したのが企業集団」[7]であった。

このように，戦前からの金融機関の温存を基礎にして，企業グループの形成において銀行が大きな，また主導的な役割を果たしたのであった。特定の部門における大企業の独占的＝支配的地位を支える条件となっていたのは，大企業

80 第1部　大企業への産業集中体制の日独比較

の側からみればせいぜい数部門におよぶにすぎないはずの他の諸部門の企業との集団の形成とともに，特定の都市銀行との緊密な結合関係にあった[8]。この点にも，戦後の企業集団の形成，展開において銀行が主導的な役割を果たした理由のひとつがあったといえる。

　それゆえ，以下では，産業・銀行間関係の問題について，両者の結合の手段としてのメインバンク・システムとそのもとでの系列融資，銀行と産業企業の間での株式の相互持合，銀行からの産業企業への役員派遣との関連で考察していく。そのさい，銀行の役割にとくに重点をおいてみていくことにする。

2　メインバンク・システムと系列融資に基づく産業・銀行間関係

(1)　系列融資に基づく産業・銀行間関係

　まずメインバンク・システムとそのもとでの系列融資にみられる融資関係に基づく産業企業と銀行の関係についてみることにする。戦後の企業集団の中核をなす銀行の役割は，戦前の財閥における銀行の場合とは大きく異なるものとなった。財閥と企業集団を区別する上でのひとつの重要なポイントは，銀行を中心とする金融機関の役割の変化にある。各財閥においては，その内部では自己金融的であり，財閥銀行は，電力，電鉄などの特定の部門の系列外企業に資金を貸し付けていた。支配の中心的な機構は持株会社の株式支配と人的支配にあり，銀行は，本社の支配網を側面から補強する補助機関的なものにとどまっていた[9]。銀行への財閥傘下にある事業会社の資金の預入はあっても，銀行による資金の貸し出しはできるだけ回避されており，銀行は，同系産業企業や持株会社に対する資金供給機能をほとんど果たしていなかった。これに対して，戦後の企業集団では，銀行への資金の預入のほか，銀行からの借入が系列融資というかたちで活発に行われた[10]。戦前の財閥銀行では短期貸出が中心であったのに対して，戦後の都市銀行の融資は，設備資金のための長期貸出が中心となっていた。企業集団においては，長期的で継続的な関係が中心をなし，法人預金とあいまって系列融資が展開されたのであった[11]。

　戦後の企業金融は，銀行の貸付による間接金融の育成という金融行政のもとで，間接金融中心の構造となったが，ドッジ・プランの実施以後には，復興金融金庫の融資の打ち切り，価格差補給金の消滅のもとで，資金不足に直面した

企業では，市中銀行への資金の依存が強まった。そのような状況のもとで，朝鮮戦争の頃には，系列融資がはっきりとしたかたちをとるようになってきた。日銀による融資に依存するかたちでの銀行のオーバー・ボローイングという状況のもとで，産業企業と銀行との関係は系列融資をとおして緊密化し，両者の関係における銀行優位の体制が急速にすすみ，銀行は，旧財閥系企業による企業集団の要の位置を占めるようになっていった[12]。

　ただ戦後の企業の資金調達における間接金融方式のもとにあっても，どの企業も同じように金融機関から融資を受けることができたのではなかった。大銀行は，メインバンクとして同一グループに属する大企業に対して優先的に資金を供給した[13]。企業集団の中核をなす銀行は，メインバンクとして集団内のみならず集団外の企業にも系列融資を行ったが[14]，都市銀行を中核とする企業集団内の系列銀行は，同系企業への優先的な資金の割当によって資金量の安定確保を保証した。メインバンク・システムとは，融資と預金の相互取引のなかで両者が連動して銀行と企業が成長していくシステムである。その核となるのが系列融資体制であった。そのようなシステムのもとでは，系列銀行の成長が同系の系列企業の成長を規定し，また逆に系列企業の成長が系列銀行の成長を規定するという依存関係になっていた[15]。企業の間接金融偏重の資金調達方式のもとで，各都市銀行間の激しい貸出競争が展開され，都市銀行の貸付金の大部分が大企業向け融資にあてられ，系列融資が顕著となるかたちで系列への集中融資が行われた[16]。

　また重化学工業化を内容とする産業構造の変化のもとで，それに適応するために，銀行はメインバンク関係にある企業のそうした変化への適応を支援する戦略をとったのであり，その手段として関係企業のグループ化を推進した[17]。そのような状況のもとで，産業企業のきわめて大きな投資資金需要に対して資金供給の最大の担い手となったのが企業集団の中核をなす大銀行であり，そうした資金供給のあり方が系列融資であった[18]。

　もとより，金融市場には資金需要者の信用度という人格的・個性的性格が介在せざるをえないが，系列融資とは，こうした「人格的差別が客観的なものとなり，市場金利が成立する，まさにそのような（分割された）金融市場において生じる『都市銀行と大企業との閉鎖的取引一般』」を意味する[19]。そうした

なかで，都市銀行は，特定少数の企業群との密接な主力取引の積極的な関係を結ぶ一方で，他行の主力取引先となる残りの多数の企業群にはきわめてわずかな資金しか融資しないという消極的な関係にあり，こうした二極分離が系列融資の実体をなした[20]。系列融資という制度は，大銀行と大企業との間の資金貸借関係におけるこうした排他的・閉鎖的な結びつき[21]のもとで，貸出先としての「優良大企業をめぐる，都市銀行の競争的関係及び流動的関係を制限ないし排除するもの」である。また多くの大企業は，自らがピラミッドの頂点として子会社・関連会社などをかかえるグループを形成しており，都市銀行が大企業の主力銀行となることは，大企業のグループのこうしたピラミッド全体の主力銀行となるということでもある[22]。

　そのような状況のもとで，企業集団を構成する6大都市銀行は，貸出額（融資額），とくに上場企業への融資額，系列企業数，派遣役員数などでみてもその他の銀行に比べ傑出した位置にあった。しかしまた，企業集団内の金融的機能における都市銀行の中心的役割に加えて，信託銀行，生命保険会社も，都市銀行の同系企業に対する金融力を補強する上で，重要な役割を果たした[23]。これらの金融機関は，都市銀行による系列融資においても重要な役割を果たしたのであり，都市銀行による系列融資体制は，地方銀行，相互銀行，信用金庫，信託銀行，生命保険会社などのあらゆる金融機関の系列化によって補完された[24]。なかでも，信託銀行は，銀行と比べても企業集団という系列の枠をこえて融資を行うことが多く，企業集団に属する銀行と信託銀行との間には，融資パターンに差異がみられた。このように，信託銀行はたんなる銀行の延長ではない役割を果たした[25]ということも，重要な意味をもった。多くの場合，都市銀行の主要な地位は，その銀行だけからの借入金に由来するのではなく，信託銀行や生命保険会社，海上保険会社を含む金融機関全体からの借入金によるものであり，この点に，企業集団の中核をなす都市銀行が系列金融機関をもつことの意義が示されている[26]。

　銀行と企業の間には融資と預金という相互取引の関係があるが，系列融資を背後から支えているものが株式の相互持合であり，こうした持合の上に相互取引が展開された。こうした関係のもとに，金融引締めの時期には，系列外の企業への融資を削減して系列企業に融資を集中させるというメインバンクの行動

第2章　産業・銀行間関係に基づく産業システムの日独比較　*83*

がとられてきた。その結果，集団内の企業は，集団外の企業に対して有利となった[27]。メインバンク関係とは，「大手都市銀行と大企業との排他的な金融上の結びつきを捉えるカテゴリー」[28] であるが，一般的に，グループ内の銀行の融資比率が高い企業では銀行の持株比率も高いという傾向にあった[29]。

　企業集団を構成する大銀行，とくに都市銀行による同系企業に対する融資関係が多くの主要産業にわたって展開されたのであり，この点も日本的な特徴をなす。系列内の資金循環系統が漏れなくカバーされるためには，生産から消費に至る一貫した商品の流れ，それとは逆方向の通貨の流れの組織化が，必要かつ重要であった[30]。1950年代前半に現れた融資系列は，「たんにメインバンクを共通にする企業群を機械的に寄せ集めただけのものではない」。それは，「大企業と大銀行がおのおのの部門での競争に強制され，相互の利害の一致にもとづいてつくりあげられたもの」であり，企業集団の諸企業の産業配置は，都市銀行の融資戦略を反映するものであった[31]。都市銀行による企業系列化の競争は，産業連関を利用した系列内の資金循環体系の確保，融資効率の上昇を目的とするものであった[32]。貨幣資本という銀行が取り扱う商品の普遍的な性格に規定されて，大銀行は，ほとんどすべての産業部門の大企業との間に排他的な取引関係を結ぶことにならざるをえない[33]。企業集団というかたちでフルセット型の広がりをもった産業・銀行間関係が形成されることになったのも，こうした事情が深く関係している。

　また系列融資は，成長産業にとっては，銀行が最初の審査者の役割を果たすことで「資金のパイプ」としての機能を果たす一方で，衰退産業の企業の転換にさいしては「最後の拠り所」としての役割を果たしたのであり[34]，高度成長期の産業発展，産業再編成において重要な役割を担った。企業集団においては，商社も金融的機能を発揮したが，この商社金融を可能にしたのが大都市銀行であった。大都市銀行の貸出額の最大部分が商社向けとなるかたちで商社と金融機関の一体化によってグループの金融的機能が発揮されたのであり[35]，企業集団においては，産業企業と銀行の関係は，このような銀行と商社の間の金融的関係によっても支えられた。

　系列融資はまた，高度成長期には，金融費用を節約する仕組みとして機能し，株式持合による資本市場の圧力の緩和とともに，産業構造の変化への企業

の適応とそれに基づく企業の成長を促進した⁽³⁶⁾。系列融資は，6大銀行の側からみれば，「リスクの分散，預金獲得の大衆化に照応した形で極端な貸出先の集中を回避し，各メインバンクが相互に審査コストとモニターコストを節約して，貸出の拡大を可能とするシステム」であった⁽³⁷⁾。企業と銀行の取引関係が長期的でかつ固定的となっているメインバンク・システムにおいては，銀行によるモニタリング・コストの抑制と借り手にとってのコスト低下分のシェアというかたちでの双方にとっての経済的合理性，メインバンクの存在による他の金融機関に対する「シグナリング効果」に基づく銀行部門全体としての情報生産コストの節約が可能になるという利点があった⁽³⁸⁾。

しかし，1970年代から80年代には，株式持合と同様に，系列融資の規模が縮小し，高度成長期にみられたメインバンク・システムの以上のような機能は，消失することになった⁽³⁹⁾。また急速な経済成長・拡大，重化学工業化と設備の拡張，膨大な資金需要など系列融資のインセンティブをなした条件も，低成長経済，減量経営への移行によって，そのすべてが消滅した。その結果，系列融資は，もはや高度成長期のような積極的な意味をもたなくなった⁽⁴⁰⁾。

系列融資比率の増減に影響をおよぼした諸要因としては，景気変動と資金需要の増減，それに対応した系列外金融機関からの借入金の増減，長期的な趨勢としての自己金融化の傾向などがあった⁽⁴¹⁾。1970年代後半以降になると，企業集団のレベルでも，企業の銀行借入は急速にその比重を低下させた一方で，資本市場での資金調達のウエイトが増大した。その結果，メインバンクへの依存率，企業の銀行依存が低下しただけでなく，銀行の企業集団への依存も低下した。こうして，企業の銀行離れとともに銀行の企業集団離れという傾向がみられ⁽⁴²⁾，融資関係を基礎にした産業・銀行間の関係は変化した。

(2) 協調融資体制とその意義

第1章でも少しみたように，このようなメインバンク・システムのもとでの系列融資体制は，銀行間の協調・連携による協調融資の体制によっても補完された。それゆえ，この点についてより詳しくみておくと，高度成長期の日本では，メインバンクである大都市銀行であっても，産業企業の巨額の投資資金のすべてを賄うことはできず，他の金融機関，競争関係にある他の企業集団に所

属の銀行などとの協調融資が重要な意味をもった。系列融資と協調融資は表裏一体のものであり，両者は排除しあう性格のものではなく，「競争と協調」という，銀行間競争の別の表現でもある。系列融資体制の上に協調融資体制が組まれている[43]。

　こうした協調融資による補完によって支えられた系列融資を基軸とする企業集団金融は，資本市場の未成熟ゆえに集団形成によって資金需要を補充・調整しようとする，企業の資金供給構造であった[44]。1950年代後半になると，銀行は，同系企業集団のメンバーを軸とする中核企業群の結合を組織することによってグループの産業基盤の確立をはかるという，50年代前半以降の融資行動を保持しながらも，収益増の実現のためには，グループ内外を問わず成長企業への融資を拡大する必要性に直面したのであり，これら両面が追及された[45]。

　高度成長期の日本においては，都市銀行は，各部門の上位に位置する大企業のメインバンクの地位を分け合い，協調的関係を保持することによって破滅的競争の回避をはかってきた[46]。本来なら対立関係にある他の企業集団に所属する金融機関をも利用した交錯融資による協調は，企業集団の実態はそのままにした上で企業集団間での相互乗り入れを行おうというものであり，系列融資の財務的機能の一層の拡大・強化，企業集団間の協調体制の一層の進展を意味するものである[47]。都市銀行を中心とする大銀行は，それぞれの主力取引先企業を特定しながらも，同時に協調融資体制によって当該部門の大企業群に対する資金供給において共同で役割を分担した。結果として，特定部門の大企業の資金需要の大部分を都市銀行全体で供給するという関係が築かれた。このように，系列融資と協調融資という2つの側面をもつという点に，メインバンク関係の顕著な特徴がみられる[48]。

　協調融資は，破滅的性格をもつ競争の制限のために協調しながらも優良貸出先をめぐってなお継続する都市銀行間の競争の側面を反映するものであった。系列の枠を超えた産業企業への融資をとおして，企業集団内外においても産業企業と銀行の関係を強化することにもなった。メインバンクの地位を維持しながら，またそのために複数の銀行と協調するという銀行の動機は，資金需要の増大のもとで複数の銀行と融資関係を形成しようとする産業企業の動機と何ら相反するものではなく，両者の利害の一致がみられる[49]。

86　第1部　大企業への産業集中体制の日独比較

　またこうした系列融資，銀行間や金融機関の間の協調という点ともかかわって重要な意味をもったものとして，高度成長期における同一企業集団のメンバー企業に対する銀行による借入保証があった。それは，事実上の，また実質的な系列融資としての役割を果たすものであった。外資の導入，保険会社や農林系金融機関からの銀行保証借入金を保証していたのは，主として同一企業集団の都市銀行であった。6大企業集団の都市銀行は，グループ企業の資金調達にさいして，債務保証というかたちで他の金融機関からの借り入れを可能にし，自行資金を基準とした貸出取引・貸付取引を超える深い結びつき・結合関係を築いてきた。借入保証は，銀行の融資能力を超える取引先の資金需要への対応のひとつの方法であり[50]，企業集団という産業集中体制のもとでの銀行と産業企業の関係の特別なあり方を規定する系列融資を補完する役割を果たした。

3　株式の相互持合に基づく産業・銀行間関係と銀行の役割

　産業企業と銀行の間の関係は，融資関係のみならず株式の相互持合をとおしても形成されており，そこでは，とくに同系の企業集団内の株式所有関係が重要な意味をもった。そこで，つぎに，産業・銀行間関係の日本的なあり方を株式の相互持合とそこにおける銀行の役割という点からみていくことにしよう。

　「バブル経済」の崩壊後の大きな変化がみられることになる1990年代初頭までの状況をみると，株式の持合の形成は，①50年代前半の第1期，②60年代中盤から70年代前半の第2期，③80年代後半の第3期の3つの時期においてすすんだ。第1期には，当時横行した株式の買占めへの対抗が主な目的であった。第2期には外国資本による乗っ取りへの対応が主たる目的となっていた。そこでは，財閥系企業集団の株式持合はさらに強化されたほか，芙蓉，第一勧業銀行（以下，第一勧銀），三和などの新しい企業集団が形成されることになった。第3期には，大量のエクイティ・ファイナンスの実施による安定株主比率の低下を防ぐことおよび株価の低下を回避することが，主な目的となっていた[51]。

　株式の相互持合は，とくに企業集団内において顕著にみられた。企業集団においては，同系金融機関がグループの主要事業会社の主要株主となり，他の同系事業会社がそれを補完した。主要金融機関に対しては，同系事業会社と同系の他の金融機関が株主となって相互の関連を強化するというかたちで，株式の

第2章 産業・銀行間関係に基づく産業システムの日独比較 *87*

持合方式が深められた[52]。日本における企業間関係を特徴づける株式の相互持合は法人間の相互持合によるものであり，とりわけ銀行と産業企業との間の相互持合が中心にあった。また金融機関相互にも持合いがみられた[53]。

戦後，銀行が同系企業の株式相互持合の中軸となる関係が成立し，その後，再建をすすめた産業企業による同系企業の株式所有もすすみ，1955年前後には，相互持合は，その原型を完成することになった[54]。1955年以降の10年間の高度成長期における株式の相互持合は，同系企業の払込みによる増資の円滑化，一層の銀行借入の促進という金融的役割を担った[55]。銀行の持株は，系列融資の強化，企業の系列化を意図したものであり，「投資価値を判断したうえでの純粋な投資とは異質なもの」であった[56]。企業集団に属する各銀行には，株式所有と融資の間に明確な正の関係があった。1960年代後半にすすんだ株式所有の法人化は，株式の発行企業の株主安定工作と金融機関の取引関係の維持・拡大という意図に基づくものであった。企業集団内の株式持合の理由は，「株式発行企業の安定株主工作が産業構造変化への適応をグループ化に求める銀行の経営戦略と結びついたこと」にあった[57]。この時期には，銀行による株式所有比率が上昇する一方で同系企業への融資比率が低下するという傾向にあり，結束強化の手段としては，銀行による優先的貸出よりも集団内企業の株式相互持合の方が，より重要な意味をもってきた[58]。

商社と同様に金融機関の集団内持株比率の高さは，集団内取引の多面的な連関を反映するものであった[59]。企業集団の中核をなす都市銀行が果たした役割は，系列融資と系列内の株式持合とではかなり異なっており，株式持合では，銀行の貢献度は必ずしも大きなものではなかった[60]。しかし，銀行取引の普遍性という性格が，銀行の取り結ぶ株式相互持合の基礎にあった。企業集団内の株式相互持合は取引関係を基礎に成立するものであり，こうした所有関係は，それぞれの部門における競争に媒介され，普遍的な取引関係の中核に位置する大都市銀行ならびにそれを中核とする大金融機関との間の，安定株主体制としての相互持合体制のうちに編制されたものであった[61]。企業集団内の企業間の株式相互持合は，金融機関の資金力を原点とするものであり[62]，産業企業間の株式持合においても，銀行と産業企業の間の緊密な融資関係が持合の基礎をなした。それゆえ，株式の相互持合において大銀行が果たす役割は大

88　第1部　大企業への産業集中体制の日独比較

きかった。

　また株式の相互持合にみられる所有構造，議決権行使の問題との関連でみる
と，日本の銀行はユニバーサルバンクではなく，ドイツでみられるような寄託
株式を利用した議決権行使は行われえない。しかし，企業集団内での株式の相
互持合による資本間関係に基づく結合は，株主安定化による外部の勢力からの
防衛機能の発揮でもって，経営の自律性の確保においても重要な役割を果たし
た。

　そこで，企業集団内の都市銀行による持株比率を1953年，58年，63年，68年，74
年，84年，94年についてみると，三菱系の社長会メンバー企業に対する持株比率は，
それぞれ1.89%，2.48%，2.9%，3.3%，4.6%，4.02%，3.78%となっていた。同様
の数値は，住友系ではそれぞれ1.82%，3.7%，5.22%，4.69%，4.81%，3.69%，
3.52%，三井系では0.88%，1.31%，2.49%，2.48%，3.25%，3.56%，3.44%，芙蓉
系では1.13%，2.56%，3.99%，4.19%，4.57%，3.99%，3.62%，三和系では1.08%，
2.48%，2.55%，4.29%，4.15%，3.93%，3.5%，第一勧銀系（第一銀行系）では
0.33%，2.1%，2.19%，3.93%，4.19%，4.09%，3.18%となっていた。社長会メン
バー外の企業に関する数値をみると，三菱系ではそれぞれ0.58%，1.43%，2.25%，
3.35%，5.29%，5.2%，4.33%，住友系では1.42%，2.74%，2.96%，4.01%，4.12%，
4.15%，4.03%，三井系では1.02%，1.48%，1.97%，2.37%，3.9%，3.59%，3.84%，
芙蓉系では0.98%，2.5%，2.98%，4.3%，5.6%，4.99%，4.46%，三和系では1.77%，
2.71%，4.16%，4.61%，6.9%，6.52%，6.24%，第一勧銀系では0.55%，1.58%，
1.97%，3.47%，5%，4.82%，4.02%であった。

　また信託銀行による同系の社長会メンバー企業に対する持株比率，三菱系では
それぞれ2.56%，3.69%，4.23%，1.18%，2.51%，2.51%，4.27%，住友系では3.59%，
3.09%，5.64%，2.79%，2.76%，3.36%，4.88%，三井系では0.55%，0.81%，1.26%，
1.43%，2.36%，2.09%，3.48%，芙蓉系では0.04%，0.05%，0.58%，1.23%，1.31%，
1.66%，2.76%，三和系では0%，0%，2.63%，0.97%，0.74%，1.19%，2.49%であ
ったのに対して，第一勧銀系ではいずれの年をみても0%であった。社長会メンバ
ー外の企業に関する数値をみると，三菱系ではそれぞれ3.4%，3.05%，3.59%，
1.01%，2.72%，3.28%，3.9%，住友系では1.47%，1.29%，3.93%，0.87%，2.12%，

2.27%, 3.51%, 三井系では1.42%, 1.17%, 1.27%, 0.6%, 3.15%, 2.87%, 3.23%,
芙蓉系では0.03%, 0.02%, 0.14%, 0.68%, 2.82%, 3.47%, 4.28%, 三和系では
0%, 0%, 3.69%, 0.5%, 1.66%, 2.6%, 4.3%, 第一勧銀系では0%, 0.03%, 0%,
0%, 0%, 0.%, 0%であった[63]。

4　役員派遣による人的結合に基づく産業・銀行間関係と銀行の役割

　産業企業と銀行の間の関係の形成のためのいまひとつの重要な手段は，役員
派遣による人的結合にみられる。それゆえ，つぎに，この点についてみると，
戦後には，財閥解体によって財閥本社であった親会社が消滅したのにともな
い，新たに再建された企業集団においては，役員兼任がとくに大きな意味をも
つようになった。グループ内の各社の指導的ポストに銀行出身者が派遣される
ようになり，銀行と産業企業との人的結合が大きな展開をとげた。このこと
は，解体された財閥本社に代わって銀行がある程度グループ内の業務統制の機
能を引き受けたことを意味した[64]。株式所有を基礎として企業集団の系列金
融機関からの役員派遣も増加しており，役員派遣の多寡は，金融機関の系列融
資や株式所有の大小によるところが大きいだけでなく，企業集団としての緊密
さにも依存していた。戦前とは異なり，多くの場合，派遣された役員はその会
社の専任役員であった[65]。銀行から派遣された役員は，経理担当の役員とい
う専門経営者としての資格においてである場合が多く，支配の紐帯としての重
みは，戦前の本社役員の兼務の場合とは大きく異なるものであった[66]。

　企業集団の力は株式の持合，役員派遣，企業間取引，金融取引，総合商社の
役割などの絡み合いによってその力を発揮するものであり，役員派遣は，株式
所有や取引関係とかかわりなく行われるというものではない。それらの深い関
連のなかで，人的結合をとおした銀行と産業企業の関係は大きな意味をもって
いる[67]。独立系大企業によるタテの企業グループの場合には，ピラミッドの
頂点に位置する大企業からの子会社・関係会社への役員派遣が多かったのに対
して，企業集団では，集団内企業への役員派遣が多いのは金融機関と総合商社
であった[68]。なかでも，銀行からの集団内企業への役員派遣が多かった。そ
れは，銀行が多くの企業に対して大株主となっていることによるものであり，
メインバンクとして大株主となっているだけでなく，系列融資を行っている相

90 第1部 大企業への産業集中体制の日独比較

手先企業が多いという事情がある[69]。メインバンク・システムによる系列融資の問題とも深い関連をもつ銀行からの役員派遣は，貸出先の企業の行動に対して影響を与えることを意図したものではなく，借り手の情報の蓄積に加えて，基本的には債権の保全のためのモニタリングを目的とするものである[70]。

　また銀行による産業企業に対する持株率，融資率が高いほど銀行からの産業企業への役員派遣が多くなる傾向にあった[71]。株式所有や融資をとおしての資本結合においてあらわれた銀行の力の差異は，人的結合にもそのまま反映されるという状況にあった[72]。しかし，旧財閥系の企業集団の中核企業における銀行の人的結合関係では，企業集団における企業の重要度，銀行による企業に対する株式所有，銀行からの融資の規模との高度な相関関係が必ずしもみられるというわけではなかった[73]。

　こうした役員派遣による人的結合の問題をトップ・マネジメントの機構との関連でみると，日本では，取締役会のみの一層制であり，銀行からの役員派遣は取締役会に対してである。役員派遣のネットワークにおいては，金融機関がとりわけ多くの派遣を行っていたのに対して，取締役兼任のネットワークでは，むしろ商社がそのような兼任をとおして多くの企業と結びついている傾向にあった[74]。もとより，取締役兼任制は情報ネットワークとして重要な機能を果たすものであるが[75]，例えば三菱商事の事例にみられるように，商社が兼任取締役のクリークの中核に位置することによって多くの企業と結びつき，情報の結節点としての機能を果たしたという点が特徴的である[76]。

　そこで，銀行からの役員派遣による人的結合の状況（第1部上場企業が対象）をみると，1970年，75年および80年の各企業集団の中核都市銀行からの同系企業へ役員派遣の数は，三菱系ではそれぞれ69件，86件，106件，住友系では41件，65件，70件，三井系では31件，38件，47件，芙蓉系では56件，67件，91件，三和系では33件，45件，52件，第一勧銀系では29件（第一銀行からの派遣），82件，122件であった。信託銀行からの同系企業への役員派遣の件数は，三菱系ではそれぞれ15件，21件，25件，住友系では7件，14件，19件，三井系では8件，10件，13件，芙蓉系では1件，2件，3件，三和系では0件，2件，1件となっており，都市銀行からの派遣と比べるとその数は著しく少なかった[77]。

また1977年度，81年度，85年度，87年度の6大企業集団のメンバー企業に占める
同系銀行から役員派遣を受け入れている企業の割合は，旧財閥系の平均ではそれぞ
れ62.05％，59.92％，55.96％，55.96％，銀行系の平均では48.96％，58.02％，60.32％，
59.61％，6大企業集団の平均では55.51％，58.97％，58.14％，57.79％であった。さ
らに同じ諸年度の企業集団に所属の企業の役員総数に占める同系銀行からの役員数
の比率は，旧財閥系の平均ではそれぞれ3.95％，3.6％，3.97％，4.18％，銀行系の平
均では3.17％，3.5％，3.3％，3.65％，6大企業集団の平均では3.56％，3.65％，
3.64％，3.92％であった[78]。メンバー企業に占める同系の都市銀行および信託銀行
から役員派遣を受け入れていた企業の割合は，6大企業集団の平均では1981年度以
降低下傾向にあったが，92年度にはまだ41.28％（そのうち都市銀行によるものは
37.95％）であった。しかし，その割合は，1996年度には17.08％にまで大きく低下
した。最も高い比率を示していた三菱企業集団の1996年度の比率は39.29％であっ
たのに対して，住友では0％となっていた。また派遣役員総数に占める同一企業集
団の銀行からの役員派遣数の比率は，6大企業集団の平均では，1992年度の44.0％
から96年度には16.3％に大きく低下しており，最も高い数値を示していた芙蓉系の
96年の数値をみても約30％であった[79]。

　さらに産業・銀行間関係にかかわって，企業集団内の調整における銀行の役
割をみると，銀行からの産業企業への役員派遣と同様に重要な意味をもつの
は，社長会であり，それは，トップ・マネジメントにとっての重要な情報交換
と利害調整の場であった[80]。そこでは，社長会の中核に金融機関が位置しな
がらも，それは必ずしも固定的なものではなく，銀行がつねに決定的に優位な
位置を占めるというわけでは必ずしもなかった[81]。日本の大銀行は，自らが
属する企業集団内における社長会のような機構をとおしてグループ内の情報交
換・共有や利害調整には関与した。しかし，異なる企業集団には他の銀行が中
核的位置を占めており，競争関係にある多くの企業，企業グループとの関係を
結ぶというかたちにはなっておらず，企業集団間の調整はわれえなかった。こ
の点は，第2節において考察するドイツの場合とは大きく異なっている。

5 産業・銀行間関係と企業統治

以上のような産業企業と銀行の間の関係にみられる日本的なあり方は，企業統治のシステム，問題とも深いかかわりをもつものとなっている。そこで，つぎに，この点についてもみておくことにする。

すでにみたように，日本の大銀行は産業企業に対するメインバンクとしての機能を担い，それは，企業集団のような同系の企業グループにおいてとくに顕著にあらわれたが，系列外の企業に対しても発揮された。メインバンク・システムにおけるこうした企業金融とならぶいまひとつの重要な機能は，ガバナンスに関するものであり，企業に対するモニタリングにある[82]。銀行間の協調融資の体制のもとで，モニタリング機能も協調融資団の間で相互に委託しあう仕組みになっており，メインバンク・システムにおけるガバナンス機能は，そのような銀行間の協調とも深いかかわりをもつものとなっている[83]。こうしたメインバンク・システムはまた，資本市場の圧力に対して自律的な経営を展開する重要な基盤をなした。

日本では，銀行による産業に対する支配という面は弱い。銀行は，企業集団内の金融機能を担うという性格が強く，その枠の外にある多くの企業，企業グループと結合関係を展開することによってグループをこえる広がりをもってガバナンスに関与するというわけでは必ずしもない。銀行は株式の相互持合に深く関与したとはいえ，ガバナンスのシステムは，むしろ企業集団に属する企業全体の所有構造の問題と深く関係していたといえる。

第2節　ドイツにおける産業・銀行間関係の展開

日本における戦後の産業・銀行間関係の新しい展開についての以上の考察をふまえて，つぎに，ドイツについてみることにする。ドイツの産業・銀行間の関係に基づく産業集中の体制は，ユニバーサルバンク制度のもとでの信用業務と証券業務が一体となったかたちでの銀行の事業展開，株式所有や寄託株式制度，役員派遣や顧問会制度による人的結合を基礎にした協調的な企業間関係のシステムであり，ドイツに特有の企業統治（コーポレート・ガバナンス）の機構を構成する重要な要素をなしている。また大銀行や保険会社といった金融機関

第2章　産業・銀行間関係に基づく産業システムの日独比較　*93*

を媒介にした産業の企業グループ間の協調がきわめて高度にすすむなかで[84],協調体制に基づくドイツ的な産業システムが形成されてきた。この点にも,企業間関係の面でのドイツ的なあり方の重要な側面とともに,産業・銀行間のみならず産業企業間の関係においても銀行の役割が大きいことがが示されている。

　以下では,まず1において,産業・銀行間関係に基づく産業システムの機構・メカニズムについて考察する。つづく2では,産業と銀行の関係に基づくドイツ的な企業統治のシステムをめぐる問題についてみていくことにする。それをふまえて,3では,産業・銀行間関係の戦後展開の意義をドイツ資本主義の特質,とくに企業間の協調的体制にみられるその特質との関連のなかで明らかにしていく。

1　産業・銀行間関係に基づく産業システムの展開

（1）　監査役会の機能をめぐる問題

　銀行からの役員派遣による人的結合においては,産業企業への監査役派遣が中核的位置を占めている。それゆえ,まず監査役会の機能をめぐる問題についてみておくことにしよう。

　監査役会の機能としては,取締役会の業務執行に対する監督,取締役の選任・解任だけではなく,協議機能,重要事項に関する同意権などがあげられる。1973年のA.ヘルハウゼンの指摘では,この時期には,監査役会は取締役会に対する監督機関から助言機関に変わってきており,誤った行動や措置を事前に回避するために,意思決定過程に適切なコントロールをおよぼすことが重要となってきたとされている[85]。同様の指摘は1986年のドイツ銀行の営業報告書にもみられる[86]。監査役会は,取締役の選任・解任をとおして業務執行に間接的に影響をおよぼしうる[87]。しかし,監査役会にとって適切な人物を取締役に選任する権限や,場合によれば解任できるという権限によって,監査役会は,業務執行権や代表権をもつことなく企業政策に影響をおよぼしうることにもなる[88]。また取締役会による重要な意思決定については,事前の協議機能によって企業政策の決定過程に関与するケースもみられた[89]。株式法の規定では,定款または監査役会の決議による取締役会の特定の業務に関する同意

権によって，とくに重要な経営政策に関する意思決定への監査役会の関与が可能となる。その場合には，監査役会は取締役会とならぶ第2の意思形成の中心をなすことになる[90]。監査役会が少なくとも助言的機能をとおしてその意見を取締役会の意思決定に反映させるような場合には，監査役会会長は，重要な位置を占め，企業政策を共同でつくりあげることになる[91]。また株式法により禁止されている監査役会による取締役会への指示も日常的にみられ，法律と現実との大きな隔たりがあるとする指摘もみられる[92]。

　ただその場合でも，監査役会と取締役会の関係は企業によってもさまざまであり，経営者（取締役）に対する監査役会の影響力の可能性は，その企業の所有構造にも決定的に依存している。一般に大株主のいる会社では監査役会は管理機能をもつこともしばしばみられるのに対して，分散所有の会社では取締役はより独立的であるとされている[93]。また企業経営の複雑性が増大し，環境変化が激しい現代では，監査役の監督対象となる企業の経営に関する情報の不足のために，取締役会に対する監督機能は必ずしも十分なものではなく，監査役にとっての過度の負担は専門化した取締役に有利なように力のバランスを変えることになる，という指摘もみられる[94]。さらに，企業の業務が正常な進展をみている場合や満足いく状況にある場合には，一般的に，取締役会の活動に対する監査役会による監督機能は付随的な性格のものとなる傾向にあるが，企業が危機に陥った場合やその恐れがある場合には，監査役会はあらゆる権限を行使せざるをえない状況になる。ただそのような状況においても，監査役会は業務執行機関となるわけではなく，その役割は危機の克服に適した取締役の確保への配慮や取締役会の効果的な活動のための基礎を生み出すことにあり[95]，監査役会自体が業務執行そのものに直接乗り出すということを必ずしも意味するものではない。

　(2)　銀行の信用業務，証券業務と産業企業への影響
　つぎに，銀行の信用業務，証券業務とそれに基づく産業企業への銀行の影響についてみることにしよう。O. ヤイデルスは，銀行と産業の連携的関係においては，金融的業務をその主たる内容とする正規の継続的な業務関係の形成が最も基礎となり，監査役会への役員派遣による人的結合はそれを補強する手段

であるとした[96]。信用関係に関しては，例えば大蔵省の諮問委員会であるゲスラー委員会（金融制度調査委員会）の1979年の報告では，より大規模な企業においては，たいてい，銀行からの信用以外に資金調達の可能性を有しており，最大30の信用の受け手となっている企業は非常に多くの金融機関・信用機関と信用関係があるとされている。そうしたことから，信用供与先の企業が危機的状況にあった場合を除いて，銀行は信用供与の如何によって企業に対して影響力をおよぼしえず，大企業とはハウスバンク（主力銀行）的関係はみられないとされている[97]。

　これに対しては，M. ゲルハルツは1982年に，同委員会においては銀行とその債務者との間の信用関係が十分に考慮されていないとしている[98]。彼は，株式会社の場合にも，本質的に信用によっても規定されている金融的関係は業務政策に強い影響をもっているとして，信用関係の意義を重視している[99]。またH. O. エグラウによれば，非公開会社である同族会社や外国のコンツェルンの在ドイツ子会社などに対して銀行が監査役を派遣しているケースがみられたが，たいていの場合，監査役のポストはその企業との長いハウスバンク的関係に依拠したものであったとしている[100]。銀行による管理の機能の行使は，監査役ポストとならんで，信用の供与者としてのその性格において可能となるものであるとされている[101]。例えば大銀行と企業は信用関係をとおして密接に連携しており，株主総会に提出する議案は事前に調整がはかられていることも一般的となっているとされている[102]。

　また証券業務との関連でみると，ゲスラー委員会の報告によれば，金融機関の証券発行コンソーシアム業務では，少数の大銀行への集中がみられ，証券業務を媒介とした大銀行と大企業の結びつきがみられた。例えば1966年から75年までの証券発行コンソーシアムへの全金融機関の参加総件数に占める上位10の金融機関による件数の割合は44.7％，株式・転換社債・オプション債の国内発行者分では58.3％，国外発行者分では70％となっていた。また上場株式会社71社でみても，銀行による発行総件数に占めるドイツ銀行，ドレスナー銀行およびコメルツ銀行という3大銀行の発行件数の割合は98.6％に達していた。これらの3大銀行は，コンソーシアム幹事でも81.7％，共同幹事でも80％という高い比率を占めていた[103]。また1994年のJ. エドワーズとK. フィッシャーの研究

でも，証券発行シンジケートのリーダーは，通常，当該株式会社のハウスバンクであり，そうしたリーダーの大部分は3大銀行のひとつであったとされている[104]。

このように，信用供与の関係以上に，証券発行業務をとおして，銀行と産業企業との間の強い関係の基盤が築かれている。また株主総会で代理行使される寄託株による議決権は，証券発行のための銀行団の引受比率の決定に重要な意味をもっている[105]。証券業務の規模とともに，信用関係と証券発行業務における銀行のハウスバンク的機能が，銀行と産業企業の関係の重要な基礎をなしている。例えばドイツ銀行が金融と経済においてきわめて大きな力をもちうるのは，企業への支払決済口座の提供や運転資金・設備投資資金の供与だけでなく，ユニバーサルバンクとして企業の増資や社債発行の幹事引受けが可能となることによるものでもある[106]。

産業・銀行間関係については，銀行による信用業務を媒介とした情報の入手と証券発行業務におけるハウスバンク的役割の基礎の上に，銀行自身の株式所有，さらに寄託株式による議決権行使の影響力が加わって，緊密な関係の基盤が一層強化されることになる。一般的に，資本参加の規模と企業間の人的結合の数との間には相関関係がみられるが[107]，寄託議決権の利用は，産業企業への銀行代表の監査役の派遣の一層重要な基礎をなすものである。こうした代理議決権の制度は，大銀行に他の企業の業務政策への影響力の行使の可能性を与えることになる[108]。それゆえ，産業・銀行間関係を信用業務と証券業務との相互の関連のなかで総体的に把握することが重要となる。

(3)　銀行による株式所有，寄託株式制度と産業企業への影響

そこで，つぎに銀行による株式所有，寄託株式制度との関連でみることにしよう。例えば1976/77年の独占委員会の報告にもみられるように，金融機関が持分所有している企業への競争上重要な情報の提供と，寄託議決権による直接所有にある株式の議決権の補完によって，非銀行企業の業務政策に対して銀行が直接・間接の影響をおよぼす可能性が開かれることになる[109]。このような銀行への株式の寄託および銀行によるその議決権の代理行使はドイツでは古くからみられたが[110]，1937年の株式法は，どのような条件のもとで銀行が寄託

第2章 産業・銀行間関係に基づく産業システムの日独比較　97

議決権を行使しうるかを規定しており，それによって法的に可能となったものである[111]。しかし，第2次大戦前には，銀行に寄託された株式の一部は株主総会のためにはまったく行使されておらず，民間の大株主はしばしば自らの株式を自身で行使するのが常であった[112]。こうした議決権行使が銀行による産業企業への監査役派遣とも結びついて産業・銀行間関係に基づく産業システムのドイツ的な展開において決定的に重要な意味をもつようになるのは，第2次大戦後のことである。

　銀行による産業企業への影響力においては，銀行自身の株式所有よりは寄託株の議決権行使による産業企業への影響力がむしろ重要となってくる。ただその場合でも，寄託議決権から生じる銀行の影響力は，当該企業の株主の所有構造によるところが大きく，支配的な所有者が存在しない分散所有の公開会社の場合には，その可能性はとくに大きなものとなる[113]。

　個人企業や同族企業の株式が個人小株主に分散している場合でも，個人株主への株式の販売がその株式の発行会社ときわめて協調的な関係にある銀行によって行われ，その株式に付随する議決権が発行会社と友好的な関係にある銀行に寄託されることも多い。そのような場合には，銀行と当該株式会社の関係は，株式会社側の意向をふまえた協調的な関係となっているケースが多い。そのような互恵的な関係は，株式が広範に分散した企業でもみられる。一方，株式が広範に分散した経営者支配型の企業では，株主総会での資本側の監査役の選任や最高意思決定において取締役会が監査役会に対して主導的位置を占め，銀行は経営者に協調するかたちで議決権行使や行動を行っている場合も，みられる[114]。

　そこで，銀行の寄託株式も含めた議決権行使の状況をみると，額面でみた寄託株式の額は，例えば1970年末の289億DMから75年末には365億DMに増大した。そのうち信用銀行への寄託株式の割合は，1970年末には73.7％，75年末には71.3％となっており，信用銀行への高い集中度がみられる[115]。独占委員会の調査報告では，1970年代半ばには売上高最大100社中，銀行が5％以上の議決権をもつ企業は，56社存在していた。そのうち，銀行の議決権の割合が75％以上であった企業は18社，50％以上75％未満の企業は12社，25％以上50％未満の企業は11社，5％以上25％未満の企業は15社であった[116]。また1975年の代

表的な産業企業における銀行の議決権の割合をみると，AEGでは89.29％，ヘキストでは88.62％，BASFでは87.15％，ジーメンスでは81.02％，バイエルでは79.09％ときわめて高かった。それよりも低い割合のアウグスト・ティセンでも45.28％であった。しかし，銀行によるこれらの企業の自己保有の株式による議決権の割合は，いずれも１％未満にすぎず[117]，寄託株による銀行の議決権行使がいかに大きな意義をもっているかがわかる。

　またその後の状況をみても，例えば1984年時点の付加価値でみた最大100社のうち株式の50％以上が分散所有ないし銀行所有である企業32社を対象としたA. ゴットシャルクの調査では，86年（一部の企業については87年）には，全銀行の議決権の割合は平均で82.67％に達していた。その割合は，バイエル，BASF，ヘキスト，VEBA，マンネスマン，ヘッシュ，コンチネンタル，カウフホッフといった大企業を含む18社では90％以上，ジーメンスでも約80％を占めていた。銀行が定款の変更などの重要事項の決定に必要とされる４分の３以上の議決権をもつ企業も，22社にのぼっていた。これを３大銀行による議決権行使の割合でみると，32社の平均では45.44％となっており，50％をこえる議決権をもつ企業の数は15社であった[118]。

　さらに1990年の時点の付加価値でみた最大100社のうち株式所有の多数が分散している公開株式会社24社を対象とした92年のT. バウムスとF. フラウネの調査でも，株主総会での銀行の議決権の割合は，24社平均では84.09％であり，寄託株による議決権の割合は60.95％であった。また寄託株だけで議決権の75％以上を占めている企業の数は11社，銀行の議決権の割合が75％以上であった企業の数は18社，90％以上であった企業の数は17社であった[119]。1994年のJ. エドワーズとK. フィッシャーの研究でも，ドイツの銀行，とくに３大銀行は株式会社における株式議決権のかなりの程度を支配しており，こうした支配は，主に寄託株式の代理議決権によるものであったとされている[120]。

(4)　銀行と産業企業との間の役員派遣とその意義

　このような銀行による株式所有と寄託株式に基づく議決権行使による影響は，銀行による役員派遣をとおしてより強力に貫徹していくことになる。銀行による監査役派遣を中心とする人的結合による情報の結節や取締役の選任，経

営政策への関与というかたちで，影響力の行使の最も大きな基礎が築かれることになる。そうした点からも，非銀行企業との銀行の人的結合は，銀行のもつ力の源泉の最も重要な要因である[121]。監査役のポストによって資本所有と寄託議決権という2つの要因の影響が具体的に行使されることになるのであり，このポストはそのような力の伝達メカニズムをなす[122]。

①　銀行による役員派遣と情報共有システム

まず銀行による産業企業への役員派遣によって生まれる業務上の機能の面での意義についてみることにしよう。融資に基づく情報と監査役派遣から得られる情報との結合によって，銀行は，融資先であり派遣先である企業に対して，助言・指導的な役割を果たすこと，また当該企業以外の融資先の企業にとって有益な情報を得ることが可能になる。信用供与に基づく融資先企業の営業状態や財務状態に関する情報の入手をとおして複数の企業のインサイダー的情報が大量に集積・保有されることによって，銀行は，情報の集中機能ないし結節点としての機能を果たしうる[123]。そのさい，取締役会の誤った行動や諸方策を事前に回避する上で必要な財務的な専門知識や経済面での経験を銀行がもっているという事情が，銀行のもつ監査役ポストの存在意義を高める重要な要因のひとつとなっている[124]。H. O. エグラウによれば，こうした他社の監査役ポストの兼任の重要性から，例えばドイツ銀行では，他社の監査役に就任した取締役には必ず少なくとも1人の監査役会業務担当者（Mandateassistant）がつけられ，1989年にはそれは2人となっていた。こうした担当者によって，100ページにもおよぶ監査役会用の資料が3ページから4ページの定式化された報告に圧縮され，経営陣への質問事項の整理が行われたとされている[125]。

一方，銀行代表の監査役の派遣を受ける企業にとっても，最善の情報源から信頼できる情報にいちはやく接近できるという優先的な地位が与えられることが，監査役の受け入れというかたちでの緊密な関係性の形成の基礎をなしている[126]。銀行代表が提供しうる情報にも支えられて，取締役の業務執行の円滑な遂行に寄与するような，銀行と派遣先企業との協調的な関係が強化されることになる。

こうした情報の共有に関して，それを会社内部の機能としてみれば，傑出し

100 第1部　大企業への産業集中体制の日独比較

た意義として，監査役会の助言機能がある。銀行がノウハウの提供などによって一種の企業のコンサルティング的役割を果たす場合も多い。また会社外部の機能では，監査役の派遣を媒介とした企業間の情報共有システムがあるが，それは，監査役を派遣しているより多くの企業の間でも監査役会をとおして接触が可能となることによってさらに広がることになる[127]。

　また監査役の重要な機能として，諸部門の調整機能がある。それはシステム全体にとって最も決定的なものである[128]。銀行は産業界の問題に精通しており，投資先に対して，広い視野から経営に関する意思決定の助言と勧告の機能を果たしている。銀行からの役員派遣は，受手の企業にとっては，資金調達のためにも，また経営全般に関する意見の入手という点でも有意義な場合が多い[129]。銀行側から得られる情報や意見を媒介にして，当該企業の経営に対して調整をはかる可能性が生まれてくる。産業企業の株式会社のなかで広範な監査役代表をもつ比較的少数の銀行によって最善のかたちで行われるそのような全般的調整は，大銀行が監査役代表によって支配的な地位を占めていることの理由のひとつをなす[130]。産業・銀行間関係の役割，銀行による影響の大きいドイツ的な企業間関係，企業統治のあり方は，そのような銀行のもつ情報の機能を媒介にして，有効性を発揮しうるものでもある。

　ことに監査役会会長は，取締役からの重要事項の報告をとおして，あらゆる重要な情報や内部情報をいちはやく入手することができる[131]。銀行代表が派遣先企業の監査役会会長のポストに就く場合には，他の監査役とは異なり，当該企業の意思決定に大きな影響をおよぼすことが可能となる。ことに監査役会会長の職務が資本参加と結びつく場合には，ほとんど考えられないほどの強い権力の地位が生まれることになる[132]。ただそこでも，銀行代表が果たす機能は，信用供与の関係，当該産業企業における資本所有の分散の程度，株主総会において行使しうる銀行側の議決権の比率や監査役会における銀行代表の比率，銀行間の連携のあり方，共同決定制度のもとでの被用者代表の監査役の位置などによって，異なってくるであろう。

　例えば1970年代半ば頃のジーメンスの事例では，同社の監査役会，取締役会に代表を派遣していたドイツ銀行の場合でも，ジーメンスが借入金を上回る額の投資を行っているという事情から，ダイムラー・ベンツやマンネスマンのよ

うな自行と深い関係をもつ企業に対してのようには口出しをしなかったとされている[133]。また当時，ジーメンスの伝統に従い，同社の最上部の地位は，創業者家族の後継者によって占められていた[134]。これに対して，経営者支配の企業では，所有者支配の企業よりも概して多くの銀行や保険会社の代表が加わっている傾向にあったとされている[135]。

② 銀行間の協調的関係と役員派遣

つぎに銀行間の協調的関係と役員派遣をめぐる問題についてみると，前者に関していえば，例えば３大銀行は，寄託株を含めた株式所有に基づいて自行の筆頭株主として議決権を行使しうる状況にある。しかし，それだけでなく，他の２行の保有する議決権株によって補完されるかたちで，資本的結合による協調関係が築かれている[136]。それは銀行自身の株主総会での議決権行使においてもみられた。銀行による寄託株式を媒介とした議決権による企業への影響力の行使には，複数の金融機関の協調行動が前提となっている[137]。

銀行とその子会社の投資会社による保有株式，寄託株の合計でみた場合，上述のゴットシャルクの調査では，ドイツ銀行における議決権のうち，自らの議決権保有の割合は1986年には47.17％，３大銀行の合計では60.36％を占めていた。ドレスナー銀行でも，それらの割合はそれぞれ47.08％，64.04％，コメルツ銀行でも34.58％，60.81％となっており，高い比率を占めていた[138]。また1992年のバウムスとフラウネの調査研究でも，ドイツ銀行における議決権のうち，自らの議決権保有の割合は32.07％，３大銀行の合計での割合は49.24％を占めていた。そうした割合は，ドレスナー銀行では，それぞれ44.19％，53.66％，コメルツ銀行でも18.49％，48.27％となっていた[139]。

このように，３大銀行における銀行保有の議決権株式は高い比率を占めており，それは３大銀行間の協調による自行の株主総会の効果的なコントロールを可能にするものである[140]。H. パイファーは，大銀行の支配者は大銀行自身であると指摘している[141]。このような銀行間の連携・協力関係が大銀行自身の支配の基礎をなしており，そのことは，多くの産業企業に対する影響力，支配力の確保の基盤ともなっている。

銀行間による共同出資においても，協調的関係がみられる。独占委員会の調

査によれば，例えば2000年には，ドイツ銀行は，最大100社のうちドレスナー銀行とは5社，コメルツ銀行とは9社の合弁企業に出資しており，ドレスナー銀行とコメルツ銀行との間にも5社の合弁企業への出資がみられた[142]。銀行による寄託株式に基づく議決権行使に関しては，銀行はいったん顧客から寄託された議決権を信頼できる他の銀行のような第三者に譲渡することができる[143]。それゆえ，より小規模な銀行による大銀行への寄託議決権の譲渡によっても，銀行間での協調をはかりながら産業企業に対する影響力を強化することが可能となる[144]。

銀行間の協調体制については，例えば3大銀行の間の発行コンソーシアムをみても，そこでの地位，序列，割当てはほぼ固定的に承認されており，この点は融資の場合でも同様であった[145]。1994年のJ. エドワーズとK. フィッシャーの研究でも，証券発行シンジケートの構成は，長い期間にわたり非常に安定的であった[146]。また株主総会での議決権行使においても，3大銀行は協調行動をとり，取引先企業の監査役ポストに関しても，大銀行の議決権の状況を反映して，ほぼ固定化されているほか[147]，他の銀行も3大銀行に協調する傾向にあったとされている[148]。さらに寄託株式による議決権は，産業との関係，産業にかかわる業務における銀行間の競争の制限・抑制がはかられる契機となりうるものである[149]。

そのような協力関係・補完関係は，銀行が他の企業に対して監査役派遣を含めた行動をとるさいにも，大きな役割を果たしうるものである。この点については，株主総会で資本側代表の監査役を選出する場において，ユニバーサルバンク制度を基盤に「安定株主」体制がつくりあげられているという面が重要である[150]。

また金融機関の間での監査役の派遣も行われてきた[151]。そうした人的関係を基礎にした融資先や監査役の派遣先の企業に関する有益な情報の入手は，大きな意義をもっている。産業企業の株主総会での議決権行使のさいの銀行間の連携・協調を基礎にして派遣された銀行出身の監査役の間で情報の収集・交換という点での協力関係が生み出される場合には，監査役の派遣による情報収集機能は一層強化されることになる。

③産業企業・銀行間の役員派遣とその意義

つぎに，銀行と産業企業との間の役員派遣の状況をみると，例えば独占委員会の1976/77年の報告によれば，調査された51の大企業の場合，金融機関の監査役および監査役会会長・副会長の派遣数は，金融機関全体ではそれぞれ137件，57件であった。また3大銀行のその数はそれぞれ76件，35件となっており，金融機関全体の総数に占める大銀行の派遣数の割合は55.5％，61.4％に達していた。とくにその数の多いドイツ銀行による派遣数は，それぞれ40件（全体の29.2％），24件（同42.1％）となっていた[152]。これら51社のうち金融機関が25％を超える議決権の割合をもつ場合には，例外なく少なくともひとつの監査役ポストを確保していた。金融機関が25％以上の株式をもつ場合には，監査役会会長ないしひとつの副会長のポストを確保していた[153]。また最大100の株式会社では，31社において金融機関の代表が監査役会会長のポストを，また35社において副会長のポストを確保していた。3大銀行は，21社において会長ポストを，19社において副会長のポストを確保していた[154]。

ゲスラー委員会の報告でも，調査された上場大企業74社における金融機関の監査役および監査役会会長の派遣数（1974/75年）は，それぞれ182件，37件であった。3大銀行による派遣数はそれぞれ101件，25件となっており，金融機関全体の総数に占める3大銀行による派遣数の割合は，55.5％，67.6％であった。最も多い数を占めるドイツ銀行の派遣数はそれぞれ54件，18件となっており，金融機関全体の派遣数の29.7％，48.6％を占めていた[155]。これらの上場大企業74社でみると，銀行が当該企業の議決権の少なくとも25％を占めている場合には，すべてのケースではないとしても，その銀行は監査役会会長のポストを確保しており，圧倒的多くのケースにおいて2つの監査役ポストを確保していた[156]。

また1980年代の状況をみると，上述のゴットシャルクの調査では，86年には256の監査役ポストがあった非金融企業27社において，そのポスト数の27％にあたる69ポストが現役の銀行業者ないし元銀行業者によって占められていた。そのうちの約4分の3にあたる50のポストが3大銀行に集中していた[157]。またR. ティーグラーの研究によれば，製造企業のなかでも，生産額のより大きい企業において3大銀行のうち2ないしすべての銀行の代表者が監査役とし

104　第 1 部　大企業への産業集中体制の日独比較

て就任している傾向にあった。より多くの銀行代表の存在のひとつの決定的な
要因は，受け入れ側の企業の経済的な重要性にあった[158]。

　さらに1990年代の状況をみても，H. パイファーの93年発表の研究では，他
の企業の監査役会への 3 大銀行の取締役の派遣は1,053件であり，そのうち監
査役会（ないし管理機関）・管理委員会の会長と副会長のポストへの派遣はそれ
ぞれ170件，92件であった[159]。1993年の取引所上場の株式会社のうち少なくと
も 1 人の銀行代表の監査役がいる企業261社についてのH. ハンゼンの調査でも，金融機関から372人の監査役が派遣されていた。ことに 3 大銀行出身者は
その51.6％にあたる192人であり，銀行代表が監査役会会長となっている企業
は59社であった。またDAX30社では，銀行が73の監査役ポストを占めており，
監査役会会長のポストを握っていた企業の数は13社であった。ことに 3 大銀行
は合計で56の監査役ポストを占め，銀行がもつ監査役ポストの76.7％を占めて
いた[160]。またほぼ同じ時期にドイツの株式時価総額の約 4 分の 1 が外国人の
所有にあり，約 5 分の 1 以上が個人投資家の所有にあったが，DAX30社の監査
役会に占めるこれら 2 つの投資家のグループの割合は，それぞれわずか約 5 ％
にすぎなかった[161]。独占委員会の調査では，最大100社の管理機関への取締
役の派遣による人的結合の総件数は2000年には139件であったが，そのうち10
の銀行・保険会社によるものは64件であり，全体の46.04％を占めており[162]，
なお一定の高い割合を占めていたといえる。

　派遣先企業の所有関係との関連でみると，銀行代表の監査役は，同族一族の
影響力の強い企業では，そうでない企業で行うよりもその監査役としての職責
を控えめに果たすという傾向がみられた[163]。もちろん，そのような状況は当
該企業の経営状態が良好な場合においてであり，経営危機に陥った場合には，
銀行の代表者はいかなる場合でも決定的な役割を果たすことになる。ことに銀
行が融資を行っている場合には，銀行は，その企業の有力な債権者としてその
ような役割を果たすことになろう[164]。

　銀行からの役員派遣にさいしては，例えばドイツ銀行の場合，取締役，部
長・支店長の誰がどこに派遣されるかは，多くの観点から検討して決定されて
いる傾向にあった。支店の地域の担当・管轄は，派遣先の企業の具体的な希望
と同様に重要な点であるほか，誰がその企業の「雰囲気」に合うか，同じ部門

の他の企業に派遣されていないかどうかということも重要な点であった[165]。

　また産業企業と銀行との間の役員の相互派遣も活発に行われている[166]ほか，銀行の委員会組織などへの産業企業の代表者の参加もみられ，例えば化学産業のBASFでは，取締役会会長はドイツ銀行のある委員会に属しており，監査役会会長はコメルツ銀行のそのような組織に属することが伝統であったとされている[167]。このように，3大銀行と非銀行企業との間の相互の派遣や非銀行企業からの派遣も，産業と銀行との間の人的結合において大きな位置を占めている。

　(5)　顧問会制度による産業・銀行間，産業企業間の情報共有システム

　産業企業と銀行の間，産業企業間の人的結合においては，さらに情報共有・交換のための銀行の人的交流・結合の機関も，銀行からの役員派遣による産業と銀行の関係を補完するものとして，重要な役割を果たしてきた。そのような産業企業と銀行との間の，また産業企業間のネットワーク的な産業システムの情報共有・交換の重要なルートとして，大銀行の本店と主要地域ごとに構築された顧問会（Beirat）の機能がある。

　銀行の顧問会制度には，本店顧問会と地域顧問会とがあるが，本店顧問会には主要産業企業がメンバーを送っている。そこでは，ほとんどの産業分野の大企業の代表者である経営トップが定期的に自分達のそれぞれの市場の状況を報告しあい，自らの機能を遂行するさいに経済問題について助言・補佐を受ける[168]。銀行と産業企業の間の調整機関としての本店顧問会は，ドレスナー銀行では，戦後3地域に分割されていた銀行が1957年に統合されたさいに設置されており，66年以前にもみられた[169]。しかし，それを除くと，本店顧問会は，1965年株式法による1人の人物の担いうる監査役ポスト数の制限への対応として，人的結合のレベルを維持するために大銀行によって設置されるようになったものである[170]。顧問会のメンバーになることは一般的に「勲章」とみなされるなど，ほとんどの株主代表の監査役は顧問会に替わることを望んだとされている。また顧問会には労働代表の監査役がいないという利点があった。本店顧問会は，争いの予防措置を講じるという機能も果たした[171]。顧問会の使命は，重要な営業政策上の基本問題に関する経営陣への助言にある[172]。

106 第1部 大企業への産業集中体制の日独比較

さらに主要地域ごとにおかれた顧問会は，ドイツ銀行やドレスナー銀行では戦前から，コメルツ銀行でも戦後には存在しており，それには主に，銀行の大口の顧客や地域ごとの単位組織を代表する他の諸部門における企業の経営の代表者が加わっている。地域顧問会の存在のひとつの理由は，とりわけ，それをとおして各地域の経済部門のさまざまな企業との業務政策上の関係が強化されうるということにある(173)。例えばドイツ銀行にとっては，主要地域に置かれた支店顧問会は，支店の担当地域の重要な取引企業との関係を築くための重要な手段をなした(174)。地域顧問会は調整委員会としての機能を果たしてきた(175)。ドイツ経済において多くの人数でもって代表する地域顧問会のメンバーとの意見交換は，監査役や取締役によって重視されている(176)。本店顧問会はドイツの代表的な大企業から派遣されたメンバーで構成されるのに対して，地域顧問会は，主として小口取引先である企業の代表によって構成されている(177)。

3大銀行によってそれらの監査役会あるいは顧問会のひとつに任命された人物は，「友好的な人物」であるとみることができる(178)。例えばドイツ銀行の顧問会では，銀行の顧客を業務上同銀行により強く結びつけること，またそうした関係をとおして新しい業務を提案することが重要となっている(179)。

また例えばドイツ工業連盟などに典型的にみられるように，経営者団体は資本の広範囲におよぶ組織形態をなしているが，数百にものぼる経営者団体は，3大銀行の監査役，本店顧問会，地域顧問会のメンバーをとおして銀行と人的に結合している(180)。そのような組織との人的結合によっても，銀行と産業の緊密な関係が情報の結節点というかたちで形成され，こうした結びつきは，両者の直接的な関係だけを基礎にしたものでなく，銀行業の協会組織や経営者団体・産業団体のような経済団体を媒介とした関係によっても補完されるかたちとなっている(181)。

2 産業・銀行間関係と企業統治

(1) 産業・銀行間関係に基づく協調的企業統治システム

以上の考察において，産業・銀行間関係をひとつの「産業システム」として考察するなかで，そのドイツ的な機構と特徴を明らかにしてきた。そのような

産業システムはまた，ドイツに特徴的な協調的企業統治のシステムの重要な基盤をなしている。それゆえ，つぎに，この点についてみていくことにしよう。

これまでにみてきたような産業と銀行の関係に基づく産業集中，企業間結合の枠組みは，金融機関，ことに３大銀行を軸としたドイツ的な企業統治の基礎をなしている。それは，「銀行指向的ガバナンス・システム」が適合的な企業統治のシステムともいえるが，銀行の主たる関心事は，その業務内容からしても利子を確保しながら融資資金を無事回収することにあり，信用供与者としての利害・視点が重視されている点に特徴がみられる[182]。

銀行指向的ガバンンス・システムのあり方にもかかわる銀行の情報収集網の意義に関していえば，産業・銀行間関係のドイツ的特徴の形成の基盤となっているものは，ユニバーサルバンクとしての大銀行の機能，ハウスバンク的役割を基礎にしてすべての産業分野の経営トップから入手される情報とそれに基づく銀行代表の役員による助言的機能の有効性にある。また，一般に，監査役による当該企業の情報の入手はほとんど取締役をとおしてなされざるをえないということもあり，監査役会の意思決定が情報の入手の過程で取締役の入念な根回しのもとで取締役の主導で行われる場合も多い[183]。そのような状況のもとでは，さまざまなネットワークやルートを基礎にした派遣先企業とその経営に関する有益な情報の入手の可能性によって，銀行代表の監査役が当該企業との協調的・連携的関係のもとに監査役会のみならず経営執行機関である取締役会にも強い影響をおよぼすことが，可能となってくる。

ドイツの監査役会と取締役会のトップ・マネジメントの二層制にみられる権限の二分制は，会社に対し多くの有益な助言を与えることのできる社外の者と実際の執行担当者との間で討議が行われるようにする。それによって会社の視野が広げられ責任がより明確に割り当てられるという点に，ひとつの重要な意義がある[184]。銀行のもつ豊富な情報やノウハウを基礎にして銀行代表の監査役が助言を与え，それに基づく討議がなされる場合には，そうしたドイツ的な企業管理システムは，産業・銀行間関係を基礎にした一種の「産業システム」として，重要かつ有効な機能性を発揮することにもなる。同時にまた，そのような意思決定メカニズムのもとで，取締役会を中心とする経営執行機能に対する牽制・モニタリング的機能が発揮されることにもなる。

108 第1部 大企業への産業集中体制の日独比較

　1980年代をとおしてドイツ企業の自己金融比率が大きく上昇するなかで，銀行による産業企業の支配という側面はますます希薄となる傾向にあったが，資本参加，寄託株による議決権の代理行使の制度や役員派遣などの手段による銀行との結びつきは，「産業企業の経営に対する外部からの牽制をはねつけながら経営者支配の基盤を固める」機能をもった[185]。寄託議決権を含めた銀行の高い割合の議決権保有，監査役の派遣や顧問会などによる人的結合を基礎にした産業と銀行との間の協調，また銀行間の協調によって，資本市場の圧力に対する防衛的機能を発揮しうる。この点に企業統治システムのドイツ的特徴がみられる。1990年代以降の金融のグローバリゼーションの進展のもとで，投資ファンドなどによる株主価値重視の経営への圧力が強まってきた。しかし，そのような状況のもとにあっても，ドイツ的な協調的産業システムによって，他の諸国と比べても，融資先であり株式を所有している企業における経営の安定性・安全性の確保という銀行側の利害の貫徹のために，対抗的・防衛的機能がより強く発揮されうる条件にあるといえる。1990年代以降になると，銀行業務をとりまく環境条件の変化や資本蓄積の条件にも規定されて，大銀行自体も，相手企業との関係において，「選択と集中」に基づく集約化をはからざるをえない状況にあるが，この時期の産業・銀行間関係の変化については，補論2において詳しく考察を行うことにする。

　(2)　共同決定制度と産業・銀行間の協調的企業統治システム
　また産業と銀行の緊密な関係に基づく産業システム，銀行による企業統治体制の問題をめぐっては，共同決定制度との関連でみることも重要である。1976年の共同決定法では監査役会会長の権限が拡大され，株主代表と労働代表の監査役の衝突という事態のさいに監査役会会長に第2票目の投票権が与えられることになった。そのことは，監査役会会長による出資者側の利害の調整をはかる上でも重要な意味をもった。また監査役会における労働者代表と株主代表が同数であることに由来するグループ形成の必然性によって，それらのグループ内部での一種の意見の統率を行いうるような権限を監査役会会長がもつようにもなった[186]。それだけに，銀行の代表者が産業企業の監査役会会長になっている場合には，そのような統率・調整の機能はより発揮されやすい状況にもな

りうる。

　1976年法による共同決定制度のもとでは，議論を呼ぶような問題の多いテーマが除外されることによって，監査役会の会議はしばしば全く規則どおりに行われる会議となってしまい，企業政策を批判的に議論する場としての監査役会の機能が失われる傾向にあったとする指摘もみられる。そこでは，そのような全体的な会に代わって，監査役会会長が取締役会に対する批判的な討議相手としての役割をもつようになったとされている[187]。そのような状況のもとで，銀行代表が監査役会の会長ポストをおさえる場合には，銀行のもつ情報源を背景に監査役会会長が入手しうる企業の内外の重要な情報を基礎にして，グループ内の利害調整役の機能が発揮されやすいという状況にある。

　また共同決定制度のもとでの監査役会における出資者側のポストの割合の相対的低下によって，こうした経営参加の制度は，産業企業側に対して経営の自律性の契機を与えるという側面がみられる。とくにモンタン共同決定法や1976年共同決定法による監査役会への労働側代表の半数参加によって，外部出身の監査役の数も構成比率もそれだけ低下することになった。1970年代半ば以降，76年共同決定法によってドイツの代表的企業の監査役会における銀行代表の人数も減少の傾向にあり[188]，企業側には，外部の影響力，関与の可能性を低下させる契機にもなった。この点は，寄託株式制度のもとでの銀行による強い影響力行使の可能性をもつ産業・銀行間関係において，当該企業出身の監査役，さらには取締役の自律性，産業企業側の経営機能の行使における「自律性」の確保の余地，したがって企業統治のあり方とも深くかかわる問題である。

　しかしまた，株主側の減少した監査役ポストをめぐって，銀行自身や銀行間の連携による寄託株式も含めた議決権行使の優位性によって銀行側の利害がより貫徹しやすくなるという条件も生まれてくる。さらに外部からの影響を抑えながら銀行と派遣先企業との連携による両者の調整された意向のもとに残りの監査役の決定をはじめとするさまざまな意思決定を行う余地が，高まることにもなる。それだけに，産業企業側にとっても，銀行との協調が一層重要な意味をもつようになる。監査役会における銀行代表の派遣による効果的な直接的コントロールのための前提条件は，労資同数の共同決定がなされる株式会社や有限会社，モンタン共同決定法の適用される有限会社において充たされることに

110 第1部 大企業への産業集中体制の日独比較

なる。そのような共同決定がなされる企業では，信用の供与者である銀行の監査役ポストは，チェックと承認のひとつの効果的な手段をなす[189]。

こうして，共同決定制度のもとでは，外部の株主の影響力を抑えながら銀行・産業間関係を基礎にした産業システムが一層強力に機能しうる条件が与えられることにもなった。その意味では，共同決定制度には，金融資本的利害の貫徹の条件・可能性を高める契機が内包されているといえる。銀行には，自らのもつ利害調整のメカニズムでもって，派遣先企業に対して銀行の利害・意向を貫徹させるより大きな可能性が与えられることにもなった。

また共同決定制度のもとでは，雇用と当該企業の経営の健全性・安定性の確保という労働側の目的・観点から，投資ファンドなどに代表される短期的な利害の追求を強く志向する企業外部の勢力からの圧力に対する対抗・牽制・防衛として，企業側・資本側の監査役との協調という契機を内包しているといえる。資本側の監査役に関しては，広範な人的結合による協調的なネットワークによる，産業・銀行間関係に基づく産業システムがある。労働側が雇用や自社の経営の健全性・安定性の確保という利害から，こうした産業システムのなかに組み込まれた銀行代表のような資本側の監査役と協調する場合には，外部勢力に対する対抗的・防衛的機能の発揮は一層強いものとなる。

このように，ドイツでは，戦後の日本において特徴的とされてきた株式の相互持合による外部からの圧力に対する企業の防衛に似た機能がより特別なかたちで発揮される体制・条件が存在してきた。そのような体制は，監査役会レベルにおいて，産業・銀行間関係に基づく産業システムと労使共同決定制度によって支えられている。この点は，企業統治システムの重要なドイツ的特徴のひとつをなしている。

3 産業・銀行間関係の新しい展開とその意義

これまでの考察において，戦後のドイツにおける産業・銀行間関係とそれに基づく産業システムの新しい展開についてみてきた。戦前からみられたのとは異なる新展開の意義についていえば，つぎのようになるであろう。

第1に，寄託株式制度による銀行の議決権行使を基礎にした産業システム，企業統治システムの本格的確立・展開という点である。戦前のユニバーサルバ

ンクによる証券業務においてはとくに発行業務が大きな位置を占めていた。しかし，戦後になると，一般の投資家による証券への投資の拡大にともない二次市場での証券業務の位置が一層高まり，その結果，寄託株式による銀行の代理議決権行使という体制が本格的に確立したといえる。この点は，戦後の産業集中の進展，産業・銀行間の，また産業企業間の情報共有と利害調整のシステムとしてのドイツ的な産業システムの確立において，資本結合の面でも人的結合の面でも重要な基礎をなすものである。

　第2に，大銀行の顧問会制度による産業・銀行間のみならず産業企業間の情報交換・共有のネットワークとそれをとおしての利害調整の産業システムの本格的展開である。地域顧問会はすでに戦前から存在していたケースもみられたが，戦後になって顧問会制度の要をなす本店顧問会が設置された。それが地域顧問会と結びつくことによって，役員派遣とは異なるかたちでの全国的・地域的な産業・銀行間，産業企業間の情報交換・共有システムとそれを基礎にした企業間の関係，利害調整システムの本格的な確立・展開をみることになった。

　第3に，共同決定制度のもとでの監査役会レベルでの労資同数という構成比率の問題から生じる企業外部（株主）からの影響力・圧力を弱めうるという条件のもとで，産業・銀行間の協調に基づく企業統治システムが確立され強化されてきたことである。こうした点に，戦前とは異なる，また戦前と比べ格段に強化された産業・銀行間関係，それに基づく産業システムの内実の一面が示されている。

　戦後のこうした産業・銀行間関係の新しい展開をドイツ資本主義の「協調的」なあり方，特質[190]との関連でみると，銀行による産業企業への強い影響は，産業企業と銀行の間の協調的関係として成り立っているといえる。産業企業にとっては，銀行による保有株式および寄託株式による議決権行使とそれに基づく監査役の派遣，顧問会制度などの枠組みのもとで，銀行との関係に基づく情報共有，助言を軸とした支援的体制，協調的体制が築かれている。また銀行が多くの企業の業務政策に関与することによる産業の政策に対する連帯的な共同責任のかたちでの関与[191]が，銀行による産業企業間の利害調整的機能をとおしての協調的な体制を支える重要な要素ともなっている。ことに競争企業間の人的結合の形成においては，銀行や保険会社の取締役が重要な役割を果た

すことも多くみられたとされている(192)。さらに共同決定制度のもとでのドイツ的な企業統治システムとそれに支えられた企業間の協調は，産業・銀行間関係に基づく産業システムによる協調的体制を補強している。こうした産業システムはまた，産業企業間の役員派遣，役員兼任(193) によっても補完されるかたちとなっている。産業・銀行間関係に基づく戦後のドイツ的な産業システムは，これらの諸要素の総体として形成され，それらが関連づけられるかたちでその機能を発揮してきた。

そこでは，上述したような，特定の企業のグループとの固定的な結びつきよりはむしろ広く多くのグループとの結合関係をもつというドイツの銀行の関与のゆえに，産業・銀行間の関係に基づく産業システムのもつ情報共有と利害調整がより広く展開されうるということが，大きな意味をもっている。1990年代以降には変化がみられるとはいえ，こうした協調的体制は，戦後，企業の経営者が資本市場からの圧力，外部の株主からの影響・圧力を抑えながら，比較的長期的な視点での経営展開をすすめる上で，重要な意味をもったといえる。

第3節　産業・銀行間関係に基づく産業システムの日本的特徴とドイツ的特徴

1　産業・銀行間関係に基づく産業システムの日本的特徴

以上の考察をふまえて，つぎに，産業・銀行間関係に基づく産業システムの日本的特徴とドイツ的特徴について，とくに銀行の役割という点からみることにしよう。日本では，戦後の産業集中の体制として，6大企業集団の形成がすすんだ。大企業を頂点とするタテの資本系列ではなく，大企業相互のヨコの結合関係である企業集団においては，企業集中はこれらの企業グループのなかで行われ，集中の方法としては株式の相互持合いがとられた。日本の企業集団は，いくつもの産業にまたがる企業グループであり，その内部では，融資，株式の相互持合，社長会による情報の交換・共有，役員派遣，相互の系列取引，共同投資などが行われ，そこでの銀行の役割は大きかった。その意味では，銀行は，自らが属する企業集団において中核的位置を占めていた。ただこの点に関しては，銀行は株式の相互持合に深く関与したとはいえ，こうした持合によ

る株主安定化およびそれに基づく経営の自律性の確保は，むしろ企業集団に属する企業全体の所有構造に大きく依存していた。

　産業集中の体制における重要な問題をなす企業間の情報共有・交換や利害調整に関しては，日本の企業集団においては，社長会による調整が行われた。しかし，銀行は，社長会の中核に位置しながらもつねに決定的に優位な位置を占めるというわけでは必ずしもなかった。また社長会による企業間の情報共有と利害調整が行われる場合でも，それは，あくまで同系の企業集団の内部においてのことであった。

　日本では，企業集団ごとに中核となる銀行が存在し，大手銀行は，自らが所属する企業グループのメインバンクとしての役割を担った。このような大銀行にとっては，企業集団がフルセット的に広い範囲におよぶ産業連関を体現する構造となっていたことによるグループ内の資金循環体系の実現とそれによる融資効率の向上というメリットが大きかった。またメインバンクのこうした与信機能は，協調融資によっても補完されるかたちとなっていた。しかし，企業集団を構成する大銀行は，他の企業集団も含めて系列外の多くの企業グループと多面的な結合関係を展開するかたちにはなっていなかった。そのために，銀行が企業集団の枠をこえて情報共有や交換やおよび利害調整の機能を発揮することはできなかった。この点，産業企業に対する銀行の関与の仕方ともかかわって，日本の銀行の役割は，多くの企業，企業グループとの広範かつ多面的な関係が築かれてきたドイツの銀行の場合とは大きく異なるものとなった。

　またコーポレート・ガバナンスとの関連で産業集中の体制をみると，日本のメインバンク・システムのひとつの重要な機能ともいえる企業に対するモニタリングの問題についていえば，銀行による産業に対する支配という面は弱いといえる。日本の銀行はユニバーサルバンクではなく，ドイツでみられるような寄託株式を利用した議決権行使は行われえず，役員派遣の問題も含めた企業間の結合においては，企業集団内の株式の相互持合が基礎となるところが大きかった。大銀行は同系の企業集団の銀行としての性格を強くもつだけでなく，グループ内の企業の株式所有の比率も産業企業に比べると高く，それだけに，メインバンクとしてのモニタリング機能を発揮するだけでなく，集団内の企業のガバナンス・システムにおける中核的位置にあったといえる。

114　第1部　大企業への産業集中体制の日独比較

　さらにトップ・マネジメントの人的結合という面では，日本の場合，役員派遣のネットワークでは金融機関がとりわけ多くの派遣を行っていたのに対して，取締役兼任のネットワークではむしろ商社が中核的位置を占めていた。それは，グループにおける系列内取引の大きさと重要性に規定された，企業集団という戦後の産業集中の体制における日本特有の商社の果たす役割の大きさによるものであった。こうした点にもみられるように，産業・銀行間関係に基づく産業システムは，企業集団内の大手総合商社によって補完される体制にもなっていたといえる。

2　産業・銀行間関係に基づく産業システムのドイツ的特徴

　日本におけるそのような状況とは対照的に，ドイツでは，銀行が各産業の競争関係にある多くの企業，企業グループと結合関係を広い範囲にわたり築いてきた。そのことによって，情報共有・交換と利害調整の機能が多くの産業分野や産業企業のグループに対して発揮されうる体制となっている。銀行の本店顧問会や地域顧問会のような情報の共有と交換のための銀行の人的交流・結合の機関や経済団体のような組織も，役員派遣や役員兼任による産業と銀行の関係を補完するものとして，重要な役割を果たしてきた。銀行による産業に対する支配という面は必ずしも強いものではなく，ドイツの産業集中の体制は，むしろ銀行を中核とする銀行と産業企業の間，産業企業間の情報共有と利害調整に基づく競争抑制，協調的な関係・行動のための産業システムというかたちになっているといえる。

　そのような産業集中の体制は，いわば銀行を基軸とする金融業中心の産業発展，経済発展のためのプログラムとしての産業システムである。それだけに，銀行の果たす役割は，同系の企業集団内の中核的なメインバンクとして銀行が存在してきた日本の場合と比べると，はるかに広範でかつ大きなものとなっている。日本とドイツの間にみられるこのような相違は，各産業における競争構造や，競争回避としての産業集中体制の機能の発揮，企業の行動様式，ドイツ資本主義の協調的特質など，両国の大企業体制のあり方，特質とも深いかかわりをもつものとなってきた。

　またコーポレート・ガバナンスとの関連では，銀行による寄託株式を利用し

た議決権行使のもつ意義は大きく，寄託議決権の保有は，証券発行のコンソーシアムの構成，そこでの各銀行の位置とも深い関係をもつだけでなく，役員派遣による企業間の人的結合の重要な基礎をなしている。ドイツでは，寄託議決権をも利用して，銀行が特定の企業や企業グループに限定されることなく，同一産業の競争関係にある多くの企業，企業グループとの結合関係を広く築くことによって，ガバナンス・システムにおける企業間の協調，銀行の影響は，日本の場合と比べてもはるかに強いものとなってきた。また共同決定制度のもとでの監査役会の労資同数の構成によって，資本市場（株主）の影響が弱められることにもなりうるが，産業と銀行の間の協調に基づく企業統治のシステムによる経営の自立性の確保の基盤は，共同決定制度とあいまって一層強化されることにもなった。

　さらにトップ・マネジメントの機構という面でみると，日本ではアメリカなどと同様に取締役会のみの一層制であり，銀行からの役員派遣は取締役会に対してであるのに対して，二層制であるドイツでは，監査役会への派遣が大きな位置を占めている。その背景には，銀行からみると，融資先であり資本の投資対象でもある産業企業の経営の戦略的方針の決定と取締役によるその執行に対する監督，そうした執行に適任の取締役の選任という監査役会の機能・役割の重要性に基づくものである。また銀行にとっては，さまざまな産業の企業の監査役ポストを保有することによって，他社の業務執行そのものへの関与ではなく，各産業の状況の把握と各企業の経営の戦略的方針の決定への関与による情報共有と利害調整の可能性が生まれてくるのであり，このことは大きな意味をもつ。

　このように，大銀行と大企業の間の関係は，両者の統一的な利害を調整されたかたちでより安定的かつ効率的に実現するための「産業システム」としての共同経営的な協調的関係という性格をもつものとなっている。ただその場合においても，銀行は，自らの株式所有に加えて寄託株式の代理議決権の行使によって，産業企業に対してのみならず，自行にあっても，株主総会での監査役の選任における決定的な影響力をもち，監査役の構成を決める力（権能）を発揮することができる。この点は銀行間の協調によって支えられるかたちで強化されており，こうした監査役会のメンバーの構成を決める権能を「支配」ととら

えると[194]，銀行による産業支配の特殊ドイツ的な体制がみられる。産業・銀行間関係，会社支配という点では，英米型や日本型とは異なるかたちとなっている。

　一方，戦後の産業・銀行間関係に基づく産業集中体制の問題を企業グループの構造との関連でみると，第1章においてみたように，ドイツの戦後のコンツェルンは，日本のようなフルセット型の産業的広がりをもつ企業グループとしてではなく，基本的には生産・販売などの基本的な職能活動の統一性を確保したかたちでの「ひとつの産業体系を基盤とした企業グループ」として形成されてきた。そこでは，グループ内における企業間の分業と専門化に基づく機能面の利点を重視したあり方が追及されるとともに，企業グループ間でも製品分野間の「棲み分け分業」的関係が築かれてきた。そのような体制は，ドイツ企業が激しい価格競争を回避し，品質競争を重視した戦略の展開とそれを支える経営方式の展開（第2部および結章参照）のためのひとつの重要な基盤をなした。そこでは，ドイツの銀行が競争関係にある多くの企業グループ，それに属する企業とも広く結合関係を発展させてきたということが，大きな意味をもったといえる。そのような分業体制に基づく競争の回避・抑制というかたちでの協調的体制は，産業・銀行間関係に基づく産業集中のシステムを基盤としたものでもあり，日本の場合とは大きく異なるものである。

　以上のような第1部における産業集中体制の新しい展開の考察をふまえて，つぎに問題となってくるのは，企業レベルにおける経営展開についてである。そこでは，アメリカ的経営方式の導入にともない日本とドイツ企業経営がどのように変化したかということが，明らかにされるべきとくに重要な研究課題となる。第3章から第8章までの第2部の各章では，こうした問題を考察することにしよう。

（1）前川恭一『日独比較企業論への道』森山書店，1997年，58ページ。
（2）同書，23ページ，58-59ページ，247ページ，263-264ページ，宮本又郎・阿部武司・宇田川　勝・沢井　実・橘川武郎『日本経営史』有斐閣，2007年，252ページ，奥村　宏『日本の六大企業集団』ダイヤモンド社，1976年，21-23ページ，宮崎義一『戦後日本の経済機構』新評論，1966年，227-228ページ，橘川武郎『日本の企業集団——財閥と

第2章　産業・銀行間関係に基づく産業システムの日独比較　*117*

の連続と断絶』有斐閣，1996年，130-131ページ，148-149ページ。

（3）坂口　康「コンツェルンの歴史と支配構造の分析」，野口　祐編著『三菱コンツェル
　　ン　経営と財務の総合分析』新評論，1968年，82ページ。

（4）工藤昌宏「戦後企業集団分析によせて」『商学論纂』（中央大学），第24巻第1号，
　　1982年5月，212-213ページ，223ページ，宮崎，前掲書，48-49ページ，中谷　巌「企
　　業グループの経済機能――日本企業の行動原理を探る」『季刊現代経済』，第58号，
　　1984年6月，18ページ，奥村　宏『日本の六大企業集団』ダイヤモンド社，1976年，42
　　ページ，44ページ，阪口　昭『三菱』中央公論社，1966年，129ページ，М. В. Сутяги
　　на, *Мицубиси*, Наука, 1973, p. 142〔中村平八・二瓶剛男訳『三菱――この巨大企業
　　集団――』青木書店，1975年，154ページ〕，福田善乙「企業集団形成と高度経済成長」
　　『社会科学論集』（高知短期大学），第49号，1985年3月，131ページ，133ページ。

（5）鈴木　健『日本の企業集団　戦後日本の企業と銀行』大月書店，1993年，57ページ。

（6）儀我壮一郎「コンツェルンとコントロール――戦後日本の『財閥解体』と経営制度
　　――」，日本経営学会編『技術革新と経営学』（経営学論集，第29集），同文館，1958
　　年8月，366ページ。

（7）鈴木　健「複数の企業集団に加盟する企業の銀行取引関係」『桃山学院大学総合研究
　　所紀要』，第28巻第1号，2002年7月，65ページ。

（8）鈴木，前掲書，13ページ。

（9）宇野博二「戦後の企業集団とその問題」『学習院大学経済論集』，第8巻第3号，
　　1972年3月，6-7ページ，宮崎，前掲書，235ページ。

（10）森川英正「財閥企業集団と戦後企業集団」『経営史学』，第28巻第2号，1993年7
　　月，72-73ページ，柴垣和夫「『財閥』から『企業集団』へ――金融資本の形態変化と
　　その意義――」『経済評論』，第20巻第3号，1971年3月，21ページ。

（11）坂本恒夫『企業集団経営論』同文舘出版，1993年，28ページ。

（12）宇野，前掲論文，7ページ，9ページ。

（13）高村寿一『三井グループのすべて』日本実業出版社，1977年，65ページ。

（14）奥村，前掲書，122ページ。

（15）坂本恒夫「大企業の財務管理と企業集団」，坂本恒夫・佐久間信夫編，企業集団研
　　究会著『企業集団研究の方法』文眞堂，1996年，199-200ページ，坂本恒夫「企業集団
　　財務論（4）――とりわけその財務的機能について――」『第一経大論集』（第一経済
　　大学），第10巻第4号，1981年3月，55-56ページ。

（16）宮崎，前掲書，46-47ページ。

（17）岡崎哲二「資本自由化以後の企業集団」，法政大学情報センター・橋本寿朗・武田
　　晴人編『日本経済の発展と企業集団』東京大学出版会，1992年，317ページ。

（18）柴垣，前掲論文，26ページ。

（19）鷲尾　透「都市銀行における系列融資（1）――ビッグ・ビジネスと銀行――」『銀
　　行研究』，第440号，1968年4月，102-103ページ，105ページ。

118　第1部　大企業への産業集中体制の日独比較

(20) 鷲尾　透「都市銀行における系列融資〔3〕――ビッグ・ビジネスと銀行――」『銀行研究』，第443号，1968年6月，113ページ。

(21) 鷲尾　透「系列融資」『銀行研究』，第392号，1964年5月，118ページ，120ページ。

(22) 鷲尾　透「都市銀行における系列融資〔7〕――ビッグ・ビジネスと銀行――」『銀行研究』，第449号，1968年11月，101ページ，103ページ。

(23) 角谷登志雄『日本経済と六大企業集団』新評論，1982年，114-115ページ，奥村，前掲書，120-121ページ，E. M. Hadley, *Antitrust in Japan*, Princeton, New Jersey, 1970, p. 232〔小原敬士・有賀美智子監訳『日本の財閥の解体と再編成』東洋経済新報社，1973年，265ページ〕，中谷，前掲論文，18ページ。

(24) 坂本，前掲「企業集団財務論 (4)」，53ページ。

(25) E. M. Hadley, *op. cit.*, pp. 232-234〔前掲訳書，267ページ〕．

(26) *Ibid.*, p. 278〔同上訳書，316ページ〕．

(27) 奥村　宏「日本の企業集団――その構造と機能――」『季刊中央公論』，第51号，1975年3月，327-328ページ，奥村，前掲書，123-124ページ，奥村　宏『法人資本主義の構造――日本の株式所有――』日本評論社，1975年，172ページ。

(28) 鈴木　健『六大企業集団の崩壊――再編される大企業体制――』新日本出版社，2008年，55-56ページ。

(29) 小林好宏「企業集団と産業組織 (2)」『経済学研究』（北海道大学），第26巻第4号，1976年11月，107ページ。

(30) 志村嘉一「銀行行動の日本的論理」『経済評論』，第24巻第3号，1975年3月，16-17ページ。

(31) 鈴木，前掲『日本の企業集団』，90-91ページ。

(32) 坂本恒夫「企業集団財務論 (1)――とりわけその財務的機能について――」『第一経大論集』（第一経済大学），第10巻第1号，1980年6月，52ページ。

(33) 鈴木　健『メインバンクと企業集団――戦後日本の企業間システム――』ミネルヴァ書房，1998年，23ページ。

(34) 岡崎，前掲論文，324-326ページ，橋本寿朗「課題と分析・叙述の視角」，法政大学情報センター・橋本・武田編，前掲書，12-13ページ。メインバンクのこうした「資金のパイプ」と「最後の拠り所」としての機能については，否定的な見方も示されているが，その代表的なものとして，例えば三輪芳朗「メインバンクとその機能」，中村隆英・西川俊作・香西　泰編『現代日本の経済システム』東京大学出版会，1985年，178-193ページ参照。

(35) 奥村，前掲『日本の六大企業集団』，140ページ，磯田敬一郎「企業集団と総合商社 (1)――日本型多国籍企業の模索――」『神戸学院経済学論集』（神戸学院大学），第8巻第2号，1976年9月，15ページ。

(36) 岡崎，前掲論文，327-329ページ。

(37) 宮島英昭「財閥解体」，法政大学情報センター・橋本・武田編，前掲書，238ペー

ジ。

(38) 経済企画庁編『平成8年版経済白書——改革が展望を切り開く——』大蔵省印刷局, 1996年, 295ページ。

(39) 岡崎, 前掲論文, 329-330ページ。

(40) 坂本恒夫「企業集団財務論（2）——とりわけその財務的機能について——」『第一経大論集』（第一経済大学）, 第10巻第2号, 1980年10月, 31ページ。

(41) 御園生 等「独占資本の現状と現状」『唯物史観』, 第16号, 1976年4月, 19ページ, 坂本, 前掲「大企業の財務管理と企業集団」, 200-201ページ, M. B. Сутягина, *op. cit.*, p. 147〔前掲訳書, 159ページ〕。

(42) 鈴木 健「産業・金融再編下の企業集団（Ⅱ）——'70年代後半以降の大企業と大銀行の『結合』関係——」『桃山学院大学経済経営論集』, 第27巻第3号, 1985年12月, 86ページ, 88-89ページ, 102ページ。

(43) 奥村, 前掲『日本の六大企業集団』, 119ページ, 宮崎, 前掲書, 244ページ, 鈴木, 前掲『日本の企業集団』, 136-137ページ, 工藤昌弘「企業間関係の経済理論」, 現代企業研究会編『日本の企業間関係——その現状と実態——』中央経済社, 1994年, 31-32ページ。

(44) 正木久司「わが国の企業集団金融の展開——6大企業集団の分析を中心に——」『同志社商学』（同志社大学）, 第37巻第1号, 1985年5月, 113ページ。

(45) 鈴木, 前掲『日本の企業集団』, 96ページ。

(46) 同書, 14ページ。

(47) 奥村, 前掲『日本の六大企業集団』, 164ページ, 坂本, 前掲「企業集団財務論(1)」, 65ページ。

(48) 鈴木, 前掲『日本の企業集団』, 134ページ, 鈴木, 前掲『六大企業集団の崩壊』, 56ページ。

(49) 鈴木, 前掲『メインバンクと企業集団』, 196ページ。

(50) 岡崎幸司『企業集団と系列融資——高度成長期の銀行保証借入に関する研究』文眞堂, 1999年, まえがき, ⅱページ, 234-235ページ, 319-322ページ, 山中 宏『メインバンク制の変容』税務経理協会, 2002年, 48ページ, 51ページ。

(51) 富士総合研究所『「メインバンク・システムおよび株式持ち合い」についての調査報告書』富士総合研究所, 1993年, 30-31ページ。

(52) 藤井光男「『財閥解体』政策と戦後コンツェルンの再編」, 野口 祐編著『日本の六大コンツェル——三菱・三井・住友・第一勧銀・富士・三和——』新評論, 1979年, 68ページ, 二木雄策「企業集団のなかの金融機関」『経済評論』, 第24巻第3号, 1975年3月, 27ページを参照。

(53) 松村勝弘『日本的経営財務とコーポレート・ガバナンス』, 第2版, 中央経済社, 2001年, 69ページ。

(54) 鈴木, 前掲『日本の企業集団』, 43ページ。

(55) 正木，前掲論文，92ページ。

(56) 坂野幹夫「解説　機関投資家の動向」，ダニエル・J・バーナム，ネッド・B・スタイル著，坂野幹夫訳『機関投資家と会社支配』東洋経済新報社，1967年，227ページ。

(57) 岡崎，前掲論文，312ページ，320ページ，小林，前掲論文，107ページ。

(58) 小林好宏「企業集団と産業組織──再論──」『経済学研究』（北海道大学），第27巻第1号，1977年3月，123-124ページ，127ページ。

(59) 工藤，前掲「戦後企業集団分析によせて」，235ページ。

(60) 橘川，前掲書，187ページ。

(61) 鈴木，前掲『メインバンクと企業集団』，106ページ，108-109ページ，112ページ。

(62) 二木，前掲論文，29ページ。

(63) 東京大学社会科学研究所編『6大企業集団・融資系列の株式持合い──1974，1984，1994年の企業別データ──』〔東京大学社会科学研究所資料 第16集〕，東京大学社会科学研究所，1999年，74-81ページ。また金融機関による企業集団内企業に対する平均持株率を1981度，87年度および89年度についてみると，三菱では15.7%，15.2%，15.3%，住友では17.1%，15.3%，15.2%，三井では15.0%，13.7%，13.6%，芙蓉では13.0%，12.3%，12.0%，三和では10.6%，10.1%，9.7%，第一勧銀では12.7%，11.5%，11.2%，旧財閥系の平均ではそれぞれ15.9%，14.7%，14.7%，銀行系の平均では12.1%，11.3%，11.0%，6大企業集団の平均では14.0%，13.0%，12.8%となっている。公正取引委員会事務局編『日本の六大企業集団──その組織と行動──』東洋経済新報社，1992年，71ページ。

(64) М. В. Сутягина, *op. cit.*, p. 153〔前掲訳書，167ページ〕。

(65) 宇野，前掲論文，7ページ，20ページ，宮崎，前掲書，233ページ。

(66) 同書，233ページ。

(67) 二木雄策「公正取引委員会事務局編，『日本の六大企業集団──その組織と行動──』」『国民経済雑誌』（神戸大学），第167巻第5号，1993年5月，124ページ。

(68) 小林好宏『企業集団の分析』北海道大学図書刊行会，1980年，145ページ。

(69) 奥村　宏『企業集団時代の経営者　株式会社はどこへ行く』日本経済新聞社，1978年，101ページ。

(70) 宮島，前掲論文，233-234ページ。

(71) 角谷，前掲書，135ページ

(72) 中村瑞穂「三井コンツェルンの復活過程」，野口　祐編著『三井コンツェルン　経営と財務の総合分析』新評論，1968年，198ページ。

(73) E. M. Hadley, *op. cit.*, p. 242〔前掲訳書，276ページ〕.

(74) 仲田正機・細井浩一・岩波文孝『企業間の人的ネットワーク　取締役兼任制の日米比較』同文舘出版，1997年，143ページ，151ページ。

(75) 同書，32ページ，88-89ページ。

(76) 同書，149ページ，168ページ。

第2章 産業・銀行間関係に基づく産業システムの日独比較 *121*

(77) 社団法人経済調査協会『年報系列の研究──第1部上場企業編──』社団法人経済調査協会, 1970年版, 8ページ, 75年版, 11ページ, 80年版, 11ページ。また同一企業集団の社長会企業への同系金融機関からの役員派遣（未上場企業を除いた数値）をみると, 例えば1980年には, 三菱銀行は25件の派遣を行っており, 派遣比率は4.1%であった。同様の数字を他の銀行についてみると, 住友銀行ではそれぞれ15件, 3.4%, 三井銀行では10件, 1.9%, 富士銀行では21件, 3.1%, 三和銀行では23件, 2.5%, 第一勧銀では49件, 4.8%となっており, これら6銀行の合計（重複企業分は調整済）では141件, 3.5%となっている。東洋経済新報社編『企業系列総覧1981年版』（週刊東洋経済臨時増刊）, 東洋経済新報社, 1980年, 32ページ。

(78) 上野隆司「六大企業集団の実態について」『公正取引』, 第464号, 1989年6月, 49-50ページ。

(79) 公正取引委員会事務局編『企業集団の実態について』公正取引委員会事務局, 1998年, 56-58ページ, 舟橋和幸「第五次六大企業集団の実態調査」『公正』, 第1365号, 1994年9月, 30ページ, 32ページ。

(80) 公正取引委員会事務局編『最新日本の六大企業集団の実態　公正取引委員会第五次調査報告書「企業集団の実態について」』東洋経済新報社, 1994年, 13ページ, 上田義朗「6大企業集団における社長会の意義」, 現代企業研究会編, 前掲書, 130-131ページ, 133ページ, 135ページ。

(81) 宮崎, 前掲書, 225ページ。

(82) M. Aoki, H. Patrick, Introduction, M. Aoki, H. Patrick（eds.）, *The Japanese Main Bank System. Its Relevance for Developing and Transforming Economies*, Oxford, 1994, p. xxii〔白鳥正喜監訳, 東銀インターナショナル訳『日本のメイン・バンク・システム』東洋経済新報社, 1996年, 2ページ〕。メインバンクによるガバナンス機能については, 「銀行は株主としてよりもはるかに貸手として取引先企業に関わっている」のであり, 「銀行は他の株主の代表として企業を監視している」という状況にはないとする見解もみられる（M. J. Scher, *Japanese Interfirm Networks and their Main Banks*, Basingstoks, 1997, pp. 104-105, pp. 132-133〔奥村　宏監訳『メインバンク神話の崩壊』東洋経済新報社, 1998年, 149-151ページ, 185-186ページ〕）。またメインバンクをモニターとするガバナンス構造が発揮する機能の有効性については, その限界性を指摘する研究もみられる。日高千景・橘川武郎「戦後日本のメインバンク・システムとコーポレート・ガバナンス」『社会科学研究』（東京大学）, 第49巻第6号, 1998年3月を参照。

(83) ポール・シェアード『メインバンク資本主義の危機』東洋経済新報社, 1997年, 132-133ページ。こうした状況は, メインバンクのモニタリング機能においては貸出債権の管理が主たる目的となっているということ（山中, 前掲書, 107ページ）と関係している。

(84) 佐々木　昇『現代西ドイツ経済論 寡占化と国際化』東洋経済新報社, 1990年, 87ページ参照。

122 第1部 大企業への産業集中体制の日独比較

(85) A. Herrhausen, Überwachen allein genügt nicht, *Manager Magazin*, 2 /1973, S. 32.

(86) Deutsche Bank AG, *Geschäftsbericht für das Jahr 1986*, S. 17.

(87) K. Bleicher, K, -D. Bortel, R. Kleinmann, H. Paul, Unternehmungsverfassung und Spitzenorganisation, *Zeitschrift Fürung+Organisation*, 53. Jg, Heft 1, 1984, S. 28-29.

(88) 海道ノブチカ『ドイツの企業体制――ドイツのコーポレート・ガバナンス――』森山書店，2005年，60ページ。

(89) E. Gutenberg, Funktionswandel des Aufsichtsrats, *Zeitschrift für Betriebswirtschaft*, 40. Jg, Ergänzungsheft, Dezember 1970, S. 3, S. 5-6.

(90) K. Bleicher, L. Diethard, H. Paul, *Unternehmungsverfassung und Spitzenorganisation. Führung und Überwachung von Aktiengesellschaften im internationalen Vergleich*, Wiesbaden, 1989, S. 55, E. Gutenberg, *a. a. O.*, S. 6.

(91) J. Böhm, *Der Einfluß der Banken auf Großunternehmen*, Hamburg, 1992, S. 206.

(92) K. Bleicher, L. Diethard, H. Paul, *a. a. O.*, S. 55.

(93) M. Hein, H. Flöter, Macht der Banken――Folgerungen aus der bisherigen Diskussion, *WSI Mitteilungen*, 28. Jg, Heft 7, Juli 1975, S. 352. 例えば1991年のE.ゲルムの研究によれば，調査対象企業（大企業62社）の64％において監査役会と取締役会の役割が逆になっており，むしろ取締役会が主導権を握っており，監査役の選出においても取締役会が主導していたとされている。E. Gerum, Aufsichtsratstypen――Ein Beitrag zur Theorie der Organisation der Unternehmensführung, *Die Betriebswirtschaft*, 6 /1991, S. 725-726, S. 729.

(94) K. Bleicher, K, -D. Bortel, R. Kleinmann, H. Paul, *a. a. O.*, S. 26, S. 29.

(95) K. Bleicher, L. Diethard, H. Paul, *a. a. O.*, S. 71.

(96) O. Jeidels, *Das Verhältnis der deutschen Großbanken zur Industrie mit besonderer Berücksichtigung der Eisenindustrie*, Leipzig, 1905, S. 180〔長坂 聰訳『ドイツ大銀行の産業支配』勁草書房，1984年，218ページ〕。

(97) Vgl. Bundesministerium der Finanzen（Hrsg.）, *Bericht der Studienkommission. Grundsatzfragen der Kreditwirtschaft*（Schriftenreihe des Bundesministeriums der Finanzen, Heft 28）, Frankfurt am Main, 1979, S. 157-158, S. 160-162.

(98) M. Gerhardt, *Industriebeziungen der westdeutschen Banken*, Frankfurt am Main, 1982, S. 192〔飯田裕康監修，相沢幸悦訳『西ドイツの産業資本と銀行』亜紀書房，1985年，220-221ページ〕。

(99) *Ebenda*, S. 107〔同上訳書，143ページ〕。

(100) H. O. Eglau, *Wie Gott in Frankfurt : Die Deutsche Bank und die deutsche Industrie*, 3. Aufl., Düsseldorf, 1990, S. 181, S. 261-263〔長尾秀樹訳『ドイツ銀行の素顔』東洋経済新報社，1990年，125ページ，186-187ページ〕。

(101) K. J. Hopt, Zur Funktion des Aufsichtsrats im Verhältnis von Industrie und Bankensystem, N. Horn, J. Kocka（Hrsg.）, *Recht und Entwicklung der Grobunternehmen*

im 19. und frühen 20. Jahrhundert. Wirtschaft-, sozial- und rechtshistorische Unter-
suchungen zur Industrialisierung im Deutschland, Frankreich, England und den USA,
Göttingen, 1979, S. 237.

（102）相沢幸悦『欧州最強の金融帝国 ドイツ銀行』日本経済新聞社，1994年，117ページ。

（103）Vgl. Bundesministerium der Finanzen（Hrsg.）, *a. a. O.*, S. 452, S. 457.

（104）J. Edwards, K. Fischer, *Banks, Finance and Investment in Germany*, Cambridge, 1994,
pp. 215-216.

（105）H. O. Eglau, *a. a. O.*, S. 181-182〔前掲訳書，125ページ〕.

（106）相沢，前掲書，4ページ。

（107）H. Albach, Gleitwort, in : A. Pfannschmidt, *Personelle Verflechtungen über Aufsichtsräte,*
Mehrfachmandate in deutschen Unternehmen, Wiesbaden, 1993, S. Ⅶ.

（108）E. Kilgus, *Die Grossbanken. Eine Analyse unter den Aspekten von Macht und Recht*, Bern,
Stuttgart, 1979, S. 16.

（109）Monopolkommission, *Hauptgutachte 1976/77*（Haupugutachten Ⅱ）, Fort-
schreitenden Konzentration bei Großunternehmen, Baden-Baden, 1978, S. 338（Tz.
604）.

（110）こ の 点 に つ い て は，H-P. Schaad, *Das Depotstimmrecht der Banken nach*
schweizerischem und deutschem Recht, Zürich, 1972, S. 14-16.

（111）H. Lindhardt, Wider das Depotstimmrecht der Banken, *Die Aktiengesellschaft*, 3. Jg,
Heft 8, August 1958, S. 169, S. 171, A. Gottschalk, Depotstimmrecht und die Macht der
Banken, *Die Tageszeitung*, Nr. 3108, 16. 5. 1990, S. 11, H-P. Schaad, *a. a. O.*, S. 17.

（112）H. Kuhlmann, Die Banken in der Hauptversammlung, *Zeitschrift für das gesamte*
Kreditwesen, 2. Jg, Heft 21, 1. 11. 1949, S. 489.

（113）M. Hein, H. Flöter, *a. a. O.*, S. 352, R. Köstler, U. Zachert, M. Müller, *Auf-*
sichtsratepraxis, 8. Aufl., Frankfurt am Main, 2006, S. 78.

（114）佐久間信夫「ドイツの企業統治」，中村瑞穂編著『企業倫理と企業統治——国際比
較——』文眞堂，2003年，69-70ページ，75ページ。

（115）H. Hansen, Die Wertpapierdepots der Bankkunden, *Die Aktiengesellschaft*, 22. Jg, Nr. 6,
20. 6. 1977, S. 161-162.

（116）Monopolkommission, *a. a. O.*, S. 296.

（117）Vgl. *Ebenda*, S. 560.

（118）Vgl. A. Gottschalk, Der Stimmrechtseinfluß der Banken in den Aktionärver-
sammlungen von Großunternehmen, *WSI Mitteilungen*, 41. Jg, Nr. 5, Mai 1988, S. 297-
299.

（119）Vgl. T. Baums, C. Fraune, Institutionelle Anlage und Publikumgesellschaft : Eine
empirische Untersuchung, *Die Aktiengesellschaft*, 40. Jg, Nr. 3, März 1995, S. 98, S. 103
（Tab. 6）.

（120） J. Edwards, K. Fischer, *op. cit.*, p. 226.

（121） G. Volkmann, B. Kronenberg, Bankenmacht und Aufsichtsrat, *WSI Mitteilungen*, 47. Jg, Nr. 8, August 1994, S. 481.

（122） Vgl. J. Böhm, *a. a. O.*, S. 222.

（123） 植竹晃久「金融機関と企業」，高橋俊夫・大西建夫編『ドイツの企業』早稲田大学出版部，1997年，104ページ，植竹晃久「株式所有構造」，高橋俊夫編著『コーポレート・ガバナンス　日本とドイツの企業システム』中央経済社，1995年，36ページ。

（124） Vgl. Deutsche Bank AG, *a. a. O.*, S. 17.

（125） H. O. Eglau, *a. a. O.*, S. 136–137〔前掲訳書，103–104ページ〕.

（126） *Ebenda*, S. 192〔前掲訳書，134ページ〕.

（127） K. J. Hopt, *a. a. O.*, S. 235–238.

（128） *Ebenda*, S. 238.

（129） 吉森 賢『西ドイツ企業の発想と行動』ダイヤモンド社，1982年，68ページ，72–73ページ，吉森 賢「ドイツにおける会社統治制度――その現状と展望――」『横浜経営研究』（横浜国立大学），第XV巻 第3号，1994年12月，15ページ，A. Busse, *Depotstimmrecht der Banken*, Wiesbaden, 1962, S. 51.

（130） J. Edwards, K. Fischer, *op. cit.*, p. 220.

（131） Bundesministerium der Finanzen（Hrsg.）, *a. a. O.*, S. 116, テオドール・バウムス（丸山秀平訳）「ドイツにおけるコーポレート・ガバナンス――制度と最近の展開――」『商事法務』，第1363号，1994年8月，75ページ.

（132） H. O. Eglau, *a. a. O.*, S. 176〔前掲訳書，121ページ〕.

（133） Etwas Mysteriöses, gar nicht Faßbares. Spiegel-Report über die Siemens AG, Deutschlands einzigen multinationalen Konzern, *Der Spiegel*, 31. Jg, Nr. 42, 1. 10. 1977, S. 202.

（134） *Ebenda*, S. 206. S. 209.

（135） A. Pfannschmidt, *Personelle Verflechtungen über Aufsichtsrate. Mehrfachmandate in deutschen Unternehmen*, Wiesbaden, 1993, S. 275.

（136） 植竹，前掲「金融機関と企業」，106ページ，植竹，前掲「株式所有構造」，35ページ。

（137） 山口博教『西ドイツの巨大銀行と銀行――ユニバーサル・バンク・システム――』文眞堂，1988年，144–145ページ。

（138） A. Gottschalk, Der Stimmrechtseinfluß der Banken in den Aktionärversammlungen von Großunternehmen, S. 297–298.

（139） Vgl. T. Baums, C. Fraune, *a. a. O.*, S. 106（Tab. 11）.

（140） J. Böhm, *a. a. O.*, S. 75.

（141） H. Pfeiffer, Großbanken und Finanzgruppen. Ausgewählte Ergebnisse einer Untersuchung der personellen Verflechtungen von Deutscher, Dresdner und

Commerzbank, *WSI Mitteilungen*, 39. Jg, Nr. 7, Juli 1986, S. 475.

（142）Monopolkommission, *Hauptgutachten 2000/2001*（Hauptgutachten XIV）, Netzwettbewerb durch Regulierung, Baden-Baden, 2003, S. 231.

（143）山口博教「西ドイツにおける銀行と企業の関係――二つの委員会の調査と分析――」『証券経済』135号，1981年3月，113ページ。

（144）A. Busse, *a. a. O.*, S. 65. 例えば1979年発表のゲスラー委員会の報告では，172の金融機関において顧客が寄託した議決権のうち第三者に議決権が譲渡された割合は57％（6,226件中3,551件）におよんだとされている。Bundesministerium der Finanzen（Hrsg.）, *a. a. O.*, S. 568.

（145）L. Poullain, *Tätigkeitsbericht*, Stuttgart-Degerloch, 1979, S. 80.

（146）J. Edwards, K. Fischer, *op. cit.*, p. 215

（147）Vgl. A. Gottschalk, Der Stimmrechtseinfluß der Banken in den Aktionärversammlungen von Großunternehmen, S. 299–300.

（148）*Ebenda*, S. 300, Bundesministerium der Finanzen（Hrsg.）, *a. a. O.*, S. 173.

（149）A. Busse, *a. a. O.*, S. 64, S. 66.

（150）高橋俊夫「企業組織と企業統治」，高橋・大西編，前掲書，51ページ。

（151）例えばBundesministerium der Finanzen（Hrsg.）, *a. a. O.*, S. 591参照。

（152）Monopolkommission, *Hauptgutachte 1976/77*, S. 574–577.

（153）*Ebenda*, S. 307–308（Tz549）.

（154）*Ebenda*, S. 303–304.

（155）Vgl. Bundesministerium der Finanzen（Hrsg.）, *a. a. O.*, S. 438–439, S. 443.

（156）*Ebenda*, S. 173–174, S. 436, S. 444–445.

（157）A. Gottschalk, Der Stimmrechtseinfluß der Banken in den Aktionärversammlungen von Großunternehmen, S. 300.

（158）Vgl. R. Ziegler, Das Netz der Personen- und Kapitalverflechtungen deutscher und österreichischer Wirtschaftsunternehmen, *Kölner Zeitschrift für Soziologie und Sozialpsychlogie*, 36. Jg, Heft 3, 1984, S. 597.

（159）Vgl. H. Pfeiffer, *Die Macht der Banken. Die personellen Verflechtungen der Commerzbank, der Deutschen Bank und der Dresdner Bank mit Unternehemen*, Frankfurt am Main, 1993, S. 151, S. 172, S. 182–183.

（160）H. Hansen, Das Gewicht der Banken in den Aufsichträten deutscher Aktiengesellschaften, *Die Aktiengesellschaft*, 39. Jg, Nr. 3, März 1994, R. 78.

（161）H. Hansen, Die Zusammensetzung von Aufsichtsräten der DAX-Gesellschaften und die Auswirkungen auf ihre Effizienz, *Die Aktiengesellschaft*, 39. Jg, Nr. 11, November 1994, R. 404.

（162）Monopolkommission, *Hauptgutachten 2000/2001*, S. 235.

（163）H. O. Eglau, *a. a. O.*, S. 142〔前掲訳書，108ページ〕.

126　第1部　大企業への産業集中体制の日独比較

(164) Vgl. M. Hein, H. Flöter, *a. a. O.*, S. 352.

(165) H. O. Eglau, *a. a. O.*, S. 131〔前掲訳書，98ページ〕.

(166) Vgl. H. Pfeiffer, *Die Macht der Banken*.

(167) H. Pfeiffer, BASF und die Deutsche Bank, *WSI Mitteilungen*, 42. Jg, Nr. 1, Januar 1989, S. 15.

(168) H. O. Eglau, *a. a. O.*, S. 192-193〔前掲訳書，134ページ〕. ドイツ銀行の顧問会については，相沢幸悦『西ドイツの金融市場と構造』東洋経済新報社，1988年，95-97ページも参照。

(169) H. G. Meyen, *120 Jahre Dresdner Bank. Unternehmens-Chronik*, Frankfurtam Main, 1992, S. 331.

(170) Vgl. H. Pfeiffer, *Die Macht der Banken*, S. 158-159, H. Pfeiffer, Großbanken und Finanzgruppen, S. 477, K. -H. Stanzick, Der ökonomische Konzentrationsprozeß, G. Schäfer, C. Nedelmann (Hrsg.), *Der CDU-Staat. Analysen zur Verfassungswirklichkeit der Bundesrepublik*, Bd. Ⅰ, 2. Aufl., Frankfurt am Main, 1969, S. 72, H. O. Eglau, *a. a. O.*, S. 128〔前掲訳書，96ページ〕, H. Pfeiffer, Das Netwerk der Großbanken. Personelle Verflechtungen mit Konzernen, Staat und ideologischen Apparaten, *Blätter für deutsche und internationale Politik*, 31. Jg, Heft 2, 1986, S. 164.

(171) H. O. Eglau, *a. a. O.*, S. 193, S. 243-244〔前掲訳書，134ページ，173ページ〕.

(172) 相沢，前掲『欧州最強の金融帝国』，95ページ。

(173) Vgl. H. E. Büschgen, *Die Großbanken*, Frankfurt am Main, 1983, S. 242- 243, N. Koubek, Personelle und institutionelle Verbindung der Bereiche „Produktion" und „Kapital" in der Wirtschaftsgesellschaft der BRD, *WWI-Mitteilungen*, 24. Jg, Heft 8 /9, 1971, S. 261, H. G. Meyen, *a. a. O.*, S. 331.

(174) H. O. Eglau, *a. a. O.*, S. 250-251〔前掲訳書，178-179ページ〕.

(175) H. Pfeiffer, Das Netwerk der Großbanken, S. 165.

(176) Commerz Bank AG, *100 Jahte Commerzbank 1870-1970*, Düsseldorf, 1970, S. 142.

(177) 相沢，前掲『欧州最強の金融帝国』，96ページ。

(178) A. Gottschalk, Der Stimmrechtseinfluß der Banken in den Aktionärversammlungen von Großunternehmen, S. 301.

(179) Vgl. F. Schwarz, *Die Deutsche Bank. Reise auf tönerner Füßen*, Frankfurt am Main, New York, 2003, S. 32.

(180) Vgl. H. Pfeiffer, *Das Imperium der Deutsche Bank*, Frankfurt am Main, 1987, S. 29-31.

(181) Vgl. N. Koubek, *a. a. O.*, S. 262-266.

(182) 植竹，前掲「金融機関と企業」，110ページ。

(183) 佐久間，前掲論文，71ページ。

(184) K. Winnacker, *Nie den Mut verlieren. Erinnerungen an Schicksalsjahre der deutschen Chemie*, Düsseldorf, 1972, S. 467〔児玉信次郎・関 英夫・向井幸雄訳『化学工業に生

第2章　産業・銀行間関係に基づく産業システムの日独比較　*127*

きる』鹿島出版会，1974年，369ページ〕．

(185)　工藤 章『20世紀ドイツ資本主義　国際定位と大企業体制』東京大学出版会，1999年，584-586ページ，619ページ。

(186)　Vgl. H. O. Eglau, *a. a. O.*, S. 178-179〔前掲訳書，123ページ参照〕．

(187)　*Ebenda*, S. 166-167〔同上訳書，114ページ〕．

(188)　J. R. Cable, The Bank-Industry Relationship in West Germany：Performance an Policy Aspects, J. Schwalbach（Hrsg.），*Industry Structure and Performance*, Berlin, 1985, p. 33.

(189)　M. Wiendieck, *Unternehmensfinanzierung und Kontrolle durch Banken, Deutschland——Japan——USA*, Wiesbaden, 1992, S. 172, S. 176.

(190)　A. D. Chandler, Jr., *Scale and Scope : The Dynamics of Industrial Capitalism*, Berkeley, Massachusetts, 1990〔安部悦生・川辺信雄・工藤 章・西牟田祐二・日高千景・山口一臣訳『スケール・アンド・スコープ　経営力発展の国際比較』有斐閣，1993年〕参照。

(191)　A. Busse, *a. a. O.*, S. 61.

(192)　Vgl. A. Pfannschmidt, *a. a. O.*, S. 274.

(193)　Vgl. A. Pfannschmidt, *a. a. O.*, D. Schönwitz, H. J. Weber, *Unternehmenskonzentration, Personelle Verflechtungen und Wettbewerb——Eine Untersuchung auf Basis der 100 größten Konzern der BRD*, Baden-Baden, 1982, C. E. Decher, *Personelle Verflechtungen im Aktienkonzern*, Heidelberg, 1990.

(194)　会社支配という場合の「支配」（control）の概念をめぐっては，バーリ＝ミーンズの研究（A. A. Berle, G. C. Means, *The Modern Corporation and Private Property*, New York, 1932〔北島忠男訳『近代株式会社と私有財産』文雅堂銀行研究社，1958年〕）以来，取締役の選任，したがって取締役会のメンバー構成を決定できる力（権能）ととらえる見方が一般的なものとされてきた。この点にもかかわっていえば，トップ・マネジメントの二層制となっているドイツの場合，株主総会での役員の選任は監査役に対してであり，それゆえ，「支配」の概念においては，監査役の選任，監査役の構成を決定できる力とみなすことが妥当となろう。

第2部 経営の「アメリカ化」と「再構造化」の日独比較

第3章 インダストリアル・エンジニアリングの
導入の日独比較

　第1部では，日本とドイツにおける第2次大戦後の産業集中体制について考察した。それをふまえて，第2部では，両国における企業経営の変化，企業の発展を，アメリカ的経営方式・システムの導入との関連で分析する。第3章から第8章までの各章では，1970年代初頭までの戦後の経済成長期にみられた企業経営の「アメリカ化」の第3の波における変化について，管理と組織，経営教育の問題とともに，大量生産の進展にともなう市場への対応策・適応策を中心に分析を行う。すなわち，インダストリアル・エンジニアリング（IE），ヒューマン・リレーションズ，フォード・システムに代表される管理システム・生産システム，経営者教育・管理者教育，マーケティング，事業部制組織にみられるアメリカ的経営方式の導入について考察する。

　戦後の企業経営の変革の重要な契機をなしたアメリカ的経営方式の導入をめぐっては，学習・導入のルートの問題，その具体的なプロセスも含めて実態の解明を行うことが重要な課題となってくる。実際には，導入される経営方式，管理システム・管理技術によってもアメリカの影響は大きく異なってくるとともに，産業間や企業間でも相違がみられる場合も多い。それゆえ，全般的な状況とともに，産業や企業の間にみられる差異・特徴とそれを規定した諸要因の解明が重要となる。

　一般的に，アメリカのビジネス文化の各国への移転の範囲は非常に広く，経営のすべての職能領域におよんでいる。その移転の種類は，経営の哲学や用語といった諸要素から技能，技術，ノウハウおよび専門的な手法・手続きにまでおよんだ。しかし，科学や科学技術とは異なり，経営や組織のノウハウ・技術

の場合には，一般的に輸入側の国の諸条件へのはるかに多くの適応が必要とされる[1]。例えばアメリカの在ドイツ子会社の場合でも，親会社への従属にもかかわらず，アメリカの革新の導入は円滑に実施されたわけではなく，さまざまな諸困難に直面したとされている[2]。それゆえ，アメリカ的経営方式の移転，それにともなう企業経営の変化を，それらを導入する国の条件への適応の問題との関連で考察することが重要となってくる。また日本的な企業経営あるいはドイツ的な企業経営の特徴がどうあらわれたかという点が重要な問題となってくる。そこでは，序章でも指摘したように，アメリカ的経営方式の導入のプロセスにおいてどのような修正・適応（「再構造化」）がみられたか，そのなかで日本とドイツの企業経営の独自性，特質がどうあらわれたかということが重要な問題となってくる。

　そこで，まず第3章から第5章までの3つの章において，アメリカ的管理システム・生産システムの導入について，インダストリアル・エンジニアリング，ヒューマン・リレーションズおよびフォード・システムを取り上げて考察を行う。つづく第6章では，アメリカ的経営者教育・管理者教育の導入について，また第7章では，戦後の大量生産の進展，大衆消費社会の到来にともない一層重要な意味をもち大きな役割を果たすようになってきたマーケティングの導入について分析を行う。さらに第8章では，企業の多角化の進展による事業構造の変化への対応として行われた管理機構の変革において重要な意味をもった事業部制組織の導入についてみていくことにする。

　本章では，戦後に本格的な導入がすすむことになったアメリカ的管理方式のひとつであるIEの導入について考察を行う。周知のように，企業における近代的な管理のシステムは，アメリカにおいて生産現場での労働の管理の問題を中心的な対象としたテイラー・システムによって確立した。それは「標準化」と「専門化」の原理に基づく管理システムであり，労働者の個別作業の管理のあり方を大きく変革させ，「能率向上」のための重要な基盤をなした。こうした管理の方式は，アメリカでは，その後，時間・動作研究を中心とする作業研究が作業測定のみならず方法研究（method engineering）へと拡大するなかで，インダストリアル・エンジニアリングとして総合的な体系化の方向で発展し，その対象領域も大きく拡大していくことになった。

第3章　インダストリアル・エンジニアリングの導入の日独比較　*131*

IEは作業研究の一層の発展とみなされるものであり[3]，「科学的管理法の発展としての時間研究・動作研究を中心とする」ものである。その手法には動作時間標準法，PTS法などがあり，PTS法の主なものにワーク・ファクター法（WF法），MTM（Methods Time Measurement）などがある[4]。例えばWF法は1930年代半ば頃にアメリカで開発され[5]，38年以降同国で，52年以降国際的に利用されてきたが，63年9月の国際経営会議でも，WF法による時間標準，同法の利用に関する問題をめぐって活発な議論が行われている[6]。またMTMは1940年代にウエスティングハウスにおいてH. B. メイナードらによって開発され，公表されたものであり[7]，第2次大戦後にアメリカ以外の多くの諸国においても普及をみた。本章では，アメリカ的経営方式のひとつであり戦後の大量生産体制を支える重要な基盤として大きな役割を果たしてきたIEの導入が日本とドイツにおいてどのように行われ，そのことはいかなる意義をもったのかという点の解明を試みる。

　以下では，まず第1節において日本とドイツにおけるIEの導入の社会経済的背景についてみた上で，第2節および第3節では，日本とドイツにおけるIEの導入についてそれぞれ考察する。第4節では，それらをふまえて，IEの導入の日本的特徴とドイツ的特徴を明らかにしていく。

第1節　インダストリアル・エンジニアリングの導入の社会経済的背景

1　日本におけるインダストリアル・エンジニアリングの導入の社会経済的背景

　まずIEの導入の社会経済的背景についてみると，日本では，その導入の大きなきっかけとなったのは，1956年に刊行された鉄鋼生産性視察団によるアメリカ旅行の報告書であった。そこでは，日米の鉄鋼業における生産性の大きな格差の原因としてIEがあるという認識のもとに，それを導入すべきであると指摘された[8]。1957年にE. L. ヒューズによる指導を受けた8社によって同年に日本鉄鋼連盟に鉄鋼IE研究会が設けられ，それは，59年にはIEのより強力な推進を目的とした鉄鋼連盟の正式な専門委員会であるIE委員会へと発展していくこと

132 第2部 経営の「アメリカ化」と「再構造化」の日独比較

になった[9]。

IEの機能と役割は企業における標準の設定の問題と深く関係しているが，「IEがアメリカの産業界に貢献した非常に大きな部分は，標準を示す方法を与えたことにある」[10]。標準の設定はIEのベースをなすものであるが，その重要なものには，作業方法，品質および原価の標準がある。経営管理の高度化につれて，こうした業務がそれぞれの部署で個別に行われるのではなく一括して所管するかたちで遂行されることが重要な課題となってくる[11]。しかし，日本においてIEの導入が始まって間もない1950年代後半になっても，経営者側の責任である測定と管理というIEの実施を行う上で標準が欠けているという状況にあり[12]，とくに作業測定の機能が重要となった。例えば三菱電機でも，1950年代末には測定係は同社のIE機構の中心をなしたとされている[13]。そのような状況のもとで，1958年には日本能率協会とワーク・ファクター社と間でWF法に関する業務契約が結ばれるなど，その本格的導入，普及のための基礎が築かれるようになった[14]。

アメリカとの大きな生産性格差を規定していたひとつの要因であるIEの立ち遅れの克服，IEによる合理化の推進という経営課題に加えて，日本企業の競争の状況も，こうしたアメリカ的経営方式の導入の背景をなした。日本では，6大企業集団に属する各産業部門において数社の比較的勢力の伯仲した競争的大企業が併存した[15]ために，企業間の競争は激しくならざるをえなかったが，過当競争と過剰設備投資，それへの対応としての企業提携などが背景となって，IEの導入の必要性が高まった[16]。

また1960年代に入ると62年不況を契機として，さらに貿易自由化や資本の自由化にともなう国際競争の激化に対応して，合理化への取り組み，コスト削減の手段としてIEの導入・体系化が求められるようになり，新たにIEを導入する企業も多くなってきた[17]。例えば鉄鋼業では，不況対策として労働者の大幅削減が課題となるなかで，その手段として標準時間の設定が本格化し一般化することになったが，IEの本格的導入は，そのような状況を反映したものであった[18]。この産業では，直接部門のメインの機械設備ではアメリカ以上のものが配備されていたのに対して，間接部門，設計，調査，運搬，事務といった領域では同国と比べると膨大な人員がいたとされている[19]。そのような状況の

もとで，IEによる徹底した原価低減が重要な課題となった。

　さらに流れ作業方式の導入や技術革新の進展も，IEの導入の必要性と意義を高めることになった。流れ作業のライン編成の基礎として作業標準の設定と精緻化が重要な意味をもった。またオートメーションの進展との関連では，鉄鋼業では，1956年から60年までの第2次設備合理化期には，銑鋼一貫製鉄所の誕生とオートメーション技術の導入の進展にともない企業間競争が激化し，生産の連続化・高速化のもとで，各工程の時間的調整が重要な課題となった。その結果，標準時間の設定に基づくコスト低減が求められるようになった[20]。

　その後，1970年代に入ると，高度成長から低成長への移行のもとで，またオイル・ショックにともなうコストの上昇のもとで，とくに鉄鋼業のような重厚長大型産業では，IEが省力化，コスト低減，適正な人員配置などを主要目的として展開されるようになってきた[21]。また電機産業でも，同様の傾向はほぼ妥当したが，工場内分業の深化に基づく若年女子の大量動員とコンベアを中核とする大量生産方式の徹底という生産工程の特質もあり，標準化，品質保証がコスト低減に不可欠なものとしてより強く認識されるようになり，IEの主要目的とされた[22]。

2　ドイツにおけるインダストリアル・エンジニアリングの導入の社会経済的背景

　つぎに，ドイツについてみると，1919年に設置された「時間研究委員会」（Ausschuß für Zeitstudien）に始まり24年設立のレファ（REFA）に受け継がれた過程研究のための機関とその活動の歴史があり，20年代以降，レファによる時間研究，作業研究の取り組みがすすめられ，企業へのその導入が拡大されてきた[23]。しかし，第2次大戦後，IEの領域ではアメリカが決定的に主導的な地位を占めた。例えば1963年のジーメンスのアメリカへの研究旅行の報告でも，当時実践されていた西側世界の既定時間法は例外なく同国で開発・テストされ，公表されたものであったとされている[24]。

　そうしたなかで，ドイツでも，製造企業においては，戦後当初から作業研究は大きな意義をもつようになっている[25]。例えば電機産業のAEGでも，1950年代から60年代をとおして作業研究・時間研究が合理化，生産性向上において

134 第2部　経営の「アメリカ化」と「再構造化」の日独比較

重要な役割を果たしており[26]，戦後，IEの領域の合理化が重要な課題となってきた。もちろんドイツ独自の組織であるレファによる活動，作業研究，賃金支払方式も大きな役割を果たしており[27]，Ifoの1956年3月の調査（2,655社が対象）でも，工業企業で利用されていた作業研究の全方法に占めるレファの方式の割合は80％にのぼっており，なお支配的な位置を占めていた[28]。

　しかし，そのような状況は1950年代後半から末には変化し，WF法，MTMといったアメリカのIE手法の導入が取り組まれるようになってきた。作業研究・時間研究の意義の増大は，レファ方式の一層の発展と同様にとくにアメリカの既定時間法にみることができるのであり，旧西ドイツ（以下ドイツと表記）でも，その利用は，1950年代末にははるかに拡大された[29]。レファによれば，1956年の時点では，既定時間法の各方法は，責任のある職位についている経験豊富な作業研究員，とりわけレファ・エンジニアが関与しうる多くの手段のうちのひとつにすぎないと考えられていたが[30]，そのような状況は，その後大きく変化していくことになった。例えばWF法をみても，作業方法をまず机の上で比較することができるという点に大きな利点があり，こうした利点ゆえに，ドイツ産業でも，同法の利用が始まったのであった[31]。

　IEの導入にあたり大きな役割を果たしたのがレファであり，IEは，同機関によってドイツに輸入されることになった[32]。1960年代初頭はレファのIEへの拡大の段階であり，アメリカのIEハンドブックのドイツ語への翻訳が行われている[33]。『IEハンドブック』（"*IE Handbook*"）の翻訳の出版後には，改善された教授方法でもってこの領域の最初の教育コースが実施された[34]。しかし，1960年頃には，アングロサクソン諸国ではインダストリアル・エンジニアの独自の養成教育にすでに長い時間が費やされていたのに対して，ドイツでは，例えばレファのようないくつかの組織の諸努力以外では，IEの領域における教育の可能性はほとんど存在しないという状況にあった[35]。

　このように，レファはWF法やMTMの教育に携わってきたのであり，それは1970年代に入っても継続されたが[36]，こうした教育が本格的にすすんだのは60年代のことであった。1969年度のレファの事業報告によれば，同機関による教育の催しの構成も根本的に変化し，IEコースは全体の24.7％を占めるようになった[37]。またWF法とMTMというIEの代表的な方法の教育を受けて養成

された作業研究員の数も，1966年までに2,491人にのぼった[38]。1973年半ばまでに全部で52のIEのためのセミナーが実施されており，その修了者の約半分はIEの職位に，もう半分は生産管理や経営管理の担当者，労働科学の部署の管理者ないしその助手の職位についていた[39]。さらにIEの教育のための教材や書籍をみても，1967年にはIEハンドブックのそれまでに出されていた巻の補巻の刊行でもって，レファのエンジニア教育のスタンダードワークが完結することになった。さらにレファの独自の第3報告書として，作業研究・IEの管理者のための雑誌が発行されたほか[40]，1971年以降，"*Industrial Engineering*"誌が1年に6回刊行されるようになった[41]。

　戦後の歴史的過程をみると，1950年代半ば以降の完全雇用の段階では，賃金とコストの圧力への対応が課題となっており，主として労働の効率化（作業設計）のために既定時間法が導入された。しかし，予定標準時間の算定・決定のための方式としての既定時間法の全般的な普及は，一般的に，1966/67年の不況の発生およびそれと結びついた労働市場の緊張状態の緩和でもって初めて成功に至ることになった[42]。

第2節　日本におけるインダストリアル・エンジニアリングの導入

　以上の考察において，日本とドイツにおけるIEの導入の社会経済的背景についてみてきた。それをふまえて，つぎに，日本におけるIEの導入についてみていくことにしよう。

1　インダストリアル・エンジニアリングの導入の全般的状況

　まず戦後のIE導入の時期区分をみておくことにしよう。それは，大きく，①1950年代前半の紹介・研究・部分的導入の時期，②50年代後半における本格的導入の始まりの時期，③50年代末から60年代前半の整備・体系化の時期，④60年代後半の反省期，⑤60年代末から70年代にかけての総合的・システム的適用の時期の5つに分けることができる[43]。

　日本では，WF法は1950年に紹介され，翌年には本格的に研究され始め，導入が始まった。一方，MTMが正式に導入されたのは，1957年が始まりであっ

136 第2部 経営の「アメリカ化」と「再構造化」の日独比較

た[44]。1950年代後半は，生産性向上運動の展開のもとで産業企業へのIEの導入・適用がすすむ時期であるが，日本におけるIEは，54-58年にはまだ統一性を欠き，作業管理を中心に展開されていた。この段階では，科学的管理法による作業研究の一層の発展が時間・動作研究の精緻化として重要な問題となり，方法改善をはじめとして，主にヒューマン・エンジニアリングやシステム・エンジニアリングに重点がおかれていた。この時期には，巨大な設備投資によって経営管理は急速に整備されたが，設備投資に対応する生産管理も，分散的な形態のそれからIEの広範な普及というかたちでの，整備された生産管理として現れた[45]。WF法が一定の普及の段階に達したのも1950年代末のことであり[46]，同法は，方法改善において重要な役割を果たした[47]。

　しかし，1950年代末には，アメリカでは工場管理の基礎となる標準をもたない企業は皆無に近く，IEの組織をもたない企業もきわめてまれであったのに対して，日本ではIEの組織も完全ではなく，IEの基本をなす標準すらもっていない企業も珍しくなかった。当時，作業標準，標準時間の設定の促進とインダストリアル・エンジニアの要請が急務であることが指摘されている状況にあった[48]。この点は，アメリカのインダストリアル・エンジニアがプロフェッショナルなものとして確立されていたのに対して，日本ではノン・プロフェッショナルな水準にとどまっていたという状況を反映している[49]。

　このように，1958年以降の約10年間になると，IEの本格的な整備・体系化が求められるようになった。ただその中心をなしたのは戦略産業部門，なかでも技術提携や資本提携がすすんでいた鉄鋼業，電機産業，石油化学産業などにおいてであり，その他の産業部門との不均等な発展がみられた。そこでは，IEの内容の総合的な体系化よりはむしろ組織的な整備に重点がおかれ，分散的な管理を時間・動作研究を基礎にして再編する作業標準化の方向がとられた。このような体系化の遅れという点に，日本のIEの展開のひとつの特徴がみられる。また1960年以降には，IEは事務合理化の手段となっていった。日本のIEは，生産管理や原価管理といったさまざまな合理化の手段が取り上げられたという点にも特徴がみられる。この時期にはまた，名称に差はあってもIEの機能を担う部署が多くの企業において設置されていたが，本格的なIEのセンターとしての機能はまだ十分に確立されていなかった[50]。

第3章　インダストリアル・エンジニアリングの導入の日独比較　*137*

　そのような状況のもとで，1960年代に入ると，科学的管理の諸技術の統合・体系によるIEの確立・体系化の段階へと発展した[51]。例えば1963年11月の『インダストリアル・エンジニアリング』誌で企画された座談会でも，日本のIEは応用段階にあったと指摘されている[52]。例えば鉄鋼業のIE活動はその導入当初には作業改善業務に限定されていたが，標準設定の比重が高まってきた[53]。当時日本において使用されていたPTS法はWF法とMTMであったが，1960年代半ばには，WF法の導入はかなり広い範囲におよんでおり，MTMよりも広く普及した[54]。この点，アメリカでは広く実用されている方式はMTM，WF法の順であった[55]のとは異なっている。

　しかし，高度成長期の終わりに近づく1970年頃になっても，作業測定（標準設定），作業改善，標準化，品質管理，工程管理，原価管理などのさまざまな分野にまたがるIE活動が企業内において個々に独立して行われていた。バランスのとれたレベルでの総合化，換言すればトータル・システムとして相互に連結され統合されたIE活動にはなっていなかったといえる[56]。IEにおいて重要な役割を果たすべきインダストリアル・エンジニアについてみても，すでに1960年代初頭には，その養成と確保が重要な課題となってきた[57]。しかし，その後の1967年に実施されたある調査でも，日本ではインダストリアル・エンジニアは専門職業としては認識されていないこと，彼らの主要な任務は方法研究にあること，多くの場合アメリカのインダストリアル・エンジニアと比べると質的に劣ること，ストップ・ウォッチ中心の時間研究が行われていたことが指摘されている[58]。アメリカでは，生産に移行する以前にインダストリアル・エンジニアによって充分な生産面の検討が行われ，問題が解決されて生産に移るために，工場技術者が必要ではなかった。これとは対照的に，日本では，事前に生産技術的な面の検討が充分になされず，工場での生産開始にともない技術的問題が頻発することになり，その解決のために多くの工場技術者が必要となるという状況にあった。この点は，日本企業の現場主義という特徴とも関係している。当時のIEの導入状況について，このような状況をふまえて，上田新治郎氏は1967年6月に，「生産現場の改善活動から経営部門へと活動範囲も広がり，また高度なものになってきている」が，「個々の企業についてみれば，IEの導入展開が充分なされて」はおらず，「日本企業全体としてみると

138 第2部　経営の「アメリカ化」と「再構造化」の日独比較

まだ充分といえない」と指摘されている(59)。

　確かに1945年以降，インダストリアル・エンジニアの仕事は，その当初の作業管理が中心ではなくなり，「工程管理，資材管理，設備管理等の物の管理，原価管理や予算統制のような，もうひとつの間接的なマネジメント・システム等が主流を占めるようになる」(60) が，統合されたIE活動にはなお十分に到達していない状況にあった。例えば1966年の状況をみても，アメリカの鉄鋼業では，賃金設定のための基準やシステムがIEの中心になっており，システム改善が重点的に行われていた。これに対して，日本では，人，機械，材料の総合システムのデザインや改善が主体となって，人に関する標準設定はまだ部分的であり，総合システムとしてほとんど未完成な状況にあった(61)。

　このような状況のもとで，1960年代後半になると，反省期を迎え，70年にかけてIEの個別的適用から総合的かつシステマティックな適用へとすすみ，全体的にみると定着の時代となっていった(62)。しかし，IEは日本の企業には必ずしも十分に定着するには至らなかったといえる。そのひとつの原因として，インダストリアル・エンジニアの能力の低さがあり，この点は方法改善に顕著にみられた(63)。とはいえ，1960年代末頃には，「IEは，作業者の仕事の改善や標準時間の設定ではなく，企業経営のあらゆる面，あらゆる層の仕事の改善や標準化，あるいは管理のための基準値の設定という方向に進んでいる」という傾向にあった(64)。この頃には，作業測定よりも方法研究・方法改善にウエイトがおかれる傾向にあり，標準時間は，能率測定の目安，生産計画や定員算定の基礎，原価見積りの基礎として利用することを目的として設定されているという傾向にあった(65)。

　ただ産業部門による相違も大きく，IEの導入が最もすすんでいた産業は鉄鋼業や加工組立産業，とりわけ自動車産業と電機産業などであった。例えば鉄鋼業をみると，オートメーション技術の導入にともない，自動化された新鋭の工場では，作業研究を基礎にしてIEが総合的に導入され，それとの関連で同時に職務分析が行われ，作業者別の定員分析や職務休暇の手段として導入された。それは，工程分析，職務分析，運搬分析がばらばらに行われるという，旧工場における旧来の生産管理の個別的な展開とは大きく異なっている(66)。また企業間の格差も大きく，1970年代半ばになっても，中小規模の企業では，ごく一

部の企業において作業研究の一部が利用されている程度であり，近代的なIEの手法はほとんど利用されていない状況にあった[67]。さらにIEの導入・展開，普及の不十分さや成果の面での限界についての指摘も少なくない[68]。

2　主要産業部門におけるインダストリアル・エンジニアリングの導入

これまでの考察において，IEの導入の全般的状況についてみてきた。それをふまえて，つぎに主要産業部門におけるIEの導入についてみていくことにしよう。

（1）　鉄鋼業におけるインダストリアル・エンジニアリングの導入

まず鉄鋼業をみると，IEの導入当初は，改善業務の分野において成果をあげながら経験を積み，その後，標準設定業務も行われるようになり，改善業務と標準設定業務がIE業務の2本の柱となった[69]。1951年から55年までの第1次合理化計画の進行過程において品質向上と原価低減のためにIEが導入されたが，それらがIE体系として本格化するのは，56年から60年までの第2次合理化計画の時期である。そこでは，オートメーション技術の導入のもとで，生産の連続性，一貫性の維持・確保のための標準化が推進された。作業職務の質の計画化と職務の標準量の設定，その厳格な遂行の実現のために，IEの総合化・体系化がはかられ，本格的導入がすすむことになった[70]。

この時期のIE担当者の業務は，①作業改善，工程改善などの作業診断業務，②標準設定業務や企画，教育などの一般的業務の2つに大別される[71]。そこでは，全社的規模での要員査定が実施されたほか，IE部門の活動は，設備能力やバランスの調査，工程管理，運搬管理，在庫管理などの管理機能の改善や管理資料の提供といったより大きな問題が重点となってきた[72]。

標準時間の適用分野としては，労務管理に関するものが最もすすんでおり，1962年頃までは，標準時間設定の研究とスポット的な標準時間設定にとどまっていた。しかし，同年の不況を契機として，要員合理化のための標準時間設定方式の確立が求められるようになってきた[73]。こうして，標準時間の設定に基づく労働者の削減が，内容と性格の両面においてIEの中心をなすようになった[74]。また1960年代の前半から後半にかけての時期には，要員合理化，請負

140 第2部 経営の「アメリカ化」と「再構造化」の日独比較

管理の合理化のほか，経営問題へのアプローチなどの比重が大きくなり，生産現場の改善活動とあわせて，トップ・マネジメントのためのスタッフとしての性格も強くなってきた[75]。

また1960年代後半から末にかけての時期には，管理システムの設計や経営問題の解析にまでその範囲が拡大しており，IEは生産性向上や原価低減の課題に十分に応えるようになってきた。この頃には，IEは間接部門の要員合理化にも適用され，年および期の生産計画に応じた要員計画がコンピューターを利用して作成され，現状の配置との差がみられる職場の重点的な検討が行われるようになった[76]。1960年代末には，IE部門の主要業務としては，①作業および設備の改善，合理化業務（作業方法の改善，設備改善・新設備計画の参画），②人に関する標準の設定（標準時間の設定，要員設定，職務の分析・評価），③管理システムの設計（生産工程管理システム，運搬・修理のための管理システム，その他の管理システム），④専門技術によるコンサルタント的業務，⑤その他の業務があった。また各社のIEプロジェクトの内訳では，定員設定業務が最も多くのテーマをもっており，作業改善・事務改善，設備管理，標準設定，工程管理の順となっていた[77]。なかでも，標準設定活動では，従来の要員査定への標準時間の活用に加えて，新しい能率給制度への標準時間の適用が行われるようになった[78]。

こうして，1960年代後半から70年代にかけての時期におけるIE活動の重点は，事務部門，間接部門の効率化，電子計算機の導入にともなう各種の管理システムの設計，省力化を目的とした改善活動，新工場の建設計画などの設備問題への参画，請負調査などにあり，労働力不足と労務費の上昇への対応としての各職場の作業分析による要員の見直しが行われた[79]。また1960年代末から70年代初頭になると自主管理活動の推進に従事するIEが増加したという点が特徴的である。それは，自主管理活動がIE活動の主体をなす改善業務や現場従業員のモラールアップに大きな役割を果たしたという事情によるものであった[80]。またオイル・ショックの影響が現れてくる1973年以降には，原価低減がIE活動の重点として大きな意味をもつようになってきた[81]。

さらに比較のために鉄鋼業のIEの活動を1980年代についてみると，つぎの点に特徴がみられる。すなわち，不況局面を背景とした設備の集約，スリム化な

どの固定費削減の施策の推進においてIEの先導的役割が重要になってきたこと，生産の上工程から下工程に至る一貫した生産の効率化のために各部門だけでなくシステム的なものの見方が求められるなかで，IEは設備のリフレッシュ，連続化などにより深く参画するようになったこと，このようなIEの活動範囲の拡大によってより高次の課題への対応が必要になったことである[82]。

このように，鉄鋼業は，当時IEの導入が最も強力に取り組まれた産業部門のひとつであったといえる。以上の考察をふまえて，つぎに，主要企業におけるIEの導入の代表的事例についてみることにしよう。

住友金属工業について——まず住友金属工業をみると，高度成長期における同社のIE導入の歴史は，①現場作業の改善を中心とする第1期（1957-60年），②標準化の推進がはかられた第2期（60-62年），③生産性の向上の推進と実現がみられた第3期（62-65年），④システム設計が推進された第4期（65年以降）の4つの時期に分けられる。第1期には，1957年9月に全社的にアメリカのIEを指向したIE部門，IE担当職制の設置が行われた。また各製造所に所長直属の作業改善室が設置され，作業測定による現場作業の改善，改善提案などが行われ，この段階は，同社のIEの固めの時期をなした。つづく第2期には，標準化の組織的な推進がはかられ，作業，事務の手順や品質，設備，原価に関する管理標準の設定が体系的にすすめられた。第3期は，それまでの作業改善を中核とした展開からさらにすすんで，IE手法による生産性の向上がIEの基本的性格として形成された時期である。1962年7月には，本社と製造所のいずれにおいても，IE担当組織はIE部となり，それまでの管轄業務に加えて，標準化の推進，公布，編集のほか職務分析が追加された。本社IE部では，さらに労働生産性の管理も行われるようになった。生産性向上の一環として作業測定に基づく客観的な標準人員算定基準の設定の要請が高まるなかで，IE活動は，現場部門を主体とする，基準の設定調査を中軸にして推進された。さらに第4期には，EDPとオペレーションズ・リサーチ（OR）の導入のほか，関係会社の企業診断やIEの指導，本社IE部門を中心とした従業員教育の計画・実施，各製造所のIE部門の下請関係への拡大，企業集団へのIE活動の範囲の拡大がみられた[83]。

上記の第1期には，IE活動の重点はメソッド・エンジニアリングと呼ばれる

142 第2部 経営の「アメリカ化」と「再構造化」の日独比較

作業改善におかれていたが[84]，第3期にあたる1963年には，標準化の推進が
IE業務の主眼とされ，より強力に推進された。そこでは，品質管理関係の標準
は，そのほぼ大半が設定されたほか，原価管理関係の標準も逐次増加の傾向に
あった。IE活動全体のなかで工場診断・作業改善と標準化がそれぞれ約40％を
占めていた[85]。

八幡製鉄について——また八幡製鉄をみると，1957年までの時期には，IE思
想と作業改善手法の普及，作業研究を基調とするオーソドックスなIEの展開が
中心となっており，あわせて改善提案制度の導入・普及がはかられた[86]。
1957年以降になると，標準時間値の研究や一貫的な工場診断の本格的な取り組
みが開始された。しかし，本格的なIEの導入の契機は，鉄鋼視察団の帰国とそ
の報告であった。モダンIEの思想や技術手法が導入されるようになり，次第に
IE，QC，OR，IE，EDPなどが有機的に結びつけられるかたちで，経営全体の
立場から科学的なアプローチが展開されるようになった[87]。1957年から60年
までの「IEの組織的活動の始まり」にあたる時期には，IEの導入は，まず方法
研究と作業測定という作業研究の基本手法の適用による，個々の作業に対する
標準設定と作業改善から開始された。その後，漸次，総合能力バランス問題な
どのより複雑な問題の解明にまで，その活動範囲が拡大された[88]。

さらに，1962年の不況への対応として，採算性の向上を目的とした効果的な
IE活動が推進され，コスト切り下げ策の提起や解決が取り組まれたほか，原価
管理の面でも大きな成果が達成された。組織の面では，1963年6月には作業標
準部というIE部門に能率課が編入された。八幡製鉄所では，①工場診断・作業
改善，②管理システムの改善設計，③標準設定，④管理技法の開発・研究の4
つがIE活動の柱とされた[89]。ことに1962年不況を契機とする要員合理化，作
業請負費の削減というニーズへの対応として，IEによる要員診断，外注基準工
数の設定というかたちでの参画が開始され，標準時間設定機能の進展がみられ
た[90]。

こうして，1961年から64年までの「IE組織の拡大・強化」の時期には，設備
能力の検討，生産工程管理，運搬管理などの操業システムの改善という新分野
の問題への取り組みとともに，要員設定，外注基準工数の設定，設備・工程能

力の標準値の設定などの標準設定業務が本格化されており，この時期には，標準時間の適用という点において，ひとつのエポックをなした(91)。また同社の八幡製鉄所では，はやくも1960年代初頭には，鉄鋼生産の主系列の問題や圧延ロールの適正常催数の設定など，従来のIEの手法に加えてシミュレーションを用いての一貫工程管理の確立がはかられており，こうした成功が同製鉄所におけるORやシミュレーション手法の導入の契機となった。1960年代前半の時期には，同製鉄所のORはすでに研究段階から実用化の段階に入り，IE活動にとっても不可欠の技法となっていた(92)。

　さらに1965年から70年までの「本格的IE活動への発展」の時期には，本格的システム設計へのアプローチや広範囲にわたる問題の改善など，手法の適用といった従来の手法中心の立場から問題の解決の立場への脱皮がはかられつつあった。長期設備投資計画に関する判断のための資料の提供を中心として，経営活動における総合的な意思決定のためのシステム診断的業務が大きな比重を占めるようになった。この時期にはまた，IE部門に全社的な影響をもたらした新能率給制度の導入にともない，労働量の把握の尺度としての標準時間の設定は，要素時間からの積み上げというかたちでのきわめてミクロ的な手段が選択され，そのための取り組みが推進された(93)。

　富士製鉄について――つぎに富士製鉄をみると，同社では，1950年に釜石製鉄所において管理部が誕生し，能率課の設置にともない，近代的IEの形態が逐次採用されるようになった。1955年には，新たに能率課，品質管理課，熱管理課の新設によって管理部門の強化がはかられ，能率課への方法改善業務の集中がすすめられた。また1950年代末には，作業の標準化に関して社内での統一化がはかられ，品質管理課が直接の窓口となってこれを担当した(94)。

　また広畑製鉄所では，1950年に合理的な作業測定というプロジェクトが発足し，53年からWF分析などの手法による請負単価査定のための調査が行われた。1958年には査定基準が確立し，それが全作業に適用されるようになった。1958年以降には生産現場の改善が本格的に取り組まれるようになり，作業の改善，個々の設備の能力研究，これらを統合したシステム・バランスの研究，タイミング上からみた一貫性が重要な課題となった。しかし，1960年代初頭には，広

144 第2部 経営の「アメリカ化」と「再構造化」の日独比較

畑製鉄所のIEの重点は生産部門にあり,全所的な立場からのIE活動はその後の課題であった[95]。

こうして,1960年代前半には,①合理化改善(工場診断),②標準の設定,③各種方式の設計(システム・エンジニアリング),④他業務に対するIE技術・手法の提供,⑤各種管理機能の総合調整,⑥作業および能率の監査の6点が,同社のIE業務の中心的内容をなした。同社では,経営管理データの提供,レイアウト,物の流れ,適切な能力の決定,作業方法の改善のほか,要員の適正化などが重点的に取り組まれた[96]。

川崎製鉄について――さらに川崎製鉄の事例をみると,同社のIEの導入・展開は,①1957年から62年までの「導入」期,②63年から69年までの「効率化推進の主役化」の時期,③70年以降の「特別調査班による全社的規模での効率化推進」の時期に分かれる。まず「導入」期にはIE組織の整備がはかられ,IEによる改善効果の啓蒙,長期・短期の講習会によるIE技術者の育成が,主要な方策をなした。また「効率化推進の主役化」の時期には,適正作業人員の決定のために全社的に統一された基準で作業時間を設定する必要への対応として,1962年に標準設定分科会が総合IE委員会のなかに発足し,63年には作業者標準時間設定基準が設けられた。さらにOR技法が実際の工場診断活動に利用され始め,時間研究による標準時間の設定などにも旧来の手法に代えてORの手法が導入され,IE活動の範囲は急激に拡大した。1969年から70年にかけて,4直3交替制度の実施にむけて要員合理化が徹底的に行われたが,そこでもIE部門中心の効率化が,この制度の実施に寄与した[97]。

同社へのIEの導入は1958年頃に始まったが,62年に要員査定による合理化問題に直面したことが,IEへの大々的な取り組みのきっかけとなった。当初,活動は管理課能率掛のなかでまだ未分化のまま続けられていたが,1963年には,標準設定と作業改善を業務の2本の柱として,工場診断掛と能率掛から構成される能率課が設置されたほか,各種委員会の整備も行われた。それには,IEの普及を目標として教育訓練,工場組織の設立,諸活動分野の決定に従事するIE総合委員会(1959年10月設立)や,QCおよびIEに関する重要事項の審議と各工場の連絡調整の円滑化による全社の技術管理活動の強化推進を目的とした技術

第3章　インダストリアル・エンジニアリングの導入の日独比較　*145*

管理委員会（64年1月設立）があげられる[98]。

　川崎製鉄では，1959年にIE業務の組織的な導入を開始して以来，社内各層への浸透がみられるようになった。それまでの主としてIEの導入の面に重点をおいた展開に対してIE本来の管理，改善業務に重点がおかれるようになったこと，標準時間設定関係業務の大きな進展という2つの点で，同年は，IEのひとつの転換期をなした。同社のIE活動としては，①工場診断・作業改善，②標準設定，余裕，③職務評価，④管理技法の開発・研究，⑤経営管理データの提供，⑥組織，事務合理化，⑦IEの普及，PRの7点があげられる[99]。これら7点におよぶIE活動の展開は，日本鋼管においても同様にみられたが，この企業では，1960年代半ばに近づくと，方法改善中心から標準設定，組織設計へとIE業務の範囲が拡大しつつあり，さらに電子計算機の活用や経営の各方面への管理技法の適用による意思決定への技術的参画が行われるようになっている[100]。

　（2）　自動車産業におけるインダストリアル・エンジニアリングの導入

　また加工組立産業についてみると，自動車産業では，組立産業というその性格から工数がかなりのウエイトを占めており，とくに組立工程では原価構成に占める労務費の割合がかなり高いという事情から，標準設定の新しい方式であるWF法の導入は，IEにとってのエポックをなした[101]。また新製品の投入，モデルチェンジや新工場の展開にともない，IEの課題が非常に豊富になった。例えば日産自動車では，新製品の投入やモデルチェンジのはやい展開，新工場の展開にともない，工場のレイアウト，マテリアル・ハンドリングなどの課題が発生し，原価引き下げ，量産に対応しうる設備投資や人員の問題の処理など，さまざまな課題に直面したことが，IEが解決すべき課題の拡大をもたらした[102]。そのような状況のもとで，IEスタッフの育成が重要な課題となった。また東洋工業でも，1950年代末になると，従来はほとんど関心が払われていなかったIEスタッフの育成の必要性がトップ・マネジメントにも認識され始めた[103]。

　そこで，主要各社の事例についてみると，**トヨタ自動車工業**では，同社の創立後まもなく設置された監査改良室，調査部，生産技術部というスタッフ部門

146 第2部 経営の「アメリカ化」と「再構造化」の日独比較

が，IE活動を展開する主要部門としてスタートした。なかでも，生産技術部
は，主に設備製造および治工具類の計画・調達・保守などの業務のほか，製造
技術の開発や研究業務を担っており，同部の活動は，原価低減や生産性向上の
キイ・ポイントを握っていた(104)。

　また日産自動車をみると，ストップ・ウォッチ法による標準時間の設定では
職場間や作業間にアンバランスが生まれ，それが，団体プレミアム制度の採用
のもとで，たえず苦情の原因となっていた(105)。それへの対応の必要性から，
1955年には，本社工場において全作業のマスターテーブル（時間基表）が完成
され，すべての部品ごとに標準時間が設定されるようになった。そこでは，
WF法による新標準時間の全社的な適用が開始され，その後の管理体制の基礎
が確立された。WFの導入は，同社のIEにとってのエポックをなした。WF法の
最も大きな点は，同法のもつ解析力と統一性にあり，作業測定のみならず他の
すべての業務にも，その考え方が普遍化された。また1957年には原価低減委員
会が設置されたほか，購買の合理化も本格的に取り組まれるようになった。工
場に対する作業改善の提案，能率管理がIEの主要な業務であったが，購入部品
についても，部品企業に対する作業測定や改善の方法の指導，コストテーブル
による単価の決定，VA（バリュー・アナリシス）による原価の誘導，専門ライン
の確立への協力をとおして原価低減の推進をはかった(106)。同社では，標準時
間を中心とする工数管理が取り組まれており，手作業については主としてWF
法が採用され，機械加工時間については，主として工学的検討や統計的手法に
よって決定されていた(107)。

　IEの組織においては，本社IEが確立され，トップ・マネジメントへのサービ
ススタッフ的な役割を担うとともに，工場IEの活動の調整・指導にあたった。
他方，工場IEは，本社IE部門の方針や指示に基づいて，各工場の特性を生かし
ながら工場のIEスタッフの役割を果たした(108)。またIEスタッフである作業管
理調査係とライン部門である技術課との協力関係は必ずしも満足すべき状態に
はなかったという当初の状況への対応として，現場分駐制度が設けられた。そ
れは，「査業課員は各製造部門の技術課長のスタッフとしての役割を果たしな
がら，同時にIE部門の人間として客観的な立場から改善提案を行うという，き
わめて建設的な新しいスタッフのあり方」を意味するものであり，日本的なス

第 3 章　インダストリアル・エンジニアリングの導入の日独比較　147

タッフのあり方を示すものでもあった[109]。

　さらに**東洋工業**をみても，1949年に作業標準化のための標準時間資料（マスターテーブル）を作成したほか，その後の55年にはWF法が導入された。それによって作業速度の基準が明確になったほか，全社的に作業速度が均一化されるに至った。1958年にはワーク・サンプリング法が導入され，測定困難であった連合作業や複雑な作業についても標準時間の測定が可能となったほか，余裕率や稼働率の調査における測定精度の向上が実現された[110]。また**鈴木自動車工業**では，1961年の時点では，IEスタッフは，作業標準の設定，工場の能力の把握，品質標準と標準時間の設定などの，物を測るための尺度の設定に従事していたが，組立工場にはWF法が，部品工場には実績工数とストップ・ウオッチ法が併用されるかたちで標準時間が設定されていた[111]。

　　(3)　電機産業におけるインダストリアル・エンジニアリングの導入

　つぎに電機産業についてみると，1950年代半ば頃まではストップ・ウォッチ法による時間研究が中心であったが，50年代末までにWF法への切り替えが大きくすすんだ。しかし，この時期には，MTMはまだ研究の段階であり，実用化されてはいなかった。IEの分野で活動していた代表的企業では，1950年代末には，作業標準と標準時間の設定，原価低減活動，工場レイアウト，標準化活動，提案制度などに力を入れている傾向にあった。作業標準については品質標準に基づくプロセスや作業方法の標準が決定されたが，それには外国企業との技術提携が大きく影響しており，この点が電機産業の特徴をなした[112]。なかでも，家電部門のようにベルト・コンベア方式によって量産が行われる分野では，WF法やワーク・メジャメント・サンプリングによる標準時間の設定がすすんでおり，標準時間が工程計画，定員計画などに利用されているケースが多くみられた[113]。

　このように，電機産業はIEの導入がすすんでいた部門のひとつであったが，IEの展開は，量産品の部門と個別受注生産の製品部門とでは状況の相違もみられた。1961年のある報告によれば，富士電機の川崎工場では，個別受注生産の大きな製品を扱っていたという事情もあり，時間研究はストップ・ウオッチ法に徹しており，WF法やMTMは敬遠されていたと指摘されている[114]。

148 第2部 経営の「アメリカ化」と「再構造化」の日独比較

　そこで，個別企業の代表的事例をみると，**日立製作所**では，1951年にWF法の研究を開始し，翌年の52年末には請負制度の基礎としてそれが導入された。同社の多賀工場はWFを実際に適用した日本最初の工場であったとされている(115)。戸塚工場でも，標準時間に基づく作業の標準化の取り組みのなかで1950年に作業基準時間表が完成し，それによって全戸塚工場の標準時間が改正された。1955年にはWFによる測定に基づいて基準時間表が全面的に修正され，改定基準時間表は戸塚工場規格としてその後も利用されるようになった(116)。**日本電気**の三田事業所では，以前にはストップ・ウオッチ法での作業時間の測定が行われていたが，1950年代末にはすでに，WF分析による時間値に基づく標準時間のマスターテーブルが作成され，全作業の90％に標準設定が完了しており，少量生産品の標準設定が残されているだけとなった(117)。また**三菱電機**では，1950年に要素動作の見積もり技術の向上を目的としてWF法が導入され，翌年の51年には，WF技師養成講座が開催された。1954年には基準時間値としてWF値が採用され，量産・準量産と個別生産のいずれの生産形態にも時間標準が完成したことによって，全社時間標準設定の体系が確立した(118)。同社の伊丹製作所では，1950年代末から60年代初頭のIE活動の中心は，メソッド・エンジニアリングの専門担当部門である作業研究係であり，その主要職務は作業測定と方法改善であった。同社では，日産自動車の事例と同様に，メソッド・エンジニアリングの専門担当係が現場各部門に常駐し，ラインに密着したスタッフ活動を行う体制がとられていた(119)。また**松下電器**をみると，1965年の第3次IE国内視察団の報告によれば，モダンIEの分野よりも伝統的なIEの領域に重点があり，IE活動の効果目標は，メソッド・エンジニアリング，コンベア・システムの導入によるマテリアル・ハンドリング，計画的な生産，製造日程の短縮，材料の投入から製品のアウトプットまでの時間の短縮に努力が払われていた(120)。

第3節　ドイツにおけるインダストリアル・エンジニアリングの導入

　つぎにドイツについてみると，第1次大戦後に始まりナチス期に一層発展をとげたレファによる過程研究の歴史の影響もあり，第2次大戦後のIEの導入

第3章　インダストリアル・エンジニアリングの導入の日独比較　*149*

は，作業測定を基軸としてすすんだといえる。IEの実践においてもまた教育においても，作業研究，作業準備，生産技術の領域に重点がおかれている傾向にあった[121]。IEに関係する領域は作業測定，方法改善，工程分析，職務分析，要員設定など多岐にわたるが，こうした事情もあり，以下では，作業測定の問題を中心にみていくことにする。

1　ワーク・ファクター法の導入

　まずIEにおける作業測定法として重要な位置を占めるWF法についてみると，その導入にさいしては，アメリカ企業の協力，ライセンスの方法などがみられたが，レファもWF法のような既定時間法の導入・普及に尽力した[122]。1958年2月1日にレファとワーク・ファクター社との間で，西ドイツ・西ベルリンにおけるWF教育コースの実施に関する協定が締結されており，その期間は65年1月31日までとされた[123]。同社は，経済界・産業界向けにIEの領域のサービスを世界的に提供する技術コンサルタント機関であった[124]。さまざまなシステム（MTM，WF法，BMT，DMTなど）の長い研究の後，レファ労働科学研究所は，ワーク・ファクター社のライセンスの担い手となった[125]。レファはまた，ワーク・ファクター・ハンドブックの翻訳権，オランダのフィリップス社の翻訳によるドイツ語版の利用権を獲得しており，ドイツ語で開催されるすべてのWF教育コースに関して，1人当たり25ドルをワーク・ファクター社に支払うものとされた。1958年9月の第2回WF教育コースは，ワーク・ファクター社の委託を受けたフィリップス社の2人の人物よって実施されており，オランダの会社が大きなかかわりをもった[126]。しかし，1960年代に入ると状況は大きく変わり，64年には，ドイツ独自の教材でのWF教育コースが自前の講師陣でもって経常的に実施されるようになった[127]。

　このように，レファ協会はWF法の人材の養成教育に関与したが，例えば1960年には，レファの5人のメンバーがIEの教育方法に関するアメリカへの8週間の研修旅行に参加した[128]。1962年のある報告によれば，WF法の利用ではとくに経済性の比較が新たな重要性を獲得しており，それは，とくに機械化が割に合うかどうかの決定などにみられた。また作業研究の方法としても，10のWF分析のうち9において従来の方法によるよりもはるかによい解決が見出さ

れたとされている[129]。WF法の導入の取り組みでは，AEG，ボッシュ，ジーメンス，オリンピアなどの企業も同法のライセンスを取得しており，それによってアメリカのシステムの導入がはかられたケースもみられた[130]。

　また生産性向上運動の終了後の1960年代初頭には，急速な機械化の進展によって，作業設計は，標準時間の決定と比べても重要性を獲得するようになった[131]。そうしたなかで，レファはWF法を作業設計のための適切な用具とみなしており[132]，レファの活動の重点も，1950年代後半から末以降，予定標準時間の決定から作業設計へとますます移っていった。こうして，動作研究の意義が一層増大するなかで，WF法の導入がより大きな意義をもつようになった。ドイツでは，動作研究は1960年代初頭までは後景に大きく退いていたが，アメリカのヒントや成果にも促されて，産業におけるレファ以外の機関のほかコンサルタント会社や研究所が動作研究に従事したことによっても，新しい推進力が生まれた[133]。

2　MTMの導入

　つぎにMTMについてみると，アメリカの技術援助計画のもとでの同法の研究旅行が，その調査・導入において重要な役割を果たした。そこでもレファが大きく関与しており[134]，その多くの地域支部は，アメリカの時間研究のシステムの状況に関する情報を提供する可能性を獲得した[135]。

　1963年のある指摘によれば，MTMはアメリカでは最大の普及をみていたが，ドイツでも普及したとされている[136]。同法は，主に外国のコンサルティング・エンジニアによって教授され，広められた。WF法と比べると，MTMは長い年月をかけて比較的控えめな役割を果たしたにすぎなかったが，1963年にはMTMを実践している会社によってドイツMTM協会が共同で設立された[137]。ヨーロッパの労働者の生産性における最大の阻害要因は，大量生産や大規模なロット生産の遅れ以外では，アメリカよりもはるかに悪い作業設計や動作の流れにあったとされている。そのような状況のもとで，ドイツMTM協会は，1964/65年にアメリカの既定時間法を受け入れ，ドイツの事情に適合させ，同国全土に普及させたのであった[138]。

　このように，MTMの導入にあたりドイツMTM協会のような機関が重要な役

第3章　インダストリアル・エンジニアリングの導入の日独比較　*151*

割を果たしたが，その企業会員の数は1966年から73年までに115社から約300社
へと2.6倍になっており，会員企業の従業員数も，約50万人から200万人へと4
倍に増加した。同協会の企業会員の半分を超える部分が精密機器産業（1974年
には30％を占めている）と金属加工業（同23％）の企業であり，その他の産業に
は衣服産業（14％），製鉄業（4％），化学産業（4％），サービス業・銀行業
（5％）などがみられた[139]。多くの場合，ドイツMTM協会のような組織による
活動も，アメリカの類似の組織や企業の協力によって可能となったものであ
る。ドイツや他の諸国においても，そのようなアメリカ的方式の導入は，多く
の場合，民間のアメリカ企業によってすすめられた[140]。

3　主要産業部門におけるワーク・ファクター法とMTMの導入

　WF法，MTMといった新しい方式では，予定標準時間はもはやレファ方式の
ように労働者と時間測定者との間で直接現場にて交渉されるのではなく，労働
者の代表組織である経営協議会ないし労働組合と経営側との間で給付測定の方
式の利用・修正に関して交渉されるようになった[141]。この点に関していえ
ば，既定時間法に対しては一部ではかなりの反対もみられたとはいえ，労働組
合は原則的に拒否の態度をとったのではなかったことが，企業におけるその実
施をかなり容易にした[142]。このことは，WF法，MTMのようなアメリカで生
み出された既定時間法の導入の全般的状況とも深い関わりをもったといえる。
　そこで，つぎに，主要産業部門についてみることにしよう。WF法，MTMの
ような手法は，まず大量生産の経営や諸部門において導入された。その重点は
電機産業と自動車産業にあった。ボッシュでは1950年代半ば頃にWF法への移
行が推し進められたが，60年にはMTMの利用が決定されており，経営協議会
と経営側との間で経営協定が締結された。MTMの導入では，生産部門に特別
な重点がおかれていたが，その後初めて，小規模ではあるが保守部門・管理部
門にまでその導入が拡大された[143]。ダイムラー・ベンツでもほぼ1960年代以
降にMTMが利用されており，その後，同社でも，またドイツの自動車産業全
体でも，その利用の程度は電機産業の諸部門の多くの事例でみられたような程
度にはなお至っていなかったとはいえ，同法は，作業設計においても時間経済
においても最善のものであることが証明されてきたとされている[144]。

152　第2部　経営の「アメリカ化」と「再構造化」の日独比較

　また1965年発行のIGメタルの報告書によれば，WF法，MTMなどの既定時間法は，その近年に，金属産業においてますます利用されるようになってきた。例えば鉄鋼業でも，能率給システムの導入のもとで，既定時間法での保守・修理部門の合理化へと組織的に移行したほか，造船業でも既定時間法の利用がますますすすんだ[145]。保守作業への既定時間法の導入は化学産業や炭鉱業などでもみられた[146]。1969年のある報告でも，IEの方法の利用は，決して機械産業や輸送機械産業に限定されておらず，製鉄業・金属製造業，被服産業，建設業，化学産業のほかサービス部門でも，作業研究・時間研究よりもはるかに多く利用された[147]。例えば縫製業でも，すでに1950年代からMTMの利用がみられ，例えば51年のMTMによるデータがみられたほか[148]，被服産業や機械産業でも，そうした手法によるあらゆるデータシステムは，時間データをつきとめるために利用可能であった[149]。このように，ドイツ工業にとっては，IEは，良好な経営成果や競争力確保のための努力におけるひとつの重要な手段であった[150]。

　そこで，既定時間法の導入が最もすすんでいた部門のひとつである**電機産業**をみると，ジーメンスでは，1950年代末には，WF法は作業設計や生産設備の設計者の追加的な補助的手段として大きな注目を集めており，WF法とMTMは，既定時間法の最も有名な方式であった[151]。同社では，1962年までに約15のWFの情報教育コースが実施されており，企業の職制や専門家に対する多くの講演が開催されたほか，工場では約100人の訓練を受けたWF労働者が働いていた。訓練を受けた者の最大の部分は，大ロット生産や大量生産の領域における生産準備や作業計画の部門で働いていた。またジーメンス3社の9人のメンバーで構成されるジーメンス・ワーク・ファクター活動グループが組織されており，その成果は，テストの後にレファ研究所に伝えられ，WF担当員を養成してきたすべての会社にも利用可能にされた[152]。また1963年には「アメリカにおけるIEの理論と実際」に関する研究旅行が実施された。そこでは，アメリカ・インダストリアル・エンジニアリング研究所の国際会議やWF法の国際会議への参加のほか，ウエスティングハウス社，ベル&ハウエル社，テレタイプ社，ワーク・ファクター社の訪問などが行われた。ジーメンスのWF指導員は，ドイツにおける公式のWFマニュアルの準備において指導的な

役割を果たした。1964年4月の時点までに合計615人が参加した35のWF教育コースがドイツにおいて開催されたが，そのうち12が同社の組織の内部で行われており，同社は約150人の訓練されたWF要員を擁していた。2つのWF講師養成コースでは，31人のレファの指導員がWF指導員の資格をもっていたが，そのうち8人はジーメンスの社員であった。当時ジーメンス，AEG，オリンピア，ツァイスのような27の大企業が正式にWF法を利用していたが，223社がWF教育を受けた従業員で対応していた。WF法をドイツの状況一般に，またジーメンスの組織の特殊な環境に適合させる必要性が初期の段階に明らかになったために，ジーメンスでは，この目的のために，同方式の経験をもつ専門家によるチームが形成された。この研究グループは，いくつかの点でWF法の修正の必要性を認識しており，精神的な作用のみならず特定の動作に同社の科学的な人間工学的研究を適用した。同グループはまた，WF法が同社の組織全体にわたって統一的に扱われるように，社内での使用マニュアルの補遺版を発行した[153]。さらに1970年にもWF法について説明したファイルが作成された[154]。

　また**化学産業**についてみると，グランツシュトッフでは，レファ研究所による教育コースにおいてWF法を導入することが1961年に決定されており，そこでは，4週間の基本教育コースと1週間の情報教育コースが開催されるものとされた[155]。またWF法の利用における当初の諸困難をより迅速に克服するために，参加者グループ向けの実習コースが開催された。同社では，WF法の導入にあたりアメリカのコンサルタント会社のWF専門家が実習と調査研究を行った。またWF法とMTMの両方式の詳細な検討が行われた結果，WF法の利用がすすんだ[156]。グランツシュトッフの1962年の合理化部門のある文書によれば，WF法やMTMのような既定時間法は，体系的な方法の改善のためのすばらしい方法であることが明らかになったとされている[157]。フィルムや既定時間法（WF法・MTM）によって1,000分の1分（0.06秒）以下の時間が作業分析の要素となったが，このような短い時間の把握のさいに生じる計測技術や経済性の問題は，それまでほとんど体系的に研究されることはなかった。このことは，BASFの事前計算においても，試験フィルムや高速カメラでの撮影によってさまざまな時間測定機具の測定結果を相互に比較する試みや予め決定された短い時間と比較する試みの実施のきっかけを与えた[158]。ただ企業間でもそのようなアメリカ的方式の導入・利用の状況は異なっており，例えばヘン

154 第2部 経営の「アメリカ化」と「再構造化」の日独比較

ケルでは，1960年代後半になっても，IEのような技術は非常に限られた程度でしか利用されていなかった[159]。

第4節 インダストリアル・エンジニアリンの導入の日本的特徴とドイツ的特徴

1 インダストリアル・エンジニアリンの導入の日本的特徴

これまでの考察をふまえて，つぎに，IEの導入の日本的特徴とドイツ的特徴についてみておくことにしよう。まずIE導入の日本的特徴を明らかにしていくことにしよう。

日本のIEの導入・展開においては，IEの内容の整理よりはむしろそれまでの分散的な管理を作業の標準化（時間・動作研究）を基礎に再編成することに重点がおかれ，さまざまな作業合理化の手法（生産管理，原価管理など）が取り上げられた。このことは，日本の経営の遅れとも深く関係している。このような経営の近代化の必要性という事情も反映して，日本では，鉄鋼IE研究会やIE委員会のように業界が一丸となってIEが推進されたが，そのようなケースは諸外国にも例がない[160]。このような取り組みにおける組織性の高さは，ドイツのレファのような機関による過程研究の成果の歴史的蓄積が存在しなかったという日本の状況を反映したものでもある。しかし，その一方で，日本ではIEの組織的な整備に重点がおかれ，アメリカと比べると，IEの総合的な体系化が遅れたという面もみられる。

また生産現場の監督者の機能と役割における日米の相違による影響も大きかった。もとより，日本では，アメリカのフォアマンやドイツのマイスターのような立場の第一線監督者が存在せず，そのことが，古典的IEが工場のなかに定着せず初歩的なIE活動の繰り返しにとどまっている大きな要因であったとされている[161]。アメリカのフォアマンは日本の場合と比べかなりの権限をもっていた[162]という状況の違いも大きい。この点，鉄鋼業で導入が始まった作業長制度がIEの展開においてもつ意義は大きかったといえる。

鉄鋼業では，1958年に八幡製鉄において最初に導入され後に一般化することになる作業長制度の導入にともなうライン・アンド・スタッフ組織の整備のも

とで，IEの組織的な整備がはかられた。作業長に生産遂行の直接責任者としての明確なラインの権限，部下に対する労務管理などの大幅な職務権限が与えられ，IEの機能が主としてスタッフ部門に吸収されることになった。それにともない，作業長を中心とするラインの職制は，IEの具体的な執行機能を担うようになった[163]。このように，作業長が作業管理のみならず原価管理・原価引き下げと労務管理を総合的に運用する役割を担いながらIEの機能に従事したという点が特徴的である。

　日本では，標準時間が請負給制度との関連で始まったアメリカとは異なり，作業時間は刺激給（請負給）と結びつけて考えるべきものではなく，むしろ作業長による作業改善の目標の決定やその結果の評価のさいの尺度としてそれを活用することが最も重要となったという事情があった[164]。しかしまた，日本では，WF法の導入後，賃金制度の改編，とくに職務分析と結合して職務給の導入がすすんだ[165]。

　確かに，日本でも，IEの中核をなしたのは作業測定に関する問題であったといえるが[166]，アメリカやドイツではさかんであった作業測定が日本向きではないと考えられ，多くの企業ではもっぱら改善技術が中心となってきたという傾向もみられた[167]。この点は，日本ではIEが広く作業をはじめとする多面的な改善活動の展開において大きな役割を果たし独自の制度化がすすんだという事情を反映するものであるといえる。ただ，傾向としてみると，ヨーロッパでも，1970年頃になると，IEはますます改善と予防に重点がおかれるようになっており[168]，改善技術を中心としたIEの展開という日本的特徴も，外国と比べた場合にみられるIEの重点のおきかたという相対的な問題であるともいえる。しかし，このことは，日本に特有の改善提案制度の発展に寄与することにもなった。

　またPTSの活用の重点という面でみても，日米の相違は大きかった。例えば1950年代には，両国とも作業改善，原価計算・見積が最も高い適用順位の位置にあったという点では共通性がみられる。しかし，奨励制度，生産移行前の作業法の選定ではアメリカと比べ日本では適用順位が低いこと，逆に日本では作業計画・作業組人員の決定の適用順位が高いことが特徴的であり，活用の重点はかなりの相違がみられた[169]。

156　第2部　経営の「アメリカ化」と「再構造化」の日独比較

このように，IEは，もともとは，作業測定と方法改善を2つの柱として発展してきたが，日本では，広範囲の領域に適用されてきたといえる[170]。WFやMTMはIEとイコールではなく，そのエレメントにすぎず，そのエレメントの総合がIEである[171]という点からすれば，IEは必然的に広範囲の領域に適用されてこそ大きな意味をもつといえる。この点，日本では，アメリカから導入されたWF法やMTMの利用だけでなく，IEの考え方そのものを品質管理や改善提案などの日本に特徴的な管理のあり方に応用するかたちで，独自的な展開と多様な側面におよぶ活動への広がりへと結びついていくことにもなったことの意味は大きいといえる。

またIEが労務管理の機能とも結びついて展開されたという点も日本に特徴的である。例えば年功序列賃金や終身雇用といった日本の雇用慣行の面でのアメリカとの企業の条件の相違によって，IEの対象，それに迫る方法には差異がみられた[172]。また日本的な労使慣行，管理のあり方がIEの導入におよぼした影響も大きく，この点は，アメリカとは異なるひとつの重要な特徴をなした。

社会制度のあり方をも反映するアメリカと日本の作業標準の性格にみられる相違による影響も大きかったといえる。契約社会という性格が強いアメリカでは，作業標準は作業者の契約条件を意味し，契約条件として決められた出来高を示すものであり，同国流の作業管理では，作業標準，作業時間などはきわめて明白な意味をもつ。これに対して，日本流の作業管理では，それとは違ったかたちであり，作業標準は作業者に対して実施すべき作業内容を示すだけのものであり，作業者自らの考えでもってより良い方法を開発することが求められた。それゆえ，標準時間が作業者の評価や賃金支払いの基準としてではなく「与えられた作業標準に対応する目安としての時間」として利用される方が，より効率的であるという面が強かった。また職務設計においても，アメリカではまず組織のために必要な仕事（職務）が決まり，仕事の性質や順序に応じてそれを分割し，ひとりひとりに割り当てる。職務設計も個人の契約条件をなすものであり，職務の幅も厳格に決められることになる。しかし，日本流の職務設計は，このようなやり方ではうまくいかず，職務規定を職務のごく大きな枠を示す程度のものにして，なるべくフレキシブルな方が適合的であるといえる[173]。標準時間とそれに基づく作業管理，職務設計におけるこうしたあり方

第3章　インダストリアル・エンジニアリングの導入の日独比較　157

は，職場における日本的な改善活動のあり方と意義とも深く関係している。

　さらに教育の方法との関連でみると，もとより，IEの展開においては，IEス
タッフをはじめとする社員教育が重要な問題となるが，日本では，TWIやMTP
などのアメリカの管理者教育・監督者教育の方法が利用された事例も多くみら
れる。例えばトヨタ自動車工業では，TWIやMTPが作業の標準化・基準化の全
面的な推進のための手段として利用されたほか，全社的な改善の延長線上とし
て，自社内のみならず協力会社にもTWIが導入される(174)など，これらのアメ
リカ的方式は生産の合理化の手段としても位置づけられた。こうした傾向は，
鉄鋼業でもみられ，八幡製鉄ではTWIの活用によって標準作業法がつくりあげ
られたほか，他の各社でも，従来の勘による作業が科学的組織的に改められる
ことになった(175)。また電機産業の富士電機でも，1950年に第一線監督者教育
へのTWIの導入がIE推進の有効な手段となったとされている(176)。

　またIEが品質管理活動の基礎をなすものとして展開されたという点も，日本
的特徴のひとつを示すものである。例えば神戸製鋼では，IE活動が企業の体質
改善のためのTQCの一環として取り組まれた(177)ほか，富士電機でも，品質管
理がIEのひとつの手法として有効に活用され，生産合理化に密着したすすめ方
が展開された(178)。

　日本ではIEの活動が企業内において重層的に取り組まれたという点も特徴的
である。1965年発行の第3次IE国内視察団の報告書である『日本におけるIEの
動向』では，①トップおよび事業部長に対してサービスを提供する本社のIE部
門，②製造部長，工場長といった製造部門の長に対するサービスを提供するIE
部門，③現場に対してサービスを提供するIE部門という3段階のIE業務が指摘
されている(179)。IEの適用分野は，大きく①工場診断・作業改善業務（メソッ
ド・エンジニアリング），②作業測定・標準設定業務（ワーク・メジュアメント），
③システム設計（システム・エンジニアリング）の3つに分けられるが(180)，こ
れらのIEの段階との関連でみると，つぎのような傾向にあった。1960年代半ば
になっても，日本において最も多く活動していたのは上述の第3段階のIEであ
り，そこでは，工場における作業改善，標準時間の設定，ワーク・サンプリン
グ，作業測定，原価見積，工具検査具の設計・管理などの立案がその中心をな
していた。また第2段階のIEは，システム・エンジニアリング的性格が大きい

158 第2部 経営の「アメリカ化」と「再構造化」の日独比較

という特徴をもち，この点が第3段階のIEとの大きな相違であるが，当時，第3段階のIEほどではないがある程度広範囲に実施されているという状況にあった[181]。ただ1964年6月の『インダストリアル・エンジニアリング』誌の記事にもみられるように，日本では，IEが経営トップからボトムまで十分に浸透していなかったとされている[182]。

第3次IE国内視察団の報告書によれば，IEの手法・技法が増加し，その活用分野が拡大している反面，IE理念の徹底，ラインマネジャーのIEに対する認識，IEチーフの活動方針と運営，インダストリアル・エンジニアのポテンシャルなどには，まだ多くの問題があり，期待できるIEの効果がそれによって阻害されているという状況にあった[183]。同報告書は，当時のIEの領域の活動の問題点として，①製造部門のオペレーション・システムとコントロール・システムを対象としたIE活動が多かったこと，②IE活動の基調はトラブル・シューティングにあり現存のシステムの改善が主流であったこと，③IE活動は管理者やラインの要請によって行われる比率が高いこと，④IE部門の人員の一部が現場製造部門に配置されている例が多いこと，⑤全社的IEの機能が不十分でなお確立していなかったことをあげている[184]。ことに④の点は，日本企業の現場主義と深く関係している。さらに，当時工学部のなかにIE学科をもつ大学の数が増加する傾向にあったものの，IEの先進国であるアメリカに対するIE教育の普及におけるかなりの遅れという問題もみられた[185]。

日本では，下請制のような部品企業や協力企業の広範な存在が大企業の生産体制を支えているが，それだけに，こうした関連企業へのIEの導入による徹底した合理化，改善活動が推進されたという点も特徴的である。加工組立産業では，製造原価に占める部品購入費の割合の高さから，購入部品に対してのみならず協力関係にある発注先の下請部品企業や関連会社にも，改善活動も含めてIEの導入が親企業の主導と支援のもとに推進された。鉄鋼業でも同様に，下請関連企業へのIE導入が親企業の主導でもすすめられた[186]。部品企業への標準設定やIE的合理化の展開における親企業側のこのような指導は，日本的な下請制度のもとでの緊密な企業間関係の構築と生産ネットワークの形成において大きな意味をもった。

以上のような日本的特徴に照らしていえば，IEの導入・展開においては，日

本とアメリカの国民性，風土の違いの影響も大きかったといえる。1965年の第
3次IE国内視察団の報告書でも，アメリカから導入された多くの管理技術のな
かでも，QCやVAのように「物」に直接つながる管理技術は比較的根を下ろし
て効果をあげつつあったのに対して，IEのような人間の精神活動の面に関係す
る管理技術は，一般に期待されたほどの効果があがってはいなかったとされて
いる。その原因としては日米の社会的・精神的風土が異なっているという点が
あり，各構成員の責任と権限を事前に明確に規定した上で仕事を始めるアメリ
カ企業とは対照的に，日本企業では曖昧な組織体系のまま仕事を開始し事後に
責任が論じられることが多いという事情が関係していたと考えられる[187]。産
業合理化審議会管理部による1968年の東京証券取引所上場企業を対象とした調
査でも，「第一線監督者の責任が不明確であるため，IE活動を含め管理上の認
識が充分なされていない」という状況にあり，「第一線監督者に対する管理基
準を定め，責任の所在を明確にする必要がある」ことが指摘されている[188]。
プラグマティズムの精神を基盤とするアメリカでは，ある特定の定理や体系を
設けようとはしないで，方法を中心に問題解決が取り組まれ，新しい方法が発
見されるとそれがひとつの「標準」として広く取り入れられていったのに対し
て，日本では，そのようなプラグマティズムの思想・精神が存在しない[189]。

　また日本におけるIEの導入の問題をみる上で考慮に入れておくべきいまひと
つの点は，IEの導入に先立ってトップ・マネジメント機構の整備にともないコ
ントローラーを中心とする計数管理がすでにひとつの体系として導入されてい
たことである。IE手法と計数管理とはきわめて密接な関係があるが，コントロ
ーラ部門は全社的立場での財務的な管理を指向しているのに対して，IEでは価
値的な計数も重要となってくる[190]。ドイツではコントローラー制度は事業部
制組織の導入との関連ですすみ，それは1960年代のことでありその導入が比較
的遅かった[191]ことを考えると，計数管理の制度の確立の時期の相違は大きな
意味をもったといえる。

2　インダストリアル・エンジニアリングの導入のドイツ的特徴

　以上のようなIEの導入の日本的特徴をふまえて，つぎに，IEの導入のドイツ
的特徴についてみると，まずIE組織とインダストリアル・エンジニアに関して

いえば，ドイツでは，産業企業のすべてのIE業務がIE部門のみによって担われることは1970年代半ばになっても一般的ではなく，むしろまれであった[192]。アメリカのインダストリアル・エンジニアはたいていスタッフ部門に存在していたのに対して，ドイツではそうではなく，彼らは生産過程に配置され，ラインの部署で働いている場合が非常に多かった[193]。またIEに従事する要員の学歴についてみると，1960年代末になっても，作業研究・時間研究および作業準備の諸部門におけるエンジニア・大学卒エンジニアの平均の割合は，アメリカでは46％であったの対してドイツでは13％にとどまっており，両国の間に大きな差がみられた[194]。このことには，ドイツではレファのような機関の教育コースによってIE要員が養成されたという事情が関係している。

ドイツでは，IEの領域においてWF法，MTMといったアメリカの方式が，レファの強い関与のもとに，またワーク・ファクター協会やMTM協会，外国のコンサルタントなどの協力のもとに推進されたという点が特徴的である。そうしたなかで，1950年代末から60年代前半の時期には，IEの領域におけるアメリカの優位や，他の先進工業諸国の類似の方法の水準との間の差はかなり小さくなったとされている[195]。

しかし，ドイツでは1920年代の合理化運動以来，伝統的にレファの占める位置が大きく，実務の観点からすれば，直接利用可能なIEの普及においてかなりの意義がレファに与えられるのが当然である，とする指摘もみられる[196]。1960年のF. ヘーメルリンクの報告によれば，主要時間の短縮の努力は，確かにアメリカの実践から部分的に受け入れられたMTM，WF法といった新しい方法に基づいて取り組まれたが，それらの方法は，レファ・システムのなかに組み入れられねばならなかったとされている[197]。またJ. シュヴァルツマンの1975年の報告でも，ドイツ産業は，作業研究を数十年来本質的にはレファの考え方に基づいて構築してきたとされており[198]，アメリカのIEの影響を強く受けながらも，ひとつのドイツ的特徴がこの点にみられる。

このように，ドイツでは，1920年代以来のレファのような過程研究に従事する独自の機関による活動の歴史があったということが，それまでの蓄積を基礎にしたIEの展開，ドイツ的諸要素とアメリカ的諸要素との混合というかたちでの展開をもたらす重要な要因となった。この点，そのような機関による取り組

みの歴史がなく経営学ブームやIEブームに刺激されて管理センターやIEセンターが設置される傾向にあった日本[199]とは，大きな相違がみられる。ドイツには，標準時間の決定のためのあらゆる資料がレファによって作成され発行され，標準時間の定義，分類，その細分化に関する考え方などが築き上げられ，工業の水準の向上に寄与しているという事情がある。そうしたなかで，そのような技術的に権威のある国家的な組織が存在しない日本[200]とは異なり，レファ・システムの優先のもとで，IEの影響を受けながらもレファの考え方に基づく作業研究の構築・展開がめざされたのであり，いわばレファ・システムのなかへのIEの方法の組み込みがすすんだ。

　レファは，MTMやWF法を含むさまざまな既定時間法を長い期間にわたり研究・検討しており，その結果，WF法を支持してその利用・普及のためのライセンスを取得した[201]。とはいえ，レファは，たえず最新のものにされまた改善されていった自らのシステムを優先せずにWF法を促進することはほとんどなかった。結果として，例えばMTMの開発者であるH. B. メイナードのコンサルタント会社が現地企業への自らのシステムの売り込みにおいて大きな成功を収めたスエーデンのような他の諸国とは異なり，これらのアメリカの技術は決してドイツ産業に広く導入されるには至らなかったという面もみられる[202]。その結果，アメリカ的なIE手法の広範な普及という点では外国に比べ遅れがみられたほか，WFとMTMの選択における産業間・企業間の差異も大きくなったといえる。

　一般的に，レファの存在，同機関の統一的な理論と教育に基づいて，ドイツの多くの中企業はIEの領域においてアメリカの競争相手に対し優位を享受したという指摘もみられる。レファは，ドイツ全土にわたり相対的に高いIEの水準を生み出し，維持し，また一層発展させるのを助けることによって，同国の経済の生産性に大きな貢献をした。この種の統一的な理論や教育プログラムは，アメリカでは同国のインダストリアル・エンジニアリング協会によっても生み出されることはなかったものである[203]。

　また戦後の経済成長期には，レファの活動の重点が人間の作業の設計，測定および評価にあり，経営組織の問題への本格的な取り組みは1970年代以降のことであった[204]。こうした事情もあり，ドイツにおけるIEの導入は，生産管理

162 第2部 経営の「アメリカ化」と「再構造化」の日独比較

の機能により大きな重点がおかれており，日本のような多様な領域への適用というよりはむしろ作業測定が重要かつ中心的な領域をなした。その結果，IEの総合化・体系化はあまりすすまなかったといえる。ヨーロッパのIE事情を視察した時村交一氏の指摘でも，1960年代半ばになっても，ドイツでは，経営管理の技術，とくにIEでは技術中心に発展しつつあり，総合化されたかたちにはなお至っていなかったとされている[205]。

　以上の考察からも明らかなように，IEの手法の導入のルートとしては，アメリカ企業との直接的な接触・関係を利用したかたちもみられたとはいえ，ワーク・ファクター社との協定やコンサルタント会社の利用などの方法による学習・導入のルートが確保され，そのことがむしろアメリカ的方式の導入の大きな機会を与えたという点が特徴的である。この点は，他の経営方式の場合とは大きく異なっている。またレファやドイツMTM協会の取り組み・役割にみられるように，ドイツ側の団体組織の果たした役割が大きかったことも重要な特徴を示している。アメリカの管理手法・技術が世界をリードしたIEのような方式・システムにおいても，1920年代の合理化運動の時期に始まりその後のナチス期にも作業研究の方法の開発・普及の中核的機関となったレファのような組織の活動の伝統，作業研究の領域における主導性があり，その強い影響・役割のもとにドイツ的な適応が試みられるなかで，アメリカ的方式の導入・普及がすすんだのであった。

（1）G. P. Dyas, H. T. Thanheiser, *The Emerging European Enterprise*, London, 1976, pp. 111-112.

（2）H. Hartmann, *Amerikanische Firmen in Deutschland : Beobachtungen über Kontakte und Kontraste zwischen Industriegesellschaften*, Köln, Opladen, 1963, S. 192.

（3）J. -H. Kirchner, Förderung der Produktivität in Mittel- und Kleinbetrieben durch das Arbeitsstudium, *REFA-Nachrichten*, 23. Jg, Heft 6, Dezember 1970, S. 440.

（4）今井賢一「管理工学の発展」，藻利重隆責任編集『経営学辞典』東洋経済新報社，1967年，805-806ページ。

（5）Aus Theorie und Praxis des Industrial Engineering in den USA. Bericht über eine Studienreise September/Oktober 1963, S. 123, *Siemens Archiv Akten*, 16020.

（6）International Conference on Work-Factor Time Standards（26-27. 9. 1963），*Bundesarchiv Koblenz*, B393/27.

第3章　インダストリアル・エンジニアリングの導入の日独比較　*163*

(7) Aus Theorie und Praxis des Industrial Engineering in den USA, S. 33, *Siemens Archiv Akten*, 16020, H. B. Maynard, G. J. Stegemerten, J. L. Schwab, *Methods-Time-Measurement*, NewYork, 1948.

(8) 日本生産性本部編『鉄鋼　鉄鋼生産性視察団報告書』（Productivity Report 3），日本生産性本部，1956年，1ページ，4-5ページ，21-23ページ，98-99ページ。

(9) 日本鉄鋼連盟鉄鋼10年史編集委員会編『鉄鋼10年史──昭和33年〜42年──』日本鉄鋼連盟，1969年，595-597ページ，八幡製鉄所所史編さん実行委員会『八幡製鉄所八十年史』，部門史・下巻，新日本製鉄八幡製鉄所，1980年，32ページ。

(10) 日本鉄鋼連盟IE資料研究会「インダストリアル・エンジニアリングの研究と導入について」『PR』，第 9 巻第 2 号，1958年 2 月，35ページ。

(11) 野田信夫「インダストリアル・エンジニアリングの経営理論的考察」『PR』，第 9 巻第 1 号，1958年 1 月，15-16ページ，中山隆裕・新居崎邦宜・鈴木 隆・佐藤 良・川島正治・岩井主蔵・野原秀永・大村 実「IE活動の現状と問題点」『インダストリアル・エンジニアリング』，第 2 巻第 1 号，1960年 1 月，2 ページ参照。

(12) 「インダストリアルエンジニアリングと日本の鉄鋼業」『鉄鋼界』，第 7 巻第11号，1957年11月，34-35ページ。

(13) 八巻直躬「電気機械工業とインダストリアル・エンジニアリング──わが国電気機械工業界におけるIEとその適用の実際──」『PR』，第 9 巻第 2 号，1958年 2 月，30ページ。

(14) 今野武四郎「WF（Work Factor）法およびMTMの導入」，日本能率協会編『経営と共に　日本能率協会コンサルティング技術40年』日本能率協会，1982年，227ページ。

(15) 前川恭一『日独比較企業論への道』森山書店，1997年，59ページ。

(16) 野口 祐・石坂 巌・関口 操・小島三郎『経営管理総論』中央経済社，1965年，229ページ。

(17) 野口 祐『生産管理の経営学』税務経理協会，1968年，195ページ，上田新治郎「IEの導入と展開について」『IE Review』，第 8 巻第 3 号，1967年 6 月，136ページ，日本鉄鋼連盟事務局ほか「昭和三十六年の日本鉄鋼業回顧」『鉄鋼界』，第12巻第 5 号，1962年 5 月，71ページ。

(18) 安井恒則『現代大工業の労働と管理　鉄鋼コンビナートの経営経済学的研究』ミネルヴァ書房，1986年，201ページ。

(19) 宮島磊次「当社のIE活動──拡大された役割をもったIE部の設置とその機能──〈住友金属工業鉄株式会社〉」『IE Review』，第23号，1963年 8 月，239ページ。

(20) 井上秀次郎「日本におけるIEの展開と矛盾」『技術と人間』，1976年 6 月，第 6 号，30ページ，安井，前掲書，204ページ。

(21) IE問題研究会「現代IErの意識とその実態・鉄鋼業編」『IE Review』，第16巻第 3 号，1975年 6 月，77-78ページ。

(22) IE問題研究会「現代IErの意識とその実態・電機産業編」『IE Review』，第16巻第 4

号，1975年8月，99ページ，IE問題研究会「現代IErの意識とその実態——鉄鋼業と電機産業におけるIErと人間問題——」『IE Review』，第16巻第5号，1975年10月，139ページ。

(23) 拙書『ヴァイマル期ドイツ合理化運動の展開』森山書店，2001年，拙書『ナチス期ドイツ合理化運動の展開』森山書店，2001年を参照。

(24) Aus Theorie und Praxis des Industrial Engineering in den USA, S. 123, *Siemens Archiv Akten*, 16020.

(25) E. Kothe, Sind Arbeitsstudien noch zeitgemäß? *Werkstatt und Betrieb*, 81. Jg, Heft 1, Januar 1948, S. 10.

(26) Programm für durchzuführende Arbeits- u. Zeitstudien im Geschäftsjahr 1959/60 (12. 10. 1959), *AEG Archiv*, GS2052, Programm für durchzuführende Rationalisierungsmaßnahmen im Geschäftsjahr 1960/61 (1. 12. 1960), *AEG Archiv*, GS2052, Programm für durchzuführende Rationalisierungsmaßnahmen im Geschäftsjahr 1961/62 (5. 12. 1961), *AEG Archiv*, GS2052, Programm für Rationalisierung im Geschäftsjahr 1964 (8. 6. 1964), *AEG Archiv*, GS2052, Programm für durchzuführende Rationalisierungsmaßnahmen im Geschäftsjahr 1966 (21. 1. 1966), *AEG Archiv*, GS2052, Geschäftsbericht 1959/60 an Dir. Mempel (2. 12. 1960), *AEG Archiv*, GS2052, Geschäftsbericht 1960/61 an Dir. Mempel (5. 12. 1961), *AEG Archiv*, GS2052, Geschäftsbericht 1962/63 an Dir. Mempel (2. 6. 1964), *AEG Archiv*, GS2052, Durchzuführte Rationalisierungsvorhaben im Geschäftsjahr 1963, *AEG Archiv*, GS2052, Durchzuführte Rationalisierungsvorhaben im Geschäftsjahr 1966 (5. 4. 1967), *AEG Archiv*, GS2052.

(27) J. Free, Maschinenbau und Rationalisierung, L. Brandt, G. Frenz (Hrsg.), *Industrielle Rationalisierung 1955,* Dortmund, 1955, S. 67, K-H. Pavel, *Formen und Methoden der Rationalisierung*, Berlin, 1957, S. 22.

(28) Die Verbreitung des Arbeitsstudiums und die Bedeutung der REFA-Arbeit in Zahlen, *REFA-Nachrichten*, 9. Jg, Heft 3, September 1956, S. 91-94, E. Pechhold, Weitere Ergebnisse der IfO-Erhebung über die Verbreitung des Arbeitsstudiums, *REFA-Nachrichten*, 9. Jg, Heft 4, Dezember 1956, S. 147.

(29) R. Schmiede, E. Schudlich, *Die Entwicklung der Leistungsentlohnung in Deutschland. Ein historisch-theoretische Untersuchung zum Verhältnis von Lohn und Leistung unter kapitalistischen Produktionsbedingungen*, 4. Aufl., Frankfurt am Main, New York, 1981, S. 359.

(30) Vgl. F. Reitmeier, REFA und Systeme vorbestimmter Zeiten, *REFA-Nachrichten*, 23. Jg, Heft 6, Juni 1970, S. 435.

(31) K. Willenwacker, Work-Factor für die Konstruktion von Betriebsmitteln und Produktion, *Werkstatt und Betrieb*, 100. Jg, Heft 2, Februar 1967, S. 111.

(32) IE-Gespräch, *Fortschrittliche Betriebsführung und Industrial Engineering*, 25. Jg, Heft 6,

第3章　インダストリアル・エンジニアリングの導入の日独比較　*165*

Dezember 1976, S. 338.

(33) H. Billhardt, Der Arbeitsablauf als Ansatzpunkte zur Rationalisierung, *REFA-Nachrichten*, 15. Jg, Heft 6, Dezember 1962, S. 249.

(34) 40 Jahre REFA. Festvortrag von Dipl. -Ing. Antoni, Vorsitzer des REFA-Bundes-verbandes, auf der Abschlußveranstaltung am 23. Mai 1964 in Hannover, *REFA-Nachrichten*, 17. Jg, Heft 4, August 1964, S. 186.

(35) E. Bramesfeld, Arbeitswissenschaft und Betrieb, *Stahl und Eisen*, 80. Jg, Heft 19, 15. 9. 1960, S. 1259-1260.

(36) F. Reitmeier, REFA und die Systeme vorbestimmter Zeit, *REFA Nachrichten*, 23. Jg, Heft 6, Dezember 1970, S. 435.

(37) Geschäftsbericht des Verbandes für Arbeitsstudien――REFA―e. V. für die Zeit vom 1. Januar bis 31. Dezember 1969, *REFA-Nachrichten*, 23. Jg, Heft 3, März 1970, S. 177.

(38) R. Schmiede, E. Schudlich, *a. a. O.*, S. 360.

(39) E. Pechhold, *50 Jahre REFA*, Berlin, Köln, Frankfurt am Main, 1974, S. 219-220.

(40) *Ebenda*, S. 195.

(41) *Ebenda*, S. 233.

(42) R. Schmiede, E. Schudlich, *a. a. O.*, S. 369.

(43) この点については，日比宗平『生産管理論』同文舘出版，1975年，30ページ，野口，前掲書，109ページ，170-181ページ，196-198ページ，野口・石坂・関口・小島，前掲書，224-225ページ，井上，前掲論文，28ページ，「PTS（規定時間標準）法はどう活用されているか　日米のPTS比較　Factory誌が調査したアメリカ132社と本誌が調査した38社との比較」『インダストリアル・エンジニアリング』，第1巻第2号，1959年6月，81ページ，三原田 栄「IEへの開眼とその展開」『ビジネス』，第9巻第4号，1965年4月，28ページなどを参照。

(44)「PTS（規定時間標準）法はどう活用されているか」『インダストリアル・エンジニアリング』，第1巻第2号，1959年6月，81ページ，三原田，前掲論文，28ページ，通商産業省合理化審議会編『IEの進め方　正しい導入と活用』日本能率協会，1967年，62ページ。

(45) 野口，前掲書，170ページ，196ページ，207-208ページ，日本鉄鋼連盟事務局ほか，前掲論文，71ページ。

(46) 小野 茂「WF法による標準時間設定例」『インダストリアル・エンジニアリング』，第1巻第1号，1959年4月，60ページ。

(47) 池永謹一「生産をたかめる基本的IE活動　精工舎における作業標準化」『インダストリアル・エンジニアリング』，第4巻第8号，1962年8月，786ページ。例えば精工舎では，1962年にはWF法は同社のメソッド・エンジニアリングのバックボーンとなっていたと指摘されている。同論文，786ページ。

(48) 日本生産性本部編『アメリカのインダストリアル・エンジニアリング――第2次IE

166 第2部 経営の「アメリカ化」と「再構造化」の日独比較

専門視察団報告書──』(Productivity Report 100)，日本生産性本部，1960年，20ペー
ジ，22ページ，39-40ページ，58ページ，133-135ページ，尾崎 猛「アメリカのIE活動
と日本の現状」『インダストリアル・エンジニアリング』，第1巻第6号，1959年10
月，362ページ，366ページ。

(49) 大村 実「日米のIE比較 その本質的差異分析を試みる」『インダストリアル・エン
ジニアリング』，第4巻第10号，1962年10月，915ページ，926ページ。

(50) 野口，前掲書，171ページ，196-197ページ，野口・石坂・関口・小島，前掲書，224-
225ページ，228ページ。例えば1958年3月末のIE国内生産性視察団の報告書でも，調
査された企業については，作業測定，WF法，その他当時のアメリカのIE手法の多く
がばらばらに行われている状況にあり，総合的な機能としてのIE，あるいは独立した
部門としての機能を果たしている企業はみられないと指摘されている。インダストリ
アル・エンジニアリング国内視察団『インダストリアル・エンジニアリング国内視察
団報告書』日本生産性本部，1958年，232ページ。

(51) 井上，前掲論文，28ページ。

(52) ジェラルド.ナドラー・渋谷 潔・古川 光・門田武治・鈴木成裕「革新すすむ現代
IEの動向 座談会 ナドラー教授を囲んで語るマネジメント・システム設計とIE」
『インダストリアル・エンジニアリング』，第5巻第11号，1963年11月，。

(53) 日本鉄鋼連盟事務局ほか，前掲論文，71ページ。

(54) ジョセフ H.クイック・池永謹一「WFと作業測定 創始者を迎えてその進歩と利点
を語る」『インダストリアル・エンジニアリング』，第7巻第12号，1965年12月，1100-
1101ページ，「近代経営の花形IEのすべて」『ビジネス』，第4巻第5号，1960年5月，
69ページ，73ページ，今野，前掲論文，227ページ。

(55) 日本生産性本部編，前掲『アメリカのインダストリアル・エンジニアリング』，102
ページ，日本生産性本部編『インダストリアル・エンジニアリング インダストリア
ル・マネジメント専門視察団報告書』(Productivity Report 162)，日本生産性本部，
1964年，42ページ，今野，前掲論文，227ページ。

(56) 小野 茂「総合的IE活動の展開を」『IE』，第12巻第10号，1970年10月，26ページ，31
ページ。

(57) 古川 光・前田幸夫・和田栄治・木暮正雄・酒井重恭・八巻直躬「欧米とわが国に
おけるIE教育の現状」『IE Review』，第9号，1961年3月，103ページ。

(58) 谷口公三「実態調査よりみた企業内IE活動の日米比較」『インダストリアル・エン
ジニアリング』，第9巻第12号，1967年12月，1197-1200ページ。

(59) 上田，前掲論文，135ページ，137ページ。

(60) 十時 昌「IErのIE フォアマンのIE」『IE』，第15巻第4号，1973年4月，34ページ。

(61) 内山辰丙「マネジメントの改善」『鉄鋼界』，第16巻第2号，1966年2月，34ページ。

(62) 日比，前掲書，30ページ。

(63) 武田武治「基本的IE活動の実践を提唱する」『インダストリアル・エンジニアリン

第3章　インダストリアル・エンジニアリングの導入の日独比較　*167*

　　グ』，第9巻第6号，1967年6月，580ページ。

(64) 十時　昌「ライン幹部のIE実践論　こうすれば定着する」『インダストリアル・エン
　　ジニアリング』，第10巻第2号，1968年2月，6ページ。

(65) 大村　実「実態からみた70年代のIE活動の方向　拡大する適用領域と増進する機能」
　　『IE』，第11巻第7号，1969年7月，16ページ，志田正俊「日本のIE効率はなぜ低い
　　企業貢献度は米国の3分の1！」『IE』，第10巻第3号，1968年3月，11ページ。

(66) 野口，前掲書，173ページ，177-178ページ。

(67) 日比，前掲書，31ページ。

(68) 例えば津村豊治「IE発展のために」『IE』，第13巻第9号，1971年9月，171ページ，
　　十時，前掲「IErのIE」，31ページ参照。

(69) 日本鉄鋼連盟鉄鋼10年史編集委員会編，前掲書，605-607ページ。

(70) 井上，前掲論文，30ページ。

(71) 土屋　勤「鉄鋼業」，坂本藤良・野田一夫・松田武彦・宇野政雄監修『インダストリ
　　アル・エンジニアリング』中央公論社，1959年，274ページ。

(72) 日本鉄鋼連盟事務局ほか「昭和37年の日本鉄鋼業回顧」『鉄鋼界』，第13巻第5号，
　　1963年5月，81ページ。

(73) 日本鉄鋼連盟鉄鋼10年史編集委員会編，前掲書，607-608ページ，郷司浩平ほか監
　　修，野田一夫編『現代経営史』日本生産性本部，1969年，896ページ。

(74) 安井，前掲書，207ページ。

(75) 日本鉄鋼連盟事務局「昭和四十年の日本鉄鋼業回顧」『鉄鋼界』，第16巻第5号，
　　1966年5月，100ページ，日本鉄鋼連盟事務局「昭和41年の日本鉄鋼業回顧」『鉄鋼
　　界』，第17巻第5号，1967年5月，95ページ。

(76) 日本鉄鋼連盟鉄鋼10年史編集委員会編，前掲書，605ページ，608-611ページ。

(77) 小野三郎「各社におけるIEの実施例　鉄鋼工業における実施例　鉄鋼業一般におけ
　　る例」，日本インダストリアル・エンジニアリング協会編『IE技法ハンドブック』丸
　　善，1968年，665-670ページ。

(78) 日本鉄鋼連盟事務局「昭和42年の日本鉄鋼業回顧」『鉄鋼界』，第18巻第5号，1968
　　年5月，103ページ。

(79) 日本鉄鋼連盟事務局「昭和43年の日本鉄鋼業回顧」『鉄鋼界』，第19巻第5号，1969
　　年5月，104-105ページ，日本鉄鋼連盟事務局「昭和45年の日本鉄鋼業回顧」『鉄鋼
　　界』，第21巻第5号，1971年5月，80-81ページ。

(80) 日本鉄鋼連盟事務局「昭和46年の日本鉄鋼業回顧」『鉄鋼界』，第22巻第5号，1972
　　年5月，80ページ。

(81) 日本鉄鋼連盟事務局「昭和48年の日本鉄鋼業回顧」『鉄鋼界』，第24巻第5号，1974
　　年5月，80ページ，日本鉄鋼連盟事務局「昭和49年の日本鉄鋼業回顧」『鉄鋼界』，第
　　25巻第5号，1975年5月，100-101ページ，日本鉄鋼連盟事務局「昭和50年の日本鉄鋼
　　業回顧」『鉄鋼界』，第26巻第5号，1976年5月，65-66ページ，日本鉄鋼連盟事務局

「昭和52年の日本鉄鋼業回顧」『鉄鋼界』，第28巻第5号，1978年5月，66ページ。

(82)「昭和58年鉄鋼各社のIE活動」『鉄鋼のIE』，第22巻第2号，1984年3月，14-15ページ。

(83) 住友金属工業株式会社社史編集委員会編『住友金属工業最近十年史』住友金属工業株式会社，1967年，136-141ページ，宮島，前掲論文，233ページ，宮島磊次「IEを成功さすには～IE活動の展開～」『IE Review』，第8巻第6号，1967年12月，325-331ページ，郷司浩平ほか監修，野田一夫編『日本経営史　現代経営史』日本生産性本部，1969年，176ページ，901ページなどを参照。

(84) 大村　実「全社的なIE活動に踏切った本格派　住友金属工業（株）」『インダストリアル・エンジニアリング』，第1巻第5号，1959年9月，312ページ。

(85)「わが社におけるIE活動の現況　住友金属工業鉄株式会社の巻」『鉄鋼界』，第14巻第4号，1964年4月，50-51ページ，54ページ。

(86) 八幡製鐵株式会社社史編さん委員会編『炎とともに　八幡製鐵株式会社史』新日本製鐵株式会社，1981年，147ページ，407ページ。

(87) 同書，407ページ，大村　実「EDP時代に即応したIE活動を展開　八幡製鉄（株）八幡製鉄所」『インダストリアル・エンジニアリング』，第3巻第65号，1961年6月，481ページ。

(88) 八幡製鉄所所史編さん実行委員会，前掲書，33ページ。

(89)「わが社におけるIE活動の現況　八幡製鉄株式会社の巻」『鉄鋼界』，第13巻第12号，1963年12月，55-57ページ。

(90) 八幡製鐵株式会社社史編さん委員会編，前掲書，409ページ。

(91) 八幡製鉄所所史編さん実行委員会，前掲書，35ページ。

(92) 同書，36ページ，大村，前掲「EDP時代に即応したIE活動を展開」，484ページ，486ページ。

(93) 八幡製鉄所所史編さん実行委員会，前掲書，38-39ページ，41ページ。

(94) 小野三郎「釜石製鉄所におけるI・E」『鉄鋼界』，第9巻第6号，1959年5月，20-21ページ，23ページ。

(95) 大村　実「生産性の向上に直結したIE活動　富士製鉄（株）広畑製鉄所」『インダストリアル・エンジニアリング』，第4巻第1号，1962年1月，32ページ，36ページ。

(96)「わが社におけるIE活動の現況　富士製鉄株式会社の巻」『鉄鋼界』，第14巻第1号，1964年1月，49ページ，51ページ。

(97) 川崎製鐵株式会社社史編集委員会編『川崎製鐵二十五年史』川崎製鐵株式会社，1976年，414-416ページ。

(98) 増田行治「科学的行動へのモチベーション　千葉製鉄所のIE活動を中心に教育訓練の果たした役割」『産業訓練』，第11巻第7号，1965年7月，53-55ページ。

(99)「わが社におけるIE活動の現況　川崎製鉄株式会社の巻」『鉄鋼界』，第14巻第3号，1964年4月，52-55ページ。

(100)「わが社におけるIE活動の現況　日本鋼管株式会社の巻」『鉄鋼界』，第14巻第2号，1964年2月，35ページ，38-40ページ。

(101)菊池武之進「各社におけるIEの実施例　機械工業における実施例　A社の例」，日本インダストリアル・エンジニアリング協会編，前掲書，608ページ，坂野孝義「当社のコストダウン方策とIE〈日産自動車株式会社〉」『IE Review』，第23号，1963年8月，220ページ，223-225ページ。

(102)高井　清・田中敏彦・秋庭雅夫・木村幸信・川瀬武志「IEの希望を語る（Ⅰ）」『IE Review』，第9巻第1号，1968年2月，8ページ，大村　実「筋道の通った管理システムを目ざす──東洋工業株式会社──」『インダストリアル・エンジニアリング』，第1巻第7号，1959年11月，450ページ，坂野，前掲論文，225ページ。

(103)大村，前掲「筋道の通った管理システムを目ざす」，450ページ。

(104)大村　実「事務・技術2本立てのIE活動　トヨタ自動車工業（株）」『インダストリアル・エンジニアリング』，第2巻第13号，1960年12月，896ページ，901-903ページ。

(105)通商産業省合理化審議会編，前掲書，73ページ，九州インダストリアル・エンジニアリング国内視察団『九州インダストリアル・エンジニアリング国内視察団報告書』日本生産性本部・生産性九州地方本部，1959年，18ページ。例えば富士通信機の川崎工場でも，1951年に始まるWF法の適用によって，それまでまったく顧みられることのなかった異種作業間のアンバランスが大幅に修正されることになった（大村　実「技術センターを中心にIE活動を展開　富士通信機川崎工場」『インダストリアル・エンジニアリング』，第1巻第1号，1959年4月，34ページ，第3次IE国内視察団『日本におけるIEの動向──第3次IE国内視察団報告書──』日本インダストリアル・エンジニアリング協会・関東インダストリアル・エンジニアリング協会，1965年，90ページ）。日本では，従来ストップ・ウォッチでの要素別時間研究が行われていたが，そこでは，作業者の熟練度や観測時の諸条件による所要時間の変動という，非常にむずかしい問題に直面せざるをえなかった。郷司浩平ほか監修，野田一夫編集，前掲『日本経営史』，626ページ。

(106)日産自動車株式会社総務部調査課編『日産自動車三十年史　昭和八年─昭和三十八年』日産自動車株式会社，1965年，294ページ，九州インダストリアル・エンジニアリング国内視察団，前掲書，18ページ，通商産業省合理化審議会編，前掲書，62-63ページ，75ページ，79ページ，大村　実「技術部を中心に幅の広いIE活動を展開　日産自動車・本社工場」『インダストリアル・エンジニアリング』，第1巻第2号，1959年6月，101ページ，103-104ページ，坂野，前掲論文，202ページ，206ページ。

(107)通商産業省合理化審議会編，前掲書，65-66ページ。

(108)同書，64ページ。

(109)大村，前掲「技術部を中心に幅の広いIE活動を展開」，102-103ページ。

(110)東洋工業株式会社五十年史編纂委員会編『1920-1970東洋工業五十年史──沿革編──』東洋工業株式会社，1972年，301-302ページ。

170 第2部 経営の「アメリカ化」と「再構造化」の日独比較

(111) 大村 実「バランスを重視した総合的IE活動 鈴木自動車工業（株）」『インダスト
リアル・エンジニアリング』，第3巻第12号，1961年12月，1049-1050ページ。

(112) 佐藤 良「電気工業」，坂本・野田・松田彦・宇野監修，前掲書，266-267ページ。

(113) 通商産業省企業局編『国際化時代におけるわが国企業経営の高度化について』通商
産業省企業局，1969年 105ページ。

(114) 大村 実「増産態勢に密着したIE活動 富士電機製造（株）川崎工場」『インダスト
リアル・エンジニアリング』，第3巻第3号，1961年3月，194ページ。

(115) 大村 実「実力・組織・運営三拍子そろったIE活動 日立製作所多賀工場」『インダ
ストリアル・エンジニアリング』，第1巻第6号，1959年10月，370ページ。

(116) 株式会社日立製作所戸塚工場編『日立製作所戸塚工場史1』株式会社日立製作所戸
塚工場，1970年，85-86ページ。

(117) 大村 実「わが国におけるIE活動導入のパイオニア――日本電気（株）三田事業所」
『インダストリアル・エンジニアリング』，第2巻第1号，1960年1月，22-23ページ，
九州インダストリアル・エンジニアリング国内視察団，前掲書，82ページ。

(118) 三菱電機株式会社社史編纂室編『三菱電機社史 創立60周年』三菱電機株式会社，
1982年，106ページ，275ページ。

(119) 大村 実「組織化された全所的IE活動を展開――三菱電機伊丹製作所――」『インダ
ストリアル・エンジニアリング』，第2巻第3号，1960年3月，170-172ページ。

(120) 第3次IE国内視察団，前掲書，18ページ。

(121) Vgl. E. Pechhold, Fortbildung von Führungskräften des Arbeitsstudiums, *REFA-Nachrichten*, 16. Jg, Heft 2, April 1963, S. 48, E. Kübler, Industrial Engineering im REFA, *REFA-Nachrichten*, 27. Jg, Heft 4, August 1974, S. 296, K. Schlaich, Inhalt und Chancen des Industrial Engineering in der deutschen Wirtschaft, *REFA-Nachrichten*, 22. Jg, Heft 1, Februar 1969, S. 1.

(122) R. Schmiede, E. Schudlich, *a. a. O.*, S. 400-401.

(123) Beurteilung und Einsatzmöglichkeit des Work-Factor-Verfahrens. Das Work-Factor-Verfahren als Hilfsmittel der Arbeitsgestaltung und der arbeitstechnischen Vorplanung, S. 9, *Siemens Archiv Akten*, 7882, B. Jaeckel, 10 Jahre REFA-Bundesverband. Die Entwicklung von 1951 bis 1961, *REFA-Nachrichten*, 14. Jg, Heft 6, Dezember 1961, S. 223.

(124) Aus Theorie und Praxis des Industrial Engineering in den USA, S. 91, *Siemens Archiv Akten*, 16020.

(125) Vgl. *Ebenda*, S. 20, B. Jaeckel, *a. a. O.*, S. 223.

(126) Beurteilung und Einsatzmöglichkeit des Work-Factor-Verfahrens, S. 10, *Siemens Archiv Akten*, 7882.

(127) E. Pechhold, *50 Jahre REFA*, S. 193.

(128) *Ebenda*, S. 191.

（129）Rationalisierung durch vorbestimmte Zeit. Bericht über die REFA-Tagung am 20. Juni 1962 in Darmstadt, *REFA-Nachrichten*, 15. Jg, Heft 6, Dezember 1962, S. 257–258.

（130）R. Schmiede, E. Schudlich, *a. a. O.*, S. 360.

（131）Deininger, Arbeitsstudium als Rationalisierungshilfe, *Rationalisierung*, 13. Jg, Heft 6, Juni 1962, S. 146.

（132）Beurteilung und Einsatzmöglichkeit des Work-Factor-Verfahrens, S. 10, *Siemens Archiv Akten*, 7882.

（133）H. Votsch, Rationelle Auswertung von Zeitstudien, *REFA-Nachrichten*, 15. Jg, Heft 2, April 1962, S. 62.

（134）Vgl. Technische Akademie Bergische Land e. V. : TA-Studienreise nach USA auf dem Gebiet des MTM-Verfahrens（Methods Time Measurement）（13. 10. 1952), *Bundesarchiv Koblenz*, B102/37261.

（135）E. Pechhold, *50 Jahre REFA*, S. 125.

（136）I. M. Witte, Von den Grundlagen der Rationalisierung. Zum 85. Geburtstag von Lillian Gilbreth am 24. Mai 1963, *Rationalisierung*, 14. Jg, Heft 5, Mai 1963, S. 104.

（137）Aus Theorie und Praxis des Industrial Engineering in den USA, S. 20, *Siemens Archiv Akten*, 16020.

（138）S. A. Birn, Ein Amerikaner sieht Europas Wirtschaft. Wichtigstes Problem : Mangel an Rationalisierungsfachleuten, *Der Arbeitgeber*, 20. Jg, Nr. 9, 5. 5. 1968, S. 234, S. 236.

（139）Vgl. Deutsche MTM Vereinigung e. V.（Hrsg.), *MTM——Von Anfang an richtig*, Hamburug, 2002, S. 31, U. Mergner, M. Osterland, P. Klaus, *Die Entwicklung ausgewählter Arbeitsbedingungen in der BRD*, Göttingen, 1974, S. 175–176.

（140）R. Schmiede, E. Schudlich, *a. a. O.*, S. 359.

（141）*Ebenda*, S. 371–372.

（142）*Ebenda*, S. 362.

（143）R. Rau, Die Anwendung von MTM in einem Unternehmen der deutschen Kraftfahrzeug-Zubehör-Industrie, H. Pornschlegel（Hrsg.), *Verfahren vorbestimmter Zeiten*, Köln, 1968, S. 169–170, J. Bähr, P. Erker, *Bosch. Geschichte eines Weltunternehmens*, München, 2013, S. 354–357. ボッシュはMTMを成功裡に実施したドイツの最初の企業のひとつであり，それでもって先駆者としての機能を果たしたが，M TMの導入にあたりアメリカのコンサルタント会社であるブルース・ペイン（Bruce Payne）が関与した。*Ebenda*, S. 355.

（144）J. Arlt, Erfahrungen und Tendenzen bei der MTM-Anwendung. Ein Bericht aus der Automobilindustrie, *REFA-Nachrichten*, 31. Jg, Heft 3, Juni 1978, S. 143.

（145）IG Metall, *Geschäftsbericht 1962, 1963 und 1964 des Vorstandes der Industriegewerkschaft Metall für die Bundesrepublik Deutschland*, IG Metall, Frankfurt am Main, 1965, S. 127–128.

172 第2部 経営の「アメリカ化」と「再構造化」の日独比較

(146) Vgl. W. Erdmann, Möglichkeiten und Grenzen der Zeitvorgabe bei Instandhaltungs-arbeiten. Bericht über Ergebnisse eines RKW-Unterschungsprojektes, *REFA-Nachrichten*, 22. Jg, Heft 5, Mai 1969, S. 310–311.

(147) K. Schlaich, *a. a. O.*, S. 6.

(148) H. Hopf, Die Anwendung von MTM-Analysiersystemen in der Bekleidungs- und Maschinenindustrie, *REFA-Nachrichten*, 32. Jg, Heft 2, April 1979, S. 67.

(149) *Ebenda*, S. 72.

(150) K. Schlaich, *a. a. O.*, S. 7.

(151) Beurteilung und Einsatzmöglichkeit des Work-Factor-Verfahrens, S. 1, S. 3, S. 9, *Siemens Archiv Akten*, 7882.

(152) Rationalisierung durch vorbestimmte Zeit, *REFA-Nachrichten*, 15. Jg, Dezember 1962, S. 257.

(153) Aus Theorie und Praxis des Industrial Engineering in den USA, S. 20, S. 22, *Siemens Archiv Akten*, 16020.

(154) Work-Factor-System（WF）, Einführung, *Siemens Archiv Akten*, 8679, Daten für die Gestaltung von Arbeitsplätzen（April 1970）.

(155) Betriebsgebundene Work-Factor-Lehrgänge（15. 5. 1961）, *Rheinisch-Westfälisches Wirtschaftsarchiv zu Köln*, Abt 195, F5–5.

(156) Anwendung des Work-Factor-Verfahrens bei Glanzstoff（12. 12. 1961）, S. 1–5, *Rheinisch-Westfälisches Wirtschaftsarchiv zu Köln*, Abt 195, F5–5.

(157) Die Schrift der Rationalisierungsabteilung von 27. 9. 1962, S. 2, *Rheinisch-Westfälisches Wirtschaftsarchiv zu Köln*, Abt 195, F5–5.

(158) F. R. Lorenz, Zur Frage der Erfassung kurzer Zeiten bei Arbeits- und Zeitstudien, *Werkstatt und Betrieb*, 95. Jg, Heft 5, Mai 1962, S. 283.

(159) S. Hilger, *„Amerikanisierung" deutscher Unternehmen. Wettbewerbsstrategien und Unternehmenspolitik bei Henkel, Siemens und Daimler-Benz（1945/49–1975）*, Stuttgart, 2004, S. 181–182.

(160) 日本鉄鋼連盟鉄鋼10年史編集委員会編，前掲書，612ページ。

(161) 十時，前掲「ライン幹部のIE実践論」，7–8ページ。

(162) 笠原伸平・手塚仁平「アメリカのIEの現状」『IE Review』，第20号，1963年2月，16ページ，「フォアマンの日・欧・米格差を語る　異なる経営参加の意義と権限」『IE』，第10巻第5号，1968年5月，11ページ。

(163) 八幡製鐵株式会社社史編さん委員会編，前掲書，706–707ページ，勝井秀臣「新しい作業長はこのように育つ」『IE』，第10巻第5号，1968年5月，野口，前掲書，177ページ参照。八幡製鉄の作業長制度について詳しくは，小松 広編『作業長制度』労働法令協会，1968年を参照。また同社の作業部門作業長一般職務明細書については，第2次インダストリアル・エンジニアリング国内視察団『第2次インダストリアル・エ

ンジニアリング国内視察団報告書』日本生産性本部・日本インダトリアル・エンジニアリング協会，1959年，301-306ページを参照。なお他社の事例として，住友金属の作業長制度については，住友金属工業株式会社社史編集委員会編，前掲書，169-170ページ参照。

(164) 十時　昌「"日本流"を創り出すために　特異な日本のマネジメントの認識から」『IE』，第15巻第11号，1973年11月，47ページ，十時　昌「古典IEはフォアマンのもの」『IE』，第15巻第5号，1973年5月，9ページ。

(165) 井上，前掲論文，29ページ。

(166) 小野，前掲「WF法による標準時間設定例」，60ページ。

(167) 十字　昌「2つの進路をとるこれからのIE」『IE』，第11巻第3号，1969年3月，2ページ。

(168) F. G. ヴィゼム「人間中心をめざすヨーロッパのIE」『IE』，第12巻第2号，1970年2月，10ページ。

(169) 「PTS（規定時間標準）法はどう活用されているか」『インダストリアル・エンジニアリング』，第1巻第2号，1959年6月，85ページ。

(170) 和田栄治・十時　昌「IErの役割と今後の課題」『インダストリアル・エンジニアリング』，第9巻第6号，1967年6月，519ページ，中山隆裕・新居崎邦宜・鈴木　隆・佐藤　良・川島正治・岩井主蔵・野原秀永・大村　実「IE活動の現状と問題点　続」『インダストリアル・エンジニアリング』，第2巻第2号，1960年2月，121-122ページ。

(171) 上田新治郎「IE活動の徹底化をどう進めるか　IEマネジャーの現状批判と提言」『インダストリアル・エンジニアリング』，第5巻第5号，1963年5月，420ページ。

(172) 上田新治郎・津村豊治・大村　実・鈴木成裕「IE展開のための基礎論」『インダストリアル・エンジニアリング』，第9巻第6号，1967年6月，539ページ。

(173) 十時　昌「人を活かすためにはまず組織開発を」『IE』，第15巻第12号，1973年12月，100-102ページ。

(174) トヨタ自動車工業株式会社社史編集委員会編『トヨタ自動車20年史』トヨタ自動車工業株式会社，1958年，417ページ，トヨタ自動車株式会社編『創造限りなく　トヨタ自動車50年史』トヨタ自動車株式会社，1987年，278ページ，和田一夫『ものづくりの寓話　フォードからトヨタへ』名古屋大学出版会，2009年，521-524ページ，藤本隆宏『生産システムの進化論』有斐閣，1997年，69ページ，117ページ。

(175) 日本鉄鋼連盟戦後鉄鋼史編集委員会編『戦後鉄鋼史』日本鉄鋼連盟，1959年，997ページ。

(176) 富士電機製造株式会社『富士電機社史Ⅱ（1957～1973）』富士電機製造株式会社，1974年，255ページ。

(177) 「わが社におけるIE活動の現況　株式会社神戸製鋼所の巻」『鉄鋼界』，第14巻第6号，1964年6月，21ページ。

(178) 大村，前掲「増産態勢に密着したIE活動　富士電機製造（株）川崎工場」，197ペー

ジ。

(179) 第3次IE国内視察団，前掲書，153ページ。

(180) 「I・E インダストリアル・エンジニアリング」『鉄鋼界』，第13巻第12号，1963年12月，53-54ページ。

(181) 上田新治郎「IEマインド」『日本機械工学会誌』，第69巻第573号，1966年10月，1277-1278ページ。

(182) スタンレイ M. ブロック「『伝統的IE』と『現代的IE』のバランスを語る」『インダストリアル・エンジニアリング』，第6巻第6号，1964年6月，515ページ。

(183) 第3次IE国内視察団，前掲書，序文。

(184) 同書，178-188ページ。

(185) 同書，146-147ページ。

(186) この点については，例えば通商産業省合理化審議会編，前掲書，79ページ，宮島，前掲「IEを成功さすには」，331ページなどを参照。

(187) 第3次IE国内視察団，前掲書，150ページ。1968年の東京証券取引所上場企業を対象とした調査に基づく産業合理化審議会管理部による69年の最終答申でも同様の指摘がみられる。通商産業省企業局編，前掲書，105-106ページ，133ページ。

(188) 同書，112ページ。

(189) 黒板駿策「IEと国民性」，坂本・野田・松田・宇野監修，前掲書，317-319ページ。

(190) 野田信夫「企業の現実とIE　IEには踏むべき四つのステップがある」『インダストリアル・エンジニアリング』，第1巻第8号，1959年12月，510ページ，514ページ。

(191) この点については，拙書『戦後ドイツ資本主義と企業経営』森山書店，2009年，第13章を参照。

(192) W. Simon, Aufgaben des industrial Engineering und Eingliederung in die Unternehmensstruktur, *Fortschrittliche Betriebsführung und Industrial Engineering*, 25. Jg, Heft 2, April 1976, S. 116.

(193) IE-Gespräch, *Fortschrittliche Betriebsführung und Industrial Engineering*, 26. Jg, Heft 6, Dezember 1977, S. 354.

(194) K. Schlaich, *a. a. O.*, S. 5.

(195) H. Hartmann, *a. a. O.*, S. 125.

(196) K. Schlaich, Die Anpassung der Aufgaben und Methoden des Arbeitsstudiums an die wirtschaftliche und technische Entwicklung, *REFA-Nachrichten*, 22. Jg, Heft 4, August 1969, S. 234.

(197) F. Hämmerling, Die Mechanisierung von Montagen in der Elektroindustrie, L. Brandt, R. Gardellini, A. King, M. Lambilliotte（Hrsg.）, *Industrielle Rationalisierung 1960*, Dortmund, 1960, S. 127.

(198) J. Schwartmann, Praktische Arbeitsgestaltung in der Automobilindustrie, *REFA-Nachrichten*, 28. Jg, Heft 4, August 1975, S. 205.

第 3 章　インダストリアル・エンジニアリングの導入の日独比較　*175*

(199) 大村，前掲「技術センターを中心にIE活動を展開　富士通信機川崎工場」，33ペー
ジ。

(200) 浜辺久米男「国家的な基盤をもつドイツの請負制度　わが国との根本的な相違点に
ついての考察」『インダストリアル・エンジニアリング』，第 3 巻第 6 号，1961年 6
月，460ページ。

(201) B. Jaeckel, *a. a. O.*, S. 223, H. E. Pilz, Die Einfürung des Work-Factor-System in
Deutschland, *REFA-Nachrichten*, 14. Jg, Heft 4, August 1961, S. 124.

(202) M. Kipping, 'Importing' American Ideas to West Germany, 1940s to 1970s, From
Associations to Private Consultancies, A. Kudo, M. Kipping, H. G. Schröter（eds.),
German and Japanese Business in the Boom Years, London, New York, 2004, p. 36.

(203) IE-Gespräch, *Fortschrittliche Betriebsführung und Industrial Engineering*, 25. Jg, Heft 6,
Dezember 1976, S. 342.

(204) Vgl. B. Schelm, 80 Jahre REFA, *REFA-Nachrichten*, 57. Jg, Heft 3, Juni 2004, S. 14–16,
S. 18.

(205) 時村交一「ヨーロッパのIE事情」『インダストリアル・エンジニアリング』，第 7 巻
第 8 号，1965年 8 月，730ページ。

第4章　ヒューマン・リレーションズの導入の日独比較

　第3章ではインダストリアル・エンジニアリングの導入についてみてきたが，本章では，第2次大戦後に主要資本主義国において導入・移転が取り組まれたひまひとつの重要なアメリカ的管理システムであるヒューマン・リレーションズについて考察を行う。近代的管理システムともいうべきテイラー・システムに始まりフォード・システムへと受け継がれていく管理の方式は，「経済人モデル」と特徴づけられるものであり，労働者の動機づけの諸要因のなかでも経済的インセンティブに最も強く反応するという労働者観に基づくものであった。しかし，大量生産体制の確立にともなう所得と生活の水準の大幅な向上，フォード・システムに代表される合理化による労働疎外の問題の発生などがみられた1920年代以降のアメリカにおいては，そのような条件は大きく変化し，職場における人間関係がおよぼす心理的作用が重視されざるをえないという状況になってきた。そうしたなかで，中心となる管理のモデルは「経済人仮説」に基づくものから「社会人仮説」に基づくものへと変化してきた。こうした管理の新しいモデルはヒューマン・リレーションズと呼ばれるものであるが，第2次大戦後，行動科学などの隣接する諸科学の成果を摂取しながら一層の発展をみることになった。

　ヒューマン・リレーションズ（以下HRと略）と呼ばれる管理のモデルは，戦後，アメリカの主導と援助のもとに展開された生産性向上運動のなかで，多くの諸国で導入されることになった。この生産性向上運動において同国がヨーロッパの諸国への移転をとくに重視した領域のひとつが，HRと経営者教育・管理者教育であった[1]。戦後のアメリカの影響という点では，同国が把握したOEEC加盟諸国に共通の問題のひとつは，産業界および労働組合の制限的慣行

の排除，自由な労働組合の育成強化にあり[2]，そのための手段としてHRの導入が重視された。また日本では，戦後の労働民主化，労働運動の高揚のもとで，戦前の温情主義的・家族主義的性格をもつ労使関係，管理のあり方からの転換，経営の近代化が求められるなかで，HRの導入が重要な問題となってきた。しかし，その導入・展開のあり方には，日本とドイツでは大きな相違がみられる。

そこで，本章では，HRと呼ばれるアメリカの経営方式が日本とドイツの諸条件にあわせて修正・適応され適合されるかたちで，どのように導入されたか，そこにみられる特徴とともに，そのような展開はいかなる意義をもったのかという点の解明を試みる。まず第1節において，日本とドイツにおけるHRの導入の社会経済的背景についてみた上で，第2節および第3節では，日本とドイツにおけるそのようなアメリカ的経営方式の導入の状況をそれぞれ考察する。それらをふまえて，第4節では，HR導入の日本的特徴とドイツ的特徴を明らかにしていく。

第1節　ヒューマン・リレーションズの導入の社会経済的背景

1　日本におけるヒューマン・リレーションズの導入の社会経済的背景

まずHRの導入の社会経済的背景についてみることにするが，日本では，生産性向上運動の進展，経営の近代化の推進と労働運動の高揚との結びつき，技術革新との結びつきが，それに関係していた。生産性向上運動のもとでのアメリカへの視察団の派遣によって，同国のHRの状況に関する認識が深まったほか，合理化の推進にともなう労働者対策の必要性からもHRの導入が重要な意味をもつようになってきた。また第2次大戦後になると，戦前の家族制度や封建的な身分関係に頼っていた労務管理のあり方からの転換という経営の近代化が求められることになり，そのための手段としてHRの導入が重要な意味をもつようになってきた。その一方で，労働運動の高揚のもとで企業は労働争議への対応の必要性にも迫られることになり，労資の対立を調整するための手段として，HRが必要とされた。さらに技術革新の進展にともない，作業工程の大きな変化のもとで労働者のモラール（勤労意欲）をいかにして向上させるかと

いうことも重要な課題となってきた[3]。例えば日産自動車では，1954年頃から新製品の開発，増産のための設備の近代化が急速にすすめられたが，それと同時に人間関係の体質改善も取り組まれるようになった[4]。

　日本の場合，アメリカやドイツとは大きく異なり，経営の民主化が強く求められたという特殊的条件も，HRの導入と深く関係していた。そうした動きのなかで，戦前からの非合理的な人間関係から経営に適合的なよりよい人間関係への転化のための努力が，日本の産業経営における人間関係管理の目標となり，この点に労務管理の近代化の日本的な意義と方向があったといえる[5]。そうしたなかで，例えば鉄鋼業では，1954年に国際労働機関（ILO）の第5回鉄鋼委員会において人間関係に関する議題が取り上げられたのを機に，人間関係について次第に関心が集まり，研究されるようになった[6]。

2　ドイツにおけるヒューマン・リレーションズの導入の社会経済的背景

　つぎにドイツについてみると，HRの導入の社会経済的背景としては，同国の労使関係の変革を重要な課題と位置づけていたアメリカの影響が大きかった。アメリカがドイツへの援助をとおして期待したことのひとつは，労働組合の団体交渉を全国単位のものから企業単位のものに分解することにあった[7]。アメリカの実業界と政治のリーダーたちは，ヨーロッパ側に「ヒューマン・リレーションズ」と呼ばれるアプローチに基づく制度面での労使関係のアメリカモデルの採用を促進しようとした。アメリカ流の労使関係の利点を示すために，アメリカ技術援助・生産性プログラムは，ヨーロッパにおける労働者および雇用者の代表のアメリカへの旅行を支援したのであった[8]。

　このように，HRの領域では，管理者教育の手法であるTWIの場合と同様に，技術援助・生産性プログラムの枠のなかで，アメリカ側から「アメリカ化」の集中的な諸努力がなされたが，生産性向上のための技術援助は，労使関係の形成と密接に結びつくべきものとされていた。アメリカ側からみれば，HRは，戦後ドイツ企業において明らかな不十分さ，発展の遅れ，したがって対応の必要性が見出された領域における大きな政治的課題，使命あるいは一種の「開発援助」のひとつの重要な構成要素であった[9]。アメリカの雇用者協会と政府は，事業所における職場レベルの不安定な状況や労働組合の闘争性の回避とい

う点において，HRによる労使関係の構築を支持したのであった[10]。それだけに，HRの導入へのアメリカの要求・圧力も支援も強いものとなった。

こうした事情から，アメリカの経営方式の学習・導入においてHRは重要な位置を占め，技術援助・生産性プログラムによる多くのプロジェクトの最も主要な柱のひとつとされた。例えば技術援助プロジェクト第315号には，「産業におけるヒューマン・リレーションズ」のテーマの2つの国際会議が含まれていた[11]。また1950年代半ばのヨーロッパ生産性本部の第312号プロジェクトでも，HRの領域の見解・経験の交流，問題の分析の機会，それらの問題の解決への科学的な研究の貢献を吟味するための機会を産業，労働組合，政府の諸部門の代表者や産業心理学・産業社会学の専門家に提供することが，目的とされていた[12]。そこでは，産業におけるHRに関する産業社会学の研究の発展に関する議論と国際的なセミナーという2つの段階で行われるプロジェクトを組織することが，ヨーロッパ生産性本部によって提案されている[13]。

またドイツ側の事情をみると，HRの方法は，企業内部の諸関係の形成のための協調的な道を開くものであると受けとめられた。アメリカの生産性の優位は，よりよい技術や経営組織の合理化のみによって説明されうるものではなく，生産性と収益性の高さのひとつの重要な要因がHRの方法による労使関係の安定にある，と受けとめられた。アメリカへの研究旅行のほとんどすべての報告でも，この点が指摘されている[14]。例えば1954年におけるドイツ工業連盟（Bundesverband der Deutschen Industrie＝BDI）の関係者の指摘でも，アメリカでは当時ドイツ企業においてみられなかったような経営側と労働側との間の関係の精神的風土が存在したとされている[15]。またアメリカ旅行のある研究グループは，1940年代以降の約10年間にみられた同国の経済生活における労使関係あるいは人間関係の重要な役割について報告している[16]。アメリカのHRのコンセプトがドイツ企業において戦前のイデオロギー的な重荷からの解放として関心を集めたという事情もあった[17]。そのような状況のもとで，例えば1948年から58年までの10年間を回顧したジーメンス＆ハルスケの経営技術会議の報告書でも，心理的環境という観点からみるとHR運動が重要であったことが指摘されている[18]。

そのような状況のもとにあっても，HRの新しい方法はすぐに定着したわけ

180 第 2 部　経営の「アメリカ化」と「再構造化」の日独比較

ではなかった。しかし，人間としての労働者の重要視は新しくドイツ化された
HRの概念においてはっきりと示されたとされるように[19]，HRは戦後の企業経
営に大きな影響を与える契機となった。

第 2 節　日本におけるヒューマン・リレーションズの導入

1　ヒューマン・リレーションズの導入の全般的状況

　HRの導入のこうした社会経済的背景をふまえて，つぎに，日本におけるそ
の導入についてみていくことにする。それは，①1947年から51年頃までのHR
の理論や考え方の紹介の時期，②51年から55年までの一部の先進的な企業によ
る導入・摂取の時期，③55年以降の多くの企業における普及の時期の 3 期に大
別できる[20]。制度として経営における意思疎通に関する各種の施策が最初に
採用されたのは1951年，52年頃のことであり[21]，東京大学の尾高邦雄教授に
よる従業員態度調査が初めて日本鋼管の川崎製鉄所において実施されたのもこ
の時期のことであった[22]。こうして始まったHRへの取り組みは，生産性向上
運動が開始される1955年頃から紹介・導入の段階を過ぎ，普及の段階に入り，
この時期にひとつの転機を迎えた[23]。

　HRの諸施策のなかでも，態度調査は人間関係管理の根本前提をなすもので
あり，社内報はコミュニケーションの基本的な手段であったが，提案制度は経
営参加の基礎をなすものであった[24]。しかし，1960年代初頭の段階になって
も，個々の制度のばらばらな導入にとどまっており，未だ近代的な意味での，
自我の意識の成熟した個性的対等的人間関係が全般的には成熟していなかっ
た。そのような状況のもとでは，近代的な人間関係を基盤として形成されたア
メリカ的人間関係管理の諸方式の十分な展開は制約されざるをえなかったとい
える[25]。

　そこで，まずいくつかの調査結果からHRの導入の全般的状況をみると，
1956年 7 月末時点の状況に関する日本経営者団体連盟（日経連）の調査（87社
が回答）では，HRの導入が比較的すすんでいた製造業企業63社のうち，実施段
階に移行中のものの数は，社内報では 6 ，提案制度では 5 ，態度調査では 7 ，
職場懇談会では 3 ，従業員ハンドブックでは 1 ，家族工場見学では 2 となって

おり，研究計画中の企業を含めると，それぞれ11，9，12，4，2，2であった。さらに未着手ではあるが関心のあるものを加えると，社内報では16，提案制度では21，態度調査では25となっており，関心の高さがうかがわれる。それは，労務管理への民主的な配慮，従業員の自主性に基づく創意工夫の促進，労働者の不平不満を早期に発見し働きやすい職場を築くことによる勤労意欲の向上への高い関心を示している。しかし，この段階では，関心はあるものの未着手のものも多く，人間関係管理は，まだその具体化が一般的となっていない状況にあった[26]。

　また1956年12月末の状況に関する日経連の他の調査でも，回答のあった174社の全企業が人間関係管理に関心をもち，多数の企業がその必要性を認めており，かなりの企業において管理諸制度がすすめられていた。とくにコミュニケーションにかかわる施策はほとんどの企業で実施されており，意思疎通にかなりの熱意が払われていた。従業員の態度調査ないし意見調査に着手していた企業の割合も，調査会社の約3割から4割に達していた。これに対して，人事相談や苦情処理制度の利用率は低かった。全体的にみると，この段階には，人間関係管理の諸技術はすでにかなりの数の企業において多面にわたり利用されていた。その4年から5年の間に諸制度の実施率はかなり上昇しており，紹介・導入の段階から普及の段階に移行しつつあった。HRの関心や必要性の認識の理由としては，「社内の人間的な協力関係」が78.2％と高く，「会社の意志を充分に伝えるため」が49.4％，「モラール向上による生産性の向上」が44.3％となっており，意思疎通の改善と勤労意欲の向上が重視されていた。

　また個別の施策についてみると，コミュニケーションでは97.7％，意見調査ないし態度調査では37.9％，人事相談ないし苦情処理では49.4％の企業で実施されていた。なかでもコミュニケーションでは，社内報は69％の企業で利用されており，コミュニケーションの施策を導入している企業に占めるその割合は71％にのぼっていた。また従業員側から経営へのコミュニケーションは回答企業全体の90.8％で導入されていたが，53.4％の企業において提案制度が実施されていた。職場懇談会は48.4％の企業で実施されており，従業員の意見調査ないし態度調査は37.9％の企業で実施されていた。これに対して，人事相談制度は16.7％の企業で実施されていたにすぎず，人間関係管理の技術のなかで当時

最も普及していないもののひとつであった。また苦情処理制度は45.2%の企業で実施されていたが，利用状況では，あまり利用していない企業が67%，全く利用されていない企業が14%を占めていた。このことは，アメリカから形式的にこうした制度を導入した結果であり，日本的にいかにアプライして活用するかということが課題となっていたことを示している。また労使懇談会ないし労使協議会を設置し組合に会社の状況方針を伝えていた企業の割合は78.2%に達していた。一方，生産委員会を設けている企業の割合は31%にとどまっていたが，実施企業のうち，それを定期的に開催していた企業の割合は約92%にのぼっていた。従業員の家族へのPRとしての家族通信は約30%，家族工場見学は約26%，家庭訪問は約22%の企業で実施されていたが，他の人間関係管理の諸技術と比べるとなお普及率は低い状況にあった[27]。

　さらに1963年12月の日経連の調査結果（回答企業1,061社）をみると，HRの施策のなかでも従業員側から経営側への下意上達のコミュニケーションとして最も普及していたのは，提案制度であった。その実施率は71.6%であり，中小企業での普及率も50%を上回っていた。一方，経営側から従業員側への上位下達のコミュニケーションの方法として最も広く普及していたのは社内報であり，その普及率は84.9%に達していた。ただ企業規模による格差も大きく，その普及率は，従業員100人未満の企業では20.6%，100人以上300人未満の企業では49%にとどまっていた。また職場懇談会を設けている企業の割合は58.2%に達していたが，従業員の態度調査・意見調査の実施率は28.6%，従業員ハンドブックの利用率は13.9%にとどまっており，未だ十分な普及をみていなかった。従業員面接制度の実施率も23.8%と低い割合にとどまっていた。また家族ぐるみの人間関係管理という点に日本的な管理のやり方がみられるが，そのための施策のうち家族慰安会が31.9%と最も高い普及率を示していた。従業員3,000人以上の企業の半数がそれを実施していたが，家族通信や工場見学の普及率はそれぞれ約20%，家族訪問の普及率は12.4%であり[28]，上述の1956年12月末の状況に関する日経連の調査結果よりも低くなっている。

　HRの諸施策の導入状況を中小企業についてみると，1958年の東京商工会議所による調査では，経営者と従業員の意志疎通のために，回答のあった従業員300人未満の企業555社のうち9割近く（87.9%）が「会社負担による催し物」

を実施していた。そのほか，掲示板の利用，労使協議会，集団訓示，社内報の発行，苦情処理機関の設置が主たる方法となっていたが，労使協議会の普及率は23.8％と比較的高いのに対して，社内報では9％，苦情処理機関では8.4％と低い数値にとどまっていた。ただ2つ以上の方法を採用している企業もかなり多かった。労使協議会や苦情処理機関を設置している企業の割合は，企業規模の大きい企業ほど高く，従業員100人から299人の企業ではそれぞれ37.3％，11.8％となっており，これを社内報についてみても14.3％となっていた[29]。

　このように，大企業におけるHRの普及の進展に対して，中小企業では遅れがみられた。中小企業では，大企業に比べ労務管理は温情主義的，家族的な面をもつ半面で，労資間の意思疎通や労働者間の調整があまりされていなかった。こうした労務管理の行き詰まりの打開のために，HRによる近代的な人間関係の形成が重要な課題となり，1957年頃から中小企業にもHRが徐々に導入されていった[30]。大企業ではHRが終身雇用制度などと結びついて，とくに企業意識の助長策や労働組合対策として直接的に利用されることが多かった。これに対して，中小企業では，HRの主たるねらいが生産の効果の向上にあり，業者間の協定によって低賃金体系制を保障するためのものとして，いわば間接的に利用されたという面がみられる。また日経連や日本生産性本部などによる上からの指導のもとにHRの導入が推進されたという点も特徴的である。この点は，中小企業や下請企業・工場の体質改善，合理化という観点での新しい労務管理の導入に対する指導というかたちで行われたものでもあった[31]。

2　ヒューマン・リレーションズの諸施策の導入

　以上の考察において，HRの導入の全般的状況についてみてきた。それをふまえて，つぎに，HRの主要な施策の導入について考察することにしよう。

　社内報について——まず経営側から従業員へのコミュニケーションの方法として重要な意味をもつ社内報の導入をみると，鉄鋼業では，意志疎通対策として最初に導入されたのは機関紙誌活動であり，それは1947年，48年頃に始まった。当時，機関紙や掲示ビラは労働組合に対する刺激を少しでも和らげるという意図から行われたものであり，従業員PRや人間関係改善という意味合いか

184 第2部　経営の「アメリカ化」と「再構造化」の日独比較

らはかなり離れたものであった。その後，上述したように，1954年のILOの第5回鉄鋼委員会において人間関係に関する議題が取り上げられたのを契機として，経営における意志疎通の問題が重視されるようになってきた[32]。

　例えば川崎製鉄では，社内における公式の広報手段である「社報」のほか，社内報としては，1958年9月1日創刊の『製鈑ニュース』を改称した『川崎製鉄新聞』があった。さらに1957年頃から事業所のより細かい動きや従業員仲間の消息などを掲載する事業所内報が事業場ごとに逐次発行された[33]。また日立造船でも，1955年からの10年間になると，人間関係管理が労務管理において重要な位置を占めるようになり，従業員の理解と協力に基づく民主的リーダーシップを中心とする職場のモラール向上を目標として，各種の社内報活動が実施された。1951年9月に社内報として『日立造船社報』が復刊されたほか，54年9月には同社報の別刷りとして『労務特集』が刊行された。また1955年頃から工場報などの各種の事業所報が一般従業員や管理者・監督者，さらに家族とのコミュニケーションの手段として発行された，重要な役割を果たした[34]。

　日本経済新聞社発行の1963年版の『会社年鑑』に収録の企業1,449社を対象とし484社から回答を得た経済同友会の同年の調査では，社内報を発行していた企業の割合は80％に達しており，企業規模が大きくなるほどその割合は高くなる傾向にあり，総資産200億円以上の企業では95.7％であった。社内報の編集の重点（重複回答）として「社内ニュースの報道」をあげた企業の割合は72.9％にのぼっており，「従業員相互の親睦交流」は64.9％，「会社の経営方針を広く知らせる」は58.7％，「会社の経営状況を広く知らせる」は56.1％となっていた[35]。

　社内報の利用によって労働者本人のみならず家族に対しても「会社に対する協力心」をもたせることが意図されており，いわば「家族ぐるみの経営」という意識の醸成にHRのひとつの特徴があった。こうした動きは新生活運動ないし家族計画運動というかたちで推進されたのであり，そのねらいは，本来企業が行う労働力の「保全」機能を家族に代替させることにあった[36]。

第4章　ヒューマン・リレーションズの導入の日独比較　*185*

　提案制度について——また意志疎通の方策としてアメリカで最も発展し活用
されていたもののひとつである提案制度をみると，それははやくから日本の鉄
鋼業にも導入されていた。ただ全般的にみると，戦前からあった発明考案表彰
制度的なものやTWIの「改善の仕方」コースの追加訓練的なものが多く，提案
者もごく少数に限られ，意志疎通の効果はあまりみられなかった[37]。しかし，
生産性向上運動が始まる1955年以降，提案制度を実施する企業は増加していっ
た。

　例えば提案制度を実施中の企業における1957年10月末の状況を調べた日経連
の調査（119社が回答）では，提案制度が独立した制度として存在していた企業
の割合は82.4％にのぼっていた。その実施時期が4年未満の企業の割合は
70.4％を占めており，1950年代半ば前後に始まった企業が多い[38]。提案制度は
二路方向のコミュニケーションにおいて重要な役割を果たすものであるが，
1960年代初頭には，従業員側からの「下から上への」コミュニケーションは，
その大部分が閉鎖されているといった状況にあり，一方的なコミュニケーショ
ンになっているケースも少なくなかったとする指摘もみられる[39]。しかし，
その一方で，1960年代初頭には提案制度は主要企業の大部分で導入されてお
り，他の企業でも過半を超えるところまで導入がすすんでいたとする調査結果
もあり，その数年に急速な普及をみたといえる。こうした普及は，この制度の
もつ有用性によるものであり，人間関係ないし従業員関係の管理や調整におい
て果たす役割の大きさによるものであった[40]。

　また1963年の経済同友会による上述の調査では，提案制度が存在していた企
業の割合は75.2％に達しており，そのうち，58年までに採用していたものの割
合は49.4％であり，59年から62年までのものの割合は37.4％であった。提案内
容の最も多い事項は「生産技術の改善に関する提案」であり，全体の70.9％を
占めていた。「事務手続きに関する提案」は15.9％，「製品政策に関する提案」
は8.2％となっており，生産技術に関するものが圧倒的に多い[41]。

　日本では，提案制度の導入の直接的な契機となり基礎となったのはTWIとい
うアメリカの監督者訓練であり，「仕事の改善」にかかわる訓練との関連であ
ったという点が特徴的である[42]。アメリカでは，提案制度は，苦情処理制度
と表裏一体となって，従業員の積極的な参画意欲の向上のためのコンサルティ

186 第2部 経営の「アメリカ化」と「再構造化」の日独比較

ブ・マネジメントの一手段として発展してきた。これに対して，日本の提案制度は，多くの場合，TWIの「改善の仕方」に基づいて発展してきたのであり，意志疎通のための手段としての発展は必ずしも十分ではなかった。そのような状況のもとで，日本生産性本部から刊行された1958年の産業訓練生産性視察団の報告書でも，この頃には，「提案制度をコミュニケーション・プログラムの一環として確立するために再検討すべき段階」にあったとされている[43]。例えば川崎製鉄では，改善提案制度の導入は，1950年から51年にかけて導入されたTWIにさかのぼり，54年6月の本社厚生課教育掛の設置，全社的な教育体系の検討にともない，TWIの教育コースのひとつである「改善の仕方」の効果のさらなる向上のために，改善提案制度の必要性が認識されるようになっていた。そうしたなかで，社員の経営への参加意識の高揚を目的として，1955年に改善提案制度が発足した[44]。このように，提案制度は，コミュニケーションのための施策としてのみならず，日本的な改善提案活動と結びつくかたちで，HRの他の施策と比べても広く導入され，ものづくりの基盤としても重要な役割を果たすようになっていった。

　また提案の提出方法をみると，「職制を通じて提出する」方法をとるケースが比較的多く，これは日本の提案制度の特徴のひとつを示すものであり，外国ではあまり例をみないものであった[45]。例えば1957年10月末の状況に関する上述の日経連の調査でも，所属長を通して提出する方法は47.1％を占めており，投票箱に投入する方法の21.9％を大きく上回っていた。このことは，所属長を通すことによって彼に部下の提案状況を把握させ，上下関係の改善に役立たせることをめざしたものであった[46]。また提案制度に対する従業員の態度をみると，同調査では，非常に協力的と回答した企業の割合は10.4％，協力的であると答えた企業のそれは60.9％であり，71.3％の企業において協力的に受け止められていた[47]。

　そこで，提案制度の導入の代表的な事例についてみると，トヨタ自動車工業では，1951年に創意くふう制度が誕生し，当初はかなり順調にすすんだが，53年頃になると労働者の関心は低下の傾向にあった。それへの対応のために，新たな表彰制度の創設，審査委員と優秀提案者による研究会，懇談会などでのPR活動が取り組まれた。その結果，提案件数は1951年の883件から57年には

第4章　ヒューマン・リレーションズの導入の日独比較　*187*

1,499件にまで増加した[48]。また日産自動車では，1954年以降成果をあげてきた全社的な原価低減運動を制度化してその効果を一層高めるために，55年6月に提案制度が実施されるようになった。この提案制度の実施が発表されて以来，現場の作業合理化の機運が高まるなかで各工場の従業員からの提案が行われており[49]，提案制度は，従業員側から経営側へのコミュニケーションの手段としてよりはむしろ，合理化目的で導入・実施されたという面も強い。八幡製鉄でも，管理局能率課を主体とする改善提案の奨励，PR活動の結果，1954年下期には100件前後であった提案が58年には月平均1,000件を超えるほどの拡大をみた。鉄鋼業の他の各社でも，1956年，57年頃から，従来の発明考案制度に加えて，新たな提案制度が設けられるようになった[50]。

　態度調査について——つぎに従業員の態度調査をみると，1958年の産業訓練生産性視察団の報告書では，日本でもその最近になって態度調査が盛んに実施され始めた。しかし，あまりにも標準化された既成の様式に依存する傾向にあったほか，調査員の面接技術の標準化もすすんではおらず，調査結果の信頼性には疑わしさがあったとされている。その当時はまだ，調査結果を企業経営に実際に活用した事例はあまりみられないという状況にあった[51]。また専門の人事相談員による態度調査は少なく，職制上の上長によるものが多かった。それには，当時鉄鋼業を中心に導入された新しい作業長制度と関連して，HRの重視のもとで作業長などに部下の相談的機能を担当させるかたちをとっていたことが関係している[52]。例えば日本鋼管では，1952年に従業員態度調査が実施されているが，職長制度の改善などにその結果が反映された[53]。

　1963年の経済同友会による上述の調査では，全体の27.5%の企業がその最近の3年間に態度調査を実施したことがあると回答しており，3年以上前に行ったことがある企業の割合7.4%を加えると34.9%となっている。その3年間に実施したことがないと回答した企業の割合は64%にものぼっていた。態度調査を実施した最大の目的としては，その3年間に態度調査を実施したことのあるもの全体のうち，「従業員の不平不満の発見」が48.9%，「従業員の帰属意識の把握」が27.8%，「社内コミュニケーションの隘路の発見」が12.8%を占めていた[54]。こうした態度調査は，「労務管理に一定の『科学的根拠』をあたえ，そ

188 第2部 経営の「アメリカ化」と「再構造化」の日独比較

の『合理化』に役立つとともに，『労務監査』の重要な一手段としても利用され」たという点に，その本質がみられる[55]。

苦情処理制度について――さらに苦情処理制度をみると，戦後にはこうした制度の整備もすすんだが，それは労働省当局から要望されたものであったという事情もあり，使用者によって労働協約の一章，あるいは数条項として規定された。しかし，1960年代初頭にはまだ苦情処理手続きが実際に活用されている事例は少なかった。この制度においては，できる限り末端に近い職制によって苦情が処理されうるようにその処理能力の訓練と権限を確立することが必要となるが，末端職制に処理権限がほとんど移譲されていなかったという問題があった。この点，フォアマンに責任とともに人事権を含む権限が与えられており苦情の大多数が職場レベルで解決されていたアメリカとは，大きな相違がみられた[56]。とはいえ，職場の組合員の苦情は，団体交渉のルートにのることなく，こうした制度において解決される傾向にあった[57]。例えば日産自動車では，社内の人間関係の改善による生産性向上，職場の民主化のために1955年12月に労働組合との間で「苦情処理にかんする協定書」が締結され，それによって，会社に対する個人の苦情が正式に取り上げられる道が開かれた[58]。

人事相談制度について――つぎに人事相談制度の導入状況をみると，上述したように1956年12月の状況についての日経連の調査において実施率が16.7%にとどまっており人間関係管理技術のなかでも最も普及していなかったとされていた同制度[59]については，その後も，HRの他の施策と比べる低調であったといえる。例えば1963年の経済同友会の上述の調査では，この年になっても，それが存在すると答えた企業の割合は14%にとどまっており，それがないと答えた企業の割合は83.9%に達していた。採用時期をみても，1958年までに採用したものの合計は30.8%であり，提案制度の場合より採用の時期は遅い。また調査が行われた1963年以前の数年において最も件数の多い相談内容は「配置転換，離職等，職場や職種の移動に伴うトラブル」であり，人事相談制度があるもの全体の25%を占めており，「職場内の人間関係に関する問題」は23.5%であった[60]。

福利厚生施策について——また福利厚生施策をみると，それは，「企業が労務管理上の効果を最大ならしめるために，労働者およびその家族に対して任意的もしくは団体交渉，法的強制によっておこなうところの，基本的労働条件以外の経済的，文化・娯楽的諸施策の総称」である。しかし，第2次大戦後，それは人間関係的管理の一環として展開されたという点，すなわち「福利厚生の経済的効果よりも，その心理的・思想的効果に重点をおいて」展開されたという点に重要な特徴のひとつがみられる[61]。人間関係的機能への福利厚生施策のこうした重点の変化については，1968年4月の産業構造審議会管理部の企業福利厚生に関する答申においても指摘されている[62]。人間関係的機能に大きな力点をおいた福利厚生施策の展開は，「福利厚生が，経営者の『責任』による，主観的・『自発的』努力というかたちをとって，恩恵的・温情主義とかたくむすびついておこなわれていた」戦前とは大きく異なっている。企業における福利厚生制度を企業目的に役立たせるための方法は変化した。それは，「たんに直接生産と関係ある労働条件的・生活条件的な福利施設の改善をおこなうのではなく，むしろこの面はなるべく労働者の負担に肩代わりさせながら，労働者が企業への帰属意識・連帯感をつよめて生産性をたかめる方向に，それを再編・整備するという点」にあらわれている[63]。

そこで，HRの一環としての福利厚生施策の利用をみると，日経連の1953年度の調査では，企業が回答した福利厚生関係の諸施策の総導入件数に占める割合は，住宅関連では27.8％，文化・体育・娯楽では21.4％，生活援助では17.4％，共済制度では9.1％となっていた[64]。日経連の他の調査をみると，1958年10月末現在では，同様の割合は，社宅では82.7％，慰安旅行では79.4％，運動，文化サークルへの補助では71.4％となっており，多くの企業において利用されていたが，社内預金制度でも38.2％となっており，一定の普及水準にあった[65]。また関西経営者協会の会員会社を対象とした調査でも，1956年7月末現在では，厚生関係施策を実施段階に移行中である件数は32件であったが，そのうち住宅関係が14件となっており，最も高い割合を占めていた[66]。さらに1963年の経済同友会による上述の調査（重複回答）をみると，福利厚生に関する制度のうち重視する項目としては，退職金制度が57％で最も高く，社宅・住宅費補助が52.3％，医療・保健衛生施設が43％，文化体育助成が37.6％，社

190 第2部 経営の「アメリカ化」と「再構造化」の日独比較

内融資制度が25.8％, 食堂・食費負担が22.3％, 各種レクレーションが21.7％
であった。また今後の方針として, 従業員のモラール向上のために福利厚生費
をできるだけ増やしてゆくと答えた企業は60.7％にのぼっており, 福利厚生の
目的においてモラール向上がとくに重視されていた[67]。

第3節　ドイツにおけるヒューマン・リレーションズの導入

1　ヒューマン・リレーションズの導入の取り組み

　つぎに, ドイツについてみることにするが, 第1節においてみたように,
HRの導入による同国の労使関係の変革というアメリカ側の意図やドイツ側の
事情, 認識を反映して, 生産性向上運動の過程においてHRの導入が試みられ
ることになった。まずHRの導入の取り組みについてみることにしよう。

　HRの学習・移転のルートをみると, 主要なそれには, 国際会議やアメリカ
への研究旅行のほか, 学習・教育プログラムなどがあった。まず国際的な会議
についてみると, 1951年8月にドイツとアメリカの経営管理者の最初の会談が
バーデン・バーデンで開催された。そこでは, 経営管理全般, 生産性の向上,
販売およびHRの諸問題が取り上げられているが, 人間関係の改善は近代的な
研究のテーマとなっていた[68]。1954年の第10回国際経営会議でも同様に, 人
間関係の改善の管理手法がひとつの大きなテーマとして取り上げられてお
り[69], その導入の取り組みは国際的に広がっていった。

　またアメリカへの研究旅行では, 例えばドイツ経済合理化協議会（Rationa-
lisierungs-Kuratorium der Deutschen Wirtschaft＝RKW）による学習のための旅行
があったが, その旅行団の報告書として1953年に出版された著書である
Produktivität in USA でも, HRが取り上げられている。そこでは, HRの課題
のひとつとして, 企業における「部下に対する上司の」, また「上司と部下の
相互の」人間関係のほか, 両者の方向での管理者と労働者との間の関係や管理
者相互ないし労働者相互の関係の維持・改善の絶えまない努力があげられてい
た[70]。またアメリカでの「経営におけるヒューマン・リレーションズと心理
学の研究」のためにドイツ経済合理化協議会による研究旅行が1954年3月から
4月まで実施された。それには, 同協議会の代表者のほか, ドイツ労働総同

盟，レファ，ブラウンシュヴァイク工科大学の労働心理学・人事研究所，マックスプランク労働心理学研究所，労働省などのメンバーが参加した[71]。1956年に発行された報告書では，アメリカ経済におけるHRの研究，教育および利用はドイツにおいてよりもはるかに普及しており，それによってアメリカ経済はかなりの成果を達成していること，経済における人間にそれまでよりもはるかに大きな意義を認めるというHRの基本的な考え方は移転可能であることが指摘されている[72]。またHRの学習・教育のためのプログラムについてみると，ドイツの側では，ドイツ経済合理化協議会のほか，とりわけレファ，社会経営組織労働共同体やブラウンシュヴァイク工科大学の労働心理学・人事研究所が関与したHRの特別なプログラムが設けられた[73]。

　さらに企業の取り組みをみると，HRの問題に取り組んだのは第一に人事部門・社会部門の管理者であった。1951年にバイエルの社会部長となったP. G. v. ベッケラスは，20年代のドイツの工場共同体の考え方とともに，アメリカのHRの諸方法を志向した[74]。人事政策・社会政策に関するアメリカ志向と戦前志向のひとつの混合はグランツシュトップでもみられ，それは，HRの観点と1920年代の労働研究，「精神工学」の観点との混合であった。ブラウンシュヴァイク工科大学労働心理学・人事研究所は，1945年のその設立後，HR，TWIのアメリカのモデルや管理者教育を強く志向した機関であったが，グランツシュトップに派遣されたG. シュペングラーが，同社における工場心理学の業務の構築をはかるさいに援助した。HRと戦前の伝統に準拠した人事的手法との組み合わせは，同社では，長期の過程において普及したのであった[75]。

　こうして，1950年代半ばには，HRはヨーロッパでの議論や会議の流行の主題となった[76]。このテーマの科学的議論，とりわけ経済学的および社会学的な議論や出版物は，1950年代半ばから60年代半ばまでの10年間に初めてその頂点に達した[77]。経営における人間関係，従業員の情報・教育，労働環境の改善のための企業側の諸努力はすべて，1950年代以降，HR運動とTWI運動というアメリカの手本となるモデルの影響のもとにあった。ドイツの状況への移転の可能性については，同国の企業がすでに1920年代および30年代に労働者情報，企業内教育や労使関係の形成といった諸領域における独自の経験をもっていたことによるところも大きかった[78]。アメリカで生み出されたHRのモデルの導入

192 第2部 経営の「アメリカ化」と「再構造化」の日独比較

は，企業における労働環境にも影響をおよぼす大きな契機となった。

　　例えば電核産業のジーメンスでも1950年代初頭にHRの問題が取り上げられたが，そこでは，上司と部下との間の，また労働者同士の良好な関係の促進が重視されていた。1952年1月の同社のある内部文書によれば，この段階では，HRの領域におけるアメリカ企業のプログラムや特別な諸方策はまだ実施されていなかった。しかし，アメリカ的な思考の影響のもとで人間関係に関する出版物においてしばしば述べられている多くのことはうまくいっており，独自の対処の方法を考慮・吟味するきっかけを与えたとされている[79]。またこの年における同社の他の文書でも，ドイツの企業では職場の雰囲気という点での労働環境は一般的にアメリカよりも良好であったが，心理学的な経営管理の領域でのアメリカ人の研究成果には特別な関心がもたれており[80]，そのようなアメリカ的方策の影響は強いものであった。

　このように，HRの導入は戦後のドイツにおける労使関係のあり方にも関係する重要な問題であるという観点からも，アメリカ側による強い支援と促進が行われなかで，職場における労働環境改善のための有力な手段として，導入の取り組みがすすめられることになった。そうしたなかで，1950年代初頭の労働者向けに発行される刊行物の始まりの時点では，協力関係，HRの新しい考え方はさまざまな手段によって広まっていった。なかでも産業による労働者の新しい考慮を示す主要な手段は，多くの企業が1920年代に導入し40年代末から50年代初頭に復活させた社内報であった。1951年には約200のドイツ企業が社内報を発行していたが，2年後には社内報の数は400にまで増加した[81]。モンタン共同決定法の適用下の鉄鋼企業を調査したT. ピルカーらの1955年刊行の研究によれば，その調査の時点では社内報のような非常に重要な情報手段はまだ効果的なものではなかったとされている[82]。しかし，1957年にはすでに，合計で約500万部もの発行部数をもつ441の社内報が発行されるようになっている。社内報は，中規模企業やより大規模な企業において経営における人間の接触を改善するための手段や各労働者に対して経営の出来事を明らかにするための，また経営における意見交換のためのひとつの卓越した手段であったとされている[83]。

第4章 ヒューマン・リレーションズの導入の日独比較 *193*

　こうした社内報は，労働者の生活のあらゆる側面を全面的にHRという意味において把握しようとするものであった。多くの社内報のタイトルは，「人間関係」という専門用語を企業のなかにいかにもちこもうとするものであるかを認識させるものである。例えば『工場と私』（ヘッシュ），『われわれの工場』（バイエル），『わが工場』（石灰化学会社），『接触』（ブラウン・ボーベリー）といったタイトルや類似のタイトルは，労働者に利害関係の存在しないアイデンティティを示唆しようとするものであった[84]。1949年に発行されたオペルの社内報（"Opel-Post"）でも，企業経営における従業員の信頼を具体的な意思決定とはかかわりのないレベルで促すことが問題とされていた。そこでは，理想的な労働者像を提示し，企業側の模範にかなった従業員は写真入りで掲載されるなど[85]，社内報は，労使関係，人間関係の改善のための手段としてみならず，労働者間の競争の促進のための手段としても利用された。

　社内報の領域でも，ドイツの企業は，とくに工場共同体思考と結びついてドイツ技術作業教育訓練研究所（Dinta）が社内報の普及を促進した戦前の伝統および経験に依拠することができた。しかし，1950年代には，戦時期や戦後にその大部分が発行を中止された雑誌の新たな創刊にあたり，アメリカの手本も志向された。この時期には経営内部の情報のチャネル・手段の多様性は継続的に拡大され，労働者との対話，再教育のセミナーや社内報とならんで，定期的に発行される注意ビラや情報パンフレットのほか，若干の企業では映像によるものもみられた[86]。

　このように，HRの理論の利用においては，イデオロギー的影響や心理的影響により大きなポイントがおかれていた。以前の諸方法とは異なり，労働者とその家族および周囲にあらゆる面で影響をおよぼすことが意図されていた。生産性向上運動の展開のもとで推進された新しい技術の導入と結びついた合理化，それにともなう労働強度の過度の増大，大量解雇の脅威，その結果として生じる賃金へのより強い圧力などが，HRでもって隠蔽されようとしたのであった[87]。

　HRモデルのこうした適応の事例から明らかなように，少なくともアメリカのモデルのいくつかの諸要素がドイツ企業に流れ込むことになった。それらは，とりわけ職長・組長といった下位の職制と従業員との関係におけるコミュ

ニケーション・情報の構造や企業における労働環境にも影響をおよぼした。労使関係のアメリカモデルに関する行為者の知識や行動は，ドイツの法的規制の背後で同時に企業の構造を再生産し，また変化させた。HRのアメリカモデルは，こうした方法で，ドイツ企業における労使関係の形成を補完する役割を果たした。その意味では，この領域でのより強力なアメリカ化に対する「ドイツ人の頑固さ」にもかかわらず，労使関係の形成の面では，純粋な「ドイツ的経営モデル」の維持については，限られた程度でしか述べられることができないとされている[88]。

2　ヒューマン・リレーションズの導入の限界とその要因

　以上のように，HRの導入はドイツ企業の労働環境に大きな影響をおよぼし，それまでのドイツ的な労使関係の変革の契機ともなった。しかし，ドイツ企業においては，技術・生産の領域では，強いアメリカ志向がみられ，1950年代初頭以来，広いレベルでノウハウが導入されたのに対して，HRのテーマの議論や実務の重要性ではまさに逆であったとされている。実際には，従業員とその利害代表者の態度，1940年代末以降の共同決定の議論，ドイツの労使関係の社会的・経営的に定着している伝統のために，HRのアメリカのモデルはドイツの企業にはわずかにしか入りこまないという結果となった。C.クラインシュミットは，ドイツ企業の実務へのアメリカのHRや労使関係の移転は1950年代における経営の現実のために徹底的に失敗したとしている[89]。また2人の日本人による1958年のヨーロッパ視察の報告でも，「人間と労働」という主題に含まれる活動の基本方針は外国語では「ヒューマン・リレーションズ」と表現されていたが，それにもかかわらず，ドイツでは，必ずしもアメリカ流のものに相応するものではなかったとされている[90]。

　HRの導入にさいして企業側と労働側のいずれにおいても大きな抵抗に直面するケースが多かった。例えばバイエルでは，企業内部の啓蒙活動とならんで外部からの報告も行われており，マンハイム経済大学のA.マイヤー教授による1956年4月の講演でも，HRの領域においてアメリカ人から多くを学ばなければならないと強調されていた[91]。しかし，同社の多くの管理者たちは，HRのテーマでもって多くのことを始めることはできなかった。例えば職長教育コ

ースの設置は，その必要性を感じない取締役やエンジニア部門においてかなり
の抵抗に直面した。1960年代に入るまで，例えばドイツ化学産業の大企業の取
締役会レベルでは，HRとは異なる考え方が主流を占め，HRとの明確な隔たり
を示していた化学者が主に代表していた。また権限の対立をもたらすこともめ
ずらしくなかった人事部と社会部の混合に懐疑的であったとくに技術部門の独
自性が必要とされたという事情もあった。これらのことはそのような抵抗の要
因をなした。類似の反対は他の企業でもみられたが，従業員代表や労働組合の
側からも抵抗がみられた。それには共同決定の問題も関係しており，そこでも
ドイツとアメリカの伝統・影響がひとつの役割を果たした[92]。

　またハルツブルグ・モデルのようなドイツ独自の経営・管理モデルの影響も
大きかった。このモデルの核心は，権威主義的な管理のスタイルとは反対に，
労働のみならずそれに属する権限や責任も委譲すべきであるとするものであ
り，このモデルに基づいた責任の委譲は，さまざまな管理の職位にある者の大
幅な負担の軽減をはかるものであった[93]。このモデルは，多くの企業にとっ
て魅力的であり，1950/60年代以来，ドイツにおける最も普及した管理のモデ
ルに発展した[94]。

　さらにHRの手法が労使関係の変革というアメリカの意図をもってすすめら
れたためにドイツ側には懐疑心や反発が強かったことも，その十分な定着を妨
げる要因となった。技術援助をとおしての生産性向上のための諸努力は，アメ
リカの側では，HRやTWIの促進としての労使関係の構想と密接に結びついて
いた。ドイツ企業の内部におけるHRの計画は，包括的な政治的目標ないし
「使命」のひとつの重要な要素であった[95]。それだけに，ドイツ側の懐疑的な
とらえかたや反発は強かったといえる。

　共同決定法による労使関係の枠組みの大きな変化もまた，HRの普及に阻止
的にはたらいた。ドイツの企業家が「経営のパートナーシップ」という意味で
の経営側と従業員側との間の直接的なコミュニケーションの経営モデルに関心
をもったとしても，現実には，労使関係は，法的規制や国家の介入の強力な影
響のもとで形成された。アメリカとドイツの文化的・政治的環境のこうした相
違は，非常に異なるかたちでの労使関係の形成をもたらすことになった[96]。

　ドイツの大企業にとっては，共同決定の議論が激しく行われたとくに1950年

代初頭には，アメリカの発展は，労働組合の強い力に基づく労使関係のドイツ
モデルに対するひとつの魅力的なオルタナティブを提供すると思われた。しか
し，TWIや「職長教育」の領域であろうと「労働者協議」の領域であろうと，
1951年のモンタン共同決定法と52年の経営組織法が，アメリカ流のHRの広い
採用を妨げることになった。これら２つの法律は，ドイツ企業において労使関
係をアメリカの線に沿って型にはめてつくろうとする試みの失敗を特徴づける
ものである。そのようなアメリカのモデルに代えて，コーポラティズム的伝統
のなかに根ざし労働組合を組み込みこんだかたちでの，法的な規制を基礎にし
た労使関係の「ドイツモデル」が確立された。それは，従業員に教育，報酬支
払い，労働の安全性とともに経営社会政策における他の諸問題の領域でさえ，
アメリカにおいてよりもはるかに大きな共同決定権を認めるものであり，アメ
リカモデルをはるかに超えるものであった。それゆえ，HRに関するアメリカ
化の追求の試みは，ドイツの企業において，1955年以降，ますます力を失って
いくことになった[97]。労働組合の強い規制力と共同決定制度を基礎にしたこ
のような労使関係の新しい枠組みは，アメリカモデルに対するオルタナティブ
をなすものとしての意味をもった。

　このように，HRはドイツ企業への導入においても，また労使関係のモデル
としても決して普及するには至らなかった。この点について，H. ハルトマン
は1963年に，HRは50年代初頭に流行の輸入品となった後にその移転は弱まり，
アメリカの経済文化のひとつの典型的な，またほとんど輸出不可能な産物であ
るとみなされるようになっていたと指摘している[98]。1950年代末になると，
アメリカを模範とする新しい価値や社会形態に対する戦後の熱狂の対象となっ
たものの大部分は静まり，導入が取り組まれた革新のいくつかは次第に姿を消
すことになったが，HRはその代表的な一例であったとされている[99]。

　それゆえ，企業におけるHRの実際の利用は，第一に，共同決定の正式な規
制あるいは法的な規制に基づいて自動的に解決されえない諸問題に集中してい
た。それには職長とその部下との間の関係の形成があり，そこでは「人間関
係」および「労働環境」の改善が問題とされた[100]。経営内部の協力や共同決
定の議論がより重要であった企業レベルでのHRの試みの適応は，限定的なま
まであり，ドイツの人事制度にとっても，HR学派の部分的な知識の利用は選

択的なものにとどまった(101)。

第4節　ヒューマン・リレーションズの導入の日本的特徴とドイツ的特徴

　以上の考察において，日本とドイツにおけるHRの導入についてみてきた。それをふまえて，そのようなアメリカ的経営方式の導入の日本的特徴とドイツ的特徴を明らかにしていくことにしよう。

1　ヒューマン・リレーションズの導入の日本的特徴

　日本では，戦後，企業の近代化の必要性が強まる一方で，労働組合の法的承認，労働運動の高まりのもとで労使の対立が深刻化した。そのような状況のもとで，かつての家族制度や封建的な身分関係に頼っていた労務管理のあり方，家族主義的・温情主義的な非合理的な人間関係に代えて，新しい管理の方法が求められた。こうした要求に応えるものとして，HRの導入が推進された。とくに中小企業では労務管理の方式の改革が一層強く求められ，経営者団体や日本生産性本部の指導のもとでHRの導入が推進された。大企業では，終身雇用制度と結びついてHRがとくに企業意識の助長策や労働組合対策として直接的に利用された。こうした事情もあり，社内報，提案制度，態度調査，人事相談制度，福利厚生活動などのHRの広範な諸施策が導入されたこと，その導入において労使協調の観点が重視されたことが特徴的である。とはいえ，温情主義，終身雇用，年功序列といった特性をもつ日本の経営風土にアメリカ的なHRがそのまま導入され定着する土壌は，十分に備わっていたわけではなかった。

　アメリカでは，横断的な労働市場のもとに産業横断的な労働組合が存在していたのに対して，日本的な企業別組合は，生涯雇用を前提とする終身雇用という労使関係の上にはじめて結成されるものであり，労働組合の活動の基本単位は，個別企業を基盤としてその範囲で形成されてきた(102)。合理主義が徹底しており賃金水準の高いアメリカとは異なり，日本では，HRは家族主義的な人間関係と結合されて導入されたという面も強い(103)。日本では温情主義や経営

198　第2部　経営の「アメリカ化」と「再構造化」の日独比較

家族主義の傾向が強いということもあり，そのような状況のなかでHRが無理に，あるいは急激に導入されると，経営家族主義と人間関係管理との混合物のようなものが生まれやすいが，実際にそのようなケースもみられたとされている[104]。1963年の経済同友会による上述の調査では，HRの理論が形成される前提となった非公式組織の存在を経営管理上考慮すべき問題として取り上げたことがないと答えた企業の割合が75.6％にのぼっていたのに対して，その存在を経営管理上考慮すべき問題として取り上げたことのある企業の割合は20.6％にとどまっており[105]，こうした点での日米の相違も特徴的である。

　HRの手法の導入において社内の人間的な協力関係，そこでのコミュニケーションの改善がとくに重視されたのは，ドイツにおける共同決定制度のもとでの経営協議会のような機関による労使の対話の可能性が欠如していたことや日本の労働組合がもつ規制力の弱さということが関係していると考えられる。モラールを規定する条件構造にみられる日米の相違[106]，また日独の相違がおよぼした影響も大きいといえる。また本来フォアマンはHRの第一線の実施機関としての位置にあり，それゆえアメリカのように彼に人事関係その他HRの実施についての広汎な権限が与えられていることが，こうした施策の効果においても重要であるが[107]，日本では現場の職長にそのような権限が与えられていない場合が多かった[108]。こうした点でのアメリカとの相違も，HRの導入，展開のあり方に影響をおよぼすことになったといえる。

　また労働者の経営参加の制度との関連でみると，日本では，法律その他の一切の行政上の介入をまつことなく労使の信頼関係を前提として労使間における諸問題について自主的に交渉・協議するための制度である労使協議制やQCサークルなどの職場小集団活動のようなかたちでの参加の形態はみられる。しかし，ドイツのような法的な共同決定の制度は，トップ・マネジメントのレベルはもとより事業所レベルでも存在しない。労使協議制は，1955年に始まった生産性向上運動の過程における労使双方の協力によって，主として生産性向上の問題の協議をとおして，逐次その内容が整備され，普及していった[109]。日本では，企業別組合による縦断的な企業内労使関係を基盤として，団体交渉から区別された労使協議制が定着していった。制度的，機能的にみると本来異質である団体交渉と労使協議制が相互に密着している点に，労使協議制の日本的特

質がある[110]。すなわち，労働協約に定められた公式の団体交渉は形式的にもたれ，しかも回数もきわめて少ない傾向にあった。こうして，団体交渉の形骸化がすすみ[111]，そうしたなかで，本来団体交渉の対象であるべき労働条件的事項が労使協議制の対象となり，しかもそれが比較的大きな比重を占めた。日本的労使関係は，労使協議志向型であり，利害対立的な団体交渉の事項さえ，労使協議制に特有な労使の協調的な行動パターンのなかで協議され，決定される傾向にあった[112]。

　このような日本的な労使関係をはじめとする特殊的な諸条件に規定された企業の構造的特質やそこで働く従業員の社会的意識の特殊性は，HRの導入・展開のあり方に大きな影響をおよぼさざるをえなかった[113]。日本の産業経営の後進性と労使関係の複雑性という特質が，アメリカのようなHRの導入を十分には可能にしない要因として作用したといえる[114]。大企業では，ことに生涯雇用を前提とする終身雇用と年功序列型賃金の制度に基づく封鎖された労働市場のもとで，企業内の集団主義的行動にも規定されるかたちで，HRの広範な施策の導入，それによる職場の協調的な関係の形成が促されたといえる[115]。しかし，日本企業では，経営家族主義による温情的な信頼関係があり，冷たい契約的な人間関係を前提とするアメリカで発達した諸技法をそのまま導入することは，必ずしも適合的ではなかったともいえる[116]。

　日本企業において職場における改善提案活動が活発に展開され，それが品質向上や労働者のモラールの向上にも大きな役割を果たすようになったのも，集団主義的な土壌が基礎となってのことである。その意味では，HRやTWIの導入が提案制度の導入の大きな契機となったとはいえ，日本におけるHRは，二路的なコミュニケーションの確保による職場の良好な人間関係の形成よりはむしろ，製造現場における作業の改善，効率化という合理化目的に強く規定されるかたちで発展したものであるといえる。

2　ヒューマン・リレーションズの導入のドイツ的特徴

　またHRの導入のドイツ的特徴についてみると，同国では，日本のようには経営の近代化の必要性は高くなく，HRがそのような状況への対応のための手段として導入されることはなかったといえる。またHRの導入は，管理システ

ムとしてのみならず労使関係の変革の手段としても捉えられたが，それにはドイツ側よりはむしろアメリカの意図が強く働いていた。HRの導入・移転が労使関係の変革というアメリカの強い政治的意図をもって推し進められたことは，ドイツ側の受容の条件とは大きな乖離をみせざるをえないという状況をもたらす要因となった。

そのようななかにあって，経営者の正統性が大きく揺らいでいた状況のもとで労資の権力の配分がひとつの重要な問題となった戦後のドイツでは，アメリカのような管理手法に基づくかたちではなく，法による制度が埋め込まれるかたちでの労使関係のあり方，労働組合の強い規制力を背景にした経営における管理者と労働者の関係のあり方が形成・展開されることになった。現実には，共同決定にみられる経営参加の制度が成立することによって，法制度に規定された労使関係の大きな枠組みが構造化された。この点は，「ライン型資本主義」[117] や「調整された市場経済」[118] などと呼ばれるように，戦後のドイツ資本主義のあり方とも深くかかわる重要な一領域をなすことにもなった。こうした点にみられるように，HRの導入の諸条件と実際の展開は，ドイツと日本では大きく異なるものとなった。

ドイツでは，共同決定の法的な制度による労使関係のあり方，労働組合の強い規制力を背景にした経営における管理者と労働者の関係のあり方が，生み出されることになった。その結果，企業におけるHRの実際の利用は，共同決定の正式な規制あるいは法的な規制に基づいて自動的に解決されえない諸問題に集中することになり，そこでは，職長とその部下との間の「人間関係」や「労働環境」，経営風土の改善が重視された。

またHRの管理手法とそれに基づく労使関係のあり方は，「能率向上」という経営原理，企業の行動メカニズムが経営の実務においても，また労働の環境においても歴史的に重視されてきたというアメリカのプラグマティックな経営風土を背景としたものであったといえる。その意味でも，「能率向上」の原理に最も大きな価値をおくそのような管理手法や経営慣行は，技術重視，品質重視の経営観・伝統や，技術畑の経営者が相対的に多いという人事構成上の問題，それとも関係する経営の考え方などのために，ドイツには必ずしも適合的ではなかったといえる。

第 4 章　ヒューマン・リレーションズの導入の日独比較　*201*

（ 1 ）C. Kleinschmidt, *Der produktive Blick. Wahrnehmung amerikanischer und japanischer Management- und Produktionsmethoden durch deutsche Unternehmer 1950-1985*, Berlin, 2002, S. 173.

（ 2 ）高木健次郎『西ヨーロッパにおける生産性運動』日本生産性本部，1962年，17ページ，大場鐘作「生産性運動」，野田信夫監修，日本生産性本部編『生産性事典』日本生産性本部，1975年，51ページ。

（ 3 ）長谷川 廣『日本のヒューマン・リレーションズ』大月書店，1960年，76-86ページ，土屋守章「企業経営の近代化」，小林正彬・下川浩一・杉山和雄・栂井義雄・三島康雄・森川英正・安岡重明編『日本経営史を学ぶ 3 戦後経営史』有斐閣，1976年，294ページ。

（ 4 ）日産自動車株式会社総務部調査課編『日産自動車三十年史』日産自動車株式会社，1965年，291ページ。

（ 5 ）江渡三郎「労務管理の近代化について――特にわが国としての方向と問題点――」，野田信夫・森 五郎編著『労務管理近代化の実例』ダイヤモンド社，1954年，20ページ，尾高邦雄「人間関係と労使関係」『経営者』，第12巻第 6 号，1958年 6 月，18ページ。

（ 6 ）日本鉄鋼連盟戦後鉄鋼史編集委員会編『戦後鉄鋼史』日本鉄鋼連盟，1959年，985ページ。

（ 7 ）高木，前掲書，40ページ。

（ 8 ）H. G. Schröter, *Americanization of the European Economy. A Compact Survey of American Economic Influence in Europe since the 1880s*, Dordrecht, 2005, p. 197, p. 199.

（ 9 ）C. Kleinschmidt, *a. a. O.*, S. 173.

（10）C. Kleinschmidt, America and the Resurgence of the German Chemical and Rubber Industry after the Second World War. Hüls, Glanzstoff and Continental, A. Kudo, M. Kipping, H. G. Schröter（eds.），*German and Japanese Business in the Boom Years*, London, New York, 2004, p. 170.

（11）C. Kleinschmidt, *a. a. O.*, S. 72.

（12）Productivity and Applied Research Committee, Human Relations in Industry, E. P. A. Project No. 312（26. 10. 1955），pp. 1-2, *National Archives*, RG469, Off African & European Operations Regional Organizations Staff. European Productivity Agency（EPA）Project File, 1950-57.

（13）Productivity and Applied Research Committee. Human Relations in Industry. E. P. A. Project No. 312（28. 12. 1954），p. 2, *National Archives*, RG469, Off African & European Operations Regional Organizations Staff. European Productivity Agency（EPA）Project File, 1950-57.

（14）C. Kleinschmidt, *a. a. O.*, S. 177.

（15）A Letter about Human Relations Seminar to Mr. C. Mahhder（3. 2. 1954），*National*

Archives, RG469, Mission to Germany, Labor Advisor, Subject Files, 1952–54.

(16) „Human relations" in der deutschen Wirtschaft, *Der Arbeitgeber*, Nr. 10, 15. 5. 1950, S. 12.

(17) S. Hilger, *"Amerikanisierung" deutscher Unternehmen*, Stuttgart, 2004, S. 244.

(18) Betriebstechnische Tagung 1958, 10 Jahre Aufbau——Rückblick und Vorschau 1948-1958, S. 15/9, *Siemens Archiv Akten*, 64/Lt350.

(19) S. J. Wiesen, *West German Industry and the Challenge of Nazi Past*, 1945–1955, Chapel Hill, 2001, p. 191.

(20) 水谷雅一「わが国人間関係管理の現状と問題点——実情調査を中心として——」,日本経営者団体連盟編『ヒューマン・リレーションズ』日本経営者団体連盟弘報部,1957年,146ページ。

(21) 中山三郎「戦後『労務管理制度』の変遷」『労政時報』,第2000号,1969年8月29日,8ページ。

(22) 尾高邦雄「従業員態度調査の方法について」『週刊日労研資料』,第6巻第21号,1953年5月,5ページ,中山,前景論文,8ページ,折井日向「日本鋼管川崎製鉄所における態度調査について」『週刊日労研資料』,第6巻第2号,1953年1月,3ページ。

(23) 長谷川,前掲書,67ページ,74ページ。

(24) 尾高,前掲「人間関係と労使関係」,21ページ。

(25) 森 五郎『戦後日本の労務管理——その性格と構造的特質——』ダイヤモンド社,1961年,185ページ,189-190ページ。

(26) 日本経営者団体連盟編『最近における労務管理諸制度への関心傾向——主要87社の実情調査——』(労務資料 第49号),日本経営者団体連盟・関東経営者協会,1956年,1ページ,13-14ページ。

(27) 日本経営者団体連盟編『わが国人間関係管理の現状——主要174社の実態調査』(労務資料 第50号)日本経営者団体連盟・関東経営者協会,1957年,1-5ページ,8-14ページ,16-18ページ,20-22ページ。

(28) 日本経営者団体連盟編『わが国労務管理の現勢 第2回労務管理諸制度調査』日本経営者団体連盟弘報部,1965年,5ページ,27-29ページ,66-67ページ。

(29) 東京商工会議所『中小企業の経営者に関する実態調査』(調査資料 第170号),東京商工会議所,1958年,1ページ,3-5ページ,27ページ,61ページ。

(30) 長谷川,前掲書,179-80ページ。

(31) 同書,181ページ,191-192ページ,長谷川 廣「わが国におけるヒューマン・リレーションズの一側面——大企業と中小企業への導入をめぐって——」,日本経営学会編『日本の経営』(経営学論集,第32集),森山書店,1960年,49ページ,51-52ページ。

(32) 日本鉄鋼連盟戦後鉄鋼史編集委員会編,前掲書,985ページ。

(33) 川崎製鐵株式社社史編集委員会編『川崎製鐵二十五年史』川崎製鐵株式社,1976

年，505ページ。

(34) 日立造船株式会社『日立造船百年史』日立造船株式会社，1958年，397ページ。

(35) 経済同友会『労働市場の変化と企業活動　わが国企業における経営意思決定の実態（Ⅳ）』経済同友会，1963年，3-5ページ，136-137ページ，140-141ページ。

(36) 長谷川，前掲書，96ページ，105ページ，107ページ。

(37) 日本鉄鋼連盟戦後鉄鋼史編集委員会編，前掲書，985ページ。

(38) 日本経営者団体連盟関東経営者協会編『わが国における提案制度の現状』（労務資料　第54号），日本経営者団体連盟関東経営者協会，1958年，1-2ページ。

(39) 正戸　茂「人間関係管理の再検討とコミュニケーション改善」『労務研究』，第14巻第2号，1961年2月，3ページ。

(40) 清水秀雄「提案制度の……あれこれ──その現状と二，三の提言──」『労務研究』，第14巻第2号，1961年2月，16ページ。

(41) 経済同友会，前掲書，125-129ページ。

(42) Japan Human Relations Association, More about Suggestion Systems, Japan Human Relations Association (ed.), *The Idea Book : Improvement through TEI (Total Employee Involvement)*, Cambridge, Massachusetts, 1988, p. 202, 清水，前掲論文，17ページ。

(43) 日本生産性本部編『産業訓練　産業訓練生産性視察団報告書』（Productivity Report 41），日本生産性本部，1958年，15ページ。

(44) 川崎製鐵株式会社社史編集委員会編，前掲書，416ページ。

(45) 清水，前掲論文，17ページ。

(46) 日本経営者団体連盟関東経営者協会編，前掲書，4-5ページ。

(47) 同書，18ページ。

(48) トヨタ自動車工業株式会社社史編集委員会編『トヨタ自動車20年史』トヨタ自動車工業株式会社，1958年，436-437ページ。

(49) 日産自動車株式会社総務部調査課編，前掲書，295ページ。

(50) 日本鉄鋼連盟戦後鉄鋼史編集委員会編，前掲書，985ページ。

(51) 日本生産性本部編，前掲書，15ページ。

(52) 長谷川，前掲書，144ページ。

(53) 日本鉄鋼連盟戦後鉄鋼史編集委員会編，前掲書，985ページ。

(54) 経済同友会，前掲書，133-136ページ。

(55) 長谷川，前掲書，138ページ。

(56) 川田　寿「苦情処理制度の活用について　コミュニケーション改善に関連して」『労務研究』，第14巻第2号，1961年2月，13-15ページ，ホワイトヒル・田中慎一郎・吉野　衡・佐々木　大「管理と人間関係の焦点とアメリカの相違点に立って」『経営者』，第12巻第6号，1958年6月，30ページ，33ページ，日本生産性本部編『フォアマン制度　現場監督制度専門視察団報告書』（Productivity Report 97），日本生産性本部，1958年，150ページ。

204 第2部 経営の「アメリカ化」と「再構造化」の日独比較

(57) 平野浩一「戦後日本における労資関係の展開」，木元進一郎編著『労使関係論』日本評論社，1976年，210ページ。

(58) 日産自動車株式会社総務部調査課編，前掲書，296ページ。

(59) 日本経営者団体連盟編，前掲『わが国人間関係管理の現状』，16ページ。

(60) 経済同友会，前掲書，125ページ，127ページ，129ページ，131-133ページ。

(61) 長谷川 広「福利厚生および雇用の安定の意義」，藻利重隆責任編集『経営学辞典』東洋経済新報社，1967年，648-649ページ。

(62) 通商産業省企業局編『企業福利厚生——国際競争と労働力不足への対応——』通商産業省企業局，1968年，74-75ページ。

(63) 長谷川，前掲書，151ページ，154-155ページ。

(64) 松本竜二編『労使関係における福利厚生関係の現状』（労務資料 第42号），日本経営者団体連盟関東経営者協会，1955年，1ページ，30ページ。

(65) 日本経営者団体連盟編『労務管理統計総覧』日本経営者団体連盟弘報部，1959年，1ページ，108-109ページ。

(66) 日本経営者団体連盟編，前掲『最近における労務管理諸制度への関心傾向』，1ページ，11ページ。

(67) 経済同友会，前掲書，146-148ページ，151-152ページ。

(68) Management Development and Human Relations. OEEC-EPZ-Projekte im Rahmen der Technischen Hilfeleistung（8. 3. 1955), S. 1-2, *Bundesarchiv Koblenz*, B102/37023.

(69) X th Interational Management Congress, *Management Methods of Improving Human Relations*, Sao Paulo, 1954.

(70) RKW, *Produktivität in USA. Eine Eindrücke einer deutschen Studiengruppe von einer Reise durch USA*（RKW-Auslandsdienst, Heft 20), München, 1953, S. 44-45.

(71) C. Kleinschmidt, *a. a. O.*, S. 72-73.

(72) E. Bramesfeld, B. Herwig et al., *Human Relations in Industrie. Die menschlichen Beziehungen in der Industrie. Beobachtungen einer deutschen Studiengruppe in USA*（RKW-Auslandsdienst, Heft 41), München, 1956, S. 96.

(73) C. Kleinschmidt, *a. a. O.*, S. 72.

(74) *Ebenda*, S. 178.

(75) *Ebenda*, S. 181-182.

(76) Human Relations in Industry. E. P. A. Project No. 312, Stage A——Florence Discussions（21. 3. 1955), S. 2, *National Archives*, RG469, Off African & European Operations Regional Organizations Staff. European Productivity Agency（EPA）Project File, 1950-57.

(77) Vgl. C. Kleinschmidt, *a. a. O.*, S. 191.

(78) *Ebenda*, S. 195-196.

(79) „Human Relations" im Haus Siemens（22. 1. 1952), S. 9, S. 11, *Siemens Archiv Akten*,

第4章　ヒューマン・リレーションズの導入の日独比較　*205*

12799,„Human Relations"（25. 2. 1952）, *Siemens Archiv Akten*, 12799, Human Relations
（16. 11. 1953）, *Siemens Archiv Akten*, 12799, Bericht Nr. 2 über die Besprechung
zwischen WL ZEL Berlin und BR ZEL am 30. 9. 53（27. 10. 1953）, *Siemens Archiv Akten*,
12799.

(80) Rationalisierung als betriebspsychologiche Aufgabe（Januar 1952）, S. 4, S. 6, *Siemens
Archiv Akten*, 12799.

(81) S. J. Wiesen, *op. cit.*, pp. 192–193.

(82) T. Pirker, S. Braun, B. Lutz, F. Hammelrath, *Arbeiter, Management, Mitbestimmung. Ein
industriesoziologische Untersuchung der Struktur, der Organisation und des Verhaltens der
Arbeiterbelegschaften in Werken der deutschen Eisen- und Stahlindustrie, für das
Mitbestimmungsgesetz gilt, Arbeiter, Management, Mitbestimmung*, Stuttgart, Düsseldorf,
1955, S. 427.

(83) Bundesvereinigung der Deutschen Arbeitgeberverbände, *Jahresbericht*, BDA, Köln,
1957, S. 255.

(84) M. Kauders, Westdeutsche Werkzeitungen und ihre Rolle als Instrument zur
Verarbeitung der „Human Relations" in den Monopolbetrieben nach 1945, *Jahrbuch für
Wirtschaftsgeschichte*, 1960, Ⅱ, S. 23–24.

(85) A. Neugebauer, Etablierung der Sachzwänge. Werkzeitschrift und soziale Wirklichkeit
nach dem Zweiten Weltkrieg, B. Heyl, A. Neugebauer（Hrsg.）,》・・・*ohne Rücksicht
auf die Verhältniss*《. *Opel zwischen Weltwirtschaftskrise und Wiederaufbau*, Frankfurt am
Main, 1997, S. 195, S. 197–199, S. 212.

(86) C. Kleinschmidt, *a. a. O.*, S. 195.

(87) M. Kauders, *a. a. O.*, S. 15–16.

(88) C. Kleinschmidt, *a. a. O.*, S. 203.

(89) *Ebenda*, S. 173–175.

(90) 押川一郎・高木健次郎『ヨーロッパ生産性通信』日本生産性本部，1959年，67ペー
ジ。

(91) Menschliche Beziehungen im industriellen Grossbetrieb（Vortrag von Prof. Dr.
Arthur Mayer）, *Bayer Archiv*, 210–001.

(92) C. Kleinschmidt, *a. a. O.*, S. 185–186. とはいえ，バイエルでは，1950年代に職長教育
のための取り組みが行われており，その教育コースにおいては講演，映画の上映，経
験や情報の交換，参加者の間での討論などが行われているが，そこでは職長による部
下に対する人事管理の問題が重要なテーマのひとつとされていた。Meisterarbeits-
gemeinschaft（25. 6. 1956）, *Bayer Archiv*, 221/6, Auswertung der Ergebnisse der
Zweiten Meisterarbeitsgemeinschaft（20. 7. 1956）, *Bayer Archiv*, 221/6, Meisterarbeits-
gemeinschaft（5. 9. 1955）, *Bayer Archiv*, 221/6, Meisterausbidung（9. 7. 1953）, *Bayer
Archiv*, 221/6, Die Schrift von Sozial- und Personal-Abteilung an Zwiste vom 1.

206　第2部　経営の「アメリカ化」と「再構造化」の日独比較

　　　Dezember 1954, *Bayer Archiv*, 329/737.

(93) P. Obst, Das „Harzburger Modell" in organisatorischer Sicht, *Zeitschrift für Organisation*, 39. Jg, Nr. 2, 1970, S. 80, S. 82.

(94) C. Kleinschmidt, *a. a. O.*, S. 198-199.

(95) C. Kleinschmidt, *op. cit.*, p. 168.

(96) C. Kleinschmidt, *a. a. O.*, S. 202.

(97) C. Kleinschmidt, *op. cit.*, p. 169, p. 171, C. Kleinschmidt, *a. a. O.*, S. 190.

(98) H. Hartmann, *Amerikanische Firmen in Deutschland*, Köln, Opladen, 1963, S. 173.

(99) H. Hartmann, *Authority and Organization in German Management*, Princeton N. J. 1959, p. 271.

(100) C. Kleinschmidt, *a. a. O.*, S. 191-192.

(101) S. Hilger, *a. a. O.*, S. 244-245.

(102) 大河内一男『労使関係論』労働旬報社，1980年，163-168ページ，菅谷　章『労使関係論の基本問題　労働組合はなにをなすべきか』法律文化社，1977年，10-13ページ，105-106ページ，森　五郎「日本的労使関係システムの特質と今後の展望」，森　五郎編著『日本の労使関係システム』日本労働協会，1981年，367ページ，371-372ページ，高橋　洸『日本的労使関係の研究』，増補版，未来書房，1970年，9ページ，名取順一『増補　経営のH・R──人間関係管理の研究──』早稲田大学出版会，1965年，513ページ。

(103) 中村静治『日本生産性向上運動史』勁草書房，1958年，221ページ。

(104) 尾高，前掲「人間関係と労使関係」，20-21ページ，ホワイトヒル・田中・吉野・佐々木，前掲論文，30ページ，34ページ。

(105) 経済同友会，前掲書，143-144ページ。

(106) 安藤瑞夫「人間関係管理に人間に対する愛情を」『労務研究』，第14巻第12号，1961年12月，12ページ。

(107) 日本生産性本部編『ヒューマン・リレーション　ヒューマン・リレーション専門視察団報告書』(Productivity Report 12)，日本生産性本部，1958年，7ページ。

(108) 日本生産性本部編，前掲『フォアマン制度』，19ページ，34ページ。

(109) 占部都美・大村喜平『日本的労使関係の探求』中央経済社，1983年，101-102ページ，平野，前掲論文，205-206ページ，労使関係調査会『労使関係と人間関係 (2)』中央公論事業出版，1963年，17-18ページ。

(110) 占部・大村，前掲書，105ページ，108-110ページ，112-113ページ，労使関係調査会，前掲書，55ページ。

(111) 平野，前掲論文，209-210ページ。

(112) 占部・大村，前掲書，117-118ページ，123-124ページ。

(113) 長島良一「日本における人間関係管理」『労務研究』，第7巻第1号，1954年1月，24ページ。

(114) 淡路圓治郎「人間関係論の問題点」『労務研究』，第10巻第5号，1957年5月，7ページ。

(115) 土屋，前掲論文，294-295ページ，中山三郎「アメリカ式労務管理の功罪——戦後二十五年をかえりみて——」『経営者』，第25巻第4号，1971年4月，14-15ページ，武沢信一「日本の経営と人間関係」『労働法学研究会報』，第12巻第13号，1961年5月，9ページ，13ページ。

(116) 土屋，前掲論文，295ページ。

(117) M. Albert, *Capitalisme contre Capitalisme*, Ed. du Seuil, Paris, 1991〔小池はるひ訳『資本主義対資本主義』，新訂版，竹内書店，1996年〕参照。

(118) P. A. Hall, D. Soskice（eds.）, *Varieties of Capitalism*, Oxford, 2001〔遠山弘徳・安孫子誠男・山田鋭夫・宇仁宏幸・藤田奈々子訳『資本主義の多様性』ナカニシヤ出版，2007年〕参照。

第5章　フォード・システムの導入の日独比較

　第2次大戦後に主要先進諸国において導入・移転が試みられたアメリカの管理方式・生産方式は，受け入れ国の生産力の発展において大きな役割を果たした。それには，第3章および第4章において考察したインダストリアル・エンジニアリング（IE），ヒューマン・リレーションズとともに，いまひとつの重要な方策としてフォード・システムがあった。例えば1950年以降ヨーロッパにおいて新しかったものはアメリカ型の大量生産であったという指摘[1]もみられるように，フォード・システムの導入は，加工組立産業における大量生産の展開とそれを基礎にした経済発展の実現において大きな役割を果たしてきた。

　アメリカ型大量生産システムの普及という点では，第2次大戦前には，日本はもとよりドイツにおいても，市場条件の制約のもとで，フォード・システムの本格的導入，普及には至らなかった[2]。例えば戦前に日本と比べフォード・システムによる大量生産への移行の取り組みがすすんでいたドイツをみても，その中心的な部門のひとつであった自動車産業においても，1940年代までの時期には生産組織の種類は供給すべき市場に決定的に規定されており，その限りでは，「アメリカニズム」は選択的に普及したにすぎなかったとされている[3]。これに対して，戦後の市場条件の変化のもとで大衆的モータリゼーションが進展し，そのなかでフォード・システムの導入・展開，関連産業への需要創出をも基礎にして大量生産の展開それ自体がそれにみあうだけの市場をつくり出していくという「大量生産体制」への移行が本格的にすすむことになった。

　こうした現象は，戦後の経済成長期において，主要各国に共通にみられる一般的傾向を示すことになった。しかしまた，フォード・システムの導入とそれに基づく大量生産の展開は，アメリカと共通する傾向とともに，日本とドイツ

のいずれにおいても独自的なあり方がみられることにもなった。それゆえ，以下では，市場の制約的条件からその本格的導入・展開には至らなかった戦前の限界をふまえて，戦後の日本とドイツにおける大量生産方式の導入・展開について考察し，そこにみられる両国の固有の現象形態，諸特徴とともに，こうした大量生産方式の展開とものづくりの特質との関連について明らかにしていくことにする。

　以下では，第1節および第2節において，日本とドイツにおけるフォード・システムの導入の状況についてそれぞれ考察する。それらをふまえて，第3節では，そのようなアメリカ的経営方式の導入の日本的特徴とドイツ的特徴を明らかにしていく。さらに第4節では，大量生産システムの展開とも深いかかわりをもつ両国のものづくりのあり方，特質について考察を行うことにする。

第1節　日本におけるフォード・システムの導入

　まず日本におけるフォード・システムの導入についてみると，第2次大戦前にもその取り組みがみられ，例えば東芝や日産，トヨタでは流れ作業方式の移植が試みられたが，耐久消費財市場の未成立という状況にも規定された市場の条件の限界から，流れ作業方式は，自動車産業や機械産業全体に根付くには至らなかった[4]。その本格的な進展は，第2次大戦後のことである。

　しかし，日本では，自動車産業において典型的にみられたように，狭隘で多様化した国内市場に合せてフォード・システムを修正して導入しなければならなかった。戦後の生産システムの改革は，フォード生産方式と在来のクラフト的な生産システムのハイブリッドのかたちですすめられたという点に重要な特徴がみられる。この点に関して，藤本隆宏氏は，「フォード生産方式（およびテイラー・システム，TWI，SQCなど，その他のアメリカ発の生産管理・労務管理手法）は，トヨタ的生産システムの中に個別の要素として吸収されていった」が，最終的にそれらを一つのシステムに統合するさいの同社の固有の組織能力が大きな役割を果たしたとされている[5]。

　また塩地　洋氏は，トヨタではフォード・システムが全面的に導入されたのではなく，「限定的・選択的」に導入されたとして，①全面的・模倣的導入，

②拡張的導入，③部分的・段階的導入，④限定的・修正的導入，⑤原理転換的・反面教師的導入の5つのパターンがみられたとされている。すなわち，全面的・模倣的導入は時間研究・動作研究にみられ，拡張的導入は，提案制度（サジェションシステム）が創意工夫制度として導入された例にみられるほか，部分的・段階的導入はコンベアシステムにみられる。これらに対して，限定的・修正的導入はライン・スタッフ組織にみられ，原理転換的・反面教師的導入は，大ロット生産から小ロット主義への転換，前工程からの押し出しによる方法から後工程引取りによる方法での流れ作業の実現，計画の精緻化による見込生産から補充方式，「受注」生産機能への転換にみられる[6]。

1　市場の制約的条件のもとでの大量生産方式の日本的展開

　フォード・システムの導入による大量生産の展開においては，流れ作業方式の導入とともに専用機械に代表される設備近代化が重要な意味をもつ。しかし，そのようなアメリカ的なシステムの導入をすすめながらも日本的な経営環境にあわせた展開がはかられたということに重要な特徴がみられる。それゆえ，日本企業のフォード・システムの導入による大量生産への取り組みの基本的方向性についてみると，設備投資に頼らない生産性向上が追及されたほか，労働者の利用，職務構造の独自的なあり方が模索された。トヨタでは，例えば移動組立ラインやトランスファーマシンなどのフォード・システムの構成要素のある部分の選択導入，修正によって，それらを多様性と変化に富んだ日本の国内市場に適応させるかたちで再統合した[7]。日産におけるトランスファーマシンの導入は1956年に始まったが，一般的にそのような設備は完全な専用機械であるのに対して，2種類のエンジンを共通に加工できるように改良され，汎用化が試みられた[8]。このように，アメリカのようには需要と生産量が期待しえない状況のもとで，当初から技術の選択的導入が試みられたのであった。

　こうした日本的な対応のあり方という面にかかわっていえば，フォード・システムの導入の最も主要な舞台となった自動車企業の成長は，生産総量の急速な拡大とともに基本モデルの数も増加するという「モデル多様化を伴う成長」であった。そこでは，大ロット大量生産の恩恵が得られず，多品種小ロット生産がどの時代にも要求されるという条件のもとに，生産システムには常にフレ

キシビリティが求められたという事情があった。その結果，フレキシビリティの確保のために機械の導入がある程度抑制され，購入された専用機械設備の汎用的なものへの改造が試みられた[9]。

また労働力利用において独自の試みが行われたことにも，大量生産への取り組みにおける基本的な方向性のひとつがみられる。単能工の利用に代わる多能工化がはかられたほか，アメリカ型のテイラー主義的職場とは異なる，頻繁な改訂を伴う作業標準および標準改訂（改善）に参加する多能工的作業者，改善を推進する現場管理層などからなるフレキシブルな標準作業システムが生み出された[10]。例えばトヨタでは，1950年代末までにフォード・システムを導入し，標準作業票の変更ができる人材の育成，彼らへの標準作業票の書き換えに関する権限の委譲によって，60年代初頭には，標準作業票を書き換え得る人材が現場に多数投入され始めた[11]。

この点に関して重要なことは，日産では標準時間の決定はIE担当の査業課の技術者を中心としワーク・ファクター法によって行われていたのに対してトヨタでは主として組長によって行われていたということである[12]。トヨタのこの方法では，「標準であると組長が自ら決めたものが標準となり，作業者に指導し守らせる」ものであり，「作業をこのようにやらせるのだという，意思を含んだものであることが大切」となる[13]。同社における標準作業票の変更ができる人材の育成，彼らへの標準作業票の書き換えの権限の委譲は，現場の改善ということともかかわって，こうした標準作業の設定をめぐる決定権のあり方とも深く関係している。

さらにアメリカのような規模での大量生産を可能にする大きな需要が見込めない状況のもとで，限られた需要量と生産品種の多様性への対応の必要性から，生産過程の同期化のより徹底した追求がなされたという点にも，大量生産への取り組みのいまひとつの基本的方向性がみられる。そこでは，生産動向にペースを合せるかたちでの，生産工程ごとの部品供給や作業の流れのジャスト・イン・タイムでの同期化が追及されたのであった。

2 流れ作業方式の展開

そこで，まず，フォード・システムによる大量生産の根幹をなす流れ作業方

212 第2部 経営の「アメリカ化」と「再構造化」の日独比較

式の導入についてみることにしよう。1955年以降になって日本経済が高度成長期に入るなかで,生産の「オートメーション」化が時代のスローガンとなった。自動車産業でも,1956年にはトヨタや日産において最初のトランスファーマシンの導入がみられたが,当時の自動車企業にとってまず必要なことは,生産の自動化よりは流れ作業方式の確立そのものであった[14]。例えばトヨタでも,老朽設備の更新と能力増強がめざされた1951年の「生産設備近代化5ヵ年計画」[15] の開始までは,「流れ作業体系といってもショップ間の連絡,工程間同時生産体制は十分完成されておらず,組立部門,機械加工部門に不完全な形で導入されていたに止まった」。しかし,1951年のこの計画によって,組立ラインは,「最終組み立てラインだけでなく部品供給ラインや,エンジン,トランスミッション,リアアクスルなどの諸部品の組立ラインにいたるまで」全面的にコンベア化された[16]。

小型車の生産が飛躍的に増加した1956年以降,量産体制の確立に向けた設備の増強と近代化が推し進められた。そこでは,各工程の流れのスピードアップと各工程の最終組立工程への統合がはかられ,従来の機械加工,組立などの部分的,局部的な流れ作業方式から全面的な流れ生産体制への移行がすすんだ。こうした流れ作業化は,それを可能にする生産能率の高い新鋭設備の導入,設置をともなって行われた[17]。こうして,1953年から60年までの時期には,自動車産業では,流れ作業方式の全面的な導入,生産管理体制の整備・強化,生産工程への組付部品の「定日・定時搬入」が推進された[18]。

1956年から59年にかけての時期には,乗用車を含む小型車部門における市場の急速な拡大のはじまりに対応して,それまで比較的多かった汎用機械の自動化・専用化が急速にすすみ,量産技術の導入が本格的に推進されることになった。ただこの段階では,市場規模による量的制約のために,プレスやその他の機械加工では,まだ流れ作業化,機械の自動化・専用化をはかるには至らなかった部分もあり[19],アメリカは異なり,市場の条件への対応が重要な課題となっていた。そうしたなかで,例えば日産では,1958年にプレス機械間をベルト・コンベアで結んだ生産方式であるタンデムライン方式が初めて採用された[20]。トヨタでは,1962年のクラウンのフル・モデルチェンジを契機に,メーンボディの組立ラインにループコンベア方式が採用され,完全な流れ作業へ

と切り替えられた[21]。また鋳造工程においても，トヨタでは，1958年に第1特殊鋳物工場においてモールド・コンベアの延長が行われた[22] ほか，いすゞ自動車でも，鋳造工場においてモールド・コンベアの導入によって，従来のロット生産から流れ作業方式への転換がすすんだ[23]。

さらに，工程系列のオートメーション化がおよばなかった部面でも，同期化が追求されており，そこでは，コンベアによる同期化が重要な意味をもった。例えばプレス工程や組立工程においてのように，「相関連する個々の工程をあるいは車体制作，塗装，組立といった一連の工程系列をコンベアで連結し，1つの工程系列全体あるいは加工順序的に前後する複数の工程系列を連続化・同期化するといった方法」が取り入れられた[24]。

3 設備近代化の進展

また設備の近代化についてみると，トヨタの場合，上述の生産設備近代化5ヵ年計画に基づいて設備の更新・拡充が推進されたが，いわゆる大野ラインの実施延長によって，各工程別の流れ作業を形成するための機械設備の自動化がすすんだ[25]。1967年の『トヨタ自動車30年史』が指摘するように，機械加工工程では，「高性能の専用工作機械の導入と超硬刃具などの採用，さらに専用機のユニット化へと進んで，ユニット構成の専用機を有機的に結合して自動化したトランスファーマシンの導入という経過をたどった[26]」。トヨタでは，汎用機から専用機への移行からさらにすすんだ。精密で高速自動化された専用機のライン化の徹底がはかられたほか，1956年にはシリンダブロック用の，58年にはステアリング・ギヤー・ボックスのためのトランスファーマシンが導入されたほか，エンジン組付作業からテストに至るユニット組立工程が自動化された。各工程のスピードアップ，コンベアによる各ショップ間の連携の円滑化というかたちで，最終組立ラインへの統合は新しい様相を呈するに至った。プレス・車体工程でも，大型ダブルアクションプレスを中心とするプレスの台数の増強，ローラー・フィード，アイアンハンドの取り付けによる鉄板の送入，取り出し作業の自動化，プレス機械の専用機化，コンベアでのプレス間の連結によるプレス加工の流れ作業化，コンベアによるプレス間の移動の自動化がはかられたほか，トランスファープレスの導入も試みられた。また材料切断につい

214 第2部 経営の「アメリカ化」と「再構造化」の日独比較

ても，ターン・テーブルおよびローラー・コンベアの使用による運搬手待ちの排除，型打ち抜きによって生じるスクラップの処理の自動化，運搬工程の合理化も取り組まれた(27)。トヨタでは，1960年頃には，機械工場内の工作機械のほとんどがユニット構成の専用機で構成されるようになっており，重要工程へのトランスファーマシンの導入がすすんだ(28)。

　なかでも，「鋳造から機械加工，組付にいたるまで一貫したエンジン生産を行う，日本で最初のエンジン専門工場」として1965年に操業を開始したトヨタの上郷工場の機械加工工程では，自動化の取り組みが顕著であった。すなわち，広い範囲にわたるトランスファーマシンの導入，自働コンベアによる各トランスファーマシン間の連結，汎用機や単体専用機への自働搬入搬出装置の取り付け，自働コンベアによる各機械間の結合によって，加工工程の連続化がはかられており，こうした「機械加工の全工程連続化」は，当時，他に例をみないものであった(29)。同社では，機械加工におけるトランスファーマシンの大量導入は1965年のことであるが(30)，そのような設備は，56年のトヨタと日産における最初の導入後10年を経ずして，日本におけるほとんどの機械加工部門の生産工程には採用されるに至った(31)。

　またトヨタの事例にみられるように，トランスファーマシンの改良も取り組まれており，トランスファーマシン間の工作物の搬送制御にトヨタ生産方式の考え方を組み込むことも行われた。それは，フルワーク制御の考案・実用化やプールオーバー制御の開発などにみられる。前者は，つくり過ぎのムダの防止のために，後工程で加工待ち工作物の個数が所定量に達した場合に前工程の加工を停止するというものである。また後者は，ストック・コンベア上の工作物が一定量に達した場合には前工程からの供給を停止するというものであった(32)。

　トランスファーマシンの導入によって工程数の節約が実現されたほか，万能機・汎用機の専用機械化によって機械加工に関する熟練が分解され，1人の持台数が多くなった。さらに作業説明票および作業指導票に基づいて作業者はきわめて容易に作業を行うことができるようになったことから，臨時工を工程の間に組み込むことが可能となった(33)。

　他の生産工程についてみると，鋳造工程では，例えばトヨタの場合，1951年

からの設備近代化5ヵ年計画後も型込めや後処理工程は機械化・自動化がすすんでおらず，まだ遅れていたことから，新技術の導入が推進された。1958年に第1特殊鋳物工場において，サンドスリガーの導入による型込工程の革新が行われ，型込工の比重が低下したほか，中子工場にもエンドレス・コンベアが導入された。カタン鋳物ではW2タイプモールディングマシンの導入による原材料・加工物の自動送りが可能となった。またコンベアの導入による造型から注湯，枠ばらしまでの全作業工程を一本の流れとして管理できるように工夫がはかられた。鍛造工程では，鍛造機の革新によって，ハンマー中心の自由鍛造から鍛造プレスやアプセッター中心の型鍛造への転換がすすんだ。それによって，プレス工による長い熟練を有するハンマー手の置き換えが可能となり，熟練そのものが低下した[34]。いすゞ自動車でも，鋳造の自動化が推進されており，作業の連続化による能率向上とスペースの節約が実現された[35]。

4 生産工程の同期化の追求とジャスト・イン・タイム生産の展開

フォード・システムの導入のなかにあっても日本的な独自の生産システムとして大量生産方式が形成されたという点は，ジャスト・イン・タイム生産にみられるような生産工程の同期化の徹底した追求にもみられる。トヨタにみられるように，アメリカのフォードT型のような巨大な需要の発生が見込めない状況のもとで，限られた需要量と生産品種の多様性に対応するために，生産動向に完全にペースを合せるかたちでの，必要な部品を必要なロットだけ小ロットで必要なときに納入する部品調達と納入の体制の構築がめざされた。同社は，「限定された生産量から出発する中で最も効率を上げるためには，生産工程における作り留めを排し，そのためにすべての工程に部品をジャスト・イン・タイムで供給できるようにすることが必要」であった。それゆえ，「規模の利益を追う前に生産工程ごとの部品供給や仕事の流れをジャスト・イン・タイムで同期化する」ことが，自社の工場の実態に合わせて追及された[36]。

トヨタでは，機械加工工程において計画的な流れ生産が実現すると，同工程から機械組付工程への部品の運搬作業の見直しが必要となり，それへの対応として導入が検討されたのがスーパー・マーケット方式であった[37]。『トヨタ自動車20年史』が指摘するように，当初「スーパー・マーケット」方式と呼ばれ

216 第2部 経営の「アメリカ化」と「再構造化」の日独比較

た生産管理の特徴は，①後工程から前工程に引取りにいくという方法，②従来
のトラックに代えてリフト・トラックおよびトレーラーによる各職場間の輸送
と一定の時間表に基づく5台分ずつの搬送，③日々の生産指示どおりの生産の
実施，④機械故障を絶無にするための予防保全措置の強化，⑤協力工場も含め
たスーパー・マーケット方式の展開と同方式による計画的な納入の実行にあっ
た(38)。スーパー・マーケット方式は1954年に採用されたが，全工程の「循環
的流れ作業」が形成され，「中間ストック，中間倉庫が廃止され，生産工程全
体を一本の線として管理することが可能となった」。そこでは，車両組立工程
を主軸とした全工場間，各工場内における主要ラインの同調化の徹底がはから
れた(39)。

　1950年には機械加工ラインと組立ラインの同期化が行われ，その後，53年頃
に機械工場においてスーパー・マーケット方式が導入された。1955年には組立
工場と車体工場の同期化がはかられたほか，60年には工場間の同期化が全工場
にわたり実施された(40)。トヨタでは，1948年にはすでに後工程引取りが開始
されており，ジャスト・イン・タイム生産において重要な役割を果たす「かん
ばん」の導入は，53年に機械工程において実施され，50年代後半に車体溶接工
程で始まった。それは，車体溶接工程の前工程でありロット生産であったプレ
ス工程に拡大された後に，部品製造工程にも導入され，1959年には新設の元町
工場の組み立て工程にも採用された。かんばんは，1960年代初めには，鋳造，
鍛造，熱処理などの小ロット化の最も難しいとされた工程にも導入され，62年
には，自社内の自動車生産全体において全社的に「かんばん方式」が展開され
ることになった(41)。

　この管理方式によって，同調化管理が個々の部品加工に，さらにすすんで粗
形材製造工程にまで拡大強化され，粗形材製造から最終組立までの工程すべて
が最終組立工程に同調化されることになった。その結果，各工程の作業量の平
均化，在庫量の削減において大きな成果があがるようになった(42)。こうした
「後工程引取」という発想法が生まれた背景には，市場の狭隘性，需要予測能
力の未発達による見込み計画機能の低さ，完成車在庫をもつだけの資金的余裕
のなさという特殊的な条件があった(43)。

　また自動車企業と部品企業の生産工程との同期化も取り組まれた。トヨタで

は，1950年代末頃から，重要なサプライヤーとの間の運行時間に基づくトレーラーの運行によって，アメリカ企業とは異なる運営が始まった。それは，密接な取引関係の構築だけでなく，トヨタの最終組立ラインと取引相手の生産の同期化を実現するものでもあった[44]。その後，「トレーラーの定時運転から時刻表がなくなり，トレーラーだけが後工程から『部品を取りに伺う』ことが常態化する」ことになり，「トレーラーの到着に間に合わせる」というかたちでの「ジャスト・イン・タイム」が実現されることになった。こうした生産工程間の同期化において重要な役割を果たすのが「かんばん」であった[45]。ただ，自動車企業内の生産工程間の場合と部品企業の生産工程との間の場合とでは異なっていた。トヨタの工場内部では後工程から前工程に部品を取りに行くこと（プル）が実施されていたのに対して，トヨタと部品企業の間では，部品を届けること（プッシュ）が運行ダイヤにしたがって行われた[46]。トヨタでは，外注部品へのかんばん方式の採用が始まるのは1965年のことである[47]。

　こうしたトヨタ生産方式の根底をなすのは，資材や部品の企業外部での生産や購入を含めて，系列下にある部品企業から工場内での最終工程までの「生産工程全体に平準化した『流れ』を作り出す」という意識にあった[48]。そのような工程全体の均一的な流れの創出という動きは，高精度の互換性部品も多数のコンベアの敷設のための潤沢な資金も入手できないという状況での対応であった[49]。「後工程によるかんばんの1回の引取量の多少は前工程の加工ロットに影響する[50]」ことから，「かんばん方式が全工場に広がると，各工程では平準化生産が絶対的な必要条件となった」[51]。トヨタでは生産を需要変動に合わせる上で重要な意味をもつ平準化生産ははやくも1953年に導入されているが[52]，生産の平準化の推進は，「工程のレイアウトの生産の量と品種の変動に応じた変更や作業手順の変化に現場の作業員が対応できるようにするために多工程持ちを拡大し，多能工化を推進することと密接な関連がある」[53]。

5　労働編成の日本的展開

　こうした問題は労働編成のあり方とも深くかかわるものである。日本的な労働編成の特徴とも関係する多工程持ちの導入に先行する機械の多台持ちについては，トヨタでは，1947年に機械の2台持ちが，49年には人の仕事と機械の仕

218　第2部　経営の「アメリカ化」と「再構造化」の日独比較

事を分離させた3～4台持ちが実施された。多台持ちは，その後多工程持ちへ
と発展したが，それは1963年のことであった[54]。多工程持ちの実施が1963年
であったということは，62年のトヨタの社内でのかんばんの全面採用と時期的
にもほぼ一致している。同種機械の多台数持ちのためには自動送り装置や自動
停止装置が条件となるが，大野耐一氏を中心に合理化が取り組まれた機械工場
では，それらの装置や刃具，材質の均一化が全面的に採用され，1作業者が複
数の工作機械を受け持つ体制へと変革された[55]。自動専用機の利用によって
工程を構成するという方法では，相当の費用がかかるために小規模な生産量で
は採算がとれないという事情があった。それゆえ，工作機械への簡単なカム送
り機構やマイクロスイッチの取り付けによって自働送りと自動停止の機能を備
えた簡便な自動機に改造するという方法での対応がはかられた[56]。ことに自
動停止装置では，異常が発生した場合に設備や生産ラインが自動で停止する
「自働化」というかたちでの独自の対応がはかられた[57]。

　一方，多工程持ちの条件は諸工程間の加工能力あるいは作業量（工数量）の
調整であるが，トヨタでは，1951年頃から「部品別・工程別能力表」と「標準
作業組合せ票」という，多工程持ちの実現に不可欠な手法が開発された[58]。
このように，独自の方式の展開を支える諸要素が開発されている。多工程持ち
の実現による成果は機械工場において大きく，こうした方法によって，機械工
場は，従来のロット生産方式から，戦時中に中断していた流れ生産方式の再開
に大きく踏み出すことになった[59]。

　このように，トヨタでは，フォード・システムが追及した作業割当の細分
化，作業者と管理者の峻別という極端な水平的・垂直的分業は取り入れられな
かったのであり，労働編成，労働組織のあり方という面でも，日本的な特徴が
生み出された。それまでの職人生産的な作業組織は作業の標準化と直接的な職
場統制によってとって代えられたが，標準化した課業の再編成によって，単能
工のタイプではなく多工程を受け持つ多能工のタイプの作業組織が形成され
た。また現場の監督者や作業者に対しても作業改善等に関する意思決定の責任
をもたせることによって，管理者と単能工的作業者との垂直的分断という状況
の回避がはかられた。伝統的なクラフト組織が解消していく一方で，こうした
独自の作業編成，意思決定権の委譲によって，職人的生産方式がもっていたよ

うなフレキシビリティが別のかたちで復活されたといえる。少なくとも機械職場では，作業の標準化による職人的生産方式からの脱却と多能工化（多工程持ち）とが同時並行ですすんでおり，両者は密接な関連をもって推進された。トヨタでは，規模の経済の恩恵をフルに享受しうる急成長期が到来する1960年代よりも前の段階で，すでにフォード生産方式と在来の生産方式の諸要素の混合を行っていたのであった[60]。

またジャスト・イン・タイムのシステムとの関連でみると，そのような方式では，フォード・システムの場合のような単能工主体の複雑な職務構造からなるフレキシビリティのない固定化したシステムではなく，多能工主体の簡潔な職務構造の柔軟な組織運営が可能となるような労働組織の実現が重要な課題となり，そのような組織が生み出されることになった[61]。また日本的な労働編成においては，提案制度やTQCを通じて，作業改善にかかわる意思決定権と責任の一部が現場レベルに再委譲され[62]，そのことが，職場レベルでの能率向上の組織的な取り組みや作業方法の改善による品質向上に大きく寄与した。

第2節　ドイツにおけるフォード・システムの導入

以上の考察において，日本におけるフォード・システムの導入を自動車産業についてみてきたが，日本と同様に同産業が基幹産業の一翼を担い高い国際競争力を築いたドイツにおいても，そのようなアメリカ的経営方式の導入による大量生産体制への移行がすすんだ。それゆえ，つぎに，ドイツについて考察を行うことにしよう。

1　フォード・システムの導入の全般的状況

まず戦後のドイツにおける大量生産システムとしてのフォード・システムの導入・展開の全般的状況についてみると，1953年の時点では製品・部品の設計・構造の変更や生産量の変動のために，アメリカ的な方法に基づく生産ラインの経済的な利用が可能な生産領域は，まだわずかしか存在しなかった[63]。1956年のある報告でも，流れ生産はなお依然として初期的段階にあったとされている[64]。しかし，そのような状況は，1950年代後半以降には大きく変化し

220 第2部 経営の「アメリカ化」と「再構造化」の日独比較

ていった。例えば1958年のある報告でも、流れ作業の原則がはるかに強力に普及しており、機種別の編成原理を徹底的に駆逐してきたとされている[65]。また1959年のH. O. ベーゼマンの指摘をみても、ベルト・コンベア生産は、合理化においてかなりの役割を果たしてきた[66]。さらに1963年のK. シュプリンガーの指摘でも、合理化の必要性は工業生産においてはますます流れ作業での生産へと導いてきたとされている[67]。

そのようなアメリカ的生産方式が展開された最も代表的な部門である自動車産業をみると、戦後初期にも、企業の努力の特別な重点は、生産方法のより合理的な編成と生産能力の拡大におかれていた[68]。生産方式の改革は、その後、フォード・システムの本格的な展開によって大きな進展をみることになった。1950年代末にはなお過度の個人主義がコスト節約に寄与する大ロットの生産を妨げていたとされているが、ドイツの自動車市場では、小型車から中型の乗用車へのほぼ連続的な移行がみられた[69]。自動車産業の大量生産への移行は、戦前の組別生産や流れ生産にもかかわらず、1950年代に初めて実現されていくことになり[70]、この産業のフォーディズム的転換は、1950年代の3分の2の時期以降に加速されていった[71]。ことに1950年代および60年代の自動車産業の合理化努力の中心のひとつは、ホワイトボディ組立、ユニット組立および最終組立の組立部門では、ベルト・コンベア技術の大規模な利用による生産の革新にあった[72]。

こうして、1950年代・60年代には、単一定型の大衆車を生産するフォルクスワーゲンのような企業以外でも、フォード・システムによる大量生産方式の展開が本格的にすすんだ[73]。例えば1963年のある報告によれば、自動車産業でも、個々の加工品の切削加工や成型加工では、多くのケースにおいて、すでに機械の利用やオートメーションの可能な限りの高い水準に達していたが、組み立てではなお手作業が広く支配していたとされている[74]。それだけに、組立工程全体を同期化する流れ作業方式の展開が大きな意味をもった。

フォード・システムにみられる流れ作業方式の展開が最も重要な課題となり、その導入がすすんだのは加工組立産業であるが、すでに1950年代半ばには、自動車産業のほか、電機産業（スイッチ類、電球など）や、かなりの需要が存在するあらゆる種類の機器の製造でも、流れ作業が不可欠のものとなっ

た[75]。電機産業では，戦間期にはあまりすすむことのなかった投資財生産から消費財生産への構造変化が1950年代から60年代初頭に大きく進展し[76]，ベルト・コンベア作業の普及は，戦後における消費財生産の躍進の結果，50年代・60年代にようやくみられるようになった。そのような作業方式は，とくにラジオ，テレビ，電気掃除機，洗濯機，自動食器洗い器，レンジといった主要な製品系列の最終組立において普及しており[77]，フォード的大量生産への構造変革がすすんだ[78]。例えば家庭用冷蔵庫の生産ロットは非常に強力に増大したので，ベルト・コンベアの導入がすぐに必要となった[79]ほか，積算計器，開閉装置，電動機，電話機などのような多くの他の製品でも，大量生産での製造が行われるようになった[80]。例えばジーメンス＆ハルスケでも，1956年4月の経営技術会議において大量生産への移行の問題が取り上げられているほか[81]，その後の同種の会議でも，さまざまな製品部門でのベルト・コンベア作業による流れ生産の報告が行われている[82]。

　しかし，自動車産業とは異なり，電機産業の生産条件はきわめて多様であり，顧客の特別な要望がほぼすべて考慮されなければならないような大型設備では，特定の部品の大量生産への努力にもかかわらず，1950年代末になってもなお主として個別生産であった[83]。また中小のロットでしか生産されない機器の場合や，同じ組のなかでも細部において相互に相違がみられた機器の場合には，タクト作業でさえも組み立ての最も経済的な形態ではなかったとされている[84]。

2　自動車産業におけるフォード・システムの導入

　そこで，以下では，流れ作業方式の導入・展開による大量生産への取り組みが最も強力に推し進められた自動車産業について考察を行うことにする。ここでは，代表的企業の事例を取り上げてみていくことにしよう。

（1）　フォルクスワーゲンの事例

　自動車産業は，その大量生産による関連産業への需要創出効果，高い雇用吸収力，賃金の推移の基準をなしたことなどによる景気の牽引的役割をとおして，西ドイツのフォーディズムの誕生におけるペースメーカーとなった。なか

でも，フォルクスワーゲンは，フォードの生産方法の受容とそれに照応する労使関係の形成においてペースメーカーの役割を果たした[85]。それゆえ，まずフォルクスワーゲンについてみることにしよう。

① 流れ作業方式の展開

　同社では，ヴォルフスブルク工場において，終戦直後の1946年にすでに，例えば変速機，アクスル，エンジンのための複数の組立コンベアや完成組立コンベアが稼動しており，月に約1,000台から1,200台の自動車が生産された[86]。1950年の営業年度には，フロントアクスル，リアアクスルおよびエンジンのための組立コンベアの切り替え・拡大が行われたほか，同年度末頃には2基目の最終組立コンベアが操業を開始した。車体組立でも，生産の増大，作業工程の新たな分割や新しい工具の導入によって，流れ生産がよりスムーズに組織された[87]。翌年の1951年には，ホール3での車体の完成組立においてスライド開閉式屋根を備えた車体用の1基の新しい組立コンベアが設置されたほか，いす張り職場でも，ベルト・コンベアが導入されるとともに個々の作業工程が単純にされた。その結果，不熟練労働者の利用が可能となった。またホール4では変速機の生産のための第2組立コンベアが配置され，エンジンの検査台が拡大された[88]。つづく1952年には，ホール1にバスの生産用の最終組立コンベアが1基配置されたほか，ホール3でも車体用のコンベアと最終組立コンベアの配置が開始された。またホール4でも同期かみ合い式変速機のために1基の新しい組立コンベアが配置された[89]。さらに1953年には，ホール1においてコンベアの長さが延長されたほか，ホール3でも車体の完成組立の再編，ホール4からの2基の最終組立コンベアの移設が行われた[90]。

　このように，フォルクスワーゲンでは，戦後のはやい時期から生産の近代化の取り組みが行われたが，技術的再編が本格的にすすむのは1954年以降のことであった。それは，機械とコンベアのタクトでもって作業のリズムに対する外的な強制を生み出すことを目的のひとつとしていた。そこでは，個々の工程のための所要時間が正確に計算され，労働者に標準時間として設定されるようになった。このように，ヴォルフスブルク工場の技術的再編は，当初から，労働組織の領域においても適応を強制することになり，アメリカのモデルが志向さ

第5章　フォード・システムの導入の日独比較　223

れていた[91]。

　そこで，1954年以降の流れ生産方式の導入による変革についてみると，同年度にも，ヴォルフスブルク工場のホール3において，3基目の最終組立コンベアと4基目の車体組立コンベアが配置された[92]。1955年には，ホール1における貨物用自動車のシャーシ製造において1基の組立コンベアが追加され，操業を開始したほか，ホール3でも，車体の完成組立は，4基の組立コンベアの移設後，車両の最終組立コンベアと完全に同期化されることになった。さらにホール4でも，リアアクスルの生産のために1基の組立コンベアが新たに配置されている[93]。翌年の1956年には，ホール0の新しいプレス工場に設備が部分的に配置され，ドア，屋根などの6つの大きな製造部分は，機械化されたラインにおいて鋼板の到着から組み付けられる組立グループに至るまで同一の作業タクトで生産されるようになった。その結果，生産は明確な，見通しのきく流れのなかで中断することなく進行するようになった。そこでは，近代的な設備は，工場の枠内で最適な経済性が生まれるように保たれた。またホール12でも，完成車のための1基のコンベアベルトが操業を開始したほか，それぞれ1基の第5車体コンベアと最終組立コンベアの配置が開始されているが，さらに専用のコンベアベルトの配置も行われており，同年度中に操業を開始した[94]。また1957年には，ホール12において，それぞれ1基の車体組立コンベア，最終組立コンベア，手直し作業用のコンベアベルトなどの流れ生産のためのより大型の設備が，操業を開始した[95]。

　こうして，単一車種であった「カブト虫」（"Käfer"）の生産において1946年に開始された組立コンベアラインによる生産では，60年代初頭までに，調整された大量生産の完全な流れが築かれるようになった[96]。さらに1961年の夏には，「VW1500」のための年間250,000台の生産能力をもつ2つの新しい組立コンベア，すなわち，第6車体組立コンベアと完成組立コンベアがヴォルフスブルク工場において完成している[97]。1964年にも，同工場の車体組立コンベアと完成組立コンベアは，タイプ1あるいは3を選択して生産できるように改造され，操業を開始した[98]。また1968年に関する取締役会の生産担当部門の年次報告書では，ブラウンシュバイク工場に関して，タイプ4の車両の投入は新しいフロントアクスルの構造をもたらし，それによって多くの新しい生産方式

224　第2部　経営の「アメリカ化」と「再構造化」の日独比較

あるいは機械への転換をもたらしたとされている。この時期には，タイプの多様性および設計・構造の相違に規定されて，フレキシビリティの必要性が高まったが，こうしたフレキシビリティの向上が同工場における傾向を特徴づけていると指摘されている[99]。1970年には，ヴォルフスブルク工場では，まず小さな台数で計画された短い前車を維持したことによって，タイプ1のバリエーションは倍増することになった。それに対応して，強力なフレキシブルな混合生産が生み出されたが，それは，かなりのロスタイムとさまざまな搬送システムの変更をもたらすことになった。さらに新たに建造された組立ライン4でのアウディ100の大量生産が開始された[100]。

　また1956年に操業を開始した**ハノーファー工場**をみても，デリバリバンの製造では，最終組立はベルト・コンベアで行われた。最終組立コンベアに供給する個別のラインにおける機械化ないし部分的に自動化された新しい多くの工程の導入のもとで，生産が組織された。そこでは，徹底的に機械化されたベルト・コンベア組み立てが典型的である。同工場における生産技術にとっては，ベルト・コンベアの広範な利用が特徴的であり，車体生産のコンベアと車両の側面を生産するのためのコンベアは同期化されていた。こうした生産方法によって作業時間は静止組立と比べ約25％短縮された[101]。ハノーファー工場では，1957年には，段階的な生産の増大や品質向上という成果の達成のためには，作業工程の一層の合理化および機械化が実施されなければならず，多くの近代的な設備の投入が行われたが，3基目のフレーム製造用のコンベアが新たに配置された[102]。翌1958年にも，コスト削減の達成と生産増大の実施のためには新旧の設備・機械の新たな配置，転換や変更が必要となったが，車体工場のフレーム生産では，鋼板用コンベアの配置がみられた[103]。また1959年には，エンジンの製造への小さな部品の搬送のために，より多くの台数のチェーンコンベアの配置が行われた[104]。ハノーファー工場ではまた，1969年の営業年度には，エンジン生産における重点は，第7エンジン組立コンベアなどの配備のなかですすめられたより大規模な機械の切り替えにあった[105]。さらに1970年には，完成組立において3基目のコンベアが操業を開始したほか，研磨作業用のコンベアの切り替えが行われた[106]。

②　設備近代化の進展

　さらにフォード・システムによる大量生産方式の展開において重要な意味を
もつ専用機械やオートメーション技術の導入などの設備近代化についてみる
と，すでに1954年春にH.ノルトホッフは「完全な新しい方向づけ」を求めた。
車体生産，塗装およびめっきの領域では自動化はすでによくすすんでいた。こ
れに対して，とくにプレス工場や機械加工部門では，手作業を徐々に不要にす
る諸方策が取り組まれた(107)。

　そこで，1950年代半ばまでの時期のヴォルフスブルク工場における状況をみ
ると，例えばプレス工場では，すでに1951年に69基のプレス設備がホール2に
配置され，その一部が52年初頭に操業を開始するなど機械化の方策がはやくに
実施された(108)。また1952年にはホール4の機械加工ラインに214台の新しい
機械が配置されたほか，鋳造職場にも15台の専用機械が配置されており，この
専用機械の導入によって63.9％の生産増大が達成された(109)。1953年にはホー
ル4の機械加工職場に289台の製造用機械が配置された(110)ほか，54年にも294
台の製造用機械が操業を開始する(111)など，機械化のための方策が一層推し進
められた。

　しかし，同社においてオートメーションの導入が始まるのは1950年代半ば頃
のことであり，55年にはそれはより広く取り組まれるようになった。そこで
は，古い万能工具を置き換えるために，オートメーション全般や専用工作機械
へのかなりの投資が行われた。同社の連続流れ生産は，個々の工程の段階を多
くの作業職場のトランスファーマシンによって結びつけるかたちで展開され
た。また大きな生産量が頻繁な設計・構造の調整なしに計画されうるようなあ
らゆるケースでは，それまで利用されていた汎用機械がフレキシブルな専用機
械によってとって代えられた。オートメーションは，生産量の多い大衆車の
「カブト虫」の生産においていちはやく導入された(112)。フォルクスワーゲン
の1956年の年次生産報告によれば，同年度には，ホール1において例えばある
工具内の送り装置，搬送設備を備えたプレスにおけるより多くの工具の装備，
自動化されたラインへのより多くの偏心プレスの編成などによって，かなりの
部分的なオートメーションを達成することができた。またホール12でも自動化
のための設備の導入が行われた(113)。1957年にも，ホール3のフレーム製造に

おいて自動熔接機が操業を開始した[114]。また翌年の1958年をみても，フォルクスワーゲンの年次生産報告では，プレス工場の部門において39基のプレスと12台のその他の機械が投入されており，新しいプレス工場（ホール0）では，機械化に関して最も重要な進歩を達成することができたと指摘されている[115]。さらに1959年には，車両後部の左右の側部を生産するための熔接ラインが操業を開始したほか，新しいプレスホールでも，右ドアの外殻とリアカバー用のトランスファーマシンへの4基のヴァインガルテンプレスの配置が開始された。プレスの領域では，この営業年度に56基のプレスと11基のその他の機械が新たに配置された[116]。

　同社のオートメーションの技術的な側面は，生産ラインによる個々の加工段階の結合と専用機械のより強力な利用の2つの面に集中していた[117]。オートメーションは，第一に各種の搬送に関係していた。1950年代末には，オートメーションは，ある作業工程からつぎのそれへ，あるいはある部分組立から他のそれへの搬送に関係しており[118]，工場内部の搬送の機械化を目的とした自動化にも注意が払われた[119]。

　このように，フォルクスワーゲンでは，専用機械，オートメーション技術の導入が強力に推し進められた。しかし，1950年代末には，ドイツにおける最も近代的に装備された企業に属していた同社[120]でも，市場がオートメーションによる生産増大を吸収しうる，という確信がもてれるまでは，製造作業の自動化にはきわめて慎重であった。そのような対応は，アメリカとは明らかに異なる製品市場および要素供給の諸条件のもとでの企業行動であった[121]。しかし，自動車市場の一層本格的な発展・拡大をみる1960年代には，アメリカ的なオートメーション技術の導入は，より本格的な進展をみることになった。

　そこで，1960年代以降についてみると，60年には，ヴォルフスブルク工場において燃料タンクの生産が1基の自動熔接ラインに移されたほか，研削職場では3台の自動研磨ラインが操業を開始した[122]。また1963年には，ヴォルフスブルク工場においてホワイトボディのためのトランスファーマシンが操業を開始しており，それによって210人の要員が節約された。またハノーファー工場でも，クランクケースとシリンダーヘッドの加工用の第4トランスファーマシンが操業を開始した[123]。1963年には，とりわけカッセル工場とハノーファー

工場のプレス，機械およびトランスファーマシンのために，かなりの注文が承認された[124]。1964年には，ヴォルフスブルク工場において，「カブト虫」の1200タイプと1300タイプの自動組立てのための新種のトランスファーマシンが稼動した[125]ほか，同工場のホール7では，リアアクスル用の自動噴射設備と高温浸漬塗装設備が操業を開始した[126]。翌年の1965年には，ハノーファー工場において，1.3リッターと1.6リッターのエンジンへの転換が大規模な新規の調達，生産の変更および移転を必要にし，119台の機械と19台のトランスファーマシンが新たに配置された[127]。こうして，この時期にトランスファーマシンによるオートメーションの拡大が一層本格的に推し進められた。また1966年度には，ハノーファー工場においてエンジン生産のための6台のトランスファーマシンと45台の機械の発注が行われた[128]。翌年の1967年には，ヴォルフスブルク工場においては，独自のプロジェクトや組み立てによって，搬送設備，トランスファーマシン，鋳造コンベアなどのための多くの電気設備において，外部の業者の仕事と比べても節約が達成されており，トランスファーマシンによる機械化への転換は，生産の成果の増大をもたらした[129]。1969年には，ブラウンシュバイク工場において，生産能力の増大と1938/39年の製造である古い機械の取り替えのために，56台の新しい機械が工具製造用として導入された。そのうちの2台は数値制御の横ボール盤と直立ボール盤であり[130]，先進的なものであった。さらに1970年にはハノーファー工場のエンジン生産において，生産の移転によって空いた個別の場所を利用可能な全体的な空間に統合するために，16基のトランスファーマシンと133基の個々の機械の切り替えが行われた[131]。

③ フォルクスワーゲンにおける生産技術革新の特徴

このような生産技術革新の導入について，C. クラインシュミットは，ドイツフォードやオペルを別とすれば，フォルクスワーゲンはアメリカモデルの機能を数十年にわたり描くことのできるドイツの唯一の自動車製造業者としている。フォルクスワーゲンは，アメリカモデルおよびとくにアメリカのフォード社のリバルージュ工場を強く志向しており，1950年代のこのドイツ企業の繁栄において，アメリカは決定的な役割を果たした[132]。しかし，実際には，

228　第2部　経営の「アメリカ化」と「再構造化」の日独比較

フォルクスワーゲンの成功の背後にある秘密のひとつは，アメリカモデルへの
選択的なアプローチにあった。同社は，例えば車体組立のための高度に機械化
された独自のトランスファーマシンの操業を開始させており，それによってア
メリカの発展へのあまりにも厳格な志向を緩和することができた[133]。戦後，
同社はフォード的大量生産，組立ライン生産およびオートメーションといった
アメリカの発展に従った。しかし，その一方で，例えば工作機械や産業ロボッ
トの場合のように，特殊なノウハウが採用されたことも特徴的であった[134]。

　フォルクスワーゲンの生産技術革新にみられるひとつのドイツ的なあり方の
追求は，フレキシブルな生産方法を妨げるデトロイト・オートメーションと呼
ばれるアメリカ的なオートメーションの方法そのものに代えて，ドイツの状況
への適応が試みられたという点にみられる。同社は，こうした発展の後発者と
して，その否定的な経験から学び，オートメーションの過程におけるそのよう
な厳格な歩みを回避することができた。そうしたなかで，ドイツの状況へのア
メリカの方法の適応から得られ，またそれゆえ1970年代におけるそのような生
産方法の衰退のなかでも生き抜くことになった典型的なドイツ的フォーディズ
ムのタイプが，生み出されてきた。それは，本質的には，ドイツにおいて支配
的な多様化高品質生産のタイプや，共同決定が重要な役割を果たした労使関係
のドイツ的システムとの共生のなかにみられるものであった。職場のコントロ
ールにおける経営側と労働側との間の権力の配分をも意味する労資の協力に基
づく共同体的な協調的労使関係の制度には，技術的な精度を重視する高い質の
熟練労働の古典的なパラダイムの本質的な諸要素が反映しているとされてい
る[135]。

　(2)　オペルの事例

　またGMの子会社であるオペルをみると，1956年8月には，新しい大規模な
車体工場・組立工場であるK40が完全操業を開始しており，生産方式の改革が
取り組まれた。車体組立では，1.5リッターと2.5リッターの乗用車という2つ
の基本タイプのシャーシが2基のコンベアの上に別々に載せられ，それらは，
その後，ホワイトボディの生産のために1本のコンベアに集められた。前塗
り，着色塗装，内装の装着などを経て，完成した車体はコンベアで完成組立へ

と送られたが，そこにはエンジンとシャーシがコンベアで送られてきた。メインの組立コンベアは，そのほぼ3分の2がオーバーヘッド・チェーン・コンベアで構成されており，そのつど作業に合わせた高さで流れていった[136]。

　1957年のある報告によれば，リュッセルスハイム工場における新しい車体製造では，約6,500mの長さをもつ一本のメインのベルト・コンベアのみが存在しており，そこでは，6つのタイプのすべての車両が生産された。このような大規模なベルト・コンベアでの生産には，同じモデルをより大きな量でまとめて連続して生産する方法と，すべてのモデルを組み立ての計画との関係で混ぜ合わせて生産する方法との2つの可能性が存在したが，オペルでは後者の方法が選択された。その理由は，さまざまなモデルの同じではない長い作業時間やベルト・コンベアに沿って配置されている工具の有効利用にあった[137]。リュッセルスハイム工場のコンベアベルトと組立コンベアの長さは28,000mにもおよび，同じコンベアでのトラックを除く全モデルの組み立ての管理のために，テレタイプ・システムが備えられており，この工場は，世界の最も近代的な自動車工場のひとつであった[138]。1962年のオペルの社史では，同社の大量生産はベルト・コンベアによって実現されていたことが指摘されており，リュッセルスハイム工場では，当時すべて50秒で1台の自動車がコンベアを流れていった[139]。

　さらに1962年に生産を開始したボーフム工場では，エンジンおよびシャーシ用部品は第2工場で生産され，エンジンの組み立てもコンベアで行われた。第1工場では，車体生産と最終組立が行われた。この新しい工場には，全長31kmの長さをもつ227基のオーバーヘッド・チェーン・コンベア，組立コンベアなどの搬送設備が配置されていた。また第2工場のコンベアベルトと組立コンベアの長さは，11kmにおよんでいた。車体，事前組立されたシャーシユニットおよびエンジンは最終組立コンベアで一緒になり，完成組立も，コンベア作業で生産が行われた[140]。

　また専用機械，オートメーション技術の導入についてみると，機械加工部門では，1950年代半ば頃に，クランクシャフトの生産のためのトランスファーマシンなど，オートメーション設備の導入が行われた[141]。1956年のある指摘によれば，この時期の生産の特徴は，自動で作業を行うだけでなくその作業の監

視・制御も行う複数の機械が作業の流れに加わるということにあった[142]。また1958年末には，新しい大規模な投資プロジェクトが開始され，投資が加速された[143]。この頃には，多くの一般的なトランスファーマシンとならんで，他の工場ではみられなかったシリンダ用ピストンのラインが配置されていた[144]。

　工場別にみると，リュッセルスハイム工場では，1961年8月には，さらにエンジンおよび変速機のための新しい設備が操業を開始した。当時，55基のトランスファーマシンと70基の多軸自動盤，1,175台の個々の工作機械が存在していた[145]。また1962年に生産を開始したボーフム工場におけるエンジン，変速機，アクスル，カルダン軸などの生産のための1,147台の工作機械をみても，その技術水準は高かった。その多くは，シリンダブロック，クランクシャフト，連接棒，変速機などの加工のためのトランスファーマシンであった。この工場には，操業当時，47基のトランスファーマシンが配置されていた[146]。同社の1962年の社史でも，その最近には仕掛品を自動で搬送するトランスファーマシンが特徴的となっていたと指摘されている[147]。

　ただオペルやフォードのようなアメリカの子会社への同国の生産システムの移転に関して注目しておくべきことは，しばしば親会社には欠けていた子会社自身の生産システムのダイナミクスについての知識・理解が必要であり，最も受容されたような状況でさえ，移転には革新とフレキシビリティが必要であったということである[148]。この点は，市場の条件も含めて戦後のドイツ的条件への適応の問題と関係するものであるが，アメリカのGMやフォードのもつ潜在的な能力とそれを効果的に適用する能力との間には，しばしば大きなギャップがみられた。アメリカの経験を選択的によりよく利用し，またそれをヨーロッパ的な状況のなかでよりうまく適用することができたのは，ドイツではむしろフォルクスワーゲンのような企業であったとされている[149]。

　　(3)　ダイムラー・ベンツの事例

　さらにダイムラー・ベンツについてみると，同社では，1950年に「220」タイプと「300」タイプの両モデルに必要な生産ラインの配置が着手されており，「220」タイプは，51年秋以降，ベルト・コンベアで生産された。「300」タイプ

第5章　フォード・システムの導入の日独比較　*231*

も，当初はゆっくりではあるが1951年11月以降に大量生産への移行を開始した[150]。戦後になって車体生産だけでなく完成組立も行うようになったジンデルフィンゲン工場[151]では，1957年の営業年度に，作業工程のはるかに徹底的な近代化とともに，コスト引き下げを可能にする生産方式への投資が行われており[152]，大量生産のための生産方式の改善が取り組まれた。

　ただ1960年代前半の時期になっても，アメリカ企業と同社との生産性の格差はなお大きく，アメリカのフォードでは1日当たり最高2,500台が生産されたのに対して，ダイムラー・ベンツでは，最も小さい乗用車の組み立ての場合でも17時間の製造時間を必要とした。アメリカの製造工場の高い生産能力は，コンベアあるいはベルト・コンベアによる搬送の徹底的な機械化によるものであったとされている。そうしたなかで，規模の経済を実現するためのひとつの中心的な手段をなしたものが，そうした経済性にとって有利な数量を市場の求める定型の多様性と結びつけることを可能にする「ユニット・システム」（Baukastensystem）の原理に基づく標準化での対応であった。ダイムラー・ベンツでは，乗用車部門でもまた有用車両の部門でも，ユニット・システムや定型削減でもって，標準化された大量生産が推進されたのであった[153]。

　しかしまた，ユニット・システムの原理に基づく多くの標準化された生産要素間の適合性やそれを高めるための擦り合わせ的な部分が重要となってくる。そのような状況のもとで，生産方式を作業機構という面でみた場合にはあくまで流れ作業組織に基づくアメリカ的なあり方であっても，基幹となる生産要素間の設計・生産において熟練的要素が重要な意味をもったといえる。それゆえ，熟練労働力にも依拠した労働過程のフレキシビリティを配慮した高品質生産の推進が重要となった。例えば1957年から63年までの時期をみても，ベンツ300SLの組み立ては，高度な手工業的な能力を必要としたとされている[154]。

　また専用機械，オートメーション技術の導入についてみると，ダイムラー・ベンツでは，1955年の営業年度には，まだ本来の言葉の意味でのオートメーションは取り組まれてはいなかった[155]。ウンターテュルクハイム工場では，1955年以降，トランスファーマシンが導入された。そこでは，自動車部品は，もはやそれまでのように手によって多くのさまざまな機械に運ばれるのではなく，ある作業の段階からつぎのそれへとトランスファーマシンによって自動で

搬送されるようになった[156]。またマンハイム工場でも，1957年度には機械設備の近代化が取り組まれたほか，エンジンの生産のためのトランスファーマシンが配置されており，それには大きな資金が必要とされた[157]。

　しかし，1958年8月のある調査によれば，ウンターテュルクハイム工場でも，生産量の少なさということもあり，そこでの設備は，最も近代的な水準にはまだとうてい達していなかったとされている[158]。同工場の1959年の年次報告書では，より大規模な生産の一層の自動化はその製品のタイプの多さによって限界を画されたと指摘されている[159]。それだけに，最新の技術の導入においても，標準化がきわめて重要な意味をもった。

　こうした事情からも，モータリゼーションの一層の進展のなかで大量生産への移行がより強力にすすんだ1960年代になって，オートメーション技術・設備の導入が，一層強力に取り組まれることになった。例えばウンターテュルクハイム工場におけるトランスファーマシンの調達台数は，1961年度には4台，62年度には13台，63年には1台，65年度には7台，66年度には1台，67年度には10台，70年度には5台であった。その導入の範囲も，エンジンの生産用だけでなくアクスルや変速機，オイルパン，控え管などの生産にまで拡大された[160]。同工場の年次報告書には機械設備の使用年数別の記載がみられるが，1959年度以降の報告書では，より多くの加工工程を統合するはるかに高性能なトランスファーマシンの配置の増加のために，調達年度別の台数の単純な割合は設備の新しさや古さを正確には示さないと指摘されている[161]。

　このように，より上級の市場セグメントに重点をおいた製品戦略を展開したダイムラー・ベンツのような企業では，アメリカ的な大量生産技術，大量生産システムの導入を基礎としながらも，他社以上によりドイツ的なあり方が追求された。すなわち，市場での差別化を可能にする高品質を確保するために，技術設備の水準をより補完することのできる高い質の熟練労働や，ユニット・システムにおける生産要素間の擦り合わせ作業のための技能や熟練にも依拠しながら，高品質生産に向けた展開がはかられたのであった。その意味でも，フォルクスワーゲンとは異なるかたちでのドイツ的なあり方が追求されたといえる。

第3節　フォード・システムの導入の日本的特徴とドイツ的特徴

　以上の考察において，戦後の日本とドイツにおけるフォード・システムの導入の状況をみてきた。それをふまえて，つぎに，そこにみられる日本的特徴とドイツ的特徴について明らかにしていくことにしよう。

1　フォード・システムの導入の日本的特徴

　まず日本についてみると，自動車産業において典型的にみられたように，狭隘で多様化した国内市場に合せてフォード・システムを修正しなければならなかったが，戦後の生産システムの改革は，そのようなアメリカの生産方式と在来のクラフト的な生産システムの混合というかたちとなった。アメリカのような規模での大量生産を可能にする大きな需要の発生が見込めない状況のもとで，限られた需要量と生産品種の多様性への対応のために，生産動向にペースを合せながらジャスト・イン・タイムのかたちで生産工程ごとの部品供給や作業の流れを同期化する努力が追及された。そのことは，平準化した流れを生産工程全体につくり出すものであった。またそれまでの職人生産的な作業組織についても，作業の標準化と直接的な職場統制によってとって代えられたが，標準化した課業の設定を軸とした管理の体制への転換の過程において，単能工ではなく多工程を受け持つ多能工を基幹とする作業組織が形成された。さらに提案制度やTQCといった職場レベルの活動をとおして作業改善にかかわる意思決定権と責任の一部が現場レベルに委譲されることによって，アメリカにおいて支配的であったテイラー・フォード的な労働組織，労働編成とは異なるあり方が追及された。また例えば移動組立ラインやトランスファーマシンのようなフォード・システムの構成要素についても，それらの選択的導入や修正によって，日本の多様性と変化に富んだ市場への適応がはかられた。

　フォード・システムの導入と重なりながら形成されてきたトヨタ生産方式の本質は，「各工程に必要な機械設備と要員を構想し，構築または設置・改定することを課題」とする「生産技術」とは区別された，加工対象（ワーク），標準作業，機械設備の3要素を工程でどれだけうまく使いこなすかということを重視する「製造技術」にある(162)。まさに自動車産業におけるフォード・シス

テムの日本的展開ともいうべきトヨタ生産方式にみられる発展は，このような
意味での「製造技術」としてのシステム化として，独自の内容と意義をもつこ
とになったといえる。同じ流れ作業を前提にしながらも，欧米型の改革ではも
っぱら機械化に力点がおかれているのに対して，日本型の改革では，それより
前に作業の合理化に力点がおかれている。欧米では作業解析能力が不十分であ
り，作業改善が技術者主導で考えられると，設備改善にまず目が向くことにな
る。一方，日本では，製造技術者という独自の技術者カテゴリーの存在，現場
の監督者が作業者出身であるために作業をよく知っているということが，作業
改善を可能にする条件をなしている[163]。トヨタの生産方式が全社を統一する
システムとして一応完成したとされる1970年には，それを社内の各工場および
協力会社に導入・指導するスタッフとして，生産調査室が生産管理部内に設置
されており[164]，同社の生産システムは，自社を超えたレベルでも一層推進さ
れていくことになった。

　フォード・システムの導入において独自的な展開をとげた代表的事例をなす
トヨタでは，日本における「モデル多様化を伴う高度成長」という市場成長の
恩恵をフルに享受しうるような体制が，1960年代の急成長が始まる前に概ね整
備されるようになっていた。戦後のこのようなフォード・システムの導入とそ
の日本的な修正としての生産方式の新たな展開について，藤本隆宏氏は，プロ
セスの進展という面からつぎのようにとらえている。歴史的には，通常，①標
準が存在しないことによって多様性・柔軟性は高いが生産性の低いクラフト生
産方式，②専門化のすすんだフォード・システム，③製品設計や工程設計の標
準化を前提とした多様性・柔軟性をもつフレキシブル大量生産という３つの発
展の過程がみられる。しかし，全期間をとおしてフレキシビリティが求められ
たため，日本の自動車メーカー，とくにトヨタは，第２段階への移行と第３段
階への移行とを早い時期に同時に並行的にすすめることになった。すなわち，
日本の企業は，柔軟性の乏しい純粋なフォード・システムへの移行という第２
段階を飛ばすかたちでフレキシブル大量生産方式の段階へと直接移行したので
あり，それは「圧縮されたライフ・サイクル」であるとされている[165]。

　1950年頃から着手された日本の自動車産業におけるキャッチアップの過程
は，同国企業の国内価格が外国車の輸入価格よりも同一クラスで下回っていた

ことにもみられるように，60年前後に一応の到達点に達したといえる[166]。その重要な要因は，フレキシブル大量生産方式の段階へのこうした早期の移行というかたちでのフォード・システムの日本的な導入のあり方にみられ，そのことが1960年代の急成長の基盤をなしたといえる。1965年以降には価格競争からモデルチェンジ競争へと自動車産業の競争パターンが転換する[167]なかで，生産のフレキシビリティの確保を配慮した日本的な大量生産システムの展開は，こうした競争構造の変化に対応する上でも，大きな意味をもったといえる。

2　フォード・システムの導入のドイツ的特徴

　こうした日本的なあり方，特徴に対して，ドイツでは，日本のような徹底したかたちでの生産工程の同期化の体制が追求されたわけではなかった。労働者の熟練・技能的要素を生かした大量生産システムの展開が試みられたが，両国の市場特性の差異のために，そこでの熟練や技能の性格には相違がみられた。ドイツおよび同国企業にとっての輸出地域の中核をなすヨーロッパ市場の技術・品質・機能重視の市場特性とそれを反映した経営観，すなわち，生産者の側ではなく消費者の側からみたニーズのとらえ方に基づく経営観，ものづくり観の影響が大きかった。そのような市場の条件とそれをも反映した経営観のもとで，大量生産システムの導入・展開をはかりながらも，日本的な多能工的な技能・熟練ではなく熟練労働力の知識集約的な専門家的技能要素にも依拠した高品質生産の展開が重視される傾向にあった。こうした点にもみられるように，フォード生産方式と在来のクラフト的な生産システムのハイブリッドという面でも，日本とドイツの間には相違があった。

　またユニット・システムの導入による量産効果の追求にみられるように，標準化システムとの結合をより強化しながらの展開がはかられた点も，重要なドイツ的特徴のひとつをなす。このような生産システムのドイツ的展開は，アメリカ的要素と1920年代以降のドイツに独自的な生産システムの要素[168]との結合がはかられたものであり，その歴史的伝統を受け継いだものである。

　戦後のフォード・システムの導入，大量生産システムへの転換という経営課題に対して，トヨタなど日本企業が当初徹底的な同期化や自動化を行うことができず，日本的な独自のあり方を追求することになった背景としては，国内市

236　第2部　経営の「アメリカ化」と「再構造化」の日独比較

場の狭小性，設備投資資金の不足，技術力の不足などの歴史的条件があったといえるが[169]，技術力という点では，ドイツとの相違が一定みられる。ドイツでは，戦前にフォード・システムの本格的導入・定着には至らなかったとはいえ，その取り組みがすすんでおり，技術的にみても，日本よりははるかにすすんでいた。それゆえ，専用機の導入，オートメーション技術の利用という点でも，また流れ作業方式の展開という点でも，日本ほどには制約的条件にはなかったといえる。日本との比較でみれば，その限りでは，ドイツはアメリカ的なあり方に近いかたちであったともいえる。この点は，1970年代以降の生産システム改革においても，ドイツは，日本においてみられた「総合的なシステム化」というかたちよりはむしろ，ME技術に大きな重点をおいた改革[170]へとすすんでいく背景をなしたといえる。

第4節　日本とドイツにける大量生産システムの展開とものづくり

　これまでの考察において，日本とドイツにおけるフォード・システムの導入，そこにみられる両国の諸特徴についてみてきた。このようなアメリカ的経営方式の導入を基軸としながらも独自的な諸要素を多分に組み込んだ大量生産システムの展開は，日本とドイツのものづくりのあり方とも深いかかわりをもつものとなった。そこで，つぎに，この点について，生産システムのあり方にも規定された国際競争力の源泉とのかかわりをふまえてみていくことにしよう。

1　大量生産システムの展開と日本的ものづくり

　まず日本についてみると，第1節および第3節においてみたような，フォード・システムの導入を基軸としながらも独自的な展開をみた大量生産，そのシステムのあり方は，アメリカ的方式の熱心な学習と導入の過程において，「普遍的な管理のエッセンスを創造的に吸収し，日本の特殊的条件に照して修正したもの」[171]である。その後の1970年代以降に顕著となっていく日本企業の国際競争力にあらわれる成功は，アメリカ式管理技術の導入とその陶冶，その創造的吸収による日本的修正のプロセスにおいて実施された経営革新に負ってい

るとこるが大きいといえる[172]。

　日本の自動車企業においては，戦後当初から自動車市場の規模が量産のメリットの実現にはあまりに小さく，品種も多様であったという特殊的な条件のもとで，つくり過ぎの無駄の排除，量的拡大を前提としないで多種少量生産を効率的に実現するという問題設定に立って，フォード・システムの導入を基軸としながらも，独自の生産システムの構築の方向に向かうことになった。「要素技術の組み合わせにかかわるノウハウやテクニックの総称」を「メタ技術」とすれば，日本の自動車産業における生産システムの展開は，要素技術を海外から移入しつつも，後工程引き取り，小ロット主義，作業者の多工程持ちなど，特異なロジックを含むメタ技術のもとに構築されたのであり，独自の「一つのまったく新しいイノベーション」であったといえる[173]。

　トヨタ生産方式に代表される日本的な生産システムは，フォード・システムの導入のプロセスとの重なりのなかで，戦後の高度成長期にほぼ基本的な骨格が形成されたといえるが，その後の一層の進化によって，国際競争力を発揮することになった。1970年代以降の低成長への移行のもとで消費性向が低下するという傾向のもとでは，製品の多様化・差別化をめざして追及された多品種化戦略にともなう品種数の増加と同じテンポで需要が拡大していくような条件にはなく，1品種（車種）当たりの平均の生産ロットは低下せざるをえなかった。そうしたなかで，「専用化」の論理による生産編成に基づくアメリカ型大量生産の方式では，「規模の経済」を実現しうる操業度の確保は困難とならざるをえなかった。そこでは，多品種の大量生産をどのようにしてコスト的に成り立たせるか，またいかにして品種間の需要変動に対する生産のフレキシビリティを確保するかということが重要な経営課題となってきた。その結果，生産システムに求められるフレキシビリティの質も，それまでと比べても一層高度なものとならざるをえなかった。

　そうしたなかで，設備の効率性・自動化とある程度の汎用性の回復を可能にするME技術の利用による生産のフレキシビリティの向上や，品種の増加にも効率的に対応しうる混流生産の一層高度な展開など，多品種多仕様大量生産システムへの再編がすすんだ。ME技術に関していえば，その導入の代表的な事例は，例えばトヨタでは，NC，ロボットによる自働化ラインの展開（同社では

1980年），機械加工への量産用NC機（同78年，83年）や組付ロボットの投入（同86年），ボディ加工用ロボットの大量投入（同81年），ボディ取付けにおける新型ボディライン（フレキシブル・ボディライン）の配置（同85年）などにみられる[174]。また混流生産についてみても，トヨタにおいてそれが需要変動に対する高いフレキシビリティをもつものとして展開されるのは1975年以降のことであり，こうした生産の試みは，70年代をとおしての同社における総組立ラインのひとつの実験テーマとなった[175]。

混流生産は，旬間オーダー・システムをベースにした上でデイリィ修正を取り入れたニュー・オーダー・システムが前年の1974年に採用されたのを前提として，第1次オイルショック以後の低成長期への移行にともなう「限量経営」の1手法として追及されたものであった[176]。トヨタでは1970年以前にも組立ライン設備の共用というかたちでの混流生産的な試みは行われていたが，そこでは，1車種だけを1組立ラインに流す程度しか生産量がないという状況があった[177]。これに対して，1970年代以降には，多品種多仕様大量生産にともなう1車種当たりの生産ロットの低下のもとで，規模の経済の実現と車種間の需要変動へのフレキシブルな対応をはかる上で，1組立ラインへの複数の車種の投入というかたちでの混流生産を行う必要性と意義は大きく増大することになった。1970年代以降みられたこのような日本の生産システムの進化は，80年代末までの時期に国際競争力の決定的な基盤となった。

このような1970年代以降の生産システムの発展との関連をもふまえて日本的なものづくりの特質についてみると，それは，高い品質を確保しながら多様な製品を需要の変動に応じてフレキシブルに生産するという点にみられる。こうした生産のあり方は，フォード・システムのような「専用化」の論理による生産編成ではなく，「汎用化」の論理による生産編成を基調とする日本的の生産システムの全体構造によって支えられている。それは，多能工にみられるような労働力の汎用化やジャスト・イン・タイム生産による工程間の同期化のみならず，混流生産とME技術の利用という1970年代以降の革新によって一層進化したかたちでより効率的なものとなり，生産システムの総合化によって，コストと納期，製品の多様性という面において日本企業の競争優位の基盤を築いてきた。

第5章　フォード・システムの導入の日独比較　*239*

　日本的なものづくりは，生産のみならず開発や購買も含めた有機的なシステム化をベースにしたものであるという点に重要な特徴がみられる。こうした点ともかかわって，藤本隆宏氏は，効率的なオペレーションの安定的な実現を可能にする能力である「ものづくりの組織能力」が競争力の多層構造の土台をなすとした上で[178]，戦後の日本のものづくり企業に共通のひとつのパターンが「統合型ものづくりシステム」に特有の組織能力にあるとされている[179]。こうしたシステムは，「競争力の不断の向上のための速い問題解決サイクルを内蔵したシステム」[180]であり，その能力は，「開発や生産の現場における設計情報の流し方や溜め方に関するきめ細かいルーチン（手順）の体系」[181]である。「統合型ものづくり能力」は多能工のチームワークによって発達されてきたのであり[182]，多能工がたんに複数の持ち場での標準時間内の作業遂行能力のみならず生産現場で終始発生する異常や不具合に即応する能力をもつ[183]ことによって，速い問題解決サイクルが組み込まれたシステムが，構築されてきた。日本では，「多能工化を通じて前工程や後工程の内容も把握し，生産の仕組みをより広く理解でき，スルーでみた問題点の把握や対策立案を可能とし」，「突発事象や市場動向に機動的に対処できる現場の技能に支えられた競争優位」が構築されてきた[184]。日本企業の「統合型ものづくり」は，「現場組織のチームワークによって設計情報の滞留（ムダ）を最小化し，設計情報の創造と転写が高い精度と密度で行われるように，常に改善を怠らぬシステム」として構築されてきた。それは開発や生産の現場での相互調整を必要とする「擦り合わせ型アーキテクチャ」の製品と相性がよく適合的であるという点に，重要な特徴がみられる[185]。

　こうしたものづくりの基盤は，グループ企業や間連会社との間の生産分業，日本に特殊な階層的下請分業生産構造（「補論１」を参照）などによっても支えられている。前者については，トヨタ自動車では，すべての自動車を自ら生産するのではなく，小ロットの生産の始まり以降，関連会社への最終組立の委託という包括的でかつ一貫した政策に基づく生産システムが展開されてきた。こうしたアッセンブラー・ネットワークは，需要変動に応じた生産の配分を可能にすることによって，季節的変動やヒットモデルの浮き沈みによって引き起こされるような短期的な需要変動への対応とそうした変化の吸収に寄与した。

240 第2部 経営の「アメリカ化」と「再構造化」の日独比較

このアッセンブラー・ネットワークのダイナミックな操業のためには中央計画
部や生産管理部のような集権管理の中心機構が必要とされたのであり，トヨタ
においてアメリカの自動車企業のような製品別事業部ではなく職能部制組織が
採用されたのも，こうした事情が関係している[186]。

　また日本企業の国際競争力の要因のひとつである品質という点では，それ
は，主として故障の少ない製品，低い部品欠陥率という面にみられる。日本で
は，労働者の多能工的な能力・技能とチーム制のなかでのそのフレキシブルな
運用，QCサークル活動，改善提案活動のような職場小集団活動などによって，
後述するようなドイツ企業が重視する製品の機能性（動力性能・走行性能）や
安全性・信頼性，耐久性の面での品質とは異なり，生産の段階でのきわめて低
い不良品の発生や故障の少ない製品という面での品質の確保に重点がおかれて
きた。こうした相違も，1970年代および80年代をとおして，日本的なシステム
がコスト面のみならず品質の面でも，消費者にとってより大きな意味をもつ使
用の安定性という面での品質の高さというかたちで競争優位を確立しえた主要
な要因となったといえる。

2　大量生産システムの展開とドイツ的ものづくり

　つぎに，ドイツについてみると，例えば自動車産業では，1950年代には，ヨ
ーロッパの企業は，より小型で軽量の自動車，燃料消費の経済性，アメリカ企
業の対応が遅かった工学技術的な革新による低いランニングコストの追求を基
礎にした大衆モータリゼーションの代替的なパラダイムを展開し始めたとされ
ている[187]。独自の小型車の開発，市場へのその投入という企業行動の展開
は，アメリカよりも国民1人当たりの所得が低く，燃料価格が高く，走行距離
が短く，高速道路網が限られており，また高出力のエンジンを備えたより大型
の自動車の需要を抑制するような同国とは異なる自動車税制をもつ国において
大量販売に到達するための方策であった[188]。

　こうした点をめぐっては，そのようなむしろ製品開発のレベルでの独自的な
あり方が生産システムの革新とどのようなかかわりをもったかという点や，大
型車・高級車に重点をおくダイムラー・ベンツのような企業の生産システム改
革の独自性，そこでのアメリカ的生産システムの影響やドイツ的特徴が重要な

問題となる。全体的にみれば，1950年代の生産の領域での変化は，戦前のたんなる「復興」ではなく，むしろ既存のシステムのフレキシブル化および動態化であったとされている。アメリカ的大量生産モデルであるテイラー・フォード的な合理化のタイプは，1950年代には経営環境に統合され，また集められた経験に基づいて修正されたと指摘されている[189]。G. アンブロシウスは，ドイツでは1950年代にはまだテイラー・フォード的な合理化モデルの非常に急速な普及に至ることはできなかったとした上で，その重要な要因のひとつとしてつぎの点をあげている。すなわち，消費財の工業生産は当初は福次的な意義しか果たさなかったことのほか，ドイツの経営者はアメリカ型のフォーディズムに対して伝統的に懐疑的な態度をとっていたことである。そのことは，そのような合理化モデルの展開のために必要な大規模な経営単位の問題と関係していただけではなく，世界においてまさに標準化された大量生産ではなくフレキシブルな，労働集約的あるいは知識集約的な生産方法と結びついた「メイド・イン・ジャーマニー」のブランドとも関係していたとされている[190]。

　そうしたなかで，1950年代末には，例えばドイツフォードでも，大幅な売上増大によって，自動車産業においてとくに顕著な大量生産の経済性の利点が初めて本格的に現れ始めるような規模に達したとされるように[191]，大量生産への移行が進展をみることになる。さらに1960年代には，市場の大きな拡大のもとで耐久消費財の大量生産が一層すすむなかで，規模の経済の追求がより本格的に推し進められることになる。ことに競争の激化にともない，また景気の圧力のもとで，1960年代末頃には，ドイツの生産者も，より大きな生産量のもとでのコスト低減の利点を認識するようになった[192]。S. ヒルガーによれば，大量生産やコスト低減に焦点を合わせるという点においてドイツの生産者の品質についての信念や生産能力の考え方とは根本的に異なるアメリカの生産戦略に対する比較的高い受容の用意は，とりわけ国際競争の圧力の強まりやそれにともなって現れた，市場とともに成長する必要性から生まれてきたとされている[193]。

　しかし，そこでも，値頃の自動車を大きな購買層向けに生産するという企業政策を推進しアメリカ的な大量生産方式による規模の経済の追求が最重要課題とされたフォルクスワーゲン[194]のような企業とともに，市場での競争におい

242 第2部 経営の「アメリカ化」と「再構造化」の日独比較

て価格弾力性が相対的に低い，高品質で技術的にも上級の市場セグメントに重
点をおいた経営戦略，製品戦略を展開した企業[195]も重要な位置を占めてい
た。とくにダイムラー・ベンツやBMWなどの企業では，比較的長期のモデル
政策のもとで品質重視の高付加価値製品の市場セグメントに重点をおいた製品
設計思想，製品戦略のほか，生産者の側からみたアメリカ的な消費者ニーズの
とらえ方とは異なるユーザーの側からみたニーズのとらえ方とそれに基づく製
品設計思想にも特徴がみられる。

　例えばダイムラー・ベンツでは，1950年代には独特さと高級さへの要望に応
えるような要求の多い，利用価値の高い乗用車の製造と，有用車両における広
範でかつ包括的な供給という2つの生産コンセプトに依拠した「企業の哲学」
が展開され，それでもって成功をおさめることができた[196]。すなわち，有用
車両の領域においては，それ相応の長期的な生産の秩序によってシナジーを達
成するために，小型のトランスポーターから大型トラックまでの製品プログラ
ムの拡大と生産の国際化が推進された。これに対して，乗用車の領域では，要
求の多い技術的に高い価値をもつ乗用車の市場に集中し，大量生産者への歩み
を意識的に避け，またいくつかのわずかな完全ノックダウン組立を除くと基本
的にはドイツにおいてのみ生産されるような，メルセデス・ベンツのブランド
の「単一性」を維持するという原則が存在しつづけたのであった[197]。

　そのような製品コンセプト・生産コンセプトは，生産のあり方ともかかわる
問題でもある。例えばW.シュトレークの指摘にもみられるように，戦後のド
イツにおいては，北部の大量生産型の企業（フォルクスワーゲン，フォード，オ
ペル）と南部のクラフト生産の要素を残したかたちでの高級車の量産型の企業
（BMM，ダイムラー・ベンツ，アウディなど）の2つのタイプがみられ，こうし
た地域間の相違は，製造の理念・哲学の相違に対応するものであった。そのよ
うな南部の製造業者は，技術的な創造性とエンジニアリングの完璧主義という
イメージをもっていたとされている[198]。このような製造業者にとっては，特
殊な市場セグメントへの特化，高品質・高性能という高付加価値戦略の展開と
いう点で，「規模の経済性」の効果によるコスト優位の確保の必要性は相対的
に低かったといえる[199]。そうした事情もあり，そこでは，製品設計思想，市
場でのポジションのとりかたをめぐる戦略とも関係して，製品の差別化を重視

した品質重視のフレキシブルな生産体制の追求という重要なドイツ的特徴，あり方がみられた。

　第2次大戦前には，市場の限界から生産方式のひとつのあり方として「品質重視のフレキシブルな生産構想」の展開がみられたが[200]，戦後もそのような生産構想の基本的な原理がみられる。すなわち，戦後の市場の国際化・国際的広がりのなかでの競争政策・戦略のあり方としての製品設計思想，ポジショニング，ある種のニッチ的戦略のもとで，生産の方法・システムにおいてもドイツ的なあり方，特徴がみられる。そこでは，作業機構そのものは流れ作業機構でありアメリカ的なモデルを基礎にしたものであっても，マイスター制度のようなドイツに特有の専門技能資格制度や職業教育制度をも基礎にして，大量生産による「規模の経済」を追求しながらも熟練労働力にも依拠した高品質生産，知識集約的な生産の要素が大きな意味をもったといえる。ドイツではそのような技能資格や職業教育の制度に基づく生産体制があり，企業における生産管理の職能は熟練をもったエンジニアによって支配されており，生産管理者の熟練のレベルはかなり高かった。そのことは，設計，開発，生産および品質における優位をもたらす重要な要因のひとつとなってきた[201]。

　ドイツの場合，特定分野の作業・職務についての専門家的な熟練労働者[202]に依拠するかたちで，製品の機能性や耐久性，信頼性，安全性の面での品質の確保が重視されてきたといえる[203]。この点は，オペレーション重視の擦り合わせ的部分に競争優位の大きな源泉をもつとされる日本のあり方[204]とは大きく異なっている。ヨーロッパ市場の特質と同地域の市場での競争力・競争優位を背景とした品質重視・機能重視，ブランド重視の製品設計思想とそれを反映した生産のあり方に，ドイツ的なものづくりの特徴と重点がみられるといえる。例えば自動車市場においては，ヨーロッパには技術・品質・機能重視の市場特性，購買行動の傾向がみられ，またそれをも反映するかたちで，北米に比べ消費者のブランド・ロイヤリティが高いという特性がみられる[205]。

　その意味でも，一般的に「アメリカ化」といっても，そのような生産・ものづくりのあり方にも，戦後のアメリカの影響，アメリカ的経営方式の導入のなかでのドイツ的特徴のあらわれの重要な一面がみられる。しかしまた，そうしたあり方は，市場構造とも深いかかわりをもっており，高度に標準化された市

244 第2部　経営の「アメリカ化」と「再構造化」の日独比較

場という特質をもつアメリカとは異なる，ドイツおよび輸出市場の中核をなす
ヨーロッパの技術・品質・機能重視の市場特性を背景としたものであるとともに，そのような市場特性に適合的なものであるという点も重要である。こうした市場特性，市場構造との関連でいえば，企業が重視する品質のポイントのおき方の相違も，日本とドイツの企業が主要なターゲットとする地域の市場の構造と深く結びついており，両国における大量生産システムの展開，それを基盤としたものづくりの独自的なあり方は，この点と不可分の関係をもってすすんできたものであるといえる。

（1）H. G. Schröter, *Americanization of the European Economy*, Dordrecht, 2005, p. 71.
（2）この点のドイツの状況について詳しくは，拙書『ドイツ戦前期経営史研究』森山書店，2015年，拙書『ヴァイマル期ドイツ合理化運動の展開』森山書店，2001年，拙書『ナチス期ドイツ合理化運動の展開』森山書店，2001年，T. v. Freyberg, *Industrielle Rationalisierung in der Weimarer Republik*, Frankfurt am Main, New York, 1989, T. Siegel, T. v. Freyberg, *Industrielle Rationalisierung unter dem Nationalsozialismus*, Frankfurt am Main, New York, 1991, J. Bönig, *Die Einführung von Fließbandarbeit in Deutschland bis 1933. Zur Geschichte einer Sozialinnovation*, Teil Ⅰ, Münster, Hamburg, 1993, H. Homburg, *Rationalisierung und Industriearbeit : Arbeitsmarkt——Management——Arbeiterschaft im Siemens-Konzern Berlin 1900-1939*, Berlin, 1991, M. Stahlmann, *Die Erste Revolution in der Autoindustrie*, Frankfurt am Main, New York, 1993などを参照。

　　また日本については，T. Fujimoto, *The Evolution of a Manufacturing System at Toyota*, New York, Oxford, 1999, 藤本隆宏・ジョセフ・ティッド「フォード・システムの導入と現地適応：日英自動車産業の比較研究（2・完）」『経済学論集』（東京大学），第59巻第3号，1993年10月，34-37ページ，藤本隆宏『生産システムの進化論』有斐閣，1997年，106-110ページなどを参照。

（3）Vgl. H. J. Braun, Automobilfertigung in Deutschland von den Anfängen bis zu den vierziger Jahren, H. Niemann, A. Hermann（Hrsg.), *Eine Entwicklung der Motorisierung im Deutschen Reich und den Nachfolgestaaten. Stuttgarter Tage zur Automobil- und Unternehmensgeschichte*, Stuttgart, 1995, S. 67-68.

（4）山本　潔『日本における職場の技術・労働史——1854～1990年——』東京大学出版会，1994年，278ページ，渡辺　健・平尾光司「自動車産業の躍進とその変貌」，産業と経済出版部編『主要産業戦後二五年史』産業と経済出版部，1972年，433ページ，和田一夫・柴　孝夫「日本的生産システムの形成」，山崎広明・橘川武郎編集『「日本的」経営の連続と断絶』岩波書店，1995年，138ページ，141ページ。

（ 5 ）藤本，前掲書，68-69ページ，100-101ページ，120ページ，124ページ。

（ 6 ）塩地 洋「トヨタ・システム形成過程の諸特質」『経済論叢』（京都大学），第154巻第 6 号，1994年12月，52-53ページ。

（ 7 ）藤本，前掲書，121ページ。

（ 8 ）日産自動車株式会社総務部調査課編『日産自動車三十年史　昭和八年―昭和三十八年』日産自動車株式会社，1965年，330ページ。

（ 9 ）藤本，前掲書，57-59ページ，61-62ページ，藤本隆宏・ジョセフ・ティッド「フォード・システムの導入と現地適応：日英自動車産業の比較研究（ 1 ）」『経済学論集』（東京大学），第59巻第 2 号，1993年 7 月，39ページ。

（10）藤本，前掲書，59ページ。

（11）和田一夫『ものづくりの寓話　フォードとトヨタ』名古屋大学出版会，2009年，543ページ，546ページ。

（12）山本，前掲書，311ページ，斉藤 繁『トヨタ「かんばん」方式の秘密　超合理化マニュアルを全面解剖する』こう書房，1978年，61ページ，日本能率協会編，新版増補門田安弘『トヨタの現場管理　「かんばん方式」の正しい進め方』日本能率協会，1986年，172ページ，佐武弘章『トヨタ生産方式の生成・発展・変容』東洋経済新報社，1998年，58ページ，91ページ，大村 実「技術部を中心に幅の広いIE活動を展開　日産自動車・本社工場」『インダストリアル・エンジニアリング』，第 1 巻第 2 号，1959年 6 月，101ページ。

（13）日本能率協会編，新版増補門田安弘，前掲書，172-173ページ。

（14）山本，前掲書，281ページ。

（15）トヨタ自動車株式会社『トヨタ自動車75年史　もっといいクルマをつくろうよ』トヨタ自動車株式会社，2013年，130ページ。

（16）渡辺・平尾，前掲論文，434ページ。

（17）小平勝美『自動車』（日本産業経営史体系　第 5 巻），亜紀書房，1968年，294-295ページ，日本長期信用銀行調査部第一課「自動車部品工業の現状と問題点」『調査月報』，日本長期信用銀行調査部，第76号，1963年10月，14ページ。

（18）小平，前掲書，323ページ。

（19）岩越忠恕『自動車工業論』東京大学出版会，1963年，83-84ページ。

（20）日産自動車株式会社社史編纂委員会編『日産自動車社史　1964-1973』日産自動車株式会社，1975年，53ページ。

（21）トヨタ自動車工業株式会社社史編集委員会編『トヨタ自動車30年史』トヨタ自動車工業株式会社，1967年，412ページ。

（22）トヨタ自動車株式会社編『創造限りなく　トヨタ自動車50年史』トヨタ自動車株式会社，1987年，255ページ，333ページ，トヨタ自動車工業株式会社社史編集委員会編『トヨタ自動車20年史』トヨタ自動車工業株式会社，1958年，480ページ，トヨタ自動車工業株式会社編『トヨタのあゆみ』トヨタ自動車工業株式会社，1978年，205ペー

246 第2部 経営の「アメリカ化」と「再構造化」の日独比較

ジ。

(23) いすゞ自動車株式会社社史編集委員会編『いすゞ自動車50年史』いすゞ自動車株式
会社，1988年，200ページ。

(24) 鬼塚光政「戦後日本企業における生産管理の展開——『日本的生産管理』の形成過
程——」，戦後日本経営研究会編著『戦後日本の企業経営——「民主化」・「合理化」
から「情報化」・「国際化」へ——』文眞堂，1991年，228-229ページ。

(25) 小平，前掲書，309ページ，314ページ。

(26) トヨタ自動車工業株式会社社史編集委員会編，前掲『トヨタ自動車30年史』，404ペ
ージ。

(27) 同書，405ページ，410ページ，414ページ，トヨタ自動車工業株式会社社史編集委員
会編，前掲『トヨタ自動車20年史』，484-485ページ，487-488ページ，トヨタ自動車株
式会社編，前掲『創造限りなく』，334-335ページ，トヨタ自動車工業株式会社編，前
掲書，207ページ，日本長期信用銀行調査部第一課，前掲論文，14-15ページ，日産自
動車株式会社社史編纂委員会編，前掲書，54ページ。

(28) トヨタ自動車工業株式会社社史編集委員会編，前掲『トヨタ自動車30年史』，406ペ
ージ。

(29) トヨタ自動車工業株式会社編，前掲書，248-249ページ，

(30) トヨタ自動車株式会社編『創造限りなく　トヨタ自動車50年史』，資料編，トヨタ
自動車株式会社，1987年，114ページ。

(31) 日産自動車株式会社社史編纂委員会編，前掲書，日産自動車株式会社総務部調査課
編，前掲書，329ページ。

(32) トヨタ自動車株式会社，前掲『トヨタ自動車75年史』，136ページ。

(33) 津田真澂・隅谷三喜男「トヨタ自工における技術革新」，日本人文科学会編『技術
革新の社会的影響——トヨタ自動車・東洋高圧の場合』東京大学出版会，1963年，52
ページ。

(34) トヨタ自動車株式会社編，前掲『創造限りなく』，255ページ，333ページ，トヨタ自
動車工業株式会社社史編集委員会編，前掲『トヨタ自動車20年史』，480-482ページ，
トヨタ自動車工業株式会社編，前掲書，204-205ページ，津田・隅谷，前掲論文，51-
52ページ。

(35) いすゞ自動車株式会社社史編集委員会編，前掲書，200ページ。

(36) 下川浩一『グローバル自動車産業経営史』有斐閣，2004年，174ページ，183ページ。

(37) トヨタ自動車株式会社，前掲『トヨタ自動車75年史』，135ページ。

(38) トヨタ自動車工業株式会社社史編集委員会編，前掲『トヨタ自動車20年史』，340ペ
ージ，490-491ページ，トヨタ自動車工業株式会社社史編集委員会編，前掲『トヨタ
自動車30年史』，423-424ページ。

(39) 同書，421ページ，423ページ，425ページ。

(40) トヨタ自動車株式会社編，前掲『創造限りなく』，資料編，130ページ，大野耐一

『トヨタ生産方式——脱規模の経営をめざして——』ダイヤモンド社，1978年，51ページ，53ページ，62ページ。

(41) 同書，62ページ，トヨタ自動車株式会社編，前掲『創造限りなく』，374ページ，トヨタ自動車株式会社編，前掲『創造限りなく』，資料編，130ページ，藤本・ティッド，前掲論文 (2)，39ページ，佐武，前掲書，16-19ページ。

(42) トヨタ自動車工業株式会社社史編集委員会編，前掲『トヨタ自動車30年史』，425-426ページ。

(43) 塩地，前掲論文，54-55ページ。

(44) 和田，前掲書，443-444ページ。

(45) 同書，503ページ，528ページ。

(46) 同書，538ページ。

(47) トヨタ自動車株式会社編，前掲『創造限りなく』，資料編，130ページ。

(48) 和田・柴，前掲論文，126-127ページ，和田，前掲書，544ページ。

(49) 同書，544ページ。

(50) 佐武，前掲書，64ページ。

(51) トヨタ自動車株式会社編，前掲『創造限りなく』，374ページ。

(52) トヨタ自動車株式会社編，前掲『創造限りなく』，資料編，130ページ。

(53) 下川，前掲書，185ページ。

(54) トヨタ自動車株式会社編，前掲『創造限りなく』，資料編，131ページ。

(55) 佐武，53ページ，小平，前掲書，244-245ページ。

(56) トヨタ自動車株式会社，前掲『トヨタ自動車75年史』，129ページ。

(57) トヨタ自動車株式会社編，前掲『創造限りなく』，212-213ページ，255ページ。

(58) 佐武，前掲書，53ページ，57ページ。

(59) トヨタ自動車工業株式会社編，前掲書，256ページ。

(60) 藤本，前掲書，113ページ，116ページ，119ページ，121ページ，藤本・ティッド，前掲論文 (1)，38ページ，藤本・ティッド，前掲論文 (2)，40-41ページ，47ページ，50ページ。

(61) 下川，前掲書，174ページ。

(62) 藤本，前掲書，119ページ，121ページ。

(63) A. Steeger, Fließfertigung für Kurbelwellen während der Rationalisierungsausstellung, *Rationalisierung*, 4. Jg, Heft 1, Juli 1953, S. 197.

(64) K. Mennecke, Fließende Fertigung durch Stetigförderer, *Der Volkswirt*, 10. Jg, Nr. 3, 21. 1. 1956, S. 45.

(65) Lauke, Tendenzen in der Weiterentwicklung des Flußprinzips, *REFA-Nachrichten*, 11. Jg, Heft 3, Juni 1958, S. 79, Lauke, Für und wider die Fließarbeit. Rückblick und Ausblick, *REFA-Nachrichten*, 9. Jg, Heft 2, Juni 1956, S. 41.

(66) H. O. Wesemann, Grenzen der Rationalisierung, *Rationalisierung*, 10. Jg, Heft 6, Juni

248 第 2 部　経営の「アメリカ化」と「再構造化」の日独比較

1959, S. 125.

（67）K. Springer, Weibliche Arbeitskräfte am Fließband, *Werkstatt und Betrieb*, 96. Jg, Heft 10, Okotober 1963, S. 769.

（68）E. Krüger, Wiederaufbau der Produktion, *Der Volkswirt*, 4. Jg, Nr. 8, 24. 2. 1950, S. 22.

（69）Riskovolle Kleinwagenproduktion, *Der Volkswirt*, 13. Jg, Nr. 38, 26. 9. 1959, S. 2133.

（70）C. Kleinschmidt, *Technik und Wirtschaft im 19. und 20. Jahrhundert*, München, 2007, S. 66.

（71）V. Wellhöner, *„Wirtschaftswunder "――Weltmarkt――Westdeutscher Fordismus. Der Fall Volkswagen*, Münster, 1996, S. 16.

（72）Vgl. H. Kern, M. Schumann, *Das Ende der Arbeitsteilung? Rationalisierung in der industriellen Produktion : Bestandnahme, Trendbestimmung*, München, 1984, S. 40.

（73）例えばAdam Opel AG（Hrsg.）, *…auch das ist Opel*, Rüsselsheim, 1962, S. 76-83, H. Schrader, *BMW. A History*, London, 1979, S. Hilger, *„Amerikanisierung" deutscher Unternehmen*, Stuttgart, 2004, Ⅴ. 1, 風間信隆『ドイツ的生産モデルとフレキシビリティ――ドイツ自動車産業と生産合理化――』中央経済社，1997年，52-60ページなどを参照。

（74）G. Goos, Spezielle Fertigungsfragen im Kraftfahrzeugbau, *Werkstatt und Betrieb*, 96. Jg, Heft 3, März 1963, S. 152.

（75）Lauke, Für und wider die Fließarbeit, S. 42.

（76）V. Wittke, *Wie entstand industrielle Massenproduktion? Diskontinuierliche Entwicklung der deutschen Elektroindustrie von den Anfängen der „großen Industrie" bis zur Entfaltung des Fordismu〔1880-1975〕*, Berlin, 1996, S. 100, S. 145.

（77）*Ebenda*, S. 153.

（78）Vgl. *Ebenda*, S. 132.

（79）H-H. Schrader, Die wirtschaftliche Situation der Kälteindustrie, *Der Volkswirt*, 12. Jg, Beilage zu Nr. 37 vom 13. September 1958, Kälte im Wirtschaft und Technik, S. 3.

（80）Bilanzen und Erträge 1957 und 1958, *Der Volkswirt*, 13. Jg, Beilage zu Nr. 14 vom 4. April 1959, Deutsche Wirtschaft im Querschnitt, 46. Folge, Dynamische Elektro-industrie, S. 21.

（81）Betriebstechnische Tagung der ZFA München, 19. /20. 4. 1956, *Siemens Archiv Akten*, 64/Lt350.

（82）ジーメンス＆ハルスケの各年度における経営技術会議の議事録を参照。ここではとくにBetriebstechnische Tagung der ZFA 1960/61. Vom Ausbau unserer Betriebe――NFT Berlin――, *Siemens Archiv Akten*, 64/Lt350を参照。

（83）Bilanzen und Erträge 1957 und 1958, *Der Volkswirt*, 13. Jg, Beilage zu Nr. 14 vom 4. April 1959, S. 21.

（84）F. Hämmerling, Die Mechanisierung von Montagen in der Elektroindustrie, L. Brandt,

R. Gardellini, A. King, M. Lambilliotte（Hrsg.）, *Industrielle Rationalisierung 1960*, Dortmund, 960, S. 128.

(85) V. Wellhöner, *a. a. O.*, Kapitel 3, D. Klenke,（Buchbesprechung）V. Wellhöner, „Wirtschaftswunder"——Weltmarkt——westdeutscher Fordismus, *Zeitschrift für Unternehmensgeschichte*, 41. Jg, 1996, S. 219, W. Abelshauser, *The Dynamics of German Industry*, New York, Oxford, 2005, pp. 98–104, W. Abelshauser, *Kulturkamp. Der deutsche Weg in die neue Wirtschaft und die amerikanische Herausforderung*, Berlin, 2003, S. 127–137 〔雨宮昭彦・浅田進史訳『経済文化の闘争　資本主義の多様性を考える』東京大学出版会，2009年，122–131ページ〕などを参照。

(86) Das Volkswagenwerk, *Automobiltechnische Zeitschrift*, 48. Jg, Nr. 3, November 1946, S. 45.

(87) Jahresbericht der Produktion für das Jahr 1950（15. 1. 1951）, S. 2–3, *Volkswagen Archiv*, Z174, Nr. 2037.

(88) Jahresbericht der Produktion für das Jahr 1951（15. 1. 1952）, S. 3, *Volkswagen Archiv*, Z174, Nr. 2037.

(89) Jahresbericht der Produktion für das Jahr 1952（12. 1. 1953）, S. 2–3, *Volkswagen Archiv*, Z174, Nr. 2037.

(90) Jahresbericht der Produktion für das Jahr 1953（7. 1. 1954）, S. 2, *Volkswagen Archiv*, Z174, Nr. 2037.

(91) V. Wellhöner, *a. a. O.*, S. 116–117.

(92) Jahresbericht der Produktion für das Jahr 1954（21. 1. 1955）, S. 2, *Volkswagen Archiv*, Z174, Nr. 2037.

(93) Jahresbericht der Produktion für das Jahr 1955（27. 1. 1956）, S. 1–3, *Volkswagen Archiv*, Z174, Nr. 2037.

(94) Jahresbericht der Produktion für das Jahr 1956（24. 1. 1957）, S. 1, S. 3, *Volkswagen Archiv*, Z174, Nr. 2037.

(95) Jahresbericht der Prodktion für das Jahr 1957（Wolfsburg—Braunschweig）（21. 1. 1958）, S. 3, *Volkswagen Archiv*, Z174, Nr. 2037.

(96) S. Tolliday, Enterprise and State in the West German Wirtschaftswunder : Volkswagen and the Automobilindustry, 1939–1962, *Business History Review*, Vol. 69, winter 1995, p. 328.

(97) Jahresbericht 1961. Vorstandsbereich : Produktion（18. 1. 1962）, S. 4, *Volkswagen Archiv*, Z174, Nr. 2037, Die westdeutsche Automobilindustrie und die Entwicklung auf dem internationalen kapitalistischen Automobilmarkt, *D. W. I. -Berichte*, 12. Jg, Heft 22, November 1961, S. 19.

(98) Jahresbericht 1964. Vorstandsbereich : Produktion（18. 1. 1965）, S. 6, *Volkswagen Archiv*, Z174, Nr. 2037.

250　第 2 部　経営の「アメリカ化」と「再構造化」の日独比較

(99) Jahresbericht 1968. Vorstandsbereich : Produktion（17. 1. 1969), S. 9, *Volkswagen Archiv*, Z174, Nr. 2037.

(100) Jahresbericht 1970. Vorstandsbereich Produktion und Qualititätskontrolle（15. 1. 1971), S. 8–9, *Volkswagen Archiv*, Z174, Nr. 2037.

(101) Bildbericht vom VW-Transporter-Werk Hannover, *Automobiltechnische Zeitschrift*, 59. Jg, Nr. 4, April 1957, S. 116–117.

(102) Jahresbericht des Werkes Hannover für 1957, S. 1–2, *Volkswagen Archiv*, Z174, Nr. 2037.

(103) Jahresbericht des Werkes Hannover für 1958, S. 2, *Volkswagen Archiv*, Z174, Nr. 2037.

(104) Jahresbericht des Werkes Hannover für 1959（14. 1. 1960), S. 2, *Volkswagen Archiv*, Z174, Nr. 2037.

(105) Jahresbericht 1969. Vorstandsbereich Produktion（14. 1. 1970), S. 11, *Volkswagen Archiv*, Z174, Nr. 2037.

(106) Jahresbericht 1970. Vorstandsbereich Produktion und Qualititätskontrolle（15. 1. 1971), S. 12, *Volkswagen Archiv*, Z174, Nr. 2037.

(107) H. Edelmann, *Heinz Nordhoff und Volkswagen. Ein deutscher Unternehmer im amerikanischen Jahrhundert*, Göttingen, 2003, S. 184.

(108) Jahresbericht der Produktion für das Jahr 1951（15. 1. 1952), S. 2, *Volkswagen Archiv*, Z174, Nr. 2037.

(109) Jahresbericht der Produktion für das Jahr 1952（12. 1. 1953), S. 3, *Volkswagen Archiv*, Z174, Nr. 2037.

(110) Jahresbericht der Produktion für das Jahr 1953（7. 1. 1954), S. 2, *Volkswagen Archiv*, Z174, Nr. 2037.

(111) Jahresbericht der Produktion für das Jahr 1954（21. 1. 1955), S. 3, *Volkswagen Archiv*, Z174, Nr. 2037.

(112) W. Abelshauser, Two Kinds of Fordism : On the Differing Roles of the Industry in the Development to the Two German States, H. Shiomi, K. Wada（eds.), *Fordism Transformed. The Development of Production Methods in the Automobile Industry*, New York, 1995, p. 284.

(113) Jahresbericht der Produktion für das Jahr 1956（24. 1. 1957), S. 1, S. 3, *Volkswagen Archiv*, Z174, Nr. 2037.

(114) Jahresbericht der Produktion für das Jahr 1957（Wolfsburg—Braunschweig）（21. 1. 1958), S. 2, *Volkswagen Archiv*, Z174, Nr. 2037.

(115) Jahresbericht der Produktion für das Jahr 1958（Wolfsburg—Braunschweig—Kassel）（21. 1. 1959), S. 2, *Volkswagen Archiv*, Z174, Nr. 2037.

(116) Jahresbericht der Produktion für das Jahr 1959（Wolfsburg—Braunschweig—Kassel）（20. 1. 1960), S. 2–3, *Volkswagen Archiv*, Z174, Nr. 2037.

第5章　フォード・システムの導入の日独比較　*251*

(117) V. Wellhöner, *a. a. O.*, S. 113.

(118) H. Nordhoff, Bemerkungen zur Rationalisierung, *REFA-Nachrichten*, 12. Jg, Heft 5, September 1959, S. 142.

(119) Volkswagenwerk weiter ohne Absatzsorgan. 2000 Wagen pro Tag ― Aber Kapazitätsgrenzen bald erreicht, *Der Volkswirt*, 11. Jg, Nr. 27, 6. 7. 1957, S. 1396.

(120) Vgl. E. v. Eberhorst, Fortschritt im deutschen Kraftfahrzeugbau, *Der Volkswirt*, 13. Jg, Technische Fachbeilage zu Nr. 38 vom 19. September 1959, Wirtschaft und Technik, Kraftfahrzeug am deutschen Markt, S. 7.

(121) J. Zeitlin, Introduction : Americanization and Its Limits : Reworking US Technology and Management in Post-War Europe and Japan, J. Zeitlin, G. Herrigel（eds.）, *Americanization and Its Limits*. Oxford, 2000, p. 37. フォルクスワーゲンでは市場との関係で1950年代半ば頃まではオートメーションの導入にきわめて慎重に対応していたことについては，同社の取締役会会長のH. ノルトホッフとO. ヘーネとの文書でのやりとりなどの内部資料にも示されている。Vgl. Die Schrift von O. Höhne an Herrn Generaldirektor Dr. Nordhoff vom 11. 8. 1954, *Volkswagen Archiv*, Z174, Nr. 2026, Vorschläge für die Gestaltung der Produktion im Volkswagenwerk（5. 8. 1954）, *Volkswagen Archiv*, Z174, Nr. 2026, Bericht über den Besuch der Herren von der Fa. OPEL.（19. 10. 1956）, *Volkswagen Archiv*, Z174, Nr. 2027.

(122) Jahresbericht der Produktion für 1960（17. 1. 1961）, S. 3, *Volkswagen Archiv*, Z174, Nr. 2037.

(123) Jahresbericht 1963. Vorstandsbereich : Produktion（20. 1. 1964）, S. 4–5, *Volkswagen Archiv*, Z174, Nr. 2037.

(124) Jahresbericht 1963 des Vorstandsbericht Einkauf und Materialverwaltung, *Volkswagen Archiv*, Z174/Nr. 2366.

(125) H. C. G. v. Seherr-Thoss, *Die deutsche Automobilindustrie. Eine Dokumentation von 1886 bis 1979*, 2. Aufl., Stuttgart, 1979, S. 476.

(126) Jahresbericht 1964. Vorstandsbereich : Produktion（18. 1. 1965）, S. 5–6, *Volkswagen Archiv*, Z174, Nr. 2037.

(127) Jahresbericht 1965. Vorstandsbereich : Produktion（27. 1. 1966）, S. 7, *Volkswagen Archiv*, Z174, Nr. 2037.

(128) Jahresbericht 1966. Vorstandsbereich : Produktion（20. 1. 1967）, S. 6, *Volkswagen Archiv*, Z174, Nr. 2037.

(129) Jahresbericht 1967. Vorstandsbereich Produktion（19. 1. 1968）, S. 7–8, *Volkswagen Archiv*, Z174, Nr. 2037.

(130) Jahresbericht 1969. Vorstandsbereich Produktion（14. 1. 1970）, S. 12, *Volkswagen Archiv*, Z174, Nr. 2037.

(131) Jahresbericht 1970. Vorstandsbereich Produktion und Qualititätskontrolle（15. 1.

1971), S. 12, *Volkswagen Archiv*, Z174, Nr. 2037.

(132) C. Kleinschmidt, Driving the West German Consumer Society : The Introduction of US Style Production and Marketing at Volkswagen, 1945–70, A. Kudo, M. Kipping, H. G. Schröter (eds.), *German and Japanese Business in the Boom Years*, London, New York, 2004, pp. 75–76.

(133) *Ibid.*, p. 82.

(134) *Ibid.*, pp. 88–89.

(135) W. Abelshauser, *Deutsche Wirtschaftsgeschichte seit 1945*, München, 2004, S. 376–377, W. Abelshauser, *The Dynamics of German Industry*, pp. 100–102, W. Abelshauser, *Kulturkamp*, S. 130–133〔前掲訳書, 124–127ページ〕.

(136) Das neue Opel-Werk K-40, 2000000 Opelwagen, *Automobiltechnische Zeitschrift*, 58. Jg, Nr. 12, Dezember 1956, S. 351.

(137) H. H. Faensen, Lochkarten und Fernshreiber als Arbeitsvorbereitung. Beispiel der Adam Opel AG, Rüsselsheim, *Der Volkswirt*, 11. Jg, Nr. 27, 6. 7. 1957, S. 1425.

(138) Opel in stetiger Entwicklung. 12 (13) vH Dividende, *Der Volkswirt*, 11. Jg, Nr. 25, 22. 6. 1957, S. 1274, H. C. G. v. Seherr-Thoss, *a. a. O.*, S. 443.

(139) Adam Opel AG (Hrsg.), *a. a. O.*, S. 73.

(140) Das neue Opelwerk in Bochum, *Automobiltechnische Zeitschrift*, 64. Jg, Heft 11, November 1962, S. 343–345, Adam Opel AG, Bochum, *Stahl und Eisen*, 82. Jg, Heft 26, 20. 10. 1962, S. 805.

(141) Transferstraße für 4 -Zyl.-Kurbelwelle für die Fa. Opel (5. 7. 1954), *Mercedes-Benz Classic Archiv*, Könecke 122.

(142) H. H. Hilf, Arbeitswissenschaftliche Beobachtungen in USA, *Rationalisierung*, 7. Jg, Heft 1, Januar 1956, S. 5.

(143) Hohe Gewinn bei Opel. Steiler Investitionsanstieg――200 (125) Mill. DM Dividende, *Der Volkswirt*, 14. Jg, Nr. 33, 13. 8. 1960, S. 1852.

(144) Untersuchung sozialer Auswirkungen des technischen Fortschrittes, S. 1, *Bundesarchiv Koblenz*, B149/5697, .

(145) H. C. G. v. Seherr-Thoss, *a. a. O.*, S. 464.

(146) Das neue Opelwerk in Bochum, *Automobiltechnische Zeitschrift*, 64. Jg, Heft 11, November 1962, S. 343–344, Adam Opel AG, Bochum, *Stahl und Eisen*, 82. Jg, Heft 26, 20. 10. 1962, S. 805.

(147) Adam Opel AG (Hrsg.), *a. a. O.*, S. 77, S. 83–84.

(148) S. Tolliday, Transplanting the American Model? US Automobile Companies and the Transfer of Technology and Management to Britain, France, and Germany, 1928–1962, J. Zeitlin, G. Herrigel (eds.), *op. cit.*, p. 78.

(149) *Ibid.*, p. 117.

第 5 章 フォード・システムの導入の日独比較　*253*

(150) H. Hiller, Alteste Automobilfabrik der Welt. Der einzigartige Wiederaufstieg der Daimler-Benz-Werke, *Der Volkswirt*, 6. Jg, Nr. 9, 1. 3. 1952, S. 26.

(151) Mercedes-Benz AG, *Werk Sindelfingen*, Mercedes-Benz AG, Sindelfingen, 1990, S. 100, W. Feldenkirchen, *DaimlerChrysler Werk Untertürkheim*, Stuttgart, 2004, S. 179.

(152) Daimler-Benz AG, *Geschäftsbericht 1957*, S. 25.

(153) Vgl. S. Hilger, *a. a. O.*, S. 175, S. 177.

(154) W. Feldenkirchen, „*Vom Guten das Beste*". *Von Daimler und Benz zur DaimlerChrysler AG*, Band 1, Die ersten 100 Jahre (1883–1983), 1. Aufl., München, 2003, S. 213.

(155) Daimler-Benz AG mit hoher Produktivität, *Der Volkswirt*, 10. Jg, Nr. 26, 30. 6. 1956, S. 33.

(156) DaimlerChrysler AG（Hrsg.）, *100 Jahre Sozialgeschichte Werk Untertürkheim（1904–2004）*, Stuttgart, 2004, S. 84.

(157) Daimler-Benz AG, *Geschäftsbericht 1957*, S. 25.

(158) Untersuchung sozialer Auswirkungen des technischen Fortschrittes, S. 1, *Bundesarchiv Koblenz*, B149/5697.

(159) Jahresbericht 1959 des Werkes Stuttgart-Untertürkheim, S. 3, *Mercedes-Benz Classic Archiv*.

(160) Jahresbericht 1961 des Werkes Stuttgart-Untertürkheim, S. 40–41, *Mercedes-Benz Classic Archiv*, Jahresbericht 1962 des Werkes Stuttgart-Untertürkheim, S. 35, *Mercedes-Benz Classic Archiv*, Jahresbericht 1963 des Werkes Stuttgart-Untertürkheim, S. 34, *Mercedes-Benz Classic Archiv*, Jahresbericht 1965 des Werkes Stuttgart-Untertürkheim, S. 35, *Mercedes-Benz Classic Archiv*, Jahresbericht 1966 des Werkes Stuttgart-Untertükheim, S. 33, *Mercedes-Benz Classic Archiv*, Jahresbericht 1967 des Werkes Stuttgart-Untertürkheim, S. 34, *Mercedes-Benz Classic Archiv*, Jahresbericht 1970 des Werkes Stuttgart-Untertürkheim, S. 38, *Mercedes-Benz Classic Archiv*.

(161) Jahresbericht 1959 des Werkes Stuttgart-Untertürkheim, S. 28, *Mercedes-Benz Classic Archiv*, Jahresbericht 1962 des Werkes Stuttgart-Untertürkheim, S. 36, *Mercedes-Benz Classic Archiv*, Jahresbericht 1965 des Werkes Stuttgart-Untertürkheim, S. 36, *Mercedes-Benz Classic Archiv*.

(162) 佐武，前掲書，73ページ，147–148ページ。

(163) 野原 光『現代の分業と標準化　フォード・システムから新トヨタ・システムとボルボ・システム』高菅出版，2006年，147–148ページ。

(164) トヨタ自動車株式会社編，前掲『創造限りなく』，586ページ。

(165) 藤本・ティッド，前掲論文（2），50–52ページ，藤本，前掲書，60–61ページ，122–124ページ。

(166) 武田晴人「自動車産業──1950年代後半の合理化を中心に──」，武田晴人編『日本産業発展のダイナミズム』東京大学出版会，1995年，235–236ページ。

254　第2部　経営の「アメリカ化」と「再構造化」の日独比較

(167) 渡辺・平尾，前掲論文，465-467ページ。

(168) この点については，前掲拙書『ヴァイマル期ドイツ合理化運動の展開』，前掲拙書『ナチス期ドイツ合理化運動の展開』を参照。

(169) 藤本，前掲書，74ページ。

(170) この点に関していえば1970年代から80年代における生産システム改革におけるME技術の利用のあり方自体も，日本とドイツでは異なっており，そのことが大量生産システムの再編の重点のおき方にも大きな影響をおよぼすことになった。詳しくは，本書の補論1を参照。

(171) 鬼塚，前掲論文，261ページ。

(172) 下川浩一『日本の企業発展史　戦後復興から五〇年』講談社，1990年，114ページ。

(173) 伊丹敬之・加護野忠男・小林孝雄・榊原清則・伊藤元重『競争と革新——自動車産業の企業成長』東洋経済新報社，1988年，87-88ページ，91ページ，99-101ページ，104ページ。

(174) トヨタ自動車株式会社編，前掲『創造限りなく』，資料編，114ページ，119ページ，131ページ。

(175) 佐武，前掲書，27ページ，154ページ，166ページ，215-216ページ，「トヨタ自工，専用ラインやめる　1ラインに2-3車種流す」『日経産業新聞』，1975年4月2日付，「トヨタの工場，秘かに変革」『日経産業新聞』，1975年4月30日付。

(176) 佐武，前掲書，154-156ページ，164-165ページ。例えば1970年に操業を開始した堤工場では，車体工場の組付けラインおいて2車種を同一ラインに混流するために，サイドメンバー部分とアンダーボディ部分の組付治具の自由な分離，結合が可能な新しいゲートライン方式が導入され，それによって，アンダーボディが共通でスタイルの異なるカリーナとセリカの生産比率を自由に変更し，その生産変動に対応できるようになっている。トヨタ自動車株式会社編，前掲『創造限りなく』，491ページ。

(177) 佐武，前掲書，166ページ，216ページ。

(178) 藤本隆宏『日本のものづくり哲学』日本経済新聞社，2004年，44-45ページ。

(179) 同書，72ページ。

(180) 藤本隆宏『能力構築競争　日本の自動車産業はなぜ強いのか』中央公論新社，2003年，138-139ページ。

(181) 同書，112ページ。

(182) 藤本隆宏『ものづくりからの復活——円高・震災に現場は負けない』日本経済新聞社，2012年，112ページ。

(183) 藤本，前掲『日本のものづくり哲学』，193ページ参照。

(184) 浅井紀子『モノづくりのマネジメント』中央経済社，2006年，13ページ，47ページ，79ページ，186ページ。

(185) 藤本，前掲『日本のものづくり哲学』，25ページ，297-298ページ，藤本，前掲『能力構築競争』，24ページ。

（186）H. Shiomi, The Formation of Assembler Networks in the Automobile Industry : The Case of Toyota Motor Company（1955–80）, H. Shiomi, K. Wada（eds.）, *op. cit.*, p. 30, pp. 41–45.

（187）S. Tolliday, Transplanting the American Model ?, p. 117.

（188）J. Zeitlin, *op. cit.*, p. 38.

（189）J. Radkau, „Wirtschaftswunder" ohne technologische Innovation ? Technische Modernität in den 50er Jahren, A. Schildt, A. Sywottek（Hrsg.）, *Modernisierung im Wiederaufbau. Die westdeutsche Gesellschaft der 50er Jahre*, Bonn, 1993, S. 139.

（190）G. Ambrosius, Wirtschaftlicher Strukturwandel und Technikentwicklung, A. Schildt, A. Sywottek（Hrsg.）, *a. a. O.*, S. 117–118.

（191）Ford-Werke jetzt gut im Rennen. Abermals überdurchschnittliche Produktionszunahme, *Der Volkswirt*, 14. Jg, Nr. 25, 18. 6. 1960, S. 1227.

（192）S. Hilger, *a. a. O.*, S. 174–175.

（193）Vgl. *Ebenda*, S. 182–183.

（194）Hauptversammlungs-Ansprache des Herrn Dr. Kurt Lotz, Vorsitzender des Vorstandes der Volkswagen AG, in der Hauptversammlung 1969, *Der Volkswirt*, 23. Jg, Nr. 28, 11. 7. 1969, S. 55.

（195）Vgl. V. Schmidt, *Die Mercedes-Benz AG als Dominant Firm auf dem Nutzfahrzeugmarkt——Zur wettbewerbspolitischen Problematik der Dominant Firmen*, Göttingen, 1993, S. 94.

（196）A. Sörgel, *Daimler-Benz——der Multi im Musterländle*, Bremen, 1986, S. 16.

（197）W. Feldenkirchen, „*Vom Guten das Beste*", S. 202.

（198）W. Streeck, Successful Adjustment to Turbulent Markets : The Automobil Industry, P. J. Katzenstein（ed.）, *Industry and Politics in West Germany. Toward the Third Republic*, Ithaca, N. Y., 1989, p. 119.

（199）風間，前掲書，69ページ。

（200）この点については，M. Stahlmann, *a. a. O.*, 前掲拙書『ドイツ戦前期経営史研究』，前掲拙書『ナチス期ドイツ合理化運動の展開』，第6章を参照。

（201）P. Lawrence, *Managers and Management in West Germany*, London, 1980, p. 131, pp. 140–141, p. 150, p. 187, p. 190. またドイツ企業の生産において職長が担う役割については，例えば*Ibid.*, pp. 152–162参照。

（202）この点に関していえば，ドイツ的な専門労働者のタイプは日本ではまったくみられず，職業教育のシステムがまったく異なるかたちとなっていることがその背景にあるとされている。K. Hiesinger, Lean Production auch in der Berufsbildung?, Hans-Böckler-Stiftung, Industriegewerkschaft Metall（Hrsg.）, *Lean Production : Kern einer neuen Unternehmenskultur und einer innovativen und sozialen Arbeitsorganisation? Gewerkschaftliche Auseinandersetzung mit einem Managementkonzept*, 1. Aufl., Baden-

256　第2部　経営の「アメリカ化」と「再構造化」の日独比較

Baden, 1992, S. 173.

（203）この点については，例えばDaimler-Benz AG, *Geschäftsbericht 1980*, S. 39, Daimler-Benz AG, *Geschäftsbericht 1983*, S. 39, Daimler-Benz AG, *Annual Report 1984*, p. 39, Volkswagen AG, *Bericht über das Geschäftsjahr 1981*, S. 21, Adam Opel AG, *Geschäftsbericht 1971*, S. 15などを参照。

（204）藤本，前掲『日本のものづくり哲学』，第5章，藤本，前掲『能力構築競争』，109ページ参照。

（205）U. Jürgens, Charakteristika der europäischen Automobilindustrie. Gibt es einen europäischen Entwicklungsweg?, G. Schmidt, H. Bungsche, T. Heyder, M. Klemm（Hrsg.）, *Und es fährt und fährt... Automobilindustrie und Automobilkultur am Beginn des 21. Jahrhundert*, Berlin, 2005, S. 14-15.

第6章 アメリカ的経営者教育・管理者教育の導入の日独比較

　第3章から第5章までの各章では，アメリカ的管理システム・生産システムの導入についてみてきたが，本章では，同国の経営教育の手法の導入について，経営者教育と管理者教育を中心に分析を行う。第2次大戦後，管理機能におけるミドル・マネジメントの役割の増大，経営者が担うトップ・マネジメント機能の重要性の高まりという状況のもとで，日本とドイツのいずれにおいても，経営者教育，管理者教育が重要な問題となり，その改善のための取り組みが推進されることになった。また，経営者教育・管理者教育は，ヒューマン・リレーションズと同様に，アメリカ主導の生産性向上運動の展開のなかで同国がヨーロッパの諸国への導入をとくに重視した領域のひとつでもあった[1]。それだけに，それは，1950年代および60年代をとおして，企業経営にとってのひとつの大きな問題領域をなした。しかし，日本とドイツのいずれにおいても，さまざまな諸要因が，アメリカ的経営教育の導入に影響をおよぼし，各国における独自的な展開もみられることになった。なかでも，アメリカの影響が比較的大きかった日本と比べると，ドイツでは，経営者教育・管理者教育の改革は，アメリカの意図とは異なり，一層特殊的な展開をとげることになった。

　そこで，本章では，アメリカの経営者教育・管理者教育の導入について，1970年代初頭までの経済成長期を中心に日本とドイツの比較をとおして考察を行う。アメリカの支援とその影響，国家の関与，教育制度，経営教育における大学の役割のほか，経営者に求められる素養・特性，企業内の昇進システムなどにみられる制度的特質・経営慣行，労働市場の特質などとの関連のなかで分析する。

　以下では，まず第1節において，アメリカ的経営者教育・管理者教育の導入

258　第2部　経営の「アメリカ化」と「再構造化」の日独比較

の社会経済的背景についてみた上で，第2節および第3節では，日本とドイツにおけるアメリカ的経営者教育・管理者教育の方法の導入について，それぞれ考察する。それらをふまえて，第4節では，両国の比較をとおしての諸特徴を明らかにしていく。

第1節　アメリカ的経営者教育・管理者教育の導入の社会経済的背景

1　経営教育改革の必要性とアメリカのイニシアティブ

（1）　ヨーロッパの経営教育改革の必要性とアメリカのイニシアティブ

まずアメリカ的経営者教育・管理者教育の導入の社会経済的背景について，日本とドイツの経営教育改革の必要性とアメリカのイニシアティブという点からみていくことにしよう。ヨーロッパについてみると，第2次大戦後の経営教育の改革において重要な位置を占めたアメリカの手法の西ヨーロッパへの輸出のプロセスには，①アメリカ技術援助・生産性プログラム（US Technical Assistance and Productivity Program）の創出，②アメリカの大学とヨーロッパの経営改革との結合，③アメリカの経営教育の国際化の3つのステップがみられたとされている。まず①のアメリカ技術援助・生産性プログラムは，工場視察や再教育セミナーに加えて，経営改革や生産の変革の実施に関心を示していた企業にアメリカの技術の専門家や経営コンサルタントを直接配置するプログラムを開始した。各国の生産性本部のプログラムや技術援助・生産性プログラムは，アメリカでみられたのと類似のビジネススクールが西ヨーロッパにおいてスタートするまで，当座の教育を提供するという重要な役割を果たした。また②のアメリカの大学とヨーロッパの経営改革との結合では，ヨーロッパにおける管理者の数の増加に対応するために，技術援助・生産性プログラムは，訪問チーム向けの経営教育コースの提供に関心をもつアメリカの単科大学や総合大学との協定をたえず拡大してきた。アメリカの大学は，TWI（Training Within Industry）のプログラムの組織・支援において決定的な役割を果たした。技術援助・生産性プログラムによる経営教育プログラムは，アメリカとヨーロッパの学生や学者の間の接触を劇的に促し，1958年以降には，大学や企業によって実施された経営知識のより永続的な伝達のための道を開いた。さらに③のアメ

第6章　アメリカ的経営者教育・管理者教育の導入の日独比較　*259*

リカの経営教育の国際化については，それはアメリカにおける外国人学生の驚くべき増加にみられるが，1960年代以降，西ヨーロッパは，アメリカと外国との学問交流の中心をなした[2]。

　1950年代初頭には，OJTとOff JTのいずれにおいても，経営者・管理者の再教育は典型的にアメリカ的な現象とみなされていた[3]。技術援助・生産性プログラムの目標のひとつは，ヨーロッパの教師や大学に経営研究や経営者・管理者の養成教育のアメリカモデルを知らしめることにあった[4]。同プログラムは，西ヨーロッパにおけるアメリカの経営教育，経営者教育・管理者教育の手法の導入・移転において大きな役割を果たした。ドイツからのアメリカへの訪問団のグループにおいて，経営者・管理者教育に関する集中的な研究の始まりが1949年から50年にかけての時期にみられたが[5]，技術援助計画のもとで組織された特別な派遣団のメンバーは，アメリカ経済がもつ優位の主要な理由のひとつを同国のそのような教育のあり方にみたのであった[6]。そうしたなかで，技術援助・生産性プログラムは，アメリカとヨーロッパのトップの産業家や経営者の間のより有効な接触を促す方法として，アメリカ経営会議やアメリカ製造業協会のような同国の経営者団体と共同で組織した一連のワークショップやプログラムを開始した[7]。1950年代初頭には，技術援助・生産性プログラムは，アメリカ経営会議や同国のいくつかの主要大学との協力で，管理者，労働者のリーダーや経営教育に従事する教師のための集中的な再教育セミナーを再編しており[8]，経営者教育・管理者教育の改革の問題がとくに重視された。

　技術援助・生産性プログラムとの関連では，相互安全保障局あるいは外国事業管理局によって助成された経営者教育・再教育のためのプロジェクトもみられた。そこでも，アメリカのモデルをドイツに移転するということが考慮された。相互安全保障局は，すでに1953年に，ドイツ経営教育センターの設立のための計画を策定している[9]。

　またアメリカ側の当時の現状認識をみると，ヨーロッパの経営者は，建設的な変化に対しても抵抗的であり，自らの任務が将来に向けての長期的な計画にあることを十分に認識しておらず，企業の日常的な活動に多くかかわっている傾向にあった。それゆえ，彼らのそうした態度を変えることが重要とみられていた[10]。1950年代初頭には，技術援助・生産性プログラムの枠組みのなかで，

260　第2部　経営の「アメリカ化」と「再構造化」の日独比較

イーストマン・コダック，P&G，フォード，デュポン，GEのような代表的企業の経営者やアメリカ製造業協会の全国会議，多くの大学・研究機関の代表者を動員して，しかるべき経営教育プログラムが，国際商業会議所，OEEC，ヨーロッパ生産性本部および各国の生産性本部との協力で実施された[11]。

　なかでも，ヨーロッパ生産性本部は，西ヨーロッパにおける経営教育を促進するための最も大規模な組織的企てを提供してきた。同本部は，関係の構築と意見や情報の交換の促進という目的をもって，1953年9月に，国際会議を組織することによって，経営教育の領域において活動を開始した。同本部による初期のいまひとつの活動は，経営の教師ないし将来の教師のアメリカへの派遣団を組織することにあった。ヨーロッパ生産性本部はさらに既存の教育センターのためのコンサルタントとしても機能したが，そのような助言業務は，多くの場合，アメリカの専門家によって遂行された。しかし，同本部による経営教育の改善は，アメリカの産物ではなくヨーロッパの方法への適応であり，また融合であり，1950年代でさえ，経営教育の領域におけるアメリカとヨーロッパとの関係は，一方向の出来事ではなかったとされている[12]。

　このように，ヨーロッパへのアメリカの経営教育手法の導入にあたり，同国は技術援助・生産性プログラムをとおして強いイニシアティブを発揮したが，それは，その後にはフォード財団に受け継がれることになった。ヨーロッパ生産性本部へのアメリカの援助は1956年以降削減されたが，その後はフォード財団が関与を強めることになった[13]。同財団は，1950年代初頭以降，ヨーロッパの経営教育に財政と組織の面でかかわり，集中的な教育・研究プログラムの普及をとおして，経営教育のタイプや専門的な必要条件の標準化の試みによって文化面での仲介者として活動してきた。フォード財団は，1960年代半ば以降には，ヨーロッパの異なる制度的・文化的枠組みのなかへのアメリカの方法の移転者としても行動した。フォード財団の主たる目標は，たんにカリキュラムの教育内容や教育プログラムの輸出よりもむしろ，アメリカの「組織的な総合的成果」の基本的な型をヨーロッパに移転させることにあった[14]。

　(2)　日本の経営教育改革の必要性とアメリカのイニシアティブ
　つぎに日本をみると，アメリカはヨーロッパにおいてとは異なるかたちで強

い援助を行い，イニシアティブを発揮した。例えば管理者教育の手法として日本において戦後に導入がすすんだMTP（Management Training Program）は，アメリカ人監督者向けの訓練方式を空軍基地で働く日本人監督者用に翻案したものであり，当初はアメリカ極東空軍が雇用する日本人管理者の訓練のために使用されたものであった[15]。また経営者教育のためのCCS（Civil Communication Section）講座は，日本の通信機工業の経営者のあり方に重大な欠陥があるというGHQの民間通信局（CCS）の認識のもとに同局が日本向けに開いたものであり，そこでは，経営上の欠陥の是正のために科学的な経営手法の必要性が強調された。同講座は，占領軍の指導のもとで，経営幹部層に対して実施された[16]。これらの手法に典型的にみられるように，アメリカで開発された経営者教育・管理者教育の方法を日本に合わせたかたちで修正するなど，アメリカが発揮したイニシアティブ，その役割は，ヨーロッパに対してのそれと比べるとより直接的なものであったといえる。

　日本では，第2次大戦後，企業の近代化の必要性が強まる一方で，労働組合の法的承認，労働運動の高揚のもとで労使の対立が深刻化し，かつての家族制度や封建的な身分関係に頼っていた管理のあり方，家族主義的・温情主義的な非合理的なあり方に代えて，新しい管理の方法が求められた[17]。そのような状況は，アメリカの経営者教育の導入を重要な課題にした。戦後の企業の合理化・近代化は科学的な経営管理の推進を意味し，その基礎をなす人的要素の確保と質的向上，人間関係の近代化を前提とするものであった。その実現のためには，旧来の労務管理のカテゴリーをこえる広範囲な企業内教育が必要となり，各社において組織的に推進されるようになった[18]。また経済の自立的な発展の強い要請に応じて1950年に制定された企業合理化促進法に基づく運動に刺激されて，アメリカの経営教育，とくに管理者や監督者の訓練の諸方式が紹介されたことも，同国の手法の導入を促進する契機となった[19]。そのような状況のもとで，日本企業の経営管理の欠陥を是正するという点でもアメリカ的な経営教育の方法の導入は有効であるという受け入れ側の認識が，同国の方法の導入の背景をなした[20]。

　さらに，財閥解体や財界トップの公職追放によって経営者の世代交代がすすんだことも，大きな影響をおよぼした。戦後の「財閥」系企業の新しい経営者

262　第2部　経営の「アメリカ化」と「再構造化」の日独比較

層の多くは，ミドル・マネジメントから昇進した専門経営者であった。彼らは
それまで経営者としてのトレーニングを十分に積んでいない場合が多かった。
それゆえ，彼らのキャリアの未熟さの補完という必要性と目的のためにも，ア
メリカの経営者教育の導入は重要な意味をもった[21]。経営者をとりまくその
ような状況が，経営の近代化の必要性とあいまって，アメリカ的経営方式の学
習の用意という面におけるドイツと比べての日本の強さを規定する重要な要因
のひとつをなした。こうした点でも，日本の状況は，アメリカのより直接的な
かたちでのイニシアティブにマッチしたといえる。

2　アメリカ的経営者教育・管理者教育の導入における生産性向上運動の 意義

　またアメリカ的経営者教育・管理者教育の方法の導入の社会経済的背景に関
して重要な点のひとつは，ドイツを含むヨーロッパと日本との間にみられる生
産性向上運動の開始時期の相違とそのことのもつ意味についてである。ヨーロ
ッパではマーシャル・プランの一環としてアメリカ主導の生産性向上運動が
1940年代末以降に国際的に開始された。これに対して，日本の生産性向上運動
の開始は1955年のことであり，第2次大戦の終結から10年を経た時期のことで
ある。上述したように，ヨーロッパ諸国に対してはアメリカの経営教育の導入
が同国主導の生産性向上運動のなかで最重要課題のひとつと位置づけられたの
に対して，日本では，生産性向上運動の開始を待たずに，すでに1950年頃から
アメリカ流の定型的な経営教育の手法の導入が開始されたのであった[22]。

　もちろん，日本におけるアメリカ的経営教育の導入において生産性向上運
動，日本生産性本部が果たした役割は大きく，それは，アメリカへの海外視察
団の派遣，国内視察団の派遣などの各種の組織的なプログラムの展開という点
にもみられる[23]。しかし，日本の生産性向上運動は，ヨーロッパでみられた
ような戦後の経済復興のためのキーとなる役割を担ったわけでは必ずしもな
く[24]，アメリカの経営教育の導入における生産性向上運動の役割にみられる
日欧間，日本とドイツの間のこうした相違を考慮に入れてみていくことが重要
となる。

第2節　日本におけるアメリカ的経営者教育・管理者教育の導入

1　戦後の企業内教育の時期区分

　以上の点をふまえて，つぎに，日本におけるアメリカ的経営者教育・管理者教育の導入について考察を行うことにするが，まず戦後の企業内教育の展開における時期区分をみておくことにしよう。高度成長期の企業内教育の展開について，坂本藤良氏は，①技能訓練の出発期（1948-50年），②監督者・管理者教育の導入期（50-55年），③経営者啓発の開花期（55-58年），④体系化段階（58-60年），⑤日本化への胎動の段階（60年以降）の5つの時期に分けた上で，①，②および③の時期を「個別的導入の時期」，④と⑤の時期を「総合的発展の時期」と位置づけている。

　まず①の技能訓練の出発期をみると，戦後の企業内教育は技能者育成からスタートしたが，それまでの前近代的な精神主義的教育が否定され，アメリカ的プラグマティズムが時代の中心的思潮となるなかで，すぐに役立つ技能者養成教育が開始された。しかし，それは非体系的，散発的に実施されたにすぎず，この段階では，本来の意味での経営教育はまだ存在しなかった。つづく②の監督者・管理者教育の導入期には，1950年頃からアメリカの方式の導入による定型訓練の時代が始まり，TWI，MTP，JST，CCS講座などによる教育が実施された。これらの定型訓練方式の導入によって，マネジメントの方法を教育するという，本来の意味での経営教育の時代が始まることになった。また③の経営者啓発の開花期には，1955年に日本生産性本部が発足し第1回トップ・マネジメント・セミナーが開催されるなど，経営者教育の新たな展開がみられ，45年からの10年間とは異なる様相を呈することになった[25]。1945年から55年までの時期は，企業内教育のシステムの部分としての経営教育の制度化の始まりを意味した。アメリカ占領当局によって導入された新しい教育コースの影響は非常に明白であり，それらのコースは，経営機能，科学的管理およびヒューマン・リレーションズの考え方を結びつけるものであった[26]。

　しかし，はやくも1955年以降になると，これらの定型的な教育訓練方式の限界もしだいに明らかになってきた。そうしたなかで，1958年以降には上記④の体系化の段階に入り，経営教育は，マネジメント技術の個別的導入から基本的

264 第2部 経営の「アメリカ化」と「再構造化」の日独比較

理念に基づいた体系的理解へと大きく変化していった。そこでは，従来の経営教育が飛躍的に総合化・統一化され，「個別的導入時代」から「総合的発展の時代」へと移行した。この段階には，多くの先駆的企業が教育方針や教育綱領を定め，それに基づく実施方針を設定する動きや，社内において一元的に教育を統括するための部門が設置される動きなどがみられるようになった。このように，日本の経営教育は，1960年前後にその体系化を確立したが，その過程において日本の経営風土の独自性の認識が深まり，各企業の実情に即した教育というかたちでの日本化の動向をともなうことになった。こうした動向はすでに定型訓練に対する反省としてあらわれていたが，上記⑤の時期の始まりにあたる1960年前後から経営者の支配的潮流となった。

定型訓練その他のアメリカの方式が導入されたときに最初に必然的に現れた批判は，これらの方式が「抽象的」であるということであったが，こうした定型訓練のもつ抽象性からの脱却は，体系化だけでは不可能であり，再び個別化へとすすまざるをえなかった。しかし，それは「かつてのようにアメリカの方式のままでの個別化ではなくて，日本の個別企業の要求に根ざした個別化」であった。この日本化への胎動のなかで最も特徴的にあらわれたのが精神教育であり，アメリカ的なプラグマティズムに基づく実用教育に対して日本的な精神教育が対置された。この時期にはまた，中小企業に関する経営教育も発展し，そのことも「日本化」のひとつの傾向を示すものであった[27]。

このように，1950年代末から60年代初頭にかけての時期は企業内訓練の反省期であると位置づけられるが[28]，経営教育の体系化の過程において「日本化」が重視された[29]。日本化は，企業特殊的な教育訓練をとおして実践・遂行されなければならず，1960年代には，急速な経済成長を背景として，企業内教育訓練は非常に広範に普及した。多くの先駆的企業は，終身雇用の条件に基づく自らの企業特殊的な必要性に対応するために，独自の教育政策あるいは教育プログラムをもつようになっていった[30]。

また1950年頃にアメリカの定型教育の導入によって始まった戦後の企業内訓練では，初期には，各種の教育訓練が階層的に展開されたが[31]，階層別の教育体系が整備され充実されるようになるのは55年から60年までの時期からのことであった。こうした動きは1955年からの10年間にわたり続いた[32]。例えば

第6章　アメリカ的経営者教育・管理者教育の導入の日独比較　*265*

化学産業の旭化成では，1960年1月に従来の定型訓練に代えて中堅幹部経営講座，掛長講座，初級管理者講座をはじめとする各階層別の講座が開設されており，この時期は，同社の企業内教育にとっての大きな変革期をなしたとされている[33]。

2　アメリカ的経営者教育・管理者教育の導入における官庁の役割

日本の場合，官庁の主導性も強く，その役割が大きかったという点にも重要な特徴がみられる。例えば，監督者教育の手法であるTWIの導入においては，法律（職業安定法）の規定およびその改正によって，監督者訓練に関する労働省による技術援助が行われた。また管理者教育の手法であるMTPの導入では，通産省が深く関与した。MTPは極東空軍のなかでは監督者訓練のためのものであったが，日本では，ミドル・マネジメントの訓練法として展開され，数回におよぶ改訂が行われなかで，日本的修正が施されるかたちで導入された。このMTPは，官庁である人事院によって主として事務部門の管理者の研修用に修正され，JST（Jinjiin Supervisor Training）（人事院監督者研修）の名称で，銀行業，保険業，官公庁やその他の公共団体の管理者訓練に広く浸透した。さらに経営者教育の手法としては，電気通信省の関与のもとにCCS講座の導入が取り組まれた[34]。このように，日本におけるアメリカ的経営者教育・管理者教育の導入，それをとおしての経営教育改革に対する国の援助という姿勢が貫いていたといえる[35]。

3　アメリカ的管理者教育の導入

以上の考察をふまえて，つぎにアメリカで生み出された管理者教育の手法の導入についてみると，それは，主に，部課長を中心とする管理者の教育と職長・組長のような現場監督者の教育とに分かれる。以下では，これら2つについて考察を行うことにする。

まず監督者訓練の方法であるTWIについてみると，それは，「下級職制に対して，仕事の教えかた，改善のしかた，人の扱いかたを訓練する」管理者教育のための手法であるが，生産性向上運動の展開のもとでの労働対策としての側面をもつものでもあった[36]。TWIは生産現場の監督者の教育として重要な役割

266　第2部　経営の「アメリカ化」と「再構造化」の日独比較

を果たした。この訓練方式は監督者の間では好評であったが，その主たる理由
は，それが彼らの潜在的な教育ニーズを満たしたことにあった。企業内におけ
る労働組合の台頭は企業の構成員をはるかに不安定にし，彼らは，部下の指
揮・指導においてもはや古い行動パターンに依存することができなくなった。
しかし，彼らは何ら訓練を受けていなかったので，こうした行動パターンに代
えることのできる何かをよく知らないという状況にあった[37]。一方，経営側
をみても，戦後の労働運動の高揚と経営権への信頼の大きな低下のもとで，戦
前の封建的・家族主義的な労働関係に基づく管理のあり方の限界をいかに克服
するかということが，重要な課題とならざるをえなかった。

　そこで，TWIの導入状況をみると，日本産業訓練協会の『産業訓練百年史』
によれば，TWIは，1950年頃の企業への導入の開始当初から大企業を中心に普
及し，53年度には大企業の半数において実施されていたが，労働省は，中小企
業にも普及の対象を広げることになった[38]。中小企業では，職制の近代化，
管理組織の明確化にともない，年功的職長等の現場管理者が増加し，教育訓練
の手始めとして，新入社員教育に加えて，TWIを試みに導入する企業も増加し
た[39]。中小企業へのTWIの普及は大企業に比べると遅れがみられた。例えば
1963年の日本経営者団体連盟（日経連）の調査では，回答のあった企業全体に
占めるTWIを導入していた企業の割合は，TWI-JI（仕事の教え方）では35.5%,
TWI-JM（改善の仕方）では29%, TWI-JR（人の扱い方）では31%であった。同
様の数値は，従業員3000人以上の企業ではそれぞれ63.9%, 62.3%, 63.7%と高
くなっていたのに対して，従業員300人未満の中小企業では13.9%, 8.3%,
9.6%であった[40]。このように，TWIは，戦前の職長・組長教育に代わるもの
として，経営全体の刷新という目的のもとに全国的に普及し，中小企業にも
徐々に浸透していった[41]。

　1955年以降には人間関係管理の諸施策が職場に導入され根づいていくことに
なったが（第4章も参照），かなり多くの大企業では，監督者訓練については，
人間関係に関する技術の域を脱したより入念な訓練が行われるようになった。
それには，①企業との一体感の助長のために企業あるいは組織の一員であるこ
とを強調する訓練，②監督者による職場集団の統率のための人間関係に関する
技能の訓練の2つの種類があった。そこでは，グループ・ダイナミックスの研

究のようなアメリカの心理学や社会心理学による小集団の研究から派生した技術が導入されたという点に特徴がみられる[42]。

また中間管理者を主要な対象とする管理者教育の手法はMTPの導入に始まったが，そこでも，1950年代から60年代にかけて人間関係的な面に関する訓練が重視される傾向にあった[43]。MTPは，1945年以降の10年間の経営民主化のなかで経営秩序が失われるという状況のもとで，その基盤づくりや新しい経営管理体制の確立に大きく寄与することになり[44]，管理者教育のなかでは最も普及した方法であった[45]。なかでも，戦後の新しい管理思想の普及においてMTPが寄与した点は大きく[46]，日本の産業教育の発展史において「MTPほど大きな足跡を印したものは少ない」とする指摘もみられる[47]。

MTPの導入においても，TWIの場合と同様に，アメリカの行動科学の成果を利用した取り組みもみられ，それは，自社独自の管理者教育の展開において重要な役割を果たした。例えば日産自動車では，MTPを中心とする講義主体の新任課長研修講座はその内容，効果において必ずしも満足いくものではなかった。そのため，その反省の上に立って，行動科学の成果を取り込んだ動態的マネジメントを大幅に取り入れたMBT（Management Basic Training）が開発され，開設された[48]。同様の動きは鉄鋼業の川崎製鉄でもみられ，「従来の部下管理を中心としたMTP的な考え方から脱皮し，行動科学を骨子として職場活性化への基礎づくりをしていく[49]」ことになった。

このように，人間関係論は管理者教育や監督者教育にも取り込まれる結果となり，人間関係を作るリーダーシップが重視されることになった。しかしまた，すでにその少し以前に，TWIやMTPなどの定型教育に対して，企業の個別性を主張する観点からの定型的教育に対する批判も，リーダーシップ訓練の推進の一因となった[50]。

TWIやMTPなどの定型的訓練はまた，1958年に八幡製鉄において最初に導入され後に一般化することになる作業長制度を補完する役割を果たしてきたという点も特徴的である。作業長制度では，作業長に生産遂行の直接責任者としての明確なラインの権限，部下に対する労務管理などの大幅な職務権限が与えられ，ライン・アンド・スタッフ組織の導入のもとで，ライン機能とスタッフ機能が明確にされた。そのような状況のもとで，管理者や監督者に対する教育で

268　第2部　経営の「アメリカ化」と「再構造化」の日独比較

は，たんなる生産技術や業務知識の習得よりはむしろ，部下の管理や「人の扱い方」という面に重点がおかれることになった[51]。八幡製鉄では，作業管理を中心に労務管理や原価管理なども担う作業長の教育を軸にラインの教育体系が確立されたほか，あわせてスタッフの教育体系も整備された[52]。

　さらに，トヨタ自動車工業の事例にみられるように，製造業の企業では，TWIやMTPが作業の標準化・基準化の全面的な推進，IEの展開のための手段として利用されたほか，全社的な改善の延長線上として，自社内のみならず協力会社にもTWIが導入される[53]など，これらのアメリカ的方式は生産の合理化の手段としても位置づけられたという点にも特徴がみられる。こうした傾向は鉄鋼業でもみられ，八幡製鉄ではTWIの活用によって標準作業法がつくりあげられたほか，他の各社でも従来の勘による作業が科学的組織的に改められることになった[54]。また電機産業の富士電機でも，1950年に第一線監督者教育へのTWIの導入がIE推進の有効な手段となったとされている[55]。

　日本における管理者教育・監督者教育の展開におけるいまひとつの特徴は，TWIが監督者に対してのみならず中間管理者の教育にも利用されるケースがみられる一方で，MTPが部課長や係長（掛長）だけでなく現場の監督者の教育にも利用されるなど，監督者教育と管理者教育の手法が必ずしも階層別に厳密に区別して展開されたわけではないという点にみられる[56]。確かにTWIは第一線にある監督者の教育訓練に，MTPは主として第2次産業の部課長の教育訓練に利用され，急速に普及していったが[57]，実際には，それらの運用は多くの企業において柔軟に行われたという面もみられる。

4　アメリカ的経営者教育の導入

　つぎに，アメリカ的経営者教育の方法の導入をみると，CCS講座は，1950年以降には日経連によって経営者教育の講座として普及の努力が行われたほか，55年の日本産業訓練協会の設立後は，東京や大阪を中心に全国的に普及することになった。技術革新の進展，経営教育の普及にともない講座の内容も大幅に変わり，当初のテキストを使用した定型コースから講義式と会議式とが併用されるようになり，小グループによる経営者教育として利用されるようになった[58]。

例えば日経連の1963年の調査では，経営者教育を実施していた企業の割合は55.3％であったが，そのうちCCS講座を実施していた企業の割合は18.6％であった[59]。傾向としてみると，CCS講座は，1953年以降には開講回数が減少の一途をたどり，その後の経営に大きく引き継がれていくということにはならなかった。CCS講座が1975年以降に姿を消すことになった理由としては，①70年代初頭には経営者は高度成長期のように経営内部の合理化のみに注意を払うのではなく環境適応の必要性に迫られたこと，②MTPの受講者たちが経営者に育ったこと，③定型訓練に対する反省の３点があげられる[60]。そのような状況のもとで，後述するように，CCS講座の代替的な方式となる経営者教育が活発に展開されるようになったという点が特徴的である。

日本では，アメリカ的な経営者教育の講座が導入され，それは一定の役割を果たしたといえるが，1970年代初頭までの高度成長期には，ビジネススクールのような高等教育機関による教育はみられなかった[61]。この点は，第３節で考察するドイツとも共通しているが，1955年以降になってようやく「経営学ブーム」を迎えるという大学の経営学教育の発展過程や企業における内部昇進のシステムにみられる経営者の内部労働市場の特質などに規定されたものである。

5　アメリカ的経営者教育・管理者教育の導入に対する反省

以上の考察をふまえて，つぎに，アメリカ的経営者教育・管理者教育の導入に対する反省とそれへの対応としての新たな展開についてみることにしよう。戦後に導入されたアメリカ的な定型教育の方法は，日本向けに修正あるいは翻案して適用されたという点に特徴がみられるが，TWI，MTPおよびCCSという定型教育の手法の内容はきわめてアメリカ的であり，批判や反省がおこった。それには，これらの方式は温情主義，年功序列制度，終身雇用という特性をもつ日本の経営風土には必ずしも適合しないこと，標準化された方式ゆえに企業の実態に即した具体的問題・ニーズに必ずしも適合するものではなかったこと，日々発生する管理上の問題を解決するための状況把握や判断力の育成には不十分であることがあげられる[62]。

アメリカの経営教育の導入におけるこうした問題は，採用や人事異動，昇進

270　第 2 部　経営の「アメリカ化」と「再構造化」の日独比較

などのシステムの相違にもかかわらずアメリカ式が規格にはめこんだ定型教育の画一的な性格をもつことによるものであった。日本の場合，産業界はあまりにもこれらの定型的訓練コースに頼りすぎたという面もあった[63]。また教育訓練のなかにアメリカ的合理主義と個人主義の基本的発想まで注入することには無理があった。日本的集団主義，それを軸とする能率主義，能力主義的教育の一環としての労使協調，企業への帰属意識と技能教育，管理者教育を結びつけるかたちでアメリカ的方式は修正されることになった[64]。1955年以降にはアメリカの労務管理モデルに対する批判も現れ始め，そうしたなかで，定型教育から脱皮しようとする動きが出てきた。1960年頃からアメリカの新しい組織論や管理論が次々と日本に紹介されるようになったことも，定型教育からの脱皮を促進する要因をなした[65]。

　さらに，アメリカの定型教育の導入の仕方，実施方法において，日本の実態や企業の諸条件が十分に考慮されていなかったという傾向もみられた[66]。例えばCCSやMTPは，その内容では1920年代や第 2 次大戦中のアメリカの経営技術や組織論を中心としており，日本的な経営の伝統にはマッチしないという評価があった[67]。もとより，アメリカの定型的訓練方式の内容は，経営の合理化と民主化された職場の存在という同国の状況を前提として設定されたものであった[68]。日本企業における現場監督者の地位や役割は，アメリカにおいて通常みられるものとは性格を異にするものであり，またTWIそのものが主として監督技術に重点をおいた短期の簡単な速成訓練的なものにすぎないため，監督者に職業的な技能を習得させるものとしては限界をもつものであった。この事実に対する認識は関係者の間でも必ずしも十分に存在していたわけではなく，過度の期待と過大評価のもとで，無批判的な導入に対する反省が生まれてくることになった[69]。

　定型的訓練に対する批判は，とくに1950年代末から60年代前半にかけての時期に高まったが，その要因としては，つぎの点を指摘することができる。第 1 に，1950年代半ばから後半にかけての時期の安全，教育，人間関係といった分野から品質，原価，部下の成績考課，苦情処理や労働問題へと現場監督者の職務内容の重点が移行したにもかかわらず，各種の定型的訓練コースの内容がそれらとは一致しなかったことである。第 2 に，教育訓練の必要な点について，

共通性よりはむしろ職場に固有の特殊性が強調されるようになってきたことである。第3に，技術革新期の多忙な職場への各種訓練コースの導入，そのバラバラな実施のために業務上の支障をきたす傾向がみられたことである[70]。

6　経営者教育・管理者教育の日本的展開

　以上のような反省の上に立って，経営者教育・管理者教育の日本的展開の試みが推進された。そうしたなかで，TWIやMTPでは，企業独自の教育内容の展開，企業による教育方針ないし教育綱領の制定，新しく設立された経営教育団体による新しい経営教育の普及，教育手法の多様化，現実の経営に密着した教育の展開という新たな動向がみられるようになった。また経営者教育においては，CCS講座の代替的な方式として，外部機関による経営者教育が盛んに展開されるようになった。それには，日本生産性本部によるトップ・マネジメント・セミナーのほか，地方銀行協会，慶応義塾大学，日本経営開発協会，ビジネス・コンサルタント，日経連，日本経営協会による教育コースがあげられる[71]。

　そこで，アメリカ的経営教育の導入における日本的対応を具体的にみると，TWIは，1955年以降にも広く導入がすすんだ方式であるが，この時期になるとTWIの反省が叫ばれ，日本の実情にあわせたコースも現れてきた[72]。1950年代前半の終わりになると，日本企業における従来の現場監督者の地位と役割に新たな視点から検討が加えられ，TWIを修正しようとする試みが現れてきた。そのひとつが追指導の強化とOJTの推進であった[73]。TWIでは，追指導が再訓練として実施されたケースも多く，例えば造船業では，再訓練としては，TWI方式による技能の追指導と安全関係の訓練が主として実施された[74]。しかし，企業内でのTWIの展開が必ずしも理想的に行われなかった主因は，同方式の標準化された監督技法を教授する基礎講習，現場での実務へのその応用のための指導の体制と方法の不適正にあり，追指導の不備にあった[75]。それゆえ，追指導の強化が重要な課題となってきた。

　またMTPについてみると，企業独自の教育内容を展開した事例としては，例えば富士製鉄では，1957年から全社規模での同方式の自社版への改訂の検討が開始され，翌年の58年には「富士製鐵管理者訓練講座」マニュアルが完成している。この

272 第2部 経営の「アメリカ化」と「再構造化」の日独比較

マニュアルに基づいてすすめられたMTPは，1955年からの10年間をとおして同社の
管理者教育の基盤となった[76]。また川崎製鉄でも，自社のニーズに適合した訓練
を望む声の高まりをうけて，1963年以降には，MTPは自社版の掛長マネジメントコ
ースに吸収された[77]。これに対して，三菱電機では，はやくも1951年にMTPを同
社版に組み直した管理講座（Management Course）が完成し，54年にはその第1回
の講座が全社の係長を対象に実施されており[78]，企業によって自社独自の教育が
開始された時期には相違がみられる。

　このように，1950年代後半になると，TWIやMTPといった訓練方式はすでに
導入や啓蒙の時期を越え，各企業の自主的特殊的実体への応用の段階に入っ
た[79]。また1960年代になると，定型教育からの脱皮をめざして自社独自の教
育の展開の必要性は一層高まり，それを実施する企業も増加してきた[80]。定
型教育の導入の仕方も，自社の事情に応じていわば「イージー・オーダー」の
ようにフレキシブルな活用の仕方になってきており，「オーダー・メイド」的
に活用している企業も多くなってきた[81]。例えば経営者教育では，1963年の
日経連の調査では，CCSトップセミナーを行っていた企業の割合は8.4％であっ
たのに対して，自社独自の訓練の実施率は16.5％となっており，従業員5,000人
以上の大企業では36.2％にのぼっていた[82]。また関西経営者協会と日本産業
訓練協会関西支部が1969年に行った調査でも，自社独自に開発した教育課程を
もつ企業の割合は全体の40％であり，中企業では33％，小企業では16％にとど
まっていたが，大企業では約80％に達していた。ただ管理者層と監督者層を対
象とした管理監督能力の向上をめざした分野では，まったく独自的な観点から
作成されたものよりはむしろ，MTPや職長訓練計画などの市販の定型訓練コー
スを自社のニーズに応じてやきなおしたものが主流であった[83]。このように，
1960年代半ばには，従来の定型的教育訓練の壁を突き破るかたちで各企業の環
境に応じた適切な教育訓練体系の確立をはかろうとする動きがみられ，こうし
た意味においても，企業内訓練は転機にあったといえる[84]。
　日本では，戦後の管理者教育は人間関係を中心とするMTP，JSTなどが主体
であったが，1960年代には，外部環境の急速な変化，組織の改革の進展にとも
ない，人間関係中心の訓練の再検討の傾向が現れた。そこでは，専門能力向上

のための教育，業務知識を深めるための教育，国際政治経済に関する知識など
の一般教養の教育が，日常業務の処理の上で必要不可欠の教育として登場する
ことになった。同時にまた，集合教育の限界を補い，さらに管理能力や専門能
力の向上のための自己啓発が強く要請されるようにもなってきた[85]。例えば
MTPに対する問題点，批判のひとつとして，「上からのトップ・ダウンで，自
己啓発プログラムからの方向づけではない」という点があった[86]。1960年代
末になると，例えば富士製鉄の事例にみられるように，管理者の育成において
は，「集合教育，日常指導，自己啓発の三者がバランスをとって進められる」
ことが重要となってきた[87]。

　こうして，1965年以降になると，企業内教育においても，より即戦的な，階
層別教育以外のさまざまな多様化がすすみ，量的にも質的にも強化，拡充の段
階に入った。能力開発の方策では，1965年頃をピークとして階層別集合教育の
重要性が低下するなかで，それに代わってOJTと自己啓発に力点がおかれるよ
うになってきた[88]。ことに「能力主義管理」の方向性が強化されるなかで，
内からの動機づけによる自己啓発の重要性が強調されるようになった[89]。日
経連が1969年に提唱した能力主義管理は，「職務中心主義と個別管理」，「小集
団主義の活用」という点に特徴をもつ。なかでも，後者においては，職場小集
団の自主性の尊重が前提とされており[90]，この時期の経営教育における自己
啓発の重視は，こうした管理のあり方とも深く関係している。

　しかしまた，日本においては，第3節において考察するドイツの場合とは対
照的に，戦後にアメリカから導入された定型的な経営教育の方法は長い期間に
わたって利用されたという点にも，重要な特徴がみられる。例えばCCSセミナ
ーは1974年まで開催され続け，その時までに1,000人を超えるトップの経営者
が経営手法を学んだ[91]。またTWIをみても，1976年に日本産業訓練協会職業訓
練部長の職にあった鍛治辰市氏の指摘では，この方式は当時もなお監督者訓練
の太宗を失ってはおらず，その効果的な訓練技法は企業内訓練として開発され
てきた多くの訓練コースの基調にもなったことが指摘されている[92]。TWIや
MTPは継続的に修正され，改善されてきたが，1988年には第73回MTPインス
トラクター・コースが開催されており，3,000人を超えるMTPインストラクタ
ーが養成された。1988年までに60万人を超える管理者がMTPコースに参加し

274 第2部 経営の「アメリカ化」と「再構造化」の日独比較

た。またTWIをみても，同年までにそのための2万人ものトレーナーが生み出
されてきた[93]。MTPは数度におよぶ改訂が行われており，1985年にはマニュア
ルの8度目の改定が行われている[94]。MTPのこうした改訂は，日本企業の経
営のあり方が変わっていくのにあわせた展開を示すものであるが[95]，アメリ
カ的経営教育の方式の長期におよぶ影響は，『産業訓練』誌や『職業訓練』誌
のような専門の雑誌において1970年代以降もMTPやTWIに関する多くの論文
や報告，記事などが掲載されていることからも確認することができる[96]。

第3節　ドイツにおけるアメリカ的経営者教育・管理者教育の導入

　以上の考察をふまえて，つぎに，ドイツにおけるアメリカ的経営者教育・管
理者教育の導入についてみていくことにする。まず1において経営教育，経営
者教育・管理者教育におけるドイツの大学の役割についてみた上で，2と3で
は，アメリカ的管理者教育と経営者教育の導入過程についてそれぞれ考察し，
さらに4では，ドイツ的な導入のあり方を規定した諸要因を明らかにしてい
く。

1　経営者教育・管理者教育におけるドイツの大学の役割とその限界

　まず経営教育，経営者教育・管理者教育におけるドイツの大学の役割につい
てみると，戦後のアメリカ的経営教育の導入はドイツの大学における経営教
育・経営学教育のあり方とも深いかかわりをもった。この点は，ドイツの大学
が経営者教育・管理者教育においてアメリカのような役割を果たすことはなか
ったということと深く関係している。そうしたなかで，ビジネススクールやプ
ラグマティック志向の大学教育などにみられるアメリカ的な教育の制度，慣行
の影響をうけるなかで，改革の取り組みがすすめられていくことになった。

　1950年代および60年代の経済成長期には，ヨーロッパへのアメリカの経営教
育，経営者教育・管理者教育の移転は国によってかなり異なっていたとはい
え，同国の影響を受けなかった国はなかったとされている[97]。しかし，その
ありようは，各国の経営教育・経営学教育の伝統的なあり方とも深く関係して
いた。歴史的にみると経営教育，経営者教育・管理者教育の制度には，一般に

第6章　アメリカ的経営者教育・管理者教育の導入の日独比較　275

ドイツモデル，ラテンモデル，アメリカモデルの3つの異なるモデルがみられたとされている。ドイツモデルでは，経営教育は総合大学以外の工科大学と商科大学の2つの高等教育機関で行われてきた。またフランス，イタリア，スペインのラテンモデルでは，法律学，経済学および組織の管理全般に焦点があてられており，学校は体系的な経営教育を教えることをしなかった。これに対して，アメリカモデルでは，経営教育は，当初から同国における高等教育の全般的なシステムの一部をなしていた。そこでは，市場の条件のもとでの実際の意思決定に重点があり，ビジネススクールの果たした役割も大きかった。経営教育に関するアメリカの考え方へのヨーロッパの各国の反応や吸収の仕方は，主にその国の教育制度に依存していた[98]。

　ドイツでは，近代的な経営教育の確立は遅れたが，それは総合大学の地位についての伝統的な考え方の産物であった。多くのヨーロッパの諸国でもそうであるように，ドイツの総合大学は，自らを専門教育よりはむしろ学術研究の中心と定義していた。理論ないし科学を重視したドイツとプラグマティックな傾向にあったアメリカとの相違は，ドイツの総合大学へのアメリカの考え方の導入を妨げるとともに，遅らせることにもなった。ドイツのシステムでは，ある人の昇進や給与は，主に就学・卒業した教育機関のタイプによって決められていた。またドイツでは，教育機関で得られる「就業能力」（Betriebsfähig）とOJTによってのみ得られる「就業準備完了」（Betriebsfertig）の2つの資格が存在していた。経営者がOJTの中核的な価値を信じていたこともあり，カリキュラムの近代化への彼らの圧力は限られたままであった[99]。ドイツのこのような教育のあり方を変えようとする努力は，科学を実用性によってとって代えさせることを拒否する学会内部の激しい反対にも直面した[100]。

　またアメリカとドイツの比較でみれば，最も重要な点は，アメリカのビジネススクールとは異なり，ドイツの商科大学（Handelshochschule）は経営者のための広く共有された教育の基盤を提供する位置を獲得することがなかったということにある。それは，工科大学での工学の教育が製造企業の経営者の教育・訓練にとって高い名声を博していたこと，また商科大学の内容がアメリカのMBAプログラムのような経営・管理よりはむしろ主に経営経済学に集中していたことによるものであった。ドイツでは，ビジネス教育は，アメリカのそれ

とは異なり，概して経営者養成教育とはみなされてこなかった。経営者養成という教育のアメリカモデルでは，現業的機能のための教育と経営機能のための教育とを区別した教育システムが展開された。アメリカでは，一般にエンジニアが経営者としての枢要な地位を占めることはありえず[101]，この点もドイツの状況には適合的ではなかったといえる。

　さらに経営学方法論争にみられるように，経営の研究（経営経済学）が大学において認められた地位を得るには学問的なものでなければならず，経営実務に役立つか科学の規準を尊重するかという選択においても，科学性が重視されざるをえなかった。こうした事情からも，高等教育と経営実務との関係は，つねに希薄なものとなってきた。また大学研究者の教授への昇進の条件である教授資格論文制度（Habilitation）にみられる厳しい，また長い研究プログラムが長期的な実務経験の可能性を排除したので，学問的に高度な能力をもつ人物が実際の経営とのいかなる現実的な接触もなしに教授に昇進するという事情もあった[102]。

　そのような状況のもとで，産業界から大学の制度改革の要求がなされてきたが，全体的には，1945年以降もドイツの大学制度は維持され，そのすぐれてアカデミックな性格を強化さえしてきた。それゆえ，財界は代替的な解決策を求めなければならず，その最も有力な代替案とされたのがアメリカモデルであった。しかし，以下でも詳しくみるように，その移転のプロセスは，アメリカの実践の全面的な規模での採用よりはむしろ，適応という結果となった[103]。

　このように，経営教育，経営者教育・管理者教育の変化の背後にある最も重要な諸要因は，その国の教育制度全般，経営のスタイルや，国境を超えた学習の伝統のあり方のような文化的な諸要素と同様に，経営教育のシステムの強さにあった[104]。ドイツでは，戦後になっても大学が経営教育において積極的な役割を果たすことは少なく，ビジネススクールのようなアメリカの国際的な経営教育の形態を模倣したのではなかった。ドイツ人が尊重した経営者の特性の獲得のために，経営者たちは，アメリカとは異なる教育の道を歩むことになった。彼らは，法律，経営経済学やとくに工学といった就職前の教育をベースにした科目にその学習を集中しており，全般的な経営の問題のかわりに専門的なトピックスを研究する短期の教育コースにおいて，就職後の経営者養成教育を

受けたのであった⁽¹⁰⁵⁾。それだけに，業界団体や企業自身の職業訓練学校による教育⁽¹⁰⁶⁾，アメリカで開発された経営者・管理者養成のための教育・再教育の手法の導入が，実践的には大きな意義をもった。

2　アメリカ的管理者教育の導入

　以上の考察をふまえて，つぎにアメリカ的管理者教育の方法の導入について具体的にみていくことにしよう。すでにみたように，日本では主に中間管理者の教育を目的としたMTPの受入国にあわせた翻案が行われたが，ドイツではこうした動きはみられず，アメリカの管理者教育の導入では，監督者教育の手法であるTWIの導入が中心をなした。それゆえ，TWIの手法の導入についてみることにするが，ドイツでも，アメリカの教材を基礎にしたTWI教育コースが，経営内部の労使関係の安定の促進，とりわけ上司と部下の関係の改善，部下への指導，作業方法や技術的な知識などの仲介に役立った⁽¹⁰⁷⁾。

　占領当局はドイツにおいてTWIを導入しており，1948年9月には社員教育の指導者のための教育コースを組織した。TWIプログラムへの関心は，多くの熱狂的な個人によって伝えられるかたちやボッシュのような少数の企業によって支援されるかたちで，広がった。こうした努力の特徴は，彼らが職場における調和的な関係の促進に努力したこと，また経営側と従業員代表の双方に対して講演を行ったことにある。1953年半ばまでに合計160の指導員教育コースのセッションが開催されており，指導者らは，ほぼ8万人が参加した合計約8,000の教育コースを開催した⁽¹⁰⁸⁾。1952年のL. ファウベルの指摘によれば，TWIは，当時はまだ，しばしばアメリカのヒューマン・リレーションズの理論に基づくひとつの典型的なプログラムとして扱われていた⁽¹⁰⁹⁾。このように，技術援助プログラムの枠組みのもとで，アメリカ人専門家の協力などによって，管理者教育の手法の導入の取り組みがアメリカの援助のもとにはやくに始まっている。

　もとよりアメリカ技術援助・生産性プログラムの果たした役割は大きく，同プログラムの支援のもとで，数千人ものヨーロッパの学者や経営者は，アメリカの企業や大学を訪問しそこで学ぶための比類ない機会を得ており，アメリカからヨーロッパへの経営技術の移転の促進者となった⁽¹¹⁰⁾。しかし，同プログ

ラムによる経営者教育・管理者教育に関するプロジェクトでは，その後同国の企業の協力が停止されたために，同プログラムは，それを補うために，アメリカの大学の協力による支援へと転換した[111]。アメリカの大学は，1951年にはTWIプログラムの組織・運営を引き受けており，大学の参加は，戦後の西ヨーロッパにおける経営者・管理者の再教育の支援，経営教育の改善のための技術援助・生産性プログラムのキャンペーンにおいて，決定的な役割を果たした[112]。

　またドイツ経済合理化協議会（RKW）も経営者・管理者の教育・再教育の取り組みに関与しており，1950年代にはアメリカへの旅行やアメリカ人専門家の招聘にもかかわったほか[113]，TWIの教育コースも開催した[114]。さらにレファについてみても，1954年にはその教育プログラムにおいてTWIの活動が受け入れられており[115]，TWIプログラムへのレファの要員の従事は，レファの公式の教育活動にもあらわれている[116]。レファとTWIとの間の長期にわたる実りある協力は，TWIの教材はレファマンの養成において非常に有益であることを示してきた[117]。

　以上の点をふまえて，TWIの導入の具体的な事例をみておくと，化学産業の**ヘンケル**では，作業指図，対労働者関係および作業設計（作業改善）の３つのTWIのコースが，労働時間内に実施された。そこでは，作業設計の教育コースはより大規模なものとなったので，1964年には初めて企業内再教育の枠組みのなかで実施されるようになっていた[118]。また**バイエル**では，すでに1950年にTWIコースの導入が決定されているが，TWIシステムの目標は，部下に簡単かつ迅速に仕事を教え込みまた彼らを人間的に適切に管理しうる方法を職制，とくに職長と組長に習熟させることにあった[119]。同社では，TWIシステムにおいては，その教育の目的とならんで，工場内部の良好な人間関係の創出・維持のための方法が重要であるということが強調されており[120]，TWIはヒューマン・リレーションズの問題とも深いかかわりをもって展開された。TWIコースへの参加者の間では，人事管理の領域の指導・刺激が絶対的に必要であること，またTWIの方法はそれにとって有益な方法であるという点で意見が一致していたとされている[121]。

　ヒューマン・リレーションズやミドル・マネジメントの企業内再教育の問題を含

めた類似のプログラムは，グランツシュトッフ，フォルクスワーゲン，ヘンケル，バールゼン，コンチネンタルなどの他の企業でもみられた。1950年代のTWIコースないし職長教育コースの導入においては，アメリカの影響は非常に大きかった。1950年代半ば以降にこれらの企業で導入された職長の教育コースや再教育コースは，内容面でも形態の面でも，戦前のものとは異なっていた[122]。またグランツシュトッフでは，アメリカの新しい生産方法，販売方法の採用は，情報の経路と職場内訓練の改善を必要にしたが，この領域でもアメリカの発展にしたがった[123]。

また1950年代の若い管理者の不足のたえまない強まりは，アメリカの組織的な管理者教育の経験を採用するという考えへと導いた。ジーメンスの人事部長であったR. マイネは，アメリカモデルに基づいた職業訓練・継続的な教育プログラムの強化とジーメンス全体の教育活動の集中化を求めた。ジーメンスは，1956年に管理職位のための若い人材・管理者の予備的教育を導入した。また1959年にはそのマスター・ウイークス・コースが，60年にはローワーおよびミドルの管理者のための情報提供を目的とした講演会が開始された[124]。さらに繊維産業のオッフェンブルク紡績・織物会社でも，1954年までは正式な教育訓練プログラムは存在しなかったが，同年にはTWIプログラムを採用する計画が進められた[125]。

3　アメリカ的経営者教育の導入

つぎに経営者の教育・再教育の手法の導入についてみると，大部分のアメリカの機関と共通するような経営幹部の養成プログラムはドイツの大学にはまったくみられなかったので，ごくわずかの大学は，1966年には経営者向けの短期のセミナーの提供を開始した。そこでも，経営者教育の開発のかなり多くをアメリカの例に負っていた。ただプログラムの内容や教育方法などの自由度の確保や実務志向の導入という実業界の意図を反映して，それらのコースは，大学の制度の外側で開催された。それらは産業によって構想された線に沿ったものであったという点が，重要な特徴をなしている。こうした経営者養成プログラムは，企業の内外において，ドイツにおける大学教育や企業内におけるトップ・マネジメントの選別の過程を補完したのであった[126]。例えば業界団体な

280 第2部 経営の「アメリカ化」と「再構造化」の日独比較

どの協会による現役の経営者のための3日から5日までの一連の短期教育コースでも，ドイツの大学教授がある専門領域で非常勤の講義を行うことによって再教育に個別に参加しているケースもみられた。しかし，講師の大部分は現役の経営者であり，そうした再教育は，アメリカとは異なり，現実には学界を排除したかたちで行われた(127)。例えば1956年の技術援助プロジェクトの文書でも，アメリカにおける経営者教育の重点は大学であったのに対して，ドイツでは大学以外のところであったとされている(128)。

　このように，アメリカの方式の導入においてドイツの大学が大きな役割を果たすことはほとんどなく，アメリカの大学や機関との接触，協力が重要な役割を果たした。そこでも，そのような取り組みは，民間企業や産業団体がイニシアティブを発揮するかたちですすめられた。経営者の養成のための専門機関の設立やそれをとおしての教育システム・体制の確立を視野に入れた産業団体による取り組みしては，つぎのものが代表的であった。すなわち，1951年および52年のバーデン・バーデンでの2つの経営者討論会，55年のバーデン・バーデンセミナーやヴッパータール・サークルとして知られるゆるやかな活動グループなどである(129)。バーデン・バーデンセミナーは，アメリカの経営方法の議論や産業レベルの促進のための討論会を提供した(130)。またドイツ工業連盟（BDI）によって1953年に設置された作業部会は，ハーバード・ビジネス・スクールなどを含む多くの外国の例を研究した。しかし，最終的には，同作業部会は，それらの制度を模倣するのではなく，知識の伝達，トップ・マネジメントの2世代間の意見交換のための特殊ドイツ的な方法を生み出すことを決定した(131)。

　ドイツでは，正式な経営者養成のプログラムをみた場合，それらはすべて実業界によって確立されてきたという傾向がみられる。その重要な理由のひとつは，そのような訓練の真の役割は企業家としての姿勢や精神，価値観などを教え込むことであるという信念にあった(132)。こうした訓練の真の目的は本質的にイデオロギー的なものであり，大学はこうした役割を果たすには適してはいなかった。トップの経営者は，その競争者である経営者たちとともにセミナーに参加することによって企業家の世界へと一層統合されることができたのであった(133)。ドイツの産業界においては，経営の権威はすぐれて企業家自身に与

えられたものであるという認識に基づく本源的な権威が職能的な権威よりも優位にあった[134]。このことは，実業界において支配的であった経営教育の考え方とも深く関係していたといえる。そのような状況のもとで，バーデン・バーデンセミナーは，討論会やセミナーによって経営者の再教育のための意見交換や議論，経営者の2世代間の意見交換や経験交流の可能性を提供するとともに，商科大学の教育における実務との関連性の欠如を少なくとも部分的に補完しようとするものであった[135]。

　またドイツ経済合理化協議会も，経営者教育の手法の導入を目的とした取り組みに関与した。例えば1953年11月には，33人のベルリンのトップ・マネジメントおよびその補佐役が，「経営開発」についてアメリカの経営コンサルタントの話を聞き議論するために，同協議会のベルリン支部に集まった。それを機に7週間のセミナーが開催されたが，それは，各企業の経営者・管理者のよりよい教育の必要性への対応として行われたものでもあった[136]。さらにコンサルタント的機能や仲介的機能を果たす機関の関与もみられ，例えば人材開発を担当するドイツのカール・デュイスベルク社は，1950年代に，専門労働者や技師や販売担当者などのアメリカへの派遣，ドイツへのアメリカ人の招聘，さまざまな催しによるアメリカの専門家との経験交流に取り組んだ。なかでも，1956年には，ハーバード・ビジネス・スクールとの協定によって，アメリカからの来訪と同国への訪問のプログラムが企画された[137]。

　企業をこえたそのような取り組みとならんで，1950年代には，多くのドイツ企業は，自らの経営者教育・管理者教育の制度化にも取り組んだ[138]。企業内部の教育の活動も一層強化されたが，それらも，少なからずアメリカを手本としたものであった。それには，アメリカのケース・メソッドを用いた議論・討議が行われた企業内部の経営セミナーのほか，バイエルでみられたようなとりわけ取締役が自らの管轄領域での経験について述べる講習会などがあった。しかし，民間のイニシアティブによる経済界の努力は，その中心が経験交流におかれていたことや科学的な方法での教材の欠如などもあり，1960年代には不十分であることが明らかになった。そうしたなかで，1960年代半ばにはビジネススクールの設立をめぐる議論が新たな高まりをみることになった[139]。上述したドイツ経営教育センター設立の最初の試みもドイツにおける教育制度の分権

282 第2部 経営の「アメリカ化」と「再構造化」の日独比較

的な構造のために失敗したほか，アメリカを手本としたドイツ初のビジネスス
クールの設立も失敗したが(140)，1960年代後半になってようやく，ビジネスス
クールが設立されることになった。1968年に設立された経済大学セミナー
（Universitätsseminar der Wirtschaft）は，ドイツのビジネススクールとして重要
な役割を果たしたが，当時は，コブレンツの経営管理大学を例外として，その
種の機関は他には存在しなかった(141)。

　このように，大学や専門的な経営者教育コースにおけるアメリカの教材の利
用は1960年代に始まり，急速に増加したが(142)，この時期には，ビジネススク
ールは普及したわけではなかった。ドイツでは，大学で何を学んだかというこ
とは経営者の選別や養成にとってあまり重要ではなく，実務経験や業績に基づ
く経営者の選別という慣行のもとで，経営者の大部分が同じ会社での長い年月
の就業の後にトップに昇進してきたという事情があった。そのような事情が，
アメリカモデルへの抵抗の強さとビジネススクールという考え方の遅れをもた
らした重要な要因となったといえる(143)。

4　アメリカ的経営者教育・管理者教育の導入の限界とその要因

　以上のように，ドイツの伝統や社会的な制度の影響はアメリカをモデルとす
る経営者教育・管理者教育のための機関・組織の設立や手法の導入の障害をな
したといえる。そこで，つぎに，この領域におけるアメリカ的方式の導入の限
界を規定した諸要因についてみておくことにしよう。

　管理者教育では，TWIプログラムの利用が拡大したが，それはとりわけ職長
教育の領域でみられ，新しい話し合い・コミュニケーションの可能性のかたち
やより効果的な情報政策による労働環境の改善をめぐる諸努力においてであっ
た。しかし，その導入にさいしては，しばしばかなりの受容の問題にも直面し
た(144)。TWIはアメリカからやってきたが，その導入・定着は同国のようには
すすまなかった。それはドイツ人の気質に合わされたのであり(145)，当面，ド
イツの経営者・管理者の教育・再教育の分散化した個別的な組織については，
あまり変わることはなかった。変化したのは企業の再教育の種類と内容であっ
た。それは，例えば最新のアメリカの経営手法に関する講演や議論が行われる
1週間ないし数週間のセミナーにミドル・マネジメントおよびより上位の管理

第6章　アメリカ的経営者教育・管理者教育の導入の日独比較　*283*

者・経営者の専門家や実務家が集まったという点にみられる[146]。

　またアメリカ技術援助・生産性プログラムの枠のなかでのTWIプログラムの実績をその数でみると，他のヨーロッパ諸国と比べると，明らかに少なかった。旧西ドイツでは，1948年秋（西側地域）から52年夏までの間に実施されたTWIコースは合計で134にすぎなかったが，例えばオランダではその数は6,000を超えており，イギリスでは30,000以上にものぼった。さらにドイツ企業の参加者も比較的少なかった[147]。また経営者養成，経営者教育のひとつの有力な手段であったビジネススクールのような機関の普及もすすんでおらず，アメリカナイズされることはなかったといえる。ヨーロッパという観点でみても，経営教育，経営者教育・管理者教育のためのアメリカの運動の総合的な影響は，いくつもの諸要因の複雑なマトリックスによって規定されていた。そうしたなかで，進歩は，とりわけ個々のプログラムの効果と経営者や教育家からの抵抗の度合いにかかっていたといえる[148]。

　マーシャル・プランおよび生産性向上運動の期間のヨーロッパへの経営教育，経営者教育・管理者教育のアメリカモデルの導入・移転の試みの成果は，わずかの例外を除くと，まったく控えめであった。近代的な経営教育によって伝統的な形態がある程度とって代えられるにはさらに10年を要し，その過程においてもドイツ語圏では影響は最も小さかったとされている[149]。またTWIや経営者教育のアメリカモデルの直接的な移転は，ドイツ企業の経営社会政策の長い伝統や経営の現実のために成功せず，この領域では，アメリカの開発援助も比較的わずかな効果しか現れなかった[150]。C.クラインシュミットが指摘するように，ドイツにおける経営者や管理者の教育・再教育は，アメリカや西ヨーロッパの発展と比較すると，ひとつの「特殊な道」を示すものであるといえる。「ドイツの頑固さ」は，主に，アメリカのビジネススクールのモデルの低い受容，普及の低い可能性や，徹底した理論志向をもち実務志向の乏しい商科大学の経済学的教育と関係している。そのようなドイツの道は，「経営のドイツモデル」の部分として，また「アメリカ式経営」に対するひとつのオルタナティブとさえみることができるものである[151]。

284　第2部　経営の「アメリカ化」と「再構造化」の日独比較

第4節　アメリカ的経営者教育・管理者教育の導入の日本的特徴とドイツ的特徴

　以上の考察において，日本とドイツにおけるアメリカ的経営者教育・管理者教育の導入についてみてきた。それをふまえて，両者の比較をとおしたアメリカ的経営者教育・管理者教育の導入の日本的特徴とドイツ的特徴を明らかにしていくことにしよう。

1　アメリカ的経営者教育・管理者教育の導入の日本的特徴

　経営者や管理者の養成教育において大学がアメリカにおいてのような役割を果たさなかったという点は，ドイツも日本も共通している。しかし，日本では，1950年代後半以降に経営学ブームがおこったことが影響を与えることになったのに対して，ドイツでは，経営学の長い歴史をもちながえらも大学が経営者や管理者の養成教育においてあまり役割を果たさなかったことのもつ意味は大きかった。この点は，実務的な観点での経営学教育とビジネススクールの発展の遅れに顕著に示されている。

　また日本ではMTPやCCS講座にみられるように受け入れ国にあわせたアメリカ的方式の翻案や教育コースの開設が行われたのに対して，ドイツではそのような状況はみられない。こうした面では，日本においては，ドイツと比べても，そのような修正・適応によってアメリカ的方式が適合する余地も，また移転先側の受容の用意という点における余地も大きかったといえる。こうした状況は，日本においてアメリカ的方式の影響が長期におよんだことの重要な要因のひとつをなした。このような日本における学習・受容の用意という点については，ドイツでは戦後改革にもかかわらず企業に関する法制が維持され古い世代の経営者が残存した[152]のとは異なる事情もあった。財閥解体と経営者の追放による経営陣の交代がもたらした，ミドル・マネジメントから昇進した新しい経営陣の経営者としての経験不足のために，彼らにとっては，キャリアの未熟さの補完という必要性と目的のためにも，アメリカの経営者教育の導入は重要な意味をもつことになった。

　さらに，戦後当初における企業経営の発展のありようも大きな影響をおよぼ

すことになった。ドイツと比べた場合の日本における企業経営の発展の遅れ
は，アメリカ的経営者教育・管理者教育の導入における両国の間の相違を規定
する要因のひとつとなった。経営の近代化がある程度すすんでいたドイツとは
異なり，日本では，労働組合の法的承認，労働運動の高まりによって労使の対
立が深刻化し，戦前のような家族制度や封建的な身分関係に頼っていた管理の
あり方，家族主義的・温情主義的に基づく非合理的なあり方とは異なる新しい
管理の方法が求められるという状況のもとで，新しい経営者たちにとって，ア
メリカの経営教育，経営者教育・管理者教育の導入を重要な課題にしたといえ
る。

　しかし，そうしたなかにあっても，日本的な集団主義，それを軸とする能率
主義，労使関係，現場監督者の地位・役割の日米の相違などにも規定されて，
アメリカ的な定型的教育の方法は修正されながら導入・展開されることになっ
た。こうした経営の慣行や風土の影響は大きかった。

　アメリカ的経営教育の個別の手法に関していえば，TWIの各コースのプログ
ラムは，日本のマネジメントにその独自的なやり方で影響をおよぼしたが，そ
れは改善提案活動の基盤の創出と関係していた。TWIの「改善の仕方」に関す
る教育コースは，改善の考え方という枠組みを教え込むだけでなく，改善のた
めの機会を発見する方法，それを利用するという考え方を生み出す方法，そし
てそれらの考えを実践に移す方法をも人々に教える[153]なかで，日本独自の改
善提案活動が展開されていく基盤，きっかけを生み出すことに寄与したといえ
る[154]。それは，多くの日本企業がTWIによって開始された職務改善の運動を
追及するために提案制度を導入することになったという点にみられる[155]。

2　アメリカ的経営者教育・管理者教育の導入のドイツ的特徴

　こうした日本からみると，ドイツでは，企業，経営者の側の経営教育，こと
に経営者教育についての考え方や目的，それらを反映した実業界の意向，企業
内の昇進システムのあり方などが，日本以上に大きな影響をおよぼすことにな
った。大学での実務性の低い経営教育・経営学教育の代替案として，実業界に
よるアメリカ的手法の利用が追求されたが，そこでも，業界団体による経営者
のネットワークに基づく知識の伝達，世代間の意見交換の方法が重視された。

286 第2部 経営の「アメリカ化」と「再構造化」の日独比較

そのことは，経営者に求められる素養についてのドイツに特有の考え方と深く関係している。ドイツでは，技術・品質・生産重視の経営観が強いという要因に加えて，"Beruf"という「職業」の語源にもみられるような，「神から召されたもの」とみる職業観が，経営者の独占性・排他性，経営者の権限のイデオロギー的基盤とも深く関係している。戦後改革にもかかわらず，古い世代の経営者が生き残り彼らの活発な活動が継続されたことは，ドイツ的な経営観，トップ・マネジメントの権限・権威に関するイデオロギーの影響が残存する結果となり，経営者の複数の世代間の交流というかたちでの経営者教育にみられるような，独自のあり方が追及されることにもなった。そのような状況を反映して，能率原理に基づくアメリカのプラグマティズムの考え方を基礎とする経営者教育の手法は，日本において以上に適合的ではなく，ビジネススクールの普及の大きな遅れという結果となった。また内部昇進型の企業内の昇進システム，経営者の内部労働市場の存在という点でも，アメリカ的な経営者教育のあり方は適合的ではなかった。

またドイツには学校教育と職業教育という教育のデュアル・システムがあり，現場レベルの管理者の教育や熟練・技能養成教育がすすんでいたという事情もあった。そうしたなかで，職長教育の領域でのTWIの導入，アメリカや他の諸国と比べてのTWIの普及の遅れがみられたという点に特徴が現れた。アメリカ的な標準化された定型教育よりはむしろ，生産に大きな価値をおいた技能教育に基づく管理者教育，監督者教育が適合的であり，重視された。

日本とドイツにおけるアメリカ的経営教育の導入の問題に関して指摘しておくべきいまひとつの重要な点は，両国にはアメリカのようには経営のプロフェッショナリズム（専門主義）が確立していなかったことによる影響についてである。アメリカでは経営者の権限・権威はその「職能」に基づくものであり，高度な専門主義の上にその地位やそれを支えるべき経営教育の役割が重視されるという基盤があるといえる。「プロフェッショナル社会であるということは，社会が機能的に分業化されていること，また，機能的な職業制度に基礎をおく経営風土が形成されていることを意味する」が，アメリカ社会では，ビジネスにおいても，細分化と特化がすすむなかで，プロフェッショナリズムが確立してきたといえる[156]。そのような経営風土は，定型的な経営教育の創出をもた

らすとともに，その重要性を高めることになったといえる。これに対して，日本では経営のプロフェッショナリズムは十分に確立しているわけではなく，ドイツでも，経営者の権威・権限がアメリカ的な「職能」ではなくいわば神からの「信託」とみる経営観，経営風土にあらわれているように，専門主義の確立には至っておらず，管理の「分権化」の遅れがみられた[157]。日本との比較では，近代的な経営の歴史の長いドイツの方が専門主義はまだ強かったといえるが，アメリカとの対比でみれば，日本とドイツの相違はあくまで相対的なものであったともいえる。

このように，経営者教育・管理者教育の領域においては，日本と比べてもドイツ的な独自性・特徴が強くあらわれたといえる。大学の教育制度のあり方・伝統や経営教育において大学が果たしてきた役割，経営者に求められる素養・特性，企業内における昇進のシステムのあり方など，歴史的な過程のなかで形成されてきた制度や伝統のために，アメリカ的なあり方・方式は，ドイツには必ずしも適合的ではなかった。アメリカ流のプラグマティズムに基づく経営観，経営風土を反映したかたちでの徹底した「能率主義的」な人事政策のあり方，考え方とは異なる比較的長期志向の，また技術重視のドイツ的な経営観，経営風土が，戦後にも根底において流れているといえる。それは，アメリカの強い影響のもとでも，一気に転換されうるものではなかった。アメリカ化の過程において，トップ・マネジメントの異なる世代間の考え方の交流をとおして，また企業内部の昇進システムを基礎にした経営観やビジネス文化の再生産をとおして，ドイツにおける修正された経営教育は，ヨーロッパにおける市場構造に適合的な技術・品質重視の企業戦略や企業の行動様式の基礎を築いてきたのであった。産業全体での，いわば産業ぐるみの経営者教育というかたちでのあり方がみられたのも，こうした市場構造やそれに合わせた企業の行動様式と関係しているといえる

日本と比べ経営学の長い伝統があり戦後当初において企業経営の発展が日本よりもすすんでいたドイツにおいても，例えばビジネススクール的な経営者や管理者の養成教育がかつてない重要性を獲得し，本格的に問題となってくるのは，1990年代以降の「アメリカ化」の再来という動きのなかでのことである。この点は，グローバル競争と市場原理主義的な行き方が前面に押し出されるな

288 第2部 経営の「アメリカ化」と「再構造化」の日独比較

かで，ドイツ的な経営観，経営のあり方を支える条件が大きく変化してきたこ
ととも深く関係している。

(1) C. Kleinschmidt, *Der produktive Blick,* Berlin, 2002, S. 173, J. McGlade, The US
Technical Assistance and Productivity Program and the Education of Western European
Managers, 1948-58, T. R. Gourvish, N. Tiratsoo（eds.）, *Missionaries and Managers :
American Influences on European Management Education, 1945-60*, Manchester, 1998,
p. 33.

(2) J. McGlade, The Big Push : The Export of American Business Education to West
Europe after the Second World War, L. Engwall, V. Zamagni（eds.）, *Management
Education in Historical Perspective*, Manchester, 1998, pp. 51-58, p. 62, p. 64.

(3) C. Kleinschmidt, An Americanized Company in Germany. The Vereinigte Glanzstoff
Fabriken AG in the 1950s, M. Kipping, O. Bjarnar（eds.）, *The Americanization of
European Business. The Marshall Plan and the Transfer of US Management Models*,
London, 1998, p. 183.

(4) J. McGlade, The US Technical Assistance and Productivity Program and the Education
of Western European Managers, 1948-58, p. 33.

(5) W. Feldenkirchen, The Americanization of the German Electrical Industry after 1945 :
Siemens as a Case Study, A. Kudo, M. Kipping, H. G. Schröter（eds.）, *German and
Japanese Business in the Boom Years*, London, New York, 2004, p. 120.

(6) M. Kipping, The Hidden Business School : Management Training in Germany since
1945, L. Engwall, V. Zamagni（eds.）, *op. cit.*, p. 102.

(7) J. McGlade, The US Technical Assistance and Productivity Program and the Education
of Western European Managers, 1948-58, p. 18.

(8) J. McGlade, From Business Reform Programme to Production Drive. The Trans-
formation of US Technical Assistance to West Europe, M. Kipping, O. Bjarnar（eds.）, *op.
cit.*, p. 27.

(9) C. Kleinschmidt, *a. a. O.*, S. 75-77.

(10) OEEC, *Problems of Business Management. American Opinion, European Opinion*
（Technical Assistance Mission No. 129）, OEEC, Paris, 1954, p. 5, pp. 13-14.

(11) C. Kleinschmidt, *a. a. O.*, S. 296.

(12) B. Boel, The European Productivity Agency and the Development of Management
Education in Western Europe in the 1950s, T. Gourvish, N. Tiratsoo（eds.）, *op. cit.*, p. 41,
p. 43, pp. 45-46.

(13) *Ibid.*, p. 38, p. 42.

(14) G. Gemelli, American Influence on European Management Education. The Role of the

第6章 アメリカ的経営者教育・管理者教育の導入の日独比較 *289*

Ford Foundation, R. P. Amdam（ed.）, *Management, Education and Competitiveness. Europe, Japan and the United States*, London, New York, 1996, p. 42, p. 47, p. 55.

(15) 杉山 孝「経営教育集」，日本経営政策学会編『経営史料集大成 Ⅲ 人事・労務編 13 経営教育集』日本総合出版機構，1968年，2ページ，坂本藤良『日本経営教育史序説』ダイヤモンド社，1964年，153ページ，坂本藤良「戦後経営教育の歩み（上）」『ビジネス』，第7巻第5号，1963年5月，61-62ページ。

(16) 坂本，前掲書，158ページ，工藤秀幸「経営者教育」，全日本能率連盟人間能力開発センター『戦後企業内教育変遷史——階層別・職能別・テーマ別産業教育の発展——』全日本能率連盟人間能力開発センター，1981年，101-102ページ。

(17) 例えば長谷川 廣『日本のヒューマン・リレーションズ』大月書店，1960年，80-81ページを参照。

(18) 三菱重工業株式会社総務部長斉藤往吉編『三菱造船株式会社史』三菱重工業株式会社，1967年，315ページ。

(19) 「企業内教育訓練の実施状況と問題点——希望は中堅幹部と役付工訓練，要は経営の理解と熱意——」『労政時報』，第1678号，1962年10月19日，18ページ。

(20) 「協会10年の歩み」『産業訓練』，第11巻第9号，1965年9月，82ページ。

(21) 宮島昭英「『財界追放』と新経営者の登場——日本企業の特徴はいかにして形成されたか——」『Will』，Vol. 10，No. 10，1991年7月，139-140ページ，宮島昭英「財閥解体」，法政大学情報センター・橋本寿朗・武田晴人編『日本経済の発展と企業集団』東京大学出版会，1992年，210-213ページ，宮崎義一『戦後日本の経済機構』新評論，1966年，224ページ，産業訓練白書編集委員会編『産業訓練百年史——日本の経済成長と産業訓練』日本産業訓練協会，1971年，356ページ。

(22) 例えば同書，330-342ページ，労働省職業訓練局指導課「TWIの歩み」『職業訓練』，第19巻第2号，1977年2月，坂本，前掲書，143ページ，154-158ページ，中島慶次「企業内訓練の反省と新しい展開」『経営者』，第17巻第4号，1963年4月，14ページなどを参照。

(23) アメリカに派遣された海外視察団の報告書が数多く出版されているが，経営教育に関するものとしては，日本生産性本部編『産業訓練 産業訓練生産性視察団報告書』（Productivity Report 41），日本生産性本部，1958年，日本生産性本部編『アメリカの職業訓練の制度と実際 職業訓練専門視察団報告書』（Productivity Report 128），日本生産性本部，1958年を参照。また国内視察団の報告書も多く出されているが，なかでも，経営教育に関するものとして，職業訓練国内視察団『職業訓練国内視察団報告書』日本生産性本部・日本技能者養成協会，1958年，産業訓練国内視察団九州チーム『産業訓練国内視察団九州チーム報告書』，生産性九州地方本部・日本産業訓練協会九州支部，1957年，産業訓練生産性国内視察団『産業訓練生産性国内視察団報告書』日本生産性本部・日本産業訓練協会，1957年，第2次産業訓練生産性国内視察団『第2次産業訓練生産性国内視察団報告書』日本生産性本部・日本産業訓練協会，1958年を

参照。

(24) この点は，生産性向上運動の開始 1 年後の1956年 7 月に発行された昭和31年度版の『経済白書』の「もはや戦後ではない」という有名な言葉に端的に示されている。経済企画庁編『経済白書　日本経済の成長と近代化』（昭和31年度版），至誠堂，1956年，42ページを参照。

(25) 坂本，前掲書，143-146ページ，148-149ページ，152-153ページ，160ページ，坂本，前掲論文，60-64ページ。また例えば住友金属工業の社史をみても，社内教育の体系化は1958年に始まったとされている。住友金属工業株式会社社史編集委員会編『住友金属工業最近十年史』住友金属工業株式会社，1967年，第 2 章第 4 節参照。

(26) L. Okazak-Ward, *Management Education and Training in Japan*, Grahm & Trotman, London, 1993, p. 27.

(27) 坂本，前掲書，183-184ページ，188-190ページ，195-197ページ，203ページ，259ページ，264ページ，276-277ページ，坂本藤良「戦後経営教育の歩み」『ビジネス』，第 7 巻第 7 号，1963年 7 月，日産自動車株式会社社史編纂委員会編『日産自動車社史 1964-1973』日産自動車株式会社，1975年，324ページなどを参照。

(28) 「企業内教育訓練の問題点をさぐる」『経営者』，第13巻第12号，1959年12月31-33ページ。

(29) 坂本藤良「戦後経営教育の歩み（中）」『ビジネス』，第 7 巻第 6 号，1963年 6 月，88ページ。1955年前後の時期はまた，「アメリカ人事管理の諸制度を取り入れつつも，これを戦後のわが国の新しい諸条件に適応するように日本化することによって，戦前のわが国労務管理を大幅に再編成して，一応体系的にととのえるにいたった時期」でもある。森 五郎「わが国労務管理の特質と今後の問題——欧米との比較をとおして——」『日本労働協会雑誌』，第50号，1963年 5 月，8 ページ。

(30) T. Nishizawa, Business Studies and Management Education in Japan's Economic Development. An Institutional Perspective, R. P. Amdam（ed），*op. cit*., p. 108.

(31) 「産業訓練の発展」『産業訓練』，第17巻第 3 号，1971年 3 月，31ページ。

(32) 木下 敏「産業訓練技法の新しい方向」『経営者』，第25巻第 6 号，1971年 6 月，45ページ。

(33) 財団法人日本経営史研究所編集『旭化成八十年史』旭化成株式会社，2002年，282ページ。

(34) 小山田英一「監督者教育」，全日本能率連盟人間能力開発センター，前掲書，59-61ページ，古川栄一「管理者教育」，全日本能率連盟人間能力開発センター，前掲書，73-74ページ，杉山，前掲論文，2 ページ，産業訓練白書編集委員会編，前掲書，334-335ページ，338-339ページ，坂本，前掲書，154-159ページ。

(35) 「TWIについて」『職業訓練』，第19巻第 2 号，1977年 2 月，12ページ。

(36) 星野芳郎『技術革新の根本問題』，第 2 版，勁草書房，1969年，94ページ参照。

(37) L. Okazak-Ward, *op. cit*., p. 31.

(38) 産業訓練白書編集委員会編，前掲書，340ページ。

(39) 同書，587ページ。

(40) 日本経営者団体連盟編『わが国労務管理の現勢　第2回労務管理諸制度調査』日本経営者団体連盟弘報部，1965年，1ページ，19ページ，50-51ページ。

(41) 産業訓練白書編集委員会編，前掲書，560ページ。

(42) 中山三郎・鶴巻敏夫・岡本秀昭『これからの教育訓練』日本生産性本部，1966年，153-156ページ。

(43) 産業訓練白書編集委員会編，前掲書，9ページ。

(44) 佐藤　薫「MTPインストラクターはかく行動する」『産業訓練』，第23巻第1号，1977年1月，16ページ。

(45) 産業訓練白書編集委員会編，前掲書，334ページ。

(46) 富士製鐵株式会社社史編さん委員会編『炎とともに　富士製鐵株式会社史』新日本製鐵株式会社，1981年，733ページ。

(47) 加納正規「管理訓練計画（MTP）の変遷　古くて新たなる教育を追って」『産業訓練』，第23巻第11号，1977年1月，28ページ。

(48) 日産自動車株式会社社史編纂委員会編，前掲書，325ページ。

(49) 川崎製鐵株式会社社史編集委員会編『川崎製鐵二十五年史』川崎製鐵株式会社，1976年，548ページ。

(50) 木下　敏「能力開発組織　Organization Developmentの理論と実践へのアプローチ（3）」『産業訓練』，第16巻第4号，1970年4月，51ページ。

(51) 茂木一之「企業内教育訓練の動向と特質」，木元進一郎編『現代日本企業と人事管理』労働旬報社，1981年，177ページ，産業訓練白書編集委員会編，前掲書，369ページ，373ページ。なお八幡製鉄に導入された作業長制度について詳しくは，小松　広編『作業長制度』労働法令協会，1968年を参照。

(52) この点については，八幡製鐵株式会社社史編さん委員会編『炎とともに　八幡製鐵株式会社史』新日本製鐵株式会社，1981年，第3章参照。

(53) トヨタ自動車工業株式会社社史編集委員会編『トヨタ自動車20年史』トヨタ自動車工業株式会社，1958年，417ページ，トヨタ自動車工業株式会社編『創造限りなく　トヨタ自動車50年史』トヨタ自動車株式会社，1987年，278ページ，和田一夫『ものづくりの寓話』名古屋大学出版会，2009年，521-524ページ，藤本隆宏『生産システムの進化論』有斐閣，1997年，69ページ，117ページ。例えばトヨタでは，教育訓練を受けた人材の蓄積によって，製造現場では標準作業・標準作業表・標準時間の設定・改訂が行われていたが，日本能率協会主催の講習会の受講者とTWIの受講者が一体となってそれを行っていたことにもみられるように，TWIのような訓練方式が重要な役割を果たしたといえる。和田，前掲書，522ページ，524ページおよび526ページ参照。

(54) 日本鉄鋼連盟戦後鉄鋼史編集委員会編『戦後鉄鋼史』日本鉄鋼連盟，1959年，997ページ。

292　第2部　経営の「アメリカ化」と「再構造化」の日独比較

(55) 富士電機製造株式会社『富士電機社史Ⅱ（1957～1973）』富士電機製造株式会社，
1974年，255ページ。

(56) この点については，例えば，川崎重工業株式会社社史編さん室谷本秋次編『川崎重
工業株式会社社史（本史）』川崎重工業株式会社，1959年，777ページ，労務管理国内
視察団『労務管理国内視察團報告書』財団法人日本生産性本部・生産性四国地方本
部，1957年，54ページ，第二次労使協力体制国内視察団『第二次労使協力体制国内視
察団報告書』財団法人日本生産性本部・社団法人日本化学工業協会，1958年，122ペー
ジ，産業訓練国内視察團九州チーム，前掲書，42ページ，産業訓練生産性国内視察
団，前掲書，25ページ，日産自動車株式会社総務部調査課編『日産自動車三十年史
昭和八年—昭和三十八年』日産自動車株式会社，1965年，297ページ。

(57) 中山三郎「戦後『労務管理制度』の変遷」『労政時報』，第2000号，1969年8月29
日，7ページ。

(58) 産業訓練白書編集委員会編，前掲書，358ページ，「協会10年の歩み」『産業訓練』，
第11巻第9号，1965年9月，82ページ。

(59) 日本経営者団体連盟編，前掲書，1ページ，5ページ，52-53ページ。

(60) 工藤，前掲論文，102-104ページ。

(61) 日本における学部をもたない独立大学院型のビジネススクールの創立の歴史は，①
1978年の慶應義塾大学大学院経営管理研究科の設立から80年代末までの第1期，②
2000年の「専門大学院」制度の制定を受けて設立がすすんだ第2期，③2003年度の
「専門職大学院」の制定のもとでの創立ラッシュがみられた第3期の3つの時期に区
分できる。金 雅美「日本のビジネススクールの概要」『和光経済』（和光大学），第47
巻第1号，2014年8月，3ページ。

(62) 小山田，前掲論文，62-63ページ，古川，前掲論文，77-78ページ，杉山，前掲論文，
2-4ページ，坂本，前掲書，165-166ページ。

(63) 亀井辰雄・白木他石『経営教育論』丸善，1971年，129ページ，長谷川，前掲書，
173ページ，奥田健二「人間関係と企業内教育訓練」，日本労働協会編『労務管理と賃
金　アメリカ方式の日本的修正』日本労働協会，1961年，120ページ，150-153ページ，
坂本，前掲論文「戦後経営教育の歩み（上）」，64ページ，「TWI精神の再発見——回答
形式——」『産業訓練』，第12巻第8号，1966年8月，45ページ。日本では，「TWIや
MTPなどの定型的な方式の訓練を実施するとそれでもう訓練が終ったかの如く考える
傾向があった」が，「定型的な方式は個々の具体的な訓練必要点について訓練を行う
場合の訓練の手順の原則を示したものであって，訓練の基礎をなすものにすぎない」
という点も，定型的方式への反省の要因をなしたといえる。松本竜二編集『産業訓練
の現状と問題点』（労務資料，第48号），日本経営者団体連盟関東経営者協会，1956
年，22ページ。

(64) 下川浩一「戦後の経営者と経営管理　サラリーマン経営者とアメリカ的経営管理」，
小林正彬・下川浩一・杉山和雄・栂井義雄・三島康雄・森川英正・安岡重明編『日本

経営史を学ぶ 3 戦後経営史』，有斐閣，1976年，58ページ。

(65) 木下，前掲「産業訓練技法の新しい方向」，46ページ。

(66) 中村 勝「自己診断による訓練ニーズの発見」『産業訓練』，第12巻第6号，1966年6月，12ページ。

(67) 産業訓練白書編集委員会編，前掲書，13ページ，岡本秀昭「職業訓練の要求強まる──従業員が望む企業内教育──」『経営者』，第25巻第6号，1971年6月，28ページ。

(68) 中山三郎「アメリカ式労務管理の功罪──戦後二十五年をかえりみて──」『経営者』，第25巻第4号，1971年4月，18ページ。

(69) 中山・鶴巻・岡本，前掲書，135-137ページ，「フォアマンの日・欧・米格差を語る 異なる経営参加の意義と権限」『IE』，第10巻第5号，1968年5月，11ページ。

(70) 中山・鶴巻・岡本，前掲書，187ページ，189ページ。

(71) 工藤，前掲論文，104-109ページ，杉山，前掲論文，4-5ページ，坂本，前掲，172-180ページ。

(72) 小林正夫「TWIの歩み」『職業訓練』，第11巻第12号，1969年12月，40ページ。

(73) 中山・鶴巻・岡本，前掲書，136-137ページ。

(74) 「役付工の教育訓練は如何に行われているか──その意義と問題点及び教育訓練の実態（造船工業会調）──」『労政時報』，第1570号，1960年7月1日，13ページ。

(75) 近藤英一郎「TWIの展開と追指導──TWIをはじめて導入しようとしている企業のために──」『産業訓練』，第14巻第5号，1968年5月，41ページ。

(76) 富士製鐵株式会社社史編さん委員会編，前掲書，733ページ。

(77) 川崎製鐵株式会社社史編集委員会編，前掲書，547-548ページ。

(78) 三菱電機株式会社社史編纂室編『三菱電機社史 創立60周年』三菱電機株式会社，1982年，345ページ。

(79) 産業訓練生産性国内視察団，前掲書，14ページ。

(80) この点については，労務研究編集部「企業における技術者教育 各社の実態を現地にさぐる」『労務研究』，第14巻第5号，1961年5月，11ページ，「担当者に聞く企業内訓練の問題点」『経営者』，第17巻第4号，1963年4月，46ページ，中島，前掲論文，古谷慶寿「環境変化に対応した訓練を 戦後二十五年産業訓練の反省」『経営者』，第25巻第6号，1971年6月，青沼古松「個別化・個性化時代の教育スタッフ」『産業訓練』，第23巻第4号，1977年4月，11ページなどを参照。

(81) 加納正規「定型訓練の考え方とOLTの推進」『産業訓練』，第12巻第10号，1966年10月，51ページ。

(82) 日本経営者団体連盟編，前掲書，1ページ，19ページ，52-53ページ。

(83) 「最近における企業内教育訓練の動向（関西経協・日産訓関西支部）──諸施策の普及，実施状況と具体的運営実務の実態──」『労政時報』，第2016号，1969年12月26日，28-29ページ，31-32ページ，関西経営者協会・日本産業訓練協会関西支部「企業内教育の動向」『産業訓練』，第16巻第3号，1970年3月，7ページ。

294 第2部 経営の「アメリカ化」と「再構造化」の日独比較

(84) 日本鉄鋼連盟事務局ほか「昭和38年の日本鉄鋼業回顧」『鉄鋼界』，第14巻第5号，1964年5月，97ページ。

(85) 産業訓練白書編集委員会編，前掲書，364ページ。

(86) 浅田武澄「MTPの問題点をめぐって その見直しと展開への具体策」『産業訓練』，第23巻第1号，1977年1月，5ページ。

(87) 鬼武孝夫「富士製鉄における管理者教育」『産業訓練』，第15巻第1号，1969年1月，27ページ。

(88) 産業訓練白書編集委員会編，前掲書，420ページ，422ページ。

(89) 小山田英一「人間的側面からみた戦後産業訓練の変遷と展望」『産業訓練』，第18巻第4号，1972年4月，41ページ。

(90) 日経連能力主義管理研究会編『能力主義管理——その理論と実際——』日本経営者団体連盟弘報部，1969年，20-21ページ，68-69ページ。

(91) L. Okazak-Ward, *op. cit.*, p. 472.

(92) 鍛治辰市「監督者の安全訓練 TWI・JSと労働安全衛生法」『産業訓練』，第22巻第7号，1976年7月，26ページ。

(93) L. Okazak-Ward, *op. cit.*, p. 472.

(94) 日本産業訓練協会『昭和55年度事業報告書』日本産業訓練協会，1986年，10ページ。MTPの改訂は1998年に12回目が行われ，現在に至っている。日本産業訓練協会『MTP（マネジメント研修プログラム）手引書』，第12次版，日本産業訓練協会，1998年。

(95) 「これからの経営管理におけるMTPの活用 MTPの新しい展開を追って」『産業訓練』，第23巻第7号，1977年7月，14ページ。

(96) 詳しくは，1970年代以降の『産業訓練』誌および『職業訓練』誌を参照。

(97) H. G. Schröter, *Americanization of the European Economy*, Dordrecht, 2005, pp. 104-105.

(98) *Ibid.*, pp. 97-99.

(99) *Ibid.*, pp. 103-104.

(100) R. R. Locke, *The Collapse of the American Management Mystique*, Oxford, 1996, p. 76.

(101) R, P, Amdam, Introduction, R. P. Amdam（ed），*op. cit.*, pp. 4-6.

(102) R. R. Locke, *op. cit.*, pp. 74-75.

(103) M. Kipping, *op. cit.*, p. 99, p. 101.

(104) R, P, Amdam, *op. cit.*, p. 11.

(105) R. R. Locke, *op. cit.*, p. 98, p. 100. ドイツにおけるビジネススクールをめぐる問題については，R. R. Locke, *Management and Higher Education since 1940. The Influences of America and Japan on West Germany, Great Britain, and France*, Cambridge, New York, 1989, pp. 164-176をも参照。

(106) R. R. Locke, *The Collapse of the American Management Mystique*, p. 78.

第6章　アメリカ的経営者教育・管理者教育の導入の日独比較　*295*

(107) Vgl. C. Kleinschmidt, *a. a. O.*, S. 74.

(108) M. Kipping, 'Importing' American Ideas to West Germany, 1940s to 1970s, A. Kudo, M. Kipping, H. G. Schröter (eds.), *op. cit.*, p. 35.

(109) L. Vaubel, *Unternehmer gehen zur Schule. Ein Erfahrungsbericht aus USA*, Düsseldorf, 1952, S. 79.

(110) J. McGlade, The US Technical Assistance and Productivity Program and the Education of Western European Managers, 1948–58, p. 28.

(111) *Ibid.*, p. 19.

(112) *Ibid.*, pp. 24–25.

(113) Council for International Progress in Management (USA), Inc (11. 12. 1953), *National Archives*, RG469, Mission to Germany, Productivity and Technical Assistance Division, Subject Files of the Chief, 1953–1956, Program for the TA-B-Project 09–217 Top Management, *National Archives*, RG469, Mission to Germany, Productivity and Technical Assistance Division, Subject Files of the Chief, 1953–1956, TA 09–217, Berlin Top Management Team (7. 10. 1953), *National Archives*, RG469, Mission to Germany, Productivity and Technical Assistance Division, Subject Files of the Chief, 1953–1956.

(114) Durchführung des TA-B-Projectes 09–216——Management Training, *National Archives*, RG469, Mission to Germany, Productivity and Technical Assistance Division, Subject Files of the Chief, 1953–1956, Management Program for Berlin——Management Training Team (22. 6. 1953), *National Archives*, RG469, Mission to Germany, Productivity and Technical Assistance Division, Subject Files of the Chief, 1953–1956.

(115) E. Pechhold, *50 Jahre REFA*, Berlin, Köln, Frankfurt am Main, 1974, S. 155, 30 Jahre REFA. Vortrag von Herrn Min. -Dir. i. R. Dr. Kurt Magnus auf der Mitglieder-Versammlung in Bad Dürkheim, *REFA-Nachrichten*, 7. Jg, Heft 4, Dezember 1954, S. 75.

(116) Zur Übenahme der deutschen TWI-Arbeit durch den REFA, *REFA-Nachrichten*, 8. Jg, Heft 1, März 1955, S. 16.

(117) B. Jaeckel, 10 Jahre REFA-Bundesverband, *REFA-Nachrichten*, 14. Jg, Heft 6, Dezember 1961, S. 222.

(118) Betriebliche Ausbildungs- und Bildungsarbeit (5. 7. 1960), S. 2, *Henkel Archiv*, K160, Niederschrift über die Meisterbesprechung Nr. 11 vom 17. 11. 64, S. 2, *Henkel Archiv*, K160.

(119) TWI (Training within Industry)-System, S. 1, *Bayer Archiv*, 210–001, TWI (Training within Industry)-Kursus, *Bayer Archiv*, 221/6.

(120) TWI (Training within Industry)-System, S. 2, *Bayer Archiv*, 210–001.

(121) TWI (Training within Industry)-Kursus, *Bayer Archiv*, 221/6.

(122) C. Kleinschmidt, *a. a. O.*, S. 192–194.

(123) C. Kleinschmidt, *op. cit.*, p. 185.

296 第2部 経営の「アメリカ化」と「再構造化」の日独比較

(124) W. Feldenkirchen, *op. cit.*, p. 128.

(125) Labor and Human Relations Survey Report for Spinnerei und Webrei Offenburg A. G. (3. 3. 1954), *National Archives*, RG469, Productivity & Technical Assit Division Labor Advisor Subject Files 1952-54, TA-Work.

(126) M. Kipping, The Hidden Business School, pp. 104-108.

(127) R. R. Locke, *The Collapse of the American Management Mystique*, p. 78.

(128) Projekt 329/ 1 —329/ 4 : Ausbildung von deutschen Lehrkräften auf dem Gebiet der Betriebsführung in USA (24. 11. 1956), *National Archives*, RG469, Mission to Germany, Productivity and Technical Assistance Division, Subject Files of the Chief, 1953-1956.

(129) M. Kipping, The Hidden Business School, pp. 102-103, Förderung des Unternehmernachwuchses, *Jahresbericht des Bundesverbandes der Deutschen Industrie 1. Mai 1954-30. April 1955*, Köln, 1955, S. 101-102, Förderung des industriellen Führungsnachwuchses, *Jahresbericht des Bundesverbandes der Deutschen Industrie 1. Mai 1955-30. April 1956*, Köln, 1956, S. 86, S. 88, Die Förderung des industriellen Führungsnachwuchses, *Jahresbericht des Bundesverbandes der Deutschen Industrie 1. Mai 1958-30. April 1959*, Köln, 1959, S. 85.

(130) C. Kleinschmidt, *op. cit.*, p. 184.

(131) M. Kipping, 'Importing' American Ideas to West Germany, 1940s to 1970s, pp. 41-42.

(132) D. Granick, *The European Executive*, London, 1962, pp. 117-118 〔中山一馬訳『ヨーロッパの経営者』ペリカン社, 1967年, 134-135ページ〕, H. Hartmann, *Authority and Organization in German Management*, Princeton, N. J, 1959, p. 264.

(133) D. Granick, *op. cit.*, pp. 117-118 〔前掲訳書, 134-135ページ〕.

(134) H. Hartmann, *op. cit.*, p. 261, p. 277, H. Hartmann, *Amerikanische Firmen in Deutschland*, Köln, Opladen, 1963, S. 287-289.

(135) C. Kleinschmidt, *a. a. O.*, S. 299, Förderung des industriellen Führungsnachwuchses, *Jahresbericht des Bundesverbandes der Deutschen Industrie 1. Mai 1955-30. April 1956*, Köln, 1956, S. 88, Die Förderung des industriellen Führungsnachwuchses, *Jahresbericht des Bundesverbandes der Deutschen Industrie 1. Mai 1958-30. April 1959*, Köln, 1959, S. 88.

(136) Management Development in Berlin, pp. 1-2, *National Archives*, RG469, Mission to Germany, Labor Advisor, Subject Files, 1952-1954, Field Statistics.

(137) Carl Duisberg-Gesellschaft für Nachwuchsförderung e. V., Halbjahresbericht der Geschäftsleitung für die Zeit vom 1. April bis 30. November 1955, *National Archives*, RG469, Mission to Germany, Productivity and Technical Assistance Division, Subject Files of the Chief, 1953-1956, A Letter from Carl Duisberg-Gesellschaft für Nachwuchsförderung e. V. (18. 6. 1956), *National Archives*, RG469, Mission to Germany, Productivity and Technical Assistance Division, Subject Files of the Chief, 1953-1956.

第 6 章　アメリカ的経営者教育・管理者教育の導入の日独比較　*297*

(138) M. Kipping, The Hidden Business School, p. 103.

(139) C. Kleinschmidt, *a. a. O.*, S. 300-301.

(140) *Ebenda*, S. 78.

(141) Vgl. *Ebenda*, S. 306, USW Netwerk : 30 Jahre Managerfortbildung in Schloss Gracht（http://www. esmt. org/deu/usw.-netwerk-30-jahreMagerfortbildung-in-schloss-gracht/）（2009年3月6日参照）.

(142) G. P. Dyas, H. T. Thanheiser, *The Emerging European Enterprise*, London, 1976, p. 112.

(143) L. Engwall, V. Zamagni, Introduction, L. Engwall, V. Zamagni（eds.）, *op. cit.*, p. 11, p. 15, M. Kipping, The Hidden Business School, p. 96.

(144) C. Kleinschmidt, *a. a. O.*, S. 185.

(145) *Ebenda*, S. 75.

(146) *Ebenda*, S. 78.

(147) *Ebenda*, S. 75.

(148) T. Gourvish, N. Tiratsoo, Missionaries and Managers : An Introduction, T. Gourvish, N. Tiratsoo（eds.）, *op. cit.*, p. 9.

(149) H. G. Schröter, *op. cit.*, p. 121.

(150) C. Kleinschmidt, *a. a. O.*, S. 79, S. 83.

(151) *Ebenda*, S. 398-399.

(152) A. Kudo, M. Kipping, H. G. Schröter, Americanization : A Historical and Coceptual Issues, A. Kudo, M. Kipping, H. G. Schröter（eds.）, *op. cit.*, pp. 20-21.

(153) A. G. Robinson, D. M. Schroeder, Training, Continuous Improvement, and Human Relations : The U. S. TWI Programs and the Japanese Management Style, *California Management Review*, Vol. 35, No. 2, Winter 1993, p. 51.

(154) この点に関する，例えばトヨタ自動車工業の事例として，根本正夫『トップ・部課長のためのTQC成功の秘訣30ヵ条　環境変化とTQCの点検』日科技連，1992年，167-168ページ参照。

(155) Japan Human Relations Association, More about Suggestion Systems, Japan Human Relations Association（ed.）, *The Idea Book : Improvement through TEI（Total Employee Involvement）*, Cambridge, Massachusetts, 1988, p. 202.

(156) 山田正喜子『アメリカの経営風土──再生のパワーを現地に探る──』ダイヤモンド社，1981年，50ページ，58ページ，61ページ。

(157) この点については，拙書『戦後ドイツ資本主義と企業経営』森山書店，2009年および拙書『現代のドイツ企業』森山書店，2013年のほか，H. Hartmann, *a. a. O.*, S. 133, G. P. Dyas, H. T. Thanheiser, *op. cit.*, pp. 104-105などを参照。

第7章　アメリカ的マーケティングの導入の日独比較

　第2部のこれまでの各章において，日本とドイツにおけるアメリカの管理方式・生産方式と経営者教育・管理者教育の導入について考察を行ってきた。第2次大戦後のアメリカ的経営方式の導入は，大量生産の本格的展開のための基礎的条件をなすものでもあり，日本でもまたドイツでも，1950年代および60年代をとおして大量生産体制が確立していくことになったが，大量生産の進展にともない，市場への対応・適応が一層重要な問題となってきた。そうしたなかで，販売面での対応，市場適応・創造のための手段としてマーケティングが重要な意味をもつようになってきた。

　この時期の重要なマーケティングの方法としては，一般的に，独占価格を主軸とする価格政策，計画的陳腐化や製品差別化などの製品政策のほか，商業資本の排除や系列化などの経路政策，さらに広告・交際費やセールスマンなどによる販売促進政策，マーケティング・リサーチなどが展開された[1]。この領域のアメリカ的手法の導入は，ことに消費財市場の拡大のもとでの大衆消費社会への展開のなかで，一層大きな役割を果たすようになってきた。その意味では，生産力発展と大衆消費社会への構造変化のもとで，マーケティングは，アメリカの近代的な方法の導入（「アメリカ化」）の影響が最も強くあらわれやすい領域のひとつであったともいえる。

　こうした点について，例えばH. G. シュレーターは，ヨーロッパ経済のアメリカ化に関して，マーケティング・リサーチや宣伝のような変化はアメリカの直接投資，大量生産および大量流通の論理的な帰結であったとしている[2]。マーケティングは，経営者教育・管理者教育や事業部制組織とともに，1960年代にヨーロッパ側が採用し始めたアメリカの経営の中心的なコンセプトのひとつ

第 7 章　アメリカ的マーケティングの導入の日独比較　*299*

をなすものであった。また消費者側の態度をみても，市場の拡大，大量生産の進展にともない，アメリカ的な考え方が定着していくことになる。1950年代には，多くのヨーロッパ人は，大量に生産される製品を画一化として，また個人主義とは反対の方向のものとして受けとめていた。しかし，大量生産は1人の人間によるより多様な物の購入を可能にするので個人主義を促進するというアメリカの考え方は，ヨーロッパの全国市場がより統合され消費者の購買力も増大するにつれて，この地域でも定着し始めることになる[3]。

　また戦前には大量生産・大量販売という点で大きく立ち遅れていた日本でも，戦後には，マーケティングの導入，展開が重要なものとなった。大衆消費市場の確立を迎え，大規模な消費財製造企業は，大量生産方式の採用，それによるスケール・メリットの徹底的な追求と激しい競争のもとでの市場シェアの拡大，市場の動向に関する迅速かつ正確な情報の必要性，大量生産された製品，とりわけ新製品の効率的な流通の上での従来からの流通機構の限界のもとで，積極的にマーケティングに取り組まざるをえない状況となってきた[4]。

　それゆえ，本章では，戦後の市場，社会構造の変化との関連をもふまえて，こうしたアメリカ的経営方式の導入過程についてみていくことにする。以下では，第1節および第2節において日本とドイツにおけるマーケティング手法の導入についてそれぞれ考察する。それらをふまえて，第3節では，アメリカ的マーケティング手法の導入の日本的特徴とドイツ的特徴を明らかにしていく。

第1節　日本におけるマーケティングの導入

1　戦後におけるマーケティングの導入の歴史的段階とその特徴

　まず日本におけるマーケティングの導入について考察を行うことにするが，戦後におけるその歴史的過程においては，つぎのような発展段階をみることができる。すなわち，①大メーカー主導によるアメリカマーケティングの導入期（1950年代後半〜60年代前半），②流通産業の登場とアメリカマーケティングの修正定着期，すなわち日本的マネジメントの一環としての日本的マーケティングの確立期（1960年代後半〜70年代前半），③国際化と技術革新・情報化の時代に向けての日本的マーケティングの展開期（1970年代後半以降）がそれである。

300　第2部　経営の「アメリカ化」と「再構造化」の日独比較

　日本では，あまりにも急激な技術革新と設備投資のブームがみられた一方で，アメリカからマーケティング技術を導入するにあたりすでにマネジリアル・マーケティングというトータルなマーケティングの技術が存在していた。そのため，アメリカのような高圧マーケティングから消費者志向的マーケティング，さらにマネジリアル・マーケティングへの歴史的ステップを踏むことなく，いっきょにマネジリアル・マーケティングと高圧マーケティングとが同時並行的に導入ないし採用された。すなわち，精密な市場調査や製品政策を重視しながらも，大量生産の能力の急速な拡大による企業間競争の激化のもとで，高圧マーケティングが活用された。そこでは，生産能力の急速な増大と市場との間のギャップを埋めるために，高圧広告政策や消費者信用の供与，販売促進に力が注がれ，とくに販売経路の支配に異常なほどにまで大きな重点がおかれた。

　しかし，競争の激しさという日本の市場特性のもとで，新製品開発と研究開発における応用研究重視という傾向がみられたほか，改良的新製品に焦点をあわせた製品政策が重視された。そのため，製品政策においては，市場細分化と製品差別化が重要視される傾向にあった。例えば自動車産業では，フルライン政策と活発なモデルチェンジによる製品差別化や計画的陳腐化の政策が推進された。そこでは，一車種に絞った大量生産に基づく自動車の普及率向上の追求よりも，量産化と市場細分化政策，さらに製品差別化政策が非常にはやく結合された。このような傾向は，家庭電気機具やカメラのような他の耐久消費財でもみられた。

　また第2期にあたる「修正定着期」には，製品政策重視のマーケティングが確立することになったが，日本の企業経営のもつ特殊な体質，とくにその組織運営の特質のために，マーケティングにもさまざまな修正が加えられていった。上述の研究開発と新製品開発における応用研究の重視や改良的新製品重視の傾向は，そのひとつであった。また集団主義的行動様式，組織内の非公式的な人間関係の濃密さや部門別組織間の横の連絡，調整の巧妙さといった特性と結びついた企業組織のあり方のために，マーケティング戦略のもとでの全体的統合がはかられ，トータル・マーケティングが展開された(5)。1965年の不況に直面して，寡占企業間の市場競争が激化するなかで，あらためてマネジリア

ル・マーケティングへの本格的な取り組みがすすみ，戦略に中心をおく統合的マーケティングが開花することになった。それまでの時期には，いまだ技術革新による新製品への対応や資金の調達への対応に追われ，段階的には生産志向，財務志向の領域を出るには至ってはいなかったが，そのような状況とは大きく異なる展開となってきた[6]。この時期にはまた，輸出の増大のもとで，総合商社を頂点とする貿易資本に輸出の大部分を依存していた状態からの脱却，とりわけ自社ブランドの使用，それに基づく広告活動，人的販売の強化など，国際的視野に立つマーケティング・システムの確立もすすんだ[7]。マネジリアル・マーケティングは，企業の戦略的意思決定の中枢にマーケティングを位置づけようとするものであり，戦後になってアメリカから導入されたものである[8]。

　さらに第3期にあたる「展開期」においては，技術革新と情報化の時代，国際化時代に向けてのマーケティングが展開されたが，ここに至り，日本的マーケティングがそれまでの段階から継承され完全に確立することになった。ただその場合でも，マーケティング技術そのものにアメリカとの大きな相違があるわけではなく，その運用の仕方に相違があった[9]。

　日本ではまた，第2次大戦後，大規模な消費財メーカーの主導のもとに伝統的な卸売商（問屋）主導型の流通システムの再編成が行われたことも特徴的である。そうしたなかで，大規模消費財メーカー主導型の流通システムが流通経路そのものの拘束的な系列支配というかたちをとった[10]。1960年代前半のマーケティングの重要課題のひとつは流通系列化にあり，そのことは，①最終購買の時点での消費者による確実な選択の確保，②問屋による他社製品との共同の取り扱いによって生じる競合の回避という2つの必要性に規定されたものであった[11]。大メーカー主導のアメリカマーケティングの導入期には，一定の連続的なサイクルをもって展開する耐久消費財の大量市場の日本的な拡大のもとで，それと結びついて，とくに販売促進主導型の高圧マーケティングが展開された。そのなかで系列販売はとくに有効であった[12]。こうした流通系列化の傾向は，その後も日本の流通・マーケティングの特殊的なパターンをもたらすことになった。

　このように，アメリカのマーケティングは，日本の企業に大きな影響をおよ

ぼした。しかし，そのような状況のもとでさえ，独自の「市場問題」に対応してどのような独自の改良・変質を遂げたか，また競争をとおして互いに学びあい進化する過程がいかにみられたかという点が重要な問題となる[13]。1950年代に日本の先駆的企業はアメリカのマーケティング技術の「採用と模倣」を行い，60年代半ば以降には，日本の市場と消費者ニーズに合わせてそれを修正し革新していく「応用と革新」の段階へと発展させ，さらに「習熟と創発」の段階へとすすんだ[14]。1960年代を通して，アメリカ流マーケティングの実務的な模倣過程が完了したといえる[15]。

2　マーケティング手法の導入の全般的状況

つぎに，マーケティング手法の導入の全般的状況についみることにしよう。日本では，1949年から50年にかけての時期は，物資統制時代から統制撤廃時代への移行，売手市場時代から買手市場時代への転換点という点で，日本におけるマーケティング活動の歴史を跡づける上での重要な時期をなしており[16]，マーケティング以前とそれ以降の時期を画するひとつの転換の時期であった。それにつづく1951年から55年にかけての時期は，本格的なマーケティング時代の黎明期であり，マーケティングは，最終機能としてのセールスに重点がおかれていた[17]。マーケティングの必要性の認識とその導入の大きな契機をなしたのは，1955年の日本生産性本部によるアメリカへのトップ・マネジメント視察団の派遣，56年のマーケティング専門視察団の派遣であり，同国企業におけるマーケティングの発展と日本企業における販売・マーケティング技術の面での立ち遅れが認識されるようになったことであった[18]。

1950年代には，急速な経済成長を背景とする高度大衆消費社会の到来のもとで，また企業の大量生産による大量販売の必要性などのもとで，それまでの生産指向型の経営政策中心からの転換が不可避となり，消費者志向型の現代的な経営技術であるマーケティングを早急に導入することが，重要な課題となった[19]。そのような状況のもとで，各種の手法の導入が試みられるようになってきたが，日本生産性本部の啓蒙によって紹介・導入されたマーケティングは，マネジリアル・マーケティングであり，日本では，それがそのまま入ってきたという面が強かった。こうしたマーケティングは，消費者中心主義の強調

という一種の市場改善運動から始まり，アメリカで開発された新しい技法が市場調査，広告，製品開発に急速に導入されていった。しかし，1960年頃になると，長期マーケティング計画と短期的問題の解決のいずれにおいてもアメリカ直輸入方式を日本の事情に適合するように修正し，日本的なマーケティング管理をつくりあげようとする努力も行われるようになってきた[20]。1960年以降，主導的な企業におけるマーケティング管理の主要な問題は，製品開発のための適切な組織と手続きの開発，マーケティング・チャネルの効果的な支配の構築にあった。これらの問題との関連で，効率的な統合的マーケティングの諸活動，マーケティングと企業の他の諸活動との間の適切な調整が重要な問題となってきた[21]。

　マネジリアル・マーケティングは，経営トップの市場戦略の立案と競争的市場管理の技術として位置づけられ[22]，「企業の投資行動そのものと結合した総合的管理技術」の性格をもつ[23]。しかし，日本では，技術革新と設備投資のブームの急激な進展のもとで製品開発競争が激しく，改良的新製品に焦点をあわせた製品政策，製品差別化が重視されたという事情も，こうしたマーケティング技法の導入・利用のあり方に影響をおよぼす要因になったといえる。

　そこで，以下では，マーケティングを構成する重要な諸要素についてみることにしよう。ここでは，スーパー・マーケットの導入・展開のような流通業態の問題も含めて考察を行うことにする。

　市場調査について——戦後の日本においてマーケティングが導入された当初，最初に脚光を浴びた分野は，主に市場調査の分野であった[24]。しかし，それは，基本的には，事実の収集，統計的手法に基づく事実の分析・評価・予測の域を出るものではなかった[25]。戦後における市場調査はまず世論調査というかたちで実施されたが，1952年から55年にかけての時期には，教科書的なサンプリング・サーベイによる市場調査のやり方への批判が現れ，企業として行動に移せる調査が望まれるようになった。その一方で，市場調査の技法も広告活動の面で活発となった。しかし，マーケティングの諸機能の導入とともに市場調査の機能が導入されたのではなく，まず市場調査活動だけが先行して単独で導入され，ついで他の諸機能が漸次導入された。市場調査は，マーケティ

304 第2部 経営の「アメリカ化」と「再構造化」の日独比較

ングの一環として導入されたというよりはむしろ，まず世論調査や品質管理の一環として考えられた。1954年頃には，多くの企業で市場調査の専門の担当部門が設置されており，市場調査は，産業界において，マーケティング・リサーチの経営組織のなかに職能分野として定着するようになった[26]。

　しかし，事実の収集，統計的手法に基づく事実の分析・評価・予測の域を出るものではなかった戦後当初の市場調査が心理学的アプローチと計算的アプローチの導入というかたちで質的に大きな展開を遂げるのは，1950年代後半のことである[27]。やがて各業種の間の競争がしだいに激化するなかで，世論調査というかたちでの市場調査では満足しる状況ではなくなり[28]，その手法の一層の洗練化が求められるようになった。1950年代末から60年代初頭の時期には，消費実態・消費行動の研究が活発化し，動機調査，新製品開発に結びついたネーミング・テスト，限定選別商品をしぼってのテスト・マーケティングが企業の一般的な手段として利用されるようになった[29]。

　こうして，1960年代には，マーケティング・リサーチが企業経営の基礎的部分であるとみなされ，各種の計画を検討するさいにも，市場動向の慎重な見通しのうえに立って行われることが一般的となってきた[30]。しかし，例えば1968年の産業構造審議会管理部による東京証券取引所1部上場企業680社を対象とし467社から有効回答が得られた調査にもみられるように，60年代後半から末にかけての時期になっても，日本では，当時もなお市場調査の専門機関がとぼしかっただけでなく，その手法も未発達であったとされている。この点，綿密な市場調査に基づいて需要に合致した商品企画，販売が行われていた外資のマーケティングとは対照的であった[31]。

　流通チャネル政策について――つぎに流通チャネル政策をみると，戦後における日本のマーケティング活動の特徴はなによりも流通系列化という点にあらわれた。日本では，卸売商（問屋）主導型の流通システムがすでに伝統として確立していたが，戦後に新たに出現した大衆消費市場に対応するために，その再編成が，大規模メーカーの主導する流通経路政策のもとに推進された。大規模な消費財メーカーによる垂直的に統合された流通システムの形成というかたちでの系列化による流通経路の支配は，製品差別化を重視した製品計画，大量

広告宣伝・販売促進によるブランド浸透とならぶマーケティング活動のひとつの柱をなした[32]。戦前からの長い期間にわたり，卸売業者が流通の支配権をもつチャネルリーダーの位置にあり，価格支配力，価格決定権は卸売業者にあった[33]。戦後には，製造企業が流通支配の主たる担い手になった。優れたチャネル・システムによる市場シェアの極大化，市場価格の安定維持，強固な流通支配力の把握が重視され，メーカーの企業間競争は，チャネル・システムの優劣をめぐる競争でもあった。本来，流通チャネル対策の基本はチャネルの支配とその運営・管理のあり方にある。しかし，日本では，チャネルの支配においては，主にその構成員の選択に焦点が集中している傾向にあった。そこでは，①チャネルの長さ，②自社商品の取り扱いの比重からみたチャネルの決定方法，③特定域内の構成員の密度という3つの基準を各企業の営業方針と取扱商品の性格に合わせて最適な方法で組み合わせることが，一般的であった[34]。こうした系列化の動きは，メーカーにとっては，自社製品の市場の確保のために必要な手段であったが，その一方で，弱体化した流通業者側の一部も，それを強く望んだ[35]。

　1955年以降には，それまでのセールス・マネジメントとは次元を異にする新しい概念のマーケティングが提唱されたのにともない，流通機構の再編成が大きな問題として取り上げられるようになってきた[36]。しかし，販売チャネルにかかわる政策化が本格的に取り上げられたのは，「流通問題」に関心が強まった1961年から62年以降のことであった。この段階での販路政策の特徴は，中間販売機関を対象とするディーラー・ヘルプ，販売チャネルの系列化政策や対消費者直販制度などにみられる。ただこの時期の販路政策は，あまりにもメーカー視点のものであった[37]。

　販売チャネルの系列化は，通常の概念では小売段階までをその対象とするが，1957年〜58年頃からは，それを延長拡大して最終消費者までを系列化しようとする試みが，各業界において顕著になってきた。このような最終消費者系列化の動きの最も顕著な業界は，自動車，家庭電器といった耐久消費財や化粧品，医薬品などの産業であった[38]。

　このように，日本の流通チャネル政策は，同国に特有の経営風土を反映するかたちで，流通政策の一端として独自の位置を築くことになった[39]。例えば

家電産業の場合にもみられるように，流通系列化をすすめようとする製造企業の主たる意図のひとつは，大量生産のもとでも極度の乱売・値崩れを防ぐことにあった[40]。しかし，流通チャネル政策は，それ自体ではマーケティング政策として有効に機能するものではなく，それゆえ，マーケティング・ミックスを構成する他の要素である価格政策や販売促進政策などの諸政策と並行して推進されることが必要となる[41]。そこで，つぎに，製品政策，価格政策，さらに販売促進政策の重要な要素をなす広告・宣伝についてみていくことにする。

製品政策について——まず製品政策についてみると，1950年から52年にかけての時期になってようやく企業の製品計画機能が動き始めるようになった。各企業が製品計画の担当部門を設置して計画的・組織的に製品の開発を本格的にすすめたのは，1955年以降のことであった[42]。製品のライフサイクルの短縮の傾向の強まりのもとで，1958年頃から60年代初めには，自動車をはじめとする耐久消費財を筆頭にして，各企業の需要開拓と競争克服手段としての製品の計画的陳腐化政策が普及し始めるようになっており，製品計画をめぐる企業の諸活動においては，55年から58年の時期がテイク・オフ期間となった[43]。

1950年代半ばすぎの時期における製品計画の重点はマーチャンダイジング（商品化）の強化にあったのに対して，50年代末から60年代初頭の時期のそれは，「新しきもの」の開発とその先発的市場参入にあった[44]。ただ1960年代初め頃までは，旧来製品の原料・資材に関連して，あるいは製造技術・加工技術に支配されて新製品が発想され企画される傾向にあった[45]。しかし，その後の時期には状況は変化していくことになった。日本企業は，市場シェアの拡大の追及のもとで，数量重視の販売体制の構築・維持をすすめてきたが，1965年前後の不況を契機にして，それへの反省もみられるようになり，市場細分化戦略が大きくクローズアップされるようになってきた[46]。

また製品計画という点との関連でみると，日本の大規模な消費財メーカーは，そのマーケティング活動のための有力な武器として製品差別化を実現する必要性からも，製品計画をマーケティングの第1の主要な柱とするようになった[47]。マーケティング計画におけるそのような製品計画の領域の重視は，主として外国技術の導入によって日本の産業が新製品導入と多角化戦略を強力に

追及してきたということと関係していた[48]。1968年の上述の産業構造審議会管理部による調査でも，回答企業の76.6％が，重視しているマーケティングの内容として「新製品の開発」をあげており，当時の日本企業の全般的傾向としてみると，市場志向の製品計画の必要性が重視されていたといえる[49]。

　価格政策について——つぎに製品政策のあり方とも深いかかわりをもつ価格政策をみると，高度成長期の日本企業，とりわけ製造企業の価格政策のひとつの重要な特徴は，売上高，利益あるいは市場シェアの極大化を目的とした流通価格政策，すなわち表面的な建値制度を中心とした価格政策，管理価格，ことに間接補完的価格政策に重点をおいた展開にみられる。製造企業の流通価格政策は，戦略的意図をもつ間接補完的価格政策に重点があった。乱売防止による価格維持をはかりつつ可能な限りの商品を流通段階に流すという意図のもとに行われる典型的政策のひとつが，リベートであった。しかし，日本では，流通機構，なかでも因習的不合理性を多分に内包した商習慣を反映して，再販売価格維持契約商品などの一部の例外を除くと，設定された価格どおりに運用されているケースは非常に少なかった[50]。

　アメリカ企業では，投下資本利益率（ROI）のような厳密な企業経営の指針のもとに，ある程度の水準の適正利潤を確保するかたちで価格が一度設定されると，競争手段としては価格をできる限り使用せず，むしろ戦略的政策である広告，販売促進，商品政策などが前面に出される傾向にあった。その理由には，価格を企業と社会の一種の契約行為であると強く認識していること，成長率の比較的低い成熟市場において価格を競争手段とした場合には企業の存続基盤が根本的に揺さぶられるという危険性の認識があった[51]。売上高重視，市場シェア重視という傾向にある日本企業では，価格政策は，社会制度をも反映したこうしたアメリカ的なあり方とは大きく異なるものとなった。

　販売促進政策について——また販売促進政策に関して，広告・宣伝を中心にみると，日本では販売促進の中心的推進者はつねにメーカーであり，この点は，巨大小売業者が巨大な広告主でありかつ販売促進活動の重要な推進母体であったアメリカとは異なる日本のマーケティングの特徴のひとつである。高度

成長期には，販売促進活動の主たる対象者は消費者というよりはむしろほとんどの場合に販売業者であった。このことは，メーカーの流通チャネル政策と販売促進政策がつねに日本的な意味で密接な関係にあることを示すものであった[52]。

　日本企業でもすでに第2次大戦前に広告・宣伝の展開がみられ，第1次大戦後には，一般の生活水準の向上と消費物資の大量生産体制の整備を背景として，広告・宣伝活動の量的・質的拡大，向上がみられ，戦前における黄金時代を迎えたとされている[53]。しかし，本格的な広告宣伝活動が行われるようになったのは，第2次大戦後，とくに1955年以降の10年間のマーケティング時代に入ってからのことであった[54]。広告の機能も，当初の「知らせる」ことからさらにすすんで「説得する」ことへと変化していった[55]。広告・宣伝が統合的視点におけるマーケティング・ミックスのひとつとして他のマーケティング諸活動との有機的関係のもとに政策的に取り上げられるようになるのは，1958年頃からのことであった。市場調査技術は，この段階になって広告宣伝の面にも生かされることになった[56]。1960年頃になると，市場の拡大に対応して各企業の広告費は顕著に増大し，その内容も急激に拡充されたが，そのひとつの徴候は，ワイド・プロ化あるいは大量広告化のほか企業広告の重視にみられる[57]。

　このように，戦後，マーケティング手法を構成するさまざまな諸要素の導入がすすんできた。しかし，1960年代初頭までは，その諸技術が総合的・有機的に受け入れられたのではなく，個々別々に取り入れられるというかたちが多かった。それゆえ，マーケティングの諸技術をいかに有機的に総合調整していくかというマーケティング・ミックスの確立が重要な課題となった。同時にまた，アメリカで生まれ完成されたマーケティング技術をいかにして日本の風土に定着させるかということが重要な問題となった[58]。

　小売業態の変革について——戦後の日本における消費生活様式に大きな変化がもたらされたことも，流通機構の変革，小売業態の変革，マーケティングの展開に影響をおよぼすことになった。そこで，つぎに，小売業態の変革につい

第7章　アメリカ的マーケティングの導入の日独比較　309

てみると，日本において流通問題に強い関心が払われるようになるのは，流通業界に初めて大きな近代化と革新が現れた1960年代になってからのことであった。その大きな変化のひとつは，スーパーの登場と小売商業界におけるその急成長にみられる[59]。

　アメリカの革新的な小売技術の受容には，事業システムのジャパナイゼーションが不可欠であった。モータリゼーション，家庭の大きな貯蔵能力，安い地価，高い労賃，特有の味覚などの条件に適合したアメリカの革新的小売業態は，そのまま日本の条件に適合しうるものではなかった。革新的な小売業態の導入には，標準店舗設計，立地選択，商品開発，品ぞろえ，販売方法などにおいて多様な改善，日本の条件への適応が不可欠であり，革新的小売業態のジャパナイゼーションは容易に実現することはなかった[60]。それは，例えば日本でも広く普及することになるスーパー・マーケットの場合にもみられる。

　高度成長期の消費生活様式の変化は，食材の洋風化と加工食品の消費拡大を大きな特徴とする食生活の洋風化にもみられ，消費のアメリカナイゼーションの重要な一環をなした。日本では，食生活の洋風化がすすむ一方で，伝統的な食品消費構造が残存した。こうした消費様式は，スーパー・マーケットの急成長と零細小売商，問屋の残存という二面的な流通のあり方と連関していた[61]。アメリカで誕生をみたスーパー・マーケットがビジネス・システムのアメリカナイゼーションの一環として日本に移転されたのは，1950年代半ばのことである。日本の状況に合わせたスーパー・マーケットの形成は，生鮮食料品のセルフサービス販売を可能にするプリ・パッケージ・システムの確立というかたちですすんだ。このシステムは，包装技術というハード面のみならず肉質や鮮度を見分ける熟練，調理サービスの技術，値付けのコツ，売れ残りを少なくするような価格建てといったソフト面の問題も含むトータルなシステムであった。その結果，日本における本来のスーパー・マーケットのシステムの革新は，1970年代後半になって，アメリカに比べ生鮮食料品のウエイトが相対的に高いという日本の消費事情に適合的なプリ・パッケージ・システムの開発というかたちで実現したのであった[62]。

　また流通業の業態に関しては，日本における戦後の特徴は，百貨店とスーパー・マーケットとの二元的支配体制の確立にみられる。しかし，その一方で，

310 第2部 経営の「アメリカ化」と「再構造化」の日独比較

大規模小売企業のチェーン形態の展開においても，独自的なかたちがみられた。それは，「チェーン型が『チェーン・ストア』として純粋に展開されず，業態史的にはその次の時期のスーパー，さらにはディスカウント・ストアと結びついていっきょに展開された点」にある[63]。チェーン・ストアの本格的展開は1960年代のことであり，アメリカの理論や経験を学びながら，規格品の大量生産，消費者の所得水準の上昇と平準化，生活様式の均質化，大都市圏周辺部と地方の中心都市における新たな人口の集積といった環境条件のもとで，新段階におけるチェーン・ストアの展開が行われてきた[64]。

　さらに国際マーケティングの展開についても簡単にみておくと，日本では，輸出においては戦前・戦後をとおして商社が大きな役割を担ってきたという点が特徴的であり，生産財産業では，商社輸出としての国際マーケティングへの依存が大きかった。これに対して，自動車や電気製品などの耐久消費財部門では，メーカー独自での国際的な自社チャネルの構築など，本来的な意味での国際マーケティングが独立的に展開された。ことに自動車産業では，日本企業は，アメリカ企業とは異なり，国内と同様にディーラーとの協力的チャネルの育成に努力し，それが国外でも有効なチャネルとして結実し，国際競争力のひとつの要因にもなった。しかし，そればかりでなく，生産システム，生産管理方式にみられる日本的経営の現地工場への移転，すなわち「適用」と「適応」の問題が，国際マーケティングの成功の成否を握るひとつの重要な要素となった[65]。その意味でも，国際マーケティングの展開は，トータルな問題であった。

　以上のような日本企業におけるマーケティング手法の導入の全般的状況のなかにあっても，生産財産業と消費財産業との間，また一般消費財部門と耐久消費財部門との間など，産業部門や製品部門によって状況は異なっている。さらに同一産業のなかでも，見込生産の製品であるか受注生産の製品であるかということによっても，マーケティングのあり方は大きく異なる。耐久消費財のマーケティングの展開において最も重要な役割を果たしたのは，家電産業と自動車産業であった。また化学産業でも，消費財部門や戦後に急成長をとげる合成繊維分野などを中心に活発なマーケティングの展開がすすんだ。それゆえ，以

下では，これらの部門を取り上げてみていくことにしよう。

3 主要産業部門におけるマーケティング手法の導入

(1) 化学産業におけるマーケティング手法の導入

まず化学産業についてみると，1950年代には，新しく登場した合成繊維の能動的な市場開拓が不可欠となるなかで，日本の化学繊維メーカーのマーケティング活動が非常に活発になった。例えば旭化成でも，1952年にナイロンの生産・販売の本格化とともにマーケティング活動が開始された。宣伝活動の組織が未確立であり，散発的な宣伝活動の実施にとどまっていた1950年頃までの状況とは異なり，技術サービス課および宣伝課の設置，宣伝課の販売サービス課への改組による組織体制の整備が行われ，多彩な宣伝活動を展開して一般消費者への働きかけが行われた。この点は，高度成長期に始まった新たな戦略のひとつをなした。そこでは，ラジオやテレビというマス・メディアを利用した宣伝活動が重要な役割を果たしており，企業イメージ広告も開始された。しかし，1960年代後半に事業化されたナイロン，合成ゴム，建材の3新規事業の成功を契機に多角化が進展したために，個々の製品を中心とする単品主義の宣伝では，企業全体のイメージとの乖離が発生するようになった。その結果，企業イメージの確立のための宣伝スタイルへの戦略転換がはかられた。

旭化成では，1955年からの10年間のマーケティング活動は，①50年代後半における消費者に対する品質保証制度の定着化，②60年頃からの高度成長期に展開したキャンペーンマーケティング，③60年代前半の消費革命に対応した小売店との連携強化の3つに分けられる。ことに③に関しては，1960年頃からの合成繊維メーカー間の競争の激化に対応するために，販売促進活動施策は，流通ルートの確保・拡大をはかるユーザーの組織化，セールスチームの結成，ブランド・ラベルの差別化であった。このように，化学産業でも，消費財市場の急速な拡大のもとで大衆市場向けの販売促進活動の施策が重要な役割を果たすようになってきたが，ユーザーの組織化という施策は他社においても展開された。また市場競争の激化，素材間の競合問題などのもとで，量的な拡大と新市場開拓のためには用途と市場に対応した弾力的な価格設定が必要となり，ナイロンの販売開始以来採用されてきた建値制の見直しが行われ，62年にはそれが

名目的にも廃止された。

　その後，1965年からの10年間の時期には，合成繊維市場の本格的な成長・拡大期を迎え，新規参入企業による合成繊維メーカー間の競争の激化のもとで，効率的な活動による流通ルートの確保・拡大が必要となった。それゆえ，販売促進活動においても，販売活動と宣伝活動の密接な連携関係に基づいて，既存商品のシェア拡大，新商品と新市場の開拓，アパレルメーカー対策などのプル・マーケティング活動が拡充された。このプル・マーケティングは，旭化成自身が「直接消費者向けの宣伝活動を行い，消費者段階での需要喚起を順次，小売→問屋→縫製メーカーへと遡ることを期待する」ものであった。また同社のマーケティング活動の方向を的確につかむための情報・調査活動の再拡充も行われ，1955年からの10年間の需要予測を中心とした市場調査（マーケットリサーチ）の時代とは異なり，市場情報（マーケットインテリジェンス）が中心課題となった。その他，新しい衣料分野の開拓によって全体として大量需要を確保するために，マーケティング戦略として，いちはやく市場細分化キャンペーンが提唱され，実施された。さらに1970年前後から消費市場の変化が著しく激しくなるなかで，また繊維生産と流通構造も大きく変化しはじめたために，マーケティング組織の再編が必要となった。その結果，1971年には，流通チャネル別の対応を主軸としていた販売促進部の組織は，最終製品別に対応するマーケティング部へと改組された[66]。このように，化学産業では，戦後になって最終消費市場に直結するような製品分野の成長とそのような製品の特性に規定されて，大企業のマーケティング活動は，多くの他の産業との比較でみても，広範な展開をみるに至った。

(2)　電機産業におけるマーケティング手法の導入

　つぎに，電機産業をみると，家電分野では，高度成長期には，日本企業同士の競争が中心軸となるなかで，いかにすばやく欧米の技術の導入による大量生産体制の確立をはかるか，また価格をコントロールしながら大量生産された製品を販売するシステムをいかにして構築するかが，競争のポイントとなった。それゆえ，高度成長期には，1970年代後半以降の市場細分化戦略とは異なり，マス・マーケティングが基本的な特徴をなした。標準タイプの生産・改良から

新機能の追加による標準タイプのグレードアップというかたちで価格の維持・上昇をはかる戦略への転換がすすんだ[67]。

　そのような傾向は，外国企業との競争の少ないいわば保護された国内市場での新製品開発における改良的新製品重視という傾向を反映するものでもあった。当時の家電製品のほとんどが外国からの技術導入をベースにして商品化されたものであったことは，1970年代も含めた戦後の時期における製品政策の基本的な特徴をなすが，家電製品の商品化が外国，とくにアメリカの技術をキャッチアップすることによって行われてきたという事情は，アメリカ方式のマーケティングを容易に導入しうる契機となった。既存の商品の改良によって新製品を発売し，そのことによって既存の商品を社会的に陳腐化させ，耐用年数を短縮するという政策がとられた。また新製品政策は，市場の細分化の方法によっても行われた。しかし，既存の商品の改良による新製品の展開という方法は，企業間の製品の差異を小さなものにした。製品の価格，品質，性能などの面での差別化は，設備投資にともなうコスト高をもたらし，圧倒的な市場シェアを獲得できない限りリスクが大きいことから，有力な差別化の手段として，広告のもつ意義が大きくならざるをえなかった[68]。

　家電産業ではまた，家電製品の大量生産の進展に対して小売商の販売力は著しく立ち遅れており，大衆消費市場の成長に的確に対応するためには，メーカーにとっては，卸売段階にとどまらず小売段階においても流通系列化をはかる必要性が強かった。その結果，メーカー・ブランドの家電製品の売上高の大部分が系列化されていないディスカウント・ストアによるものであったアメリカとは大きく異なり，日本の商業組織はメーカーの系列下におかれ，拘束的な特約店契約制度のもとに統合された。日本の家電メーカーが1960年代半ばすぎに完成させたテリトリー制による流通経路支配こそ，日本独特のマーケティング方式であり，アメリカの家電メーカーの販売方法とは決定的に異なるものである[69]。

　1965年不況を契機に家電メーカーが採用した流通チャネルの整備策は，販社・総代理店の整備と系列小売店の差別化の2点にあった。こうした系列再建策を経て，1970年頃までに，流通系列チャネルは，大量生産を可能にする安定的でかつ継続的な製品供給システムとしての機能を効果的に果たすことができ

るようになった[70]。なかでも松下電器では,「製品の多様化,流通チャネル(系列販売網)の構築,メーカー・代理店(後には販売会社)・小売連盟店の3者の強い絆のなかでの正価販売制度という価格維持,ブランド構築と主体的な広告宣伝活動など,トータルなマーケティングが一貫して行われてきた」。同社の流通チャネルの構築とその変遷過程は,日本企業におけるマーケティング展開の典型パターンをなした[71]。

すべての家電メーカーが系列販売制度を採用していたわけではなかったという点がつぎに考察を行う自動車の流通との大きな相違であるが[72],家電製造企業のこうした流通系列化は,フルライン戦略と結合したものであった。そのような戦略を採用する各メーカー間の競争は,「同質的競争」の状況をもたらした。こうした競争は,アメリカでみられたような「棲み分け競争」とは異なるものとなった。そのことが技術革新を促進し,国際競争力の強化をもたらすなかで,日本企業のアメリカ市場への進出がすすんだ。その結果,アメリカの家電流通システムの転換がもたらされ,同国の家電流通のあり方にも影響をおよぼすことになった[73]。しかしまた,高度成長期全体をとおして,こうしたチャネル戦略の結果である流通網の強さは,きわめて固定性・排他性の強いものであり,広告の累積効果がそれについで持続的優位性を維持・強化した。しかし,こうしたマーケティング努力は,流通経路の排他性・固定性や企業規模によって,企業間での格差もみられた[74]。

(3) 自動車産業におけるマーケティング手法の導入

さらに自動車産業をみると,この産業には,とくに排気量のクラスにおいて多様化をはかる上でコスト上の制約が大きく,製品ミックスのむずかしさが存在することによる典型的な異質寡占市場構造という特性があり,マーケティングの導入・展開は,特徴的なかたちをとった。自動車産業全体にみられるマーケティング戦略の展開とその特徴としては,新製品の開発・改良と多様化に重点をおいた製品計画の展開,既存市場の集約的開拓による売上増大をめざしたチャネル,価格および販売促進戦略の展開があげられる。また,当時アメリカでは一般的であった2～3年のモデルチェンジは過剰なマーケティングとして回避され,製品のライフサイクルの維持とそれによる投資コストのより効率的

な回収が追求された。アメリカとの比較でみたマーケティングのいまひとつの特徴は，同国の理論や技術を学びつつも日本の企業風土に合わせて独自のものに修正されたディーラー制度にみられる[75]。

　日本の自動車産業におけるマーケティング手法の導入において最も重要な役割を果たし独自の日本的展開をはかった企業は，トヨタ自動車販売株式会社（トヨタ自販）であった。同社は，「アメリカ的マーケティングの直接的な影響を受けてスタートしながらも，その日本的修正にもとづくユニークなマーケティング方式を確立した，典型的なケース」をなす。複雑多岐にわたる販売方式や販売機関の存在のもとで試行錯誤的にマーケティングが展開されたアメリカとは異なり，日本では，そのような経験なしに，大メーカー主導のフランチャイズ・システムがストレートに導入された。しかし，そこでは，販売予測と計画販売を直結して，トヨタ自動車工業（トヨタ自工），トヨタ自販，ディーラーの緊密な連絡体制のもとで，販売，生産計画の調整と利益計画の樹立がはかられた。トヨタ自販は，「ディストリビューターと販売金融会社の二つの機能をもちながら，同時にディーラーをマーケティング技法のもとで組織化してトヨタのマーケティング全般を推進する会社としてメーカーと並立する」という特異な役割を演じた。こうしたシステムは，アメリカのような一方的な支配従属関係や契約一本槍のやり方よりはむしろ，メーカーとディーラーの密接な相互依存と人間的信頼関係に基づくものであった。系列化されたディーラー網は，集団主義的経営の特色，日本的集団主義的管理の効果をいかんなく発揮して市場の急速な拡大への効果的な対応を可能にした[76]。アメリカにおいてのようにディーラーを支配し従属させるのではなく，「対等のパートナー」として取り扱うという共同主義あるいは家族主義的な姿勢に立つディーラー・システムやそれと結びついた製品の多様化政策に，アメリカからの学習・導入のなかでの日本的なマーケティング戦略への転化の重要な一端がみられる[77]。

　こうした日本独自の流通システムの構築の過程において，トヨタは，1960年代初頭に新たに投入したパブリカのチャネルの設立過程における失敗の経験をふまえ，日本的修正をはかった。日本と欧米の自動車販売店制度の大きな違いは，同じフランチャイズ・システムを採用しながらも，日本では大拠点主義，少数店主義をとっていること，メーカーによる販売店の在庫金融，小売金融へ

316　第2部　経営の「アメリカ化」と「再構造化」の日独比較

の関与という点にある。欧米はこの逆であった。パブリカ店の設置にあたり，当初はアメリカの本格的な複数店主義がモデルとされたが，訪問販売を中心とするオープンテリトリー制は，販売店の強大化にともなう徹底した競合による販売店経営への影響のために日本の実情に合っていないという認識のもとに，少数店主義へと転換された[78]。

　日本では，1950年代に，アメリカとはやや内容が異なるかたちでフランチャイズ・システムが定着し始めることになったが，60年代以降，小規模多数ディーラー制を採用せずに，広域複数販売拠点型の大規模ディーラーの育成に努力が傾注されるようになった[79]。トヨタ自販のディストリビューターと販売金融機能の統合およびメーカーへのディーラーの系列化のシステムは，他の日本の自動車メーカーの大多数によって導入されることになった[80]。こうして，自動車産業では，「とくに販売・サービス網のほとんどが特定メーカーの系列化政策のもとに整備され，流通経路はメーカーの完全なコントロール下におかれて」いた。ディーラー政策に裏づけられた系列支配体制は，まさにメーカー主導の流通システムであった[81]。

　このように，フランチャイズ・システムは，アメリカから導入されながらも日本の取引慣行やメーカー主導の排他的系列販売というかたちで日本的に修正されることによって，アメリカとはきわめて対照的な傾向がみられることになった[82]。日本では，アメリカとは異なり，それほど高圧マーケティング，ディーラー乱立政策が歴史的に採用されてこなかった。それは，需要変動に応じた生産量の調整をはかりながら同時に規模の経済性を最大限確保しうる仕組みを指向していたことによるものであった[83]。それゆえ，トヨタ生産方式にみられるように，需要変動に応じた生産量の調整を配慮した生産システムを構築してきたことが，大きな意味をもった。その意味でも，日本の自動車産業における流通システム，マーケティングの展開は，独自の生産システムの形成とも深く関係していたといえる。

第2節　ドイツにおけるマーケティングの導入

　つぎに，ドイツにおけるアメリカ的マーケティング手法の導入について考察

を行うことにする。以下では，まず1においてアメリカのマーケティングの影響についてみた上で，2ではマーケティング手法の学習・導入の経路について考察する。さらに3ではマーケティング手法の導入の全般的状況をみた上で，4では主要産業部門におけるマーケティング手法の導入について考察する。

1　アメリカのマーケティングの影響

　まず戦後のドイツにおける販売の問題への対応の状況とアメリカのマーケティングの影響についてみることにしよう。ヨーロッパでは，流通においては生産においてよりもはるかに立ち遅れが大きく，アメリカの方式の学習・移転の潜在的な可能性ははるかに大きかった[84]。ドイツでは，伝統的に生産志向や技術志向が強かった。企業における「マーケティング革命」の要求は，精神的な態度の変革やそれまでの経営の徹底的な変革をともなわざるをえないような行動の変化を前提としていた[85]。戦後の好況のもとで，合理化努力の重点は完全に生産部門にあり，製品の販売はなんらの問題を示すことはなかった[86]。当時のアメリカ人の見解では，ドイツでは，1950年代半ば頃になっても，市場調査は大きく立ち遅れていた[87]。当時のヨーロッパの企業では販売要員の熟練にはあまり注意が払われてはおらず，この点はドイツにもいえる[88]。

　そうしたなかで，アメリカ技術援助・生産性プログラムによって支援されたマーケティング，販売のテーマの多くの企画において，ドイツでは近代的な販売経済の知識，諸方法は非常に不十分にしか知られていないことが明らかになった。そうしたなかで，アメリカのマーケティング手法への関心も強くなり，同国の販売や市場調査の方法に対する消極的な評価はなくなっていった[89]。ことに1960年代になると，合理化努力の重点が生産部門にあったそれまでの状況は決定的に変化し，購買者の異なる要望が，販売機能を再び真の課題に高めることになった[90]。

2　マーケティング手法の学習・導入の経路

　つぎに，アメリカのマーケティング手法の学習・導入の経路についてみることにしよう。その主要なものとしては，アメリカ技術援助・生産性プログラムのもとでの同国への研究旅行，アメリカの専門家の招聘，それらを基礎にした

318　第2部　経営の「アメリカ化」と「再構造化」の日独比較

各種の催し，書籍等の刊行物による学習，広告代理店の関与，アメリカ企業の直接投資などがあった。

　まず技術援助・生産性プログラムをみると，そのアメリカの諸努力は，マーケティングの領域において最も成功を収めたとされている[91]。相互安全委員会，外国管理委員会，ドイツ経済合理化協議会（RKW）の支援を受けてアメリカに旅行した非常に多くのビジネスマンは，マーケティングおよび広告の最新の方法を知ることを希望するようになっていた[92]。1950年代には，生産性派遣団の一部としてのアメリカへの旅行では，ドイツの産業家やエンジニアは，最新の技術や生産方法の観察と少なくとも同じぐらいに，販売やマーケティングの問題について学習するようになった[93]。さらにヨーロッパ生産性本部のプログラムでも，マーケティング・流通の問題が取り上げられている[94]。

　またアメリカの専門家の招聘では，技術援助計画のなかで，同国のマーケティングやPRの手法の研究のための交流プログラムが企画され実施された[95]。例えばウエスティングハウスの電気アプライアンス事業部のマーケティング担当者を招いての経営セミナーが，1953年にベルリンで開催された。そこでは，マーケティング・リサーチ，製品計画，販売計画，広告・配給，PR，宣伝，耐久消費財の流通の方法，製品サービス，工場組織，マーケティング要員の人材開発に関するグループ・ディスカッションが行われた[96]。

　1950年代には会議や講演会のような催しも中心的役割を果たした。1950年代半ばには，バーデン・バーデンセミナーを機会に，ドイツ工業連盟（BDI），ドイツ経済合理化協議会および外国事業管理局のイニシアティブで，「新しい方法での販売経済」というテーマの催しに140人が参加した。そこでは，売手市場から買手市場への移行のもとで，販売，マーケティングおよび宣伝の新しい方法の伝達が課題とされた。こうした催しにもみられるように，アメリカとドイツの専門家の間の関係は，まさに教師と生徒の関係であった[97]。

　さらに商業雑誌や書籍では，流通に関するドイツにおけるほとんどすべての商業関係の出版物は，販売のスタイル，販売術あるいは組織に関するアメリカのモデルについて言及していた。また関連の書物は，多くの場合，実業界で著名なドイツ人の編者のもとで翻訳され，出版された[98]。

　ドイツの企業はまた，アメリカのマーケティングの実践に関する知識を広告

代理店やコンサルタント会社との協力によっても獲得しており[99]，こうした方法も重要な役割を果たした。1950年代には，フルサービスを提供するアメリカのタイプの広告代理店が経済的にもより成功モデルであることが明らかになってきた。そうしたなかで，ドイツの企業は，そのような広告代理店が提供する広範囲のサービスの利用へとますます移行した[100]。例えばヘンケルのブランド製品では，スタンフォード研究所や広告代理店のマクキャンエリックソンが，アメリカのノウハウの最も重要な仲介者であった。またGMのようなアメリカの競争企業とは反対に当初はアンケート調査に批判的に対応していたダイムラー・ベンツも，1960年代初頭には，アメリカの宣伝の専門家であるオギルビとの接触によってそうした評価を変えており，同国の専門家との協力が，同社に新しいマーケティングのノウハウを開いた[101]。マーケティング・リサーチから成果の評価を含めた広告キャンペーンの組織・実現に至るまでのフルサービスを提供する広告代理店のヨーロッパでの出現は，この産業のアメリカ化を意味するものであった。アメリカ資本の広告代理店でのヨーロッパ人の従業員の経験も，アメリカの方法や態度の移転に寄与した[102]。

　またアメリカ企業の直接投資の方法も，移転の重要な経路をなした。消費財の領域におけるアメリカ製造企業の在ドイツ子会社のマーケティング活動は，ドイツ企業による類似の方法の採用にしばしば非常に直接的な影響を与えた[103]。H. ハルトマンらが調べたアメリカ企業の支社・支店のいくつかでは，販売と宣伝を管轄下においたマーケティング管理者の独自の職位が生み出されていた。他の子会社や支社では，販売と宣伝の両機能は比較的独立していたとはいえ，それらは，マーケティング・グループ，マーケティング委員会との作業チームのかたちで統合されていた[104]。1960年代後半には，アメリカ資本の多くの広告代理店が設立された。多くの代理店は，市場へのよりよい適応のためにドイツのパートナーを受け入れるか，あるいは現地の既存の代理店にかかわっており[105]，そのこともアメリカのノウハウの伝達，導入の促進に寄与した。

3　マーケティング手法の導入の全般的状況

　つぎに，マーケティング手法の導入の全般的状況をみると，1950年代のその

320 第2部 経営の「アメリカ化」と「再構造化」の日独比較

導入は，多くの企業に同時に影響をおよぼした広範囲におよぶ運動であった。例えば1958年にドイツで開催された第1回販売・マーケティング会議の「販売からマーケティングへ」というモットーは，ヨーロッパでおこっていることを要約的に示すものであった。しかし，同地域の製造業の経営者は，そのような新しい方法とその意義に対して懐疑的であった。また生産の問題に重点をおいていた取締役にとっては，マーケティングは，考え方の徹底的な変革を必要としただけでなく，企業内での権限の喪失をともなうものでもあった。こうした事情もあり，ドイツでは，1960年代初頭の経営者の世代交代までは，マーケティングやそれに関連するアメリカの経営方法の広い受容はおこらなかった[106]。

ドイツの企業では，1950年代末までは，販売，宣伝部や広報活動を担当する一部の部署を除くと，販売政策上の活動は，一般的に，上位の計画なしに個々の単位において互いに独立して運営されていた[107]。1950年代には，ヨーロッパの経営者は，マーケティング担当の単位を販売部門の小さな一部門として設置している場合が多かった。アメリカでは，販売部門が短期的な戦術を担当するのに対して，マーケティング部門がその企業の長期的な戦略を展開していた。このような分離がドイツにおいて本格的にすすむのは，1960年代末のことであった。1968年までにドイツ企業の79％が両部門の明確な組織上の区分けをしていたという指摘もみられる[108]。

このように，1960年代に入ってアメリカのマーケティング手法の導入が本格的にすすむことになった。以下，その主要な手法についてみることにしよう。

広告・宣伝について——まず広告・宣伝をみると，1945年にはアメリカとヨーロッパの広告の相違はかなり大きかった。その最も主要なものは，広告に対する態度にみられた。例えばアメリカの広告主は，近代的な社会科学の方法を採用したはるかに洗練された手法を使用しており，広告はどこにでもみられた。アメリカの広告は，長年，ヨーロッパにおいてよりもはるかに大規模に組織されていた。フルサービスを提供する広告代理店はアメリカでは一般的であったが，ヨーロッパではまれであった[109]。ドイツでは，そのような広告代理店は1947年にアメリカを手本として設立されており[110]，広告は，50年代には，

アメリカのモデルの影響のもとで，ますますマーケティングのひとつの部分領域とみなされるようになった[111]。

広告・宣伝の領域では，アメリカ化の2つの波がみられた。フルサービスを提供するアメリカのタイプの広告代理店の役割という面に，1950年代における最初の波のひとつの特徴がみられる。しかし，この段階では，社会においても，同国の広告に対するかなりの反感がみられた。計画的陳腐化の方策に基づくキャンペーンのような宣伝の方策は，ドイツでは，この段階には導入されてはいなかった。1950年代については，アメリカモデルの触媒効果やアメリカ化の程度は，過大評価されるべきではないと指摘されている。ドイツの広告会社の組織形態をみても，アメリカの影響はまだ控え目なものであった。こうしたアメリカ化に対する躊躇は，売手市場であったことのほか，伝統的に生産財産業が消費財製造部門よりもはるかに強力に発展していたという経済的要因によるものでもあった。一方，アメリカ化の第2の波は1960年代以降にみられ，この段階になって，アメリカのマーケティングのコンセプトや手法の導入がすすんだ[112]。

そこで，1960年代の状況をみると，その半ばになっても，宣伝の管理者はなおミドル・マネジメントないしより下位の地位におかれていた[113]。宣伝部門がマーケティング担当の副社長の直属とされていることの多かったアメリカとは，状況は大きく異なっていた[114]。アメリカ的なかたちをとっていたのは，同国企業の在ドイツ支社や支店であった。そこでは，宣伝担当の管理者は，しばしばドイツ企業の場合とは異なる役割を果たしており，彼らが取締役であることも多くみられた。この点は，ドイツ資本の企業との最も顕著な相違であった[115]。こうした点でのアメリカを手本とした再組織が多くのドイツ企業で行われるのは，とくに1970年代前半のことであった。以前には広告代理店と企業の宣伝担当部署との間の信頼の欠如や競合もみられたが，そのような状況は，新しい経営者の世代では根本的に改善された。マーケティングは，経営者とともに企業目標を決定するものとなり，宣伝の目標，コンセプト，宣伝計画の策定や一部では予算の決定も，主として代理店と協力して行われるようになった[116]。

このように，販売の宣伝は，1960年代以降，ドイツ経済の最も強力に「アメ

322　第2部　経営の「アメリカ化」と「再構造化」の日独比較

リカ化された」領域のひとつをなした[117]。そのことは，1960年代半ばにはアメリカのタイプの広告代理店が支配的となったことにみられる[118]。旧西ドイツの住民1人当たりの広告費は，1960年にはアメリカの約3分の1にすぎなかったが，70年には72％にまで増大した。それはイギリスの約3.1倍，フランスの3.8倍の額であり，ヨーロッパで最高となっていた[119]。

　しかし，1960年代にもなお，広告媒体の選択ではアメリカの優位がみられ，それはテレビでの宣伝において顕著であった[120]。例えばP＆Gはすでに1960年にアメリカでの宣伝予算の90％をテレビ広告に費やしていた。ヘンケルの訪問団も，アメリカ企業のこうした宣伝の努力に強い関心を示した[121]。その後，ドイツでも，テレビの普及にともない，アメリカにやや遅れてそのような新しい広告媒体での宣伝が一層重要な役割を果たすようになった。

　マーケティング・リサーチについて——つぎにマーケティング・リサーチについてみると，1960年の時点でも，消費者の要望の高まりや多様性の増大が，しばしば大ロットでの合理的な生産の諸努力の妨げとなっていた。そうしたなかで，商品テストや長期の販売予測の方法での近代的な市場調査は，最適な販売を約束する製品のタイプを決定するために必要な基礎資料を利用することを可能にした[122]。

　ヨーロッパでも，すでに1945年以前にマーケティング・リサーチの固有の活動がみられた。しかし，この領域でのアメリカの主導的地位は，オペレーションズ・リサーチ（OR）のような科学的手法と事務機器技術との結合による大きな優位の結果であっただけでなく，新しい統計的手法や世論調査手法の革新的な適用の結果でもあった。その最も重要なもののひとつが消費者パネルであり，ドイツでは，それは1950年代半ば以降に導入された。

　また1950年代初頭から，アメリカのマーケティング・リサーチ会社がドイツにも子会社や事務所を設立しており，そうした手法の普及に一定の役割を果たした。しかし，これらの企業への需要の大部分は，アメリカの子会社あるいはヨーロッパ市場への展開をはかっていた同国資本の企業によるものであり，マーケティング・リサーチの拡大の大部分は，アメリカの直接投資によるものであった。アメリカのモデルは非常に卓越していたので，ヨーロッパでのマーケ

ティング・リサーチの確立期には，厳密な模倣が一般的な状況であった[123]。

製品政策・価格政策について——また製品政策と価格政策をみると，前者では，アメリカ企業とは反対に，ドイツの供給業者には，特別なブランド意識の伝統を重視した製品政策を優先する傾向があった。この点は，ダイムラー・ベンツのような高品質によるブランド力を重視した企業にとくにあてはまる。こうした傾向について，S. ヒルガーは，「時流に制約されないモデル政策」として特徴づけている。同社では，1950年代末以降，車体のみをわずかに変えることによってできる限り少ないコストで外見上での差別化をはかるという製品戦略がとられた。同社は，市場へのそうした譲歩によって，アメリカ的な慣習を抑制し，それでもって，ヨーロッパ市場でのモデルチェンジの周期が一層早まるのを防いだ。ただその場合でも，ヨーロッパでは，はやいモデルチェンジによる販売方法が「計画的陳腐化」として非難される傾向や高い開発コストのために無駄使いの政策とみなされる傾向があった。その限りでは，こうした傾向は，ドイツに限定されるというよりもヨーロッパ的な特徴を示すものでもある[124]。ドイツ企業の欧州市場への高い依存度のもとで，こうした市場の特性は，同地域向けのドイツ的な製品政策が有効となる条件をなした。

また価格政策をみると，アメリカのそれは徹底して市場諸力の自由な作用に従うというものであった。これに対して，ドイツでは，例えばブランド製品に対する価格維持，景品規定あるいは割引法のような国家による規制の方策の影響があった。また戦前には例えばカルテルのような市場協定の形態で伝統的な温和な競争政策を優先していたドイツの企業は，アメリカの商習慣をあまり実行することができなかった。アメリカの供給業者は，戦後，低価格と割引でもってヨーロッパ市場の動揺に対処した。これに対して，ドイツの供給業者には，1960年代末の成長の鈍化に直面して，通常の高価格を維持しようとする動きがみられた。しかし，価格競争の一層の激化のもとで，例えば化学産業のヘンケルは，1960年代末以降，洗剤事業での異例の価格の引き下げとたえまない割引行動によって，それまでのかたくなな態度を一層変化させてきた。その後には，最も強力な競争相手であるP&Gとの価格競争の結果，ヘンケルはアメリカの競争政策と伝統的な価格政策との間のひとつの中間的な道を示す妥協的

324 第 2 部 経営の「アメリカ化」と「再構造化」の日独比較

解決へと至った。そこでは，ペルジルなどの大きなブランドは絶対的に必要な程度でのみ割引や特売を行うのに対して，他の製品では競争状態にみあう供給によって全体的な市場シェアを守るべきとされた[125]。

このように，アメリカのマーケティング戦略は，全体的にみれば，ドイツ企業の販売政策のコンセプトに持続的な影響をおよぼした。アメリカ企業の手段やノウハウは，例えば製品政策や宣伝では取り入れられたが，その受容の程度は競争の激しさにかかっていた。宣伝の内容を度外視すると，1950年代末以降，市場調査や意見調査の新しい技術に依拠した販売政策のはるかに強力なシステム化がみられた。しかし，競争政策の影響も受けていたドイツの生産者の価格政策・条件政策に関しては，企業が既存の伝統から離れることは明らかに困難であった[126]。

以上のような全般的な導入状況のなかにあっても，1950年代および60年代には市場志向の経営への転換は，企業によって異なっていた。売手市場から買手市場への移行という条件の変化についても，原料産業と消費財産業とでは差異がみられた。また販売，マーケティング，宣伝および消費者問題に関する感じ方は，産業部門や個別企業の内部でさえ異なっていた。そこでは，個人の経験，感じ方や考え方が，重要な役割を果たした。重工業では，カルテルの存在のような歴史的な理由から，1960年代半ばまで，販売，宣伝およびマーケティングには副次的な意義しか認められていなかった。これとは対照的に，化学産業や人造繊維産業では，トップ・マネジメントは，マーケティングにはるかに大きな注意を払っており，その手法の導入はすでにかなりはやくに始まった[127]。1970年代初頭のブーズ・アレン＆ハミルトンの報告書によれば，とくに消費財産業の多くの進歩的な企業ではアメリカのマーケティング・コンセプトが理解され，また導入されており，市場調査，販売および販売促進，広告などのマーケティングを構成する機能がそれなりに展開されていた。これに対して，生産財産業の多くの企業では，市場の要求が前提とされるのではなく，なお依然として主に生産が前提とされていたとされている[128]。

またマーケティング手法においても産業間で大きな相違がみられた。例えば，販売される製品のタイプ，販売の対象となる人のタイプや基本的な産業の

第7章　アメリカ的マーケティングの導入の日独比較　*325*

構造において互いに大きく異なる自動車産業と機械産業は，良い対照的な例をなすとされている。ことに生産財を扱う機械産業では他の産業に対し販売が行われるのに対して自動車産業では一般大衆に直接販売されるということは，販売員の巧妙さや販売の困難さという点にも反映している[129]。そこで，つぎに，マーケティング手法の導入を主要産業とその代表的企業についてみることにしよう。

4　主要産業部門におけるマーケティング手法の導入

　(1)　化学産業におけるマーケティング手法の導入

　第2次大戦後に消費財の製品分野が拡大するなかでマーケティングの問題が重要となってきた部門のひとつに化学産業がある。ここでは，この産業について，個別企業の代表的な事例をとおしてみていくことにする。

　まず**グランツシュトッフ**をみると，同社は厳格な市場志向の販売戦略を追求しており，それは伝統的な販売の考え方からの離脱を意味した。まったく新しいコンセプトを提供したのはアメリカのマーケティングおよび宣伝の手法であり，デュポンが手本とされた。マーケティングの意義の増大は，組織にも影響をおよぼした。1954年には宣伝部門が販売部門から切り離され，取締役会の直属とされた。広告の方法の決定に責任を負う広告委員会が同時に設置され，アメリカの広告・宣伝の手法の現地での研究，同国の企業や機関の訪問が行われたほか，出版物や雑誌が検討され利用された。1950年代末から60年代初頭に，ポリエステル繊維「ディオレン」の大規模な宣伝が開始され，59年にはこの製品のための新しい販売促進の課とチームが設置された。テレビ広告でもアメリカ志向がみられ，その導入が行われた[130]。グランツショトッフは，アメリカのマーケティング手法の導入をより直接的なかたちで行った企業の代表例であった。そうした手法の普及は，経営陣による同国の専門用語の採用にも反映されており，企業文化の移転の反映でもあった[131]。

　また**ヒュルス**をみると，マーケティングの概念は，戦後当初はなんら役割を果たしていなかった[132]。しかし，1950年代初頭には，輸出比率の上昇を反映して，国内向けと国外向けへの広告予算の分割が問題となったほか，広告媒体の検討が行われた[133]。しかし，この段階では，まだアメリカに対する立ち遅

326 第2部 経営の「アメリカ化」と「再構造化」の日独比較

れがみられた[134]。グランツショトッフとは異なり，しかるべきマーケティング・コンセプトを追求する人材の欠如もあり，1950年代後半になっても，全体的にみれば，アメリカのモデルに注意が向けられることはほとんどなかった。そのような状況は，1960年代初頭のポリエステル繊維「フェスタン」の導入にともない変化した。他の製造業者やそのブランド製品との競争，それにともなう市場の諸要求へのより強力な適応の必要性のもとで，グランツシュトッフのディオレン・キャンペーンに類似したフェスタンの大規模なマーケティング・キャンペーンが開始された。ただそこでは，アメリカのマーケティングとの直接的あるいは人的な接触を基礎にした販売政策や同国の経営方法の用語の面での受け入れなしに，マーケティングが実施された[135]。

さらに**ヘンケル**についてみると，ペルジルでは戦後の宣伝活動は1950年にその始まりをみた[136]。しかし，1953年9月の同社のある内部文書によれば，広告は近代的なものとはみなされてはおらず，競争相手の宣伝はつねにより良いものであったと指摘されている[137]。1956年秋には西ドイツの最初の企業として「ペルジル」のテレビ広告が開始されおり，それは，ますます同国の全温度洗剤市場でのP＆Gの並外れた宣伝努力に対する防衛策となった。しかし，伝統的なドイツのブランド製品の企業として，ヘンケルの経営陣は，その後も，そのような内容には距離をおいていた[138]。

そうしたなかで，1950年代後半から末には，広告への高まる要求によって，市場調査機関や広告代理店のような外部の専門家などが関与するようになった。1959年に初めてペルジル・キャンペーンのために広告代理店であるツルーストキャンベル社への委託が行われた。同年には，製品計画と広告を担当するマーケティング部門が設置され，広告宣伝本部がすべての広告宣伝活動の構想・実施に責任を負った[139]。ただ1960年代初頭までは，資本不足のために，経営陣は，競争相手のような価格や広告政策に関する戦略の実施についてほとんど考えることはできなかった[140]。

しかし，アメリカ企業による競争圧力の強まりのもとで，市場調査と競争相手の分析が，販売政策に推進力を与えた。1960年代初頭には，アメリカでの新しいブランド製品の登場に関する資料の収集と担当部署へのその伝達を担当する中央部門が，マーケティング部門のなかに設置された[141]。ヘンケルは，専

門知識をもつ市場調査担当者の養成のために，1961年および62年に経済省の生産性助成プログラムに参加した[142]。またアメリカのブランド製品の代表的な生産者，マーチャンダイザーおよび販売会社との協力による新しい販売方法やマーケティングの傾向に関する情報の獲得が，めざされた[143]。ヘンケルは，すでに1950年代後半以降，ドイツの広告代理店と協力してさまざまな製品を投入してきたが，63年にはアメリカの広告代理店に新しい洗剤「アムバ」のキャンペーンを委託した[144]。

その後，ドイツ市場での競争がますますヘンケルとP＆Gの2社の競争に発展したので，1960年代半ば以降，P＆Gの営業政策の詳細な分析が取り組まれるようになった[145]。そこでは，P＆Gに匹敵するマーケティング・ミックスのあらゆる諸要因の円滑かつ首尾一貫した処理に努めることが提案された[146]。ヘンケルでは，将来の競争にそなえて，P＆Gの手法，目標および組織の詳細な分析が必要とされ，1960年代末には，販売の領域においてP＆Gの研究のための委員会が組織された[147]。この頃には，洗剤部門での競争激化がブランドの価値の低下をもたらし個々のブランド製品の間の差別化が一層弱くなるという予測から，徹底的な品目の削減によって，対応がはかられた[148]。そのような状況のもとで，アメリカのコンサルタント会社であるスタンフォード研究所が1968年に，マーケティング組織の内部の各単位ないしグループは別々のコスト・センターをなすべきこと，それまでの販売志向の活動からより包括的な顧客志向のマーケティング・プログラムへと転換すべきことなどを提案した[149]。

このように，化学産業では，消費財の製品分野における大量生産の進展とドイツ市場へのアメリカ企業の輸出攻勢による競争の激化が，マーケティング手法での対応を一層重要な課題にした。しかし，そうしたなかで，広告代理店の利用も含めてアメリカとの緊密な接触によって対応した企業とともに，それとは一定の距離をもって対応した企業もみられた。

(2)　電機産業におけるマーケティング手法の導入

また電機産業についてみると，ジーメンスでは，1948年の通貨改革にともない，すでに38年に設立されていた広告本部の活動の重点は，販売の宣伝支援へ

328 第2部 経営の「アメリカ化」と「再構造化」の日独比較

と移った。1950年代には，広告調査によって，宣伝の効果に影響をおよぼす諸要因を経験的に分析する可能性が開かれた[150]。同社の技術的な性格を示すために，またジーメンスおよびその製品への信頼を生み出すために，広告媒体の形成においても統一的なスタイルが生み出されるようになった。さらに日用品の市場での激しい競争への対応として，1954年以降，図解での大衆向け広告が開始された。投資財部門でも，技術の領域における多くの新しい発展によって，販売員には，人的な関係の形成を支援するためにより多くのすぐれた情報手段が必要となった。そこでは，宣伝用パンフレット，印刷物および新聞などの広告が，その重点をなした[151]。1961年の同社のある内部文書によれば，競争の激化のもとで，販売促進，マーケティング・リサーチ，販売計画および生産計画といった課題が生まれたと指摘されている[152]。

　ことに全般的な経済躍進，より強力な宣伝の投入と結びついた市場のダイナミズムの増大，国際的になりつつある競争は，市場条件や顧客の要望への製品政策・販売政策の志向というアメリカの近代的なマーケティング思考へと向かわせることになった。広告のための組織に関しては，1962年以降，広告宣伝グループのほか，必要な宣伝手段の効果的な創出やジーメンス流の広告スタイルの維持に従事する専門の部署への分割が行われた[153]。

　1960年代には，イメージ分析の成果が，現代的な広告のスタイルや企業のアイデンティティ戦略策定のための基礎を提供するようになった。ドイツでは，科学的分析は1950年代には当初広告の目的のために利用されたが[154]，60年代には，ジーメンスの企業イメージに関する科学的研究が，中立の機関によって実施された。さらに企業ブランドやそのシンボルキャラクターに関する研究，競争相手と比較した場合の同社とその製品の知名度に関する分析のほか，ジーメンスとAEGの広告費の比較が行われた。またマーケティング・リサーチ，市場観察および宣伝調査は，改善された計画の補助的手段をなした[155]。1960年代後半には，消費，市場および販売の調査会社であるGfKニュールンベルク社に「ジーメンスのシリーズ製品」の概念に関する調査を委託しており，知名度，情報およびイメージの3点についての調査結果を得ている[156]。

　また家庭用電気製品を生産・販売するジーメンス電熱機器会社では，アメリカの小型電気製品市場を分析し得られた知識をヨーロッパの状況に反映させる

という目的，また同事業の拡大の可能性を示すという目的をもって，1968年に同国への調査研究のための旅行が実施された。そこでは，①市場の状況，②製品の特徴，③製品計画および製品開発，④生産，⑤販売，⑥広告・販売促進の6点に関する質問票による調査が行われた。また訪問先の中小企業ではトップ・マネジメントとの会談が行われたほか，より大規模な企業では，小型電気製品に責任を負う管理者との議論が行われており，ウエスティングハウスなどの訪問によって，販売の組織や方法などについての調査が行われた[157]。

このように，1960年代には，ジーメンスの広告活動は，マーケティングの重要な一部分へと発展しており，そのときどきの市場の状況に適応してきた。しかし，1970年代になると，広告は，60年代のような販売の問題におけるマーケティング・ミックスの一部としての機能をこえて，企業全体の問題であるコミュニケーション・ミックスの一部としての機能を果たすようになった[158]。

（3）自動車産業におけるマーケティング手法の導入

つぎに，自動車産業をみると，**フォルクスワーゲン**は，強い顧客志向および販売志向のもとで，マーケティングの諸方策への取り組みが最もすすんでいた企業のひとつであった。同社では，アメリカのノウハウはH.ノルトホッフに推進力を与え，はやくも1948年から50年に，広範でかつ大規模な販売組織の計画化が徹底的に取り組まれた[159]。その後も，国内外の販売網の構築が積極的に推し進められた。1947年には，同社の販売組織は，10の中核的な流通業者，14のディーラーを組み入れていたにすぎず，公認の修理工場は存在しなかった。しかし，はやくもその2年後には，販売組織は，16の中核的な代理店，31の卸売業者，103のディーラーおよび84の公認の修理工場をもつようになった[160]。ドイツの他の自動車企業とは対照的に，フォルクスワーゲンは，戦後，既存のディーラー網に依拠することができなかったので，販売組織の整備が重要な課題となった。通貨改革が行われた1948年以降，販売拠点の数が急増しており，卸売の段階も担当する独立した小売業者のシステムが整備されたほか，顧客サービス網が拡大された。販売拠点の整備の方法としては，1960年代には，他社（BorgwardとAuto Union）の買収の方法も利用された[161]。

またフォルクスワーゲンは，1949年8月創刊の広報誌"*Volkswagen*

330 第2部 経営の「アメリカ化」と「再構造化」の日独比較

Informationsdienst"の各号において，はやくも市場分析，広告および顧客サービス機能の必要性と重要性を指摘しており，アンケート調査や統計，顧客サービス機能の整備に取り組んだ[162]。1945年第4四半期には，すでに顧客サービス部門が再び設置され，翌年の46年には取替部品，技術および顧客サービス研修の3つの部署をもつ組織に拡大された[163]。販売・顧客サービス本部は，1948年には国内販売，国外組織，技術，広告といった課を有する組織へと発展しており，宣伝課が同年7月に設置された[164]。また1950年度には，国内販売担当部門の再編のなかで販売促進課が設置された。宣伝課がそこに組み入れられたほか，販売統計やあらゆる販売促進の諸方策も，そこに統合された。この年度には，かなりの規模の積極的な宣伝が初めて展開されるようになっており[165]，1951年度には，販売促進・宣伝課は，初めて体系的かつ計画的な活動を行うようになった[166]。そうした動きのなかで，1953年には，直接広告の方法が問題にされるなど[167]，広告にも大きな重点がおかれるようになった。また1958年の広報誌"*Volkswagen Informationen*"でも，広告の基本原則として，販売促進と宣伝の重視が指摘されており[168]，販売員研修のような方策も，より大規模に行われるようになった[169]。1959年の営業年度には，ディーラー網と修理工場網が強化され，地域の顧客サービスがとくに大都市において拡充された[170]。また契約関係にある販売業者の支援策も積極的に取り組まれた。それは，例えば1962年のディーラー助言会議の開催やディーラー金融制度などにみられる[171]。

　こうした販売網・サービス体制の整備は，輸出拡大のための方策として，外国でもすすめられた。ノルトホッフはすでに1950年に，アメリカへの輸出の重要性を指摘し，同国の市場分析に基づいて，有利な開始時期を選択してきた[172]。1955年には，国外でも2,800の小売業者および修理工場を抱えており，同年の"*Volkswagen Informationen*"誌は，ヨーロッパの最善の販売・顧客サービス組織をもつ同社の体制はアメリカにも引けをとらないと指摘している[173]。アメリカ市場における同社の競争力の源泉は，高い生産性とともに，戦後に展開されてきたサービス・ネットワークの質にも大きく負うものであった[174]。

　とはいえ，ノルトホッフは顧客サービスの拡大に集中しており，広告は制限

第7章　アメリカ的マーケティングの導入の日独比較　*331*

されつづけ，1950年末まではわずかな役割しか果たさなかった[175]。フォルク
スワーゲンでは，生産重視の考え方がなお強かった。彼は，近代的なマーケテ
ィングに対して慎重な態度をとっており，1963年までは，今日的な意味での広
告予算が存在しなかった。しかし，1960年代の始まりとともに，ドイツの自動
車市場が売手市場から買手市場へと徐々に転換するなかで，フォルクスワーゲ
ンは，宣伝への参入，その拡大によっても，こうした経済環境の変化への対応
をはかった[176]。

　1960年代初頭以降，ドイツの自動車産業の成長率は低下傾向にあった。その
原因は，国内市場の変化だけでなく，攻撃的なマーケティングの諸方策による
外国の供給業者のドイツ市場への一層の進出にもあった[177]。そのような状況
のもとで，アメリカのマーケティング手法の導入が本格的に取り組まれた。
1960年代には，広告代理店を利用した宣伝活動が一層大規模に展開されるよう
になった。例えば1964年度をみても，63年に新しく生み出された広告・宣伝の
スタイルが徹底して継続され，新車の広告やスポットコマーシャルが，さまざ
まな広告代理店との協力で展開された[178]。

　全般的にみれば，フォルクスワーゲンの本社の責任者は，アメリカの宣伝の
質についてはゆっくりとしか確信をもたず，同国の宣伝の方法を徐々にしか受
け入れなかった。しかし，アメリカの影響は非常に大きなものであった。新し
い考え方，異なる用語，新しいスタイルの要素や機知が，ドイツの宣伝にも導
入された。また1960年に初めて，テレビ広告のほか，イラスト，女性誌やテレ
ビ雑誌による広告が開始された。宣伝，販売促進および顧客サービスは，1966
年の販売・顧客サービス課の年報において初めて「マーケティング」という名
称のもとで表現された統一的な戦略と結びついた。その2年後には，フォルク
スワーゲン・コンツェルンの販売部門や子会社は，設定された販売目標の達成
のために必要な方策を内外の市場要因の詳細な分析に基づいて決定する統一的
なマーケティング計画を策定した。このように，同社の新しい販売戦略および
宣伝の方法の導入は，アメリカの宣伝およびマーケティングの方法にひとつの
「基準」あるいは「手本」をみており，同国のモデルと密接に結びついてい
た[179]。

　フォルクスワーゲンでは，宣伝の実施や強化の重要な推進力は，アメリカ市

332 第2部 経営の「アメリカ化」と「再構造化」の日独比較

場への輸出にあった。そこでは，アメリカフォルクスワーゲン社の社長を務めたC. H. ハーンが大きな役割を果たした。1959年のアメリカ企業による最初の小型車の投入と卸売業者の圧力のもとで，同国での宣伝のより強力な展開をはかるために，広告委員会が設置された。現地の広告代理店による「カブト虫」（"Käfer"）の宣伝でもって，アメリカの洗練された広告の方法が初めて導入された。1950年代末には，専門的な広告代理店の宣伝を利用することはアメリカでは広く普及していたのに対して，ドイツ企業にとっては非常に異例であった。こうした状況からすれば，フォルクスワーゲンは，アメリカのマーケティング手法の導入においてすすんでいたといえる[180]。ドイツ企業は，外国の販売キャンペーンに関する広告・宣伝を行うために，一般にドイツの企業を使うよりはむしろ，販売をねらう諸国における代表的な代理店を利用する傾向にあった。最善の外国の広告代理店を注意深く選択する技能は，アメリカにおけるフォルクスワーゲンによって最もよく示されてきたとされている[181]。ことに同社の輸出が一層拡大した1960年代には，輸出促進のためのマーケティングの展開が，一層重要な課題とされた。例えば輸入業者への広告資料の提供の計画的な展開によって，またいくつかの市場に対する財務的支援，国際マーチャンダイジング・カタログの導入によって，できる限り世界的レベルで調整された販売促進活動の努力がなされた[182]。

　このように，フォルクスワーゲンでは，マーケティングのための独自の取り組みが行われる一方で，アメリカ市場への進出，輸出の拡大のための努力のなかで，ハーンのような個人に大きく依存するかたちで[183]，広告代理店の利用もとおして，アメリカ的なマーケティング手法の導入がすすんだ。それはさらに，ドイツの国内市場においても展開されるかたちで広がっていった。1960年代および70年代には，企業のなかでばらばらであった個々のマーケティングの機能が統合され，そこでは，マーケティングは，販売のための現業的な補助機能から経営政策のためのひとつの戦略的・計画的な手段へと発展した。ただ製品政策，販売政策，広告政策および価格政策の諸機能を統合した消費者志向のマーケティング・マネジメントがより本格的に展開されるのは，経営環境が一段と厳しくなる1970年代および80年代のことであった[184]。

第7章　アメリカ的マーケティングの導入の日独比較　*333*

(4)　鉄鋼業におけるマーケティング手法の導入

つぎにこれらの産業との比較のために，生産財産業である鉄鋼業についてみることにする。アメリカのマーケティング手法の学習のための組織的な取り組みとしては，例えば技術援助プロジェクトの枠のなかで，1954年10月にマーケティング・リサーチ，管理組織，労使関係に関する同国への研究旅行が鉄鋼業連盟の主催で実施された。そこでは，販売および商取引の組織に関して，販売管理は一般的に生産計画のための受注準備の部門，価格部門，市場調査部門，宣伝部門，クレーム処理部門といったさまざまなスタッフ部門から構成されていたことなどが研究された。そこでは，USスティールがひとつのモデルとされた[185]。また個別企業の取り組みでは，例えばティセンは，提携関係にあるアームコへの販売組織や市場開発部門に関する調査を目的とした研究旅行を1955年に行っている[186]。また1956年には，このアメリカ企業との間で市場調査・販売会社の設立をめぐる協定が結ばれた[187]。

しかし，鉄鋼業の製品が生産財であることから，購買者の嗜好・要望が多様な消費財とは異なる市場特性の問題もあり，マーケティングの展開のあり方も，化学，電機，自動車といった上述の産業部門とは異なる面がみられた。すでにみたように，重工業では，1960年代半ばまではなお販売，広告，マーケティングには副次的な関心しかもたれていないという傾向にあったとされているが[188]，鉄鋼業はそのひとつの代表的な産業をなした。

第3節　マーケティング手法の導入の日本的特徴とドイツ的特徴

以上の考察をふまえて，マーケティング手法の導入の日本的特徴とドイツ的特徴を明らかにしていくことにしよう。まずマーケティング手法の導入の日本的特徴について，アメリカとの比較の観点も取り入れて考察することにしよう。

1　マーケティング手法の導入の日本的特徴

(1)　売上高・市場シェア重視の経営とマーケティングの日本的特徴

高度成長期における日本の製造企業のマーケティング政策は，売上高や市場

シェアの極大化を目的として，大量生産される製品を可能な限り大量流通させようとするものであった。そのために，垂直統合的流通チャネル政策，過剰なリベートなどを多用する価格政策，販売促進活動あるいはセールスマン活動など，流通業者を確実に支配・把握するという「流通の支配」にほとんどの努力が結集されてきたという傾向にあった。1品目だけではなく多様化した複数の商品で絶対的数量における過剰生産になっていたという状況が，製造企業によるできる限り多くの商品の流通をはかる流通支配型のマーケティング政策を生む重要な要因をなした[189]。

製造業では，日本の巨大化した企業は，国内の同業他社との激しい競争や資本自由化による外国企業との競争に打ち勝つための主要な経営戦略のひとつとして，マーケティングの諸技術を総合的に導入して流通支配力の強化をはかってきた。しかし，企業間競争の激しさ，資本自由化，因習的な取引慣行，企業経営の姿勢などの多くの点で諸外国とは異なる経営風土のもとで，とくに流通チャネルや価格政策などにみられるように，日本特有の構造や形態が生み出されてきた[190]。

もとより，アメリカ市場の最大の特徴のひとつは，その均質性，マスマーケットの層の厚さにあり，それは，中層所得階級の著しい増加と彼らの間にみられる消費嗜好の類似性によるものであった[191]。こうした条件のもとで，同国では，他の国よりもはやく成熟市場が到来することになった。そのような状況のもとで，市場成長率は一般的に低く，多くの業界では市場における有力企業の地位がほぼ確立していたことから，企業は，既存市場への参入による既存企業とのシェア争いよりはむしろ新市場の発見や開発に努力する傾向にあった。そうしたなかで，新市場の開拓を目的として，製品，販売などの技術革新あるいは多角化戦略というかたちでのマーケティング活動が展開された。これに対して，日本では，価格競争，プロモーション競争，流通支配競争といった市場シェアの獲得競争の比重が高い傾向にあった[192]。

1960年代末から70年代にかけての時期をみても，日米両国の間にみられるマーケティングの質的差異については，アメリカのそれはドライで，大型で，戦略的で，収益性重視であるのに対して，日本のマーケティングはウエットで，小型で，非戦略的で販売量重視であり，なお生産志向の考え方がかなり残って

いたとする指摘もみられる[193]。こうした差異をめぐっては，両国の間にみられるつぎのような相違が深く関係しているといえる。すなわち，収益性重視のアメリカのマーケティングにあっては，コストプラス方式よりも買い手の望むものを買い手の望む価格で販売し，その価格で販売できるように原価を抑えるという考え方が強い[194]。これに対して，日本では，売上高と市場シェアの重視のもとで，価格を企業と社会の一種の契約とみた上で投下資本利益率のような厳密な指標のもとに経営を展開するという基盤が十分に定着してはいなかったという事情がある。この点は，事業部制組織を採用している企業でも，事業部の業績評価の基本尺度として投下資本利益率よりも売上高利益率を重視する例も非常に多いということにも示されている[195]。

　日本企業には，低価格政策によって最初に市場を獲得して，その後の展開のための条件を生み出そうとする販売戦略の展開[196]，またそのような戦略をも反映した市場シェア重視の経営の傾向がみられる。日本企業のこうした経営慣行，行動様式は，アメリカ的なマーケティングの導入のあり方に大きな影響をおよぼした。池尾恭一氏によれば，消費社会における未熟ではあるがアメリカ型生活様式の達成に必要な製品の購買への関心が高い消費者の存在を前提に展開された日本型マーケティングは，流通系列化，企業名ブランド，同質的マーケティング，連続的新製品投入という性質をもつことになった。そのような同質的マーケティングのもとで，企業間競争が激しくなった。1973年の第1次石油危機後の低成長期には，消費者の判断力の向上と関心の低下という需要の質的な変化のもとで，それまでのマーケティングの基盤は大きく変化し，限界が現れてくることになった[197]。高度成長期における以上のような競争の条件は，日本的なマーケティングの展開の前提でもあり，また結果でもあったといえる。この点は，集中度は高くても相互協調的な安定性に欠け相互の競争が激しく，新製品に対する後発企業の新規参入がきびしいという，日本の不安定な競争的寡占体制の特質[198]とも関連している。

　このような状況のもとで，高度成長期の日本的マーケティングの重要な特徴のひとつは，「競争優位としてのマーケティング」という点にみられる。ことに耐久消費財においては，マーケティングは，「フルライン化，恒常的モデルチェンジ，品質向上策等による製品優位，大量生産や各種のコスト低減による

価格優位，販売網構築というチャネル優位，大量広告宣伝・プロモーション等によるイメージ向上や販売促進優位と，競争上の優位を目指して展開された」。こうしたあり方は，「マーケティングが競争優位をめぐる戦略の重要な1つの地位を果たす」ものであった[199]。

(2) 信頼関係に基づく流通系列化の独自的展開とマーケティングの日本的特徴

また日本では流通系列化によって独特の流通システム，流通経路の支配が生み出されたことも，戦後のマーケティング活動における重要な特徴のひとつである。アメリカでは，耐久消費財の生産は大規模なメーカーの大量生産工場において行われる一方で，販売は数千数万の独立自営の中小小売商あるいはディスカウント・ストアのネットワークで行われるというシステムが支配的であった。そこでは，①現代マーケティングの武器としての，製品差別化をめざした製品計画，②ブランドの浸透をはかるための大量広告・販売促進という2つの方法が主要な柱となっている。これに対して，日本では，これら2つの方法に加えて，一層強力な流通経路そのものの拘束的な系列支配という第3の手段が成立しており，メーカーによる市場支配・流通支配はアメリカをさえのりこえて，一層強固に構築されてきた[200]という点に，重要な特徴がみられる。

このような流通系列化による流通支配体制のもとでは，メーカーの熾烈な企業間競争は価格競争というかたちではなく，新製品競争，広告宣伝競争あるいはリベート競争などの非価格競争というかたちをとって展開された。その過程において現代マーケティングの技法と手法が総動員されて，現代マーケティングの本質をなす計画的陳腐化が強力に促進されたのであった[201]。もとより，系列店を引きつけておき系列流通網を維持するためには，「広い製品ラインの確保」と「素早いそして絶えざる製品開発」の追求という独特の製品製策，マーケティング体制が不可欠となる。日本のマーケティング，とくに新製品開発においては，比較的小さな改善を中心としてドラスティックな差別化は少ないという状況のもとで，同質的マーケティングが特質となってきた[202]。系列化された流通チャネルを強みにしてライバル企業との同質的競争を展開することが，日本におけるマーケティングの卓越性のひとつのパターンであった

が⁽²⁰³⁾，同質的競争ゆえに，計画的陳腐化をいかに促進するかということが，企業にとっても，また当該産業にとっても重要な意味をもったといえる。

　日本に特有のかたちでの流通系列化の動きはまた，アメリカ的なマネジリアル・マーケティングの消化・定着に大きな影響をおよぼすことにもなった。そのようなマーケティングは，市場調査の重視，マス・コミ広告による大量販売の推進，企業における販売中心主義という技術的特徴をもって導入された。しかし，日本ではすでに販売店系列化が進行しており，そのことを前提条件としてアメリカ的なマネジリアル・マーケティングが導入され，またそれが系列化を強化する役割も果たしたという点において，ある種の特殊性と限界性があった。また競争構造がまだ十分に寡占化されていない状況のもとで価格競争が依然として強く作用したことから，価格下落の抑制のためにも，系列化がとくに強化されるようになった⁽²⁰⁴⁾。こうした点も，アメリカとは状況が大きく異なっている。

　製造企業と卸売業者・小売業者の垂直的協調が製造企業の主導で行われ，それが垂直的統合の形態をなしているという点に，日本の流通系列化の特徴がみられるが，その背景には，継続的な取引関係を重視する日本的取引慣行がある⁽²⁰⁵⁾。日本的取引においては，人的活動に依存する度合いの強さ，個人的な信頼関係が非常に重要な役割を果たしていること，つまり，「経済的合理性に基づく透明性の高い契約関係というより，共同体・小集団にみられる個人的な信頼のうえに成り立つ人間関係に重きを置く」という点に，特徴がみられる⁽²⁰⁶⁾。こうした日本的取引のあり方を反映するものでもある流通系列化のもとでは，例えば家電産業における垂直的な系列化政策は，家電マーケティングの母国であるアメリカでもみられない日本独自のチャネル政策である。信頼関係に基づく日本的な集団形成の方法が，家電メーカーによる流通チャネルの独占的支配において最も有効な手段として利用されたのであり，このことにこそ，日本的な系列化政策の特質があったといえる⁽²⁰⁷⁾。ただ，日本とアメリカの居住環境の相違のために，家電製品でみても，アメリカ的な大型耐久財の受容は困難であり，系列化された流通システムが機能するためには，日本のニーズに合った製品開発が重要となる⁽²⁰⁸⁾など，マーケティングの総合的なバランスのとれた展開が求められることにもなった。

338 第2部 経営の「アメリカ化」と「再構造化」の日独比較

しかしまた1970年代に始まる低成長期への移行にともなう急激な環境変化は，流通系列化に重大な影響を与えることになり，それのもつ矛盾をいっきょに顕在化させることにもなった。あまりにもリジッドな流通系列体制は，流動的な市場環境のもとで現実に合わなくなり，その手直しに迫られることになった。独立系専門量販店の急成長による系列店シェアの漸減のもとで，例えば家電メーカーでは，高度成長期のような系列店への全面的依存体制からの転換がはかられ，系列店のみならず独立系専門量販店も重視した複合体制へのシフトがすすんだ[209]。このように，低成長期になると，チャネル・メンテナンスが重要な経営課題となり，高度成長期のような一方通行的な商品供給システムである企業本位の大量生産＝大量販売の構図から本来の消費者志向への意識転換が，こうしたチャネル・メンテナンスに現れてくることにもなった[210]。

　（3）　人的要素の役割に基づくボトムアップ型にみられるマーケティングの日本的特徴

さらにまた，量産型消費財産業を中心とした量産型マーケティングの導入においては，ヒューマン・ファクターと消費者サービスの重視，製品戦略における市場ニーズ密着型の展開などに，日本的修正がみられる。また伝統性の強い流通機構とスタートの遅れた流通革新，系列販売の進展とその歴史的変遷，状況適応型マーケティング戦略の進展，製品改良重視のマーケティングから新製品開発重視のそれへの展開，日本型状況適応型マーケティングを支える日本的生産システムの影響，流通革新におよぼした総合商社の影響や国際マーケティングにおけるその歴史的役割などにも，日本的特殊性があらわれている[211]。アメリカとの対比でみても，日本のほうが販売活動のなかでの個人的なつながり，人間的要素が強く，その意味でも，上述したようなウエットなマーケティングという性格がみられる[212]。このような人的要因のもつ意義については，量産型消費財産業以外の産業でもみられる。竹田志郎氏は，軽機械品の分野に関して，国内市場での激しい企業間競争をとおしてあらわれた日本的特殊性として，①「顧客の選好性に厳密に適合するユニークさをもった製品開発」，②「取引先を系列化するに至る積極的な援助活動」，③「正確なデリバリーときめ細かい丁寧なサービス」という3つの点をあげている。それらは，「アメリカ

でのマーケティングが高度成長期において日本という土壌で、"人"という側面で大きな特性を形成しつつ深く根付いていったもの」であるとされている[213]。

　日本においては、戦前の流通機構のなかで鍛えられ洗練されてきた土着のマーケティング・ノウハウがマーケティング技術の基礎にあり、マーケティングは、その理論においてはアメリカからの導入であったとしても、「その当初から科学的に理論化され、トップ・トゥ・ダウンの形で発展してきたアメリカのマーケティングとは一味も二味も異なるもの」となった。日本のマーケティングは、複雑な流通機構のなかで、きわめてセグメントされしかも個性的商品に対する嗜好が強く消費者のニーズが多様であるという市場を対象として発展してきた。そのような事情を反映して、マーケティングは、きわめてきめの細かいサービスの提供、とくに最終消費財のニーズを機敏に汲みとりそれを製造にフィードバックさせる高度な能力という点に特徴をもつものとなった。それは、より個別化された市場に密着したマーケティングの必要性に規定された、「アメリカとは異質のボトム・トゥ・アップ型のマーケティング」であり、「競争と協調とを巧みに共存させながら消費者に密着したマーケティングを行いうる」というものである[214]。

（4）　戦略との関連でみたマーケティングの日本的特徴

　またマーケティング戦略との関連でみると、「セールスマンを中心とする営業組織を人の和と情報収集の点で強化し、それに製品戦略を組み合わせて、価格リーダシップをにぎろうとするところ」に、日本企業のこの領域における戦略の基本的特徴がみられる。日本企業における有効な戦略という点では、「価格戦略や販売促進戦略よりも製品戦略や経路戦略などのヨリ長期的戦略の分野にヨリ強く依存している」という面が強い[215]。ただ1960年代後半から70年代にかけての日本のマーケティング戦略においては、トータル化が強調される一方で、55年以降の10年間の高度成長期における新製品、差別化製品を基軸にしたメーカー中心の商品計画戦略時代が、限界に達した。1965年代以降の成熟期には、情報を基調とした販売促進戦略がメーカー、大型店と入り乱れて展開されるに至り、販売促進戦略が重視されることにもなった[216]。

340 第2部 経営の「アメリカ化」と「再構造化」の日独比較

　しかし，1970年代初頭には，消費財産業における日本の多くの大製造企業は
まだ，真にマーケティング志向型となるには至っていなかった。マーケティン
グ戦略はよく調整され統合されたたかたちにはなっておらず，代表的な企業で
さえ，明確に定義されよく統合されたマーケティングの目標と戦略をもつ企業
はまれであった。大企業では，マーケティング・リサーチを専門とする組織上
の単位は一見普及していたにもかかわらず，戦略的意思決定へのリサーチの投
入という面では，ただ限られた利用がなされていたにすぎなかった。最も進歩
的な製造会社でさえも，マーケティング・ミックスのさまざまな個別要素の調
整もなお不十分であった。日本の大企業におけるこのような総合マーケティン
グ指向の欠如は，多角化の方向の決定が主としてその生産における強さと製造
能力から決定される傾向にあるという，多角化に対するアプローチにもあらわ
れている。大企業の多くでは，多角化の決定において，マーケティング領域に
おける会社の潜在的な強さは，必ずしもつねに十分に配慮されることはなかっ
た[217]。1968年の上述の産業構造審議会管理部による調査でも，日本企業は，
「従来の生産第一主義から市場の動向に即応するマーケティング重視へと転換
を図りつつ」あったが，企業経営の基本的な考え方はまだ充分市場志向になっ
ていたとはいえず，「より綿密な市場調査に基づいた製品企画とマーケティン
グ・ミクスを行うことが必要」という状況にあったとされている[218]。

　また経営資源の蓄積・展開という点との関連でみると，アメリカと比較した
場合の日本企業のマーケティング行動のひとつの焦点は，「生産供給力の不可
逆的な蓄積に応えること」にあるが，それらの試みは，結果的には，マーケテ
ィング資源自体のそのような蓄積を促すものであった。しかし，「マーケティ
ング諸資源は，企業に統合されるかあるいは抜き差しならないような長期的な
雇用あるいは取引契約によって固定化が図られ」ることになった。結果とし
て，アメリカ企業にみられるような，「製品市場の変化あるいはマーケティン
グ諸資源のコストの変化に対応した資源配分変更の柔軟性」を意味する「マー
ケティング資源のモビリティ」という特性は，失われることになったとされて
いる[219]。

　以上の考察から明らかなように，アメリカ式管理技術の導入は，日本の実情
にあった創造的吸収が行われてきたという点に大きな特徴がある。それは，導

入した管理技法や技術を応用した経験から得られた情報のフィードバックとその企業組織内での共有がすすんだことによってもたらされたものである。管理および産業にわたるアメリカからの導入技術の創造的吸収がはやく効果をあげたのは、「日本の企業組織が欧米型の個人責任中心の組織システムではなく集団責任中心のシステムで対応したこと」によるところが大きいといえる[220]。

2 マーケティング手法の導入のドイツ的特徴

つぎに、マーケティング手法の導入のドイツ的特徴についてみると、日本のような低価格政策による初期段階での市場の獲得よりは、品質による差別化を軸とした、価格競争回避のもとでの市場の獲得がめざされ、市場シェア重視よりは、自社の製品・サービスに対する信頼性に基づく安定的な市場の確保を追及する傾向にあるといえる。ドイツおよび輸出の中核をなすヨーロッパ市場の特性や生産重視、技術重視の経営観、それをも反映したトップ・マネジメントの人員構成にみられる特性などの影響が大きかった。そのために、価格競争よりはむしろ品質競争を重視したマーケティングの方策の展開が優先される傾向にあった。

それゆえ、マーケティングの重要な構成要素をなす諸方策の導入においても、特徴的なあり方が追求された。その意味では、寡占的競争への適応策としてのマーケティングの展開という点でも、ドイツ企業はアメリカ企業と異なる方向性をとったという面が強い。全般的にみると、企業のこうした経営観、市場構造や競争構造などの相違もあり、ドイツにおけるアメリカ的マーケティングの導入は、日本ほど全面的な導入をめざしたものではなく、導入の範囲の広がりや普及の程度においても、特殊的な展開をみたといえる。

広告・宣伝の導入という点では、大量消費を基礎にしてとりわけマーケティング・コンセプトの受容を必然的にともなった1960年代半ばから70年代初頭までのアメリカ化の第2の波は、1950年代の第1の波とは比べものにならないほどに大規模であった。それは、ほぼすべてのより大規模な企業や中規模の企業に影響をおよぼした。アメリカの影響は、以前ほどには大きくはなかったとはいえ1970年代以降もみられ、同国からのコンセプトやアイデアの着実な流れがあった。しかし、その後も、ドイツとアメリカの広告・宣伝の間には、かなり

342 第2部　経営の「アメリカ化」と「再構造化」の日独比較

の相違があらゆる領域で存在しつづけた。アメリカ化は，決してドイツの伝統的な行動様式の消滅やアメリカ的なそれによるおきかえを意味するものではなく，個性の尊重のような広告の部分は決してアメリカ化されたわけではなかったといえる[221]。

　アメリカのマーケティングおよび宣伝の方法の適応は，なんら収斂的な動きの必然的な過程ではなく，むしろそのためには，能動的・革新的な企業家や経営者が必要であった。彼らは，確かにアメリカでの経験や発見を基礎にして，1950年代半ばまで自らの企業において実践してきた例えばカルテルやシンジケートのモデルを志向した伝統的な販売政策とは反対に，市場志向というアメリカモデルへの方向づけに尽力した。しかし，そこでは，企業内部の抵抗を克服しなければならないこともまれではなかった[222]。

　広告・宣伝の部門ほどアメリカからの革新の圧力が強く感じられた経済分野はほとんどなく，経済史的・文化史的にみれば，広告代理店のモデルほどアメリカ的なものはなかった。しかし，ドイツの広告の専門家ほどアメリカに対する反感が広がっていた職業部門はほとんどなかったとも指摘されている。ドイツにおけるその普及の歴史は，ナチス期の中断がみられるものの1920年代半ばに始まり60年代半ばに一時的に終了した40年間におよぶドイツ的な伝統とアメリカの近代的な方式との融合化の過程であったとされている[223]。

　確かに，競争の圧力の増大がマーケティングの導入の必要性を高めることになった。しかし，ドイツの企業には，品質，配達業務やアフターサービスに基づいて販売することへの期待や，品質のよい製品やサービスは購入されるとする考え方がある。高い質の製品やサービスの提供の重視のもとで，同国の企業は，価格政策や流通チャネルに悩まされることは少ないという傾向にあったとされている[224]。ドイツ企業は，優れた品質を基礎にして，他の諸国で製造された類似の商品よりも幾分高い価格でも顧客は喜んでドイツ製品を受け入れるであろうという期待のもとに，価格よりも製品の品質を重視する傾向にある[225]。こうした認識は，アメリカ的なマーケティング手法の導入におけるドイツ的なあり方に反映している。またその後の時期をみても，例えばM. E. ポーターの1990年の指摘にもみられるように，「ドイツの企業は先端的な市場調査や消費者行動測定，その他のマーケティング技法では遅れている」状況にあ

った[226]。

このように，プラグマティックな考え方，傾向の強いアメリカと比べると，ドイツには，製品市場での消費者の技術や品質や機能を重視した購買特性，購買行動がみられる。またそのような市場特性，購買特性を反映して，企業の側にも，品質や技術，生産の面を重視する傾向，経営慣行，経営風土がみられる。このような経営観，経営風土の背景には，ドイツおよびヨーロッパの市場特性だけでなく，技術畑の経営者が多く，それを反映して彼らには技術志向が強い[227]という事情がある。そのような条件のもとで，激しい価格競争が抑制され，品質競争が他国に比べてもより重要な意味をもったといえる。ドイツの企業は，価格競争を回避するかたちで，コストではなく差別化を基礎にした競争の展開の傾向[228]，ことに機能面での品質による差別化に基づく競争への傾向を強めることになった。そこでは，品質・機能重視の差別化的製品戦略，そのような製品差別化的要素による高価格政策，価格の安定が重視された。同国の企業のターゲットとなる中核的な市場のこうした特性，技術・品質・生産重視の経営観をも反映するかたちで，戦後の大量生産の進展のなかにあっても，マーケティング手法の導入，展開においてドイツ的なあり方がみられた。

マーケティングの手法は，寡占的市場での競争のもとでの大企業体制，大企業による市場支配体制を支える経営上の基盤を整備するものでもあった。ただ，そこでも，ドイツには品質重視，したがってまた技術重視の経営観・経営風土の伝統と市場特性が存在しており，プラグマティックな伝統のもとに能率原理が重視され生産と消費の両面において標準化がすすんでいたアメリカにおいて生み出され発展してきた経営方式は，必ずしも適合的ではなかったといえる。例えば典型的な寡占的行動様式のひとつである「計画的陳腐化」のようなアメリカでは最も広く推進され競争優位の確立にも寄与した販売政策の手法[229]も，ドイツでは必ずしも適合的ではなく，むしろ，顧客の側からみたニーズのとらえ方を重視したより長期的な製品戦略が優先される傾向にあった

この点に関していえば，ダイムラー・ベンツのような企業では，高級車か実用車か，乗用車か商用車かを問わず，安全性や快適性の面での最高の品質の提供を社会的な責任とみる製品開発志向，製品戦略がとられてきた[230]。またフォルクスワーゲンのような大量生産志向の企業でも，同様に，戦後初期の段階

344 第2部 経営の「アメリカ化」と「再構造化」の日独比較

から，世界市場での競争力の確保の要因として，品質が重視されてきた[231]。ことに機能面に力点をおいた品質重視という市場特性は，ドイツのみならず輸出の中核を占めるヨーロッパにおいてもみられ，欧州の共同市場に加わる諸国を中心とする近隣諸国の市場では，ドイツの自動車企業は，主として本国市場において利用したのと同じ販売のアプローチを採用した。フォルクスワーゲン，ダイムラー・ベンツおよびBMWでは，こうした努力は，供給される製品の技術的な卓越と利用可能な信頼できるサービスを重視した広告・宣伝によって支えられたのであった[232]。

このように，ドイツ企業は，自らの製品が外国のライバル企業による最善の製品に対してもつねに技術的に競争力をもつよう大きな努力を払ってきたのであり[233]，こうした点にもドイツ的な経営行動の重要な特徴がみられる。市場特性，消費者の購買特性とそれを反映した企業の行動原理，行動様式が，大量生産の進展のもとでの市場への対応のあり方にも影響をおよぼしたといえる。これをより今日的にみれば，ドイツのような「高賃金国」からの供給にとっての重要な販売領域をなすのが，上位市場（上位市場階層あるいはプレミアム市場）であり，衣服，工作機械，自動車などにその代表的な例がみられる。なかでも，工作機械産業や自動車産業では，成功要因として技術的イノベーションや品質が重視されてきたし，現在においてもそうであり[234]，このことはマーケティング戦略の機軸をなす重要なポイントとなっている。

ただ歴史的条件という点との関連でみると，こうしたドイツ的な展開，あり方，その有効性は，市場の構造・特質を反映するものであっただけでなく，1950年代および60年代の経済成長期の生産力と市場との関係にみられる有利な諸条件のもとで，その問題性が顕在化するには至らなかったということも重要である。1950年代から70年代初頭にかけての20年間のドイツ企業による販売の顕著な成果は，競争価格での高品質製品の巧みなマーケティングによって達成されてきたが，70年代になると状況は変化することになる。ドイツ産業の競争力は，通貨の諸要因と賃金コストの上昇によって損なわれていくことになり，経営者は，こうした状況に対応するために新しいマーケティング戦略を徹底して工夫する必要性に迫られることになった[235]。

（1）保田芳明「マーケティング」，経済学辞典編集委員会編『大月経済学辞典』大月書店，1979年，853ページ，森下二次也「マーケティング」，大阪市立大学経済研究所編『経済学辞典』，第3版，岩波書店，1992年，1227-1228ページ。

（2）H. G. Schröter, *Americanization of the European Economy*, Dordrecht, 2005, p. 97.

（3）*Ibid.*, pp. 121-122.

（4）佐藤肇『日本の流通機構　流通問題分析の基礎』有斐閣，1983年，131-132ページ，140ページ。

（5）下川浩一『マーケティング：歴史と国際比較』，第2版，文眞堂，1997年，140-143ページ，155-157ページ，郷司浩平ほか監修，野田一夫編『現代経営史』日本生産性本部，1969年，211-214ページ，荒川雄吉『現代配給理論』千倉書房，1960年，40ページ，在賀英一「家庭電器とマーケティング」，有冨重尋・柏尾昌哉編著『日本の産業構造とマーケティング——産業別マーケティング・メーカー編——』新評論，1980年，236ページなどを参照。

（6）秋本育夫・渡辺公観「現代日本資本主義と市場問題」，秋本育夫・角松正雄・下川浩一編『現代日本独占のマーケティング』大月書店，1983年，22ページ。

（7）同論文，29ページ。

（8）鳥羽欣一郎「日本のマーケティング——その伝統性と近代性についての一考察——」『経営史学』，第17巻第1号，1982年4月，4ページ。

（9）下川，前掲書，156-157ページ。

（10）佐藤，前掲書，168ページ，若林靖永「日本のマーケティング史研究の意義と研究枠組み」，近藤文男・若林靖永編著『日本企業のマス・マーケティング史』同文舘出版，1999年，20-21ページ。

（11）高丘季昭「マーケティングと流通系列化　流通革新の日本的特質」，小林正彬・下川浩一・杉山和雄・栂井義雄・三島康雄・森川英正・安岡重明編『日本経営史を学ぶ　3　戦後経営史』有斐閣，1976年，156-157ページ，佐藤，前掲書，151-152ページ。

（12）下川，前掲書，156ページ。

（13）若林，前掲論文，17ページ。

（14）小川孔輔・林廣茂「米日間でのマーケティング技術の移転モデル」『季刊マーケティングジャーナル』，第67号，1997年1月，6-7ページ。

（15）小川孔輔「日本的マーケティングの源流とその戦後史」，橘川武郎・久保文克編著『グローバル化と日本型企業システムの変容——1985〜2008——』ミネルヴァ書房，2010年，207ページ。

（16）郷司浩平ほか監修，野田一夫編『戦後経営史』日本生産性本部，1965年，416-417ページ。

（17）郷司ほか監修，野田編，前掲『戦後経営史』，629-631ページ，藤枝高士「マーケティングのダイナミズム」『ビジネス』，第9巻第4号，1965年4月，34ページ。

346　第2部　経営の「アメリカ化」と「再構造化」の日独比較

(18) 日本生産性本部編『繁栄経済と経営──トップ・マネジメント視察団報告書──』
（Productivity Report Ⅰ），日本生産性本部，1956年，日本生産性本部編『マーケッテ
ィング──マーケッティング専門視察団報告書──』（Productivity Report 19），日本
生産性本部，1957年，「あいさつ」，1-6ページ，「総論」，1-2ページ，95-96ページを参
照。

(19) 江口泰広「マーケティング活動」，野田一夫編『日本の経営』ダイヤモンド社，
1975年，175ページ。

(20) 荒川，前掲書，39ページ，白髭　武「日本のマーケティング」，白髭　武・下川浩
一編著『マーケティング論』日本評論社，1976年，144-145ページ，白髭　武『現代の
マーケティング』税務経理協会，1962年，148ページ，村田昭治「マーケティングとは
何か」，田内幸一・村田昭治編『現代マーケティングの基礎理論』同文舘出版，1981
年，8ページ，Y. Arakawa, *Distributive Trade and Marketing in Japan*, Tokyo, 1994,
p. 88.

(21) *Ibid.*, p. 81.

(22) 小川，前掲論文，204ページ。

(23) この点については，下川浩一「マーケティングの発展」，白髭・下川編著，前掲書，
89-90ページ，森下二次也「続・Managerial Marketingの現代的性格について」『経営
研究』（大阪市立大学），第41号，1959年6月，3-4ページ，森下二次也『現代の流通機
構』世界思想社，1974年，95ページなどを参照。

(24) 江口，前掲論文，176ページ。

(25) 郷司ほか監修，野田編，前掲『現代経営史』，211-212ページ。

(26) 郷司ほか監修，野田編，前掲『戦後経営史』，926-927ページ，934-935ページ，
林　周二「変容する日本のマーケティング」『ビジネス』，第9巻第4号，1965年4月，
31ページ。

(27) 郷司ほか監修，野田編，前掲『現代経営史』，211-212ページ。

(28) 新井喜美夫「戦後マーケティングの諸形態──マーケティング・ミックスへの途
──」『経済セミナー』，第52号，1961年1月，65ページ。

(29) 郷司ほか監修，野田編，前掲『現代経営史』，534ページ。

(30) 伊勢田　穣「鉄鋼業におけるマーケティング・リサーチ──その現状と今後の在り
方──」『鉄鋼界』，第13巻第6号，1963年6月，40ページ。

(31) 通商産業省企業局編『国際化時代におけるわが国企業経営の高度化について』通商
産業省企業局，1969年，71ページ，77ページ，136-138ページ。

(32) 佐藤，前掲書，138-140ページ，143ページ，M. Yoshino, *The Japanese Marketing
System : Adaptations and Innovations*, Cambridge, Massachusetts, 1971, pp. 109-110〔小
池澄男訳『日本のマーケティング──適応と革新──』ダイヤモンド社，1976年，120
-121ページ〕。

(33) 江口，前掲論文，192ページ。

第7章　アメリカ的マーケティングの導入の日独比較　*347*

(34) 同論文，181–182ページ。

(35) 林　周二『日本の企業とマーケティング』日本生産性本部，1961年，17ページ。

(36) 郷司ほか監修，野田編，前掲『戦後経営史』，937ページ。

(37) 郷司ほか監修，野田編，前掲『現代経営史』，215–217ページ。

(38) 同書，538–539ページ，西村栄治「医薬品のマーケティング」，マーケティング史研究会編『日本のマーケティング——導入と展開——』同文舘出版，1995年，154–155ページ，尾長清美「資生堂のマーケティング——ニッチャーからリィーディング企業へ——」，マーケティング史研究会編，前掲書，72ページ。

(39) 江口，前掲論文，176ページ。

(40) 新飯田　宏・三島万里「流通系列化の展開：家庭電器」，三輪芳郎・西村清彦編『日本の流通』東京大学出版会，1991年，98ページ，115ページ。

(41) 江口，前掲論文，186ページ。

(42) 郷司ほか監修，野田編，前掲『戦後経営史』，929–930ページ，林，前掲論文，32ページ。

(43) 郷司ほか監修，野田編，前掲『現代経営史』，214ページ，533ページ，藤枝，前掲論文，35ページ。

(44) 郷司ほか監修，野田編，前掲『現代経営史』，531–532ページ。

(45) 林，前掲書，79ページ，81–82ページ。

(46) 宇野政雄「マーケティング・ビジュンの展開」，宇野政雄編著『日本のマーケティング』同文舘出版，1969年，26–27ページ。

(47) 佐藤，前掲書，136–137ページ。

(48) M. Yoshino, *op. cit.*, p 102〔前掲訳書，113ページ〕.

(49) 通商産業省企業局編，前掲書，69–70ページ，136–138ページ。

(50) 江口，前掲論文，193–194ページ，196ページ。

(51) 同論文，180ページ。

(52) 同論文，187–188ページ。

(53) 森　真澄「『マーケティング』の先駆的形成　広告・宣伝と販売機構の確立」，小林正彬・下川浩一・杉山和雄・栂井義雄・三島康雄・森川英正・安岡重明編『日本経営史を学ぶ　2　大正・昭和経営史』，有斐閣，1976年，269ページ。

(54) 高丘，前掲論文，156ページ。

(55) 新井，前掲論文，67ページ。

(56) 郷司ほか監修，野田編，前掲『現代経営史』日本生産性本部，1969年，214–215ページ。

(57) 同書，535–536ページ。

(58) 新井，前掲論文，67ページ。

(59) 佐藤　肇『流通産業革命　近代商業百年に学ぶ』有斐閣，1971年，2ページ，6ページ，10–11ページ。

348 第2部 経営の「アメリカ化」と「再構造化」の日独比較

(60) 橋本寿朗「アメリカのインパクトとシステムの攪乱」, 東京大学社会科学研究所編 『20世紀システム 3 経済成長Ⅲ 受容と対抗』東京大学出版会, 1998年, 15ページ。

(61) 橘川武郎「『消費革命』と『流通革命』 消費と流通のアメリカナイゼーションと日本的変容」, 東京大学社会科学研究所編, 前掲書, 109ページ, 111ページ, 116ページ, 130ページ。

(62) 橘川武郎・高岡美佳「スーパー・マーケット・システムの国際移転と日本的変容」, 森川英正・由井常彦編『国際比較・国際関係の経営史』名古屋大学出版会, 1998年, 280ページ, 288ページ, 291ページ, 295ページ。

(63) 中野 安「現代日本資本主義と流通機構」, 糸園辰雄・中野 安・前田重朗・山中豊国編『現代日本の流通機構』大月書店, 1983年, 13ページ, 16ページ。

(64) 鈴木安昭「小売業の諸形態」, 久保村隆祐・荒川祐吉編『商業学——現代流通の理論と政策』有斐閣, 1974年, 377-378ページ。

(65) 小原 博・山中豊国「日本のマーケティング——導入と展開——」, マーケティング史研究会編, 前掲書, 20ページ, 32ページ, 36ページ, 42ページ, 45ページ。

(66) 日本経営史研究所編『旭化成八十年史』旭化成株式会社, 2002年, 267ページ, 364-366ページ, 374ページ, 390-395ページ。販売促進活動施策としてのユーザーの組織化は他者でもみられたが, その代表的なものが, 1961年に関東地区の有力衣料小売店50社で結成された「東レサークル」であり, それは, 翌年の62年には, 325社を会員とする全国規模の組織へと発展した。日本経営史研究所編『東レ70年史：1926〜96年』東レ, 1997年, 324ページ。

(67) 尾崎久仁博「家電製品のマーケティング」, マーケティング史研究会編, 前掲書, 77ページ, 100-101ページ。

(68) 宮崎 昭「耐久消費財独占のマーケティング B 家電」, 秋本・角松・下川編, 前掲書, 151-154ページ。

(69) 佐藤, 前掲『日本の流通機構』, 162-163ページ, 167-168ページ, 173ページ, 182ページ, 新飯田・三島, 前掲論文, 102ページ, 在賀, 前掲論文, 249ページ。

(70) 新飯田・三島, 前掲論文, 110ページ。

(71) 小原 博「パナソニック（松下電器産業）のマーケティング——家電総合メーカーと王者への道——」, マーケティング史研究会編, 前掲書, 92ページ。

(72) 新飯・三島, 前掲論文, 98ページ, 105ページ。

(73) 橘川, 前掲論文, 125ページ, 127-128ページ, 130ページ。

(74) 尾崎, 前掲論文, 100ページ。

(75) 白石善章「自動車のマーケティング」, マーケティング史研究会編, 前掲書, 110ページ, 115-116ページ, 118ページ。

(76) 下川浩一「トヨタ自販のマーケティング」, 小林・下川・杉山・栂井・三島・森川・安岡編, 前掲『日本経営史を学ぶ 3』, 220ページ, 222-225ページ, 227-228ページ, 下川浩一「耐久消費財独占のマーケティング A. 自動車」, 秋本・角松・下川編,

前掲書，137ページ。

(77) 白石，前掲論文，123ページ，126ページ。

(78) トヨタ自動車販売株式会社社史編集委員会編『モータリゼーションとともに』トヨ
タ自動車販売株式会社，1970年，280-283ページ，トヨタ自動車販売株式会社社史編纂
委員会編『世界への歩み　トヨタ自販30年史』トヨタ自動車販売株式会社，1980年，
109-113ページ。

(79) 塩地　洋『自動車流通の国際比較——フランチャイズ・システムの再革新をめざし
て——』有斐閣，2002年，58ページ，460-461ページ。

(80) 下川，前掲「トヨタ自販のマーケティング」，227ページ。

(81) 佐藤，前掲『日本の流通機構』，160-161ページ。

(82) 下川，前掲「耐久消費財独占のマーケティング　A自動車」，126ページ，137ペー
ジ。

(83) 塩地，前掲書，51ページ。

(84) H. G. Schröter, *op. cit.*, p. 78.

(85) C. Kleinschmidt, *Der produktive Blick*, Berlin, 2002, S. 226.

(86) H. Remele, Rationalisierungsreserven in Klein- und Mittelbetrieben. Ergebnisse einer
Analyse des RKW-Betriebsbegehungsdienstes, *Rationalisierung*, 14. Jg, Heft 5, Mai 1963,
S. 113.

(87) Stand der Rationalisierung in Deutschland, S. 14, *Rheinisch-Westfälisches Wirtschafts-
archiv zu Köln*, Abt 1, 517. 6.

(88) OEEC, *Problems of Business Management* (Technical Assistance Mission No. 129),
Paris, 1954, p. 16.

(89) C. Kleinschmidt, An Americanized Company in Germany, M. Kipping, O. Bjarnar
(eds.), *The Americanization of European Business*, London, 1998, p. 181.

(90) H. Remele, *a. a. O.*, S. 114.

(91) A Letter from Dr. C. Kapfner to the Economic Cooperation Administration (20. 9.
1950), *National Archives*, RG469, Productivity and Technical Assistance Division, Office
of the Director, Technical Assistance Country Subject Files, 1949–52, German-General.

(92) C. Kleinschmidt, Driving the West German Consumer Society : The Introduction of US
Style Production and Marketing at Volkswagen, 1945–70, A. Kudo, M. Kipping, H. G.
Schröter (eds.), *German and Japanese Business in the Boom Years*, London, New York,
2004, p. 83.

(93) C. Kleinschmidt, An Americanized Company in Germany, p. 181.

(94) Program Suggestions of PTAD/FOA for the EPA second annual Program, *National
Archives*, RG469, Productivity & Technical Assist Division Labor Advisor Subject Files
1952–54, TA-Work, Program Suggestions of PTAD/FOA for the EPA second annual
Program.

350　第2部　経営の「アメリカ化」と「再構造化」の日独比較

(95) TA-B-Project Berlin 09-215——Marketing and Public Relations Team Berlin (24. 11. 1953), *National Archives*, RG469, Productivity & Technical Assist Division Labor Advisor Subject Files 1952-54, TA-Work.

(96) Report on Experiences. German-American Management Seminars in Berlin (2. 11. 1953), *National Archives*, RG469, Mission to Germany, Productivity and Technical Assistance Division, Subject Files of the Chief, 1953-1956.

(97) C. Kleinschmidt, *a. a. O.*, S. 225.

(98) H. G. Schröter, *op. cit.*, p. 82.

(99) S. Hilger, *„Amerikanisierung" deutscher Unternehmen*, Stuttgart, 2004, S. 203.

(100) H. G. Schröter, Die Amerikanisierung der Werbung in der Bundesrepublik Deutschland, *Jahrbuch für Wirtschaftsgeschichte*, 1 /1997, S. 98-99.

(101) S. Hilger, *a. a. O.*, S. 187-188.

(102) H. G. Schröter, *op. cit.*, pp. 118-119.

(103) G. P. Dyas, H. T. Thanheiser, *The Emerging European Enterprise*, London, 1976, p. 112.

(104) H. Hartmann, *Amerikanische Firmen in Deutschland*, Köln, Opladen, 1963, S. 109.

(105) H. G. Schröter, *a. a. O.*, S. 107.

(106) H. G. Schröter, *op. cit.*, p. 106.

(107) S. Hilger, *a. a. O.*, S. 186.

(108) H. G. Schröter, *op. cit.*, p. 107.

(109) *Ibid.*, p. 118.

(110) D. Schindelbeck, „Asbach Uralt" und „Soziale Marktwirtschaft". Zur Kulturgeschichte der Werbeagentur in Deutschland am Beispiel von Hannes W. Brose (1899-1971), *Zeitschrift für Unternehmensgeschichte*, 40. Jg, Heft 4, 1995, S. 247.

(111) C. Kleinschmidt, *a. a. O.*, S. 224.

(112) H. G. Schröter, *a. a. O.*, S. 98-103.

(113) Vgl. H. Hölzer, Werbung ist Führungsaufgabe, *Der Volkswirt*, 18. Jg, Beiheft zu Nr. 39 vom 25 September 1964, Werbung ist Führungsaufgabe, F. H. Korte, Der Werbeleiter in der Unternehmens-Hierarchie, *Der Volkswirt*, 18. Jg, Beiheft zu Nr. 39 vom 25. September 1964, S. 26, S. 30.

(114) K. Hallig, *Amerikanische Erfahrungen auf dem Gebiet der Wirtschaftswerbung im Hinblick auf ihre Anwendung im westeuropäischen Raum*, Berlin, 1965, S. 64.

(115) H. Hartmann, *a. a. O.*, S. 111.

(116) H. G. Schröter, *a. a. O.*, S. 105, S. 107.

(117) S. Hilger, *a. a. O.*, S. 202.

(118) D. Schindelbeck, *a. a. O.*, S. 235.

(119) H. G. Schröter, Advertising in West Germany after World War Ⅱ. A Case of an Americanization, H. G. Schröter, E. Moen (eds.), *Une Americanisation des Enterprises?*

第 7 章　アメリカ的マーケティングの導入の日独比較　*351*

Paris, 1998, pp. 28–29, H. G. Schröter, *Americanization of the European Economy*, p. 120.

(120) H. G. Schröter, *a. a. O.*, S. 108.

(121) S. Hilger, Reluctant Americanization? The Reaction of Henkel to the Influences and Competition from the United States, A. Kudo, M. Kipping, H. G. Schröter (eds.), *op. cit.*, p. 202.

(122) K-H. Strotmann, Marktforschung als Voraussetzung für Typenbeschränkung, *Rationalisierung*, 11. Jg, Heft 1, Januar 1960, S. 12.

(123) H. G. Schröter, *Americanization of the European Economy*, pp. 111–114, p. 117.

(124) S. Hilger, *a. a. O.*, S. 190, S. 192–193.

(125) Vgl. *Ebenda*, S. 195–197, S. 201.

(126) Vgl. *Ebenda*, S. 211–212.

(127) C. Kleinschmidt, *a. a. O.*, S. 226–227, C. Kleinschmidt, Driving the West German Consumer Society, pp. 83–84.

(128) Booz-Allen & Hamilton, *Herausforderungen des deutschen Managements und ihre Bewältigung*, Göttingen, 1973, S. 35.

(129) F. Vogel, *German Business after the Economic Miracle*, London, 1973, p. 116, p. 120.

(130) C. Kleinschmidt, *a. a. O.*, S. 229–231, C. Kleinschmidt, An Americanized Company in Germany, p. 182.

(131) *Ibid.*, p. 183.

(132) C. Kleinschmidt, *a. a. O.*, S. 233.

(133) CWH-Werbung im Jahr 1952, *Hüls Archiv*, Ⅶ-7-1/1.

(134) Neugestaltung der Industriewerbung (7. 6. 1951), *Hüls Archiv*, Ⅶ-7.

(135) C. Kleinschmidt, *a. a. O.*, S. 234–235.

(136) R. Gömmel, Werbeverhalten im Konsum und Investitionsgüterbereich von 1945 bis 1980, gezeigt an frei gewählten Beispielen, S. 16, *Siemens Archiv Akten*, 49/Lb457.

(137) Niederschrift über die Postbesprechung vom 18. 9. 1953 (19. 9. 1953), S. 7, *Henkel Archiv*, 153/9.

(138) S. Hilger, *a. a. O.*, S. 208–209.

(139) R. Gömmel, *a. a. O.*, S. 39.

(140) S. Hilger, *op. cit.*, p. 211.

(141) S. Hilger, *a. a. O.*, S. 188–9.

(142) Niederschrift über die Postbesprechung Henkel vom 31. Juli 1962 (2. 8. 1962), S. 3, *Henkel Archiv*, 153/20.

(143) S. Hilger, *op. cit.*, p. 200.

(144) S. Hilger, *a. a. O.*, S. 203.

(145) *Ebenda*, S. 189.

(146) Auszug aus dem Protkoll Nr. 3 /1968 über die Sitzung des Verwaltungsrates der Persil

352 第2部 経営の「アメリカ化」と「再構造化」の日独比較

GmbH am 4. April 1968, *Henkel Archiv*, 153/20, Niederschrift über die gemeisame Post PERSIL/HENKEL/Böhme/HI vom 9. 1. 1968（10. 1. 1968), S. 7, *Henkel Archiv*, 153/42.

(147) Auszug aus dem Protokoll Nr. 1 /68 über die gemeinsame Post vom 9. Januar 1968, S. 2, *Henkel Archiv*, 451/55, Niederschrift über die gemeisame Post PERSIL/HENKEL/ Böhme/HI vom 9. 1. 1968（10. 1. 1968), S. 7, *Henkel Archiv*, 153/42.

(148) Auszug aus dem Protokoll Nr. 1 /68 über die gemeinsame Post vom 9. Januar 1968, S. 1, *Henkel Archiv*, 451/55.

(149) Stanford Research Institute, Langfristigen Planung für Persil/ Henkel, Phase Ⅱ : Strategische Plaung, 2. Bd, Juli 1968, S. 339, S. 344-346, *Henkel Archiv*, 251/2.

(150) O. Schwabenthan, *Unternehmenskommunikation für Siemens 1847 bis 1989*, München, 1995（Selbstverlag), S. 62-63（*Siemens Archiv Akten*), 9871, R. Gömmel, *a. a. O.*, S. 6, S. 8.

(151) *Ebenda*, S. 7-9.

(152) H. Illmer, Warum materialorientierter Vertrieb?, S. 30, *Siemens Archiv Akten*, 37/ Lk975.

(153) O. Schwabenthan, *a. a. O.*, S. 85, S. 87, S. 92.

(154) W. Feldenkirchen, The Americanization of the German Electrical Industry after 1945 : Siemens as a Case Study, A. Kudo, M. Kipping, H. G. Schröter（eds.), *op. cit.*, p. 130.

(155) R. Gömmel, *a. a. O.*, S. 25.

(156) Vgl. Siemens-Serienfabrikate. Eine Untersuchung bei ausgewählten Abnehmer- kreisen von Siemens-Erzeugnissen（März 1967), *Siemens Archiv Akten*, 37/Lk975.

(157) Vgl. Analyse des USA-Kleingerätenmarktes. Reise der Herren Fromm, Prahl und Dr. Rumswinkel vom 15. 5. bis 29. 6. 1968, *Siemens Archiv Akten*, 68/Li137.

(158) R. Gömmel, *a. a. O.*, S. 49, S. 57.

(159) G. Vogelsang, Über die technische Entwicklung des Volkswagens, *Automobiltechnische Zeitschrift*, 63. Jg, Heft 1, Januar 1961, S. 6, H. Hiller, Das Volkswagenwerk legt Rechnung, *Der Volkswirt*, 6. Jg, Nr. 22, 31. 5. 1952, S. 26-27.

(160) C. Kleinschmidt, Driving the West German Consumer Society, p. 84.

(161) Vgl. K. Linne, ≪〔...〕bisher nur Sonnentage〔...〕≫. Der Aufbau der Volks- wagen-Händlerorganisation 1948 bis 1967, *Zeitschrift für Unternehmensgeschichte*, 53. Jg, Heft 1, 2008, S. 8, S. 25-26, S. 31.

(162) Volkswagen G. m. b. H., *Volkswagen Informationsdienst*, Nr. 1 （1. 8. 1948), Nr. 2 （5. 10. 1948), Nr. 3 （16. 12. 1948), Nr. 4 （10. 2. 1949), Nr. 5 （20. 5. 1949), Nr. 6 （1. 9. 1949), Nr. 7 （16. 12. 1949), *Volkswagen Archiv*, 61/2036, H. Nordhoff, Ein offenes Wort zu unserer Situation（in : *Volkswagen Informationen*, Nr. 19, September 1954), *Volkswagen Archiv*, 174/1588,

(163) Bericht der Verkaufs- und Kundendienstorganisation für das Geschäftsjahr 1946, *Volkswagen Archiv*, 174/1033.

第7章 アメリカ的マーケティングの導入の日独比較　*353*

(164) Tätigkeitsbericht der Hauptabteilung VERKAUF und KUNDENDIENST für das Jahr 1948, *Volkswagen Archiv*, 174/1033.

(165) Geschäftsbericht 1950 der Hauptabteilung VERKAUF und KUNDENDIENST, S. 13, *Volkswagen Archiv*, 174/1033.

(166) Geschäftsbericht 1951 der Hauptabteilung VERKAUF und KUNDENDIENST, S. 17, *Volkswagen Archiv*, 174/1033.

(167) Direktwerbung——methodisch betrieben（in : *VW Informationen*, Nr. 14, August 1953, Sonderheft : Die hohe Kunst des Verkaufens und des Umgangs mit Menschen）, *Volkswagen Archiv*, 174/1588.

(168) Grundsätzliches zur VW-Werbung（in : *Volkswagen Informationen*, Nr. 14, August 1958, Sonderheft : Die hohe Kunst des Verkaufens und des Umgangs mit Menschen）, *Volkswagen Archiv*, 174/1588.

(169) Vgl. Geschäftsbericht 1958 der Hauptabteilung VERKAUF und KUNDENDIENST, S. 7–8, *Volkswagen Archiv*, 174/1035, K. Linne, *a. a. O.*, S. 20–21.

(170) Volkswagenwerk mit hohen Zuwachsraten. Rund 256 Mill. DM Gewinne——Auflösung stiller Reserven, *Der Volkswirt*, 14. Jg, Nr. 36, 3. 9. 1960, S. 2047.

(171) Vgl. Remarks by Professor Nordhoff at Dealer Advisory Council Breakfast, *Volkswagen Archiv*, 174/742, Jahresbericht 1960 der Hauptabteilung VERKAUF und KUNDEN-DIENST, *Volkswagen Archiv*, 174/1043, Geschäftsbericht für das Jahr 1962 der Hauptabteilung VERKAUF und KUNDENDIENST, *Volkswagen Archiv*, 174/1035, Geschäftsbericht für das Jahr 1964 der Hauptabteilung VERKAUF und KUNDENDIENST, *Volkswagen Archiv*, 174/1035, Geschäftsbericht für das Jahr 1965 der Hauptabteilung VERKAUF und KUNDENDIENST, *Volkswagen Archiv*, 174/1035.

(172) Ansprache von Generaldirektor Dr. -Ing. e. h. HEINZ NORDHOFF anläßlich der Presskonferenz am 14. Oktober 1950（in : *Volkswagen Informationen*——Ausschnitt zu Heinrich Nordhoff）, *Volkswagen Archiv*, 174/1588.

(173) Ansprache von herrn Generaldirektor Prof. Dr. Nordhoff zur Presskonferenz am 6. August 1955 anläßlich der Fertigstellung des millionsten Volkswagens（in : *Volkswagen Informationen*——Ausschnitt zu Heinrich Nordhoff, S. 4）, *Volkswagen Archiv*, 174/1588, Eine Million Volkswagen, *Der Volkswirt*, 9. Jg, Nr. 32, 13. 8. 1955, S. 11.

(174) W. Abelshauser, Two Kinds of Fordism, H. Shiomi, K. Wada（eds.）, *Fordism Transformed*, New York, 1995, p. 289.

(175) C. Kleinschmidt, Driving the West German Consumer Society, pp. 84–85.

(176) V. Wellhöner, *„Wirtschaftswunder"——Weltmarkt——Westdeutscher Fordismus*, Münster, 1996, S. 130.

(177) W. Feldenkirchen, *DaimlerChrysler Werk Untertürkheim*, Stuttgart, 2004, S. 158.

(178) Jahresbericht für den Vorstandsbereich VERKAUF 1964, *Volkswagen Archiv*, 174/

354 第2部 経営の「アメリカ化」と「再構造化」の日独比較

1043, Jahresbericht für den Vorstandsbereich VERKAUF 1965, *Volkswagen Archiv*, 174/1043, I. Köhler, Marketingmanagement als Strukturmodell. Der organisatorische Wandel in der deutschen Automobilindustrie der 1960er bis 1980er Jahre, *Zeitschrift für Unternehmensgeschichte*, 53. Jg, Heft 2, 2008, S. 232-233.

（179） Vgl. C. Kleinschmidt, *a. a. O.*, S. 250, S. 255-256.

（180） *Ebenda*, S. 254, C. Kleinschmidt, Driving the West German Consumer Society, p. 80.

（181） F. Vogel, *op. cit.*, p. 112.

（182） Jahresbericht 1966 des Vorstandsbereich Verkaufs, S. 18, *Volkswagen Archiv*, Z174/N. 2366, Jahresbericht 1969 der Hauptabteilung Verkauf und Kundendienst, *Volkswagen Archiv*, 174/1039.

（183） C. Kleinschmidt, Driving the West German Consumer Society, p. 85.

（184） Vgl. J. Köhler, *a. a. O.*, S. 216-239.

（185） USA-Reise Oktober 1954 : Marketing Research, Management Organisation, Industrial Relations （TA Projekt 09-288）（8. 12. 1954), *ThyssenKrupp Konzernarchiv*, WVS/148.

（186） Untersuchung über die Organisation des Verkaufs und der Abteilung Market Development, *ThyssenKrupp Konzernarchiv*, A/1207.

（187） Vertrag mit der Armco über die Marktforschungs- und Vertriebs GmbH （14. 1. 1956), *ThyssenKrupp Konzernarchiv*, A/34272.

（188） C. Kleinschmidt, Driving the West German Consumer Society, p. 84, C. Kleinschmidt, *a. a. O.*, S. 226.

（189） 江口，前掲論文，198ページ，200ページ。

（190） 同論文，177ページ。

（191） 日本生産性本部編，前掲『マーケッティング』，7-8ページ。

（192） 江口，前掲論文，178-179ページ，日本生産性本部編『アメリカ鉄鋼業におけるマーケティング・リサーチ──鉄鋼市場調査専門視察団報告書──』（Productivity Report 96），日本生産性本部，1960年，23ページ。

（193） 茂木友三郎「マーケティング効率の日米比較」『ビジネス』，1969年9月号，46-49ページ，経済同友会総合経営効率研究会「総合的な経営効率からみた70年代日本の経営課題──日・米経営比較からみた一つのマネージメント・ミックス──」『経済同友』，第259号，1970年3月25号，16-18ページ。

（194） 日本生産性本部編，前掲『マーケッティング』，15ページ，茂木，前掲論文，48ページ。

（195） 例えば伏見多美雄「事業部制マネジメント・コントロールにおける"日本型"の研究──マネジメント・コントロールの理論仮説を整理するためのノート──」『日本管理会計学会誌』，第5巻第1号，1997年3月，8ページ参照。

（196） 低価格で参入し多様な製品計画を中心に市場への適合をはかるという，日本企業のこうした柔軟な戦略展開は，アメリカ市場においてもみられた。竹田志郎『日本企業

の国際マーケティング』同文舘出版，1985年，133ページ。

(197) 池尾恭一『日本型マーケティングの革新』日本経済新聞社，1999年，54-57ページ，61ページ，63ページ，70-73ページ，249ページ。

(198) 橋本 勲『現代マーケティング論』新評論，1973年，96ページ，98-99ページ。

(199) 小原 博『日本マーケティング史——現代流通の史的構図——』中央経済社，1994年，192-195ページ，283-284ページ。

(200) 佐藤，前掲『日本の流通機構』，168ページ，173ページ。

(201) 同書，186ページ。

(202) 片桐誠士「日本のマーケティングの展開と特質」，片桐誠士・高宮城朝則編著『現代マーケティングの構図』嵯峨野書院，2000年，38-40ページ。

(203) 池尾，前掲書，94ページ。

(204) 白髭，前掲論文，144ページ，147ページ。

(205) 西村，前掲論文，155ページ。

(206) 岩永忠庫『マーケティング戦略論』，増補改訂版，五絃舎，2005年，213ページ。

(207) 宮崎，前掲論文，158-159ページ。

(208) 橋本，前掲論文，16ページ。

(209) 中野，前掲論文，31-33ページ，新飯田・三島，前掲論文，99ページ。

(210) 小原，前掲書，214ページ，283ページ。

(211) 下川浩一「戦後日本経営史研究の回顧と展望——その試論的アプローチ——」，米川伸一・下川浩一・山崎広明編『戦後経営史　第Ⅲ巻』東洋経済新報社，1991年，299ページ。

(212) 茂木，前掲論文，48ページ。

(213) 竹田志郎「軽機械品のマーケティング」，マーケティング史研究会編，前掲書，68-69ページ。

(214) 鳥羽，前掲論文，11-13ページ，18ページ。

(215) 田村正紀「日本企業のマーケティング戦略」『ビジネスレビュー』，Vol. 30, No. 3・4，1983年3月，164-166ページ。

(216) 日本経営政策学会編，坂本藤良編集，宇野政雄編『経営資料集大成　Ⅳ　マーケティング編　15 マーケティング戦略集』日本総合出版機構，1970年，8ページ。

(217) M. Yoshino, *op. cit.*, pp. 125-127〔前掲訳書，138-140ページ〕.

(218) 通商産業省企業局編，前掲書，11ページ，136-138ページ。

(219) 石井淳蔵『マーケティングの神話』日本経済新聞社，1993年，155ページ。

(220) 下川，前掲「戦後日本経営史研究の回顧と展望」，295ページ。

(221) H. G. Schröter, *a. a. O.*, S. 114.

(222) C. Kleinschmidt, *a. a. O.*, S. 258-259.

(223) Vgl. D. Schindelbeck, *a. a. O.*, S. 236.

(224) P. Lawrence, *Managers and Management in West Germany*, London, 1980, p. 94, W. R.

Smyser, *The Economy of United Germany*, Harlow, 1992, p. 68, p. 74〔走尾正敬訳『入門現代ドイツ経済』日本経済新聞社，1992年，96–97ページ，104ページ〕．

(225) F. Vogel, *op. cit.*, p. 129.

(226) M. E. Porter, *The Competitive Advantage of Nations*, New York, 1990, p. 717〔土岐　坤・中辻萬治・小野寺武夫・戸成富美子訳『国の競争優位』，上巻，ダイヤモンド社，1992年，453ページ〕。

(227) *Ibid.*, p. 108, pp. 375–376〔同上訳書，上巻，59–60ページ，下巻，524–525ページ〕, P. Lawrence, *op. cit.*, p. 80, p. 83, pp. 96–100, p. 186, p. 190, W. Eberwein, J. Tholen, *Euro-Manager or Splendid Isolation? International Management——An Anglo-German Comparison*, Berlin, New York, 1993, p. 173. 例えば1990年のM. E. ポーターの指摘でも，ドイツでは，消費者へのイメージ・マーケティングによる説得の効果の乏しさ，経営者の技術志向などのために，イメージ・マーケティング技術の発達はみられず，競争においてそのようなマーケティング技術，急速な新特徴や新モデルの転換が重要となる消費財やサービスでは，ドイツの成功はほとんどみられなかったとされている。M. E. Porter, *op. cit.*, p. 108, pp. 373–374〔前掲訳書，上巻，160ページ，520ページ，522ページ〕。

(228) *Ibid.*, p. 118, p. 375, p. 715〔同上訳書，上巻，175ページ，524ページ，下巻，451ページ〕。

(229) K. W. Busch, *Strukturwandlungen der westdeutschen Automobilindustrie. Ein Beitrag zur Erfassung und Deutung einer industriellen Entwicklungsphase in Übergang vom produktionsorientierten zum marktorientierten Wachstum*, Berlin, 1966, S. 159.

(230) Vgl. Daimler-Benz AG（Hrsg.), *Chronik. Mercedes-Benz Fahrzeuge und Motoren*, 5. Aufl., Stuttgart, 1972, S. 196, S. 202, S. 210, Daimler-Benz AG, *Werk Untertürkheim. Stammwerke der Daimler-Benz Aktiengesellschaft. Ein historischen Überbild*, Stuttgart, 1983, S. 127, W. Walz, H. Niemann, *Daimler-Benz. Wo das Auto anfing*, 6. Aufl., Konstanz, 1997, S. 178.

(231) Volkswagen GmbH（Hrsg.), *Ein Rechenschaftsbericht für die Belegschaft und für die Außenorganisation des Volkswagenwerks. Geschäftsverlauf und Rechnungsabschluß 1951 bis 1954, Werks-Chronik bis 1955*, Wolfsburg, 1955, S. 26.

(232) F. Vogel, *op. cit.*, pp. 123–124.

(233) *Ibid.*, p. 112.

(234) J. ベッカー（小田　章訳）「ドイツにおけるマーケティング戦略」，大橋昭一・小田章・G. シャンツ編著『日本的経営とドイツ的経営』千倉書房，1995年，549ページ。

(235) F. Vogel, *op. cit.*, p. 108.

第8章　事業部制組織の導入の日独比較

　1970年代初頭までの戦後の経済成長期には，国内市場の拡大と大量生産の進展にともなう市場機会の拡大を基礎にして事業の多角化がすすみ，それによる事業構造の再編への対応として管理機構の変革が取り組まれたが，そこでも，アメリカがひとつのモデルをなした。それは，1920年代に一部の先駆的企業で導入が始まり戦後に普及をみた分権的な事業部制組織にみられる[1]。ドイツでも，第1次大戦後，化学産業のIGファルベンにおいて，多角化による事業構造の再編にともなう管理上の問題への対応として，当時アメリカのデュポンでみられた製品別事業部制組織に類似した管理機構が形成された。しかし，それは，いくつかの点で管理上の諸問題を克服することができず，大きな限界をもつものとなった[2]。また日本でも，松下電器にみられるように，アメリカの直接的な影響を受けることなく戦前にすでに事業部制組織に類似した組織構造を導入した事例がみられた[3]。こうした先駆的事例がみられるとはいえ，日本とドイツにおける事業部制組織の本格的な導入は，多角化がすすみアメリカの影響が強く現われた第2次大戦後のことである。

　このように，第2次大戦後，アメリカにモデルを求めるかたちで組織の革新が取り組まれることになったが，経営戦略と組織構造との適合関係という面における組織の編成原理の導入がすすむ一方で，事業部制組織の導入・展開は必ずしもアメリカの直輸入というかたちになったわけではなく，独自的な部分を組み合わせながらの展開となったという面も強い。それゆえ，両国において，アメリカにモデルを求めながらもどのような組織革新が行われたのか，それを規定した諸要因とは何か，またそのような独自的な展開はいかなる特徴と意義をもつものであるのかといった点を明らかにしていくことが，重要な問題とな

358 第2部 経営の「アメリカ化」と「再構造化」の日独比較

ってくる。

そこで，本章では，日本とドイツにおける事業部制組織の導入について考察し，そのような管理機構の導入がどのように行われたか，その日本的特徴とドイツ的特徴を明らかにしていく。そのさい，契約関係を基礎とする社会構造のありよう，両国の企業経営の伝統的な特質，文化的要因との関連もふまえて組織の変革における諸特徴を明らかにしていくことにする。

以下では，第1節および第2節において，日本とドイツにおける戦略展開と事業部制組織の導入についてそれぞれ考察する。それをふまえて，第3節では，事業部制組織の導入の日本的特徴とドイツ的特徴について明らかにしていくことにする。

第1節　日本企業における戦略展開と事業部制組織の導入

1　多角化戦略の展開

まず日本についてみると，戦後の高度成長期の大企業における戦略の展開については，1958年から73年までの15年間の大企業118社における戦略と組織の変化を考察とした吉原英樹氏らの研究によると，多角化動向がみられたことが特徴的である。しかし，多角化動向とは反対方向への戦略展開の性格をもつ垂直的統合の戦略をとる企業が，多角化動向のウエイトよりは小さいとはいえ増大した。また事業の集中化への動きを示した企業が少なからず存在しており，そのために，アメリカ企業のほうが多角化の推進のテンポが速く，多角化の到達レベルも高かった。多角化動向という点では，日本企業は欧米の企業に比べるとタイムラグが存在した。その最大の理由は，日本経済の高度成長に求められる。欧米に比べ格段に高い成長率が達成されるなかで，多角化しなければならない必要度がそれほど高くなかったという事情があった[4]。

そこで，大企業118社の1958年と73年における戦略のタイプを比較すると，専業型の割合は26.3％（30社）から16.9％（20社）に大きく低下しており，垂直型のそれは13.2％（15社）から18.6％（22社）に，本業・集約型のそれは14.9％（17社）から11％（13社）に，本業・拡散型のそれは6.1％（7社）から6.8％（8社）へと変化した。また関連・集約型の割合は14.9％（17社）から14.4％（17

社）に，関連・拡散型のそれは15.8%（18社）から25.4%（30社）に，非関連型のそれは8.8%（10社）から6.8%（8社）へと変化した。このように，垂直型と関連・拡散型の増加が顕著であった[5]。

　専業型と関連型という戦略エレメントは「製品市場分野の多様性の量的レベルのちがいを表わす」。一方，集約型と拡散型というエレメントは，「企業の製品市場分野の間の関連パターンの違いを表わす」だけでなく，経営資源の利用と蓄積の方法の相違を意味する。専業型からの変化では，垂直型と多角化の戦略への流出が基本的性格であった。他方，かなり積極的な多角化戦略である関連・拡散型は，1973年には最高の割合を示しており，このタイプの増大傾向は，日本の多角化動向をよく示している。また集約型か拡散型かという戦略エレメントの観点から戦略タイプ間の移動をみると，本業・集約型と関連・集約型との間にみられるように，同じエレメントをもつ戦略タイプ間の移動が多かった。これに対して，本業・集約型と関連・拡散型との間にみられるように，エレメントを異にするタイプ間の移動は少なかった。このように，「日本企業の多角化動向には経営資源の蓄積と利用のパターンそのものの変更を内容とする質的ないし積極的なものは比較的少なかった」[6]。多角化のルートとしては，「専業型→本業・集約型→関連・集約型→関連・拡散型」と「専業型→本業・拡散型→関連・拡散型」という2つが，日本企業の2大多角化ルートをなした[7]。

　その後の時期をみると，東京証券取引所1部，2部の上場企業（1,397社）および非上場企業（24社）の合計1,421社を対象とし814社から回答を得た経済同友会の1980年の調査では，74年から79年までの時期には，「従来のマーケット関連分野」と「従来の製品技術関連分野」の2項目がそれぞれ34.6%，35.8%を占めていた。両者の合計は全体の約7割を占めており，多角化は本業関連分野へのそれが主流であった。その一方で，多角化を行わない企業やそれまでに多角化した分野からの撤退を行った企業の割合もそれぞれ14.4%，5.7%を占めており[8]，高度成長期の拡大戦略への反省を厳しく行った企業も一定程度みられた。また1980年に東京証券取引所第1部上場の製造業574社のうち104社から回答を得た中橋国蔵氏の調査でも，有効回答を行った事業部制採用企業の多角化戦略に占める本業中心多角化型の割合は15%，関連分野多角化型のそれは

81％，非関連的多角化型のそれは４％となっており，関連分野多角化型が圧倒的に多かった[9]。

2　事業部制組織の導入

（1）　組織構造の変化とその特徴

このような日本企業の戦略展開の特徴をふまえて，つぎに，事業部制組織の導入についてみることにしよう。上述の吉原英樹氏らの研究によれば，職能別組織の割合は1963年の55.9％（118社中66社）から68年には45.8％（54社），73年には40.7％（48社）に低下したのに対して，事業部制の割合は28.3％（34社）から33.9％（40社），41.5％（49社）に上昇した。また一部事業部制の割合は15.3％（18社）から20.3％（24社）に上昇したのち，17.8％（21社）にやや低下した。しかし，このタイプの組織においては，職能別組織や事業部制組織ほどには大きな変化はみられない[10]。一部事業部制とは，職能別組織と事業部制の混合形態であり，「主力事業に関しては職能別組織を維持したまま，非主力事業部門を事業部として独立させている組織」である[11]。

　組織構造の変化を戦略との関連でみると，多角化の程度が高まるにつれて職能別組織の採用比率が低下し，事業部制の採用比率はそれにほぼ比例して上昇した。専業戦略を採用していたグループでは８割から９割の企業が職能別組織を採用している傾向にあったのに対して，非関連型戦略や関連・拡散型戦略を採用していたグループでは，７割以上の企業が事業部制形態を採用していた。一方，垂直統合戦略を採用したグループでは，職能別組織あるいは一部事業部制組織のいずれかを採用する企業が大多数を占めていた。それゆえ，組織形態の選択は，多角化戦略の採用や事業構成の多様性の程度と対応して行われており，「組織構造は戦略に従う」という命題が十分な妥当性をもっているといえる。しかし，「多角化戦略と組織形態の関係は，一定の戦略を採用すればある一定の組織形態の採用が不可避となるという強い関係ではなく」，組織形態の選択にあっては，かなりの自由度が存在した。このことはとくに中程度の多角化の範囲内の場合にいえる。この点では，この命題は，「組織形態に関するかぎり，巨視的に見て成立するような対応関係を述べたもの」といえる[12]。

　また産業特性との関連でみると，「事業部制の採用比率が高い産業は全般的

に多角化の進展度の高い産業であり，職能別組織の採用比率が高い産業は全般的に多角化の進展度の低い産業」であった[13]。資本金20億円以上の企業270社を対象とした占部都美氏の1966年の調査では，事業部制の採用比率が高い産業は電機産業と化学産業であり，そこでは，多角化戦略の展開に適応して事業部制の導入がすすんでいた。ことに電機産業では，部分的事業部制を加えた事業部制の採用比率は80％に達していた。また造船・重機部門でも，造船の生産設備や技術の余剰能力の活用という目的から陸上機械部門などに多角化する経営戦略を採用した大企業では，事業部制を採用する企業が圧倒的に多かった[14]。日本では，技術関連多角化がタスク環境の多様化をもたらすという状況のもとで事業部制が採用されるという傾向にあり[15]，事業部制組織の導入は，そのような多角化がすすんだ産業で多くみられた。

　外国との比較では，欧米に比べると日本企業の事業部制の採用比率は低く，その採用のテンポも遅い。この点はアメリカと比較した場合にとくに顕著であり，15年程度のラグがみられるが，日本企業の多角化の程度の低さやテンポの遅さにその主要な理由があった。また1968年から73年までの5年間には，事業部制採用企業の12.5％がより集権的な他の組織形態へと移行しており，こうした再集権化の動きも，欧米諸国と比較した場合にみられる日本企業の組織形態の選択における基本的特徴を示すものであった[16]。日本では，事業部制の導入の必要性が必ずしも強くないにもかかわらずむしろ流行のようかたちで行われたケースもみられた。事業部制と職能別組織の長所と短所の検討が十分に行われないままに導入されたケースも多く，こうした組織形態に対する反省のもとに事業部制組織をやめて再び集権的な職能部制組織に復帰する企業も現れており，再集権化への動きもみられた[17]。1964年から65年の不況も，こうした再集権化の動きの契機をなした[18]。

　株式上場企業などの主要企業を対象とした関西生産性本部の調査によれば，1965年，70年，75年，80年および85年には，事業部制を廃止した企業の割合はそれぞれ2.2％，3.6％，2.2％，7.9％，2.8％となっており，第1次石油危機後に事業部制組織を廃止した企業が多く，75年から80年までの期間にはその割合はとくに高くなっている[19]。また経済同友会による上述の1980年の調査でも，1973年の石油危機以降には，組織形態の多様化とともに，環境の激しい変化へ

の対応のために本社管理を強化し組織の再集権化をはかったケースが増加したとされている[20]。事業部制の廃止の動きは1980年代後半にもみられ，例えば90年までの直近5年間の状況を調査した研究でも，事業部制に不適切な業種では，一度導入した事業部制を廃止する企業もみられた[21]。

　日本では，事業本部制が採用されたケースも存在した。例えば各事業部が製品別に細分化されるのにともない，スタッフの重複が生じ，相関連したいくつかの事業部の総合調整を行う機能をもつ事業本部が設置されるケースがみられた。しかし，真の利益単位はあくまでその傘下の各事業部にあり，事業本部は，各事業部の自主的な意思決定に関して必要な調整を行うにすぎない[22]。日本においてこうした事業本部制が採用された企業がはやくに出現したのは，多様な市場という特質のもとで，多角化の進展のなかで製品別の細分化がすすんだことによるものであった。その意味でも，細分化されすぎた各事業部門をまとめるかたちで統括する事業本部制の導入は，事業部制の一層の進化という面とともに，事業部制の導入に対する反省，再検討という面とも関係していた[23]。例えば1980年代後半には，事業部制を導入した企業のほとんどが事業本部制の導入によって事業部の管理体制を強化したほか，分社化が事業部制に代わってこの期間の日本企業のトレンドとなった[24]。

　以上の考察をふまえて，つぎに，主要産業部門における事業部制組織の導入の代表的事例について考察を行うことにする。以下では，化学産業，電機産業についてみた上で，造船重機械を含む機械産業および鉄鋼業を取り上げてみていくことにしよう。

　(2)　主要産業部門における事業部制組織の導入
　　　①化学産業における事業部制組織の導入
　まずアメリカと同様に多角化の顕著な進展がみられた化学産業を考察することにしよう。こうした事情から，この産業の組織革新においては，事業部制組織の導入が中心をなした。

　　　1）　旭化成の事例
　まず旭化成をみると，同社では合成繊維への進出，石油化学工業を中心とす

る多くの新製品への多角化が展開され，それへの対応として組織の再編が行われた。1959年に事業部制組織が導入され，生産，販売の両部門を製品ごとに合体させて事業部とし，各製品の収益性の明確化，各事業部長へのそれぞれの経営に関する権限の可能な限りの集中がはかられた。製品別事業部として，①カシミロン，②レーヨン，③ベンベルグ，④化成品，⑤火薬の５つの事業部がおかれた。

　しかし，事業部制では間接部門の人員の重複や時代の変化に適合しない点もみられ，一層の事業拡大をめざす経営戦略の遂行のためには，より弾力的で機動力に富む経営組織の確立が必要となった。そこで，1971年に，①事業間の連携による統一的な販売の展開，②計画的なローテーションによる人材教育や資金効率の向上，③より大幅な権限と責任の移譲を主たる目的として，複数の事業部を統括する上部組織として事業本部が導入された。繊維，化成品，プラスティックの３つの事業本部が新設されたが，食品・発酵化学事業部，建材事業部についてはその例外とされ，従来通りの事業部としての位置づけとされた。この事業本部制の採用によって，合成樹脂と合成ゴムの高分子事業分野は，繊維，化成品とならぶ同格の事業部門として位置づけられ，統一的な経営管理が可能となった。

　その後，1981年には，事業本部は本部制に変更され，損益管理単位が事業本部から事業部に変更された。しかし，事業部長の独立性は必ずしも確立していなかった。翌年の1982年には，旭ダウの合併により大幅な組織変更が行われた。そのポイントは，①工場部門，研究開発，生産技術，保安環境部門の再編成，すなわち，研究開発，生産技術の一元化，②繊維本部は一体的な運営のために本部制を維持する一方で，化成品・樹脂本部を11の事業部に分割したことの２点にあった。後者は，事業部でのマーケティング活動を活発にし独立した組織にするための改革であった。本部制をなくし事業部の独立性を高めるために，また技術部を事業部におくことにより技術に直結した販売力の強化をはかるために，本部制から事業部制に変更された。しかし，エレクトロニクスとライフサイエンスを２大重点分野とする技術開発と専業化の急速な推進にともない，新たな事業分野を含む総合的な事業戦略の策定が必要となった。その結果，1986年には，従来の事業部を①化成品・ゴム，②樹脂，③建材・化薬，④

住宅の4つの事業部門にまとめる事業部門制が導入された。繊維本部のほか樹脂製品，機能製品，機能膜の各事業部は従来のままとされ，新たに食品事業部が設置された。こうした組織再編の目的は，事業部門との有機的関連のなかでの研究開発の方向づけ，主要戦略のテーマの急速な拡大に対応して新規事業の育成を一層強化することにあった[25]。

2）　東レの事例

　また東レについてみると，1970年までは，いくつかの部門から構成される部門制となっていた職能別部門制組織による全社一体の事業管理体制が採用されていた。1970年には，事業規模の拡大，事業の多角化，経営の国際化の一層の展開に対応して，経営の機動的な運営・管理を推進するために，事業本部制が導入された。それは，繊維，プラスティック，化成品の3つの事業本部と8部門から成る本社スタッフ部門を中心とする組織が編成された。この組織では，①各事業の自立性の向上と利益管理の徹底をめざした利益責任の明確化，機動的・弾力的な組織管理と運営体制の確立，②権限中心の考え方から責任中心のそれへの移行のための，利益責任を中心とした責任体制の確立の2点がねらいとされた[26]。

　原料，工程および技術の高い相互関連性，ある事業が複数の事業場にまたがるというかたちでの地域的錯綜性という，化学産業の特性と制約のもとで，素材を生産から販売まで一貫して把握し，利益管理を徹底することが重視された。利益管理の統括単位は事業本部であったが，事業本部のなかでの利益責任単位として事業部がおかれ，事業部ごとの利益管理が行われた。事業部長は，直属のラインとして販売部をもつとともに，事業場長をとおして事業にかかわる指示を製造部に対して行った。事業部内の管理室は，販売と製造の両方を総合するかたちで利益管理を担った。このように，事業場長は，生産に関する事業管理的な指示を事業部長から，技術的指示を生産部門長から，そして地域対策的指示を社長からそれぞれ受けるかたちとなっており，一種のマトリックス的な位置にあった。このような事業部制の効果は何よりも生産と販売の一体化にあったが，プロフィット・マインドの浸透も重要であった[27]。

　しかし，同社では，1976年には，高度成長から低成長への移行に対応して，

経営資源の重点的投入・活用，経営の効率的・機動的運営の徹底のために，事業本部制から職能部門制への変更が行われており，11部門体制とされた。同時にまた，トップ・マネジメント組織の強化がはかられ，ゼネラル・スタッフ組織としての総合企画室が新設された[28]。

3） 積水化学の事例

つぎに積水化学の事例をみると，同社では，1958年に従来の職能部門別組織に代えて全面的に事業部制組織の導入が行われた。そこでは，本社機構と事業部機構への分割が行われ，製品別に建材，成型品，化成品の３つの事業部が設置された。事業部は社長の直接統制下におかれた。各事業部にはそれぞれ製品工場と営業所が所属するかたちとなり，生産—工場，販売—各地域営業所の両部門を掌握することによって，担当する製品の生産と販売の活動を一本化して運営する体制とされ，利益責任の徹底がはかられた。各事業部には，事業部の活動の統括管理とともに担当製品の生産・販売の企画立案，管理（予算統制，原価管理，事業報告），市場調査，販売促進などのスタッフ職能を遂行する事業本部がおかれた。各事業部には，このようなスタッフ職能を担当する企画班，管理班などの組織がおかれた。前者は，製品の生産計画，販売計画，市場調査，販売促進の諸職能を，後者は，事業内部の予算統制，原価管理，報告制度といった諸職能を担当した。事業部はプロフィット・センターとして運営される一方で，本社機構は事業部に対して助言・援助を行うスタッフ部門であることが明確にされ，簡素化がはかられた。こうした事業部制組織は，その後，部分的な修正を繰り返しながら1975年１月の組織改正まで続いた[29]。

4） 日立化成工業の事例

さらに日立化成工業をみると，1962年の不況の克服のためには迅速な意思決定による機動的な経営が有効であるという認識のもとに，65年に事業部制が採用され，大幅な権限の委譲が行われた。無機，有機，成形，部品の４つの製品別の事業部がおかれ，大幅な権限の委譲とともに責任体制の明確化がはかられた。各事業部は，スタッフ部門である技術担当と業務担当の課または係をもち，技術情報の管理，市場計画の策定・運用に従事した。この組織改革によっ

て，本社機構は，長期見通しに基づく，総合経営体としての目標と方針の策定に専念することになった。その後の1965年には，部品事業部を除き，営業部門は営業担当役員が管轄することになり，個別製品の販売戦略は，事業部長の指示のもとに適切な営業活動を遂行するものとされた。その後，多角的な発展の過程において事業部の統合，分割が行われており，例えば1969年8月の事業の再編によって，①有機，②四日市，③無機電池，④成形，⑤住宅機器の5つの事業部に再編された。また生産と販売の活動を一層強力に展開するためには，管理体制の確立とそれを支える事務処理の円滑化が必要となり，それまで営業担当役員の管轄であった営業部門を各事業部の下におき，各事業部が製造，販売を一体化して事業の推進にあたる事業部営業制が実施されるようになった[30]。

②電機産業における事業部制組織の導入

つぎに電機産業をみることにするが，この産業も，化学産業と同様に多角化がすすんでいた産業部門である。それゆえ，この産業の大企業では，事業部制組織の導入がすすんだ。

1）松下電器の事例

まず松下電器をみると，同社は1933年に事業部制を独自に導入した企業であったが[31]，戦後には，1949年に最初の組織改革が行われた。製造所の現場生産のみを工場として集め，19工場が分担し，8ヵ所の支店・営業所が営業を担当する体制とされた。本社には製造，販売のライン機能の統括のため製造部と営業部がおかれたほか，技術部，資材部，総務部，人事部がおかれた。この組織再編は，製造と販売が一体で直結していた事業部制の放棄，職能部制への完全復帰を意味するものであった。しかし，1950年には再び事業部制に復帰し，製品別の製造事業部を基本とする3事業部体制（第1事業部＝ラジオ・通信機・真空管・電球関係の製造，第2事業部＝乾電池・電熱機器関係の製造，第3事業部＝電機・蓄電池関係の製造）とされた。1953年には事業部の数は7に増加した。事業部は商品計画と生産を担当したが，販売担当の営業所は事業部には属しておらず，各事業部において製品別に生産と販売が一体的に直結するかたちをと

り経営責任を負うという本来の事業部制の基本は，必ずしも組織として継承されていなかった。しかし，そこでも，事業部は傘下の工場の生産と販売の企画を担当するかたちになっていた[32]。

1954年には職能別本部制に移行しており，4本部・10事業部制とされた。職能別にいくつかの部門を統括する責任者として本部長がおかれ，各本部長への分権化による現業単位の分散化と，本部長会議の設置によるトップ・マネジメント機構の整備がはかられた。管理本部，技術本部，事業本部，営業本部が設置され，事業本部は生産職能のみを担当した。この組織改革のねらいは，専門細分化と徹底した責任経営による実情に即した業務活動の積極的な推進と総合力の十分な発揮にあった。また事業部門の独立採算制の維持のために，事業部と営業所に内部資本金制度が導入された。1955年以降，新しい事業部の増設やひとつの事業本部への複数の関連事業の統合による高付加価値製品の開発など，組織再編による事業の効率化がはかられた。しかし，この時点ではまだ本部長が現業とトップの両方を兼務しており，戦略的決定と戦術的決定の分化はみられなかった。また各事業部には販売の機能が統合されてはおらず，事業部直売制となるのは1965年のことであった[33]。

1960年代前半の同社の事業部制においては，冷蔵庫，管球，ポンプ，写真用品，扇風機，自転車などの各事業部では，生産設備をもたず，その生産のライン機能は関係会社あるいは子会社によって遂行されていた。その意味でも，事業部の自己充足性は低かったが，生産計画と販売戦略を一貫した利益計画の主体性は各事業部にあり，担当製品の売上高と利益に対する全面的な責任を負った。また営業本部制が採用されており，各事業部が生産する製品の地域販売は各営業所ないし販売会社によって担われ，地域販売を統括するサービス部門として営業本部があった[34]。

1965年には再び事業部制への復帰が行われ，販売会社を排除して各事業部が直接取引を行うようになった。それは，販売活動の機動性の確保と事業部の生産・販売責任の確立のために事業部を本来の独立部門にすることであった[35]。この年の組織再編は，「組織としては，市場に密着し，生産と販売を直結させる本来の事業部制への回帰[36]」であった。

その後，1972年には製造事業本部が廃止され，製造グループ担当制へと変革

368 第2部 経営の「アメリカ化」と「再構造化」の日独比較

された。そこでは，事業部の責任と権限の明確化，経営の全局面において事業
部制の長所が完全に発揮されうるような責任経営体制の確立が重視された。製
造事業本部は，事業部の数が多くなったことへの対応として，それらをある程
度まとめるかたちで導入されたが，事業部と事業本部のもたれあいの状況が生
まれるようになり，事業部の独立採算制は中途半端なものであった。それを完
全な独立形態にするために，17の製造事業本部は廃止され，新たに12の製品グ
ループとひとつの直轄部門が誕生した。こうして，1973年には事業部制の原点
に立ち戻り，責任経営の徹底が追及されることになった(37)。このように，戦
後の松下電器における組織変革は，まったく新しい原理に基づくものへの転換
ではなく，あくまで経営組織の基本は事業部制にあったといえる(38)。

2) 三菱電機の事例

つぎに三菱電機をみると，同社は，1958年に生産と販売を直結して販売面の
充実，組織的強化をはかる目的で事業部制組織を導入した。それ以前の組織で
は，常務会の下に管理部門，営業部門，製作所（工場部門）が並列しており，
生産，営業の各部門は統一的に運営されていなかった。多角化の進展，スタッ
フとラインの機能の未分化による統一的な経営方針の策定の困難，すべての生
産機種の営業が営業部に附属していたことからおこる新機種の開発・販売の困
難への対応として，また厖大化した生産と営業への組織面での対応のために，
事業部制が導入された。重電，電子機器，商品，海外の4つの事業部が設置さ
れた。製品機種別に販売方法や市場が異なる重電，電子機器，商品の3つの部
門をそれぞれ独立採算に基づいて運営することがねらいであった。各事業部
は，会社全体の方針と計画の範囲内で担当事業の生産，販売，損益に対する自
主的な責任単位とされ，プロフィット・センターとなった。そこでは，生産と
販売の職能のみならず市場調査，販売促進，生産管理，新製品の開発などの職
能も事業部に分権化され，生産，販売，管理の直結がはかられた。各事業部別
の資本利益率が算定される制度が採用された。こうして，商品の企画，生産，
販売の全機能が事業部に統合され，事業部長の掌握下におかれた。事業部制の
実施の眼目のひとつが販売の組織的強化であったことから，家電や標準電機品
を担当する商品事業部では，商品企画部が設置されたほか，営業所の整備も行

われた。こうした営業機能の充実は，重電，電子機器の事業部でもみられた。

　また本社機構としては，総務，企画，人事，勤労，経理，監査，営業管理，資材，技術管理などの管理部門が設置された。これらの管理部門は，会社全体の目標と方針の設定，各事業部の総合調整などに関して，トップ・マネジメントへの助言，援助を行うとともに，各事業部の計画の策定や執行に関して助言・援助を行うスタッフ部門として機能した。企画部は，ゼネラル・スタッフとして長期計画の総合的とりまとめと企画調整業務，さらに事業部の計画・執行に関する助言を主要な任務としたほか，社外に対する広報の窓口としての機能も果たした。また営業管理部は，宣伝，収計，営業管理に関するスタッフ的業務を担った。本社スタッフ部門との関係では，ライン組織の効率化のために，事業部のスタッフ組織は製造と販売のみとし，それ以外のすべてのスタッフを管理部門に集中された[39]。

　ただこの段階での三菱電機の事業部制においては，家庭電器については販売会社を設けずに代理店制度による販売を行っていた。生産に関しても，工場のなかでいくつかの種類の製品を生産している場合，その製品が複数の事業部にまたがっていることがあった。その理由としては，各事業部への営業所の統合による多くの人員の必要性，販売高の大小にかかわらず同じ機構をとることによる不経済性，これらの機構を統括し共通部門としての役割を果たす地方事務所のような組織の必要性，同一顧客に対する販売部門の相違による顧客へのサービスの欠如の恐れがあった[40]。このように，「事業部制を教科書的にそのまま導入するのではなく」，同社の「伝統と特色にマッチした形でとりいれること」に，ポイントがおかれていた[41]。

　その後，1977年には組織の大改正が行われた。そこでは，システム化・多様化する市場の要求に応じ，市場の変化に即して機動的な経営を行うためには，従来の製品別事業部制の枠をこえる組織の革新が必要であること，販売力を強化して市場ニーズを速やかに把握して製品の開発に結びつけることのできる組織が必要であること，同社の技術力に基づく開発を迅速に製品化・事業化できる体制が必要であることという認識が根底にあった。組織の改正は，①販売体制の強化，②経営資源の有効利用，③研究開発体制の強化を主たるねらいとして実施された。販売体制の強化に関しては，販売部門を事業部とし，販売の責

任と権限が明確にされるとともに，損益責任が与えられた。また経営資源の有効利用については，従来の製販一体の事業部を解体し重電，電子，機器，商品の4つの事業本部が設置された。各事業本部は，それぞれ事業本部スタッフ，販売事業部，営業所，製作所を傘下にもつようになった一方，各事業部は従来の事業部をこえた総合的な観点に立って市場の変化に迅速に対応できる体制となった。この組織再編では，販売志向・市場志向の体質への企業体質の改善に，最大のねらいがあった[42]。

3）　日立製作所の事例

　また日立製作所をみると，重電機専業のメーカーから総合電機メーカーへの戦略転換にともない，事業部制の導入がすすんだ。1950年の組織改革では，本部制が採用され，事業本部のもとに，①電機，②機械，③車輌，④電気通信，⑤商品機工，⑥鉄鋼の6つの事業部がおかれた。各事業部は，それぞれの製品に関して，営業と工場運営についての企画を行うことになった。1952年には，50年に導入された本部制が廃止され，事業部制が導入された。従来事業本部に属していた6事業部は，機種別の8事業部および輸出部（53年には海外事業部となる）とされ，各事業部は，それぞれ取扱製品の生産と営業の総合的企画・調整を行うことになった。トップ・マネジメントとして設置された要務会，事業部門，管理部門への3分化によって，戦略的決定と戦術的決定との分離・分権が初歩的ではあるが始まった。しかし，事業部は各工場を直接支配する生産中心のものであったほか，家庭電器以外の営業所は社長直属とされ，重電以外では営業は日立家庭電器という別会社によって担当されていた。その意味でも，基本的職能が直結したかたちにはなっていなかった。

　その後，事業部の新設や統廃合が何度も行われたが，1967年には，こうした体制をやめて，すべての事業部は，営業も担う疑似株式会社としての事業部とされた。これによって，事業部は真の利益責任単位となりえたのであり，事業部制組織の成立をみた[43]。その後の1974年下期から78年上半期における組織の統合・再編の時期には，事業部・工場の簡素化や営業体制の再編など，「事業部別に担当製品だけの営業を行うのではなく，顧客に対して全製品を取り扱う方向への転換」が行われた[44]。

4） 東芝の事例

　さらに東芝をみると，1947年の組織の改正において営業・生産関係が軽電・重電の2部門に大別されたが，48年には，管球，機器，通信機，電機の各業種別の事業部制が採用され，50年にはさらに車両事業部が設置された。また事業部制を総合経営するための事業運営会議の設置，内部監査を厳重にするための検査役の設置のほか，管球・機器の営業部門をもって販売部の設置が行われた。しかし，一層の多角化と合併という組織の膨張が続き，1962年頃には事業部の数は11にのぼった。事業部は工場を直属とし，各工場は製品別に事業部に所属したが，生産機種の多い工場は複数の事業部への直属となっていた。営業所は社長の直属となっていたが，製品別に事業部長の指揮を受けた。1事業部長によって販売，生産がコントロールされるようにはなっていたが，事業部は生産を中心としたものであり，1963年頃からの不況に直面して，生産と販売の直結が重要な課題となった。そこで，事業部は直接社長の下におかれ，戦術的決定の機能を100％事業部に移すという組織改革が行われた。同時にまた，全社的な視点から戦略的決定を行う，事業部とはつながりのない分担役員が新たにおかれた。1964年5月には，事業部門を①産業用電子，②家電，③重電，④タービンの4部門に分け，各部門のそれぞれのグループごとに総合的な事業運営を行う体制とされた[45]。

　1966年には役員の分担方式は「事業部別分担制」から「機能別分担制」に変更され，事業部長は，担当分野の運営について一切の責任と権限の委譲を受け，自主責任のもとに事業活動を推進することになった。また多角化の一層の進展にともない，事業部の責任体制を事業担当分野の面からも明確にするために，事業部の製品別専業分化がはかられ，事業部の分割・新設があいついだ。それは，1969年には，事業部強化策として，事業部の自主責任体制のさらなる徹底化が取り組まれ，事業部内の経営機構の強化を目的として6〜7人の事業部内トップから構成される「事業部内閣制」が発足した[46]。

5） 日本電気の事例

　またエレクトロニクス分野を中心に多角化をすすめた日本電気の事例をみると，事業領域の拡大に対応しうる組織の構築という経営課題のもとに，1961年

には，56年に採用された工業部制に代えて，事業部制の導入による分権的な経営管理方式の強化がはかられた。事業の拡大と急速な技術革新にともなう製品機種の多様化や販売競争の激化などに対応するため，生産と販売の統合によって5事業部制とされたほか，海外事業を統括する海外事業部が設置された。これらの事業部は，利益責任単位として設置されたものであった。商品事業部はすでに1958年に設置されていたが，それには営業部が存在せず，この点で他の4つの事業部（通信機事業部，電波機器事業部，電子機器事業部，電子部品事業部）とは異なる性格をもっていた。また事業部の営業活動に対してスタッフ・サービスを行うために本社に営業管理部が新設された。こうして，1961年の組織の再編によって，形式的には事業部制の形が整えられたが，戦略決定と現業的決定の分化の不徹底という問題があり，実質的には事業部制とはいい難い組織であった。加えて，各事業部内には，市場を異にする製品を取り扱う単位部門が錯綜して混在していた。

　1965年には，こうした限界の克服を目的として，事業部制の強化を柱とする組織再編が行われ，67年12月には，その後に継承される組織機構が確立した。製品分野の市場がもつ性格の相違に基づいて，①事業グループ内の各事業部にあった営業部の分離，事業グループ内の販売専門部へのその集約化，②事業グループ内における企画室などの独自のスタッフ機構の設置によるグループ内の戦略機能や事業部間の調整機能の整備という2点において，事業グループの運営の仕方が変更された。海外事業部を含む従来の6事業部が14の事業部に再編され，さらにこれらの事業部が，その性格に応じて4つの事業グループにまとめられた。各事業グループには担当役員が配置され，担当事業部を指導した。ただ，これらの事業グループは独立した管理段階ではなく，各事業部長はトップ・マネジメントに直結することが原則とされた。さらに1971年3月末には6事業グループ・22事業部へと拡大した組織を4グループに再編成する組織改正が同年6月に行われ，スタッフ組織の拡充，，アドミニストレーションスタッフとオペレーションスタッフへのスタッフ部門の分化，その役割の明確化がはかられた。こうした事業部制組織は，全社レベル，事業グループレベル，事業部内という三層構造となった[47]。

このように，電機産業における事業部制の導入は家電市場と深い関連をもっており，松下と東芝が1965年頃，日立は67年というほぼ同じ時期に事業部制の一応の完成を迎えた。1963年頃以降の売手市場から買手市場への移行という変化のもとで，生産を中心としたそれまでの事業部の体制，営業部あるいは営業所に販売の中心的な役割がおかれていた体制からの転換，事業部への販売機能の統合，生産と販売の直結が不可欠の重要課題となった。こうした事情が，3社間にみられる事業部制導入の時期の共通性と関係している[48]。

　　　③その他の産業部門における事業部制組織の導入

　以上の考察をふまえて，つぎに，その他の産業部門についても考察を行うことにしよう。ここでは，重機械も含めた広義の機械産業および鉄鋼業についてみていくことにする。

　　1）　機械産業の事例

　まず機械産業の事例として久保田鉄工をみると，同社は，鋳物，機械，鉛管，衡器などへの多角化戦略を展開し，それに適応するかたちで事業部制をはやくに導入した。1950年までは職能別組織が採用されていたが，同年には，①鉄管，②鋳物，③内燃機，④機械，⑤衡機の5つの製品別事業部が設けられた。事業部長は，営業，工場および設計の従業員を指揮・監督した。その後，いくつかの事業部が新たに設置された。各事業部はそれぞれ生産，販売，技術または研究の3つの部門をもって構成され，製品工場と営業部が所属した。これらの事業部は，担当製品の生産と販売の活動が一体化したかたちで，ひとつの独立企業のように総合的に自主的に運営された。各事業部の業績は，従業員の給与に反映する仕組みになっていた。しかし，住宅機器販売事業部は，生産の職能をもたない販売事業部であった。各事業部は独立採算制のプロフィット・センターとして運営された。販売事業部である住宅機器販売事業部を除くと，各事業部には，予算統制，原価管理，市場調査，販売計画，生産計画などの管理職能についても広範に分権化が行われた。各事業部はさらに，担当製品分野の研究開発に対する責任も負った。また本社のスタッフ組織としては，管理部，監査部，企画本部，生産技術部，営業総括部，経理部などがおかれ

374 第2部 経営の「アメリカ化」と「再構造化」の日独比較

た[49]。同社では，各事業部門の取引において忌避宣言権が認められており，こうした点からも分権管理の最も徹底した方式が導入されていたといえる[50]。

また1971年には，事業部を一層細分化し製品事業部として市場に対応させるために，またこれらの各グループを統括した戦略を展開するために，新たに事業本部が設置された。それまでの13事業部体制から6事業本部（パイプ，鋳物，機械，内燃機関，環境装置，住宅関連）・15の製品別事業部および海外事業部へと再編された。こうした体制のもとで，事業の利益と成長の達成の責任はすべて事業本部長が負うことになった[51]。

2) 精密機械産業の事例

つぎに精密機械産業についてみると，キャノンでは，1970年代には，光学特機分野を事業部で展開し，他の分野は管理部を中心とするスタッフ事業部制的な運営を行っており，職能別組織から事業部制組織への移行過程にあった。同社は1960年代以降70年までの時期に積極的な多角化を展開し，①カメラ，②計算機，③複写機，④マイクロ，⑤光学特機の5つの事業分野の基盤が整った[52]。しかし，多角化の一層の進展，専門化の著しい進展，従来の職能別組織のもとでの権限の分散化のために，利益責任やコスト責任が曖昧になってしまうという問題が発生した。それゆえ，事業部制の推進による事業部責任体制の確立が，組織効率の改善の中心におかれた[53]。長期的には事業部制への移行をめざすこと，当面は事業管理部を中心に事業部制に準ずる運用を展開し，ただちに実施できる事業には事業部制を採用すること，事業部制の推進のために工場体制を製品分野別に整理統合することという基本方針のもとに，1972年に組織の再編が取り組まれた。この方針に基づいて，当初は，光学特機分野についてだけ事業部が設置された[54]。

全社が事業部制になったという意味でのキャノンの事業部制が一応の完成をみたのは1978年のことであった。この時点での組織は，カメラ，事務機，光学機器の3つの製品別の事業部に分かれており，工場も事業部に分属していた。しかし，同社の事業部制はかなりの不完全さを示していた。その最も大きな点は，販売部門が事業部の外におかれていたという点にあり，事業部と販売会社の各部門の調整では，各事業管理部がその要をなした。日本企業における事業

部制組織はその本来の理念型とは異なるかたちで定着したという面が強いが[55]，同社の事例はそれを端的に示すものである。

3）　造船重機械産業の事例

　また造船重機械産業部門をみると，1945年から57年までのこの部門の企業においては，一般的に，船舶部門の専業戦略に対応するかたちで集中的機能別管理組織が採られていた。事業部制組織の導入は，関連製品分野への多角化がすすむ1958年から73年までの時期にみられた。ただ企業類型によって相違がみられ，総合重機械企業のタイプ（三菱重工業，石川島播磨重工業，川崎重工業）では，多角化は関連多角化をこえて非関連多角化型のレベルにまですすんでおり，製品グループ別に分権的に管理する事業部制に基づく管理機構が導入された。これに対して，造船重機械企業のタイプ（日立造船，三井造船，日本鋼管，住友重機械）の多角化は船舶・陸機の関連製品多角化型であり，この類型に属する企業4社すべてが分権的な製品別事業部制を導入した。ただ1974年以降の時期になると，石川島播磨や日立造船のように，いったん導入された事業部制あるいは事業本部制の廃止へとすすんだ企業もみられた。また造船専業企業のタイプ（佐世保重工業，函館ドック，佐野安船渠など，上記の第1および第2の類型以外の日本造船工業会加盟企業）では，1974年以降の段階になっても重機械への多角化はなされず，造船専業企業のままであり，事業部制への移行はみられなかった[56]。そこで，総合重機械企業のタイプの主要会社について具体的にみていくことにしよう。

　三菱重工業について──まず三菱重工業についてみると，国際競争力の強化と事業部制の長所の最大限の追及を目的として，1957年には，①船舶，②重機械，③機械，④自動車，⑤航空機・特殊車両の5つの製品機種別の事業部が設置された。事業企画，製品開発，受注販売の機能は，事業部長の直轄とされた。生産関連の機能は，従来どおり社長に直結する事業所長に属するものとする一方で，各製品事業全般としての運営は，事業部長が統合して行うかたちとされた。各事業部長の権限を画一的に定めるかたちにせず，それぞれの製品部門の特性に応じたものとされた。このように，同社の事業部は，事業企画，販

売,生産の機能を包含する一元的なプロフィット・センターとして設定されたのではなく,事業部と事業所がそれぞれ最終損益単位とされ,損益面では,事業部長と事業所長が連帯して責任を負う体制とされた。これは多角経営の体質に即した同社独自の組織運営であり,「事業部制的運営」と呼ばれた。生産体制は16事業所体制とされた。また本社管理部門の整備も行われ,ゼネラル・スタッフとしての社長室のほか,職能別の総務,人事,経理,購買などの7部・4室で編成された。その後,1967年には,重機械,機械の2事業部が原動機,機械第一,機械第二の3事業部に再編成され,69年にも自動車事業部が事業本部とされるなどの変更が加えられたほかは,実質的に大きな改革は実施されなかった。

　しかし,長期の好況のもとでの市場規模の膨張にともない経営規模も著しく拡大したため,それにふさわしい事業体制の構築が必要となった。1970年6月には,三菱自動車工業の分離・独立にともない,事業部門についても専業化が推進された。組織は,①船舶,②原動機,③機械,④航空機の4事業本部と,1)車両・輸送機器,2)精機,3)建設機械,4)冷機,5)機器,6)特殊車両の6事業部へと再編された。そこでは,製品事業単位の大きい事業部を事業本部とし,比較的小さな製品事業単位を事業部として独立させることによって,製品ごとの専業化の推進と事業責任の明確化がはかられた。

　しかし,1970年代の低成長経済の定着,価値観の多様化,産業構造の激変,競争の激化という経営環境の変化のもとで,多岐にわたる事業を「事業部制的運営」という枠にはめた一律的な運営ではなく,製品事業ごとにそれぞれの特性や規模に応じてより弾力的に組織運営を行うことが必要となった。それゆえ,従来の枠組みにとらわれない生産・販売体制の一体化による意思決定の迅速化が,何よりも求められるようになった。そこで,量産品統括本部の設置と事業所・工場の直轄化が行われた。1982年には,京都精機製作所,明石製作所,新たに発足した広島工機工場,名古屋冷熱工場の2事業所2工場が,量産品統括本部の直轄とされた。こうした直轄化は,損益責任の一層の明確化と意思決定の迅速化によって別会社のように小回りのきく運営を行おうとするものであった。さらに1980年代半ば頃には,製品事業体質の強化と総合力の発展を目的として,事業本部と事業所の一体化・直轄化が行われた[57]。

石川島播磨重工業について——つぎに石川島播磨重工業をみると，1960年12月の合併にともない，①産業機械，②原動機・化工機，③船舶，④航空エンジン，⑤汎用機の5つの製品別事業部から成る組織が生み出された。その後，経営規模の拡大とともに事業部の数も増加し11となったが，その間，一貫した事業部としての機能は，次第に分化することになった。1974年には事業部門の事業本部制と本社部門の本部制による新体制が発足しており，①船舶，②機械，③重機プラント，④化学プラント，⑤エネルギープラント，⑥航空宇宙，⑦海外の7事業本部体制とされ，19の事業部を統括した。その一方で，本社には，1）総務，2）人事，3）財務，4）資材，5）電算企画，6）営業総括，7）技術の7本部がおかれた。各事業本部は，それぞれの製品開発，市場開発，受注，引渡し，資金繰りに至るまでの一貫した体制で機能することが期待された。分権化の徹底による責任体制の確立や事業本部のプロフィット・センター化は，この組織改革の目的の中心をなした。

しかし，その後の同社の組織改革は複雑な歩みをたどっており，1978年には，組織全般の集約化・簡素化をはかるために事業本部が廃止され，営業本部と生産本部の2本部制とされた。本社部門では，技術本部を除き本部制が廃止され，室制に再編された。また1980年には，営業本部と生産本部の2本部制を廃止して再び事業本部制への復帰が行われた。その結果，①機械，②エネルギー，③プラント，④船舶海洋，⑤航空宇宙，⑥海外の6事業本部が復活したほか，営業に関しても営業本部と輸出営業本部から成る2営業本部の体制とされた。こうして，2営業本部・6事業本部・19部の体制となった。事業本部制の復活は，明確な責任体制の確立，製品需要の的確な把握，顧客の要求にきめ細かく対応しうる組織が求められたことによるものであった。各事業本部は，開発から設計，製造，営業，アフターサービスに至るまで一貫した活動を行うことが原則とされたが，製品が多種にわたり市場も著しく広い機械部門については，営業部門を切り離して営業本部に集約するかたちで一元化がはかられた[58]。

川崎重工業について——また川崎重工業をみると，1961年に，①造船，②機械，③産業機械，④精機，⑤鉄構の5事業部から構成される事業部制がスター

トし，62年には機械事業部と産業機械事業部の統合によって4事業部制となった。同社の事業部制は市場および製品別に編成され，それぞれの組織単位は利益責任を負い，業務を遂行するために必要な権限が与えられた。各事業部には投下資本に対して1割の利益配当ができるように利益目標が設定された。1969年4月の川崎航空機工業，川崎車輌，川崎重工業の3社の合併による新川崎重工業の誕生にともない，船舶，車両，航空機，機械，発動機・単車の5つの事業本部と，鉄構，油圧機械，明石機械の3つの事業部から構成される新しい組織が誕生した。1970年10月には7事業本部・2事業部体制となった。また総合企画室，企業開発本部，技術開発本部をもつ本社部門があり，それらは，各事業部門の活動を支援した。その後，1973年にはプラント，建設機械の2の事業本部が新設されるなど，部分的な変更が加えられた。

　1977年には，本部制が導入され，①本社における本部制（総務，人事，財務，資材）の新設，②それまでの8事業本部（船舶，車両，航空機，プラント，機械，鉄構，発動機，建設機械）の6事業本部（船舶，車両，航空機，プラントと鉄構，機械，発動機）への集約，プラントと鉄構の事業部の統合，③開発本部と技術本部の再編による営業総括本部と技術開発本部の新設を内容とする組織改革が行われた。この組織再編は，従来は事業本部が異なるために事業部間のスムーズな連携プレーに欠けるところがあったという事業部制の問題の克服，有機的な連携によるシステム受注などトータルな事業活動の展開をねらいとしていた。また事業本部間の連携を強化し営業機能を統括するための組織として，営業総括本部が設置された。それは，総合的な営業力の強化に関する諸施策の立案・推進，各事業本部の自主性の尊重のもとで顕在化していた事業部制のもつ欠点の補完と各事業本部の営業活動の支援，営業活動に直結した広報活動などの役割の遂行をねらいとしていた。さらに各事業本部が専門とする製品分野に依存するだけでは市場ニーズの多様化に対応できなくなるなかで，全部門が有機的に関連しながら有望なプロジェクトに取り組む体制を構築するべく，技術開発本部が設置された。本部制は1982年に廃止された後に，84年に管理本部が設置されるなどの変化がみられたが，87年に本部制が再度廃止された後に，91年には再び本部制への復帰が行われた[59]。

4） 鉄鋼業の事例

　さらに鉄鋼業についてみると，**神戸製鋼**では，1955年にそれまでの機能別組織から事業部制へと移行し，鉄鋼事業部と機械事業部が設置された。これらの事業部にはそれぞれ本社工場を含む4つの工場が所属した。同社では，徹底的に製品群別の事業部制が採用され，それは当時産業界でも先駆的なものであり，各工場の独立採算制が実施された。1956年には，機械事業部の組織は製造部と販売部の2部制とされた。1957年には，神鋼金属工業の合併によって合金事業部が誕生した。1958年には常務会の設置や従来の稟議制度の改正が行われ，事業部門に権限が大幅に委譲されるとともに，責任の所在も明確にされた。1959年には，溶接棒事業が鉄鋼事業部から分離され，鉄鋼，機械，合金の3事業部につぐ第4番目の事業部である溶接棒事業部が誕生した。各製品分野における活動が拡大したため，1968年には，製品別本部制が導入された。組織を製品グループごとに縦割りし，産業機械，加工機，鋳鍛鋼の3本部への再編が行われた[60]。また1987年には新事業本部が新設された。同本部は，①新製品事業企画部，②新材料部，③情報エレクトロニクス部，④高度分離システム部，⑤事業開発部の5つの部で構成され，新分野や新製品に関して，発案から開発，商品化，販売までを一貫して統括するかたちとなった[61]。

第2節　ドイツ企業における戦略展開と事業部制組織の導入

1　多角化戦略の展開

　つぎに，ドイツについて考察を行うことにするが，まず多角化の進展を戦略の変化という点からみておくことにしよう。1950年には，ドイツの産業企業最大100社のうち34社が専業型，26社が本業型の事業構造であった。これに対して，関連型は32社，非関連型は7社であった。専業型は1960年には22社に減少したが，50年代の最も重要な変化は，このタイプの企業12社が多角化したことにある。そのうち9社が本業型へ，2社が関連型へ，1社が非関連型への多角化であった。その結果，本業型は1960年には28社にやや増加した。1950/60年には，本業型からの多角化が9社みられたが，そのうち8社が関連型への，1社が非関連型への多角化であった。1960年には関連型は40社に増加したのに対

して，非関連型は 9 社へとわずかな増加にとどまっていた。

これに対して，1960/70年には，その最も多くの変化は関連型（5 社），非関連型（10社）への多角化であった。1970年にはこれらの高度に多角化した企業の割合は全体の56％を占めていた。1970年には本業型は22社に減少し，関連型は38社にやや減少したのに対して，非関連型は18社に大きく増加した。

また1950/70年の20年間の変化をみると，多角化の経路としては，「専業型→本業型→関連型→非関連型」への経路が多く，「専業型→高度な多角化（関連型および非関連型)」への経路はまれであった。すなわち，1950年に本業型であった企業の35％（26社中 9 社）が10年後にそれから離れ，60年に本業型であった企業の25％（28社中 7 社）が70年までにそれから離れた[62]。

このように，ドイツでは，コングロマリットにみられるような非関連分野への多角化の顕著な拡大は，1960年代にもあまり顕著なかたちではみられず，関連分野への多角化に重点がおかれていた。この点は，アメリカとの重要な相違のひとつであった。

2　事業部制組織の導入

(1)　組織構造の変化とその特徴

そこで，つぎに，組織構造の変化を戦略の展開との関連でみることにする。1950年，60年および70年の比較では，職能別組織は産業企業最大100社中36社から21社，さらに20社に減少した。持株会社の形態も15社から14社，さらに12社に減少した。また職能部制と持株会社との混合形態は，43社から48社に増加した後に18社に大きく減少した。これに対して，事業部制組織は，1950年のわずか 5 社から60年には15社に，70年には50社に大きく増加した。またドイツ資本の78社でみると，事業部制組織は，1950年にはみられなかったものが60年にはまだわずか 3 社に増加しているにすぎないが，70年には約40％を占めていた。しかし，1970年のアメリカとイギリスの事業部制組織の普及率がそれぞれ78％，72％となっていたのと比べると，普及率はなお低かった。

1950/60年には最大100社中25社が組織構造の変革を行ったが，最も共通した変化は，職能別組織から職能部制と持株会社との混合形態への移行（12社）にあり，事業部制組織への移行はあまりみられなかった。事業部制組織の導入

がすすむのは1960年代以降のことであり，60/70年には組織の変化がみられた
47社中36社がこの組織形態を採用した。また1950/70年の20年間でみると，最
も多いパターンは，「職能別組織→職能部制と持株会社との混合形態→事業部
制組織」というルートであった。事業部制組織に移行した45社のうち職能別組
織からの移行はわずか4社，持株会社から移行した企業は6社にすぎなかっ
た。これに対して，職能部制と持株会社との混合形態から事業部制組織に移行
した企業は，35社となっていた[63]。

　このような変化については，E. ガーベレによれば，管理構造全体の変更のう
ち，事業部制組織という結果をもたらす変更プロセスが圧倒的に多いが，大企
業と中企業との間にはその普及に大きな相違があった。例えば933社から回答
を得たガーベレらの調査によれば，1974年末時点では，大企業（従業員数1,000
人以上の企業）の46.7％が事業部制組織を採用していたのに対して，中企業
（従業員数100人から900人までの企業）ではその比率は38％にすぎなかった[64]。
またA. ハールマンの1982年の指摘でも，その過去10年間に多くの企業は組織
の再編を行っており，そのひとつの特徴は，事業領域志向，事業部門志向ない
し製品志向の組織にみられた。しかし，中小企業も含めて全体的にみれば，事
業部制組織による職能別組織のおきかえは，多くの企業でおこったわけではな
かった。とくに1960年代末や70年代初頭にすすんだ大企業を中心とする事業部
的な部門ないし事業部制組織への移行のなかには，製品別事業部とならんで，
地域別の事業部もみられた。そこでは，例えば海外やヨーロッパの事業領域が
問題となっていた[65]。

　また戦略と組織構造との関連をみると，1950年には，最大産業企業100社の
なかで事業の多角化（関連多角化および非関連多角化）を行った企業のわずか
7％が事業部制組織を採用していたにすぎない。これに対して，その割合は
1960年には20％，70年には67％に上昇した。ドイツ資本の78社では，その割合
は1960年にはわずか8％にすぎなかったが，70年には63％に達した[66]。しか
し，アメリカの最大級産業企業500社と比べると，事業部制組織の普及率に差
があるだけでなく，多角化と事業部制組織の採用との間のタイムラグもあっ
た。1950/70年の期間にこの組織形態に移行した45社のなかでタイムラグがみ
られた40社のうち，それが10年未満のものは14社，10年から20年までのものは

7社，20年以上のものは19社であった。1950年代にその製品や市場の範囲の多様性を増大させた企業のうち，60％が同じ10年間に事業部制組織を採用した。その割合は1960年代には75％に上昇したが，60年代末になって事業部制組織の導入の波が最も顕著になった[67]。1967年頃には企業組織の領域はなお未開拓であったとされており[68]，事業部制組織の導入は，それを実施した最大100社の企業の半分以上においては，67年以降のことであった[69]。この点について，H. ジークリストは，事業部制組織はドイツでは1960年代末に初めて普及しており，アメリカでのその全般的な普及の約10年後のことであったと指摘している[70]。

　事業部制組織の導入をめぐるこのような問題をふまえて，つぎに，組織の変革についてみることにする。ここでは，主要産業別に代表的企業の事例を取り上げて考察を行うことにしよう。

　　(2)　主要産業部門における事業部制組織の導入
　　　①　化学産業における事業部制組織の導入
　　　　1）　ヘンケルの事例
　多角化の展開と事業部制組織の導入の最も典型的な部門のひとつをなしたのは，化学産業と電機産業であった。それゆえ，まず化学産業について考察することにしよう。

　代表的企業のひとつであるヘンケルでは，組織の変革は，アメリカのコンサルタント機関であるスタンフォード研究所の提案のもとで取り組まれた。同研究所は，1960年代後半から末にかけて，長期経営計画，戦略的経営計画および組織構造の再編に関する3つの大きな提案を行った[71]。1968年12月の組織再編の提案は69年度に承認され[72]，それに基づいて新しい組織構造が導入された。多角化が一定すすんでいるペルジル／ヘンケルでは，企業のトップやそれより下位のすべての管理のレベルが職能別に組織されている場合には，大規模な企業のトップにとっては，最高の効率性をもって活動することは非常に困難になった[73]。

　スタンフォード研究所の提案文書では，その近年にペルジル／ヘンケルは，企業規模と事業の多様性が組織構造の根本的な変革を必要とするところにまで

達した[74]。それまでの職能部制組織では，利益責任の委譲，企業のコスト全体が最小になるような方法での生産，マーケティングおよびその他の職能にかかわるコストの最適化の面での不十分さ，業務活動の計画化のさいにみられた個々の職能間の不十分な情報交換が，より具体的な限界として現れた。ことに責任と権限の不明確な決定，企業のすべてのレベルでの権限の委譲の不十分さは，大きな問題をひきおこした。トップがあまりにも細かい事柄にかかわらざるをえず，その結果，彼らは企業政策の基本的な意思決定や計画化のために十分な時間を確保しえなかったという点に問題が現れた[75]。

そうしたなかで，利益の増大とコスト引き下げのためのひとつの決定的な前提条件は，下位のグループにおけるコスト・センターとプロフィット・センターの形成，権限と責任の委譲にあるとされた[76]。そこでは，特定の市場に対する責任が各事業部に委譲され，製品開発，生産，マーケティングといったすべての市場志向の諸活動が事業部に統合されるべきであるという考えのもとに，組織の再編が取り組まれた[77]。組織再編の要点は，①6つの製品別事業部，②地域部門，③8つの機能担当部門，④取締役会の代表執行機関である経営執行委員会の設置の4点であった。

このような組織では，1）洗剤，2）包装剤，3）有機化学品，4）住宅手入用薬剤，5）化粧品，6）無機化学品・接着剤の6つの事業部が設置された。各事業部の管理運営は，決められた方針の枠のなかで，その業務に対して，また経営執行委員会から委譲された権限に対して責任を負った。各事業部は，生産，マーケティング，市場への投入に至る新製品の開発，輸出といった現業的な職能活動，自らの事業部の効率的な業務活動に必要な諸機能を担当した。すべての必要な業務活動に対する責任は事業部長が負うものとされ，事業部は独立したプロフィット・センターとして組織された。

また地域部門をみると，スタンフォード研究所の提案では欧州と欧州以外の2つの部門の設置が提案されたが，実際には欧州以外の地域を担当する部門のみがおかれた。現業的な部門としては，さらに各種の機能担当部門がおかれた。事業部，他の機能担当部門や地域部門に対する助言と支援，各種の機能領域の諸問題における経営執行委員会への助言と情報提供，企業全体のための方針や規準・処理方式の策定，有効な限りでの主要なサービス機能の提供，各機

能のなかでの業務活動の成果の吟味・評価が，その主要な職務であった。機能担当部門として，1）経営計画，2）財務・会計，3）法務，4）ロジスティック，5）組織・科学的管理，6）生産・エンジニアリング，7）研究開発，8）人事・社会の8つの部門がおかれ，それらはコスト責任を負うコスト・センターをなした。

さらにトップ・マネジメント組織の改革では，Henkel GmbHが総合本社にあたる執行機関となり，国内外のすべての業務を管理するようになった。この本社は，欧州事業を担当するHenkel & Cie GmbHと欧州以外の地域の事業を担当するHenkel International GmbHを統轄した。この本社組織と事業部の創出によって，本社の取締役会を構成する経営陣を事業部の現業的な個別的問題から解放し，すべての時間とエネルギーを事業の管理・運営のより大きな諸問題や計画，管理・統制にあてることがめざされた。さらに彼らの活動を補佐する全社的なスタッフ部門として，1）管理職支援，2）欧州産業担当，3）国際広報，4）監査，5）秘書の5つがおかれた[78]。

また独立採算制を前提とする事業部制組織における管理の重要な手法をなす投下資本利益率（ROI）の原則については，スタンフォード研究所よってすでに1967年に伝えられた[79]。それは，利益計画と予算統制の効率的な体制の基礎をなした。

　　　　2）バイエルの事例

またバイエルをみると，1960年代初頭までは職能部制組織から離れる必要性はなんらなかった。しかし，ヘンケルの場合と同様に，企業規模の増大や競争の状況が，企業管理の新しい方向性を規定した[80]。取締役の業務負担を軽減するために，日常的業務の管理はもっぱらより下位の管理者のもとにおくことが提案され，それらの業務は事業部で行われるべきものとされた。そこでは，それまでの生産と販売の組織面での分離が放棄され，生産と販売の統合のもとに，アメリカ的な事業部という意味での「部分企業」が形成された[81]。

バイエルにおける事業部制組織の導入は1970年2月の再編において取り組まれ[82]，新しい組織は71年1月1日の施行とされた[83]。新しい組織は，事業部の創設，本社スタッフ部門の設置および取締役会スタッフの設置の3点を主要

な内容としていた[84]。そこでは，徹底した分業，職務と権限の委譲が行われ，それによって管理要員を彼らの管理職務により強力に専念させることがめざされた[85]。同社のW.クナウホによって考え出された新しい組織の一般的な目標は，同社の急速な成長，急速な技術発展，市場の急速な拡大・変化に対応することにあり，増大する業務を将来もうまく処理することのできる条件を生み出すことあった。そこでは，柔軟性と効率性の最大可能な確保がめざされた。販売志向の事業部が形成されたほか，管轄範囲の明確な決定，権限と責任のより強力な委譲，新しい組織構造にみあった効率的な情報システムの構築とコンツェルン全体の統合された計画システムの開発，ライン，スタッフおよび委員会における明確な職能の分割が行われた。

　まず事業部をみると，①無機化学品，②有機化学品，③ゴム，④プラスティック・塗料，⑤ポリウレタン，⑥染料，⑦繊維，⑧医薬品，⑨植物保護薬の9つの製品別事業部がおかれた。その管理運営は取締役会の方針に基づいて行われ，事業部長は，毎年決められた時期に取締役会に事業部の計画の承認を求め，それに基づいて決定された事業部の目標の達成について，取締役会に責任を負った。9つの製品別事業部への分割は，事業部に適切な業務規模を与えることを重視したものでもあった。各事業部には生産，販売，応用技術，研究の職能が統合された。事業部の管理は，一般的には取締役会に対して責任を負う商事担当と技術担当の2人の同等の権限をもつ取締役によって担われた。

　製造工場およびそれに直属する補助経営（乾燥工場など）は，立地条件を考慮して事業部の生産単位に統合された。また事業部内の諸部門が事業部を超えるサービス部門（本社スタッフ部門）に統合されない限りでは，ひとつの事業部の販売の管轄範囲は，例えば市場開拓，顧客相談，市場調査，注文処理のような当該事業部のマーケティングの成功にとって必要なその他のすべての諸部門あるいはグループを含んでいた。研究業務でも同様に，事業部の研究部門で働く研究グループや中央科学研究所以外の研究員は，事業部の研究部門に統合された。技術部門については，事業部への組み入れによって，販売，開発，研究と生産との間の緊密な接触の実現がめざされた。また事業部のスタッフ部門をみると，事業部事務所は事業部のスタッフ単位であり，1人の管理のもとに技術と商事のスタッフを有していた。このスタッフ組織は，計画，監督および

統制の組織として，また事業部の管轄範囲へのサービス提供の単位として機能した。

またトップ・マネジメントの組織の変化をみると，取締役会は，企業全体の業務の管理に責任を負った。取締役会はまた，事業部と本社スタッフ部門の業務の管理，企業政策の決定，企業全体および大きな部分的領域の目標設定，投資や基本的な組織の問題に関する意思決定，持分の取得・売却に関する意思決定とそれについての交渉の開始の承認，とくに管理職の配置，昇進・異動や後任の管理者の選抜・支援といった重要な人事問題なども担当した。取締役の間でも，生産，販売，コンツェルンの調整，研究，エンジニアリング，財務・会計，法務・税務，人事・社会問題の機能への分業化が行われた。また取締役の業務を補佐するための取締役会スタッフがおかれた。このスタッフ組織の設置は，活動の重複や情報のロスの回避，企業全体の管理のための取締役会の計画，監督および統制の手段としての役割，商事と技術の担当者の共同でのスタッフ職務の遂行，新しい組織にあわせたスタッフ職務の設定・配分という観点のもとに，行われた。また本社スタッフ部門もおかれた。その職務は，事業部および企業全体のためのサービス業務であり，それぞれ1人の管理者のもとで取締役会の管轄下におかれた。このスタッフ部門は，①人事・社会問題，②エンジニアリング，③財務・会計，④調達，⑤広告，⑥法務・税務，⑦中央研究，⑧特許・ライセンス，⑨応用技術の9つの部門に分かれていた。これらの本社スタッフ部門は，取締役会スタッフとともに，資本参加している国内外の企業を含めた9つの事業部にとって連結ピンをなすべきものとされた。個々の本社スタッフ部門の専門的な管理は，取締役会において当該専門領域を代表する取締役によって行われた。また有効な情報交換のために事業部を超えた委員会や会議組織が設置された。1972年には，1）事業部長会議，2）投資会議，3）工場長会議，4）中央人事委員会，5）中央生産委員会，6）中央販売委員会，7）中央研究委員会，8）中央エンジニアリング委員会，9）中央技術委員会，10）中央コンツェルン調整委員会の10の委員会・会議組織があった[86]。

全体的にみると，新しい組織は世界市場での競争力の強化に役立った。この組織はまた，売上やコストについての労働者の意識の向上，責任の委譲ないし

人事管理，企業内部における市場意識の強化を目標としたものでもあった[87]。

3）　BASFの事例

つぎにBASFをみると，1960年代末から70年代初頭にかけて組織再編の取り組みが行われ，新しい組織は70年6月の施行とされた[88]。同社では，戦後，生産，販売，研究，エンジニアリング，財務，人事・社会，法務といった部門から成る職能部制組織が採用されており[89]，1960年代初頭には，製造部門には製品群別に4つの単位がおかれていた[90]。しかし，化学産業の範囲や成長率は，それまでの職能部制組織では実際にほとんどもう職能領域の見通しが効かないものにした。BASFでは，バイエル，ヘキストやジーメンスなどと同様に，そうした透明性の回復のための手段としては，特定の製造品目の生産と販売に責任を負いその全体の見通しがきくような比較的自立的な事業部への企業の分割という方法しか存在しなかった[91]。BASFの売上は1960年から70年までの間に2倍以上に増大しただけでなく，事業の拡大や他社の買収の一層の進展によって，他のグループ会社の売上もその間に20倍に増大した。また石油・ガスの領域への前方統合や後方統合がすすめられ，既存の組織は，そのような急激な成長，企業の規模や事業の拡大に対応できなくなってきた。1967年半ばに収益と財務の面での最初の危機がおこったことが，組織再編の必要性を強く認識させることになった[92]。

組織再編にあたっては，経営者の機能を取締役会から現業的な事業部へ移すことによって解決がめざされた。事業部長の経営者的職務は，計画された収益基準の達成を可能にする最適な生産戦略および販売戦略の展開と実現にあった。事業部長に1億DMから6億DMの売上高をもつ領域を任せ，実際に経営者のように行動させることに，大きな価値がおかれた。そうした理由から，技術と商事の面での広範な責任が事業部に移された[93]。現業的な諸活動のレベルでは，①基礎化学品・石油・ガス・農業化学製品，②プラスティック・繊維，③染料・化学品・医薬品，④消費者向け製品・販売調整の4つの製品別事業部がおかれた。これらの製品別の事業部は，生産と販売の領域を担当したほか，計画，開発および応用技術もその職務に含まれており，売上と利益に対して責任を負うプロフィット・センターとして機能した[94]。同社の組織再編に

388 第2部 経営の「アメリカ化」と「再構造化」の日独比較

関する内部文書でも，それまでの組織が抱えるひとつの大きな問題として，現業的な部門がコストに対して責任を負っても利益責任を負わないという点が重視されていた[95]。そこでは，事業部長でもってプロフィット・センターを取締役会のもとに意識的に組み込み，個々の事業部をグループ別に業務担当の取締役の管轄範囲に統合した[96]。こうしたプロフィット・センターの形成は，同社の新しいマーケティング・コンセプトが市場志向であったということ示すものでもある[97]。同社の取締役会は9人のメンバーで構成され，7人が事業部長を担当した[98]。事業部は，現業的な計画に対してだけでなくその活動領域のための長期的な戦略の展開にも責任を負った。生産と販売における事業部の間の結びつきは，計画システム，振替価格および共通の販売網によって確保された[99]。

　また事業部の内部構造については，例えば基礎化学品・石油・ガス・農業化学製品の事業部では，基礎化学品，石油・ガス，化学肥料，農薬というようにさらに細かい製品別の単位に編成された。その各単位がスタッフ組織を有し，そこでの現業的な活動を補佐する体制が整備された。消費者向け製品・販売調整の事業部には，①染料・塗料，②磁気技術・ナイロプリント，③販売調整の3つの部門がおかれた。前二者は製品別の担当部門であったのに対して，販売調整部門は，マーケティング手法，組織，販売要員の調整や，宣伝，ヨーロッパの支店（顧客調整を含む）などを担当した[100]。

　さらにヨーロッパ以外の地域を担当する地域部門がおかれた。それは，海外における事業活動の重要性の増大に対応したものであった。地域部門は，①北米，②中南米，③アフリカ・西アジア，④南アジア・東南アジア・オーストラリアの4つの地域課から構成され，そのそれぞれにスタッフ組織が設置された[101]。製品別事業部は主にヨーロッパにおける限定された製品領域を担当したのに対して，これら4つの地域部門は，それぞれの管轄地域のすべての製品を担当した。BASFの外国での諸活動はつねに法的に独立した会社によって担当されていたので，地域部門の主要な職務は，これらの会社の収益志向の調整にあった。地域部門も，製品別事業部と同様に，その成果に基づいて評価された[102]。こうした意味でも，地域部門は，ヨーロッパ以外の主要エリアに対する地域事業部としての性格をもち，ヨーロッパを中心とする製品別事業部とそ

れ以外の地域を担当する地域部門との複合的な管理組織であった。

　トップ・マネジメントのレベルでは，取締役は，同社グループの戦略的な経営に対する責任とならんで，新しく生み出された一連の部分的な管轄範囲に対する直接的な責任を負うようになった。「本社計画部門」という新しいスタッフのグループが取締役会に併設され，取締役の活動を補佐した。情報の選別・処理のための近代的な技術（経営情報システム）の利用によって，一方では計画との関係での実施の管理が，また他方では，そのときどきの適切な管理レベルでの大きな職分領域の明確な権限委譲が可能となった(103)。この本社計画部門は，①経済性計算，②国民経済，③計画システム，④戦略的計画・投資，⑤年間計画・予算の5つの課から構成された。そこでは，計画機能における分業化がはかられ，国民経済課には市場分析を担当する単位がおかれた(104)。この計画部門では，各事業部や担当諸部門において作成された生産，販売および投資の計画が吟味され，練り上げられ，さらに代替案がつくられた。それによって，提出されたより多くの企業戦略や投資計画のなかから取締役がそのつど最適なものを選択する可能性を確保することが，めざされた(105)。こうした計画部門の設置による本社機構の整備は，事業部の設置による現業的な活動の権限委譲の必要性，分権化にともない集権的な要素としての連結ピンの機能が必要となってきたことへの対応であった(106)。本社レベルでは，同社グループに対するサービス機能を提供する機能別のスタッフ担当部門がおかれた。それには①研究，②法務・税務，③財務，④人事・社会問題の4つがあった(107)。

　こうした新しい組織形態は，アメリカの有力な経営コンサルタント会社であるマッキンゼーの協力によって開発されたものであった(108)。BASFでは，その後の時期の組織再編においても，アメリカのこのコンサルタント会社が大きな役割を果たしており，1970年代末から80年代初頭にかけての時期に取り組まれた組織再編が終了する81年2月半ばになって，同社の協力が終了することになった(109)。

4）　グランツシュトッフの事例

　以上の3社の事例に匹敵するような発展が，グランツシュトッフでも，1960年代末から70年代初頭にみられた。同社でも製品別事業部制組織の導入が行わ

れた。例えばファインケミカル事業部をみると，そこでは，つぎの２つの一貫した原則がとられていた。ひとつには，製品分野別に垂直的に組織された事業部の構想であり，そこには参加会社を含むAKUとグランツシュトッフのすべての諸活動を統合するというものである。いまひとつは，硫黄を含んだ化学製品とファインケミカルでもって国際的な事業を構築するという原則である。ファインケミカル事業部では，ビスコースの生産において発生する中間品以外の有機・無機硫化物，農業化学品，ファインケミカル，さらにこれら３つの領域と類似の製品が扱われた。これらの製品のためのEEC諸国での研究開発および生産，世界のすべての諸国での販売・マーケティングの領域の全活動が，この事業部に統合された。またエンジニアリング業務，AKUとグランツシュトッフの中央本部のその他のあらゆる業務領域の諸活動は，事業部によって調整された。

　事業部は事業部長の管理のもとにおかれ，彼は，事業の成果とともに自らの事業部の生産，販売，収益，あらゆる諸機能の調整と事業部の一層の拡大に全責任を負った。事業部長は，自らの職務の遂行のために，AKUとグランツシュトッフのすべての諸部門と専門の担当部局に対して権限をもち，自らの事業部にとって重要なあらゆる報告，統計およびその他の資料を得た。また事業部には事業部長代理がおかれ，彼は事業部長の不在のさいあるいは支障が生じたさいに代理を務めた。事業部の活動は，AKUとグランツシュトッフの経営陣のそれぞれ３人のメンバーで構成される監督委員会によって監視された。

　また事業部の投資に関しては，事業部長は，毎年，翌年度の投資計画を監督委員会に提出することになっていた。個々の投資の申請については，この委員会によって承認された投資計画の枠内で，その金額に応じて裁量と権限が与えられた。職位に応じてその金額は異なっていた。事業部長は，20,000DMから100,000DMの投資については裁量で決定することができ，それを超える額のものについては監督委員会の承認が必要とされた。裁量で決定できる金額は，事業部のなかの生産や販売などの構成部門の長の場合には20,000DM未満，事業部のなかのより下位にある各単位の長の場合には10,000DM未満とされた[110]。

　羊毛事業部をみても，同様に，垂直的に組織された事業部に羊毛の領域におけるAKUとグランツシュトッフのすべての活動が統合されており，この事業

単位は組織的に独立した事業部をなした。この事業部の機能，事業部長の責任および権限，投資に関する裁量は，ファインケミカル事業部とほぼ同様であった[111]。

5） ヘキストの事例

さらにヘキストをみると，1952年の組織の再編では，国内外のすべての工場，子会社は第1事業部（無機化学品，窒素肥料，植物保護薬），第2事業部（染料とその原料，繊維助剤），第3事業部（プラスチック，溶剤），第4事業部（医薬品），第5事業部（繊維，フィルム）の5つの事業部（その後7つの事業部へと再編された）に分けられた。各事業部は，1人の技術担当取締役のもとにおかれた。また調整部門として財務・経理，法務・特許・税務，販売，研究，エンジニアリング，工場管理，技術部長（後に廃止）の各部門がおかれた。さらに技術統括本部と商事統括本部が設置されていた。こうして，管理の大幅な分権化が行われたが，ひとつの事項はつねにひとつの事業部と同時にひとつの調整部門に関連していた。それゆえ，すべての重要な決定には，少なくとも2人以上の取締役の同意が必要とされ，共同責任となっていた[112]。また取締役の下には，例えば所管の取締役と工場の重要な技術者から構成される技術管理委員会のような，かなり大きな決定権をもつ作業グループと委員会が設置されていた。それはIGファルベンを手本としたものであった[113]。

しかし，世界的な売上の増大，製造現場の数の増加，業務のたえまない拡大，新しい活動領域の追加のような1960年代にみられたヘキストの急成長のために，事業の管理は，それまでの組織の枠組みには収めきれなくなった。その結果，組織の再編が実施されることになった。そこでは，取締役会が基本的な問題の考察や決定に十分な時間を確保できるように，その権限がそれまでよりも多く，かつ明確に委譲することが決定され，全事業が14の事業部に分けられた。各事業部には生産，販売，研究，応用技術，計画・成果計算の機能が統合された。事業部は，決められた業務の範囲について，全世界にわたり責任を負った。各事業部の管理は，科学者と技術者，営業担当者と生産管理担当者のグループから構成され，分野の全担当業務が明確になるように編成された。

また取締役の役割をみると，その半数が各事業部を，残り半数が調整部門を

担当した。調整部門として10の部門がおかれることになったが，それらは，1）工場・技術管理（国内），2）国外生産，3）販売，4）研究，5）応用技術，6）エンジニアリング，7）財務・経理，8）法務・特許・税務，9）購買，10）人事・社会問題の各部門であった。事業部の業績評価に関しては，原則として，それぞれ2人の取締役がすべての事業部に関する個々の査定を行い，全体的な責任の枠のなかで取締役会の特別の任務を分担した。さらにスタッフ部門がおかれ，それらは，すべての作業委員会の準備的な連絡者の役割を担い，全体の協力の確保にとって重要な役割を果たした[114]。

このように，事業部に対する共同管理の体制が生み出された。1970年1月1日にスタートした組織の利点は，個々の事業部における効果的な協力の確保，職務の合理的な配分，世界的なレベルでの調整，小さなグループにおける事業部内の迅速な調整にあった[115]。この段階になって，取締役会は，自らに報告を行うすべての事業部を取締役会のメンバーのグループが受けもつというかたちでの生産，販売の専門化に立ち返ることになった[116]。

6） ヒュルスの事例

さらにヒュルスをみると，同社では，すでに1950年代半ば以降にゴム，触媒および繊維の分野に対して事業部制組織の導入の始まりがみられたが[117]，70年代の事業部制組織の本格的導入までの時期における組織の基本的な形態は，職能部制組織であった。それは，生産，研究，商事および人事・法務の4つの職能部門から構成されていた[118]。しかし，世界市場における競争の一層の激化，生産単位の大規模化，科学技術の急速な発展などが，生産とマーケティングの領域においてより大きな諸要求をつきつけることになった[119]。そのような状況の変化とともに，戦後，とりわけ1960年代にすすんだ多角化にともない既存の組織構造のもとでの管理上の深刻な問題が発生したことが，組織再編の大きな要因をなした。事業部制組織への再編において，取締役を日常的な活動や細かい事柄から解放しより大きなまた根本的な重要職務のための時間を確保する必要性，専門的知識をもつ労働者を工場グループの管理のためにそれまでよりも強力に動員する必要性，これらの人物に細部のことを任せ意思形成と意思決定過程に参加させる必要性についての明確な認識が，根底にあった[120]。

こうして，事業部制組織の導入の過程は1970年代初頭に新しい推進力を獲得し[121]，72年の施行でそのような組織形態の導入が行われた[122]。このような目標を実現しうる組織構造として導入されたのが，製品別事業部制組織であった。そこでは，①原料・無機化学，②有機化学・洗剤，③熱可塑性物質，④重縮合・塗料用原料，⑤ゴム，⑥エネルギー（後には窒素・農業化学品）の6つの事業部がおかれた。これらの事業部は，生産や販売といった現業的活動を担当する技術的にも経済的にも自立的な単位として機能するべきものとされた。各事業部は，取締役会によって決められた企業政策のなかで，準独立した企業のように行動した。これらの事業領域の管理はそれぞれ1人の生産と販売の専門家の責任とされ，両者の合議制に基づく共同管理の体制がとられた。また研究開発，財務・経理，法務・特許・税務などの10の中央本社部門がおかれ，それらは企業全体のために活動した。さらに取締役会に対して，また事業部や中央本社部門に対して助言や推奨を行う7つのスタッフ部門がおかれた。こうして，短期的な日常の現業的な活動に関して，事業部への権限と責任の大幅な委譲が行われた。それにより，トップ・マネジメントが日常的な現業的業務ではなくその本来の職務である長期的な計画の策定に専念するための組織がつくられた[123]。また経営計画や統制のための新しい構想が実施され，常設の経営計画委員会が設置された。それは，新しい統制メカニズムの導入と短期，中期および長期の計画活動の改善に従事した[124]。

すでにみたように，事業部制組織の導入にあたり，BASFやヘンケルの場合にはアメリカのコンサルタント会社が大きな役割を果たした。これに対して，ヒュルスでは，バイエル，BASF，ヘキストの3社が手本とされており[125]，この点で大きな相違があった。

事業部制組織の導入は，コンチネンタル，フロイデンベルクなどの化学産業の他の企業でもみられたが，それぞれの企業には固有の諸特徴があった。ドイツでは，1960年代初頭に経営者の世代交代が始まり[126]，それによって権限の委譲，管理の分権化についての経営者の考え方の変化が促進され，そのことが組織再編の進展の重要な契機のひとつをなした[127]。しかし，その一方で，例えばグランツシュトッフでは，事業部制組織への移行は，R. ビッツやL. ファウ

ベルのようなより古い企業家の世代によって担われた。またアメリカのコンサルタント会社の助言を受けながらもアメリカ的な事業部制組織とは異なる組織構造を採用した企業もあった。例えばコンチネンタルはマッキンゼーによって助言をうけたが，それに基づいて，事業部の編成と職能部門の維持から成るひとつの混合形態を誕生させることになった。このように，実際には，事業部制組織の導入，分権化を実施した企業のなかにも，異なる形態や事業部制組織と職能部制組織との混合形態もみられた[128]。とはいえ，一般的には，多角化の進展にともない，職能部制組織のもとでは，困難な管理上の問題に直面せざるをえない。すなわち，各部門の長たちは，生産，販売，購買などの職能を遂行する上での条件が大きく異なるためにそのそれぞれに独自的な標準や作業手続，方針が必要となるような多種多様な製品を扱うという困難な問題に直面せざるをえない。またそうした現業活動の管理の限界もあり，最高経営責任者にとっては，全社的・長期的な立場からの経営資源の配分という本来的な最高管理の職能である企業者的決定よりはむしろ管理的決定にわずらわされることが，多くならざるをえない[129]。代表的企業の事例をみる限り，多角化した企業の多くは，このような問題に対応しうるような組織の編成原理を追求せざるをえなかった。その意味でも，製品別事業部制組織にみられる編成原理を基礎にした改革が一般的であったといえる。

②　電機産業における事業部制組織の導入
1 ）　AEGの事例

つぎに，化学産業と同様に多角化がすすみ，その事業構造からも事業部制組織の導入が重要な意味をもった部門である電機産業について考察する。ここでは，AEGとジーメンスの2社を取り上げてみていくことにする。

まずAEGについてみると，戦後における同コンツェルンの再建の時期には，意思決定の構造は，集権主義の原則に基づくものであった。そこでは，すべての重要な決定は，取締役会あるいはその会長によって直接担当されていた。生産では，管理はさまざまな業務領域に編成されていたにすぎず，その権限も小さかった[130]。しかし，その後，AEGの職務の幅は，規模的にみても，また新しい活動領域の追加によっても，はるかに大きなものとなり，1957年に戦後最

初の組織再編が開始された。それまでの組織は，はるかに小規模で複雑ではない企業にあわせてつくられたものであり，全体的な概観を失う危険性があった。組織の変革では，個々の製品グループにおける垂直的な編成が行われ，業務担当部門は事業部に統合され，経営執行の権限の一部が事業部長に委譲された。しかし，例えばコンツェルン全体の経営経済，人事あるいはマーケティングを担当するような管理職能のための水平的部門は存在しなかった[131]。事業部は，その専門領域において，とくに開発，工場への作業員の配置，生産，生産計画，販売計画，価格政策・販売政策といった全体的な業務の遂行に責任を負った。より明確な責任の創出，技術的に相互に関連する活動領域の厳格な統合，業務遂行の簡略化，統一的な価格政策，個々の事業部門のコストと成果の正確な概要の把握によって，また技術的・商事的観点でのすべての業務部門に関する明確な概要に基づいた企業政策の決定を可能にすることによって業務量の増大にともなう諸要求に対応することに，この組織の目標があった[132]。

　しかし，急速な技術進歩，活動領域の拡大，またとくにEECの統合の強化のような国際化の動きによる競争の激化，製品数の増加，販路の拡大のもとで，また新製品の需要の創出により大きな重点をおいた業務政策の展開などの1950年代末以降の変化のもとで，組織の変革が重要な課題となった[133]。1950年代末の収益状態の悪化に直面して，コンツェルンの再組織の継続が課題とされた。そこでは，アメリカの経験を利用するために，同国のコンサルタントの利用が必要と考えられた。しかし，1963年10月１日からの新しい組織においては，アメリカのGEを手本として，中規模や小規模な事業単位にも責任が委譲され経営陣はたんに調整機関として活動するという新しい管理構造が導入された。そこでは，アメリカやイギリスのコンツェルンでみられたように，事業領域における垂直的な編成が導入された。この新しい組織では，①エネルギーの生産および配給，②エネルギー利用，③交通，④工業向供給業務，⑤家庭用電気機器の５つの大きな部門に分けられた。これらの部門は，購買，開発から生産，販売までを自ら展開することになった。そのことによって，各部門における長の自己責任感の強化，各グループ内のより大きな柔軟性とより厳格な運営の実現がはかられた[134]。またこれら５つの垂直的な部門とともに，１）マーケティング，２）研究開発，３）生産，４）商事業務，５）財務，６）秘書業

務全般，7）広報，8）輸出部門の8つの水平部門が設置された。これらは，輸出部門を除いて，企業全体のための助言と調整の職務を担当したが，事業部に対する命令権はなかった[135]。

このように，取締役会は依然としてあらゆる諸問題の最終決定を担当する機関であったが，現業的な業務はさらに分権化された。5つの事業部は16の専門部門に細分化された。これらの専門部門は，事業部の経営方針の範囲内で開発，生産，販売，商事事項に対する自己責任のかたちで業務を遂行する「独立した企業」の地位をもつようになった[136]。また子会社も自立性を保持しつづけており，高度な分権化が行われた。しかし，さまざまな専門部門や子会社の調整は十分には可能ではなかったので，このような極度に分権化された組織は，明らかに目標を超えたものであった。それゆえ，1960年代後半には，事業部のレベルでの相対的な自立性が撤回されることになり，専門部門および統合された子会社は，事業部のもとにおかれた。それまでの事業部は，5つの企業部門（エネルギー・工業技術，通信・交通技術，大量製品，消費財，事務技術）に統合されることになり，結合された子会社も，部門としてはこれらの企業部門に組み込まれた。また水平部門は，①財務，②計画・統制，③人事，④技術，⑤地域・材料という5つの取締役の管轄領域に分割された。このような方法で，本社の取締役会にとって個々の活動現場に至るまで直接的な管理の把握が可能となるように，すべての意思決定の機構がつくりあげられた[137]。その後の1967年には，通信機器，部品，ラジオ・テレビ・録音機の3つの部門が追加され8つの部門編成に変更された[138]。しかし，1969年には再び，①エネルギー技術，②通信・データ技術，③交通，④工業向供給業務，⑤部品，⑥家庭用電気機器，⑦ラジオ・テレビ・録音機の7つの製品別事業部へと再編された。水平部門についても，1）マーケティング，2）研究開発，3）生産，4）事務管理，5）人事・社会問題，6）財務，7）外国の7つとされた[139]。

2） ジーメンスの事例

またジーメンスをみると，アメリカの組織の原則は，1960年代の同社の組織において重要な役割を果した。戦後の同社におけるすべての事業単位の急速な成長は，動力技術と低圧技術の統合の進展だけでなく，開発および生産の重複

第8章　事業部制組織の導入の日独比較　*397*

をもたらした。こうした傾向は，最終的には組織再編を不可避にした。1966年の最初のステップは，3つの親会社であるジーメンス&ハルスケ，ジーメンス・シュッケルトおよびジーメンス・ライニンガーをSiemens AGという新しい会社単位に合同することであった。この動きは，世界市場においてはるかに良い企業像をもたらした。しかし，技術の急速な進歩に対応するために，同社は，管理可能な，重複しない個々の事業単位を生み出さねばならなかった(140)。

　ジーメンスでも，組織再編の推進力は市場の条件からも出ていた(141)。1960年代半ばには，このコンツェルンも，集権的な管理での対応が可能である規模を超え，製品プログラムの幅や多様性が，事業部の設置を必要にした。弱電部門と強電部門への古典的な分割は，もはや維持されることができなくなり，両部門は，相互に著しく重複するようになった。諸部門間の活動の重複や権限の対立もおこった。その結果，シナジー効果の達成のために協働の強化が必要と考えられるようになった。さらにグループの一層の成長は，業務の流れのより高い透明性を必要にした。こうして，組織改革が緊急の課題となった(142)。

　1969年10月1日に新会社は6つのグループに再組織され，地域事務所や地域会社と同様に5つの本社部門をもつようになった。同社の事業部制組織は，①部品，②データ技術，③エネルギー技術，④配線技術，⑤医療技術，⑥通信技術の6つの企業領域に編成され，それらは最大限の経済的な自立性を有していた。また企業全体にかかわる事柄を担当する組織として，1）経営経済，2）財務，3）人事，4）技術，5）販売の5つの機能別の本社部門が設置され，それらは，企業領域への助言と調整の機能を果たした。それでもって，組織全体にマトリックス的性格が生み出された(143)。

　個々の企業領域やその部分的な単位は，主に技術と市場の関連性の観点に基づいて組織され，製品や製品グループに沿った意思決定の分権化によって開発から販売まで責任を負うようなできる限りまとまった企業単位にするよう努力された(144)。企業領域は，企業政策の枠組みの範囲内で投資や人事の権限をもつとともに，利益責任を負った(145)。こうした分権管理において重要な位置を占めるプロフィット・センターの導入については，1960年代後半の同社の成長の鈍化が，その背景となっていた(146)。これに対して，5つの本社部門は，6つ

398　第2部　経営の「アメリカ化」と「再構造化」の日独比較

の企業領域の間での協力を確保するためのものであり，またそれらの間に起こりうるコンフリクトを調整・統制する機関であった[147]。5つの本社部門は，取締役会会長および企業領域に対して助言的機能を果たすべきものとされたが，命令権はもたなかった[148]。

　ジーメンスのこのような組織の再編においては，コンセプトの発見も組織改革の実施も「自立的に」すすむべきと考えられたので，同社は，他の企業とは異なり，外部のコンサルタントを介入させることを断念した。こうした行動は，1960年代の同社の組織再編において，アメリカの大企業の事業部制組織の導入との相違を生むことにもなった[149]。新しい組織のコンセプトは，製品，職能および地域の責任の原則に基づいており，同社の組織のマトリックスは，いくつかの点で，大規模なアメリカの株式会社において用いられていた典型的な事業部制組織とは異なっていた[150]。ジーメンスは，アメリカで開発された事業部制組織の原理を志向したが，組織の変化は，ドイツの異なる状況に基づくものであった。そこでは，部分よりはむしろ全体を優先しながら，統合されたジーメンス社の文化を守ることに焦点がおかれていた[151]。

③　その他の産業部門における組織の再編

　以上の考察からも明らかなように，化学産業や電機産業では，多角化が高度に展開され，それだけに，事業部制組織の導入がとくに大きな意味をもった。つぎに，比較のために，これらの産業のようには多角化の進展がみられなかった産業部門として，鉄鋼業についてみておくことにしよう。

　例えば**マンネスマン**では，1960年代末の組織改革によって，同コンツェルンはアメリカをモデルとして自己責任のグループに分けられるようになった。また**ライン製鋼**では，1968年8月のトップの交替（シュムッカーの就任）にともない組織再編が実施された。それ以前の組織形態は，企業の機能をなんら行わず財務支配を行う持株会社に相当していた。多層なコンツェルンの本来のマネジメントは，生産および販売において無数の重複が存在する30を超える子会社の手にあった。そのような状況のもとでは，下から上へのではなく上から下への「攻撃的な」管理は可能ではなかったとされている。新しい組織のコンセプトでは，このコンツェルンの多様な活動部門を生産領域の最も下位の段階に分類

しその後15の事業部に統合することが計画された。そこでは，事業部の決定的な基準は，市場志向，技術の共通性のほか，それまでの重複や分裂状態の排除に求められた。事業部は，最上位のレベルでは，5つのグループに統合され，それぞれが，同コンツェルンのひとりの取締役のもとにおかれた。こうした新しいグループ化の目標は，生産領域，事業部，コンツェルンの取締役会のレベルにおける経営成果に対する明確な責任と管理，より大きなフレキシビリティの確保，より迅速な意思決定の可能性にあった。

　同じく鉄鋼業の**クルップ**でも，1968年に組織再編と経営者の交代がおこった。同社でも，ライン製鋼の場合と同様に，多くの部分から構成される製造企業や販売企業にみられた重複，構造的な弱点があった。それゆえ，アメリカの大コンツェルンで選択されていた組織の原則の採用や，同種ないし類似の諸活動の組織的な統合が決定された。そこでの目標は，他のコンツェルンの企業と比べ有効に区分された生産品目の実現，クルップ・グループの個々の担当者が高い管理責任をもつような少数の大規模な企業単位の形成にあった[152]。

第3節　事業部制組織の導入の日本的特徴とドイツ的特徴

1　事業部制組織の導入の日本的特徴

（1）　事業部の自己充足性と管理の分権化の日本的特徴

　以上の考察をふまえて，つぎに，事業部制組織の導入の日本的特徴とドイツ的特徴についてみていくことにしよう。まず日本的特徴についてみると，事業部制組織と職能部制組織の長所・短所の合理的な比較に基づいてではなく流行として事業部制組織を導入した事例が少なくなかったこと，それゆえ，1965年以降になると事業部制の長所と短所の検討のもとに事業部制組織をやめて再び集権的な職能部制組織に復帰するという再集権化への動きがみられたことがあげられる。この点，日本では，1958年以降に事業部制の採用が目立つようになるなかで，その多くは一時のブームに迎合したかたちでの安易な追従行動であり[153]，模倣としての事業部制の採用も決して珍しい現象ではなかった[154]。

　また職能部制と事業部制との混合形態の組織が一定の割合を占めていたという点も，アメリカとは異なる特徴である。この組織形態では，「非主力事業に

400 第2部 経営の「アメリカ化」と「再構造化」の日独比較

関する業務的決定の権限は事業部に移譲されているが，主力事業に関しては本
社機構と業務遂行の組織単位とが分化されていない」[155]。その意味でも，分
権化が不徹底であったといえる。

　分権化の問題をめぐっては，日本企業には，アメリカにおいて典型的にみら
れた事業部制組織とは異なる「疑似事業部制」が数多く存在している。アメリ
カの事業部制組織の基本的な特徴は，事業部が自律的単位として利益責任を受
けもつという点にあるが，日本では，自律的単位として必要な職能をもたない
事業部が数多く存在してきた[156]。本来，組織単位が自律的であるためには，
組織単位は生産，販売・マーケティング，技術，研究開発などの業務遂行に関
する職能を保有していることが前提となる。しかし，日本企業では，事業部が
これらすべての職能を保有しているケースは，むしろ稀であった[157]。

　1961年のある調査では，事業部制を採用しており権限委譲に関する回答のあ
った企業のうち，事業部にほとんど権限を委譲している企業は48.6％であった
のに対して，若干委譲されている企業の割合は45.9％，本社にほとんど権限が
留保されている企業は約5％であった[158]。経済同友会の1963年の調査でも，
事業部制を採用していた企業のうち，購入，生産，販売を各事業部内で一貫し
て扱っていた企業の割合は50.4％であり，購入部門が各事業部共通であった企
業の割合は27.3％（ただし重複回答）であった[159]。また小川 洌氏の1969年の
指摘でも，事業部の責任者が生産，購買，財務の全権限を集中的に掌握してい
るような事業部制のシステムは当時の日本ではほとんど見出しえなかったとさ
れている[160]。この点について，郷原 弘氏は1968年に，形は事業別分権組織
であっても実体は職能別分権組織であるというのが当時の日本における多くの
事業部制の姿であり，マネジメント的な経営のやり方が浸透していないところ
に事業部制の形だけを導入したことにその根本的な理由があったとされてい
る。それほどの必然性がないにもかかわらず分権化することを目的として職能
別集権組織から事業別分権組織に飛躍したというケースが多かった。事業部の
分権を必要としないほどの企業規模であるにもかかわらず形式的な事業部への
分権化を行っていたケースでは，例えば本部購買と事業部購買の併用が多いと
いった特徴がみられた[161]。また1980年の中橋国蔵氏の調査によれば，事業部
制を採用していた企業では，職能別にみた事業部の自己充足度は，製造では

74％，販売では72％，研究開発では65％，物流では47％となっていた。販売と物流に関するアメリカの数値はそれぞれ82％，79％であり，概して，日本の方が自己充足性は低かった。この点には，多角化の展開および事業部制の採用における両国の歴史的な相違が関係している。日本では多角化活動がアメリカよりも遅れて始まり1960年代末頃から急速にすすんだこと，職能部制から事業部制への移行においても当初は本社と事業部の間の仕事の分割が明確ではなかったことや人材不足の問題などもあり，多くの職能が本社に残されたという事情があった(162)。

　日本には事業部制を採用していても生産と販売を統合しているケースは少なく，営業部門が事業部の外におかれていることも多かった。その場合，営業部門は本社に集中しているケースや別会社として設けている場合が多かった。販売経路の系列化のもとで販売経路の強化のためには各事業部がばらばらに販売活動を行うよりも本社で集中・統合して行う方が都合がよいという事情があった(163)。販売経路の特殊性から，販売活動を事業部から分離し，一本にまとめて行うことが必要な業種も存在した(164)。また，ことに人事，設備投資，販売促進などに関する権限が事業部長に委譲される幅はきわめて狭いという点も，特徴的である(165)。

　このように，日本には，主として製造と製品開発に特化した事業部と販売やマーケティングに特化した事業部とが別個の事業部とされているケースも多く存在した。このような職能別事業部の実態もじつに多様であった。事業部は製造と販売を兼ね備えた自己完結型であることが圧倒的に多いとされる欧米とは異なり，日本の自己完結的ではない職能別事業部制にみられる構造的な特質は，事業部のオペレーションに関してもいくつかの特徴を規定した。複数の製造事業部と販売事業部との間の「多対多の取引関係」のもとで，職能別事業部制の内部市場は，たんに商品を取引する場ではなく，「創造されたアイデアやコンセプトを企業内に向かって提案し，他の事業部の協力を引き出す活動」である戦略的イニシアチブを取引する場でもある。職能別事業部制は，この戦略的イニシアチブの創出，取引に適した組織である。しかし，職能別事業部制の欠点のひとつは，属人的関係に依存する程度の大きさにある。戦略的イニシアチブの発揮や評価には，企業内の人脈あるいはネットワークが不可欠になる

が，そのような人脈の形成には長期にわたる組織での経験が必要となる。職能別事業部制が日本で生み出されたのも，長期雇用の慣行が根付いているという状況を反映したものであった[166]。日本では，販売の権限についても分権化がすすんでいる傾向にあったが，価格の決定権を本社に留保しているケースが多かった。そのことは，販売市場の狭隘性と集中性，輸出依存度の高さのもとでの販売業務，購買業務の分散化の困難さ，数多くのスタッフを事業部門に分属せしめることの不経済ともあいまって，事業部制の不完全性，部分性を招く要因となっていた[167]。

　以上の点からも明らかなように，日本では，事業部への権限の委譲は不徹底であり，事業部制組織が採用された場合でも，事業部に対する本社の指導力や統制力が強く，本社主導（「大きな本社」）の集権的性格がみられた[168]。日本の事業部制組織では，職能管理の権限が事業部の管理者に委譲された場合でも，経営トップが事業部の傘下にある職能部門の運営に直接的に関与する傾向が強い[169]。形式的には事業部に大幅な権限が与えられていても，人事，原料など利益に非常に影響のある事項や事業部予算などでは，事業部長への権限の移譲が不徹底であり，本社に権限が留保されている部分が大きかった[170]。加護野忠男氏らの1980年の調査によれば，1企業当たりの事業部数はアメリカ企業の方が日本企業よりも多かったほか，事業部の人事職能と会計・コントロール職能の保有率は，アメリカではそれぞれ84.4％，82％であったのに対して，日本では35.5％，40.1％であり，大きな差があった[171]。日本企業では，終身雇用制度のもとで，人材の事業部門間の移動による雇用調整を目的として本社が人事機能を保有することが意味をもったという事情も，こうしたあり方と関係している[172]。

　また日本では，多角化による多様な事業の展開を子会社の形態で行うというケースも多く，企業内部の事業部という組織の形態を採用しない傾向もみられる。こうした子会社との関連を含めた多角化という現象は，管理上大きな本社の必要性をもたらす要因となるなど，組織の運営のための機構のあり方にも影響をおよぼすことになった。その意味でも，事業部制と子会社の関係，子会社を含めた「企業グループ」としてみた場合の組織構造の問題をめぐっては，「資本の論理」からのみならず「組織の論理」から事業部制を分析することが

重要となる。こうした「組織の論理」に基づく組織構造の構築という点では，第1章で考察したように，子会社や関連会社の形態の利用なども含めて，管理機構としては分権化の程度を多様なかたちで発揮することのできる，事業部制を超えるよりフレキシブルな組織を生み出すことが重要な意味をもったという事情が深く関連している。

(2)　経営権の委託・受託をめぐる契約関係と事業部の独立採算制の日本的特徴

　事業部の自己充足性の低さ，事業部への分権化のこうした不徹底は，事業部への独立採算制の導入という問題とも深く関係している。例えば1961年のある調査では，事業部制を採用している企業のうち独立採算制をとっていた企業の割合は42.5％にとどまっていた。利益採算制を目標とはしていても，事業部を自立的利益採算責任単位として確立していた企業は少なかった[173]。経済同友会の1963年の調査でも，事業部制を採用していた企業のうち独立採算制を採用していた企業の割合は52.9％であった[174]。1965年以降には，企業環境の変化に対応した顧客志向または市場志向の管理体制のもとで，事業部本来のあり方である利益責任単位（プロフィット・センター）の自立性の確保が重視され，そのための再編が求められた[175]。しかし，例えば1968年の産業構造審議会管理部による調査でも，事業部制を採用していた企業のうち独立採算制を導入していた企業の比率は，50.9％にとどまっていた[176]。

　事業部の独立採算制という問題との関連でみると，アメリカでは事業部がプロフィット・センターとしての存在となっているケースのみならず，投資センターとしての位置を占めているケースが多い。例えば1978年のJ. S. リースとW. R. クールの研究では，回答のあったフォーチュン誌の製造業企業620社のうち21.8％が利益センターを，74％が投資センターを有していた。投資センターの業績評価基準に投下資本利益率を利用していた企業の割合は93％に達していた[177]。アメリカでは，事業部の製造から販売までの一貫した経営プロセスの適切な管理のために事業部の管理者に投資権限を委譲していることが多い。これに対して，日本においては，投資センターか利益センターかという点では，事業部制組織を利益センターと位置づけている企業が大半を占めており，

404 第2部 経営の「アメリカ化」と「再構造化」の日独比較

意思決定権限が事業部の管理者にそれほど多く移譲されてはいないとされている[178]。1970年代以降の低成長期には事業本部制に移行する企業も多かったが，事業本部でさえ，投資センターとしてではなく，投資権限のない利益センターにすぎない傾向にあった[179]。このような傾向については，吉川武男氏の1996年の研究によれば，製造業では，調査の回答企業のうち事業部が利益センターであった企業の割合は74.82％にのぼっていたのに対して，投資センターであった企業の割合は20.14％にすぎない。非製造業の同様の数値は，それぞれ76.8％，14.7％であった[180]。

　日本の事業部制企業では，大手企業であっても，投資利益責任単位としての投資センターというコンセプトは普及してこなかった。投資センター方式を採る事業部制企業でも，事業部の業績評価の基準として投下資本利益率よりはむしろ残余利益方式を利用する例がはるかに多い。また投資センターと利益センターのいずれかをとる事業部制企業では，業績評価の基準として売上高利益率を重視する例も非常に多いという状況にある[181]。

　事業部長への開発から生産・販売までの意思決定権限の委譲という経営権の委託と引き換えにそれぞれの分野についての目標達成の責任を経営トップに対して「請け負う」というアメリカ型の社会契約的な意識は，日本企業ではかなり稀薄である。事業部長の会計責任を投資額に見合う収益性とし，その責任単位を投資センターとするというアメリカ型の事業部制マネジメント・コントロール・システムの理論は，株主主権の企業の性格，そこでの資本の委託・受託という関係が基本的な前提となって構築されている。経営者と事業部長の間にも，そのような資本の委託・受託という関係がみられる。その意味でも，日米の間には，このようなシステムにかかわるインフラストラクチャーともいうべき条件の相違が存在している[182]。日本企業の多くは，当初はアメリカ型の事業部制マネジメント・コントロール・システムを新しくてすぐれたものとして導入した。しかし，その現実の運営過程では，それぞれの企業環境や組織風土に応じて種々の変形あるいは変質を加えていったという事例が多い。その変形・変質の仕方には，多くの企業の間で共通的にみられる特徴も少なくない[183]。

　このような事業部への独立採算制の導入のあり方とも関連して，事業部の業

績と事業部長の報酬との結びつきはアメリカと比べると弱いという点にも，日本的な特徴が顕著にあらわれている[184]。アメリカでは事業部長の賞与額は業績報酬としての意味をもち，事業部の利益業績と密接に関連づけられている。これに対して，日本では，事業部長の賞与額の大部分は通常の給与の一部をなしており，賞与額は事業部の業績と直接的には関連づけられてはいない。利益業績の基準として利益額を用いる企業が多いが，多くの企業は利益業績以外の複数の評価基準をも同時に利用していた。このことは，事業部長に対して積極的な成長志向を与えただけでなく，長期的な収益性の基礎となる成長力を築くのに役立ってきたといえる[185]。日本企業ではまた，事業部の業績の評価基準はアメリカ企業のそれよりも簡単であり，事業部の業績と責任者の報酬との関係も弱く，事業部制組織を本来の形からかなり修正して採用してきたという傾向にある[186]。日本では，投資センターとしての事業部，市価基準による内部振替価格の決定といったアメリカ型の事業部制への移行という面では，それがあてはまらないケースが少なからず存在している[187]。

　また日本企業では，事業部制組織の導入において社内資本金制度が採用されているケースがみられる。この制度は，各事業部門の活動の評価への資本効率という考え方の導入によって，各事業部門の運転資本量の明確化，貸借対照表ベースでの資金運用効率の意識の向上をはかる制度であり[188]，松下電器によって1954年に初めて導入された[189]。事業部制への社内資本金制度の導入によって，各事業部の使用資本や負債の金額を明らかにすること，各事業部の獲得利益の一層精密な計算，維持すべき資本額と獲得すべき利益額の両面から事業部の業績を継続的に評価することが可能となる[190]。社内資本金制度が広く知られるようになったきっかけは，1969年から70年にかけて『産業経理』誌において一連の論文が掲載されたことであったが，この制度の議論が最も活発になったのは90年代後半のことであった[191]。例えば1984年の谷　武幸氏の調査では，事業部制を採用している企業における社内資本金制度の採用比率は25.8％であり[192]，また95年の挽　文子氏の調査では，その割合は52.1％であった[193]。

2　事業部制組織の導入のドイツ的特徴

　以上の考察をふまえて，つぎに事業部制組織の導入におけるドイツ的特徴に

406 第2部 経営の「アメリカ化」と「再構造化」の日独比較

ついてみることにしよう。それは，事業部をめぐってのトップ・マネジメントの役割，事業部の業績にリンクしたかたちでの事業部長に対する報酬支払システムの利用，最大級の産業企業に占める持株会社の割合の高さのほか，権限と責任の委譲の程度や取締役会の共同管理・合議制の伝統による影響などにみられる。

(1) 事業部制組織の機構とそのドイツ的特徴

まず事業部制組織の機構の面でのドイツ的特徴をみることにする。トップ・マネジメントの役割については，新しい組織の内部での共同管理のさまざまな異なる適用がみられ，それには3つの主要なオルタナティブがあったとされている。その第1は取締役が事業部長を担当するケースであり，上述の最大100社でみれば比較的規模の小さい企業で最も多くみられた。そこでは，事業部の利益責任は，会社全体の業績に共同責任を負うトップの経営者におかれた。これらの企業ではコントローラーの機能ないしそれに相当するものが存在し，ひとりのトップ・マネジメントのメンバーがその長の職位にあった。第2は，職能別に専門化した取締役の下に事業部がおかれ，さらに職能別に専門化した管理者によって事業部が共同で管理されるケースである。それは主として化学産業の企業でみられ，利益責任は，取締役会に対して共同責任を負う職能別の管理者チームにあった。取締役は，典型的には2つかそれ以上の事業部の技術か商事のいずれかの面ないしスタッフ部門の調整に責任を負うか，あるいはそれらの両者に責任を負った。第3は，取締役が事業部のグループを管理するケースであり，ジーメンス，AEG，バイエルのような非常に大規模な企業でみられた。そこでは，事業部の管理は2人ないしそれ以上の取締役の共同管理である場合も1人の管理である場合もあった。取締役は，事業部のグループとスタッフの長としての両方の機能かいずれか一方の機能のみを担当した[194]。

また報酬支払システムに関しては，利益責任をもつ事業部長の報酬の一定部分が事業部の利益と結びついていたケースが多いアメリカとは異なり，ドイツでは，利益責任に基づいた事業部長に対する金銭的インセンティブの導入は，非常にまれであった。それは経営者によって好ましくないとさえ考えられていることも多かった[195]。事業部制組織を採用する企業のうち利用可能な情報の

あるドイツ資本の19社でみると，すべての企業でなんらかの形態の特別手当の支払制度が利用されていた。しかし，圧倒的多数のケースでは，こうしたインセンティブは，事業部長の手取り給の大きな部分でもなければ，事業部の利益とも明確に関連していなかった。目標業績に対する実際の業績に基づいて特別手当を支給していた1社，企業全体の利益や事業部の利益を含めた特別手当の方式によって事業部の業績を考慮に入れていた2社を除く残りの16社は，特別な支給を企業全体の採算性に基づいて行っていた。このように，ドイツでは，アメリカでみられたような事業部のプロフィット・センターの制度が確立していなかったケースも多かった。その意味では，ドイツの企業は，一般的に，事業部制組織に本来備わっているそのような機会の利用にさいして，その部分的な利用の道をすすんだといえる。企業内部の競争を生み出すために事業部の利益に基づくなんらかの手段や報酬支払システムを使用することによって利益志向を強化する可能性は，最大100社のほとんどすべての企業では，意識的に顧みられることはなかった。それには，ドイツの経営者にあっては事業部の利益と事業部長の報酬とを直接リンクさせることは企業の伝統に合わないと考えられていたことや，利益のベースがあまりにも不安定であることなどの理由があげられる[196]。

　取締役会に報告を行う事業部長に経営責任が委譲された場合でさえ，彼に対して利益責任とともに十分な自由と権限を与えることにはかなりの抵抗があった[197]。もちろん，最大企業のいくつかでは，事業部の管理がより下位のレベルに委譲されており，取締役レベルでの事業部の経営責任と結びついた厳格な共同管理の消滅の事例もみられた。こうして，ドイツとアメリカにおける事業部制組織の特徴はますます似たものになっていったという面もみられる。しかし，事業部の管理および利益責任が取締役会レベルに残されていたケースも，しばしば存在した[198]。

　このような管理の分権化のあり方ともかかわって，ドイツでは最大級の産業企業に占める持株会社の割合（第2節2（1）参照）がアメリカ[199]と比べ高かったことも特徴的である。持株会社から事業部制組織への移行の場合には，持株会社は，子会社に対するその支配を拡大・強化した。そのような変化は，子会社の内部の諸問題への持株会社の積極的な関与によって特徴づけられる。こ

408　第2部　経営の「アメリカ化」と「再構造化」の日独比較

うしたケースでは，職能部制組織から事業部制組織への移行の場合にみられた
ような，現業的な活動を担当する諸部門の自立性は，相対的に低い傾向にあっ
た。持株会社から事業部制組織への徐々の転換は1960年代にみられたが，例え
ばグーテホフヌングのように，いくつかの事例では，71年になってもなお未完
成であった(200)。このような持株会社の割合の高さは，「ひとつの産業体系を
基盤として展開されたコンツェルン構造」というドイツ的な大企業の特質（第
1章参照）に基づくものでもあり，持株会社的な管理の構造は，それに適合的
な形態であったということもできる。

(2)　ドイツ企業の管理の伝統と事業部制組織の導入へのその影響

　またドイツ企業の伝統的な管理のあり方との関連でみると，それ以前のすべ
ての「アメリカ化」のように，組織革新という新しい波も技術重視の協調的な
企業文化のドイツ的伝統に沿って形成されたという点に，ひとつの特徴がみら
れる(201)。アメリカとの比較でみると，組織構造の面での類似性は，確かに，
豊かな市場において高い技術水準で事業を展開している比較的競争的で自由な
経営環境や製品と市場の多様性の増大という傾向にみられる産業企業の戦略の
類似性を反映したものであった。しかし，両国の文化的な相違が，組織の実態
の相違をもたらしたひとつの重要な要因となった。高度に集権化された階層制
組織が戦後の初期の諸年度に企業の原則となっていたドイツの階層的関係は，
分権化が広く普及していたアメリカ企業における職能的に基礎づけられた経営
者の権限・権威とは対照的なものであった(202)。もとより，ドイツでは，経営
の権威は主として経営者自身に授けられたものであるという排他性・独占性と
いう傾向があった。その背景には，トップ・マネジメントにおける「信任」を
基礎にした権威が「職能」に基づく権威に対して優位にあるとみる考え方があ
った。そうした考え方はアメリカの影響のもとで変化し，経営者の地位におけ
る排他性は低下した(203)。しかし，経営者の権限のイデオロギー的基盤にもか
かわるそのような伝統は，事業部制組織の採用，運用にも大きな影響をおよぼ
すことになった。

　ドイツ企業の管理の伝統による影響のいまひとつの要因は，アメリカ企業で
はみられない共同管理・合議制の伝統にあった。ドイツの企業においては，最

高経営責任者（CEO）のような企業全体に関する自立した独自の意思決定権をもつひとりの人物によって経営が担われるというかたちでの職位が存在しなかった。取締役会内部の意思決定が原則的には多数決ルールによるという共同管理の伝統，原則[204]は，アメリカの企業とは大きく異なる責任の委譲のパターン，報告の関係や管理のメカニズムをもたらした[205]。共同管理の慣行は，事業部の管理のレベルやそれらの間の職務と責任の配分にも，またトップ・マネジメントにも適用されており，そうした管理のあり方は，組織の発展における文化的な相違のひとつの重要な要素の例をなした[206]。

　また事業部の業績とリンクした報酬支払システムによる事業部長に対する金銭的なインセンティブの導入がきわめてまれであったという点にも，アメリカとは異なるドイツの文化的側面や価値観が反映していたといえる。アメリカ的な報酬支払システムでは，事業部長の経営判断の客観性を阻害する場合や事業部と本社との間の計画の議論が交渉になってしまう場合があり企業の利害が事業部のそれと激しく対立する結果になるかもしれない，という危惧がもたれていた。ただそれらは一般的にそのような報酬支払システムの導入による現実の経験に基づくものではなく，両国の間で明らかに異なる文化的な価値や態度の反映であると考えられると指摘されている[207]。このような経済文化の側面においては，共同管理のような，アメリカのように競争的環境を重視するのとは異なるドイツ企業の管理の伝統の影響も大きかったといえる。

　このような文化的側面や制度的側面の影響については，ヘンケル，ジーメンスおよびダイムラー・ベンツの事例を分析したS. ヒルガーの研究でも，異なる経済的，政治的，文化的および制度的な諸条件に基づいて，ドイツ企業における事業部制組織の採用は，しばしば，アメリカの場合とは異なる諸結果をもたらしたとされている[208]。アメリカのノウハウに強く依存していたけれども，事業部制組織の採用においては，たんなる模倣のプロセスではなく，むしろ現地国の諸条件への一定度の適応がはかられた。アメリカからの知識の無批判的な受容は，過去のものとなり，ドイツの経営者のもつ独自の考えや手段のなかでの彼らのより大きな選択力と確信によっておきかえられてきたのであった[209]。そのような意味でも，組織の変化は，たんに戦略への適応であるだけではなく，ひとつの文化的現象でもあるといえる[210]。1960年代末の数年にお

410 第2部 経営の「アメリカ化」と「再構造化」の日独比較

ける新しい組織の一層の発展や経営思考の発展は，より一般的には，アメリカの革新へのドイツの経営実践の依存が低下しアメリカの解決策の無批判的な受容が明らかに過去のものとなったことを示している。アメリカに模範や知識を求めることから，ドイツでの利用に最も有望な文献やコンサルタントなどによって提供される多くのアメリカのアイデアのなかからの選択へと，優先順位が移ってきたのであった[211]。

　これまでの考察において，日本とドイツにおける事業部制組織の導入についてみてきたが，両国のいずれにおいても，多角化にともなう事業領域の拡大と組織との適合関係という面での製品別事業部制組織の編成原理の利点を生かしながらも，独自的なあり方が試みられた。このように，事業部制組織のような管理機構の導入においても，日本とドイツのそれぞれの国に適合的なあり方がありえたのであり，またそれが積極的な意味においても追求されたのであった。

（1）この点については，A. D. Chandler, Jr., *Strategy and Structure : Chapters in the History of the Industrial Enterpreise*, Cambridge, Massachusetts, 1962〔有賀裕子訳『組織は戦略に従う』ダイヤモンド社，2004年〕，A. D. Chandler, Jr., *The Visible Hand : Managerial Revolution in American Business*, Cambridge, Massachusetts, 1977〔鳥羽欽一郎・小林袈裟治訳『経営者の時代——アメリカ産業における近代企業の成立——』東洋経済新報社，1979年〕，A. D. Chandler, Jr., *Scale and Scope*, Berkeley, Massachusetts, 1990〔安部悦生・川辺信雄・工藤　章・西牟田祐二・日高千景・山口一臣訳『スケール・アンド・スコープ』有斐閣，1993年〕を参照。
（2）この点について詳しくは，拙書『ドイツ戦前期経営史研究』森山書店，2015年，第7章，拙書『ドイツ企業管理史研究』森山書店，1997年，第8章を参照。
（3）例えば，松下電器産業株式会社創業五十周年記念準備委員会編『松下電器五十年の略史』松下電器産業株式会社創業五十周年記念準備委員会，1968年，111-114ページ，小野豊明『日本企業の組織戦略』マネジメント社，1979年，306-308ページ，平本　厚「松下のラジオ事業進出と事業部制の形成」『経営史学』，第35巻第2号，2000年，西川耕平「松下電器の事業部制」『帝塚山大学経済学』，第5巻，1996年3月などを参照。
（4）吉原英樹・佐久間昭光・伊丹敬之・加護野忠男『日本企業の多角化戦略　経営資源アプローチ』日本経済新聞社，1981年，39ページ，57-58ページ，64-65ページ。

第8章　事業部制組織の導入の日独比較　*411*

（5）同書，36ページ。なおこれらの多角化の類型とその分類については，R. P. Rumelt, *Strategy, Structure and Economic Performance*, Boston, 1974〔鳥羽欣一郎・山田正喜子・川辺信雄・熊沢 孝訳『多角化戦略と経済成果』東洋経済新報社，1977年〕をも参照。

（6）吉原・佐久間・伊丹・加護野，前掲書，49–50ページ，65ページ。

（7）同書，55ページ。

（8）経済同友会『1980年代の企業経営——環境，戦略，組織の相互関連について——』経済同友会，1980年，2ページ，30–31ページ。

（9）中橋国蔵「事業部制企業における組織設計——実態調査による日米比較——」『商学討究』（小樽商科大学），第31巻第3・4号，1981年3月，41ページ，43ページ，45ページ。

（10）吉原・佐久間・伊丹・加護野，前掲書，198ページ。

（11）同書，191ページ。

（12）同書，205–207ページ，225ページ。例えば，内部成長志向が強い日本企業では，事業間の相互交流や経験その他の無形の資産を事業間で共有するという利点を生かすために，複数の事業領域をかかえる企業でも事業部制組織を採用しない方が望ましいという事情もみられた。小田切宏之『日本の企業戦略と組織』東洋経済新報社，1992年，153ページ。

（13）吉原・佐久間・伊丹・加護野，前掲書，209ページ。

（14）占部都美『事業部制と利益管理』白桃書房，1969年，59–60ページ，62ページ，65ページ，68ページ，75ページ。

（15）加護野忠男「事業部制と職能制——組織形態選択の実証的分析——」『国民経済雑誌』（神戸大学），第137巻第6号，1978年6月，86–87ページ。

（16）吉原・佐久間・伊丹・加護野，前掲書，201ページ，203ページ，224–225ページ，235ページ。

（17）同書，200ページ，203ページ，224–225ページ，小野，前掲書，125–128ページ，今西伸二『事業部制の解明——企業成長と経営組織——』マネジメント社，1988年，61ページ，占部，前掲書，389ページ。

（18）今西，前掲書，61ページ。

（19）関西生産性本部『経営組織の新動向——わが国主要企業の経営組織の実態——』関西生産性本部，1976年，51ページ，関西生産性本部『経営戦略と経営組織の新動向　第4回経営組織実態調査報告書』関西生産性本部，1981年，38–39ページ，関西生産性本部『経営の新展開——攻勢に転ずる企業経営——』関西生産性本部，1986年，24ページを参照。

（20）経済同友会，前掲書，7ページ，48ページ。

（21）角田隆太郎「日本の企業の戦略と組織——この5年間の動き——」，加護野忠男・角田隆太郎・山田幸三・（財）関西生産性本部編『リストラクチャリングと組織文化』

白桃書房，1993年，13-14ページ，16-17ページ。

(22) 占部，前掲書，372ページ。

(23) 大森清紀「企業戦略に基づく組織開発——キャノンにおける人事・組織問題」，高宮　晋監修，日本生産性本部組織研究会編『企業戦略と経営組織』日本生産性本部，1975年，178-179ページ。

(24) 角田，前掲論文，14ページ，17ページ。

(25) 財団法人日本経営史研究所編『旭化成八十年史』旭化成株式会社，2002年，263-266ページ，364-365ページ，367-368ページ，468-470ページ，629-630ページ。

(26) 東レ株式会社社史編纂委員会編『東レ50年史　1926〜1976』東レ株式会社，1977年，240-245ページ，370ページ，馬場弘行「経営戦略の組織と運営——東レにおける多角化・国際化の展開——」，高宮　晋監修，日本生産性本部組織研究会編『企業戦略と経営組織』日本生産性本部，1975年，283-285ページ。

(27) 同論文，286-291ページ。

(28) 東レ株式会社社史編纂委員会編，前掲書，240ページ，245ページ。

(29) 積水化学工業株式会社編『30年の歩み　積水化学工業株式会社』積水化学工業株式会社，1977年，34-36ページ，占部都美『事業部制と近代経営』ダイヤモンド社，1960年，188-192ページ。

(30) 日立化成工業株式会社社史編纂委員会編『日立化成工業社史　1』日立化成工業株式会社，1982年，59-60ページ，104-106ページ。

(31) 松下電器産業株式会社創業五十周年記念準備委員会編，前掲書，111-114ページ，小野，前掲書，306-308ページ，平本，前掲論文，29-30ページ，36ページ，40ページ，西川，前掲論文，77ページ。

(32) 松下電器産業株式会社三十五年史編集委員会編『松下電器産業株式会社創業三十五年史』松下電器産業株式会社三十五年史編集委員会，1953年，96-97ページ，116-124ページ，松下電器産業株式会社創業五十周年記念準備委員会編，前掲書，245ページ，大森　弘「事業部制の組織史——企業者論・松下幸之助研究（二）——」『論叢松下幸之助』，第8号，2007年10月，44ページ，46ページ，企業組織研究会編『大手企業の組織研究』日刊電気ジャーナル社，1962年，193ページ。

(33) 松下電器産業株式会社三十五年史編集委員会編『松下電器産業株式会社創業三十五年史　追補』松下電器産業株式会社三十五年史編集委員会，1955年，3ページ，松下電器産業株式会社創業五十周年記念準備委員会編，前掲書，262-267ページ，小野，前掲書，313-319ページ，小沢勝之「日本の電気機械産業における経営戦略と組織（1）」『新潟大学経済論集』，第9号，1971年2月，93ページ，100-101ページ，西川，前掲論文，78-79ページ，下谷政弘『松下グループの歴史と構造——分権・統合の変遷史——』有斐閣，1998年，135-136ページ。

(34) 占部，前掲『事業部制と利益管理』，372-373ページ。

(35) 松下電器産業株式会社三十五年史編集委員会編，前掲『松下電器産業株式会社創業

三十五年史 追補』，3ページ，小野，前掲書，317-319ページ，小沢，前掲論文，93
ページ，100-1ページ。

(36) 大森 弘，前掲論文，52ページ。

(37) 松下電器産業株式会社社史室『社史 松下電器 激動の十年 昭和43年～52年』松
下電器産業株式会社社史室，1978年，37-38ページ，376-378ページ，389ページ，392-
395ページ。

(38) 下谷，前掲書，32ページ。

(39) 三菱電機株式会社社史編纂室編『三菱電機史 創立60周年』三菱電機株式会社，
1982年，117-118ページ，260ページ，295-297ページ，308-309ページ，占部，前掲『事
業部制と近代経営』，195-198ページ，渡部泰助「事業部制への転換と問題点につい
て」『産業経理』，第20巻第4号，1960年4月，96-97ページ，企業組織研究会編，前掲
書，155ページ，経営研究所研究部「電気機械製造企業の組織研究」『組織科学』，第
1巻第1号，1967年7月，82ページ。

(40) 渡部，前掲論文，97-98ページ，経営研究所研究部，前掲論文，84-85ページ。

(41) 三菱電機株式会社社史編纂室編，前掲書，295-296ページ。

(42) 同書，260ページ，297-300ページ。

(43) 株式会社日立製作所臨時五十周年事業部社史編纂部編『日立制作所史 2』株式会
社日立製作所，1960年，194-203ページ，小沢，前掲論文，94-95ページ，企業組織研
究会編，前掲書，3-4ページ，経営研究所研究部，前掲論文，81-82ページ，85ページ。

(44) 株式会社日立製作所創業75周年記念事業委員会社史編纂委員会編『日立製作所史
4』株式会社日立製作所，1985年，35-37ページ。

(45) 東京芝浦電気株式会社編『東京芝浦電気株式会社八十五年史』東京芝浦電気株式会
社，1963年，315-317ページ，395-397ページ，399ページ，東京芝浦電気株式会社『東
芝百年史』東京芝浦電気株式会社，1977年，96-97ページ，215ページ，小沢，前掲論
文，93ページ，95-98ページ，企業組織研究会編，前掲書，97-98ページ，経営研究所
研究部，前掲論文，82ページ，85ページ。

(46) 東京芝浦電気株式会社，前掲『東芝百年史』，112-113ページ，216ページ。

(47) 日本電気株式会社社史編纂室編『日本電気株式会社七十年史 》明治32年～昭和44
年《』日本電気株式会社，1972年，285-286ページ，298-301ページ，374-375ページ，日
本電気社史編纂室編『日本電気株式会社百年史』日本電気株式会社，2001年，354ペー
ジ，358-362ページ，448-449ページ，459-460ページ，榎本里司「日本電気の企業戦略
と事業部制組織変革——高度成長期巨大企業の自律性の発展——」『証券経済』，第
157号，1986年9月，169ページ，175ページ，181ページ，183ページ，187ページ。

(48) 小沢，前掲論文，101-103ページ。

(49) 株式会社クボタ『クボタ100年』株式会社クボタ，1990年，104ページ，149ページ，
360ページ，362-367ページ，久保田鉄工株式会社編『久保田鉄工八十年のあゆみ』久
保田鉄工株式会社，1970年，333-334ページ，久保田鉄工株式会社『久保田鉄工最近十

414 第2部 経営の「アメリカ化」と「再構造化」の日独比較

年の歩み　創業九十周年』久保田鉄工株式会社，1980年，145ページ，占部，前掲『事業部制と利益管理』，380-383ページ，388ページ，原 慶太郎「事業部制への胎動」『産業経理』，第20巻第4号，1960年4月，92-94ページ。

(50) 同論文，93ページ。

(51) 久保田鉄工株式会社，前掲『久保田鉄工最近十年の歩み』，31-34ページ。

(52) 大森清紀，前掲論文，181-182ページ。

(53) 佐々木 正「キャノン・レポートに関するコメント　注目される事業部責任体制の確立」，高宮 晋監修，日本生産性本部組織研究会編，前掲書，190-192ページ。

(54) 大森清紀，前掲論文，181-182ページ。

(55) 原沢芳太郎「日本的事業部制の成立過程──キャノンの事例に即しつつ──」『経済学』（東北大学）Vol. 48, No. 6, 1987年3月，19ページ，22ページ，28-29ページ。

(56) 溝田誠吾『造船重機械産業の企業システム』，第2版，森山書店，1997年，94-95ページ，210-212ページ，349ページ，353ページ，355-356ページ。

(57) 三菱重工業株式会社社史編さん委員会編『海に陸にそして宇宙へ──続三菱重工業社史（1964-1989）』三菱重工業株式会社，1990年，68-71ページ，125-126ページ，193-195ページ，279-281ページ。

(58) 石川島播磨重工業株式会社総務総括部社史編纂担当編『石川島播磨重工業社史　沿革・資料編』石川島播磨重工業株式会社，1992年，112ページ，146-147ページ，180-181ページ，199-200ページ，第3部資料・年表，20ページ，22ページ，24ページ，160ページ，181ページ，184ページ，187ページ。

(59) 川崎重工業株式会社百年史編纂委員会編『夢を形に　川崎重工業株式会社百年史 1896-1996』川崎重工業株式会社，1997年，75ページ，84-85ページ，123-125ページ，川崎重工業株式会社百年史編纂委員会編『夢を形に　川崎重工業株式会社百年史 1896-1996（資料・年表）』川崎重工業株式会社，1997年，46-53ページ，川崎重工業株式会社機構事業部30年史編纂委員会編『機構事業部30年のあゆみ』川崎重工業株式会社，機構事業部，1997年，8ページ。

(60) 株式会社神戸製鋼所80年史編纂委員会編『神戸製鋼80年』株式会社神戸製鋼所，1986年，116ページ，120-121ページ，124-125ページ，169ページ，株式会社神戸製鋼所総務部・共同PR株式会社編『神戸製鋼70年・資料編』株式会社神戸製鋼所，1974年，17-19ページ，神戸製鋼所創立100周年記念事業実行委員会・コベルコビジネスサポート株式会社編『神戸製鋼100年　1905-2005』株式会社神戸製鋼所，2006年，88ページ。

(61) 同書，144ページ。

(62) P. Dyas, H. T. Thanheiser, *The Emerging European Enterpreise*, London, 1976, p. 26, pp. 63-72. なおこれらの多角化の類型とその分類の指標については，R. P. Rumelt, *op. cit.,* Chapter 1〔前掲訳書，第1章〕を参照.

(63) G. P. Dyas, H. T. Thanheiser, *op. cit.*, pp. 65-73.

第 8 章　事業部制組織の導入の日独比較　*415*

(64) Vgl. E. Gabele, *Die Einführung von Geschäftsbereichsorganisation*, Tübingen, 1981, S. 1–2〔高橋宏幸訳『事業部制の研究』有斐閣，1993年，1-2ページ〕, W. Kirsch, W. -M. Esser, E. Gabele, *Das Management des geplanten Wandels von Organisation*, Stuttgart, 1999, S. 3–4.

(65) A. Harrmann, Steigert ein Wechsel der Strukturorganisation die Unternehmens-effektivität?, *REFA-Nachrichten*, 35. Jg, Heft 4, August 1982, S. 202–203.

(66) G. P. Dyas, H. T. Thanheiser, *op. cit.*, p. 66.

(67) *Ibid.*, pp. 73–47.

(68) Wo liegen noch Rationalisierungsmöglichkeiten im Betrieb?, *REFA-Nachrichten*, 20. Jg, Heft 6, Dezember 1967, S. 263.

(69) G. P. Dyas, H. T. Thanheiser, *op. cit.*, p. 129.

(70) H. Siegrist, Deutscher Großunternehmen vom späten 19. Jahrhundert bis zur Weimarer Republik, *Geschichte und Gesellschaft*, 6. Jg, Heft 1, 1980, S. 88.

(71) Vgl. Stanford Research Institute, Einführung einer verbindlichen langfristigen Planung in die Persil/Henkel Gruppe――Phase Ⅰ, April 1967, *Henkel Archiv*, 251/1, Stanford Research Institute, Langfristigen Planung für Persil/Henkel, Phase Ⅱ: Strategische Planung, 1. Bd, 2. Bd, Juli 1968, *Henkel Archiv*, 251/2, Stanford Research Institute, Langfristigen Planung für Persil/Henkel, Phase Ⅲ: Organisationsstruktur der Unternehmensspitze und des leitenden Management Dezember 1968, *Henkel Archiv*, 314/133.

(72) Henkel GmbH, *Geschäftsbericht 1969*, S. 33.

(73) Stanford Research Institute, Langfristigen Planung für Persil/Henkel, Phase Ⅱ, S. 315, *Henkel Archiv*, 251/2.

(74) Stanford Research Institute, Langfristigen Planung für Persil/ Henkel, Phase Ⅲ, S. 3, S. 24, *Henkel Archiv*, 314/133.

(75) *Ebenda*, S. 24–26, S. 28–30, SRI-Besprechung am 16. Oktober 1968（17. 10. 1968）, S. 3, *Henkel Archiv*, 314/96, SRI. Mündliche Präsentation. Struktur der Unternehmens-organisation von Persil/Henkel 251/10, *Henkel Archiv*, 251/10.

(76) Stanford Research Institute, Langfristigen Planung für Persil/Henkel, Phase Ⅱ, 2. Bd, S. 440, *Henkel Archiv*, 251/2.

(77) Interview der Z für O zur Reorganisation der Henkel-Gruppe, *Zeitschrift für Organisation*, 39. Jg, Nr. 5, Mai 1970, S. 199.

(78) Vgl. Stanford Research Institute, Langfristigen Planung für Persil/Henkel, Phase Ⅲ, S. 1–114, *Henkel Archiv*, 314/133, Niederschrift über eine außerordentliche gemeinsame Postbesprechung am 20. Februar 1969（20. 2. 1969）, *Henkel Archiv*, 314/96, Einrichtung von Sparten und Funktionen（31. 10. 1968）, *Henkel Archiv*, 251/10, Faktoren, die für eine produktionorientierte Organisationsstruktur sprechen（11. 7. 1968）, *Henkel Archiv*,

416 第2部 経営の「アメリカ化」と「再構造化」の日独比較

25/10, Niederschrift über die gemeinsame Post PERSIL/HNKEL/BÖHME/HI vom 12. 11. 1968（14. 11. 1968), *Henkel Archiv*, 153/42, Neuorganisation. Unterlage für Gemeinsame Post am 12. 11. 1968（9. 11. 1968), *Henkel Archiv*, 251/10, Oranisation der Unternehmensspitze（30. 5. 1968), *Henkel Archiv*, 251/10, Präsentation einer Organisationsstruktur für das Management Persil/Henkel durch das Stanford Research Institut（SRI), *Henkel Archiv*, 153/ 42, Zentral-Geschäftsführung Henkel GmbH, *Henkel Archiv*, 314/96, Die Unternehmensorganisation nach Sparten（18. 7. 1968), *Henkel Archiv*, 314/96, Neuordnung（10. 3. 1969), *Henkel Archiv*, 314/96, Neuordnung. Organisationsvorschlag für Funktionen——Produktion/Ingenieurwesen——. Besprechung am 12. Februar 1969（13. 2. 1969), *Henkel Archiv*, 314/96, Kurz-Referat. Gewinn- und Kosten-Verantwortung der Sparten/Funktionen（6. 5. 1969), *Henkel Archiv*, 251/9, Kostenverantwortung der Funktionen, insbesondere der Funktion Finanzen/Rechnungswesen. Notiz Mr. Cavender vom 17. 4. 1969（23. 4. 1969), *Henkel Archiv*, 251/9, Henkel GmbH, *Geschäftsbericht 1968*, W. Feldenkirchen, S. Hilger, *Menschen und Marken. 125 Jahre Henkel 1876-2001*, Düsseldorf, 2001, S. 200-202, Die organisatorische Neuordnung der Henkel-Gruppe „Sparten, Funktionen und Regionen", *Zeitschrift für Organisation,* 39. Jg, Nr. 5, Mai 1970, S. 196-198.

(79) S. Hilger, *„Amerikanisierung" deutscher Unternehmen*, Stuttgart, 2004, S. 233.

(80) C. Kleinschmidt, *Der produktive Blick*, Berlin, 2002, S. 266-268.

(81) Vorschlag für einen Organisationsplan der FFB（ohne Agfa), S. 1-2, S. 4, *Bayer Archiv*, 001-004-003.

(82) Die Schrift von Kurt Hansen an die Leitenden Angestellten der Werke Leverkusen, Dormagen, Elberfeld und Uerdingen sowie der deutschen Aueßnstellen（25. 2. 1970), S. 1, *Bayer Archiv*, 001-004-002, Neuorganisation der Farbenfabriken Bayer AG——（3. 2. 1970), *Bayer Archiv*, 001-004-002, Neuorganisation der Bayer AG, S. 1, *Bayer Archiv*, 010-004-005, Die Schrift von Kurt Hansen an die Leitenden Angestellten der Werke Leverkusen, Dormagen, Elberfeld und Uerdingen（2. 9. 1965), *Bayer Archiv*, 010-004-005, Neuorganisation, *Bayer Archiv*, 001-004-003.

(83) Vorstandsrundschreiben Nr. 63（14. 10. 1970), S. 1, *Bayer Archiv*, 001-004-002.

(84) Neuorganisation der Bayer AG, S. 2, *Bayer Archiv*, 010-004-005.

(85) Vgl. Führungsgrundsätze der Bayer AG, S. 4, *Bayer Archiv*, 210-001.

(86) Neuorganisation der Farbenfabriken Bayer AG（3. 2. 1970), *Bayer Archiv*, 001-004-002, Organizational Rearrangement of Farbenfabriken Bayer AG——Objectives, Functions and Tasks——, *Bayer Archiv*, 001-004-002, Organisationsplan der Farbenfabriken Bayer AG, Leverkusen, Stand : 1. 4. 1971, *Bayer Archiv*, 001-004-002, Farbenfabriken Bayer A. G., Leverkusen-Bayerwerk. Organisationspläne der Verkaufsabteilungen, *Bayer Archiv*, 001-004-001, Vorstandsrundschreben Nr. 64（22. 10.

1970), *Bayer Archiv*, 001-004-002, Die Schrift von Kurt Hansen an W. Knauff über den Vorschlag des Organizsationsplanes von Knauff（24. 2. 1964), S. 3-4, S. 8, *Bayer Archiv*, 001-004-003, Organisatiorische Gliederung der Bayer AG, Stand : 1. 7. 1972, *Bayer Archiv*, 010-004-005, Neuorganisation der Bayer AG, *Bayer Archiv*, 010-004-005, Die Schrift von Kurt Hansen an die Leitenden Angestellten der Werke Leverkusen, Dormagen, Elberfeld und Uerdingen sowie der deutschen Aueßnstellen（25. 2. 1970), S. 2-3, *Bayer Archiv*, 001-004-002.

(87) C. Kleinschmidt, *a. a. O.*, S. 269.

(88) Organisatiorische und personelle Änderungen bei AOA（5. 6. 1970), S. 1, *BASF Archiv*, C0, E. Koch, Offene Tore für das schöpferische Potential. Neuorganisaton der BASF──Die WELT sprach mit Vorstandsvorsitzen dem Bernhard Timm, *Die Welt*, Nr. 193, 21. 8. 1970.

(89) Die Neuorganisation der BASF unter Marketingssichtspunkten, S. 2, *BASF Archiv*, C0, Organisatorische Maßnahmen（19. 12. 1961), *BASF Archiv*, C19/14, Organisatorische Maßnahmen（21. 12. 1961), *BASF Archiv*, C19/14, Organisation im Verkauf（24. 6. 1960), *BASF Archiv*, C19/13.

(90) Organisation der BASF（1. 1. 1964), *BASF Archiv*, C0, Werksinterner Verteiler（25. 1. 1962), *BASF Archiv*, C19/14, Rundschreiben an alle Abteilungen des Werkes（20. 12. 1963), *BASF Archiv*, C19/15, Die Schrift an alle Vertrauensleute（22. 7. 1963), *BASF Archiv*, C19/15. この段階の組織の変化については，W. Abelshauser, Die BASF seit der Neugrundung von 1952, W. Abelshauser（Hrsg.), *Die BASF : Eine Unternehemensgeschichte*, München, 2002, S. 571-573を参照。

(91) Die Neuorganisation der BASF unter Marketingssichtspunkten, S. 2, *BASF Archiv*, C0.

(92) K. Selinger, Die Organisation der BASF-Gruppe, *Zeitschrift für Organisation*, 46. Jg, Heft 1, 1977, S. 17, W. Abelshauser, *a. a. O.*, S. 570, S. 574.

(93) E. Koch, Offene Tore für das schöpferische Potential, *Die Welt*, Nr. 193, 1970.

(94) Neuorganisation der BASF-Gruppe（in : *BASF Information*, Sonderausgabe, Oktober 1969), *BASF Archiv*, C0.

(95) Die Neuorganisation der BASF unter Marketingssichtspunkten, S. 3-4, *BASF Archiv*, C0.

(96) Bemerkungen von Professor Dr. Timm über die Neuorganisation der BASF（29. 8. 1973), S. 6, *BASF Archiv*, C0.

(97) U. Kreutle, *Die Marketing-Konzept in deutschen Chemieunternehmen──eine betriebswirtschaftlich-historische Analyse am Beispiel der BASF Ludwichshafen*, Frankfurt am Main, 1992, S. 388.

(98) The Badische Anilin- und Soda-Fabrik AG（BASF), Some Information Worth Knowing, p. 5, *BASF Archiv*, C0. なおBASFのこうした組織における主要部門・ポストへの人員の

418 第2部 経営の「アメリカ化」と「再構造化」の日独比較

配置については，Organisation der BASF（Stand : Juli 1975），*BASF Archiv*, C0 を参照。

（99）K. Selinger, *a. a. O.*, S. 17.

（100）Neuorganisation der BASF-Gruppe（Juni 1970），*BASF Archiv*, C0.

（101）*Ebenda*, S. 12–13, Neuorganisation der BASF-Gruppe（in : *BASF Information*, Sonderausgabe, Oktober 1969），*BASF Archiv*, C0.

（102）K. Selinger, *a. a. O.*, S. 19.

（103）Direktionssitzung am 17. 10. 1969 zum Thema „Neugestaltung der Organisation der BASF-Gruppe", S. 1–3, *BASF Archiv*, C0.

（104）Dem Vorstandsvorsitzenden direkt unterstellte Einheiten, S. A, S. 2 A, *BASF Archiv*, C0, Organisation der BASF-Grupe（Dezember 1972），S. 3, *BASF Archiv*, C0, Neuorganisation der BASF-Gruppe（Juni 1970），S. 3, *BASF Archiv*, C0.

（105）E. Koch, *a. a. O.*, .

（106）Neuorganisation der BASF-Gruppe（in : *BASF Information*, Sonderausgabe, Oktober 1969），*BASF Archiv*, C0.

（107）Die Schrift an die Mitarbeiter（2. 2. 1970），*BASF Archiv*, C0, Neuorganisation der BASF-Gruppe（in : *BASF Information*, Sonderausgabe, Oktober 1969），*BASF Archiv*, C0.

（108）Direktionssitzung am 17. 10. 1969 zum Thema „Neugestaltung der Organisation der BASF-Gruppe", S. 2–3, *BASF Archiv*, C0.

（109）Vgl. Die Schrift an die Mitglieder der Direktionssitzung（26. 8. 1968），S. 1–2, *BASF Archiv*, C0, Die Schrift an die Mitglieder der Direktionssitzung（21. 10. 1969），*BASF Archiv*, C0, Die Weiterentwicklung der Organisation（20. 3. 1981），*BASF Archiv*, C0, M. Seefel, Weiterentwicklung der Organisation. Direktionssitzung am 5. März 1981, *BASF Archiv*, C0, Die Weiterentwicklung der Organisation（20. 3. 1981），*BASF Archiv*, C0, Weiterentwicklung der Organisation kommt voran（in : *BASF Information*, 23. 7. 1980），*BASF Archiv*, C0, Neuorganisation der Aufgabengebiete in der BASF（in : *BASF Information*, 17. 7. 1980），*BASF Archiv*, C0.

（110）Vorschlag über die Bildung einer gemeinsamen AKU-Glanzstoff Schwefelchemie-Division unter der Bezeichnung Feinchemikalien-Division（FCD）（1. 10. 1968），*Rheinisch-Westfälisches Wirtschaftsarchiv zu Köln*, Abt 195, F7–4.

（111）Vorschlag über den Aufbau einer gemeinsamen AKU/Glanzstoff Vliesstoff Division unter der Bezeichnung Colbond Division（1. 12. 1968），*Rheinisch-Westfälisches Wirtschaftsarchiv zu Köln*, Abt 195, F7–5.

（112）Farbwerke Hoechst AG, *Geschäftsbericht 1969*, S. 14, K. Winnacker, *Nie den Mut verlieren*, Düsseldorf, 1972, S. 178–179〔児玉信次郎・関 英夫・向井幸雄訳『化学工業に生きる』鹿島出版会，1974年，142–143ページ，404ページ〕, *Hoechst Archiv*, H0136347, Organisationsplan des Finunz- und Rechnungswesen der Farbwerke Hoechst（19. 1. 1952），*Hoechst Archiv*, H0136339,Vorläufigen Organisationsplan für das Rechts-

und Steuerwesen der Farbwerke Hoechst AG.（26. 5. 1952）, *Hoechst Archiv* H0136339.

(113) K. Winnacker, *a. a. O.*, S. 184〔前掲訳書，146ページ〕.

(114) Organisationsprinzip der Farbwerke Hoechst AG（Änderung Okt, 70）, *Hoechst Archiv*, H0136364, Geschäftsbereiche der Farbwerke Hoechst AG（Änderung Okt, 70）, *Hoechst Archiv*, H0136364, Farbwerke Hoechst AG, *a. a. O.*, S. 14–17, K. Winnacker, *a. a. O.*, S. 451, S. 463–464, S. 505〔前 掲 訳 書，358 ペ ー ジ，367 ペ ー ジ，405 ペ ー ジ〕, Generationswechsel, Von Winnacker zu Sammet, *Weilheimer Tagesblatt*（in: *Hoechst Archiv*, H0028468）

(115) Farbwerke Hoechst AG, *a. a. O.*, S. 14–15.

(116) G. P. Dyas, H. T. Thanheiser, *op. cit.*, pp. 122–123.

(117) C. Kleinschmidt, *a. a. O.*, S. 270.

(118) Neue Organisation bei Hüls, *Der Lichtbogen*, 22. Jg, Nr. 160, Juli 1970, S. 26, B. Lorentz, P. Erker, *Chemie und Politik. Die Geschichte der Chemischen Werke Hüls 1938–1979 : Eine Studie zum Problem der Corporate Governance*, München, 2003, S. 270.

(119) Neue Organisation bei Hüls, *Der Lichtbogen*, 22. Jg, Nr. 160, 1970, S. 26.

(120) Einige Überlegungen zu den Möglichkeiten einer Organisationsänderung bei CWH, S. 1, *Hüls Archiv*, Ⅰ-5–8, Niederschrift über die Sitzung des Vorstands am 3. April 1970 in Münster, Sitzungssaal der Landesbank（11. 5. 1970）, *Hüls Archiv*, ohne Signatur.

(121) C. Kleinschmidt, *a. a. O.*, S. 270.

(122) Niederschrift über die Besprechung in Hüls am 14. Juni 1971, S. 2, *Hüls Archiv*, ohne Signatur, Vorstandssitzung vom 6. 7. 70, S. 4, *Hüls Archiv*, ohne Signatur, Neue Organisation bei Hüls, *Der Lichtbogen*, 22. Jg, Nr. 160, Juli 1970, S. 26.

(123) Niederschrift über die Sitzung des Vorstands CWH am 17. Juli 1970 in Schloß Raesfeld（5. 8. 1970）, *Hüls Archiv*, ohne Signatur, Neue Organisation bei Hüls, *Der Lichtbogen*, 22. Jg, Nr. 160, 1970, S. 26–27, B. Lorentz, P. Erker, *a. a. O.*, S. 270–271.

(124) Vgl. Die Schrift über die ständige Kommission „Unternehmungsplanung" und Sachbearbeiter für die Planung（15. 12. 1969）, *Hüls Archiv*, Ⅵ-8–3/1, Besprechungs- bericht der 1. Sitzung der Kommission „Unternehmungsplanung"（5. 2. 1970）, *Hüls Archiv*, Ⅵ-8–3/1, Besprechungsbericht der 2. Sitzung der Kommission „Unter- nehmungsplanung"（27. 2. 1970）, *Hüls Archiv*, Ⅵ-8–3/1, Besprechungsbericht der 3. Sitzung der Kommission „Unternehmungsplanung"（1. 10. 1970）, *Hüls Archiv*, Ⅵ-8–3/1, Langfristige Unternehmungsplanung（11. 12. 1969）, *Hüls Archiv*, Ⅵ-8–3 /1, B. Lorentz, P. Erker, *a. a. O.*, S. 271.

(125) Niederschrift über die Sitzung des Vorstands am 3. April 1970 in Münster, Sitzungssaal der Landesbank（11. 5. 1970）, S. 1, S. 5, *Hüls Archiv*, ohne Signatur, B. Lorentz, P. Erker, *a. a. O.*, S. 270–271.

(126) V. Berghahn, *Unternehmer und Politik in der Bundesrepublik*, Frankfurt am Main, 1985,

420 第2部 経営の「アメリカ化」と「再構造化」の日独比較

S. 293.

(127) S. Hilger, *a. a. O.*, S. 222, G. P. Dyas, H. T. Thanheiser, *op. cit.*, p. 114.

(128) C. Kleinschmidt, *a. a. O.*, S. 269-270.

(129) この点については，拙書『現代のドイツ企業』森山書店，2013年，192-193ページの
ほか，H. E. Krooss, C. Gilbert, *American Businenn History*, New Jersey, 1972, p. 253〔鳥
羽欣一郎・山口一臣・厚東偉介・川辺信雄訳『アメリカ経営史（下）』東洋経済新報
社，1974年，373ページ〕参照。

(130) G. Hautsch, *Das Imperium AEG-Telefunken : Ein multinationaler Konzern*, Frankfurt
am Main, 1979, S. 151.

(131) P. Strunk, *Die AEG. Aufstieg und Niedergang einer Industrielegende*, 2. Aufl., Berlin,
2000, S. 70.

(132) Rundschreiben Nr. 14/57, Neue Organisation der AEG（9. 7. 1957), S. 1, S. 3, *AEG
Archiv*, GS839.

(133) AEG, *Bericht über das Geschäftsjahr vom 1. Oktober 1962 bis 30. September 1963*, S. 53,
G. Hautsch, *a. a. O.*, S. 151.

(134) Vgl. Rundschreiben RO2, Bildung von Horizontalen und Vertikalen Bereichen（30. 5.
1963), *AEG Archiv*, GS839, Ausführung von Dr. -Ing. E. h. Dr. -Ing. Hans Heyne,
Vorsitzer der Vorstände der AEG und der Telefunken AG, in der Hauprversammlung der
AEG am 25, Juni 1964 in der Berliner Kongreßhalle. *AEG Archiv*. GS839, AEG, *a. a. O.*, S.
53, S. 55, P. Strunk, *a. a. O.*, S. 70-74, G. Hautsch, *a. a. O.*, S. 151, Reorganisation bei
wachsender Rentabilität. Relativ geringe Exportquote――Bau eines Atomkraftwerkes,
Der Volkswirt, 17. Jg, Nr. 12, 22. 3. 1963, S. 492, J. Reindl, *Wachstum und Wettbewerb in
den Wirtschaftswunderjahren. Die elektrotechnische Industrie in der Bundesrepublik
Deutschland und in Großbritannien 1945-1967*, Paderborn, 2001, S. 138, AEG. Ein
Konzern wird neu organisiert. Geschäftsjahr umgestellt――Verlustaufträge bei
Schwermaschinen, *Der Volkswirt*, 18. Jg, Nr. 25, 19. 6. 1964, S. 1241.

(135) Rundschreiben RO2, Bildung von Horizontalen und Vertikalen Bereichen（30. 5.
1963), *AEG Archiv*, GS839, Rundschreiben R03, Verantwortliche Leiter der Horizontale
und Vertikalen Bereich（30. 5. 1963), *AEG Archiv*, GS839, AEG, *a. a. O*, S. 53, S. 55.

(136) *Ebenda*, S. 54.

(137) G. Hautsch, *a. a. O.*, S. 151-152.

(138) Vgl. AEG-Telefunken AG, *Bericht über das Geschäftsjahr 1967*, S. 33-44.

(139) Vgl. Struktur-Organisation, Gesamt-Stellen-Übersicht, Ausgabe 1970 Organisa-
tionsplan（Stand 1. 11. 1969), *AEG Archiv*, GS3501, AEG-Telefunken AG, *Bericht über
das Geschäftsjahr 1969*, S. 39-50.

(140) W. Feldenkirchen, The Americanization of the German Electrical Industry after 1945 :
Siemens as a Case Study, A. Kudo, M. Kipping, H. G. Schröter（eds.), *German and*

Japanese Business in the Boom Years, London, New York, 2004, pp. 126-127.

(141) Die Neuorganisation des Hauses Siemens, *Zeitschrift für Organisation*, 39. Jg, Nr. 8, 1970, S. 338.

(142) S. Hilger, *a. a. O.*, S. 214-215.

(143) Neuorganisation der Siemens AG（16. 9. 1969）, *Siemens Archiv Akten*, 33/Ld 603, V-Rundschreiben Nr. 18/69（30. 9. 1969）, *Siemens Archiv Akten*, 33/Ld603, Z-Rundschreiben Nr. 4/70（22. 12. 1969）, *Siemens Archiv Akten*, 33/Ld603, Z-Rundschreiben Nr. 5/70（22. 12. 1969）, *Siemens Archiv Akten*, 33/Ld603, A-Rundschreiben Nr. 3/69（12. 12. 1968）, *Siemens Archiv Akten*, 4 /Ld302-20, A-Rundschreiben Nr. 4/69（11. 8. 1969）, *Siemens Archiv Akten*, 33/Ld603, Siemens AG, *Bericht über das Geschäftsjahr vom 1. Oktober 1968 bis 30. September 1969*, S. 14-15, Die neue Organisation der Siemens AG ad 1, Oktober 1969, *Siemens-Mittei lungen*, 44. Jg, Heft 9, September 1969, Die Neuorganisation des Hauses Siemens, *Zeitschrift für Organisation*, 39. Jg, 1970, S. 338, W. Feldenkirchen, *op. cit.*, p. 127, S. Hilger, *a. a. O.*, S. 216.

(144) Z-Rundschreiben Nr. 5/70（22. 12. 1969）, *Siemens Archiv Akten*, 33/Ld 603, Die Neuorganisation des Hauses Siemens, *Zeitschrift für Organisation*, 39. Jg, 1970, S. 338-340.

(145) 山本健児『現代ドイツの地域経済──企業の立地行動との関連──』法政大学出版会, 1993年, 151-152ページ。

(146) S. Hilger, *a. a. O.*, S. 229.

(147) A-Rundschreiben Nr. 3/69（12. 12. 1968）, *Siemens Archiv Akten*, 33/Ld603, V-Rundschreiben Nr. 18/69（30. 9. 1969）, S. 3-4, *Siemens Archiv Akten*, 33/Ld603, 山本, 前掲書, 152ページ。

(148) G. Tacke, *Ein Beitrag zur Geschichte der Siemens AG*, München, 1977, S. 277.

(149) S. Hilger, *a. a. O.*, S. 215.

(150) W. Feldenkirchen, *op. cit.*, pp. 127-128.

(151) *Ibid.*, p. 131.

(152) Wachablösung an der Ruhr. Bewährte Sechziger und nüchterne Vierziger, *Der Volkswirt*, 24. Jg, Nr. 45, 7. 11. 1969, S. 70.

(153) 吉原・佐久間・伊丹・加護野, 前掲書, 200ページ, 203ページ, 占部, 前掲『事業部制と利益管理』, 6ページ, 郷原 弘『日本の経営組織』東洋経済新報社, 1968年, 143ページ, 小野, 前掲書, 123ページ, 126ページ, 今西, 前掲書, 61ページ。

(154) 榊原清則「模倣の組織論──事業部制採用行動の社会性──」『組織科学』, 第14巻第2号, 1980年6月, 65ページ。

(155) 吉原・佐久間・伊丹・加護野, 前掲書, 191-192ページのほか, 加護野忠男『経営組織の環境適応』白桃書房, 1980年, 205ページ, 271ページをも参照。

422 第2部 経営の「アメリカ化」と「再構造化」の日独比較

(156) 石井淳蔵・奥村昭博・加護野忠男・野中郁次郎『新版経営戦略論』有斐閣，1996年，132-133ページ。

(157) 吉原・佐久間・伊丹・加護野，前掲書，193ページ。

(158) 藤芳誠一「事業部制の実態とその動向」『生産性』，第182号，1962年4月，42-43ページ。

(159) 社団法人経済同友会トップ・マネジメント調査会『経営理念と企業活動　わが国における経営意思決定の実態（Ⅴ）』経済同友会，1964年，3-7ページ，103-105ページ，107ページ。

(160) 小川 冽「社内資本金制度導入の意義」『産業経理』，第29巻第11号，1969年11月，30ページ。

(161) 郷原，前掲書，140ページ，142-143ページ参照。

(162) 中橋，前掲論文，41ページ，43ページ，53-55ページ，74ページ。

(163) 河野豊弘「本社組織の規模と機能についての実態調査——革新のための組織及び事業部制との関連において——」『組織科学』，第19巻第3号，1985年11月，20-21ページ，青木茂男「事業部制の問題点」『企業会計』，第12巻第6号，1960年5月，84ページ。

(164) 郷原，前掲書，111ページ。

(165) 鈴木恒男「事業部制の本質——利益管理と分権化——」『経済セミナー』，第52号，1961年1月，63ページ。

(166) 加護野忠男「職能別事業部制と内部市場」『国民経済雑誌』（神戸大学），第167巻第2号，1993年2月，35ページ，37ページ，39ページ，47ページ，49-50ページ，加護野忠男「日本の事業部制組織」①，②，⑤，⑥，『日本経済新聞』1992年7月11日付，1992年7月13日付，1992年7月16日付，1992年7月17日付。

(167) 山田一郎「事業部制の現状と問題点——アンケート方式によるわが国の現状分析——」『経済系』（関東学院大学），第50輯，1961年9月，48ページ，50-51ページ。

(168) 一寸木俊昭「戦後発展期の日本企業の経営原理」，現代経営学研究会編『現代経営学の基本課題』文眞堂，1993年，44ページ，加護野忠男・野中郁次郎・榊原清則・奥村昭博『日米企業の経営比較』日本経済新聞社，1983年，18ページ。37ページ。こうした日本企業における「大きな本社」というあり方をにかかわって本社の機能数やスタッフ数は多い傾向にあったという点については，上野恭裕『戦略本社のマネジメント　多角化戦略と組織構造の再検討』白桃書房，2011年を参照。

(169) 伏見多美雄・渡辺康夫「カンパニー制マネジメント・コントロールと日本型事業部制」『産業経理』，第54巻第4号，1995年1月，8ページ。

(170) 高宮 晋・藤田藤雄・細野義一・川村茂邦・渡部泰助・青柳秀世「事業部制の再検討」『ビジネス』，第6巻第5号，1962年5月，13-14ページ，郷原，前掲書，136-142ページ，原沢芳太郎「戦後におけるトップ・マネジメントと事業部制——『日本的経営』への一視角——」『経済学』（東北大学），Vol. 42，No. 4，1981年3月，134-135

ページ。

(171) 加護野・野中・榊原・奥村，前掲書，18ページ，37ページ。

(172) 小田切，前掲書，154-155ページ。

(173) 藤芳，前掲論文，43-44ページ。

(174) 社団法人経済同友会トップ・マネジメント調査会，前掲書，106-107ページ。

(175) 小野，前掲書，128ページ。

(176) 通商産業省企業局編『国際化時代におけるわが国企業経営の高度化について』通商産業省企業局，1969年，136-137ページ，230-231ページ。

(177) J. S. Reece, W. R. Cool, Measuring Investment Center Performance, *Harvard Business Review*, May-June 1978, pp. 28-30.

(178) 望月信幸「日米における事業部制組織と業績評価指標の相違」『アドミニストレーション』，第18巻第1・2号，2011年11月，123ページ，126-127ページ。

(179) 鳥居宏史「日本における事業部制会計の発展に関する一考察」『経済研究』（明治学院大学），第138号，2007年7月，6ページ。

(180) 吉川武男「事業部制」『会計学研究』（日本大学），第8号，1996年3月，124ページ。

(181) 伏見多美雄「事業部制マネジメント・コントロールにおける"日本型"の研究――マネジメント・コントロールの理論仮説を整理するためのノート――」『日本管理会計学会誌』，第5巻第1号，1997年3月，8ページ。

(182) 伏見多美雄・横田絵里「事業部制マネジメント・コントロールにおける日本的特質――フィールド・スタディを基礎にして――」『日本管理会計学会誌』，第2巻第2号，1993年12月，34ページ，36-37ページ，40-41ページ，伏見多美雄・渡辺康夫「カンパニー制マネジメント・コントロールと日本型事業部制」『産業経理』，第54巻第4号，1995年1月，7ページ，9ページ。

(183) 伏見，前掲論文，3ページ，6ページ。

(184) 石井・奥村・加護野・野中，前掲書，133ページ。

(185) 中橋，前掲論文，67ページ，73-74ページ。

(186) 加護野・野中・榊原・奥村，前掲書，38ページ。

(187) 鳥居，前掲論文，8ページ。

(188) 西川，前掲論文，78ページ。

(189) 三浦克人「『事業部制による利益管理』再論」『商経論叢』（鹿児島県立短期大学），第61号，2010年10月，44ページ。

(190) 木村幾也「グループ企業における経営組織と管理会計情報――事業部制企業からグループ企業へ――」『日本管理会計学会誌』，第7巻第1・2合併号，1999年3月，147ページ。

(191) 三浦，前掲論文，45ページ。

(192) 谷　武幸『事業部業績の測定と管理』税務経理協会，1987年，141ページ。

(193) 挽　文子「日本企業における事業部制会計の研究（1）」『和光経済』（和光大学），第

29巻第2・3号，1997年3月，72ページ，76ページ。

(194) G. P. Dyas, H. T. Thanheiser, *op. cit.*, pp. 123–125.

(195) *Ibid.*, p. 138.

(196) *Ibid.*, pp. 126–127.

(197) *Ibid.*, pp. 118–119.

(198) *Ibid.*, p. 129.

(199) アメリカでは最大級の産業企業（1949年には189社，59年には207社，69年には183社）の管理構造に占める持株会社の割合は，1949年には3.7%，59年には1.4%，69年には2.4%にすぎない。R. P. Rumelt, *op. cit.*, p. 65〔前掲訳書，85ページ〕．

(200) G. P. Dyas, H. T. Thanheiser, *op. cit.*, pp. 115–117.

(201) U. Wengenroth, Germany : Competition abroad――Cooperation at home, 1870–1990, A. D. Chandler, Jr., F. Amatori, T. Hikino（eds.）, *Big Business and the Wealth of Nations*, Cambridge, 1997, p. 162.

(202) G. P. Dyas, H. T. Thanheiser, *op. cit.*, p. 128.

(203) H. Hartmann, *Der deutsche Unternehmer : Autorität und Organisation*, Frankfurt am Main, 1968, S. 271–272, S. 282–283, S. 286–289, H. Hartmann, *Authority and Organization in German Management*, Princeton N. J., 1959, p. 261, pp. 271–272, pp. 274- 277.

(204) G. P. Dyas, H. T. Thanheiser, *op. cit.*, pp. 106–107.

(205) *Ibid.*, p. 137.

(206) *Ibid.*, p. 129.

(207) *Ibid.*, pp. 137–138.

(208) S. Hilger, *a. a. O.*, S. 213.

(209) G. P. Dyas, H. T. Thanheiser, *op. cit.*, p. 138.

(210) *Ibid.*, p. 102.

(211) *Ibid.*, p. 129.

結章　日本とドイツの産業集中体制と企業経営

　本書は，国際比較の視点のもとに，1970年代初頭までの第2次大戦後の時期における日本とドイツの企業経営の展開を考察し，各国に共通する一般的傾向性をおさえた上でそのなかでの両国にみられる特殊的な現象形態とそのことのもつ意義を明らかにしようするものであった。これまでの考察をふまえて，本章では，戦後の日本とドイツにおける産業集中体制の諸特徴と意義の解明とともに，企業経営の展開にみられる諸特徴とそれを規定した諸関係の相互連関的な把握を試みる。序章での問題提起とのかかわりでいえば，以下の4点が，本章において解明すべき課題となる。

　第1に，第2次大戦後の時期に日本においてもまたドイツにおいても特徴的なあり方がみられた産業集中体制の再編をめぐって，そこでの企業間および産業間の協調的なシステムが日本とドイツの企業経営，資本主義的特質とどのよう関連をもつものであるのか，ということである。こうした点を，両国の企業の経営の行動様式にもかかわる競争構造との関連のなかで明らかにすることである。

　第2に，序章で提起された「企業経営の構造体系」について，日本とドイツにおけるその全体像を明らかにすることである。すなわち，これらの国の資本主義的特質のもとでの企業経営の固有のあり方を規定する条件をなす構造的枠組みとして経営環境的要因を取り上げて，それらの相互の連関・規定性をふまえて，そのような構造的枠組み・条件に対応あるいは照応するかたちでの企業経営のありよう，あり方への規定性を把握することである。

　第3に，第2次大戦後において各国の企業経営の発展に大きな影響をおよぼしてきたアメリカ的経営モデル，経営方式・システムの導入・移転（「アメリ

カ化」）の動きのなかで，どのような企業経営の日本的展開あるいはドイツ的
展開がみられることになったか，そのことはいかなる意義をもったのかという
点をめぐって，序章で提起された「再構造化」の分析枠組みから捉え直すこと
である。すなわち，アメリカの経営方式が移転先である日本やドイツの経営
観，企業経営の伝統・文化的要因，制度的要因も含めて，受入国の資本主義の
構造的特質にあわせて，また輸出の中核をなす地域的条件にあわせてどのよう
に適応・修正され，適合されるかたちで定着し，機能するようになったのか。
そのことはどのような意義をもつものであるのか。こうした点を「再構造化」
の視角から捉えなおし，日本的な経営の展開，さらにはドイツ的な経営の展開
のトータルな把握を試みる。

　第4に，1970年代初頭までの戦後の経済成長期における日本とドイツの企業
経営の展開，企業の発展がその後の時期における両国のグローバル地域化のあ
り方をいかに規定することになったのかという点を明らかにすることである。
今日のEUに至る欧州統合，ヨーロッパ化の動きにおけるドイツにとっての原
点，すなわち，ドイツ企業がヨーロッパ市場で棲み分け，欧州統合へと向かう
ことになる根源を企業経営レベルで明らかにする。すなわち，それを1950年代
および60年代のドイツ企業の発展に求めて，市場をはじめとする条件的諸要因
のみならず企業経営の内部構造的変化の面からも明らかにするなかで，ヨーロ
ッパ化という動きの原点を捉えることである。同時にまた，そのようなドイツ
的な歴史的過程や方向性とは大きく異なる日本の発展のあり方を比較するなか
で，1990年代以降のグローバル地域化にみられる両国の相違を規定している関
係の解明を試みる。

第1節　日本とドイツにおける産業集中体制の戦後展開とその意義

　第2次大戦後，大企業体制としての産業集中体制は，日本とドイツの資本主
義の蓄積構造の基軸をなすものとして再編され，新たな展開をみることになっ
たが，そのことは，両国の競争構造，企業の行動様式など，企業経営のあり方
とも深いかかわりをもつものであった。ここでは，第2次大戦前の時期との比
較を念頭において，戦後の産業集中体制の新しい展開を企業経営との関連のな

結章　日本とドイツの産業集中体制と企業経営　*427*

かでみていくことにしよう。

1　日本における産業集中体制の戦後展開とその意義

　まず日本についてみると，企業グループ体制は，第2次大戦後，銀行を含む各種事業分野の主要企業が財閥家族，持株会社である財閥本社のもとに組み込まれた戦前の体制からの大きな転換がはかられた。財閥解体によって，財閥の株式の市場への放出が行われ，持株会社，自己株式の取得・保有が禁止されるなかで，6大企業集団の形成がすすんだ。銀行は解体の対象外とされたことからその資力が維持されたという状況のもとで，企業集中は，銀行が大きな役割を果たすなかでこれらの企業グループの内部で行われた。こうした企業グループでは，集中の方法としては株式の相互持合がとられた。集中のかたちは，大企業を頂点とするタテの資本系列ではなく大企業相互のヨコの結合関係となったが，その一方で企業集団に属する大企業や独立系の大企業が自らの資本系列において子会社や関係会社などによる縦の関係のグループを形成するという，重層的構造となった。

　戦後に形成された企業集団は，いくつもの産業にまたがる企業グループであり，産業企業と銀行と商社がその構成要素をなした。グループの内部では，融資，株式の相互持合，相互の系列取引，共同投資が行われたほか，社長会と呼ばれる組織による調整が行われた。ただ，銀行は特定のコンツェルン（企業グループ）と固定的に結びつくというよりはむしろ広くコンツェルン全体との結合関係を発展させてきたという傾向にあるドイツ[1]の場合とは異なり，社長会の中核に位置する銀行は，企業集団のグループを超えた調整の手段をもちえなかった。そのため，企業間の情報共有，調整の手段という面では，ドイツのような銀行・産業企業間の緊密な関係を支える多様な機構による調整とはなっていなかった。企業集団がいわばフルセット型のような産業横断的なかたちをとったことから，各産業部門では各企業グループに属する数社の比較的勢力の伯仲した競争的大企業が並存するという状況になった[2]。そのような状況のもとで，企業間の激しい競争が繰り広げられる構造とならざるをえなかった。この点でも，ドイツのような企業間の広範な協調的関係を基軸とした資本主義的あり方とは異なっている。

企業集団内の大銀行は，間接金融の比重が高い日本企業の資金調達方式のも
とで，メインバンクとしてグループ内の企業を中心に，グループ外の企業に対
しても系列融資を行うとともに，株式持合においても大きな役割を果たした。
その意味でも，日本における産業・銀行間関係に基づく産業システムの機能
は，企業集団の枠のなかでこそ強力に発揮されうるものであった。メインバン
ク・システムにおける企業金融とならぶいまひとつの重要な機能は，ガバナン
スに関するものであり，企業に対するモニタリングにあるが[3]，日本の銀行は
ドイツのようなユニバーサルバンクではなく，寄託株式を利用した議決権行使
は行われえない。またトップ・マネジメントの機構は取締役会のみの一層制で
あり，銀行からの役員派遣は取締役会に対して行われ，企業グループ内での株
式の相互持合を基軸とした，外部勢力の圧力に対する防衛機能が発揮された。
そのことは，長期志向の経営，売上高重視・市場シェア重視の経営の展開の基
盤をなした。

　このように，日本の場合，産業横断的な企業集団と各大企業の同一資本系列
内のグループ化という重層的な企業グループの体制，企業集団内を中心とする
産業・銀行間の関係に基づく産業システム，そのような体制のもとでの需要の
相互のやりとりによる，戦後の寡占的競争に照準をあわせた産業集中の体制が
形成された。日本では，戦前における重化学工業の発展の遅れという面にみられ
る産業構造の影響もあり，高度成長期には，産業構造の重化学工業化のもとで，
企業集団のようなフルセット的な産業横断的なグループ化の経済的メリットが
大きかった。そのような企業の結合，グループ化の必要性と意義は，戦前から
すでに重化学工業化がすすんでいたドイツとは大きく異なるものであった。

　しかし，競争構造という面からみると，それぞれの企業集団に属する各産業
では，勢力の伯仲した企業間の激しい競争のもとで，製品差別化を軸とする経
営展開をはかりながらも，価格競争への対応を迫られるという状況にならざる
をえなかった。また大銀行間の協調融資のかたちでの協力関係などはみられた
とはいえ，企業グループを超える情報共有や利害調整のための協調の有効なし
くみは存在しなかった。そのような状況のもとで，日本では，つぎに考察する
ドイツのような「棲み分け分業的な」協調的関係，それを基礎にした価格競争
回避の品質競争への傾斜のような企業の行動様式，協調的資本主義としての特

質というかたちとは大きく異なるものとなった。

2 ドイツにおける産業集中体制の戦後展開とその意義

　つぎに，ドイツについて，同国の協調的体制を特徴づける産業集中の問題を「産業と銀行の関係」の面からみると，第2次大戦前には，戦後の産業システムにみられるような情報共有・利害調整の機能が産業・銀行間，産業企業間で十分にみられるには至ってはいなかったといえる。銀行による監査役の派遣についても，融資先の産業企業の経営状態の把握とそれに基づく経営への牽制的機能，与信業務の安定的・効率的展開が重要課題となっており，銀行による産業支配という面が相対的に強かったといえる。しかし，戦後になると，そのような企業間関係は，銀行の株式所有のみならず寄託議決権行使による役員派遣，役員兼任の本格的な展開と顧問会制度による人的結合・交流を基軸とした「産業システム」のもとで，産業・銀行間と産業企業間の情報共有とそれに基づく利害調整の機能・システムに支えられた協調的体制の新たな展開となって現れた。「ドイツには，外部から侵入することが困難な，目の細かい利益交差網が存在する[4]」が，こうした利害調整システムにおいて基軸をなすのが銀行であり，産業と銀行の関係に基づく産業システムが重要な役割を果たした。

　また企業グループ体制としてのコンツェルン体制についてみても，戦後には，特定の産業部門に重点をおいた，「ひとつの産業体系を基盤としたコンツェルン体制」として再編された。それは，ひとつの産業部門を包含するような巨大トラストの展開と産業集中のカルテル的特質という第2次大戦前の独占的市場支配の体制からの転換であり，経済発展における産業集中の意義を重視した戦前のゆるい独占規制の政策[5]とは異なる反独占政策の強化とそれにともなう寡占的競争の展開[6]への対応でもあった。1920年代においても，大規模な企業合同が展開され，製品別生産の集中・専門化によるトラスト企業内の生産分業がはかられたが[7]，第2次大戦後には，一種の棲み分け分業的な関係のもとでの市場セグメント間での重点配分とそれに基づく量産効果のより効率的な追求というかたちで，寡占的競争により適合的な体制への転換がはかられた。すなわち，戦前にみられたような「ひとつの産業の大部分を制圧する独占的支配」のかたちではなく，寡占的競争下のさまざまな市場セグメントにおけ

る効率的な適応をはかるための，多角化した事業領域や製品分野の間などの「棲み分け分業的な協調」を基礎にした集中体制であるという点，さらには大企業間や企業グループ間でも同様の協調体制が築かれたという点に，大きな変化がみられる。

　そのような産業・銀行間と産業企業間の協調的体制は，戦前の時期とは異なるかたちでのドイツ資本主義の協調的な特質[8]のあらわれを意味するものであり，国内市場の支配体制を強化するものでもある。こうした独占資本の高い組織性，それに支えられた独占的市場支配体制が第2次大戦終結までの時期のような桎梏的状況に陥ることなく展開されえたのは，生産力発展にみあう市場拡大が国内市場と輸出市場の双方の面から支えられたという戦後の経済成長期の歴史的条件によるところが大きい。しかしまた，そのような協調的体制は，国内市場の支配体制を基礎にして，重化学工業の高い生産力による競争力基盤に裏づけられたヨーロッパ市場での支配体制と棲み分け分業的な貿易構造[9]を支えるものでもあるとともに，そのような貿易構造のもとで有効に機能しえたといえる。

　「産業と銀行の関係」に基づく産業システムと「ひとつの産業体系を基盤としたコンツェルン体制」の再編・新展開にみられる，以上のような企業間関係を基軸とした産業集中の体制・あり方は，産業経済レベルにおいて「調整された市場経済」の機能を発揮するものであるといえる。このような産業集中の体制は，過度の価格競争を抑制し，産業企業の市場適応のためのより有利な条件を築くものであった。ドイツでは，関連する産業部門の内部では正面切った競争がある程度回避される傾向にあるとされているが[10]，そのような利害調整システムに基づく協調的体制を支える独占資本の高度な「組織性」という点では，戦前の産業集中の体制とは大きく変化している。

　ドイツ企業にみられる品質面，とくに機能面での品質に重点をおいた行動様式，企業間競争のあり方は，そのような産業システムによる利害調整システムやコンツェルン体制に基づく企業間の分業的関係に支えられるかたちで，有効に展開されえたといえる。その意味でも，そうした調整的な機能をもつ産業集中のシステムは，ドイツのみならず，輸出において高い比重を占めるヨーロッパ地域を基礎とした再生産構造・蓄積構造を支えるものであるとともに，それに

適合的な体制・あり方であったといえる。

第2節　日本とドイツにおける「企業経営の構造体系」とその全体像

　また序章において設定された分析枠組みである「企業経営の構造体系」について，それを構成する諸要素は，日本とドイツの企業経営のあり方にどのような影響をおよぼすものとして作用することになったのであろうか。「企業経営の構造体系」における経営環境的要因については，世界的な資本主義の相互の連関・規定性を構造化した「資本主義の世界的構造」のもとでの当該国に固有の条件性として，①国家と企業の関係，②生産関係としての労資関係の制度的側面をなす労使関係，③企業間関係に基づく産業システム，④金融システム，⑤生産力構造，⑥産業構造，⑦市場構造，⑧それらとも関係する企業と市場との関係，すなわち「市場化のあり方」などがあげられる。それゆえ，以下では，これら8つの諸要素と日本の企業経営あるいはドイツの企業経営との関連性についての全体像をみておくことにしよう。

1　日本における「企業経営の構造体系」とその全体像

　まず日本についてみると，「**国家と企業の関係**」では，アメリカの占領政策による独占規制政策への圧力のもとで，純粋持株会社の禁止，自己株式の取得・保有の禁止，カルテルの原則禁止などの措置がとられたが，独占禁止法の緩和と弾力的運用がはかられる[11]なかで，産業横断的な企業集団の形成がすすんだ。貿易政策としては，貿易の自由化と資本の自由化の方向へとすすむことになったが，「外国為替及び外国貿易管理法」によって，外貨資金の国家への集中と国家による外貨資金の管理・運用や，外貨割当をとおしての輸入金額・輸入品目の規制がはかられた。また特別法としての「外資に関する法律」によって，外資導入については，外国技術の導入を意図してそれを促進する一方で，一定の制限つきで認めるかたちでの選別的導入を行うという政策がとられた[12]。また産業政策としては，産業育成政策，産業保護政策，重点戦略産業育成政策がとられたほか，金融部門に対しては，ルールよりは裁量に基づく競争制限的規制を重視する，弱小金融機関を含む金融機関全体の存続と利益を

守ることに重点をおいた「護送船団方式」と呼ばれる保護的施策が展開された[13]。戦後における経済の高度成長の実現までの時期には，特別減価償却の制度，企業優遇税制などの措置や企業資産の再評価による投資助成策がとられた[14]。また構造不況下では産業構造調整策がとられ，国家の介入を含むかたちでの産業再編成や企業の合理化の促進がはかられた[15]。日本ではまた，政府による実業界の利害の調整は省庁によるビジネス関連の諮問委員会の組織をとおして行われる[16]など，国家と企業の関係は，他の諸国と比べても産業保護的な性格の強いものであったといえる。このような産業政策は，高度成長期には重化学工業の急速な発展と拡大を促進することにもなった。

また「**労使関係**」についてみると，戦後には労働三法による労資の同権化の確立という大きな変化の一方で，終身雇用，年功序列型賃金，企業別組合を基本的な柱とする労使の関係が大企業を中心に定着していくことになった。ドイツのような産業と地域を前提とした労働協約の制度や法的な共同決定制度は存在しないほか，団体交渉とは区別された，企業別の労働協約に基づく自主的な意思疎通機関としての労使協議制が利用されるなど，日本的なあり方が強くあらわれた。しかし，こうした労使関係は，経営側に対する労働側，労働組合の規制力の弱さを規定する要因ともなり，労使協調の促進，企業間や企業規模間の賃金格差の拡大をもたらすことになった。そのようなあり方は，狭隘で多様化した国内市場[17]に合わせた生産力構造の構築，労働力の汎用化とフレキシブルな労働編成を基礎にした大量生産の体制の追求など，経営の日本的な展開を促進することになった。また企業間や企業規模間の賃金格差の拡大のもとで，発注側の親企業にとっては，こうした格差の利用を可能にする階層的下請制による長期継続的な企業間関係の形成・利用が大きな意味をもち，そのような関係性の強化が促進されることになった。

さらに「**企業間関係に基づく産業システム**」に関していえば，産業・銀行間関係に基づく産業システム，企業グループ体制，下請制のもとでの長期継続的で排他的な取引関係に基づく企業間関係が重要である。本書の第1部や本章第1節でもみたように，産業・銀行間関係と企業グループにみられる産業集中の体制は，日本的な大企業体制のあり方を規定するものであるとともに，株式の相互持合や系列融資などのもとで，資本市場の圧力に対する経営の自律性の確

結章　日本とドイツの産業集中体制と企業経営　*433*

保にもかかわる企業統治（コーポレート・ガバナンス）のあり方や，金融システムとも関係する問題である。また下請制のもとでの長期継続的で排他的・閉鎖的な企業間関係は，加工組立産業を中心に日本的な大量生産システムの展開のひとつの重要な基盤をなした。

「産業と銀行の関係」に基づく産業システムとも深いかかわりをもつ「**金融システム**」をめぐる問題についてみると，日本銀行による金融機関に対する指導的役割に基づくシステム，ドイツとは大きく異なる銀行業と証券業の分離のシステム，普通銀行と信託銀行，長期金融機関と短期金融機関との分離などにみられるような，分業の原理に基づく金融システム[18]という特徴がみられる。日本では，金融行政が監督・監視の権限によって信用保持や金融不安の連鎖防止という本来の機能のみならず，金融機関のコーポレート・ガバナンスの機能をも担ってきたという点に金融システムの特徴のひとつがみられ，金融システムは，企業統治のあり方とも深く関係するものであった[19]。また日本銀行による公定歩合操作を主軸とする金融調節策が展開されたが[20]，その一方で，商業銀行の貸し出しに対する量的制限である窓口指導（窓口規制）によって金融機関と企業部門の利用可能な資金量を変化させるという政策手段がとられた[21]。さらにメインバンク・システムのもとでの系列融資と競合金融機関による協調融資というかたちでのその補完というシステムがあり，それは，間接金融の比重の高い企業金融の基盤をなした。

つぎに，日本資本主義の構造的特質にかかわる問題として，「**生産力構造**」についてみると，労使関係や労働市場のあり方をも基盤として，狭隘で多様化した国内市場に合わせた生産力の発展という方向での，労働力の汎用化とフレキシブルな編成や生産工程の同期化による柔軟な大量生産の体制の構築が追求されてきた。こうしたあり方は，資本主義の構造変化がみられた1970年代以降には一層の進化をとげるなかで，日本企業の高い国際競争力の基盤をなす生産力構造へと再編されるとともに，市場細分化と製品差別化の政策を重視した経営展開の基盤をなした。

また「**産業構造**」に関しては，アメリカやドイツと比べての第2次大戦前における重化学工業の発展の遅れ，戦後の重化学工業化を促進する産業政策，アメリカからの技術や大量生産方式の導入のもとでの日本的な生産力構造の構築

にも規定されるかたちで，産業構造の大きな変化がみられた。戦後の重化学工業の急速な拡大，耐久消費財部門の急速な発展と国際競争力の強化にみられる産業構造の変化はまた，日米貿易摩擦のような国際的問題への対応として，競争力強化のための生産力構造の一層の変革を促進することにもなった。

　さらに「**市場構造**」についてみると，日本には終身雇用の制度に基づく労働市場の特質がみられるほか，金融市場では，間接金融偏重の企業金融のもとでの銀行による与信業務の大きな役割という特質，アメリカやイギリスに比べての証券市場の発達の遅れ，メインバンク・システムのもとでの系列融資にみられる閉鎖的・封鎖的な市場という特徴がみられる。金融市場のこのような特徴は，企業間関係に基づく産業システムや金融システムと深く結びついたものであり，産業集中の体制の日本的なあり方を規定する要因のひとつであるとともに，資本市場の圧力に対する経営の自律性を確保するための重要な条件をなした。また商品市場についてみると，日本および輸出の中核をなすアメリカの市場にみられる，故障の少ない製品や低い部品欠陥率という面での品質の重視という特質がみられる。そのことは，アメリカ市場における日本企業の高い国際競争力と同国市場への輸出の偏重，その結果としての貿易摩擦への対応としての徹底した合理化の展開，生産力構造の日本的な構築の推進をもたらした。

　以上をふまえて，市場化のあり方にかかわる「**企業と市場との関係**」についてみると，P. A. ホールとD. ソスキスによれば，ドイツと同様に日本も「調整された市場経済」の国であり，「制度的枠組みが企業間および企業・従業員間のコーディネーションの多くを市場の外で可能にする市場経済」である。理念型としてみた場合，ドイツは「産業ベースの調整された市場経済」であるのに対して日本は「集団ベースの調整された市場経済」であるとされている。労使関係との関連では，終身雇用を前提とした内部労働市場と企業別組合のもとで，垂直系列集団内のより低いレベルの企業への労働者の異動による調整が可能となる[22]ほか，春闘にみられるような，産業ベースでありながらも産業横断的に調整された賃上げ交渉とその妥結というかたちのシステムとがみられる。また金融システム，「産業と銀行の関係」に基づく産業システムとの関連では，戦後に形成された企業集団内では，その中核をなす大都市銀行がグループ内企業に対してメインバンクとして系列融資を展開するだけでなく，それが

他の銀行による協調融資によっても補完された。それによって企業への安定的な資金供給とより安定した資金の回収が可能となり，金融市場における調整的機能が発揮された。また企業集団にみられる系列内の企業間の株式持合とそれによる安定的な株式保有は，資本市場においてオープンな取引がなされる株式数の減少による株価の安定と経営に対する資本市場の圧力からの防衛，金融市場の影響の抑制というかたちでの調整的機能の発揮が可能となった。さらに商品市場との関連では，銀行と産業企業，商社と産業企業，産業企業間など企業集団における多面的な系列内取引が展開されたほか，階層構造になった下請制のもとでの大企業と１次下請企業，さらに各階層間の下請企業の間での長期継続的取引や開発・生産における共同化など，独自のかたちでの調整的機能が組み込まれたものとなっている。以上のような日本の「集団ベースの調整された市場経済」は，資本主義的「市場化の限界」への対応・対処的措置という性格をもつものであるが，つぎにみるドイツの場合とは異なる点も多い。

　以上において，戦後日本の「企業経営の構造体系」についてみてきた。ここでの考察結果をふまえて，その全体像を示せば，**図表-1**のようになる。

2　ドイツにおける「企業経営の構造体系」とその全体像

　またドイツについてみると，「**国家と企業の関係**」では，秩序政策・独占規制政策をめぐっては，社会的市場経済の原理や独占規制の法制のあり方が関係してくる。競争制限防止法による規制的措置は，「**企業間関係に基づく産業システム**」のあり方にも関係する問題であった。それは，カルテルに代わるトラスト的結合の展開，コンツェルン（企業グループ）体制における棲み分け分業的なあり方に影響をおよぼすものであった。また産業政策では，投資促進政策は，通貨改革とそれにともなう企業資産の再評価とあいまって，企業の自己金融を促進し直接金融比率を低下させることによって金融市場に大きな影響をおよぼす要因となり，市場構造にも大きな影響をおよぼすものとなった。産業政策はまた，産業構造にも影響をおよぼす要因となっており，戦前からの重化学工業部門における国際競争力，生産財産業部門の比重の高い産業構造を支える基盤をなした。また貿易政策では，資本主義市場への西ドイツの組込みをめぐる問題のほか，西ヨーロッパ統合による共同市場化のための取り組みがある。

図表-1 戦後日本におい

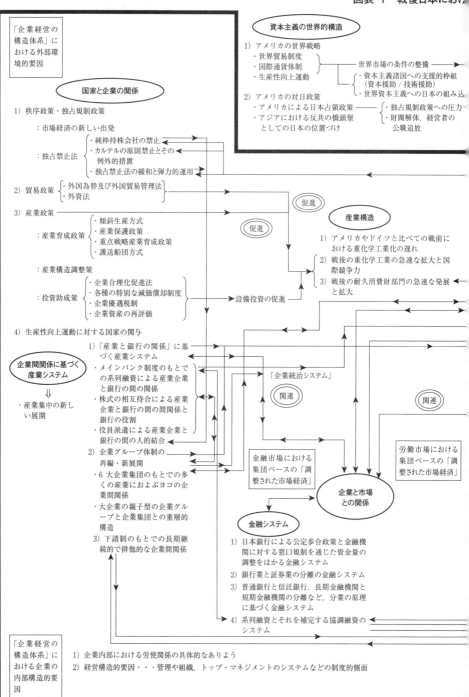

(出所)：筆者作成。

「企業経営の構造体系」の全体像

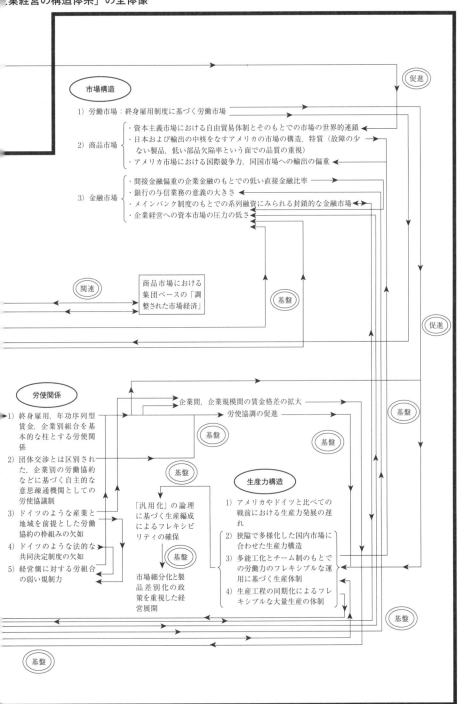

さらに生産性向上運動への国家の関与の問題もみられる。西ヨーロッパの共同市場化の取り組みにみられる政策的対応は，商品市場の構造にも大きな影響をおよぼすものであった。それは，市場の世界的連鎖をヨーロッパ地域で一層強化・補完するもの[23]であるとともに，ドイツの国際競争力を基盤にした同地域の市場における輸出偏重と棲み分け分業的な貿易構造の形成を促進するものとなった。

つぎに「**労使関係**」についてみると，地域ごとの産業別の労働協約のシステムは，経営側に対する労働組合による強い規制力の重要な源泉のひとつをなすとともに，同一産業内における賃金の企業間格差の縮小をもたらす要因ともなった。そのような労働協約システムは，事業所レベルの共同決定とあいまって，雇用保障・賃金保障というセイフティーネット的機能を果たした。デュアル・システムと特徴づけられるこうした労使関係の枠組みのもとでの雇用保障・賃金保障の体制は，企業における労働力への職業教育投資を促進する要因となったが[24]，そのような教育・訓練への投資は，熟練労働力にも依拠した多様化高品質生産[25]の展開の基盤をなした。このような生産のあり方・体制は，ドイツ的な製品戦略・市場戦略の展開の基盤をなすとともに，それを促進し，その競争力基盤に支えられるかたちで，ことにヨーロッパ市場での棲み分け分業的な貿易構造の構築・維持の基盤をなしてきた。戦後のこうした労使関係の制度による雇用保障・賃金保障というセイフティーネット的機能は，社会的市場経済における社会的再配分機能[26]の発揮のための基盤を補強するという意義をもつものでもあった。そのセイフティーネット的機能はまた，労働市場に対して調整的機能を発揮するものであるとともに，国内市場基盤の整備・強化をとおして商品市場の拡大の基礎をなし，市場構造にも大きなかかわりをもつものであった。さらに企業レベルの共同決定は，監査役会への労働者代表の参加によって企業経営への資本市場の圧力に対する自律性を確保する基盤をなしており，その意味で，金融市場ともかかわりをもつものである。そのような自律性は，「産業と銀行の関係」に基づく産業システムと企業レベルの共同決定とが結びつくことによって一層強固なものとなりうる[27]。

さらに「**企業間関係に基づく産業システム**」に関していえば，戦前からの産業と銀行の関係にみられる企業間関係のシステムの新しい展開，コンツェルン

（企業グループ）体制の新展開の問題がある。戦後，それらは，ドイツに特徴的な一種の「産業システム」としての機能を発揮するようになっており，産業集中とそれに基づく独占の新しいあり方，協調的な資本主義的システムを示すものである。「産業と銀行の関係」に基づく産業システムは，産業企業の監査役会への銀行代表の派遣と産業・銀行間の協調，銀行間の協調・連携などによって，企業経営への資本市場の圧力に対する自律性の確保の基盤をなしてきた。このような産業システムは企業統治のドイツ的なシステム，あり方を規定するものでもある。またトラスト的結合をも基軸とした戦後のコンツェルン体制は，競争制限防止法を基礎とする独占規制の効果，その後の規制のあり方にも影響をおよぼす要因ともなった。

　また「**金融システム**」をめぐる問題についてみると，ユニバーサルバンク制度のもとでの信用業務と証券業務の相互連関的な結びつき，大銀行のハウスバンク（主力銀行）的役割は，ドイツ的な企業間関係に基づく産業システムの展開の制度的な基盤をなしている。こうしたユニバーサルバンクにおける信用業務と証券業務とが一体となった事業展開は，金融市場の構造のあり方を規定するものでもあり，諸外国と比べ株式会社の数が少ないという状況にあるとはいえ，両者が相互連関的な関係のなかで一体となった金融市場を形成している。この点は，産業・銀行間の関係に基づく協調的な産業システムとも密接に関係する問題でもある

　これらの諸要因に加えて，ドイツ資本主義の構造的特質にかかわる問題では，「**生産力構造**」については，マイスター制度のような専門技能資格制度と職業教育制度に基づく生産体制があり，それらは，熟練・技能の形成，企業における労働力への職業教育投資の促進の基盤をなした。また第2次大戦前からの品質重視のフレキシブルな生産構想[28]，アメリカよりも少ない生産量のもとでの量産効果の追求と製品間の需要変動に対するフレキシビリティの確保をめざした生産方式の展開[29]の歴史的な過程があり，それらは，熟練労働力にも依拠したかたちでの多様化高品質生産の展開のひとつの基盤をなした。アメリカの技術と経営方式の導入を基軸としながらも，こうしたあり方は，戦後の生産力構造の変化にかかわる重要な要因として作用した。

　つぎに「**産業構造**」に関しては，ドイツには，戦前からの重化学工業部門に

おける国際競争力，生産財産業部門の比重の高い産業構造という特質がみられたが，重化学工業とその原料基盤の多くが東西分断後も西ドイツに残ったこともあり，戦後のこうした諸部門の高度な発展が可能になった。また，自動車産業が急速な成長をとげた。そうしたなかで，高い国際競争力を支える産業部門の特徴的な構成に示される産業構造的特質とそうした産業諸部門の特性をめぐる問題がみられる。戦後，生産財産業部門を中核とする産業発展という特質をもつ戦前的段階から，消費財部門，とくに耐久消費財部門の発展，その重要性の増大に示される産業発展の新しいかたちへと転換がはかられた。それは，これらの産業諸部門におけるヨーロッパ市場での国際競争力と同地域への輸出の偏重，そこでの棲み分け分業的な貿易構造の基盤をなした。それゆえ，こうした変化との関連で企業経営の変化，生産力構造の変化をみていくことが重要となってくる。

　さらに「**市場構造**」についてみると，ドイツ市場の特質のみならず，戦前から貿易，ことに輸出において非常に大きな位置を占めていたヨーロッパ地域の市場のもつ意義，欧州共同市場にみられる地域経済圏的な市場の条件，ドイツの再生産構造において重要な意味をもつ同地域の市場の特質をめぐる問題などがある。それゆえ，それらが企業経営，産業集中の展開におよぼした影響が重要な問題となる。商品市場に関しては，戦後，ドイツでも国内市場の条件が大きく変わり，消費財部門を核とする市場の構造へと変化していくことになるが，そこでも，消費の標準化がどの程度すすんでいるかという点でみた市場の特性では，消費者の品質重視・機能重視の志向など市場の特質はアメリカや日本と必ずしも同じではないという面もみられる。そのことは，例えば企業の製品戦略やマーケティング的活動，労働力利用のあり方などとも深いかかわりをもつ問題である。機能面での品質の重視というドイツとヨーロッパの市場の条件・特質は，企業経営の展開において大きな意味をもった。そのような市場の条件・特質をも背景として，ヨーロッパ市場におけるドイツの国際競争力と同地域への輸出の偏重，そこでの棲み分け分業的な貿易構造が，ニッチ的市場セグメントに重点をおいた多様化高品質生産の展開，コンツェルン体制における企業間，企業グループ間の棲み分け分業的な体制を支える基盤をなした。これらの点は，ドイツにとってのヨーロッパ市場の意義を示すものであるととも

に，そのような市場の条件に適合的な企業経営のあり方とも関係する重要な問題であるといえる。また金融市場に関しては，信用業務と証券業務とが一体となった金融市場のあり方は，ユニバーサルバンク制度のもとでの両業務を基軸とした相互連関的な金融システムによって規定されているとともに，そのようなシステムの基盤をなしている。

　以上をふまえて，市場化のあり方にかかわる「**企業と市場との関係**」についていえば，労使関係との関連では労働市場における「調整された市場経済」という特質がみられるほか，金融システム，「産業と銀行の関係」に基づく産業システムとの関連では，金融市場における「調整された市場経済」という特質がみられる。例えば社会的市場経済の原理による社会的再配分機能や共同決定制度による労使関係の枠組み，労働市場への作用，ユニバーサルバンク制度と産業・銀行間の関係に基づく産業システムのもとでの金融的関係や利害調整のシステムなど，「市場化の限界」への対応・対処的措置が組み込まれたかたちとなっている。さらに商品市場の構造との関連では，製品特化に基づく品質競争に重点をおいた価格競争回避のかたちでの商品市場における「調整された市場経済」という関係がみられる。また労使関係における企業レベルの共同決定と「産業と銀行の関係」に基づく産業システムは，アメリカ的な資本市場指向の企業統治システムとは異なるドイツ的な統治システムの形成・展開をとおして，企業と市場との関係に深くかかわる問題をなしてきたといえる。

　以上において，戦後ドイツの「企業経営の構造体系」についてみてきた。ここでの考察結果をふまえて，その全体像を示せば，**図表−2**のようになる。

第3節　日本とドイツにおける経営の「アメリカ化」と「再構造化」

　これまでの分析をふまえて，第3節では，アメリカ的な経営方式の導入をはかりながらも日本的あるいはドイツ的な独自の経営スタイルが展開されてきたという問題ともかかわって，1970年代初頭までの戦後の経済成長期をとおして企業経営の「アメリカ化」における「再構造化」がどのようにすすんだのかという点について考察を行う。アメリカ的経営方式の導入のなかで，それらが特殊日本的な条件あるいは特殊ドイツ的な条件にあわせてどのように修正・適応

図表-2 戦後ドイツにおけ

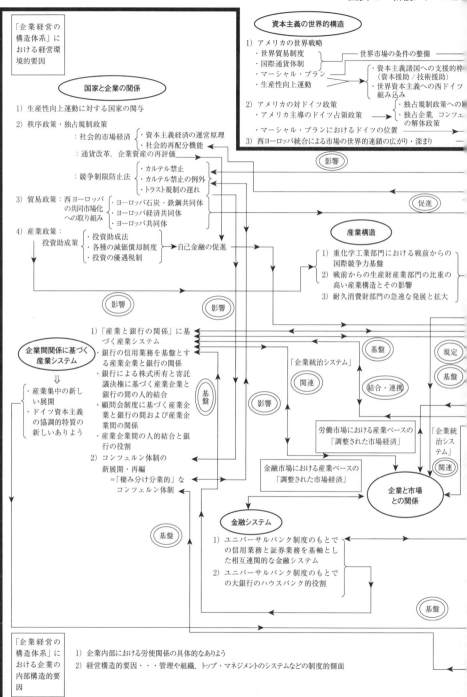

(出所)：筆者作成。

「業経営の構造体系」の全体像

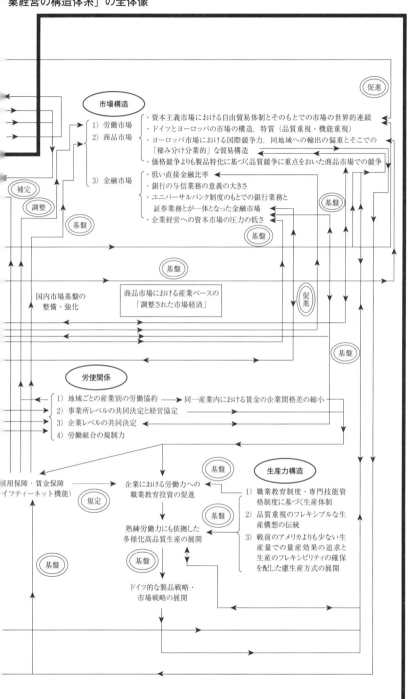

され適合されるかたちで定着し，機能するようになったのか。それぞれの国に
特徴的などのような経営のスタイル，様式，構造がみられることになったの
か。またそのことはいかなる意義をもったのか。そのような日本的な展開ある
いはドイツ的な展開は何によってどう規定されたのか。ここでは，これらの問
題の解明が重要な課題となる

1 経営の「アメリカ化」における日本的適応とドイツ的適応

そこで，まずアメリカ的経営方式の導入が他の時期と比べても広い領域にわ
たり取り組まれた1970年代初頭までの戦後の時期における全般的状況について
みることにしよう。当時導入が試みられた主要な経営方式としては，①管理シ
ステム・生産システム，②経営教育（経営者教育・管理者教育），③市場適応
策，④管理機構（事業部制組織，トップ・マネジメント機構など）の4つの領域
に分かれるが，それらはいずれも「能率向上」というアメリカ的な経営原理に
基づく方式であるといえる。そのような経営方式の導入・移転においては，当
時の生産性向上という至上命令のもとで，生産力の発展そのものにかかわる，
より具体的には「能率」（経済効率）向上に直接つながる部分の方策・要素，
そのための原理は，比較的積極的に，また広範に導入されたといえる。それに
は，大量生産方式としてのフォード・システムの流れ作業機構やIEのような生
産管理の基本原理，マーケティングの基本的な考え方・方策，事業部制組織に
みられるような企業の多角的事業構造に適合的な組織の編成原理などがあげら
れる。

これに対して，そのような生産力的方策・市場適応策の背景をなす条件的・
環境要因的な部分，ことに労使関係や労使慣行といった制度的・慣習的あり方
や，経営観，管理のスタイル・伝統，経営の文化，規範などの面のアメリカ的
特質を反映した部分については，日本やドイツの条件には適合的ではないとこ
ろも多かった。したがって受け手の反発・抵抗も強く，その導入・移転がすす
まなかったという面や，修正されながらの導入とならざるをえなかったという
面が強い。ドイツにおいては，こうした側面が最も強く現れたのはヒューマ
ン・リレーションズと経営者教育・管理者教育の領域であり，これらはとも
に，同国のみならずヨーロッパ諸国に対してアメリカが生産性向上運動のもと

結章　日本とドイツの産業集中体制と企業経営　*445*

でその移転を最も重要視したものであった[30]。

　また生産力的要素や市場への対応・適応策としての手段そのものをなす部分をみても，現実には，その効率を引き上げるためのしくみ・原理の導入・適用をはかりながらも，具体的な利用においては，日本的あるいはドイツ的なあり方が模索・追求されたケースも多かった。ことに日本企業やドイツ企業の伝統，経営観，企業内のさまざまなシステム的要素，市場の特質，さらには労使関係による規制的作用・影響などに規定されるかたちで，日本的適応あるいはドイツ的適応がはかられる場合が多くみられた。

　こうした傾向はヨーロッパの他の諸国でもみられ，例えばM. キッピングらの研究でも，アメリカ化の過程の基本的な結果は，完全な範囲の採用よりはむしろアメリカの経営モデルがもつ異なる諸要素の選択的かつ部分的な適応の結果として生じたものであり，アメリカ化の効果と限界の両者が強調されている[31]。ヨーロッパ人は，アメリカモデルを直接模倣したいと考えることはまれであり，彼らが良い，また優れていると認識しただけでなく自国の環境にも適していると感じたものを選択したとされている[32]。またJ. ザイトリンらの研究でも，アメリカモデルの積極的な改造・変形が強調されており，現地の環境に合わせたアメリカの技術および経営の選択的な適応，創造的な修正や革新的なハイブリッド化がみられたと指摘されている。しかし，そのような修正やハイブリッド化は，否定的な現象，移転のプロセスへの国内の抵抗の指標，不可避的な妥協のしるしとして理解されるべきではなく，むしろ実験的作業，革新および学習の積極的な源泉として理解すべきであるとされている[33]。そこでは，それまでの経験を利用しながら現地の環境に合わせてアメリカモデルの諸要素を分解し，修正し，また再結合することによって，産業の関係者は，同時に自国の慣行や制度を再解釈し，改造し，また時には転換をはかった。アメリカの実践に関する彼らの知識は，アメリカの技術や経営を全体的に模倣されるべき単一のモデルとしてではなく，むしろ選択的適応，創造的な修正や革新的なハイブリッド化のためのひとつの示唆に富んだ出発点として扱うことを可能にしたとされている[34]。

　このように，ドイツ企業についてみても，経営のアメリカモデルの適応においては，たんなる模倣というかたちで完全なモデルが受け入れられたわけでは

なかった。そこでは，意識的な選択，適応のなかで，またそのときどきの企業の状況に合わせた変形でもって，目的に合致したかたちでの具体的な諸方法の受け入れが行われた。そうしたなかで，アメリカ的方式は，ドイツの条件に合わせたかたちで修正されながらも，一定の特徴的展開をともなってドイツ的経営に具現化されたといえる。アメリカとドイツの経営方法・諸要素のこうしたハイブリッド化，混合形態の創出によって，遅くとも1960年代末から70年代初頭には，ドイツ独自のものと外部のものとを精密に区別することはもはやできなくなっており，アメリカの経営方法はドイツの企業の思考や行動に広く吸収されていった。こうして，1970年代には，ドイツの経営者は，もはや20年前と同じ程度にはアメリカの模範を志向しなくなった。アメリカの経営方法や生産方法の適応は，とくに同国の経営方法や技術を企業管理のドイツ的な方法あるいは自国の技術発展とも結びつけることを可能にしたところでは成功したとされている[35]。同様のことは，日本についてもほぼあてはまるものである。

それでは，経営の「アメリカ化」における日本的適応やドイツ的適応という状況は，いかなる諸要因によってどのように規定されることになったのであろうか。以下では，経営の「アメリカ化」における「再構造化」の問題について，それを規定する5つの諸要因との関連でみていくことにする。

2　日本における経営の「アメリカ化」と「再構造化」

（1）　経営観，経営の伝統・文化的要因の影響と企業経営の戦後展開

まず日本についてみると，経営観，企業経営の伝統・文化的要因の影響では，戦前の家族主義的，温情主義的経営からの転換や経営の近代化の必要性のもとで，アメリカ的経営方式の導入が重要な意味をもった。しかし，アメリカのような契約社会的観点の薄い経営観のもとで，権限と責任の関係が不明確で曖昧な組織の運営がみられた。そこでは，終身雇用，年功序列の経営風土のもとで，「契約関係」ではなく「信頼関係」に基づく経営観，集団主義的行動様式に基づく経営観，現場主義重視の経営観・職場観の影響が強かった。また日本的な企業間の長期継続的な取引慣行の影響も大きかった。

このような企業経営の伝統，文化的要因，経営観の影響は，例えばつぎのような点にみられる。IEの導入のなかにあっても，技術的な問題も生産現場で対

応するという現場主義の運用がなされたほか，IEが生産管理や原価管理などの
さまざまな合理化手段として利用された。作業標準は，アメリカのような契約
条件としての出来高としてではなく目安の時間として利用される傾向にあり，
そのことは，作業改善のあり方とも深く関係するものとなった。ヒューマン・
リレーションズでは，家族ぐるみの人間関係管理という日本的なあり方，経営
家族主義と人間関係管理との混合，職場の契約的な人間関係と集団主義的行動
重視の方法との混合，現場の集団的行動に基づく日本的な改善提案活動とむす
びついた展開がみられた。経営者教育・管理者教育では，アメリカ的方式と日
本的な現場主義の考え方の混合という実態があり，それは改善活動や自己啓発
の重視，TWIと職場改善活動との結合による提案制度の展開という点にみられ
る。

　さらにマーケティングや事業部制組織の導入についてみても，アメリカ的な
契約関係が定着していないという日本的な企業経営の伝統，文化が大きな影響
をおよぼしたといえる。マーケティングでは，アメリカのように価格を「企業
と顧客の間の契約」とみるのとは異なる，売上高・市場シェア重視の経営観，
厳密な契約関係にのみ基づくのではない信頼，集団主義，共同主義に基づく，
企業間関係にかかわる経営観，長期継続的な取引慣行などの影響が大きかっ
た。それは，例えば人的要素の役割に基づくウエットなマーケティングや流通
系列化の日本的展開などにみられる。一方，事業部制組織の導入では，経営権
の委託・受託という株主主権的な考え方に基づくのとは異なる，集団主義的経
営観，個人責任主義よりはむしろ集団責任主義の経営の伝統，長期成長志向の
経営観の影響が強く作用した。それは，事業部の自己充足性の低さ，それにも
規定された独立採算制ではない事業部の存在，事業部の業績と事業部長の報酬
とを直接リンクさせたインセンティブ・システムの利用の不徹底，職能別事業
部の存在などにあらわれている。

　(2)　制度的要因の影響と企業経営の戦後展開
　つぎに，制度的要因の影響をみると，労使関係，教育制度や戦後改革の影響
などが「アメリカ化」における「再構造化」と深いかかわりをもった。まず労
使関係についてみると，戦後の日本においては，労使関係の後進性の克服が必

要とされ，労働民主化と労働運動の高揚のもとで労使関係の新しい枠組みが形成された。しかし，経営側に対する労働組合の規制力の弱さが，アメリカ的経営方式の導入のあり方に大きな影響をおよぼした。ドイツの共同決定機関としての経営協議会のような法的に定められた労使の交渉・経営参加のための機関の欠如，労働協約の枠組みやその日本的性格は，ヒューマン・リレーションズの諸施策のひとつである苦情処理制度による団体交渉の方法での解決の回避・迂回のような状況をもたらした。また大企業を中心とする終身雇用，年功主義，企業別組合の存在は，企業意識の助長策の重視，上司と部下の緊密な関係に基づく日本的な改善提案活動と結びついた展開，製造現場における作業の改善・効率化という合理化目的を重視した展開を促進することになった。フォード・システムの導入においても，終身雇用制度と職場の弱い労働法的規制のもとで労働のフレキシビリティの追求がはかられた。それは，多能工化とチーム制のなかでの労働力のフレキシブルな運用，日本的な労働編成にみられる。また経営者教育・管理者教育では，労使関係のあり方は，教育採用，人事異動，昇進などの日本的な労務管理システムのもとで，アメリカの定型教育の修正的導入に影響をおよぼす要因として作用した。事業部制組織の導入をみても，職能別事業部制において終身雇用制のもとでの組織内の長期の経験に基づく人脈形成が戦略的イニシアティブの発揮において果たした役割など，日本的な労使関係のあり方がおよぼした影響がみられる。

　またアメリカのような契約関係重視とは異なるかたちの問題解決や，成員相互の信頼関係に基づく集団主義重視の日本の社会構造にみられる特質も，アメリカ的方式の導入に大きな影響をおよぼすことになった。それは，人的要素の役割に基づくボトムアップ型のマーケティングや，流通系列化における厳格な契約関係よりはむしろ当事者（大規模メーカーと販売会社）の間の緊密な相互依存と人間的信頼に基づくシステムの展開などにみられる。こうした社会構造的な特質の影響は，事業部制組織の導入においてもみられる。アメリカ的な事業部制では，企業を「契約の束」とみた上でトップ・マネジメントと事業部（事業部長）の間の経営権の委託・受託に基づく権限と責任の関係の明確化をはかるということが重視されているが，そのような契約関係が根底におかれているのではないという日本の社会的構造は，事業部制の機構の利用においても、そ

の特殊的なかたちや修正をもたらす重要な要因をなした。

さらに下請制のような日本的な企業間関係・取引関係の制度的枠組みもまた，アメリカ的経営方式の導入に影響をおよぼした。それは，大企業による下請企業へのIEの導入の促進とそこでの日本的な修正をともなう展開にみられる。またフォード・システムの導入およびその後の日本的生産システムの再編において階層的下請制のもとでのジャスト・イン・タイム生産の展開と上層部の下請企業へのその導入の動きにも，そのような制度的要因の影響がみられる（補論1参照）。

以上のような日本の制度的特質とともに戦後改革の影響も大きかった。日本では，財閥解体や経営者の追放によって経営者の世代交代がすすんだ。その結果，戦後の「財閥」系企業の新しい経営者層の多くは，ミドル・マネジメントから昇進した経営者たちであった。彼らはそれまで経営者としてのトレーニングを十分に積んでいない場合が多かった[36]。経営者をとりまくそのような状況が，経営近代化や労働運動の高揚への対応の必要性などともあいまって，アメリカ的経営方式の学習の用意という面におけるドイツと比べての日本の強さ（本節2（2）参照）を規定する重要な要因のひとつをなした。

　（3）　生産力構造的特質と企業経営の戦後展開

また経営の「アメリカ化」における「再構造化」を規定する要因をなす，日本資本主義の構造的特質ともかかわる生産力構造，産業構造および市場構造の特質のおよぼした影響も重要である。それゆえ，以下では，これら3つの構造的特質との関連でみていくことにしよう。

生産力構造的特質との関連では，第2次大戦前の重工業，加工組立産業における生産力発展の遅れと戦後の急速な拡大，戦前のクラフト的生産に基づく体制の存在や大量生産型の生産力発展の遅れなどの影響が大きかったといえる。鉄鋼業のほか自動車産業，電機産業のような加工組立産業部門を中心とする戦後の大量生産の急速な進展，そうしたなかでの流れ作業方式やオートメーションの大規模な導入は，IEの導入を促進するとともに，総合的な合理化策として，生産管理，原価管理，労務管理などの機能とも結びついたIEの展開をもたらした。また戦後の新たな生産力編成という経営課題と国内市場の特質のもと

で，フォード・システムの導入においても，在来のクラフト生産システムの要素を再編するかたちで組み込みながら，より柔軟性の高い大量生産システムの展開が試みられることになった。

　しかしまた，このような戦後の生産力構造の変革は，耐久消費財部門におけるマーケティングのあり方にも影響をおよぼすことになった。ことに自動車産業や電機産業の家電部門では，高度成長期に急速な拡大がみられたとはいえ，アメリカと比べると狭隘で多様化した国内市場のもとで，製品政策における計画的陳腐化の重視の傾向がみられた。また大量販売・大量流通の実現のためのメーカー主導の流通系列化の強力な推進，製造企業と販売会社との間の信頼関係に基づく系列化された流通システムの構築など，日本的な修正がもたらされることにもなった。

（4）　産業構造的特質と企業経営の戦後展開

　つぎに，産業構造的特質との関連でみると，第2次大戦後の日本では，重工業部門，とくに鉄鋼業，自動車産業，電機産業などの急速な発展にともなう産業構造の変化がみられた。しかし，戦後に急速な発展をとげた日本の産業，ことに国際競争力を構築することのできた部門はアメリカの基幹産業，重要産業とほぼ一致している傾向にあった。そのような産業構造面での類似性が，アメリカ的方式の導入による大量生産システムの展開においても，独自的な要素を組み込んだ日本的な展開の推進を一層強めることになった。しかし，そのことがアメリカの基幹産業の衰退，雇用の減少という事態をもたらさざるをえないという状況にあり，その結果，1970年代以降，とくに80年代には，日本企業は，アメリカとの間の貿易摩擦への対応を厳しく迫られることになった。

　このような耐久消費財部門の急速な発展と製造業におけるその比重の上昇という状況は，マーケティングの導入においてもアメリカ的方式の「再構造化」をもたらす要因をなした。そこでは，大量販売のための市場ニーズ密着型の製品政策重視のマーケティングの展開や独自的な流通系列化のシステムの形成，国外の自社チャネルの構築というかたちでの国際マーケティングの展開がはかられた。

　また電機産業や化学産業のような多角化による事業領域の拡大に適合的な特

性をもつ産業の急速かつ強力な発展は，多岐におよぶ事業領域を抱える企業の組織構造として適合的な事業部制組織（製品別事業部制組織）の導入・普及を促進することになった。しかしまた，そのような状況は，職能部制と事業部制の利点と欠点の十分な検討を欠いた流行・模倣としての事業部制の導入をもたらすことにもなり，本来のアメリカ的なかたちとは異なる疑似事業部制の存在や，その後の事業部制の廃止，職能部制の復帰というかたちでの再集権化の動きがみられることにもなった。

(5) 市場構造的特質と企業経営の戦後展開

さらに市場構造的特質との関連では，日本の労働市場の特質は，経営者教育の特徴的なあり方を規定する要因にもなった。企業における内部昇進のシステム，年功序列の昇給システムを前提とした労働市場的要因の影響もあり，アメリカ流のビジネススクールのような経営者の養成教育のあり方は，適合的ではなかった。その意味でも，CCS講座による経営者教育などもみられたとはいえ，アメリカ的方式の導入は大きく制約される結果となったといえる。また終身雇用制度に規定された労働市場の特質は，フォード・システムの導入においても，固定費化する労働力をつねに最大限に利用するための多能工化とチーム制のなかでの労働力のフレキシブルな運用など，「汎用化」の論理に基づく労働編成というかたちで，アメリカとは大きく異なるものとなった。労働市場の特質による影響は事業部制組織の導入においてもみられる。日本企業では，人材の事業部門間の移動による雇用調整を目的として本社が人事機能を保有するという傾向がみられたが，こうしたあり方は，終身雇用的な労働市場の特質とも深く関係している[37]。

また商品市場の構造との関連でみると，自動車産業の場合などに典型的にみられるように，狭隘で多様化した国内市場の特質のもとで，フォード・システムの導入において，アメリカと比べると小さなロットでの多様なモデルの生産へのより効率的な対応が求められることになった。そこでは，作業機構としては流れ作業組織によるアメリカ的なあり方であっても，ジャスト・イン・タイム生産方式による生産工程の徹底した同期化の追求，階層的下請制のもとでの部品企業も含めたレベルでのその展開，多工程持ちを可能にする多能工の養成

とチーム制のなかでのそのフレキシブルな運用，品質管理や作業改善の面での職場小集団活動の展開など，日本的な環境条件にあわせた「再構造化」がはかられた。また日本市場において重要なポイントをなす製品の品質は，ヨーロッパ市場の場合とは大きく異なり，故障の少ない製品，低い部品欠陥率という面でのそれであり，アメリカ市場においても，基本的にほぼ同様の傾向がみられる。それだけに，1970年代以降，とくに80年代には，大量生産システムが有効性を発揮しやすい部門である自動車産業などを中心に，アメリカ市場において，日本企業の高い国際競争力が実現されることになった。

市場構造的要因の影響は，マーケティングのような領域でもみられた。アメリカのような消費の標準化のすすんだ大きな市場ではなく狭隘で多様化した市場という日本の国内市場の特質のもとで，大量生産が急速にすすんだ耐久消費財部門を中心に，製品政策において計画的陳腐化が果たす役割はとくに大きかった。また市場ニーズにより密着した製品政策の展開，メーカー主導の系列された拘束的な流通機構の整備（流通系列化）による市場支配，流通支配が追求されることになった。しかもそのさい，市場ニーズ密着型の製品政策や流通を展開するために，アメリカのような契約一本槍のかたちでのメーカーと系列下の販売会社との間の関係ではなく，相互の信頼と集団主義的な共同主義的関係に基づく流通システムが構築されてきた。また事業部制組織の導入をみても，国内市場の狭隘性と強い輸出依存のもとで，事業部への販売業務，購買業務の分権化，分散化は必ずしも適合的ではないという事情もあり，本社に価格決定権が留保されるという傾向がみられた。

このような企業経営の「アメリカ化」における「再構造化」は，アメリカ資本主義の構造的特質にあわせて最も適合的なものとして生み出された経営方式を日本資本主義の構造的特質にあわせるかたちでの適応をはかるための修正・改造であった。それは，アメリカ流の「能率主義」を徹底して第一義的な原理とするのではない，売上高や市場シェアを重視するかたちでの長期志向の経営の推進のための基盤を築くものであったともいえる。なお第2部での考察および本章でのこれまでの考察をふまえて，日本におけるアメリカ的経営方式の導入における「再構造化」をめぐる状況とそれを規定した諸要因について，本書の第2部において分析した諸方策を取り上げてまとめると，**図表-3**のように

なる。

2　ドイツにおける経営の「アメリカ化」と「再構造化」

(1)　経営観，経営の伝統・文化的要因の影響と企業経営の戦後展開

　またドイツについてみると，経営観，企業経営の伝統・文化的要因の影響では，ドイツ企業の強い文化やそれと結びついた「アメリカからの流行」に対する迎合的ではない伝統的なあり方，懐疑は，企業経営の根本的なアメリカ化とはならなかったことの要因となったとされている。「アメリカ化」は，競争の激化のもとでの同国の思想に対する関心の高い受け入れの用意と懐疑的な慎重さとの間のひとつの緊張関係を示した[38]。アメリカの経営の考えや制度は同国の経済文化に深く根づいてきたし，また根づいているが，ドイツでは，日本と同様に，当初の熱狂にもかかわらず，それらの出現は不確かであり続けたとされている[39]。現実には，アメリカの価値や規範といった部分の広範な採用や企業レベルでの導入・実施は，ほとんどみられなかったといえる[40]。

　こうした点については，V.ベルクハーンは，西ドイツの産業資本主義のアメリカ化においては，アメリカの産業文化の諸要素とドイツのそれとのひとつの独自の混合が生まれたとしている[41]。近代的なアメリカの産業文化と伝統的なドイツの経済的精神，経済構造との成功裡の合成は，戦後における経済の持続的な成功のためのひとつの重要な基礎を築くものであった[42]。またS.ヒルガーは，アメリカからの新しい技術，製品革新および近代的な管理技術の利用による市場の変化への適切な選択的適応は同時にまた，一種の限定の動きとして特殊ドイツ的な企業文化の考慮を強めることにもなったとしている[43]。ドイツでは，伝統的に家族による支配が企業の広い範囲で維持されており，その意味でも経営と経営者の価値観の連続性が日本よりもはるかに強かったために，アメリカの考え方，技術および経営を導入することに対するためらいや抵抗はより強かったという面もみられる[44]。

　このようなドイツの企業経営の伝統・経営観，文化的要因という面でみた場合に重要な問題となってくるのは，技術・品質・生産重視の経営観の影響についてである。戦後のドイツでも，消費者志向のアメリカ的な経営慣行が広がることには軽蔑的な受けとめ方がされる傾向にあり[45]，マーケティング志向や

図表-3　第2次大戦後の「アメリカ化

経営方式 導入の状況とそれを規定した諸要因	管理システム・生産システム インダストリアル・エンジニアリング	ヒューマン・リレーションズ	フォード・システム
アメリカ的経営方式の導入の全般的状況	・作業測定方法論を2つの柱とした，広範囲の領域へのIEの利用 ・IEは鉄鋼業，電機産業，自動車産業などを中心に導入 ・ワーク・ファクター法がMTMよりも広く普及 ・インダストリアル・エンジニアリングの能力，役割の低さによるIEの定着の遅れと現場主義の定着 ・アメリカのフォアマンやドイツのマイスターのような第一線監督者が存在しなかったことによる古典的IEの定着の遅れと初歩的なIE活動の展開 ・IEは大企業のみならず下請企業や協力企業にも導入	・経営の近代化，民主化の必要性への対応としてのヒューマン・リレーションズの導入 ・ヒューマン・リレーションズの諸施策の広範な導入 ・企業内の集団主義的行動に規定されたヒューマン・リレーションズの導入とそれによる職場の協調的関係の促進 ・ヒューマン・リレーションズの他の施策と比べての人事相談制度の低調な導入 ・製造現場における作業の改善，効率化という合理化目的のためのヒューマン・リレーションズの導入	・流れ作業方式の基本的な機軸的部分，生産編成原理への導入 ・フォード・システムの限定的，選択的導入
アメリカ的経営方式の導入の特徴	・方法改善におけるワーク・ファクター法の重要な役割 ・流れ作業方式や技術革新（とくにオートメーション）の進展にともなうIEの導入 ・ワーク・ファクター社との業務契約によるワーク・ファクター法の導入 ・業界が一丸となってのIEの推進 ・IEの総合化，体系化の試みとその遅れ ・生産管理や原価管理などのさまざまな合理化手段としてのIEの導入 ・労務管理の機能とも結びついたIEの展開 ・TWIやMTPなどのアメリカの管理者教育，監督者教育の方法によるIEスタッフの養成 ・作業長制度のもとでのスタッフ部門へのIE機能の吸収	・ヒューマン・リレーションズの導入による意思疎通の改善と勤労意欲の向上の重視 ・大企業における企業意識の長期乗り越え労働組合対策としてのヒューマン・リレーションズの導入 ・中小企業における近代的な人間関係の形成を目的としたヒューマン・リレーションズの導入 ・日本的な改善提案活動との結びつきによる，ものづくりの基盤としてのヒューマン・リレーションズの重要な役割 ・ヒューマン・リレーションズの導入における労資協議の観点の重視	・フレキシブル大量生産方式へと至る「圧縮されたライフ・サイクル」（専門化のすすんだフォードシステムへの移行と製品設計や工程設計を前提とした多様性と柔軟性をもつフレキシブル大量生産への移行の同時並行的な推進） ・モデルの多様化をともなう自動車企業の成長にあわせた，生産システムにおけるフレキシビリティの確保の配慮
アメリカ的経営方式の修正	・作業標準はアメリカのような契約条件としての出来高ではなく，目安の時間としての利用 ・作業長による作業改善の目標の決定やその結果の評価のさいの尺度としての作業時間の活用	・家族ぐるみの人間関係管理というヒューマン・リレーションズの導入の日本的あり方 ・部下の提案状況の把握による上下関係の改善を目的とした，職制を通じての提案の提出方法の採用 ・福利厚生施策における従業員の勤労意欲向上の重視 ・苦情処理制度に基づく職場の組合員の苦情処理による団体交渉での取り上げ方の回避 ・労務監査の重要な一手段としての態度調査の利用	・狭隘で多様化した国内市場にあわせたフォード・システムの修正 ・移動組立ラインやトランスファーマシンなどのフォード・システムの構成要素のある部分の選択的導入と修正 ・生産工程の同期化の追求とジャスト・イン・タイム生産の展開 ・専用機械の汎用的なものへの改造 ・単能工に代わる多能工の利用とフレキシブルな準作業システムの展開
アメリカ的要素と日本的要素との混合	・ワーク・ファクター法の導入にともなう，職務評価と結びつかない職務給の導入 ・コントローラーを中心とする計数管理とIEとの結合	・ヒューマン・リレーションズと日本的な家族主義的人間関係管理との結合（経営家族主義と人間関係管理との混合） ・職場の冷たい契約的な人間関係を前提とするアメリカの方法と日本的な集団主義的な行動重視の方法との混合	・フォード生産方式と在来のクラフト生産システムとの混合 ・大量生産のための要素技術の国外からの導入と特異なロジックを含むメタ技術（後工程引取，ロット主義，多工程持ち）との混合 ・専用機械の導入と多台持ち，多工程持ちとの混合 ・流れ作業方式，専用機械の導入のもとでの，製造技術者という独自の技術者カテゴリーの存在と作業改善システムの組み込み
アメリカ化における「再構造化」を規定した諸要因 — 経営観，企業経営の伝統・文化的要因の影響	・現場重視の経営観 ・契約社会的観点の薄い「経営と労働との関係」（権限と責任の関係が不明確である曖昧な組織体系・運営）	・「契約関係」ではなく「信頼関係」に基づく経営観 ・戦前の家族主義的，温情主義的経営観の影響（その転換の必要性） ・集団主義的行動様式に基づく経営観，職場観	・現場主義重視の経営観，職場観 ・大企業と下請企業との間の長期継続的な取引慣行 ・集団主義的行動様式としての経営観の重視
アメリカ化における「再構造化」を規定した諸要因 — 制度的要因の影響	・IEの導入，推進のための業界団体による制度的機構の役割 ・作業長制度のような管理のシステムの導入による影響 ・下請制のもとでのIEの導入企業の拡大	・戦前の労使関係の後進性の影響（その克服の必要性） ・戦後の労働民主化と労働運動の高揚の影響 ・労働組合の経営側への規制力の弱さ ・ドイツの共同決定機構としての経営協議会のような法律に定められた労使の交渉のための機関の欠如 ・職場の末端規制への権限の委譲が不徹底である現場監督者制度	・終身雇用制度のもとでの労働のフレキシビリティの追及（多能工化と労働者のフレキシブルな運用の推進） ・職場の弱い労働法的規制のもとでの労働力利用のフレキシビリティ ・階層的下請制のもとでのジャスト・イン・タイム生産の展開 ・日本的労働編成の基盤としての労使関係の制度的枠組み
アメリカ化における「再構造化」を規定した諸要因 — 生産力構造的要因の影響	・戦前の重工業，加工組立産業における生産力発展の遅れと戦後の急速な拡大 ・戦後の流れ作業方式やオートメーションによる大量生産の進展の影響	―	・戦前のクラフト的生産に基づく体制，生産力発展の影響 ・戦前の大量生産的な生産力の発展の遅れ
アメリカ化における「再構造化」を規定した諸要因 — 産業構造的要因の影響	・戦後の重工業部門，加工組立産業の急速な発展にともなう産業構造の変化の影響	―	・戦後の急速に発展した産業，国際競争力部門とアメリカの基幹産業部門との産業構造面での類似性
アメリカ化における「再構造化」を規定した諸要因 — 市場構造的要因の影響		・終身雇用的な労働市場の影響	・狭隘で多様化した国内市場の特性 ・品質面での日本とアメリカの市場特性の類似性（故障の少ない製品，低い部品欠陥率という面での品質重視の市場） ・終身雇用の労働市場のもとでの，労働力利用の流用化に基づく労働編成

（出所）：筆者作成。

における「再構造化」と企業経営の日本的特徴

経営者教育・管理者教育		市場面での対応策	事業部制組織（組織革新）
経営者教育	管理者教育	マーケティング	
・アメリカの教育方法の翻案であるCCS講座による経営者教育の展開 ・CCS講座の代替的方式としての外部機関による経営者教育の展開 ・ビジネススクールの普及及びの遅れ	・生産現場の監督者の教育としてのTWIの重要な役割 ・MTPは管理者教育のなかでの最も普及した方法 ・アメリカの心理学や行動科学の成果を取り入れた管理者教育の展開	・マネジリアル・マーケティングと高圧マーケティングの同時並行的な導入 ・製品政策重視のマーケティング ・戦略に中心をおく統合的マーケティングの展開 ・大規模メーカー主導の流通経路政策としての流通系列化 ・1960年代のアメリカ的マーケティングの実務の模倣過程の完了 ・耐久消費財部門における国外の自社チャネルの構築などの国際マーケティングの展開	・事業部制組織の編成原理の導入 ・大企業における他の組織構造との比較でみた事業部制組織の高い導入比率 ・多角化のすすんだ企業における事業部制組織の高い採用比率 ・米英に比べての事業部制組織の低い普及率と導入のテンポの遅れ ・事業部制と他の組織構造との混合形態の存在 ・事業本部制の導入の事例 ・事業部制組織の導入企業における再集権化（集権的職能部制組織への復帰）の動き ・事業間の相互交流や人材の全社的活用を考慮した，事業部制組織の分断の回避という事例
・科学的な経営管理の基礎をなす人材の確保と人間関係の近代化を目的としたアメリカ的方式の導入 ・財閥解体と経営者追放による経営者の世代交代への対応としてのアメリカの経営者教育の導入 ・日本の状況にあわせたアメリカ的経営教育方法の翻案（MTP，CCS） ・アメリカの経営者教育，管理者教育の導入における官庁の役割 ・TWIによる作業長制度の補完 ・TWIやMTPの生産合理化の手段としての位置と役割 ・ヒューマン・リレーションズの問題とも関連をもちながらのTWIの導入 ・アメリカの定型教育方式の長期におよぶ導入，実施 ・監督者教育と管理者教育の手法は必ずしも階層的に厳密に区分して展開されわけではなかったこと		・企業組織の日本的なあり方（集団主義的行動様式，組織内の非公式的な人間関係の濃密さなど）を反映したトータルマーケティングの展開 ・売上高，市場シェア重視の流通価格政策の展開 ・ウエットで，小型で，非戦略的で販売重視，生産志向の考え方の強いマーケティング ・人的要素の役割に基づくボトムアップ型のマーケティング ・耐久消費財部門における製品政策としての計画的陳腐化の重視 ・流通系列化による流通支配体制のもとでの非価格競争重視 ・市場細分化，製品差別化重視の製品政策を軸としたマーケティング	・流行による模倣としての事業部制組織の採用の事例 ・自律的単位として必要な機能を欠落させている低い事業部（「擬似事業部」）の存在 ・事業部制における本社主導の集権的性格（「大きな本社」） ・職能別事業部制の存在 ・事業部制と職能部制の混合形態（「一部事業部制」）の存在 ・子会社や関係会社などの別会社のかたちでの多様な事業領域の展開による事業部的運営の代替
・マネジメント技術の個別的導入から基本理念に基づく体系的理解への組織的展開 ・アメリカの定型教育の限界，それへの反省のもとでの組織にあわせた教育というかたちでの日本化の動向（個別化の進展） ・日本の状況にあわせたTWIコースとしての追指導の強化とOJTの推進 ・能力主義管理の方向性のもとでのOJTと自己啓発にポイントをおいた企業内教育の展開		・アメリカの小売技術の受容における事業システムのジャパナイゼーション ・メーカーとディーラーの間の緊密な相互依存と人間的信頼に基づく日本的な自動車ディーラー・システムの修正（広域複数販売拠点型の大規模ディーラーの展開） ・ヒューマン・ファクターと消費者サービスの重視のマーケティング ・製品戦略における市場ニーズ密着型の展開	・独立採算制ではない事業部制組織の導入の事例 ・事業部の業績と事業部長の報酬との結びつきの弱さ，不徹底 ・アメリカよりも簡単な事業部の業績評価基準の採用 ・事業部の業績評価基準としての残存利益方式や売上高利益率の採用の事例 ・アメリカの契約社会的な事業部制マネジメント・コントロールにかかわるインフラストラクチャーの欠如による権限・責任関係の不徹底
・TWIと職務改善活動との結合による提案制度の展開 ・アメリカ的方式と日本的な現場主義の考え方との混合（改善活動や自己啓発の重視）		・アメリカ的なスーパー・マーケット・システムと日本的な包装料品のプリ・パッケージ・システムとの混合によるスーパー・マーケットの独自展開 ・流通系列化における信頼関係に基づく日本的な集団形成の方法の組み込み	・事業部制と事業本部制との混合 ・事業部制組織への社内資本金制度の導入
・戦前の家族主義的，温情主義的な経営・管理の伝統と戦後におけるその限界の克服の必要性 ・日本的な集団主義に基づく経営観，経営の特質・あり方 ・終身雇用，年功序列の経営風土		・アメリカのように価格を「企業と顧客の間の契約」とみるのとは異なる，売上高・市場シェア重視の経営観 ・厳密な取引関係にのみ基づくのではなく信頼・集団主義・共同主義に基づく，企業間に関する経営観 ・集団主義的な経営行動様式，部門間の緊密な調整を特徴とする経営の伝統 ・長期継続的取引関係を重視する取引慣行 ・因習的な取引慣行の影響	・経営権の委託・受託という株主主権的な考え方に基づくアメリカ的な経営観の弱さ ・集団主義的，平等主義的な経営観の影響 ・個人責任主義よりむしろ集団責任主義的な経営の伝統 ・長期成長志向の経営観 ・信頼に基づく経営協同体的な協調主義的経営観
・日本の教育制度のあり方，伝統 ・経営者や管理者の養成教育において大学が果たした役割の面での限界性（経営学ブームの遅い到来） ・戦後改革による経営者の世代交代の変化 ・労働組合の台頭の承認，労働運動の高揚への対応としての管理者・監督者訓練の必要性の増大 ・採用，人事異動，昇進などの日本的な労務管理システムの影響		・アメリカのような契約関係とは異なる社会構造の影響 ・成員相互の緊密な関係性による社会的信頼に基づく集団主義重視の社会構造の影響	・企業を「契約の束」とみるアメリカ的な契約社会のあり方とは異なる社会構造的特質の影響 ・職能別事業部制における，終身雇用制のもとでの長期経験に基づく人脈形成の重要な役割（戦略的イニシアティブの発揮）
──		・大量生産の急速な進展に基づく生産力発展 ・耐久消費財部門の生産力構造の変革と大量生産の進展	
──		・戦前における重化学工業の発展の遅れ ・戦後の消費財産業の発展と製造業部門における耐入消費財の比重の上昇	・多角化に適合的な産業（電機産業のような耐入消費財部門や化学産業）の急速かつ強力な発展
・企業内の昇進システム，昇給システムによる内部労働市場的な要因の影響		・競争条件，競争構造に規定された，マーケティングの導入における産業部門間の差異 ・アメリカと比べての狭隘で多様化した国内市場，大都市圏への人口集中の傾向をともなう国内市場という特性 ・消費財市場，とくに耐久消費財市場の急速な拡大 ・アメリカの技術へのキャッチアップのかたちでの家電市場の発展による計画的陳腐化の重要性の増大	・終身雇用の労働市場のもとでの，人材の事業部門間の移動による雇用調整を目的とした本社による人事機能の保有の傾向 ・国内市場の狭隘性と高い輸出依存のもとでの事業部への販売業務，購買業務の分散化の困難と本社による価格決定権の留保

より直接的な利益追求よりはむしろ技術や品質，機能を重視した生産志向・製品志向が強く貫徹している傾向にあった。そのような経営の志向，あり方は，経営者・管理者に占めるエンジニアの比重の高さと企業内における彼らの地位の相対的な高さにあらわれている。ドイツでは，生産にかかわる技能や知識，熟練などが重視され，エンジニアは他の職能の担当者よりも高度な熟練，職業資格をもつ場合も多いという傾向にある。技術重視という考え方は，典型的なドイツ企業全般の気質にも影響をおよぼしており，企業目標やそれを達成するための手段についてのトップ・マネジメントの考え方とも関係している[46]。そのような状況のもとで，ドイツの実業界では，マーケティングや金融のような事柄には消極的な受け止め方がされる傾向にあり[47]，同国の企業には，わずかな例外を除くと，多くのアメリカ企業を特徴づけている広報，法規，マーケティングなどの要員の大規模なネットワークが欠けているとされている[48]。

　しかしまた，このようなドイツの企業経営の伝統・経営観，文化的要因は，たんに文化一般という問題よりはむしろ市場特性を反映したものでもあり，ドイツ市場，さらにはヨーロッパ市場の特質に適合的なものであったという面も強い。このような市場の特性をも反映した経営観は，アメリカ的な経営の方式，あり方の導入に対して大きな影響をおよぼしただけでなく，企業経営のドイツ的な特徴を刻印することにもなったといえる。そのような市場構造の影響については，本節2（5）において詳しくみることにする。

　ドイツ企業のこうした経営観の影響は，例えばヒューマン・リレーションズのような管理手法の導入のほか，オペレーションズ・リサーチ（OR）のような意思決定のための数学的手法の利用にもあまり関心がもたれることはなかったこと[49]，「計画的陳腐化」のような生産者サイドに立ったマーケティングの方策よりはむしろ顧客の利益を優先する販売のあり方が重視される傾向にもあったこと，事業部制組織の導入における取締役会の共同管理・合議制原理による運営の伝統とのかかわりなどにみられる。さらに管理者教育の手法の導入についてみても，TWIのような方法は，ドイツ企業の経営社会政策の伝統や現実の経営のあり方のために広範な普及には至らず，同国の経営観や人事的な考え方には必ずしも適合的ではなかったといえる。

（2） 制度的要因の影響と企業経営の戦後展開

つぎに，制度的要因の影響についてみると，労使関係と教育制度が重要である。まず労使関係についてみると，労働者の経営参加の理解・実施をめぐってのヨーロッパとアメリカの間の根深い相違は，ヨーロッパの経済生活のアメリカ化に対するひとつの永続的な障害をなすものであった[50]。アメリカはヨーロッパ諸国におけるヒューマン・リレーションズによる労使関係の変革をめざしたが，そのような試みは成功せず[51]，ドイツでは，事業所レベルの共同決定による労働協約の補完と企業レベルの共同決定というかたちでの，第2次大戦後の労使関係の枠組みが形成されることになった。また技術や技能・知識の価値を重視したドイツ的な労使関係の伝統的なあり方は，技能養成のための教育制度などともあいまって，企業の経営を「能率原理」に基づいて管理一般の問題としてとらえる傾向の強いアメリカ的な経営の方式の導入においても，自国の環境に適合的なあり方が追求される重要な背景をなした。こうした労使関係は，熟練労働力にも依拠した多様化高品質生産の展開にとって重要な意味をもつ労働者のフレキシビリティの確保，高品質の実現のために技術設備の水準を補完しうるような熟練・技能の形成を容易にすることによって，ドイツ的な生産システムの展開を促進してきた。そのようなあり方の追求において，共同決定制度が重要な役割を果たしてきたのであった。ドイツでは，共同決定と経営協議会は，ヒューマン・リレーションズのアプローチよりも労使関係にとってのよりよい解決策であると考えられてきた[52]。

労使関係の面にみられる制度的要因のおよぼした影響については，その規制力による影響のみならず，労使関係のあり方が企業側の提起する経営方策の導入に協調的なかたちで促進するようにも作用しうるという点も重要である。例えば，賃金支払において職務評価の方法が利用されていた企業のなかには，その導入が労働組合の承認なしに経営協議会の承認のみによって行われていた事例[53]や，IEの手法の導入が経営協議会との経営協定によって促進された事例[54]などもみられる。

また教育制度についてみると，物事の考え方や理解の仕方を学ぶことを重視するという傾向にもあるドイツの大学における教育制度のあり方・伝統，経営教育における大学の役割が小さかったこと，実務よりも理論を重視した大学の

教育といった制度的特質は，実務的な観点を重視するアメリカ的な経営者教育・管理者教育の手法の導入に大きな影響をおよぼした。またマイスター制度のような専門技能資格制度や職業教育制度が，熟練労働力の養成の重要な基盤として，アメリカ的生産方式の導入・展開，ドイツ的な生産のあり方とも深くかかわる要因をなした。

　さらに戦後改革とのかかわりでみると，ドイツでは，大規模な改革にもかかわらず企業に関する法制は基本的に維持され，監査役会の権限がほぼ維持されたほか，古い世代の経営者が残存するかたちとなった(55)。そのことは，経営者の伝統的な考え方や価値的側面とも深いかかわりをもった。ドイツでも，1950年代および60年代には，アメリカの影響もあり徐々にプラグマティックな行動の手本・モデルが形成されていった。しかし，古いエリートの代表者たちは「ドイツ的な精神」の独自性に固執していたという面がみられた(56)。戦後には，経営の権威は主として経営者自身に授けられたものであるという排他性・独占性は，アメリカの影響のもとで変化し，経営者の地位における排他性は低下した。しかし，1950年代末にもなお，トップ・マネジメントにおける「信任を基礎にした権威」が「職能に基づく権威」に対して優位にあるとみる旧来のドイツ的な精神への固執がみられた(57)。そうしたあり方は，権限の委譲と分権管理の導入にも大きな影響をおよぼす要因となった。それだけに，1960年代初頭に始まる経営者の世代交代(58)の意義は大きかったといえる。この点では，戦後の占領政策のもとでの改革によって経営者の世代交代がすすんだ日本とは，状況は大きく異なっている。

　こうした戦後改革がおよぼした影響について，工藤　章氏は，ドイツでは，「企業間体制，企業の内部組織，労使関係など，企業社会の隅々にまで及んだ1950年代における制度化は，伝統的な経営理念に力を与え，それが新しい経営者世代をも制約した」と指摘されている。同氏によれば，「第2次産業革命のリーダーとしてのドイツと後発国日本の発展段階的な差異」とドイツにおける1950年代の広汎な制度化の波の2つ要因が，アメリカ的管理の受容における日本とドイツの間の差異，すなわち日本の方がアメリカ化の規模も大きく，またアメリカの優位のショックははるかに大きかったという状況をもたらしたとされている(59)。

結章　日本とドイツの産業集中体制と企業経営　459

(3)　生産力構造的特質と企業経営の戦後展開

またドイツ資本主義の構造的特質の影響についてみると，それをめぐっては生産力構造，産業構造および市場構造の特質が重要である。それゆえ，これら3つの構造的特質との関連でみていくことにする。

まず生産力構造的特質との関連では，上述したように，自動車産業で戦前にみられた「品質重視のフレキシブルな生産構想」の伝統や，自動車産業，電機産業および機械産業を中心とした，市場の制約的条件に規定されたアメリカよりも少ない生産量のもとでの量産効果の追求と製品間の需要変動に対する生産のフレキシビリティの確保をめざしたドイツ的な大量生産のあり方の伝統があった。第2次大戦後には，国内市場においても輸出市場においても，市場の条件が整備され，アメリカ的な大量生産の展開の条件が築かれてきた。しかし，輸出の依存・比重の高いヨーロッパ市場と国内市場の特質にあわせるかたちで，ドイツに特有の専門技能資格制度や職業教育制度を基礎にした品質重視・機能重視の生産体制の構築がはかられてきた。そのようなあり方は，アメリカ的方式を受け継ぎながらも，一種のドイツ的なオルタナティブとしての性格をもつものともなった。

また多様なニーズにあわせた高品質生産の体制に基づく生産力構造による製品差別化の基盤は，とくに製品政策や価格政策の面において，マーケティングの手法の導入，展開においても影響をおよぼした。このように，生産力構造的特質は，生産力の増大にかかわる諸方策のみならず市場面での対応策も含めて，広くアメリカ的経営方式の「再構造化」とも大きなかかわりをもつことになったといえる。

(4)　産業構造的特質と企業経営の戦後展開

そのような生産力構造的特質は，産業構造的特質を規定するという関係にもあるが，ドイツには，伝統的な生産財産業優位の産業構造，アメリカに比べての消費財市場・産業の発展の遅れという特徴がみられてきた。戦後には，消費財市場と経営のスタイルの両方の面でのあらゆる「アメリカ化」にもかかわらず，ドイツにおける生産財産業の伝統的な優位は，この時期にみられたヨーロッパの製造企業のなかでの競争優位の新しいパターンの展開によって弱められ

るよりはむしろ強められたという状況にもあった。大衆消費社会の確立という傾向のなかにあっても，そのような産業構造的特質の影響もあり，アメリカに匹敵するほどに強力な消費財産業を発展させることなく同国の線に沿った消費社会となったとされている[60]。

そうしたなかで，またそれだけに，生産財産業部門の国際競争力が重要な問題となったが，そこでは，例えば工作機械産業の場合のように，生産財の品質や機能はそれを利用して生産される最終的な製品の品質向上の条件に大きくかかわってくるという事情からも，品質・機能面での差別化による競争力の追求が重要な意味をもった。そこでは，それに適合的な生産の体制，あり方として，熟練労働力に依拠した部分を多分に残しながらの展開が意味をもった。こうした点は，耐久消費財部門である自動車産業にも妥当するものであるが，これらの産業部門は，ドイツが品質面において高い輸出競争力を有する分野であり，そこでは，アメリカ的な大量生産方式とも異なる要素をもつ生産のあり方が展開されることにもなった。

また生産財産業の比重がなお高いという産業構造は，生産財産業におけるマーケティングの展開の特徴的なあり方を規定する要因となるとともに，マーケティングよりも生産を重視したかたちでの経営の展開を規定する重要な要因をなした。このように，産業構造的特質も，生産力構造的特質と同様に，アメリカの生産力的な諸方策の導入のみならず，市場適応策の導入にも大きな影響をおよぼす要因となった。

(5)　市場造的特質と企業経営の戦後展開
——ヨーロッパ的市場条件とドイツの企業経営——

さらに市場構造的特質との関連でみると，日本の場合と同様に，ドイツの労働市場の特質は，経営者教育の特徴的なあり方を規定する要因にもなった。経営者・管理者に求められる素養・特性や企業における内部昇進のシステムを前提とした労働市場的要因の影響もあり，アメリカ流のビジネス・スクールのような経営者の養成教育のあり方は適合的ではなかった。そのような状況のもとで，経営者の人的ネットワークによる経営者教育・管理者教育の方法にみられるように，アメリカ的方式の導入は大きく制約される結果となった。

結章 日本とドイツの産業集中体制と企業経営 461

　また商品市場の構造との関連でみると，アメリカでは古くから広大で同質的な市場という特質[61]がみられ，徹底した生産と消費の標準化を前提とした量産化と市場競争が基本をなしてきた。「能率向上」という原理に基づくアメリカ的な経営の方式，あり方，プラグマティックな価値観に基づく慣習は，そのような市場とそこでの自由な競争を反映して生み出されたものであるとともに，そのような条件に適合的なものであったという面が強い。これに対して，ドイツでは，アメリカほどには消費の標準化がすすんでおらず，技術・品質・機能重視の市場の特性，購買行動の傾向がみられ，品質競争が重視されるという市場の特質がある。そこでは，アメリカのような価格競争が全面に押し出された激しい競争というのとは異なる市場のあり方[62]のもとで，経営・管理一般の問題として能率原理を第一義とするアメリカ的なあり方とは異なり，技術や品質，機能の面での製品の差別化を重視した経営のあり方が，むしろより重要な意味をもったといえる。製品差別化が大きな意味をもち品質競争が重視されるという傾向は，ドイツのみならずヨーロッパでもみられるが，この地域の市場には，技術・品質・機能重視の市場特性，購買行動の傾向を反映するかたちで消費者のブランド・ロイヤリティが高いという特性がある[63]。またアメリカ的なマーケティングの重要な方策のひとつである計画的陳腐化に対する抵抗感や否定的な受け止め方，製品の画一化に対する消費者の抵抗感が，強かった[64]。日本とドイツの企業はともに世界市場において高品質の製品でもって品質をベースにした競争を展開してきたが[65]，そこでの品質のポイントのおきかた，ターゲットとなる中核市場の特質・構造とのその適合性という問題が，両国の企業の経営展開や資本蓄積のあり方とも深いかかわりをもつものとなったといえる。

　そうしたなかで，ドイツにとっては，ヨーロッパ市場の比重，同地域への輸出依存度の高さという状況が大きな意味をもった。戦後のアメリカ主導の自由貿易制度と国際通貨体制による資本主義陣営の国際経済体制の確立，西ヨーロッパ統合による共同市場の形成をとおしての有利な貿易条件に支えられるかたちで，輸出構造のヨーロッパへの依存・偏重が強化されてきた。化学製品のほか，ことに自動車・機械類など，技術・品質・機能の面での競争力が形成されやすい産業特性・製品特性をもつ資本財・投資財，耐久消費財の分野におい

図表-4　第2次大戦後の「アメリカ化...

経営方式 導入の状況とそれを規定した諸要因		管理システム・生産システム		
		インダストリアル・エンジニアリング	ヒューマン・リレーションズ	フォード・システム
アメリカ的経営方式の導入の全般的状況		・ワーク・ファクター法，MTMを中心とする導入 ・IEは加工組立産業，製鉄業・金属産業，化学産業，造船業，被服産業などを中心に導入 ・外国との比較でのIEの普及の遅れ ・ワーク・ファクター法とMTMの選択における産業間，企業間の差異	・ドイツ企業へのヒューマン・リレーションズの導入は低調 ・アメリカによるヒューマン・リレーションズの導入に基づく同国の労使関係移転の試みは失敗 ・ヒューマン・リレーションズの利用は，共同決定や法的な規制によって自動的に解決されえない問題（職長と部下との関係など）に集中	・流れ作業方式の基本的な機構的部分，生産編成の原理の導入
アメリカ的経営方式の導入の特徴		・レファの強力な関与，主導性（IEの紹介，教育コースの開催） ・レファによる自らのシステムの優先 ・ワーク・ファクター社とのレファのライセンス協定による導入 ・ドイツMTM協会の設立とその取り組み	・技術援助・生産性プログラムの重点のひとつとしてのアメリカの強力な支援と促進 ・ドイツ経済合理化協議会（RKW），大学などの機関の関与 ・合理化推進のための労使関係の安定の手段としてのヒューマン・リレーションズの導入	・企業間による生産システムの差異 ・熟練労働力にも依拠した多様化高品質生産の展開 ・混流的な生産方法の導入の事例
アメリカ的経営方式の修正		・IEの影響を受けながらもレファの考え方に基づく作業研究の展開 ・人間工学的研究の適用の事例（ジーメンス）	・共同決定制度のもとでの労働環境（経営風土）の改善の可能性による，ヒューマン・リレーションズでの心理面におけるその改善の代替	・「ユニット・システム」の導入による量産効果の追求・補完の組み込み
アメリカの要素とドイツの要素との混合		・レファ・システムのなかへのIEの方法の組み入れ	・企業の人事政策，社会政策の面でのアメリカ志向と戦前のドイツの工場共同体思考との混合 ・ヒューマン・リレーションズの観点と戦前からの労働科学的研究の観点との混合 ・ヒューマン・リレーションズの観点のもとでの戦前の社内報の復活	・戦前のドイツの独自的な生産システムの要素との結合 ・熟練労働力に依拠した知識集約的な技能的要素の組み込み ・「ユニット・システム」による標準化システムとの結合
アメリカ化における「再構造化」を規定した諸要因	経営観，企業経営の伝統・文化的要因の影響	・1920年代のテイラー・システムのレファ・システムへの修正というかたちでのドイツ的適応の伝統	・技術・品質・生産重視の経営観による制約 ・技術畑の経営者，管理者の比重の高さという人事構成上の問題とそれを反映した経営観 ・ハルツブルク・モデルのようなドイツ独自の経営・管理モデルの影響	・技術・品質・生産重視の経営観 ・生産者の側ではなく消費者の側からみたニーズのとらえ方に基づく経営観，ものづくり観 ・生産管理の職能における熟練をもつエンジニアの優位の伝統
	制度的要因の影響	・レファの時間研究，作業研究の取り組みによる制度的基盤 ・労働組合による原則的拒否ではない態度によるIEの導入，実施の促進 ・経営協議会との経営協定の締結によるIEの導入，実施の事例	・ヒューマン・リレーションズの導入により労使関係を変革させようとするアメリカの意図とドイツの労使関係の伝統との対立 ・それまでの労使関係の伝統と労働側の抵抗・反対による制約 ・共同決定制度の成立によるヒューマン・リレーションズ導入への阻止的影響	・職業教育制度，専門技能資格制度（マイスター制度）とそれらを基盤にした生産体制
	生産力構造的要因の影響	・戦前からのレファ・システムによる管理の発展	———	・戦前からのアメリカよりも少ない生産量のもとでの量産効果の追求と生産のフレキシビリティの確保を配慮した生産方式の展開 ・戦前からの「品質重視のフレキシブルな生産構想」の伝統
	産業構造的要因の影響	・戦前からの金属産業，加工組立産業の発展 ・戦後における加工組立産業部門の一層の発展，拡大	———	・戦前からの加工組立産業の発展 ・戦後における加工組立産業の一層の発展 ・第2次産業革命を基礎とする産業の国際競争力の基盤
	市場構造的要因の影響	———	———	・ドイツとヨーロッパの品質重視，機能重視の市場特性 ・戦後の大衆消費市場の拡大 ・ヨーロッパにおける「棲み分け分業的」な貿易構造

（出所）：筆者作成。

における「再構造化」と企業経営のドイツ的特徴

経営者教育・管理者教育		市場面での対応策	事業部制組織 （組織革新）
経営者教育	管理者教育	マーケティング	
・アメリカの教材を利用した経営者教育の取り組み ・ビジネススクールの普及の遅れ	・職長教育の領域でのTWIの導入 ・アメリカや他の諸国と比べてのTWIの普及の遅れ	・販売部門（短期的戦術）とマーケティング（長期的戦略）との分業体制の導入 ・マーケティングの基本的な考え方・原理，広告・宣伝の手法の導入，普及 ・消費財部門におけるマーケティングの導入の進展と生産財部門における低調	・事業部制組織の編成原理の導入 ・米英に比べての事業部制組織の低い普及率 ・事業部制組織の導入の大企業と中小企業との間の大きな相違 ・アメリカに比べての最大級産業企業における持株会社形態の比率の高さ ・職能部制と持株会社との混合形態の存在
・技術援助・生産性プログラムの重点のひとつとしてのアメリカの強力なイニシアティブと支援 ・ヨーロッパ生産性本部による組織的な企画の展開 ・ドイツ経済合理化協議会（RKW）による関与・取り組み ・大学での実務性の低い経営教育の代替案としての実業界によるアメリカ的手法の追求 ・業界団体などによる経営者のネットワークでの教育 ・アメリカの大学の協力とその役割 ・ヒューマン・リレーションズの問題とも関連をもちながらのTWIの導入		・マーケティングは，アメリカ技術援助・生産性プログラムによる同国の諸努力のなかで最も成功をおさめた領域 ・アメリカの広告代理店やコンサルタント会社の役割 ・宣伝担当の職位の階層的に低い位置 ・品質・機能重視の差別化的製品戦略	・事業部と地域部門，機能部門とのマトリックス組織の存在 ・事業部制と職能部制との混合形態の存在 ・アメリカのコンサルタント会社や同国の企業に依拠した導入 ・コンサルタント会社の役割は米英に比べると小さかったこと ・持株会社の構造からの事業部制組織への移行の特殊的な動機（以前には独立していた子会社の戦略の効率化とよりよい調整）
・ドイツの経営者教育，管理者教育の分散した個別的な組織に合わせた展開（アメリカの最新の経営手法に関する短期のセミナーの開催など）		・計画的陳腐化よりも長期的な製品政策，品質・機能重視の製品政策の優先 ・製品差別化的要素による高価格政策	・取締役会の共同管理，合議制原理に基づく運営 ・事業部の共同管理の体制 ・独立採算制でない事業部制組織導入の事例 ・事業部の業績とリンクしない事業部長の報酬支払システムの導入 ・コントローリングの機能が本社レベルだけでなく現業部門でも担当された点
・業界団体による経営者のネットワークに基づく知識の伝達，世代間の意見交換の方法とアメリカの教材・手法の利用との混合		・アメリカのマス・マーケティングの考え方，手法とドイツの個性的な尊重，品質・機能・ブランド重視の製品政策，価格政策との混合	・ドイツの取締役会の共同管理，合議制原理に基づく機能部門と地域部門の原理との混合 ・アメリカ的な製品別事業部制の原理とドイツ的な機能部門・地域部門の原理との混合 ・取締役会の下部委員会組織の設置という戦前のドイツ企業のあり方とアメリカの委員会組織との混合の事例
・技術や技能の価値を重視した経営観，経営の伝統 ・ドイツ企業の経営社会政策の伝統		・技術・品質・生産重視の経営観 ・技術畑の経営者，管理者の比重の高さ	・取締役会レベルとミドル・マネジメント以下の労働者階層全体との間の厳格な分離というトップ・マネジメントの権限についてのイデオロギー的基盤
・技術畑の経営者の比重の高さを反映した生産重視の経営観	・TWIの導入に対する経営者や教育家の抵抗	・戦前からのカルテルに基づく温和な競争政策の優先の伝統 ・販売，マーケティングの観点の軽視という歴史的傾向 ・ドイツ企業の伝統的な価格・条件政策の根強い影響	・取締役会の共同管理，合議制原理の伝統・慣行 ・事業部に利益責任と十分な権限を与えることに対する経営者の抵抗感 ・技術重視の協調的な企業文化の伝統
・ドイツの教育制度のあり方・伝統 ・大学における経営学教育の特質（実務的観点の軽視） ・経営教育において大学が果たした役割の面での限界性 ・戦後改革における企業に関する法制の維持のもとでの古い世代の経営者の残存 ・経営者間のネットワークによる教育システム		・カルテルの歴史的伝統の影響（重工業におけるマーケティングの価値に対する低い認識） ・景品規定や割引法のような国家による規制の影響 ・戦前のカルテル容認の競争秩序による影響	・ドイツ企業における権限の委譲と分権管理の遅れ ・経営管理の専門化の遅れ（トップ・マネジメントと日常的な管理との区別の強さ） ・ドイツ企業の所有の特質（とくに家族所有）による多角化への抑制的作用と事業部制組織導入へのその影響 ・ひとつの産業体系を基盤としたコンツェルン構造というドイツ的な大企業の制度的特質（最大級産業企業における持株会社形態の比率への影響）
──		・耐久消費財部門の生産力構造の変革と大量生産の進展 ・多様化高品質生産の体制，生産力構造による製品差別化的基盤	
──		・戦前からの生産財産業を中核とした産業構造の特質 ・戦後も生産財産業の比重の相対的な高さ	・生産財産業の比重の相対的な高さによる最大級企業の産業部門構成への影響（各組織形態の普及率へのその影響）
・経営者，管理者に求められる素養や企業内の昇進システム，昇給システムによる労働市場的要因の影響		・品質重視，機能重視の市場特性 ・製品の画一化に対する消費者の抵抗感 ・製品政策としての計画的陳腐化に対する抵抗感 ・競争条件，競争構造に規定されたマーケティングの必要性の認識や導入状況の産業部門間の差異	・品質・機能重視の市場特性（技術重視の協調的な企業文化への反映） ・ヨーロッパへの輸出依存度の高さ（製品事業部内へのヨーロッパ業務の組み込みや他の地域における業務の地域部門への分割の事例）

て，ドイツは競争優位を確立してきた。そのような競争力を背景にして，また
ヨーロッパ諸国の間にみられる産業構造の差異のもとで，同地域内での「棲み
分け分業的」なかたちでの，産業分野や製品分野の間での相互補完体制の確
立[66]がはかられてきた。そうした一種の製品・事業分野別の競争構造・貿易
構造のもとで，ヨーロッパ企業との競争関係のなかにあっても，ドイツ的な経
営の展開，共同決定制度による雇用保障と賃金保障という高コスト構造のもと
での資本蓄積の基盤が支えられてきたといえる。そのような蓄積構造のヨーロ
ッパ的展開というあり方は，戦後になっても当初から同地域に匹敵する市場を
アジア地域にもたずアメリカへの輸出依存が強くならざるをえなかった日本の
場合とは大きく異なっており，ドイツ的な企業経営の展開の重要な基盤をなし
てきたといえる。

　こうした市場の構造的特質をめぐる問題は，「アメリカ化」における「再構
造化」にとどまらない企業経営のドイツ的あり方の基本的性格，ドイツ資本主
義の再生産構造のあり方ともかかわるものでもある。こうした点は，ドイツ資
本主義の再生産構造（蓄積構造）におけるヨーロッパ的条件とそれに適合的な
企業経営のあり方を意味するものであり，そのような企業経営のあり方は，再
生産構造のひとつの重要な基軸をなすものにもなっている。

　以上のような「再構造化」は，アメリカとは異なる条件のもとでの合理的な
適応であったといえるが，戦後のドイツ的な経営のモデル，スタイルは，アメ
リカの経営方式，その諸要素の吸収，それらとドイツの戦前からの諸方式・要
素との混合の結果としてのみならず，戦後における企業の発展のプロセスのな
かで独自に進化させてきた部分との結合の結果として生み出されたものであ
る。そのことは，それぞれの経営方式が相互に関連しあいながら有効に機能す
るようなトータルな経営システムへとつくり変えるという，企業内の革新的な
試みの結果でもあったといえる。なお第2部での考察および本章でのこれまで
の考察をふまえて，ドイツにおけるアメリカ的経営方式の導入における「再構
造化」をめぐる状況とそれを規定した諸要因について，本書の第2部で分析し
た諸方策を取り上げてまとめると，**図表-4**のようになる。

結章　日本とドイツの産業集中体制と企業経営　*465*

第4節　戦後の日本とドイツにおける企業の発展と　グローバル地域化への異なる道

　本書のこれまでの考察をふまえて，企業経営の「アメリカ化」という問題も含めて，1970年代初頭までの戦後の経済成長期における日本とドイツの企業の成長および発展がその後の時期における両国のグローバル地域化の動きやあり方とどのような関連をもつことになったのか，という点についてみておくことにしよう。ここでの問題は，戦後の経済成長期におけるドイツ企業の発展が今日のEUに至る欧州統合への動き，統合された地域経済を基盤としたヨーロッパ化という，その後の時期の，また現在の状況をどう規定することになったのかということと関係している。アメリカ化の再来，グローバリゼーションの進展という動きのなかにあっても「ヨーロッパ化」するドイツと同国企業という今日的状況の原点を，戦後の経済成長期における企業経営の発展過程をふまえて，また日本との比較をとおして明らかにすることが，重要な問題となってくる。

　ドイツと日本はともに第2次大戦の敗戦国であり，戦後，アメリカの世界戦略に組み込まれ，同国の技術と経営方式を導入しながら，また産業集中の独自の体制を構築するなかで発展してきた。しかし，日本にとっては，多くの諸国が植民地の状況にあったアジアにおいて戦後当初からヨーロッパに匹敵する市場が存在しなかった。そのために，生産力の発展は，国内市場と対米輸出の拡大によらなければ十分に吸収することができなかった。しかも，高度成長期の日本の重化学工業を主軸とする生産手段生産部門主導の産業構造，再生産構造のもとで，鉄鋼，化学などの素材産業を中心とする巨大な重化学工業生産力は，成長が停滞すれば過剰化する過剰生産体制という構造問題を内包するものであった[67]。そのような条件のもとで，産業集中体制の再編，アメリカ的経営方式の導入における日本的展開をはかりながらも，日本の企業は，アメリカへの輸出依存の一層の強まりというかたちによる以外には蓄積構造を築くことができなかった。

　またその後の1970年代，80年代には，ME化と減量経営によって広義の機械産業を主軸として成長をとげた日本の産業構造・再生産構造は，生産力と国際

競争力の強化自体の内に消費と投資の両面での国内需要の節減を含むものであり，そのため，一国的な「生産と消費の矛盾」は，外需によって解消ざれざるをえないことになった[68]。その結果，生産力拡大にともなう過剰生産の潜在的拡大と輸出依存，ことにアメリカへの輸出の一層の増大とならざるをえなかった[69]。また補論1において詳しくみるように，日本的生産システムによって，低コスト，故障の少なさや低い部品欠陥率という品質，生産のフレキシビリティなどを武器に，日本企業は，自動車産業をはじめとする加工組立産業において国際競争力を強化してきた。しかし，これらの産業はアメリカの基幹産業であったために，同国市場での産業分野やそれらの製品との補完関係を構築することはできず，アメリカとの競争関係は持続したままであった。そのような状況のもとでは，アメリカ市場への依存からの脱却は容易ではなく，その意味において，日本は，自立的な発展をとげることができなかった。しかも，今日もなおEUに匹敵する地域経済統合がアジアでは成立しておらず，輸出におけるアメリカ依存のもとで，円高・ドル安というかたちでの為替相場の変動に翻弄されざるをえない状況におかれてきた。またそのことが産業空洞化を招き，企業にとっても厳しい条件がつきつけられることにもなってきた。

　こうした日本からみると，ドイツははるかに自立的な発展をとげてきたといえる。ドイツ企業は，アメリカの技術と経営方式の導入という動きのなかにあっても，生産力構造や産業構造，さらにヨーロッパの市場構造，競争構造にあわせた「再構造化」をはかることによって発展してきた。そこでは，ドイツおよび輸出の中核的地域をなすヨーロッパにおける製品の品質や機能性を重視した市場の構造および特質のもとで，またそのような市場特性をも反映したドイツ企業の経営観のもとで，熟練労働者にも依拠した多様化高品質生産の展開がはかられてきた。そのさい，共同決定制度による雇用保障および賃金保障の体制のもとで企業における労働力への職業訓練投資が促進されたことが，大きな意味をもった。ドイツの企業は，市場をはじめとするヨーロッパ的条件にあわせた展開をすすめてきた。すなわち，徹底した標準化原理に基づくアメリカ的な大量生産ではなく，日本のような多能工的熟練とも異なる労働者の専門家的な熟練や技能にも依拠したかたちでの，品質や機能の面での差別化を可能にする生産の体制，それを支える企業経営の全体的なシステムが構築されてきた。

そこでの高品質とは，機能性や耐久性に重点をおいたものであり，そのようなドイツ的な生産の体制は，価格よりも品質によって差別化をはかり競争力を構築するという戦略の展開の基盤をなした。その結果，ドイツは，耐久消費財，投資財および資本財などの分野の国際競争力を基礎にして，またヨーロッパ各国の産業構造の差異のもとで，同地域での産業分野間，製品分野間の補完的な貿易構造を構築してきた。そのことによって，ドイツは，アメリカの世界戦略に従属することなく企業と経済の自立的展開をはかることができた。

しかしまた，そのような展開は，品質，ことに機能面でのそれが重視されるというヨーロッパ市場の条件のもとでこそとくに有効性が確保されたであった。それゆえ，ドイツは，ヨーロッパ的再生産構造の形成・強化をめざして，またそれに適合的な基盤を整備するために，今日のEUに至る欧州統合の方向へとすすんでいくことになった。このように，ヨーロッパ市場で棲み分け，統合された同地域に根ざした展開を推し進めるべく欧州統合へと向かう基盤が，企業経営のレベルにおいて生み出されることになった。こうした意味において，1950年代および60年代のドイツ企業の発展は，欧州統合への方向性を規定することになり，今日のEUに至る礎石を築いたといえる。2010年代に入り大きな問題となった欧州債務危機に直面してドイツがEUおよび統一通貨ユーロを守らざるをえないというという状況は，金融システムの安定という問題や同国の高い経済力のみならず，企業経営の構造とそれに基づくドイツ資本主義の再生産構造（蓄積構造）の特質に規定されたものでもあったといえる。

このように，ドイツと日本はともに世界有数の加工貿易立国でありながら，「アメリカとの産業分野や製品分野での補完的な関係の構築もアジアでの共同市場の形成も未完の日本」とは対照的な，「ヨーロッパにおいて各国との間で産業や製品の分野で補完的な関係を築き，地域化するドイツ」という特徴的なあり方がみられる。地域的特性にも規定されるかたちで，戦後の経済成長期の経営展開をとおしての企業の発展過程において，こうした相違をもたらす条件が生み出されることになったのである。企業経営のアメリカ化を含めて，今日につながる戦後の経済成長期の日本とドイツにおける資本主義と企業経営はこのように理解することができるであろう。

第5節　残された問題と今後の研究の展望

　最後に，残された研究課題について，簡単に述べておくことにしよう。第1
に，ドイツの協調的資本主義というあり方，特徴をめぐって，その根幹をなす
企業間の相互依存関係・相互作用である「企業間関係」について，その構造と
機能のメカニズムの解明という重要な問題がある。ドイツでは，他の諸国との
比較では企業間関係の相互作用関係の仕方が異なっており，それが特別なかた
ちと意味をもって構築されてきた。この点は，本書でも考察した産業・銀行間
関係に基づく産業システムと企業グループ体制にみられるが，「自立した単独
の企業の相互依存関係をなす企業間関係が産業の集中や動向を規定し，国民経
済，グローバル経済にも影響をおよぼす」という関係にある。それゆえ，監査
役会や顧問会などの機関をとおして3大銀行や主要産業の代表的企業の間，産
業企業間などにおいて人的ネットワークの構造が実際にどのようになっている
のか，またそのような人的交流によって得られた情報が銀行と産業企業の間，
銀行間，産業企業間などにおいてどのように利用され，産業集中の体制の機能
がいかにして発揮されてきたのかという点が重要な問題となる。そこでは，と
くに，同一産業の競争関係にある企業間の利害の調整という企業間結合の機能
がいかにして発揮されてきたのか，そのさい銀行はどのような役割を果たして
きたのかという点の考察が重要となってくる。そのような分析によってドイツ
の協調的資本主義の内実をとらえるとともに，価格競争を抑制・緩和し品質競
争に傾斜・特化するかたちでのドイツ企業の行動様式が産業集中の体制によっ
てどのようにして支えられているのか，その基盤を明らかにすることが，今後
の重要な研究課題をなす。

　第2に，1990年代以降のアメリカ資本主義の変化をふまえた日米独3ヵ国の
比較研究という課題がある。1990年代以降の資本主義のグローバル段階になっ
て，日本企業にあっては，グローバル・アジア化の一層の推進というかたちで
の経営展開と蓄積構造の再編が推進されてきた。これに対して，ドイツの場
合，①ヨーロッパ市場と同地域を基軸とする発展に適合的な企業経営の全体的
な構造，システムの構築，②そのようなヨーロッパ地域を基軸とする経営展
開，資本蓄積のより有利な条件，基盤づくりとしての欧州統合の推進という，

二重の意味での「ヨーロッパ化」の進展というかたちとなってきた。こうした相違がみられるものの，両国の国際競争力部門の中心は，加工組立産業や投資財産業のような製造業部門にあり，いわば「ものづくり」の基盤の強化を基軸とした発展を追求しているといえる。

　一方，アメリカは，広大で他国と比べても同質的な市場のもとで，1970年代初頭までは健全な産業資本主義の国として発展をとげてきたが，70年代および80年代をとおしての日本の国際競争力の向上によって，大きな変化がみられることになった。日本企業からの輸入の著しい拡大がアメリカの基幹産業の衰退と雇用の減少をもたらすなかで，他の諸国よりもはやい第3次産業，とくにサービス産業の拡大・発展（経済のサービス化の進展），さらに他国に先駆けての金融技術の発展（証券化）に基づく業務拡大と金融自由化が推進されてきた。しかし，巨額の貿易赤字と財政赤字の累積のもとで，1990年代以降，21世紀的戦略としての新産業創造というかたちでのイノベーションの推進とそのための国家による政策がはかられてきた。ITC，金融，バイオ，製薬といった産業がその中心をなす。これらの産業にみられる特徴としては，つぎのような点をあげることができる。第1に，新商品開発の基盤となる技術による高収益性の確保であり，それは，例えば金融業における「証券化」に基づく金融派生商品の開発とそれらの世界的な拡散にみられる。第2に，その産業のプラットフォームとなるべき部分の技術の開発・支配による高収益の確保であり，それは，ITにおけるオペレーティング・ソフト（OS）のバージョンアップによる消費者への購入の強制とそれに基づく市場の独占的支配，サービス分野におけるビジネスのシステムの他社への供与によるロイヤリティ収入を基軸とする蓄積と供与相手への従属化の強制にみられる。第3に，バイオや製薬の分野における特許のような知的財産権を基礎にした技術優位と他社への供与から得られるロイヤリティ収入による開発基盤の強化とより有利な展開，それらに基づく競争企業の従属化の実現である。第4に，経済のサービス化，ソフト化の一層の進展である。

　このような諸特徴をもつ新産業創造としてのイノベーションの強力な展開にともない，競争の次元は「市場と資源の競争をめぐる新展開」，すなわち，知的財産権的資源が基軸となる競争へと大きく変化してきたといえる[70]。日本

やドイツはなおいわば従来型の製造業（投資財や耐久消費財の部門など）を蓄積の基軸部門とする展開となっているのに対して，このようなアメリカ資本主義の蓄積構造の新展開は，企業経営の展開においてもさまざまな新しい問題を投げかける結果となっている。

このように，本書で明らかにされた日本とドイツの発展とともに，アメリカ資本主義の1990年代以降におけるこうした変化の方向性が発展の経路としてみてとることができるが，従来型の製造業，流通業などにおける問題，それとの関連も含めて，今日の日米独の資本主義の再生産構造・蓄積構造にかかわる，企業経営レベルまでおとしこんだ分析が重要な研究課題となってこよう。1990年代以降のグローバル段階では，一国の再生産構造とは異なる再生産構造となっており，そうした各国の再生産構造（アメリカ型/日本型/ドイツ型）のありようのもとでの企業構造，企業経営の各ディメンジョンのレベルでの変化の解明が，重要な問題となってくる。

これらの研究課題の追求も含めて，さらに取り組むべきテーマ，課題はなお多い。本書をひとつの足場にして，さらなるステップへと展開をはかっていくことにしたい。

（1）前川恭一『日独比較企業論への道』森山書店，1997年，58ページ。

（2）同書，59ページ。

（3）M. Aoki, H. Patrick, Introduction, M. Aoki, H. Patrick（eds.）, *The Japanese Main Bank System*, Oxford, 1994, p. xxii.

（4）M. Albert, *Capitalisme contre Capitalisme*, Paris, 1991, p. 129〔小池はるひ訳『資本主義対資本主義』竹内書店，1996年，144ページ〕.

（5）第2次大戦終結までの時期のドイツの独占規制政策について詳しくは，拙書『ドイツ戦前期経営史研究』森山書店，2015年，第1章を参照。

（6）この点については，拙書『戦後ドイツ資本主義と企業経営』森山書店，2009年，第1章第1節3および第3章第3節を参照。

（7）1920年代のドイツにおける企業合同の展開とトラスト企業の製品別生産の集中・専門化による生産分業の進展については，前掲拙書『ドイツ戦前期経営史研究』，第4章を参照。

（8）ドイツ資本主義のこうした特質については，チャンドラーによる「協調的経営者資本主義」という有名な特徴づけがみられる。A. D. Chandler, Jr, *Scale and Scope*, Cambridge, Massachusetts, 1990〔安部悦生・川辺信雄・工藤 章・西牟田祐二・日高

結章　日本とドイツの産業集中体制と企業経営　*471*

　　千景・山口一臣訳『スケール・アンド・スコープ』有斐閣，1993年〕参照.

（9）古内博行『現代ドイツ経済の歴史』東京大学出版会，2007年，第3章2を参照。

（10）例えばP. A. ホール・D. ソスキス「日本語版への序文　資本主義の多様性と日本」，
　　P. A. ホール・D. ソスキス編/遠山弘徳・安孫子誠男・山田鋭夫・宇仁宏幸・藤田奈々
　　子訳『資本主義の多様性』ナカニシヤ出版，2007年，日本語版への序文，ixページ，
　　走尾正敬『現代のドイツ経済　「統一」からEU統合へ』東洋経済新報社，1997年，10-
　　11ページ参照。

（11）公正取引委員会事務局編『独占禁止政策三十年史』大蔵省印刷局，1977年，大蔵省
　　財政史室編（三和良一執筆）『昭和財政史──終戦から講話まで』，第2巻，東洋経済
　　新報社，1982年，第4章を参照。

（12）井村喜代子『現代日本経済論〔新版〕──戦後復興，「経済大国」，90年代大不況
　　──』有斐閣，2000年，109-115ページ，「外国為替及び国貿易管理法」，竹内昭夫・松
　　尾浩也・塩野　宏編集代表『新法律学辞典』，第三版，有斐閣，1989年，104ページ。

（13）西村吉正『日本の金融制度改革』東洋経済新報社，2003年，387-388ページ，岡崎哲
　　二・奥野（藤原）正寛「現代日本の経済ステムとその歴史的源流」，岡崎哲二・奥野
　　正寛編『現代日本の経済システムとその歴史的源流』日本経済新聞社，1993年，11-13
　　ページ，朴　盛彬「日本の金融行政の変化の政治経済学：護送船団方式の崩壊と公的
　　介入のあり方の変化」，秋葉まり子編著『グローバライゼーションの中のアジア　新
　　しい分析課題の提示』弘前大学出版会，2013年，93ページ，97ページ，109ページ。

（14）井村，前掲書，116-117ページ，伊藤元重・清野一治・奥野正寛・鈴村興太郎『産
　　業政策の経済分析』東京大学出版会，1988年，19-20ページ。

（15）この点については，例えば1970年代後半以降の時期の産業構造調整援助策と合理化
　　については，同書，26-27ページ，仲田正機『現代企業構造と管理機能』中央経済社，
　　1983年，第5章第3節を参照。

（16）D. Hanson, *Managerial Cultures*, New York, 2014, p. 194.

（17）例えば，藤本隆宏『生産システムの進化論』有斐閣，1997年，57ページ，59ページ，
　　74ページ，100ページ，120ページ，橋本寿朗『戦後日本経済の成長構造』有斐閣，
　　2001年，241-242ページなどを参照。

（18）西村，前掲書，32-33ページ，213ページ，鹿野嘉明『日本の金融制度（第3版）』東
　　洋経済新報社，2013年，47-51ページ。

（19）ポール・シェアード『メインバンク資本主義の危機』東洋経済新報社，1997年，20
　　ページ，153ページ，225-226ページを参照。

（20）田中生夫『日本銀行金融政策史〔増補版〕』有斐閣，1985年，第7章参照。

（21）T. F. Cargill, M. M. Hutchison, T. Ito, *The Political Economy of Japanese Monetary Policy*,
　　Cambridge, Massachusetts, 1997, pp. 30-31, pp. 52-54〔北村行伸監訳，後藤康雄・妹尾
　　美起訳『金融政策の政治経済学（上）戦後日本の金融政策の検証』東洋経済新報社，
　　2002年，34-36ページ，59ページ，67ページ〕

(22) P. A. ホール・D. ソスキス，前掲論文，p. iii，pp. v-vi, p. viii参照。

(23) 戦後のドイツにおける「国家と企業の関係」について詳しくは，前掲拙書『戦後ドイツ資本主義と企業経営』，第3章を参照。

(24) 同書および拙書『現代のドイツ企業』森山書店，2013年を参照。

(25) 多様化高品質生産については，W. Abelshauser, *Kulturkamp*, Berlin, 2003〔雨宮昭彦・浅田進史訳『経済文化の闘争』東京大学出版会，2009年〕, W. Streeck, *Social Institutions and Economic Performance. Studies of Industrial Relations in Advanced Capitalist Economies*, London, 1992を参照。

(26) 戦後のドイツにおける社会的市場経済の原理による社会的再配分機能については，前掲拙書『戦後ドイツ資本主義と企業経営』，第3章第1節を参照。

(27) 戦後のドイツにおける労使関係の枠組みについて詳しくは，前掲拙書『戦後ドイツ資本主義と企業経営』，第4章，前掲拙書『現代のドイツ企業』，第1章を参照。

(28) M. Stahlmann, *Die Erste Revolution in der Autoindustrie*, Frankfurt am Main, New York, 1993.

(29) T. v. Freyberg, *Industrielle Rationalisierung in der Weimarer Republik*, Frankfurt am Main, New York, 1989, T. Siegel, T. v. Freyberg, *Industrielle Rationalisierung unter dem Nationalsozialismus*, Frankfurt am Main, New York, 1991.

(30) C. Kleinschmidt, *Der produktive Blick*, Berlin, 2002, S. 173, H. G. Schröter, *Americanization of the European Economy*, Dordrecht, 2005, p. 197, p. 199, OEEC, *Problems of Business Management*, Paris, 1954, p. 5, pp. 13-14, J. McGlade, The US Technical Assistance and Productivity Program and the Education of Western European Managers, 1948-58, T. R. Gourvish, N. Tiratsoo（eds.）, *Missionaries and Managers*, Manchester, 1998, p. 33.

(31) O. Bjarnar, M. Kipping, The Marshall Plan and the Transfer of US Management Models to Europe, M. Kipping, O. Bjarnar（eds.）, *The Americanization of European Business*, London, 1998, p. 14.

(32) H. G. Schröter, *op. cit.*, p. 59.

(33) J. Zeitlin, Introduction, J. Zeitlin, G. Herrigel（eds.）, *Americanization and Its Limits*, Oxford, 2000, p. 11, pp. 15-20.

(34) *Ibid.*, p. 38, pp. 40-41.

(35) C. Kleinschmidt, *a. a. O.*, S. 120, S. 398-399.

(36) 宮島昭英「『財界追放』と新経営者の登場――日本企業の特徴はいかにして形成されたか――」『Will』，Vol. 10，No. 10，1991年7月，139-140ページ，宮島英明「財閥解体」，法政大学情報センター・橋本寿朗・武田晴人編『日本経済の発展と企業集団』東京大学出版会，1992年，212-213ページ，宮崎義一『戦後日本の経済機構』新評論，1966年，224ページ。

(37) 小田切宏之『日本の企業戦略と組織』東洋経済新報社，1992年，154-155ページ参

結章 日本とドイツの産業集中体制と企業経営 *473*

照。

（38）S. Hilger, „*Amerikanisierung" deutscher Unternehmen*, Stuttgart, 2004, S. 279-282.

（39）R. R. Locke, *The Collapse of the American Management Mystique*, Oxford, 1996, p. 54.

（40）C. Kleinschmidt, America and the Resurgence of the German Chemical and Rubber Industry after the Second World War, A. Kudo, M. Kipping, H. G. Schröter（eds.）, *German and Japanese Business in the Boom Years*, London, New York, 2004, p. 172.

（41）V. Berghahn, *Unternehmer und Politik in der Bundesrepublik*, Frankfurt am Main, 1985, S. 330.

（42）R. Neebe, Technologietransfer und Außenhandel in den Anfangsjahren der Bundes-republik Deutschland, *Vierteljahrschrift für Sozial- und Wirtschaftsgeschichte*, Bd. 76, 1989, S. 75.

（43）S. Hilger, *a. a. O.*, S. 287.

（44）A. Kudo, M. Kipping, H. G. Schröter, Americanization, A. Kudo, M. Kipping, H. G. Schröter（eds.）, *op. cit.*, pp. 20-21.

（45）U. Wengenroth, Germany, A. D. Chandler, Jr., F. Amatori, T. Hikino（eds.）, *Big Business and the Wealth of Nations*, Cambridge, 1997, p. 161.

（46）P. Lawrence, *Managers and Management in West Germany*, London, 1980, p. 80, p. 83, pp. 96-100, p. 186, p. 190, J. Ewing, *Germany's Economic Renaissance. Lessons for the United States*, New York, 2014, pp. 133-134, p. 139.

（47）*Ibid.*, p. xv.

（48）W. R. Smyser, *The Economy of United Germany*, Harlow, 1992, p. 71〔走尾正敬訳『入門現代ドイツ経済』日本経済新聞社，1992年，100ページ〕。

（49）P. Lawrence, *op. cit.*, p. 98.

（50）H. G. Schröter, *op. cit.*, p. 193.

（51）*Ibid.*, p. 197, p. 199.

（52）T. Armbrüster, *Management and Organization in Germany*, Aldershot, 2005, p. 87.

（53）Vgl. Industriegewerkschaft Metall, *Geschäftsbericht 1954/1955 des Vorstandes der Industriegewerkschaft Metall für die Bundesrepublik Deutschland*, Frankfurt am Main, 1956, S. 97, S. 101, S. 104.

（54）R. Rau, Die Anwendung von MTM in einem Unternehmen der deutschen Kraft-fahrzeug-Zubehör-Industrie, H. Pornschlegel（Hrsg.）, *Verfahren vorbestimmter Zeiten*, Köln, 1968, S. 170.

（55）A. Kudo, M. Kipping, H. G. Schröter, *op. cit.*, pp. 19-24, H. G. Schröter, *op. cit.*, p. 219.

（56）A. Lüdtke, I. Marßolek, A. v. Saldern, Amerikanisierung : Traum und Alptraum im Deutschland des 20. Jahrhunderts, K. Jaraush, H. Siegrist（Hrsg.）, *Amerikanisierung und Sowjetisierung in Deutschland 1945-1970*, Frankfurt am Main, New York, 1997, S. 25.

(57) *Ebenda*, S. 25, H. Hartmann, *Der deutsche Unternehmer*, Frankfurt am Main, 1968, S. 271-272, S. 282-283, S. 286-289, H. Hartmann, *Authority and Organization in German Management*, Princeton, 1959, p. 261, pp. 271-272, pp. 274-277.

(58) V. Berghahn, *a. a. O.*, S. 249-252, S. 255-257, S. 293.

(59) 工藤 章『20世紀ドイツ資本主義　国際定位と大企業体制』東京大学出版会，1999年，507-508ページ。

(60) U. Wengenroth, *op. cit.*, p. 161.

(61) A. D. Chandler, Jr., *The Visible Hand*, Cambridge, Massachusetts, 1977, p. 498〔鳥羽欽一郎・小林袈裟治訳『経営者の時代』，下巻，東洋経済新報社，1979年，852ページ〕.

(62) この点について，W. シュトレークは，ドイツでは，「品質への選好が社会的に確立しており，これによって価格競争が緩和されている」としている。また法的にカルテル行為が禁止されていることから，ドイツの業界団体は製品特化をすすめ，高い品質標準を設定・実施することによって価格競争から品質競争へ向かったとされている。W. Streeck, German Capitalism : Does it exist? Can it survive?, W. Streeck, German Capitalism, C. Crouch, W. Streeck（eds.）, *Political Economy of Modern Capitalism*, London, 1997, pp. 39-40〔山田鋭夫訳『現代の資本主義制　グローバリズムと多様性』NTT出版，2001年，61-62ページ〕. またW. R. スマイサーによれば，ドイツ企業は価格競争を嫌い，それを回避する傾向にあり，業績ベースでの競争，製品やサービス面の優劣をめぐる競争に従事し，価格競争は，化学品や鋼材など量で勝負する素材産業にみられるように，それが必要な場合にのみ行われるものであるとされている。経営者は顧客の満足度や，製品を顧客の意向に合わせることを重視し，管理者は製品の質とサービスという2つの目標に力を集中する傾向にあり，自社の製品，品質，精密さ，サービスへの配慮がドイツ的経営の特徴のひとつであるとされている。W. R. Smyser, *op. cit.*, pp. 68-69, pp. 73-74〔前掲訳書，96-97ページ，103-104ページ〕.

(63) U. Jürgens, Charakteristika der europäischen Automobilindustrie, G. Schmidt, H. Bungsche, T. Heyder, M. Klemm（Hrsg.）, *Und es fährt und fährt*, Berlin, 2005, S. 14-15.

(64) S. Hilger, 2004, *a. a. O.*, S. 190, S. 192-193, K. W. Busch, *Strukturwandlungen der Westdeutschen Automobilindustrie*, Berlin, 1966, S. 159. 計画的陳腐化に対する否定的な受け止め方は企業の側にもみられ，経営者とそのチームは強い製品指向にあり，良い製品は必ず売れるという確信をもっているという傾向にある。W. R. Smyser, *op. cit.*, p. 68〔前掲訳書，97ページ〕.

(65) D. Hanson, *op. cit.*, p. 71, p. 189.

(66) 古内，前掲書，89-100ページ，佐藤茂孝・A. ヘルマン「貿易・資本取引政策」，さくら総合研究所・ifo経済研究所編著『日本とドイツの経済・産業システムの比較研究』シュプリンガー・フェアラーク，1997年，218ページ，NHK取材班『日本・西ドイツ』日本放送出版協会，1988年，91ページ。

(67) 村上研一『現代日本再生産構造分析』日本経済評論社，2013年，58ページ。

(68) 同書，247-248ページ。

(69) 同書，94-95ページを参照。

(70) この点については，拙書『現代経営学の再構築』森山書店，2005年，結章第4節を
も参照。

補論1　1970年代から80年代における
生産システムの展開の日独比較

　第2次大戦後の経済発展のひとつの基軸をなしたのは大量生産の進展であり，自動車産業をはじめとする加工組立産業におけるアメリカ的大量生産システムの導入・展開が大きな役割を果たした。第5章で考察したように，1970年代初頭までの経済成長期には，日本でもまたドイツでも，フォード・システムに代表されるアメリカ的大量生産方式を自国の条件に合わせるかたちで修正することによって，適合的なシステムへと変革させ，適応させてきた。

　しかし，1970年代以降の資本主義の構造変化のもとで，アメリカ的大量生産システムの限界が顕著になり，生産システム改革が重要な経営課題となってきた。そうしたなかで，日本的生産システムは，1970年代から80年代末までの時期に高い経済的パフォーマンスを実現し，世界から注目を集め，「ジャパナイゼーション」と呼ばれるようにその国外への移転が重要な問題となるに至った。一方，大量生産システムの改革の主要舞台となった自動車産業において高い国際競争力を実現してきたドイツでも，市場の変化に柔軟に対応しうる方式への転換をめざして，また日本企業の競争優位への対応として生産システム改革が取り組まれた。しかし，そのあり方は日本のそれとは大きく異なるものであり，その成果という点でも限界をもつものになった。その結果，ドイツにおけるこの時期の生産システム改革の限界は，その後の生産システムの展開のあり方を規定する要因にもなった。

　1970年代から80年代において高いパフォーマンスを実現した日本的生産システムはどのような構造をもち，いかなるメカニズムで機能することによってアメリカ的生産システムの限界に対応することができたのか。そのことはまたそれまでの大量生産，そのシステムのあり方をいかに変えるものであり，資本

補論1　1970年代から80年代における生産システムの展開の日独比較　*477*

の再生産構造（蓄積構造）においてどのような意味をもつものであったのか。一方，ドイツにおける生産システム改革はどのようなものであり，その意義と限界とはいかなるものであったのか，またそこでの限界はその後の生産システムの変革・展開をどう規定することになったのか。補論1では，こうした問題の解明を試みる。

　以下では，まず第1節において，資本主義の構造変化がみられた1970年代以降の低成長期における生産システム改革の背景をみた上で，第2節では，この時期の日本的生産システムの展開についてみていく。つづく第3節では，ドイツにおける生産システム改革について考察する。それらをふまえて，第4節では，この時期の生産システム展開の日本的特徴とドイツ的特徴を明らかにしていく。

第1節　1970年代以降の低成長期における生産システム改革の背景

　1970年代の資本主義の構造変化のもとで，フォード・システムとオートメーション技術を基盤にしたアメリカ型大量生産システムからの転換が取り組まれるに至る社会経済的背景，生産システム改革の課題とはいかなるものであったのか。まずこの点についてみておくことにしよう。

　フォード・システムは，「専用化」の論理による生産編成を基調とした大量生産方式であり，「規模の経済」の実現に大きく寄与した。しかし，そこでは，大量の生産ロットの確保を可能にする特定製品の大量市場の存在と市場の安定性が必要となる。そのような市場の条件が確保しえない場合には，「規模の経済」を実現しうる可能性は大きく損なわれ，生産方式の編成のあり方そのものが大きく問われることにならざるをえない。

　1970年代以降の時期における生産システムの改革，新しい展開の必要性を決定的に規定したのは，市場の創造のための手段であった多品種化戦略の進展にともなう一品種当たりの生産ロットの縮小という問題と製品間の需要変動への生産の対応の必要性にあった。低成長への移行にともなう消費性向の低下という傾向のもとで，本来，品種数の増加と同じテンポで需要が拡大していくような条件にはなかった。その結果，1品種（車種）当たりの平均の生産ロットが

低下した。これを日本企業についてみると，例えば日産自動車とトヨタ自動車では，1983年には1車種当たりの平均生産台数は73年に比べそれぞれ59.5％，63.4％に低下した[1]。ドイツにおいても，例えばフォルクスワーゲンでは，1982年には，かつての大衆車「カブト虫」（"Käfer"）と同じ売上台数を達成するためには，約14の製品のバリアントが生産されねばならなかった[2]。フォルクスワーゲン・グループは，1970年代初頭に製品プログラムの根本的な転換を開始しており，売上台数全体のうち72年以降のモデルの台数の占める割合は，73年の14％から77年には70％にまで大きく上昇した[3]。1979年1月24日の監査役会の議事録でも，同社のグループは，その間に新しい世代のモデルの投入による広範な製品の多様性でもって，競争相手に打ち勝つためのあらゆる前提条件を生み出してきたとされている[4]。

「専用化」の原理を基礎にしたアメリカ型大量生産の外延的拡大での多品種生産への対応は，設備投資負担とその固定費回収の問題からも容易なことではなく，多品種の大量生産をコスト的に十分に成り立たせることは困難にならざるをえない。しかも，製品間の需要変動への生産の対応における硬直性が問題とならざるをえない。したがって，多品種の大量生産をどのようにしてコスト的に成り立たせるか，またいかにして品種間の需要変動に対する生産のフレキシビリティを確保するかということが重要な課題となってきた。こうして，フレキシビリティによる効率性の追求が新しい合理化のパラダイムとなった[5]。例えばフォルクスワーゲンの取締役会の議事録をはじめとする多くの内部文書でも，1970年代に入ってからフレキシビリティの確保が最重要課題のひとつとなったことが指摘されている[6]。しかし，ドイツでは，1970年代以降の品質とフレキシビリティへの高度な要求は，もはや伝統的な生産コンセプト，組織構造およびそれと結びついた人事政策では克服しうることにはならなかったとされている[7]。また日本では，高度成長期に，多様で狭小な国内市場の条件に合わせたフォード・システムの導入・展開によって，フレキシブルな生産システムの基本的な骨格部分が形成されてきたが，多品種化のもとでの市場の大きな変化に効率的に対応しうる生産システムの本格的な構築は，1970年代以降のことであった。

第2節　日本における生産システムの新しい展開

1　日本的生産システムの展開

　1970年代以降の以上のような経営環境の変化のもとで，日本においては，それまでに形成されてきた従来の経営方式とは異なり，70年代後半から80年代に，さらに90年代にかけて，企業の経営全体の構造的変革＝「システム化」という方向での発展がすすんだ。日本の生産システムは，たんなる企業経営方式のレベルを超えて，企業の全体的な経営システムとして構築されることになった。1980年代になると，製造業の企業経営にとっては，多品種，小ロット，納期の短縮，受注の変動という多岐的な市場動向のなかで，原価低減と収益増大を実現するためのフレキシブルな経営 – 生産システムの確立が決定的に重要な課題となってきた[8]。そこでは，多様で，動態的な市場ニーズに対応して，次々に新製品を開発，生産し，販売する「柔軟な」経営体制の構築がはかられた[9]。日本では，アメリカ型の経営システム，生産システムとは異なり，多品種・多仕様大量生産を効率的に行うことを可能にし，市場をはじめとする経営環境の変化に柔軟に対応しうる企業経営のしくみが，購買，生産，販売，開発といった主要な機能の有機的な統合化，システム化によって「フレキシブルな経営システム」として構築されてきたのであった。

　このような日本の企業経営の方式は，国際競争力の高さを生み出す要因となったが，同国の国際競争力がとくに顕著に認められるようになったのは1970年代後半以降のことである。この時期にその担い手として登場したのは，機械機器諸部門，すなわち加工組立型産業の資本財・耐久消費財の部門であった。とくにアメリカの輸入依存度の上昇，国際競争力の相対的低下の中心をなしたのも，これらの諸分野であった。また日本の国際競争力を規定していた諸要因としては，①労働生産性の高さ，②高品質，③製品多様性の3点をあげることができる。本来，これら3つの要素はトレード・オフの関係にあるが，この点で日本企業は国際競争力の新しい型を実現したのであった。とくに製品の多様性についていえば，1970年代以降，製品の多様化は，自動車市場の競争において目立って重要な要因となりはじめた[10]。そのような状況のもとで，生産の多様化や需要の変動に即応することのできるフレキシブルな生産システムの構築

480

が求められたのであり，フレキシビリティの核心はまさにこの点にあった[11]。それゆえ，以下では，加工組立産業を主たる舞台とする生産システムの全体構造とその機能のメカニズムを明らかにすることが，重要な問題となってくる。

2 日本的生産システムの構造と機能

(1) 混流生産とその意義

日本的生産システムの重要な構成要素のひとつとしてまず混流生産をみることにしよう。1970年代における日本自動車産業の国際競争力の技術的基盤であった「生産システム要因」は，ジャスト・イン・タイム・システムと多品種少量生産とが労働力の「柔軟性」に依拠して展開された省力化生産システムの形成にあった。これに対して，1980年代の変化は，ME技術の導入によってこの柔軟な生産工程の自動化がはかられるとともに混流生産が可能となることによって変種変量生産が高次元で再構築された点にある[12]。

混流生産は，フォード・システムに代表されるアメリカモデルにおいてみられたような「専用化」の論理による生産編成ではなく，「汎用化」の論理による生産編成をベースにしている。同一の生産ラインでの複数の種類の製品の生産によって，設備全体の生産量が増大し，操業度の向上が可能になる。このように，効率的な多品種生産が可能となるだけでなく，需要の変動に応じて同一設備で生産される製品の種類の変更によって，品種間での需要変動に対する生産のフレキシビリティをある程度確保しうる。

このような混流生産は2つの大きな意義をもつ。第一に，複数の品種の混流化によって，生産施設への投資額の節約が可能となる。しかし，より重要なことは，同一の生産設備で複数の製品が生産されることによって，品種ごとでみるとより少ない生産量でもって設備の生産能力の抱える所要総量の実現の可能性が高まること，また需要の変動に対して，同一の生産設備で生産される品種の組み替えによって遊休化を抑制して操業度の向上が可能となることにある。単品種の大量生産のもとでは，需要が生産能力を下回った場合には，生産能力の遊休化が発生せざるをえず，逆の場合には，生産能力一杯しか生産を行うことはできず，それゆえ，需要の変化に生産が即応することができないという結果とならざるをえない。この点，混流生産による変種変量生産は，多品種生産

のもとでの品種間での「組み替え」によって，ひとつの生産ライン全体でみた場合，大量生産の所要総量に近づけることができるのである。

このように，混流生産による多品種大量生産の展開は，結果としてみれば，市場原理に基づく資本主義生産における矛盾へのひとつの対応策となっているという点が重要である。このような生産システムは，あくまでも大量生産という基本的な枠組みのなかで，その経済効果の実現のためのあり方が変化したものである。

(2) ME技術革新とその意義

つぎに多品種多仕様大量生産のもとでのフレキシブルな生産を可能にする日本的生産システムの技術基盤をみると，それはいわゆるME技術にあった。こうした技術の柔軟性とは，「加工方式の柔軟性（NC，MC，ロボット，AGVなどの加工ステーション・搬送システムの多様性）と制御方式の柔軟性（MEによる制御の可変化＝制御のプログラム化・ネットワーク化）とを基盤にした，個々の機械の柔軟性およびその複合としての生産工程全般の機械・装置の柔軟性である[13]」。自動化のレベルを維持した上で機械設備の一定の「汎用性」を回復する可能性を与えたところに，ME技術の最大の意味がある[14]。

もとより，「機械体系によって，フレキシビリティを維持しつつ自動化することは，汎用機に治具や工具を取り付けることによっても可能ではある」。しかし，それらの取り付けには時間と費用がかかったので，「作業を自動化しつつ，フレキシビリティを維持することには大きな限界があった」。こうした従来の技術面での限界を克服したのが，マイクロエレクトロニクスの発展に依拠したオートメーションであった[15]。ME機器には，多様な加工と不正常への対応が柔軟にできるという，二重の意味での「柔軟性」がある。そのような柔軟性によって，ME技術は，汎用機のオートメーション化に貢献した[16]。

このような「技術のフレキシビリティ要因」を労働手段の有効利用という「総量実現」の問題との関連でみると，同一品種の生産だけを行い，特定の作業だけで個々の機械が担当する作業の総量が保障される場合には，使用される機械は汎用機である必要はなく，作業機のなかの使わない機構部分を排した単能機（専用機）が開発・導入された。しかし，特定の作業だけで総量が保障さ

れない場合には，単能機ではむしろ非効率的であり，様々な作業に対応しうる
汎用機に総量を集めることによってはじめて，稼働率を保つことができる[17]。
混流生産のもとでの多品種生産がフレキシビリティを高めうる潜在的可能性を
生み出したのと同様に，ME技術革新を基礎にした生産設備における汎用性の
一定の回復は，単能機・専用機の利用による単品種や少品種の大量生産の場合
に比べ，設備の生産能力の完全利用という総量実現の潜在的な可能性を高めう
ることになった。

　(3)　ジャスト・イン・タイム生産方式とその意義
　さらに日本的生産システムの最も重要な要素のひとつであるジャスト・イ
ン・タイム（JIT）生産方式についてみることにする。生産管理上のJIT生産方
式の大きな意義のひとつは，フォード・システムの限界の克服を試みている点
にある。生産管理におけるフォード・システムの限界は，流れ作業組織が導入
された工程部門内の生産の同期化が実現されても，工程部門間（例えば組立工
程と部品製造工程）の同期化は実現されえないということにある[18]。
　JIT生産方式では，「かんばん」を利用した「後工程引き取り方式」におい
て，「引き取りかんばん」と「生産指示かんばん」とを連結させることによっ
て，部品製造工程と組立工程との同期化の実現がはかられている。例えば後工
程でのラインストップが発生した場合，部品の引き取りを停止させることによ
り生産指示かんばんは自動的にストップし，その結果，前工程である部品製造
工程の生産がストップする。逆に，後工程である組立工程が再び稼働し始める
と，生産指示かんばんが機能し始めることによって，前工程の生産再開と両工
程の生産調整が自動的に行われうる。こうしたレベルでの両工程間の同期化が
実現されるところに，JIT生産方式の大きな意義があるといえる。
　また後工程引き取り方式では，不必要な作りすぎによる在庫発生の回避のた
めに，各工程は「『後工程が必要とするものを，必要とするときに，必要なだ
け』生産する」という方法がとられ，「各工程は後工程が引き取った量だけを
生産し，それ以上は生産しないようにシステム化する」。この方式は，「最終的
な生産指示を後工程の実際の進捗度に連結させることによって，在庫増加をも
たらさないで工程間調整を自律的に保障しようとする」ものである[19]。

補論1 1970年代から80年代における生産システムの展開の日独比較 *483*

しかし,「かんばん方式というのは,あらゆる工程の生産量を調和のとれるようにコントロールするための情報システム」であり,この方式のさまざまな前提条件が完全に実施されていなければ,たとえかんばん方式だけが導入されても,JIT生産は実現しがたい[20]。JITシステムとは,「素材から完成品までの錯綜する複雑な全工程連鎖に淀みない流れを作り上げることを追求するシステム」である。このような流れの達成には,かんばん情報による後工程引き取り方式や品質・設備保全のみならず,生産の平準化と段取り時間の短縮も必要となる[21]。

生産の平準化とは,「最終組立ラインが部品を前工程から引き取るさいに,各部品の量と種類に関して平均化して消費するように,種々の車種が混流生産されること」である[22]。平準化生産では,生産品目の頻繁な切り替えによって,「最終製品の生産が最終需要の動きに近接し,製品在庫が縮減されることになる」[23]。平準化生産の考え方そのものはアメリカでも広く行われていたが,日本の企業は平準化生産のリズムを組立工程だけでなく生産の全工程にわたって厳密に展開しているところに,特徴がみられる[24]。トヨタ生産方式では,資材や部品の企業外部での生産や購入を含めて,系列下にある部品企業から工場内での最終工程までの生産工程全体に平準化した「流れ」を作り出すという意識が,その根底にある[25]。

またこうした生産の平準化の意義を「総量の実現」という大量生産の課題との関連でみれば,そこでは,切り替えなしの平準化から切り替え頻発の平準化への質的変化がみられる。こうしたフレキシビリティが高まれば高まるほど,バラツキを排除できる可能性が広がり,生産する総量を集めることができる[26]。その結果,大量生産による「規模の経済」の実現の可能性が高まることになる。

また段取り時間の短縮については,単一の部品だけでなく複数種類の部品を生産する大部分の工程では,「『平準化』に対応して生産品目の頻繁な切り替えが必要になる」。「例えばプレス工程での金型の交換のように,生産品目の切り替えとは生産設備の稼働停止による段取り替えを意味する」。それに時間がかかれば,後工程の要求する部品の変化に応じて直ちに生産を開始して部品を供給することができなくなる。したがって,平準化への対応のために前もって在

庫を用意することが必要となり，JIT生産方式は，重大な矛盾を抱える。その
克服のためには，段取り替えに必要な時間を極力短縮することが必要となる。
日本では，「段取り時間の大幅な短縮の結果，頻繁な段取り替えによるロット
サイズの縮小にもかかわらず，段取り替えコスト（段取り時間／ロットサイズ）
でも国際優位が実現された」。トヨタ自動車では，生産設備の停止中に行う
「内段取り」を生産設備の作動中に行う「外段取り」へと変えることによって，
アメリカの自動車企業と比較して極端に段取り時間を短縮し，小ロット多品種
生産においても部品の流れを円滑化することが可能になった[27]。

　混流生産の展開のためには，小ロット生産を可能にするひとつの条件である
内段取りの外段取り化が必要であり，日本企業では，各職場での作業経験や活
発な改善活動にも基づいて，そのノウハウが蓄積されてきた。これに対して，
欧米企業では，こうしたノウハウの蓄積が不十分であったために，小ロットの
多品種生産も混流生産も，日本企業のようにはすすまなかった[28]。

　さらに「自働化」と品質管理についてみると，全工程にわたる淀みない流れ
を前提とした進行作業方式を基礎とするJIT生産方式においては，不良材料の
発生や機械の故障による生産の中断が致命的な影響をおよぼすことになる[29]。
在庫を最低必要限度まで圧縮するJITシステムにおいては，むしろ欠品の原因
となる前工程での不良品の発生や設備故障など自体を極力縮減することを保障
する体制が，不可欠となる。このことは，生産管理の一分野である品質管理の
あり方，機能とかかわる問題である。最終工程などで不良品を事後的に排除す
るアメリカ的な品質検査とは異なり，不良を発生箇所にできるだけ近いところ
で検知し，不良品を検出排除するだけでなく，発生原因を突き止め，改善し，
不良の発生そのものを減少させる動態性に，品質管理の日本的特質がある。ま
た生産設備の各所に不良の発生率を減少させる細部の技術的工夫が無数に加え
られている[30]。その代表例が「自働化」と「ポカヨケ」である[31]。

(4)　下請分業生産構造とその意義

　加工組立産業におけるこのようなJIT生産方式の展開のひとつの重要な特徴
は，それが下請制度を利用したかたちで行われているということにある。下請
分業生産構造は，日本的生産システムにおけるフレキシブルな変種変量生産を

補論1　1970年代から80年代における生産システムの展開の日独比較　*485*

行うための各種部品の適時適量供給体制を可能にしている重要な要素のひとつである。

①　下請分業生産構造の基本的性格

　日本的な下請分業生産構造を社会的分業と垂直的統合がもつメリット・デメリットとの関連でみると，社会的分業の場合，景気変動への対応を柔軟に行いうるというメリットをもつ一方で，取引企業間の情報の不確実性ゆえに，技術開発，品質向上やコスト低減に取り組む上で大きな限界をもつ。部品の内製化というかたちでの垂直的統合では，部門間の情報把握・内的連絡が容易になることにより，部門間の緊密な調整が可能となり，技術開発，品質向上やコスト低減に取り組む上で大きな利点がもたらされる。しかし，垂直的統合は資本の固定化を招くので，景気の後退のさいの生産量の著しい減少のもとでは，つねに生産能力の遊休化の危険にさらされることになる。一般に，市場による取引では不正確な情報しか得られないが内部組織化することにより適切な情報が得られる場合には，内部組織が選好される場合が多い。内部組織化は資源を固定化するということであり，企業の収益性という点からいえば，伸縮性の確保が可能になることから，市場を利用するメリットは無視しがたいものである。したがって，内部組織化せずに同質の情報が得られるのであれば，企業としては，市場に近いものを選択することになる[32]。

　日本的な下請制の利用は，発注側の企業にとって，社会的分業のメリットと垂直的統合のメリットを一定享受しうると同時に，それらのデメリットをもある程度排除することができるシステムである。下請制は，たんに発注者である親企業が下請企業との間の賃金格差を利用して必要部品の安価な購買を行うことのみを意図したものではない。下請制利用の本質は，支配・従属関係を基礎にして，親企業・下請企業間の情報把握・内的連絡が容易になることにより，完全な垂直的統合を行った場合のように部門間の緊密な調整が可能となることにある[33]。下請制の利用は，垂直的統合の利点を与えるだけではなく，市場環境に対して生産量や在庫の調整にある程度応じることにより，分業の利点をも親企業に与えることになる。このように，日本的な下請制度の利用は，社会的分業と垂直的統合との中間に位置する「中間組織」[34]として，また「準垂

直的統合」[35] としての性格をもつといえる。部品製造工程と組立工程の間の
JITを実現するためには，本来，垂直的統合（内部組織化）によって部品製造部
門と組立部門の間の緊密な部門間調整が確保されることが条件となる。日本的
な下請分業生産構造の意義のひとつは，そのような調整が下請企業の利用によ
る外製化によって実現される点にある。

②　階層的下請構造とその意義

　日本の加工組立産業における下請分業生産構造を，その最も典型的な事例で
ある自動車産業についてみると，「完成車メーカーを頂点とし，部品メーカー
と更にそれらの発注を受ける下請企業群により構成される分業構造」となって
いる[36]。このシステムでは，頂点の自動車メーカーは，最上層の１次下請企
業のみを直接管理するだけで，２次以下の全階層の下請企業をもコントロール
することができる[37]。

　発注側の親企業と下請企業との生産分業関係を機械金属関連の事例でみる
と，１次下請企業は，主に完成部品組立やユニット部品生産を担当している。
この層の下請企業は，親企業と２次下請企業との間にたって「紐帯の役割」
（サブ・アッセンブリィ）を演じている。「このサブ・アッセンブリィ工程を担
う下請企業の存在は，頂点に位置する親大企業をして最終組立加工（ファイナ
ル・アッセンブリィ）あるいは主力製品・重要部品の生産や新製品開発への傾
斜を可能にしている」[38]。その多くが完成部品メーカーである１次下請企業の
場合には，それぞれの部品について特定の技術が必要で，各々に固有の組立ラ
インや設備も必要となるために，不況期に自動車メーカーによる内製化を行お
うとしても容易ではない場合が多い。しかも，「承認図方式」，「ブラック・ボ
ックス部品」，「デザイン・イン」[39] などと呼ばれるように，自動車会社と直
接取引関係のある１次下請企業には，新モデルの開発の早期から完成車メーカ
ーと密接に協力しあいながら開発に参加している企業が多く存在している。サ
プライヤーのもつこうした専門的能力の利用によって，完成車メーカーは比較
的小規模の技術陣で効率的に新モデルの開発をすすめることができた[40]。こ
うした点からも，自動車企業と１次下請企業との関係は，基本的には，「補完
的」関係という性格をもつといえる。

補論1　1970年代から80年代における生産システムの展開の日独比較　*487*

　しかし，現実には1次下請企業が受注した部品の多くの部分は，2次下請企業に外注（再発注）される。2次以下の下請企業の担当する部品生産や工程は，多くの場合，切削加工，プレス，表面処理，鋳造，鍛造，金型製作などのような，1次下請企業が受注した完成部品・ユニット部品を生産するのに必要な専門加工やそれらの部品に組み込まれる構成部品の生産であった。2次，3次の下請企業は，労働集約的で周辺的な特殊化された工程を受けもつというかたちでの分業関係が定着する傾向にあった(41)。しかも，部品企業が自社独自で設計するケースや納入先が基本設計し自社で詳細設計するケースは，2次下請企業では，1次下請企業と比べると少なく，納入先設計のケースが圧倒的に多い傾向にあった。3次下請企業では，納入先設計の割合がさらに高まり，設計力という点で，それゆえまた親企業との新製品などの生産協力という点でも，階層間の格差がみられた(42)。

　2次以下の下請企業が担当する製品，工程の内容や開発・設計への関与のこのような状況は，発注側の親企業と下請企業との間の関係やその性格を規定している。不況期には，親企業による内製化も，また2次ないし3次の下請企業の間での選別・発注の絞り込みも比較的容易である。1次下請企業と2次下請企業との関係，2次下請企業と3次下請企業との関係は，基本的には，自動車企業と1次下請企業との間にみられるような「補完的」関係ではなく，むしろ「代替的」関係にあるといえる。

　このような親企業と下請企業との間の関係にみられる性格の相違も基盤となって，日本的生産システムにおけるJITの実現による部品在庫の削減をとおしてのコスト節減と景気変動へのフレキシブルな適応性については，それが階層的な下請制ゆえに可能となる日本的特殊性がみられる。この点は，下請制のもつ意義の理解にとって重要である。

　まずJITの実現による部品在庫の削減というかたちでのコスト節減についてみると，自動車企業と1次下請企業との関係が補完的関係にあるため，両者の長期的・固定的関係の維持が，自動車企業にとって重要な意味をもつ。それゆえ，1次下請企業への完成部品の在庫保有の強制は，コスト高をひきおこさざるをえず，1次下請企業の完成部品の在庫保有をいかに回避するかということが，自動車企業にとっても重要な問題となる。こうした問題に対しては，1次

下請企業レベルでのJIT生産の実現による完成部品の在庫保有の回避と2次以下の下請企業への在庫保有の圧力による緩衝機能によって，対応がはかられてきた。下請企業でのJIT生産の実現については，1次下請企業レベルや，2次下請企業の一部でもJIT生産の動きが，すでに1980年代にみられた[43]。2次下請企業のなかの最上位の企業には，1次下請企業の製造する完成部品にとって重要な構成部品を製造する企業や完成部品の品質に大きな影響をおよぼす技術力をもつ企業が存在していた。それゆえ，自動車メーカーにとっても，1次下請企業のJITのより確実な実現をはかる上で，このような2次下請企業の安定的・効率的な生産が，大きな意味をもった。このように，本来，内製化によらなければ困難なJIT生産が下請制利用というかたちでの外製化によって可能となるのは，日本に独自の階層的下請制の特質に基づくものである。しかし，そればかりでなく，上層の下請企業におけるJITの推進と2次以下の下請企業のそれへの組み込みにみられるように，膨大な数にのぼる下請企業をほぼ完全に近いレベルの統制をなしうるような経営管理体制を確立していることが大きく関係している。

　また景気変動へのフレキシブルな適応性の問題に関しては，下請制の利用によるフレキシビリティの源泉は，基本的には，部品の外注分だけ自動車企業が固定費となる労働手段をもたないことによるものである。しかし，そのさい問題となってくるのは，継続的関係にある1次部品メーカー側の労働手段の遊休化による製品1単位当たりの固定費負担増をいかに処理するかということにあり，自動車企業に対する納入単価へのその影響をいかに回避しうるかという点にある。すなわち，自動車企業と1次下請企業との間の固定的・継続的な取引関係を効率的かつ有効的に維持していくためには，不況期における部品の発注の抑制・減少による1次下請企業側の労働手段の製品1単位当たりの固定費負担増にともなうコスト高をいかに回避あるいは緩和させるかということが，重要な問題とならざるをえない。

　この問題への対応についていえば，1次下請企業が受注した部品の生産の多くの部分がさらに2次下請企業に外注されることにより，本来，その分だけ，1次下請企業が内製した場合に生じる生産能力の遊休化を回避することができる。しかも，1次下請企業と2次下請企業との関係が代替的関係にあること，

下位の階層にいくほど生産技術や生産工程の汎用性が高くなる傾向にあること
などの条件を基礎にして，景気変動による発注の減少にともなう２次下請企業
の労働手段の遊休化から生じる製品１単位当たりの固定費負担増を１次下請企
業がほとんど回避するかたちで，景気の変動に応じてその発注を抑制すること
や取り消すことのできる余地・可能性が大きくなる。２次と３次の階層の間に
ついても同様のことがいえる。こうして，自動車メーカーと１次下請企業との
間の固定的・継続的な関係がもたらす景気変動に対する「硬直性」の問題も，
その分だけ緩和されうるのであり，内製した場合と比べると，頂点に立つ大企
業にとっては，一定の「フレキシビリティ」を得ることができるのである。

　自動車企業と下請企業との関係をめぐっては，浅沼萬里氏は，完成車メーカ
ーが下請企業を景気循環のバッファーとして用いるとされてきた通念は現実に
はあわず，完成車メーカーによるサプライヤーへのリスクの転嫁ではなくリス
クの吸収が現実に行われてきたことを明らかにされている。しかし，この場合
の自動車メーカーによるサプライヤーのリスクの吸収はあくまで１次供給企業
のレベルに対してのことである[44]。日本では，階層的な下請制を利用した分
業構造になっており，１次と２次，２次と３次の下請企業の間の関係が代替的
関係にあることにリスク転嫁が可能となるメカニズムがある。現実的には，１
次のサプライヤーによる２次以下のサプライヤーへのリスクの転嫁によって，
景気変動に対する完成車メーカー側のリスク回避が実質的に可能となるといえ
る[45]。親企業（ここでは完成車メーカー）が下請企業を景気循環のバッファー
として用いるとされてきた問題については，このような観点において理解され
なければならない。こうした意味でも，日本の階層的な下請制のもつ構造的機
能が重視される必要があろう。

③　産業特性と下請制利用によるフレキシビリティの構造的要因

　このような下請制利用に関して指摘しておくべき重要ないまひとつの点は，
自動車産業のような加工組立産業においてそれが親企業に対してメリットを生
む構造的要因についてである。加工組立産業は，生産の流れ・プロセスからみ
ると，「収斂型」ないし「結合型」という生産過程の特性をもつ。鉄鋼業のよ
うな装置・生産財産業ではなく加工組立産業において下請制の利用によって親

企業にとって固定費の回避と需要変動に対するフレキシビリティという面で大きなメリットがえられるのは，このような生産過程の特質によるものである。

自動車産業のような収斂型構造の場合には，多種類の素材を出発点として，それらの変形加工，組立を通して最終的には，基本的に単一の製品が導かれるのであり，完成車組立メーカーは，生産過程からみると最終の工程に位置している[46]。つまり，関連部品企業は親企業（組立メーカー）の前工程に位置しており，そこで製造された外注部品が親企業に送られ，最終製品の生産過程に入る。「関連企業・協力企業を前工程で収斂型に配置している場合には，それによって必要な最終製品の生産にたいして巨大企業の固定資産が節約され，流動資産（外注部品）におきかえられる[47]」。

これに対して，鉄鋼業のように，「1つの基本的な素材を出発点として，それから最終的には多種類の銘柄の製品が導かれる」という「分散型」の生産過程の特質をもつ産業[48]の場合，大企業（親企業）は生産過程の最初の段階に位置し，多くの場合，関連企業・協力企業は大企業の次工程として存在している。「関連企業・協力企業を後工程に，分散型に配置している場合には，必要な最終製品にたいして，関連企業・協力企業を利用することによって固定資産を節約することはできない[49]」。また鉄鋼業の場合には，巨大企業では，その生産効率の面などからも銑鋼一貫製鉄所と呼ばれるように，「製銑—製鋼—圧延」というこの産業本来の基本的な生産工程がセットで展開され，加工組立産業のような外注による工程の分離が困難であるという事情もみられる。このような産業のもつ構造的要因にも，市場の変動に対する「フレキシビリティ」が加工組立産業において問題にされる所以のひとつをみることができる。

(5) 労働力利用における日本的展開とその意義

また日本的生産システムにおいて「変種変量生産体制」によるフレキシブル生産を支えるいまひとつの要素が，ヒトの「ジャスト・イン・タイム」ともいうべき人員配置の「柔軟化」である。それは，日本的な労働編成の方法，労働慣行や労務管理のあり方などを前提にして可能となったものである。

職務の細分化，作業者の専用性（硬直性），個人責任主義という3つの特質をもつアメリカ的な労働編成に対して，日本のそれは，労働の包括性，作業者

補論1　1970年代から80年代における生産システムの展開の日独比較　*491*

の汎用性（柔軟性），集団責任主義の３つの特質をもつが[50]，人員配置の「柔軟化」は，このような日本的な労働の包括性を基礎にしている。それを基礎にしたチーム作業が行われるが，それは「労働者の職務を特定し，限定しないことから，チームの作業全般にフレキシブルに対応し，これを遂行できる能力を労働者に要求する」。「労働者が多能工であることによって，チーム作業のチーム・ワークが組織でき，また，改善活動の取り組みにも成果があがり，さらには，なによりも全社的な計画の一環として設定されているチームの作業量が達成できることになる」[51]。

　このような多能工は，多品種・多仕様生産への対応を容易にするだけでなく，「チーム・メンバーを最小限に減らし，市場需要の変動に対応してフレキシブルに作業組織を組みかえることができることをめざしたもの[52]」である。一個流しの生産は，多工程持ちのラインにおいて多能工が一連の種々の作業をサイクルタイム（製品１単位を生産するのに必要な時間）内に完了することによって実現される[53]。多能工の存在は，「少人化」のための前提条件のひとつをなす[54]。少人化とは，「必要なときに必要な人員を配置するという労働者の"かんばん方式"」であり[55]，多能工化は，このような意味で人減らし「合理化」の手段にほかならない[56]。

　労働者は，定員制を打破した応・受援（少人化）体制のなかに組み込まれることによって，自らの遂行する作業の総量をつねに高いレベルで保ち続けることが強制されることになる。多能工化の本質は，彼らの作業能力の完全利用にある。フレキシブル化，すなわち多能工化・少人化がすすめばすすむほど，その分だけ稼働率を向上させる自由度が増す[57]。終身雇用制度のもとで労務費の「固定費化」を招かざるをえない日本の労働慣行のもとで，労働力利用の「汎用化」によるフレキシビリティは，労働力の恒常的な完全利用を実現する上で重要な意味をもっている。しかしまた，所定外労働時間や周辺労働者の利用など「変動費」として認識される部分を生産システム内部に恒常的に組み込み，これらをフレキシブルに利用することによって，生産量が減少した場合でも固定費部分としてのコア労働者を全面稼働させることを目的として，正規社員以外の周辺労働者が利用されている[58]。

　またQCサークル活動，改善活動などの職場小集団活動は，少人化のための

柔軟な職務づくりを支えることによって，フレキシブルなヒトのJITを容易にしてきた。かんばん方式は，2つの目標をもつものである。ひとつには，「需要変動に応じて弾力的に各ラインの編成替えを行なって，『ムダ』な人員を排除する『少人化』」である。そのために，職場では，ジョブ・ローテーションによる多能工化が推し進められ，柔軟な職務構造づくりが行われる。いまひとつの目標は，製品の品質管理を実現するための「自働化」である。「『少人化』のための『柔軟な職務』づくりと，『自働化』のための『不具合』の除去という二つの目標に対する改善の取組みや改善提案が，トヨタ自動車のQCサークル活動であり，提案制度なのである」[59]。

しかし，ここでは，そのような日本的な労働のフレキシビリティの意義と限界について正確にとらえておかねばならない。職務区分が厳密に決められ，部分化された作業のみを担当するという，テイラーの原理に基づく旧来のアメリカ的な作業編成とは異なり，「日本の職場の作業編成やその運営は，チームリーダーである班長，組長らの職制を中心とした作業チームによって自主的に決められている[60]」。このような「日本の職場の作業編成のフレキシビリティは，たとえ企業の生産計画を前提とした枠のなかで日常の仕事を遂行するレベルのものであっても，その自律性のもとでのフレキシビリティが労働者の合意と遂行責任をひきだすうえで大きな役割をはたしている[61]」。またQCサークル活動や改善活動などについても，「企業の改善目標と改善組織の管理の枠内での労働のフレキシビリティにすぎないという限界を有するものである」とはいえ，「労働者が改善活動という自らの作業の改善と取り組み，その成果を標準作業に反映させるという，構想と執行の結合」が，ある一面においてはかられているといえる[62]。日本的生産システムのもとでの厳しい労働に対する一定の勤労意欲を，そうした参加活動なども含めた「職場集団の自律性」という契機によって引き出すことが可能となっている。このような日本的な労働のフレキシビリティの二重性の理解が重要である[63]。

このように，日本的な労働慣行，労働編成を基礎にした多能工化による労働力利用の「汎用化」の実現によって，労働力利用のレベルにおけるフレキシビリティの確保が可能となっている。ここに日本的生産システムにおける労働力配置のフレキシビリティ要因がある。アメリカ的な労働編成では，テイラー主

補論1　1970年代から80年代における生産システムの展開の日独比較　*493*

義的な分業の原理に基づく極端なまでの職務の細分化と固定化が，「労働者の勤労意欲の低下と労働能力の一面的発達をもたらし」，ME技術革新や多品種少量生産などにおいても有効な対応を困難にしたという限界がみられたが[64]，この点で，日本の状況は大きく異なっていたといえる。

第3節　ドイツにおける生産システムの新しい展開

1 ドイツ企業の生産システム改革

　つぎに，ドイツにおける生産システムの改革による新しい展開について，考察を行うことにしよう。1970年代以降のドイツ自動車産業における生産の合理化の主要特徴は，価格面での競争優位よりも製品の差別化・高付加価値戦略の重視のもとで，ME技術という新技術と熟練工を中心とする集団労働という新しい作業組織に依拠するかたちで生産システムのフレキシビリティの実現を可能にする生産モデルの追求にあった。「ドイツ的生産モデル」は，フレキシブル・オートメーション技術の積極的な展開，直接生産現場への専門労働者（熟練工）の投入，「直接生産機能の統合・大括り化と間接機能（保守・整備・品質保証）の生産現場への統合」という「機能統合」を柱とするものであった[65]。

（1）　ME技術に依拠した生産システムのフレキシブル化

　まずME技術との関連でみると，ドイツでは，産業ロボットやNC工作機などのME技術の導入が優先され，自動化の効率性と技術のフレキシビリティに大きく依拠した展開が追求された[66]。フォルクスワーゲンでは，新しい車種によって数年でもって「カブト虫」が駆逐されたときに，フレキシブルなロボット技術がますます重要となった。1983年の営業年度の末には，1,200台を超える産業ロボットが投入されていた[67]。そのような技術の導入の目標は，主として手作業での生産の形態や以前のあまりフレキシブルでない専用機械の代わりに，産業ロボットやCNC工作機のような，コンピューターを基盤としたフレキシブルな技術を大規模に導入することにあった[68]。

　ただフレキシブル自動化の状況は，工程部門によっても大きく異なっていた。それは，プレスや機械加工では広くすすんでおり，そこでは，自動化の水

準の完全化や周辺領域の機械化が問題となった。これに対して、熔接（ホワイトボディの組み立て）や塗装では、ハイテクとローテクの領域が混在していた。ユニット組立や最終組立では、部分的な反復作業の漸次的な自動化が行われたが、1990年代初頭になっても、徹底した機械化にはなお至っていなかった[69]。

　そこで、主要工程別にみると、1990年発表のM. シューマンらの研究によれば、**プレス工程**では、生産労働者においては、製品に対する手仕事労働はすでに存在しなくなっており、高度に自動化された機械に対する手仕事労働者が86％を占めていた。**機械加工工程**では、製品に対する手仕事労働者の占める割合はわずか6％にとどまっており、生産労働者のうちの68％が機械に対する手仕事に従事していた[70]。また**車体製造工程**をみると、オペルでは、1984年の営業年度には、ボーフム工場において、自由にプログラムできるフレキシブルな自動熔接機によって、それまでの製品のタイプに拘束された硬直的な熔接設備がおき代えられ、手による熔接が大幅に削減された。その結果、カデットの生産に必要な4,200の熔接点のうち、98％が自動で行われるようになった[71]。1987年頃に頂点に達したリュッセルスハイム工場の大規模な近代化プログラムでは、車体組立のフレキシブル・オートメーションへの転換が、大きな役割を果たした[72]。ドイツフォードの3つの工場でも、1985年には熔接点の自動化率は82％から92％に達していた[73]。フォルクスワーゲンでも同様であり、1987年には、エムデン工場の新しいフレキシブルなホワイトボディ生産では、大量の熔接機によって車体用部品が完全自動で熔接された[74]。しかし、全体的にみると、ホワイトボディの製造工程では、生産労働者に占める製品に対する手仕事労働者の割合は81％と高かったのに対して、機械に対する手作仕事労働者の割合は、14％にとどまっていた[75]。

　また**組立工程**をみると、1980年代、遅くともその後半には、フレキシブル自動化による合理化のタイプの徹底的な変革がはっきりと現れた[76]。しかし、組立工程の性格もあり、他の工程部門と比べ合理化の立ち遅れが大きく、その克服が近代化の政策のひとつの統合された構成部分となった。そのような状況のもとで、組み立ては、自動車製造のなかで最大の合理化利益が期待される部門をなした。1980年代には、「フレキシブル組立システム」の開発という生産技術の面のほか、「組み立てのしやすい設計」という製品技術面の2つの方向

において，組立作業の自動化・機械化の障害を克服するための努力が展開された[77]。フレキシブルな組立自動化でもって，それまで組み立てにおいて普及していたような個別の諸方策の連鎖としての合理化の形態は，合理化コンセプトのなかへの個々の諸方策の計画的・組織的な組み入れの必要性によって，おき代えられた[78]。そこでは，プログラム可能な組立システムが，フレキシブルな組立自動化の中核をなした[79]。

　ここで，個別企業の事例をみると，最も典型的な事例をなす**フォルクスワーゲン**では，1983年に，組立工程にも最新鋭の自動化設備を導入したホール54が操業を開始した。組み立ての機械化・自動化への取り組みの象徴であるこの工場は，自動搬送システム，統合された品質管理システムおよび人間に配慮した作業職場を備えていた[80]。最終組立の機械化の実現のために，自動車の設計も「ロボットに適したもの」にすることが必要とされ，それまでの組立工程の順序が新しい技術に合わされるとともに，設計の変更も行われた[81]。新しい自動化のシステムがユニット組立に投入されており，カッセルの変速機工場がひとつの重点をなした。エムデン工場およびブラウンシュバイク工場でも，自動化の観点のもとで，フォルクスワーゲン・グループのすべての工場にとってのモデルとしての性格をもつ大規模なプロジェクトがすすめられた[82]。こうして，1987年度には，組み立てにおける自動化システムは，生産のフレキシビリティのさらなる一歩をなした[83]。

　また**オペル**でも，1983年にフレキシブルな自動組立ラインが配置された。ボーフム工場でのカデット用サスペンションの組み立へのその導入によって，作業条件が改善されただけでなく，異なるタイプのフレキシブルな組み立てが可能になった[84]。さらにカデットとアスコナのリアアクスルの生産のために，1986年9月以降，徹底的な自動組立を可能にする2本の組立ラインが配置された[85]。

　このような新しい技術は，とくに安全性や走行安定性という面をも含む製品の品質改善を実現するための手段としても導入された[86]。新技術の導入を核とした生産システムの改革は，そのようなドイツ的な製品戦略・製品コンセプトとも深い関連をもって推進されたのであった。

　ME技術の導入を基軸とした改革は，労働の人間化の取り組みとも深い関連

をもって展開された[87]。フォルクスワーゲンでは，職場における労働の人間化のための投資が合理化投資や拡張投資などとともに行われており，投資の目的のひとつとなっていた[88]。人的要因の経営上の新たな評価と労働力利用の戦略の根本的な変化にみられる労働政策のパラダイム転換のなかに，人間の労働の特別な質に対する新しい評価が表れている[89]。ME技術の導入による改革は，熟練労働力にも依拠するかたちでも推進されており，それゆえ，つぎに，そのような技術の導入との関連のなかで熟練労働力の果たした役割についてみることにしよう。

(2) ME技術の導入と熟練労働力の新しい役割
——直接労働と間接労働の職務統合——

ME技術を基礎にした合理化，生産システムの展開における熟練労働力の役割について，H. ケルンとM. シューマンは，伝統的なホワイトボディの生産では，それまで存在しなかったような専門的な熟練が用意される場合にのみ，複雑な新しい技術は企業によって成功裡に投入されえたとしている。一方では，電子制御のソフトウエアの側面を完全に支配しまたプログラミングを行うことのできる要員が必要とされたが，他方では，最も困難な種類の故障も短時間で完全に診断し排除することのできる労働力が必要とされるようになった[90]。そこでは，直接工への保全機能の統合というかたちでの新しい労働投入様式への変化がみられた。この点は，とくに，ホワイトボディ製造のような自動化がすすんだ工程部門において顕著であった。現場での保守や古典的な検査の大部分が，より高い職業上の価値をもつライン制御工（Straßenführer）と呼ばれる生産要員によって担当されるようになった[91]。ホワイトボディの生産では，1980年代後半には，大部分の自動車工場において，産業ロボットが多極点熔接設備の機能を引き継いだが，それまでの設備の操作係と段取り係との間での職務の分離は撤廃され，直接生産者への間接機能の統合がすすんだ[92]。

フレキシブル生産と高度な技術は，労働力利用における直接労働と間接労働の職務統合というアプローチを求めた[93]。熟練労働者は，前もって関与することによって，自動化された生産設備の障害や故障の一部を回避するか，あるいは自ら克服することができた[94]。フォルクスワーゲンでは，熟練をもつ労

補論1　1970年代から80年代における生産システムの展開の日独比較　*497*

働者のみが，コンピューターに支援された設計の方式や産業ロボット，数値制御の工作機械，フレキシブル生産システムを扱うことができた[95]。ホール54では，ライン制御工の職位のために，限定されていたとはいえ修理の職務をも担当する万能的な熟練工が投入されたほか，エレクトロニクスの基礎知識を有する比較的若い専門労働者が配置された[96]。BMWでも，1980年代初頭には，熔接ロボットのプログラミングは専門家の作業であり，専門労働者が工具をテストし，プログラムを試すようになっていた[97]。

　このように，ME技術に依拠したより高度な機械化・自動化は，設備の保守・整備やプログラミングのための熟練労働力の需要の増大をもたらした[98]。そのことは，保守・修理のような間接機能の直接工への統合というかたちでの新しい熟練職種を生み出した。ただケルンとシューマンの1984年の指摘によれば，このような機能統合による生産労働者の「再熟練工化」（"Reprofessionalisierung"）をもたらす労働編成のパラダイム転換は，なお普遍化・一般化しうるものではなく，漸次的な転換であった[99]。ことに組み立てにおけるコンベア作業が維持されたという状況のもとでは，職務統合の比較的限られた可能性しか存在しなかった[100]。

　しかし，その後の1994年の"Trendreport"などの研究では，極めて単純な撹乱の除去から非常に複雑な機械工学・電気工学・電子工学的な修理や監視・整備点検を職務内容とする，生産と保守の機能にまたがる「システム規制工」（Systemregulierer）と呼ばれる新しい生産熟練労働者のタイプが，重要な役割を果たすようになったとされている。このシステム規制工は，プレスや機械加工のような自動化された生産過程をもつハイテク部門において最も顕著にみられた。生産労働者に占めるその割合は，プレス工程では14％（最新の大型多段階プレスでは100％），機械加工工程では23％（CNSトランスファーラインでは90％）であった。これに対して，ハイテクとローテクの両方が混在するホワイトボディの生産の場合，その割合は，最新の熔接ロボットラインでは56％と高かったが，この生産工程全体では5％にすぎなかった。このような工程部門間の差異や職務統合の多様なパターンがみられるものの，システム規制工は，生産労働者の基幹的要員と位置づけられている[101]。

　こうして，1990年代初頭までに，自動車産業では，企業は，現場の就業者の

熟練と権限の強化をめざした労働組織・労働投入の戦略の統合された諸形態を展開した。機械化された生産の部門では，個別のケースにおいて伝統的な作業構造・経営構造からの非常に徹底した離脱がみられた。しかし，手作業がなお支配的な部門では，システム規制工の職務とより大きな手作業の範囲との結合は例外的なケースでしかみられず，さまざまな諸活動が異なる労働力によって行われているという状況がより多くみられた(102)。こうした部門間の差異はみられたとはいえ，熟練労働者が中心におかれた労働統制は，近代的な技術の管理にとってとくに重要であった。それゆえ，熟練労働者および「職業」としての熟練労働のひとつの特殊な理解が，「ドイツモデル」の中心にあった(103)。

　　(3)　集団労働の展開

　この時期の生産システム改革はまた，労働の人間化のプロジェクトとのかかわりのなかで，集団労働の導入というかたちでもすすめられた。生産チームの形成は，選別された従業員に対するより広い範囲の作業の要求への対応のひとつのオルタナティブを意味するものであった。経営側のチーム・コンセプトは，保守や品質管理の労働者のような専門的な間接労働者をチームにおいて直接生産労働者と統合することにあった(104)。1970年代半ば頃までは，ドイツの自動車産業において支配していた合理化モデルは，主として，分業による人員配置を志向しており，「テイラー的労働編成」と呼ばれるものであった。しかし，それ以降の時期には，経営のフレキシビリティの確保を目的とした労働編成の新しい形態が，組織的にテストされ，普及した。それは，まずとりわけ労働集約的な組立部門においてみられた(105)。

　フォルクスワーゲンでは，1970年代半ばから後半にかけての時期に，異なる作業構造の比較に関する公的助成を受けた経営プロジェクトの枠のなかで，「部分的に自律的な集団労働」の試みが実施された。そこでは，作業は，それぞれ平行して実施される4つの組み立ての島で働く2つの組立グループで行われた。それまでの単調な短いサイクルの諸活動に比べはるかに要求の多い作業内容をこなせるように，大規模な熟練養成策が展開され，成功裡に実施された。ただ職務の変更（ローテーション）は，グループ分けをめぐる軋轢のために可能ではなく，非常に遅くになって初めて，経営協議会とIGメタルによる

統一的なグループ分けが実施された(106)。1980年代末には，生産性の一層の向上のために，すべての工場で新しい労働組織の形態が，試験プロジェクトの枠のなかでテストされ導入されており，そのひとつが集団労働であった。そこでは，7〜12人の労働者のグループがチーム自体の作業の流れを決定し，また自らの製品の生産量と品質，設備の保守に責任を負うことになった。このような組織変更の目標は，労働者により大きな責任を移すこと，コスト意識を強化することにあった(107)。

　オペルでも，ボーフム工場において，日本のモデルのたんなるコピーを超えた集団労働の形態が導入された。ドイツの特殊的条件のもとで，1970年代の労働の人間化の構想から強く学んだ考え方と日本のモデルとの統合が現れた。同工場の集団労働では，作業グループが生産労働のみならず生産にかかわる間接労働（品質の確保，修理および保守）も担当することによって，また経営上の問題の解決への労働者のより強い関与によって彼らのもつ生産に関する知識をより有効に利用することが，目標とされた。作業グループ内での職場の交代は，グループによって決定された。それは，拡大された自由な執行の権限の重要な部分をなした。集団労働の導入は，大規模な熟練養成プログラムと結びついており，その間に，800人を超える労働者を抱える71のグループが形成された。1990年末には初めて，ボーフム工場における約20,000人の従業員の大部分を占める組立工場とプレス工場の諸部門において，最初の集団労働のプロジェクトが組織された。しかし，この時期には，流れ作業における集団労働の導入は，まだすすんでいなかった(108)。

　またBMWでも，1990年度の営業報告書によれば，強化された集団労働，生産の領域における保守，品質確保，ロジスティックの職務の担当という労働組織の新しい諸形態は，試験プロジェクトにおいて，すでにその価値が実証されてきた(109)。またメルセデス・ベンツでも，すでに1981年に集団労働が導入されている(110)。

　しかし，集団労働における準自律的作業チームという概念は，コスト面での制約条件から一時的後退を余儀なくされた。こうした概念とは異なる新たなかたちでの集団労働・チーム制が展開されるようになるのは，日本のリーン生産方式がドイツにも伝播する1990年代のことであった(111)。ドイツでは，MEによ

500

る技術的合理化が生産システムをフレキシブルにするものとしてとくに重視されており，組織の面の改革は，むしろ補完的な性格をもつものにとどまっていた。集団作業の導入においても，フォード的な生産モデルの克服ではなく，その補完および改善が問題となっていた[112]。集団労働の導入は，労働の人間化をめざした運動の一環として取り組まれたという事情もあり，ヒトのジャスト・イン・タイムともいうべき人員配置の柔軟化，少人化を前提とする日本的なあり方とは異なっていた。

（4）　職場小集団活動の展開

　また日本企業の高い国際競争力の圧力のもとで，QCサークルや改善活動などの職場小集団活動の導入も，生産システム改革の重要な部分をなした。フォルクスワーゲンの1976年11月25日の経済委員会の会議でも，品質という点では多くのことが成し遂げられねばならないこと，日本企業の品質は平均してフォルクスワーゲンのそれよりも高く，このドイツ企業の品質は満足のいくものではなかったことが指摘されている[113]。こうした状況のもとで，1980年代には，日本的な方式の学習・導入が始まっており，82年11月には「第1回QCサークル会議」が開催されている。自動車産業では，日本モデルは労働組織の新しい方法に対して刺激を与えることになり，1980年代初頭の時期は，ドイツ企業による日本的な方式の受容の転換点をなした[114]。

　フォルクスワーゲン・グループでは，1980年代前半には，ドイツ国内にあるほぼすべての自動車工場において，当初はヴォルフスブルク工場のために展開されたコンセプトを基礎にして実施あるいは計画されたQCの構想が存在していた[115]。1982年に「日本の挑戦」への対応としてQCサークルや集団労働の導入が行われているが，その後の10年間に，ハノーファー工場だけでも，1,785のQCサークルが組織された。ただそれらは，日本のモデルのたんなる移転の結果ではなく，職場の活動，集団作業や組織の発展のなかにもみられる異なる源泉をもつものであった[116]。

　生産労働者の責任の拡大におけるひとつの焦点は，直接生産労働者への品質管理に対する責任の移転の問題であった。「修理検査工」と呼ばれる新たな階層が修理と品質管理の統合によって生み出されたドイツフォードにおいての

み，生産部門への検査機能の復帰は，新しい職務のタイプの創出と関連していた。フォルクスワーゲンでは，品質管理の機能は，生産部門に吸収され，個々の職務に対する標準的な職務記述に統合された。品質管理のサブシステム（品質管理チーム）の創出によって，品質管理の機能が分権化され，それぞれ1人の品質管理検査工と修理の作業者のペアが形成された。しかし，1980年代半ばに120の品質サークルがみられたハノーファー工場を除くと，その時点では，比較的小さな数の活動サークルしか存在しなかった。これに対して，オペルでは，品質管理の活動のレベルは低かったものの，その生産チームのコンセプトは，より包括的な方法で品質サークルの目標と機能を具体化したものであった。BMWとドイツフォードは，こうした点では最もすすんでいた。一方，品質サークルの活動をあまり広く展開することを認めなかったダイムラー・ベンツやオペルの経営協議会では，組合代表が品質サークルの制度をとおして経営側に取り込まれてしまう危険性を危惧するという否定的な態度が広がっていた(117)。

　職場小集団活動では，さらに提案制度も重要な意味をもった。フォルクスワーゲンでは，1970年代後半には，提案制度の活用が一層重要な課題とされた(118)。その後の1981年度には，7,678件の提案があり，前年度に比べ33.1％増加している。その採択率は26.9％であり，総額610万DMが報奨金として支払われた(119)。またオペルでは，1975年度には，改善提案制度はすでに約25年の歴史をもち，総計約280,000件の提案が行われており，1,840万DMが報奨金として支払われた。例えば1975年度をみても，37,339件の新たな提案が行われた(120)。1987年度には29,235件の改善提案が出され，そのうち9,438件が採択され，総額700万DM超が報奨金として支払われた(121)。ただ日本では，トヨタをみても，すでに1978年には改善提案件数は463,000件にものぼっており，その件数でも大きな格差がみられた。こうした職場小集団活動の展開にもかかわらず，日本企業と比べドイツ企業における欠陥率は高く，フォルクスワーゲンでは，1980年代初頭には，1日当たりでは約4,000台生産された自動車のうち約1,000件の欠陥があり，手直しが必要とされた。これに対し，比較可能な日本企業の工場では，1日当たり3,000台生産された自動車には欠陥はみられなかった(122)。

2 生産システム改革の限界とその要因

(1) 日本的生産システムの優位とその要因

このように，ME技術と熟練労働力に依拠した大量生産システムのフレキシブル化に重点をおいて展開された改革は，高品質・高付加価値製品の分野・市場セグメントへのシフトとも関係しており，価格競争がある程度回避しうるような上級の市場セグメントでは，有効性を発揮しうる条件にあったといえる。しかし，より需要量も生産量も多い市場セグメントの場合には，日本的なシステムがより有効である傾向にあった。

日本では，労働者の多能工的な能力・技能とチーム制のなかでのそのフレキシブルな運用，QCサークル活動，改善提案活動のような職場小集団活動などによって，ドイツ企業が重視する製品の機能性（動力性能・走行性能）や安全性・信頼性，耐久性の面での品質とは異なり，生産の段階でのきわめて低い不良品の発生，低い部品欠陥率や故障の少ない製品という面での品質の確保が追求されてきた。またJIT生産方式による各工程間の同期化による効率化が推進されたほか，混流生産の高度な展開や日本的な労働力利用の汎用化とそれに基づくフレキシビリティによって，欧米の企業と比べ，労働集約的性格が強い組立工程のような部門における非常に高い効率性と製造品目の変動への生産の適応力を確保してきた。

(2) ME技術を基軸とする生産システム改革の限界

この点をふまえて，つぎに，ME技術に大きく依拠した生産システムの変革という点でのドイツの生産システム改革の問題点と限界についてみることにしよう。フォルクスワーゲンにおける組立自動化では，ロボットの大規模な投入にもかかわらず，あるいはまさにそのために，製品のタイプに拘束された硬直的な機械の連鎖がなくなることはならなかった。これに対して，オペルでのモジュール組立のコンセプトは，機械化の大きな飛躍を断念したが，そのかわりに，非常にフレキシブルな運用が可能であった。自動車産業では，1990年になっても，新技術のある程度の統一的な導入戦略はみられなかった[123]。こうした技術中心の戦略は，日本企業が人間の管理の巧みな方法でもって有していた競争上の利点を凌駕する機会をコンピューターに支えられたフレキシブルな生

補論1　1970年代から80年代における生産システムの展開の日独比較　*503*

産技術のなかに見出そうとするものでもあった[(124)]。しかし，日本の労働編成や労働力利用のもつ優位に対するキャッチアップは，技術的要因でもって十分に可能となるものではなかったといえる。

　確かにドイツの自動車産業は，産業ロボットのパイオニアであり，最大の利用者であった。しかし，その投入は，生産過程の小さな部分に限定されていた。1983年と90年のドイツ自動車産業における平均の自動化率は，プレス工程ではそれぞれ60%，70%，ホワイトボディの製造では40–70%，70%，塗装工程では40%，70%，機械加工では75%，80%と高い数字となっていた。これに対して，そのような割合は，ユニット組立ではそれぞれ25%，45%，最終組立では10%，20%にとどまっていた[(125)]。生産のフレキシビリティを高める戦略の推進にもかかわらず，中核工場の生産組織が徹底的に改変されることにはならなかった。フレキシブル生産は，分枝工場での新型モデルにともない導入されたにすぎない[(126)]。

　組み立ての合理化の成果は，主として迂回的な方法によって実現されてきた。それは，組み立てに適した製品の設計（例えばフォルクスワーゲンゴルフ）やメインのコンベアからの部分的な作業の排除（例えばオペルにおけるオメガのモジュール組立）といった方法にみられた[(127)]。組立自動化においては，他の工程部門と比べ技術的な困難さも高く，産業ロボットでもって自動化された組立作業には，失敗も多かった。保守機能を統合した熟練労働力は，そのような事態への対応のために必要とされたのであった。フォルクスワーゲンのホール54の組立自動化の試みは，本来めざされていた有効性を発揮しえたとは言い難い状況にあった[(128)]。「カブト虫」の自動化された生産ラインとは対照的に，新型ゴルフの生産のための設備や工程は，ある程度のフレキシビリティを有していた。しかし，そのような柔軟性は，ひとつのモデルやそのバリアントに限定されていた。組立自動化によってコストと労働力の節約という目標が達成されることにはならず，むしろ最新鋭工場のホール54は，同社の損益分岐点の上昇をもたらした。このことは，1990年代初頭における同社のひとつの主要な問題とならざるをえなかった[(129)]。

　このように，1980年代には，設備や技術への非常に十分な投資資金をもってしてもなんら決定的な競争上の利点は確保されず，また期待された生産性の飛

躍的な向上も達成されることはできなかった[130]。そうしたなかで，ことに1992/93年の自動車産業の危機以降，組立工程，とくに最終組立における自動化は，確かに技術的には実行可能であるが経済的には困難であることが明らかになり，自動化の傾向は，むしろ後退することになった[131]。こうして，1990年代以降には，新しく設立された生産立地や以前の周辺の生産立地では，フレキシブルな自動化システムからあまり自動化されていない生産設備への生産技術の転換が推進された[132]。こうして，1990年代には，80年代に強力に推進された自動化は，傾向としては，放棄されることになった[133]。

(3) 日本的生産システムの導入とその限界

① 日本的労働管理モデルの導入とその限界

また日本的な大量生産モデルの導入も試みられたが，そのような取り組みは，十分な進展をみるには至らなかった。日本的な方式はきわめて総合的なシステム化によるものであるが，1980年代末から90年代にかけての時期になっても，ドイツ企業への日本的生産システムの導入は，チーム制，QCサークル，ジャスト・イン・タイムのような個別の諸形態や制度に限定されていた[134]。

チーム制についてみると，ドイツでは，テイラー的な「構想と実行の分離」に基づく過度の専門化と官僚化にみられるような「中央集権的な企業組織の硬直性」という限界をフレキシブルな自動化技術によって克服しようとする傾向にあった。しかし，その限界が明らかになるなかで，1990年代以降，リストラクチャリングと平行したチーム制の導入へと向かうことになった[135]。ドイツの自動車産業においてそれが労働政策的合理化の手段として生産にとって重要なものとなったのは，深刻な販売不振が顕著になった1992/93年以降のことであり，リーン生産の議論の結果としてであった[136]。

1990年代に入ると，オペルのアイゼナッハ工場，フォルクスワーゲンのモーゼル工場，メルセデス・ベンツのラシュタット工場のような新しい工場を中心に，チーム作業のような作業組織の新しい形態を含むリーン生産の原理の導入がようやく本格的に取り組まれることになった[137]。ダイムラー・ベンツでは，チーム作業は，従業員にとっての行動と意思決定の自由を増大させるものであり，そのような協力の新しい形態は，1994年の営業年度における生産性戦

補論1 1970年代から80年代における生産システムの展開の日独比較 *505*

略のひとつの重要な要素とされた[138]。こうして，1990年代半ば頃には，ドイツでもチーム作業ないし集団労働のコンセプトが労働組織の変化の中心部分をなすようになってきた[139]。しかし，フォルクスワーゲンでは，1990年代末になっても，本格的な集団労働の組織をもつ工場は，ザルツギッターエンジン工場のみであり，工場の間で集団労働へのかなり多様なアプローチがみられ，生産組織の再編におけるひとつの戦略的な焦点としてチーム制に特別な注意が払われているという状況にはなかった[140]。

またQCサークルについてみると，1994年のM.シューマンらの指摘では，確かにいくつかの企業がその最初の経験を収集しているが，実際の成果をなんら達成することがなかったこともしばしばみられたとされている[141]。日本企業の小集団活動は，終身雇用という日本的な雇用慣行と企業主義的な労働組合の存在に支えられたものである。こうした条件となる基盤なしに小集団活動のみの適応が可能と考えたことにも，ドイツをはじめ欧米企業においてQCサークル活動が日本企業のように普及・定着しなかった原因があった[142]。

改善提案活動についてみても，日本では改善によって雇用の削減がもたらされることはないという点が従業員の合意を得るための鍵となっていたのとは大きく異なり，ドイツ自動車産業の改善活動の多くのパイロット的方策では，とりわけ人員の節約が経営側の期待の中心にあった。それだけに，改善の実践は，その基本理念と実際の利用との間の大きな矛盾を生むことにもなった[143]。また1990年代に入るまで，品質保証は直接的な生産工程の外にある独自の領域の問題とみなされており，生産工程内で不良品を出さないための品質管理という視点が欠如していた[144]。

さらに労働力の熟練的・技能的要素のもつ意義においても，日本とドイツでは相違がみられた。ドイツでも，確かにできる限り多くのラインの部分を受け持つ「水平的フレキシビリティ」の追求の方向での対応も行われた[145]。しかし，むしろ日本の多能工的な汎用性をもった直接部門の技能・熟練とは異なるかたちでの，間接機能にかかわる熟練・技能，直接労働と間接労働の統合が重視されてきた。

ドイツにおける新しい生産の構想は，自動化ないしその準備によって支配されており，製造業者は，日本の組織の形態を採用することから得られる将来の

利点への対応においては，慎重かつ保守的であった[146]。ドイツの工場では，職務統合，直接生産職務への熟練労働者の配置とともに，従業員の経営参加が変化の特徴的な方向性であり[147]，職場小集団活動の面での日本との相違は大きかった。

ドイツの自動車産業では，確かに，技術志向の戦略が推し進められてきた1980年代とは異なり，90年代には，日本への志向が強まり，改善，TQM，TPM，集団労働（チーム制）が，生産コンセプトの主要な柱をなすようになった[148]。しかし，IGメタルを中心とした労働側にあっては，テイラー・システムに依拠した伝統的な作業組織のもとでの「非人間的な労働」の克服，「人間に相応しい」労働の実現，労働者の職業資格の向上とそれによる賃金報酬の改善が見込まれる限りにおいて，技術労働の「フレキシブル化」が支持されたのであった。しかも，経営側が意図する無制限のフレキシビリティの欲求も，それに対する労働側の社会的規制とチェックの機能がつねに行使されるなかでの展開とならざるをえなかった[149]。また共同決定制度の存在ゆえに，経営協議会のメンバーや労働組合の代表者は，作業を組織するための彼ら自身のコンセプトやオルタナティブを展開することができた[150]。こうした制度的な条件の違いも，日本的な労働管理モデルの導入のあり方に大きな影響をおよぼした。

② ジャスト・イン・タイム生産方式の導入とその限界

この時期にはまた，ジャスト・イン・タイム（JIT）生産方式の導入，ことに部品企業との関係のなかでの有機的な生産の統合というかたちでの総合的なシステム化の点でも，十分な解決には至らなかった。フォルクスワーゲンでは，1983年9月には，調達と生産のあらゆる段階における在庫の削減を主たる目的として，新しいロジスティック・コンセプトの段階的な実現が開始された。その結果，それまでの方式とは対照的に，生産過程全体において材料の管理・統制に対する責任が，新しいロジスティック組織によって一手に引き受けられるようになった[151]。コンピューターによる材料管理と生産の管理の統合化がはかられ，このロジスティック・システムへのすべての部品企業の結合がめざされた。類似の取り組みは，ダイムラー・ベンツでもみられた。しかし，これらの機能的なロジスティック・システムは，根本的には，部分的な実現に

とどまっていた。1990年の時点でも，供給業者から原材料倉庫，生産および組み立てをこえて完成品倉庫，流通業者に至る全体的なロジスティックの連鎖を含む複雑なネットワークの構造は，依然として大きな諸困難に直面していた[152]。

　例えばダイムラー・ベンツでは，1991年に市場に投入された新しいSクラスとの関係で，JITがより強力に実施された。しかし，この頃にはまだ，42,000の部品数のうち1,760の部品数をもつ8つの部品グループがJITの原則に基づいて購入されていたにすぎない。1992年以降，16のJIT供給業者との協力関係が築かれたが，JIT供給されたのは，購入金額の20％にすぎなかった[153]。またフォルクスワーゲンと同社への部品供給業者であるフロイデンベルクの関係にみられるように，日本の自動車メーカーと部品企業との間にみられるほぼ共生的な関係や目の詰んだ結びつきのなかで実践されてきたものに匹敵するような緊密な協力は，ドイツのケースでは可能ではなかった[154]。

　このように，JITの本格的な導入の取り組みが推し進められるのは，1990年代以降のことであった。フォルクスワーゲンでは，JITのコンセプトがはるかに広範に展開されたモーゼルの新工場を除くと，1980年代末から90年代前半にかけての時期にようやく，同社の工場の場所的に近いところへの部品企業の移転をもたらしてきた多くのJITのプロジェクトが，実現されるようになった[155]。BMWをみても，システム・サプライヤーの支援・育成は1980年代半ばに取り組まれているものの，JIT供給の組織的な導入は，80年代末のことであった[156]。またオペルでは，アイゼナッハ新工場のひとつの例外を除くと，緩衝在庫がゼロに近いかたちでのより厳密な定義に基づいたJITのコンセプトは，GMのヨーロッパにおける生産連合の内部での供給に限定されていた。1990年代前半になってようやく，外部からの部品購入の3分の1がJITの方法で行われるようになった[157]。

　日本のような階層構造をもつ下請制を基盤とした分業構造がドイツをはじめ欧米にはみられないという問題が，根底にあった。JIT生産による部品在庫の削減に関していえば，ドイツでは，1990年代半ば頃になっても，多くの部品企業は，発注側の生産者のJITの要求に在庫保有の増大によって対応していた。部品企業は確かにジャスト・イン・タイムで供給はしていたが，そうしたリズ

ムのなかで生産を行っていたわけではなく⁽¹⁵⁸⁾，この点でもなお大きな限界があった。

3　生産システムのキャッチアップとモジュール生産方式への展開

　以上のようなドイツ企業における日本的生産システムの導入の遅れ，限界を規定した諸要因としては，ひとつには，品質重視・機能重視というドイツ市場のみならずヨーロッパ市場にみられる特質に合わせた生産のあり方が追求されたことがあげられる。いまひとつには，1970年代，80年代にはヨーロッパ市場における日本車のシェアは高まったとはいえ，こうした市場の特質もあり，日本企業の競争優位はアメリカ市場の場合ほどには決定的とはならなかったことである⁽¹⁵⁹⁾。しかし，ドイツ企業のフレキシビリティや高品質生産は，同国の労働システムのもとでは非常に高くつくものであり，またアップグレード戦略も，生産コストの上昇，製品価格の高さの要因となった⁽¹⁶⁰⁾。

　そのような状況のもとで，1990年代に入ると，販売不振にともなう収益性の悪化のもとで，それまでの生産のあり方からの転換が重要な問題となってきた。1990年代初頭には，MITの研究プロジェクトにおいて「リーン生産方式」（"Lean Production"）と呼ばれるようになるトヨタの生産システムに代表される包括的な意味での日本的大量生産モデルの導入が，本格的な問題となってきた⁽¹⁶¹⁾。またEU域内市場やそれと結びついた競争の一層の激化のもとで，市場における企業の地位の確保やドイツの生産立地の確保のためにコスト的に有利な生産方式の探求が不可欠となったという事情もあった⁽¹⁶²⁾。そのような状況のもとにあって，例えばオペルの1993年の営業報告書でも，リーンな，また効率的な生産方式によってのみ国際競争におけるドイツ自動車生産者の構造的なコスト面の不利は埋め合わせることができると指摘されている⁽¹⁶³⁾。

　そうしたなかにあって，JITの導入が一層強力に推し進められており，例えば1992年に完成したオペルのアイゼナッハ工場は，ロジスティックの面でも「リーンな」自動車工場のプロトタイプ，また世界的なオペル/GMの生産連合におけるその後のすべての生産現場にとっての手本とされた。2002年に操業を開始した新しいリュッセルスハイム工場でも，アイゼナッハのロジスティック・コンセプトが展開された⁽¹⁶⁴⁾。他社でも同様に，そのような変革が重視さ

補論1　1970年代から80年代における生産システムの展開の日独比較　*509*

れてきたという傾向にあった⁽¹⁶⁵⁾。1990年代以降の自動車産業におけるシステムの変革の核は，製品志向から企業間のプロセス志向への変革にあった。自動車企業の新しい生産戦略においては，JIT納入体制の構築，部品企業への開発，製品およびプロセスの責任の移動や部品企業とのつながりの再編などに，重点がおかれた⁽¹⁶⁶⁾。

　こうして，生産ネットワークにおける企業間の新たな構造の形成が経営上の中心的な問題となった⁽¹⁶⁷⁾。しかし，ドイツでは，自動車企業が直接取引する部品供給企業の数は，1990年代には，2,800から3,600にものぼっており⁽¹⁶⁸⁾，日本と比べると著しく多かった。部品供給の体制は，日本のような高いレベルでの部門間調整を可能にするような重層的かつ階層的な構造とはなっていなかった。またそのような生産ネットワークが有効に機能しうるためには，自動車メーカーと部品企業との間の協力や情報の相互の交換が基礎となる。しかし，そうした協力の成果の分配は，大きな力をもつ購買側の企業に有利になっていた⁽¹⁶⁹⁾。1995年のEU委員会の報告によれば，ヨーロッパでは，自動車メーカーと部品企業との間には，前者が後者に対して持続的により低価格を要求し競合者を利用するという脅しをかけるかたちでの敵対的な関係が伝統的に存在してきた⁽¹⁷⁰⁾。日本のような自動車企業と部品企業との友好的・協力的関係の基盤は，欠如していた。

　たんに部品調達における外部依存という意味での「日本化」だけでなく，中小の部品企業の「開発力」という面での日本化も重要な意味をもつが⁽¹⁷¹⁾，この点でも限界がみられた。ドイツ企業は，製品開発の統合化されたシステムへのサプライヤーの組み込みには非常に消極的であり，その開始は非常に遅かった⁽¹⁷²⁾。1993年には，自動車開発方式における「デザイン・イン」への移行が始まり，それを契機として，システム・サプライヤーと呼ばれる大手部品メーカーを中心とする，日本的下請システムに向けての再編成が強まった⁽¹⁷³⁾。

　主要各社についてみると，BMWでは，調達および部品企業との関係が自動車のモデルの開発過程への部品企業のはやい段階からの参加を含む新しい基礎の上におかれるのは，1990年以降のことであった⁽¹⁷⁴⁾。フォルクスワーゲンでも，1990年代半ばには，部品のグローバル調達とともに，デザイン・インによる部品企業の側での部品の開発とそのようなかたちでの部品の調達が，トレン

ドとなってきた[175]。ダイムラー・ベンツでも，1993年の「タンデム」（"TANDEM"）というサプライヤーとの協力のための新しいコンセプトに基づいて，部品企業が非常に初期の段階から新型モデルの開発に参加し，まとまったシステム全体の開発・生産の責任が，ますます部品企業側に移されるようになった[176]。こうして，自動車企業の生産に同期化された調達のより強力な実施，品質の確保および部品企業の支援，研究開発の領域での部品企業とのより徹底した協力によって，自動車企業と部品企業との間の供給・業務関係は，大きく変化することになった[177]。

　しかし，ドイツでは，そのような内製部品事業の見直しの動きがモジュール生産方式の導入と密接に関連づけられて推し進められてきたという点が，特徴的である。部品企業のコスト削減は日本と比べるとなお不十分であり，自動車メーカー側の部品企業に対する指導体制の弱さもみられた。そのような状況のもとで，ドイツの自動車企業は，部品コスト削減のための新しい手段として，「モジュール生産化とそのためのシステムモジュール・サプライヤーの育成」に焦点をあてる方向にあった。ドイツ自動車産業では，自動車企業が設計図を用意して招集した数社の部品企業のなかで最も安値でオファーした部品メーカーを次期取引先に選定するという取引方式（"Bidding" 方式）が，1990年代後半まで維持されてきた。そのため，部品コスト削減の取り組みの経験も浅く成果も十分ではないことが，モジュール化の動きを促進させてきた[178]。ユニット・システム（Baukasten System）の原理に基づく個々のコンポーネントの統合による開発と生産のコストの削減，自動車生産者の側の組み立てや開発・テストの費用の削減，個別のコンポーネントの場合よりも低いロジスティック費用によるコスト削減などの利点をもつモジュール生産の方式の展開，そのためのシステム・サプライヤーとの協力関係の構築が，大きな意味をもった[179]。

　モジュール生産方式の本格的展開とそれにともなう部品企業との協力関係を基礎とするモジュール・コンソーシアムの形成は，1990年代後半のフォルクスワーゲンのブラジルにおけるトラック・バス生産のための新工場での展開にみられ，その後，ヨーロッパの工場でも普及していくことになった[180]。フォルクスワーゲン・グループは，ヨーロッパにおけるモジュール生産方式の原理の導入のひとつの推進力となった[181]。とくに新しいモデルが投入されるさいや

補論1　1970年代から80年代における生産システムの展開の日独比較　*511*

新しい組立工場が建設されるときにはつねに，モジュール化の志向は，企業が工業諸国において行う投資にますます統合されるようになっていった(182)。

　また労使関係のあり方にも規定された日本的な労働慣行・労働編成に基づく汎用的な労働力利用の基盤という面での制約的条件も，モジュール生産方式の導入の重要な要因をなした。最終組立工程は，工数の多さと作業の種類の多様性という点に特質をもつ。それだけに，柔軟な職務構造のもとでの多能工のフレキシブルな運用をチーム制のなかで展開すること，それにQCサークル，改善活動などがリンクするというかたちでの日本的な労働編成，労働管理のあり方がもつ意義は，極めて大きい。ヒトのJITに基づく日本の優位へのキャッチアップの手段のひとつが，モジュール・サプライヤーにおいて事前に組み立てられた基幹構成要素の組付けによる工数削減と作業の簡素化を可能にするモジュール生産方式に求められることになった。

　1990年代以降には，以上のような制約的条件のもとで，また基幹要素部品の標準化の原理に基づくドイツのユニット・システムの伝統(183) なども基礎となって，「効率性」と「フレキシビリティ」の追求における日本的なあり方への代替的な対応策としての「解」が，モジュール生産方式に求められることになった。モジュール生産方式は，組み立ての流れのなかへの部品企業の組み込みとインターフェースによって区切られた統一的な部分へのその配分によって，自動車企業は最終組立工程をフレキシブルにすること，また製品のバリアントの拡大や顧客に特殊的な製品の開発の結果として増大する複雑性に対処することに成功を収めようとするものである(184)。また「モジュールは適切な在庫を持ちロットで生産されるから，メインラインとの同期は取らなくて済む」だけでなく，「メインラインのほうも負荷の大きな作業がなくなり，しかもラインは短くその分柔軟性に富む」(185)。それゆえ，モジュール生産方式は，日本のような工程間の同期化の高度な展開とフレキシブルな人員配置が可能な生産システムに対するキャッチアップの手段として，追求されたのであった。

　こうして，1970年代以降の生産システム改革の過程をとおして，生産方式の「総合的なシステム化」というかたちでの日本的な対応に対する「オルタナティブ」としてのドイツ的な対応のあり方が規定されることになった。確かにオペルでは，1984年に，新しいカデットのモデルにおいて，ドアと運転席のため

512

のモジュール生産方式が始めて導入されおり(186)，モジュール方式での製品コンセプトは長らく議論されてきた。しかし，ドイツ自動車産業では，そのような生産方式は，1990年代以降に，より新しい製品モデルの世代でもって初めてほぼ全般的な構成原理として確立されることになった(187)。日本とは異なるこうしたあり方は，ドイツと同じような条件をもつヨーロッパ諸国においても，生産システム改革の新しい方向性・あり方を示すものとなった。

第4節　生産システムの新しい展開の日本的特徴とドイツ的特徴

1　生産システムの新しい展開の日本的特徴

　以上の考察において，1970年代から80年代末までの時期の日本とドイツにおける生産システムの改革による新しい展開についてみてきた。それをふまえて，その日本的特徴とドイツ的特徴を明らかにしていくことにしよう。

　まず日本的特徴についてみると，この時期の日本的な対応のあり方は，労働手段と労働力の利用の面での「汎用化の論理」に基づく生産編成を基調として，それにジャスト・イン・タイム生産とそれを支える下請分業生産構造をセットにしたかたちでの，生産・販売・購買の統合を軸とし，さらに開発が有機的に結びつくことによる総合的なシステム化という点に特徴がみられる。こうした日本的生産システムにおいては，「汎用化」の論理による生産編成を基礎にして同じ設備やラインでの複数におよぶ製品の品種の生産に対応することができることによって，設備全体での生産ロットが大きくなり，操業度の向上が可能となるとともに，1品種当たりのより小ロットでの高い生産の効率性を可能にした。また市場変動への適応力の根幹をなす製品間でのつくり替えのフレキシビリティの確保によっても，操業度の向上が可能となる。その結果，大量生産の効果であるスケール・メリットの実現の可能性が一層高められることになった。企業経営にとって，したがってまた経営者にとって重要となる固定費部分の全面稼働，大量生産の所要総量の実現という経営課題に対して，品種（したがって作業，物の流れ）のフレキシビリティがそのための手段となっている(188)。このような生産システムの原理は，労働力の汎用化を基礎にした作業組織の編成，チーム制のもとでの多能工の運用という日本的なあり方について

もあてはまる。

このように，「汎用化」の論理による生産編成を基礎にした生産ロットの確保と多品種生産におけるフレキシビリティは，資本主義生産のもとでの「生産と消費の矛盾」への特別なかたちでの対応としての意味をもつ。すなわち，「範囲の経済」によって「規模の経済」の実現を補完することが可能となったのであり，大量生産の経済効果の実現の仕方が変わったという点である。その意味でも，日本的生産システムにみられるフレキシブル生産の本質は，大量生産の総量実現という経営課題を解決するためのシステムづくりの質的な変化にみられる[189]。生産システムの編成原理の転換とそれを支えるトータルな全体構造による操業度の引き上げに基づく低コストと高い市場適応力（需給調整能力）によって，日本的生産システムは，どのランクやレベルの製品の生産や，市場への適応においても有効に機能するものであった。それゆえ，それは，自動車産業に限らず広く加工組立産業の大量生産型製品全般に有効な生産方式となり，この産業の日本企業は，1970年代以降の時期に高い国際競争力を実現してきたのであった。

この時期に日本企業ほどには多品種化がすすまなかった欧米の企業，ことに自動車産業の企業においても，とくに1980年代に「ジャパナイゼーション」と呼ばれる日本的な生産システムの導入・移転が重要な問題となったのは，まさに日本的な生産システムのこのような構造的な優位性にあったといえる。日本的生産システムの国際移転の問題についても，こうした世界的な競争構造の変容との関連のなかで捉えていくことが重要である。

2　生産システムの新しい展開のドイツ的特徴

つぎに，生産システム改革による新たな展開のドイツ的特徴をみると，同国では，資本財・耐久消費財部門における品質・機能重視の市場セグメントに重点をおいた製品戦略の展開とそれに適合的な生産のあり方が重視されてきた。1970年代以降，ME技術と熟練労働力に依拠した大量生産システムへの再編というかたちでの高品質生産のよりフレキシブルな展開が模索された。こうしたドイツ的な対応のあり方は，高品質・高付加価値製品の分野・市場セグメントへのシフトとも関係しており，価格競争がある程度回避しうるような上級の市

場セグメントでは，とくに有効性を発揮しうるという条件にあったといえる。しかし，より需要量も生産量も多い市場セグメントの場合には，日本的な対応のあり方と比べると，その有効性には差異がみられることになった。

ME技術に大きな重点をおく生産システムの展開は，製品のタイプに拘束された硬直的な技術設備の連鎖による制約の克服にはならず，工数が非常に多く作業の種類も多岐にわたることから労働者の手による作業への依存が大きい最終組立工程における自動化は，技術的にも経済的にも制約が大きかった。日本企業にみられる作業者の汎用化とチーム制のもとでのそうした労働者の運用，職場小集団活動の有効性という，労働力利用の優位性に対するキャッチアップは，フレキシブルな生産技術という要因でもって十分に可能となるものではなかった。労働者の熟練，技能をめぐっても，ドイツでは，ME技術に過度に依存した生産システムの展開のために，直接生産労働者が新鋭の技術設備の保全という間接労働をも担うというかたちでの機能統合に，熟練の重点が見出されることになった。しかし，こうした熟練は，生産の効率性や質の向上に直接的に貢献しうるものではなく，日本企業へのキャッチアップが求められた品質問題の克服に寄与することにもならなかった。生産システムの再編におけるME技術の重視のゆえに，労働編成のあり方，職場小集団活動など労働力利用にかかわる領域の方策は，その重要性にもかかわらず，むしろそのような技術革新を利用した生産システム改革の補完的な性格をもつものにとどまった。

また日本的な生産のあり方の「総合的システム化」を示すJIT生産に深くかかわる部品企業との関係，分業的生産構造という点でも，開発をも含む企業間の緊密な関係の弱さや日本のような階層的下請分業生産構造という制度的基盤の欠如のために，ドイツ企業は限界に直面せざるをえなかった。こうした事情から，JIT生産の高度な展開が推進された日本とは異なり，自動車企業のような大企業の生産過程においてのみならず，それと深く連動する部品企業の生産過程との間の有機的な統合化は実現できなかったといえる。

また品質という観点でみると，ドイツ企業では，1970年代以降になっても，特定分野の作業・職務についての専門家的な熟練労働者[190]に依拠するかたちで，製品の機能性や耐久性，信頼性，安全性の面での品質が重視されてきたという傾向にあった[191]。これに対して，日本では，生産におけるより広い範囲

補論1　1970年代から80年代における生産システムの展開の日独比較　*515*

の対応可能性という労働者の多能工的な能力・技能とチーム制のなかでのその
フレキシブルな運用，QCサークル活動，改善提案活動のような職場小集団活
動などによって，生産の段階でのきわめて低い不良品の発生率や故障の少ない
製品という面での品質の確保に重点がおかれてきた。こうした相違も，1970年
代および80年代をとおして，日本的なシステムがコスト面のみならず品質の面
でも，消費者にとってより大きな意味をもつ使用の安定性という面での競争優
位を確立しえた主要な要因となった。W. シュトレークは，伝統的にドイツの
品質市場であったところで日本が優位となったことはドイツ製品の明白なリー
ダーシップという時代の終焉，それにともない価格競争を回避しようとするド
イツ産業の力が終焉したことを示唆するものであるとしている[192]。

　このように，1990年代以降のグローバル競争構造への変化とそれにともなう
価格競争力の重要性の一層の増大という状況のもとで，また日本の生産システ
ムへのキャッチアップがなお達成できていなかったという状況のなかで，効率
性とフレキシビリティの追求における代替的な「解」が，モジュール生産方式
に求められることになった。1970年代以降の歴史的過程のなかで，そのような
ドイツ的な対応のあり方が規定されたのであった。こうした方向性は，その後
の時期に受けつがれるとともに，世界的な開発・生産の効率的な展開のための
プラットフォーム共通化戦略とモジュール戦略というかたちで，1990年代以降
における経営のグローバル展開のあり方とも深く関係するものとなった[193]。

（1）日産自動車株式会社社史編纂委員会編『日産自動車社史1964-1973』日産自動車株
　　式会社，1975年，606-607ページ，日産自動車株式会社創立50周年記念事業実行委員会
　　編『日産自動車社史 1974-1983』日産自動車株式会社，1985年，48ページ，51-56ペー
　　ジ，トヨタ自動車株式会社編『創造限りなく　トヨタ自動車50年史　資料集』トヨタ
　　自動車株式会社，1987年，97ページ，157ページ，201ページ，トヨタ自動車販売株式
　　会社社史編纂委員会編『世界の歩み　トヨタ自販30年史資料』トヨタ自動車販売株式
　　会社，1980年，48-50ページ，57-59ページ，『ドライバー』（八重洲出版），1973年11月
　　20日号，180-187ページ，1983年11月20日号，198-205ページのほか，聞き取りによる。
（2）S. Roth, Rationalisierungsmaßnahmen der 80er Jahre und gewerkschaftliche
　　Handlungsbedingungen, *Gewerkschaftliche Monatshefte*, 33. Jg, Heft 3, März 1982, S. 130.
（3）Prospekt Volkswagenwerk Aktiengesellschaft Wolfsburg, Börseneinführung in Wien
　　Noveber 1978, S. 12, *Volkswagen Archiv*, 119/447/1.

（4）Niederschrift über die 90. Sitzung des Aufsichtsrates der Volkswagenwerk Aktiengesellschaft am 24. Jan. 1979 in Wolfsburg, S. 8, *Volkswagen Archiv*, 119/447/1.

（5）H. Kern, M. Schumann, *Das Ende der Arbeitsteilung? Rationalisierung in der industriellen Produktion*, 2. Aufl., München, 1990, S. 43.

（6）Vgl. Protokoll der Vorstandssitzung Nr. 10/78 vom 28. 3. 78, S. 1, S. 4-5, *Volkswagen Archiv*, 250/347/1, Protokoll der Vorstandssitzung Nr. 12/77 vom 29. 3. 77, S. 4, *Volkswagen Archiv*, 250/347/1, Bericht über das Geschäftsjahr 1977 Volkswagenwerk Aktiengesellschaft Wolfsburg. Sperrfrist! Veröffentlichung frei ab 27. April 1978, S. 15, *Volkswagen Archiv*, 119/447/2, Volkswagenwerk Aktiengesellschaft, Investitionen. Antrag auf Vorabgenehmigung zum Investitionsprogramm XX Ⅷ（Juli 1977）, S. 2, *Volkswagen Archiv*, 119/441/1, Volkswagenwerk AG, Dokumentation zum Bericht des Vorstandes für die Hauptversammlung 1977, S. 26, *Volkswagen Archiv*, 119/441/1.

（7）S. Roth, Produktionskonzepte in Japan und Deutschland : Eine gewerkschaftliche Vergleichsstudie in der Automobilindustrie, K. Zwickel（Hrsg.）, *Vorbild Japan? Stärken und Schwächen der Industrieorte Deutschland und Japan*, Köln, 1996, S. 115.

（8）馬頭忠治「わが国自動車産業における量産体制の確立と企業経営——蓄積構造の転換と企業経営の展開（1）——」『鹿児島経大論集』（鹿児島経済大学），第27巻第2号，1986年7月，76ページ。

（9）小野隆生「生産の『柔軟化』についての基礎的考察（1）——トヨタ生産方式の構造と特質を手掛かりとして——」『名城商学』（名城大学），第40巻第1号，1990年6月，130ページ。

（10）この点について詳しくは，鈴木良始『日本的生産システムと企業社会』北海道大学図書刊行会，1994年，序章参照。

（11）湯浅良雄「『日本の生産システム』と労働過程論争（上)」『愛媛経済論集』（愛媛大学），第10巻第1号，1990年8月，153ページ。

（12）坂本　清「国際競争力と『日本的生産システム』の特質」（1）『経営研究』（大阪市立大学），第42巻第2号，1991年7月，35ページ。

（13）坂本　清「国際競争力と『日本的生産システム』の特質（3）」『経営研究』，第43巻第2号，1992年7月，50ページ。

（14）拙書『現代経営学の再構築』森山書店，2005年，29ページ，宗像正幸『技術の理論——現代工業経営問題への技術論的接近——』同文館，1989年，348ページ。

（15）湯浅良雄「フレキシビリティをめぐって——イギリスにおける議論動向とその批判的検討——」『経済』，No. 334，1992年2月，161ページ。

（16）渋井康弘「ME技術と『柔軟性』——NC工作機械と産業用ロボットに注目して——」『名城商学』，第43巻第4号，1994年3月，99ページ。

（17）小野隆生「現代日本の生産システムのフレキシビリティ（1）——リジディティの観点から——」『商学論纂』（中央大学），第36巻第2号，1994年12月，177ページ。

補論1　1970年代から80年代における生産システムの展開の日独比較　*517*

(18) この点については，前掲拙書，第5章，塩見治人『現代大量生産体制論──その成立史的研究──』森山書店，1978年，212ページ，60ページ参照。

(19) 鈴木，前掲書，50ページ。

(20) 門田安弘『トヨタの経営システム』ダイヤモンド社，1991年，180ページ。

(21) 鈴木，前掲書，51ページ。

(22) 門田，前掲書，183ページ。

(23) 鈴木，前掲書，52ページ。

(24) 嶋田晴雄『ヒューマンウエアの経済学』岩波書店，1988年，123ページ。

(25) 和田一夫・柴 孝夫「日本的生産システムの形成」，山崎広明・橘川武郎編集『「日本的」経営の連続と断絶』岩波書店，1995年，126-127ページ。

(26) 小野，前掲「現代日本の生産システムのフレキシビリティ（1）」，179ページ。

(27) 鈴木良始「日本型企業システムと国際競争力──日本的生産システムの競争力的分析──」『経済と経営』（札幌大学），第21巻第2号，1990年11月，32-34ページ，鈴木，前掲書，53-56ページ。

(28) 小松史朗「トヨタ生産方式おける労働と管理──労務管理をめぐる公正性と効率性──」，鈴木良始・那須野公人編著『日本のものづくりと経営学　現場からの考察』ミネルヴァ書房，2009年，100-101ページ。

(29) 湯浅良雄「自動車産業におけるグローバリゼーションと日本的生産システム（下）」『愛媛経済論集』，第11巻第2号，1991年7月，43ページ。

(30) 鈴木，前掲書，64-65ページおよび鈴木，前掲論文，30ページ，41ページ参照。

(31) 松崎久純『英語で学ぶトヨタ生産方式　エッセンスとフレーズのすべて』研究社，2005年，119-121ページ，169-170ページ，丸山恵也『日本的経営──その構造とビヘイビア──』日本評論社，1989年，95ページ。。

(32) 今井賢一・伊丹敬之・小池和男『内部組織の経済学』東洋経済新報社，1982年，38-40ページ参照。自動車企業と部品製造企業との間の取引関係・企業間関係や下請制の分析の視角という点でみた場合，「取引コストの経済学」の立場からの新制度学派的研究がひとつの大きな流れをなしているが，本稿での下請分業生産構造の分析からも明らかなように，日本の下請分業生産構造の場合，取引コストの問題だけでなく，むしろ親企業と下請企業との間の機能統合による管理的調整にかかわる点も重要かつ本質的な問題であるといえる。

(33) 中村 精『中小企業と大企業──日本の産業発展と準垂直的統合──』東洋経済新報社，1983年，51-52ページ参照。

(34) この点については，今井・伊丹・小池，前掲書，第2章3，第7章3参照。

(35) 中村，前掲書，8ページ。

(36) 中小企業庁編『平成7年版中小企業白書──新たな可能性へのチャレンジ──』大蔵省印刷局，1995年，175-176ページ。

(37) 池田正孝「大企業と中小企業──大企業と下請企業の分業システム──」，車戸 實

編『中小企業論』八千代出版，1986年，81ページ。

(38) 上野　紘・河崎亜洲夫「下請制と企業間関係」，現代企業研究会編『日本の企業間関係——その理論と実態——』中央経済社，1994年，179-80ページ，池田，前掲論文，84ページ。

(39) 「承認図方式」，「デザイン・イン」，「ブラック・ボックス部品」については，浅沼萬里『日本の企業組織　革新的適応のメカニズム——長期取引関係の構造と機能——』東洋経済新報社，1997年，藤本隆宏『生産システムの進化論』有斐閣，1997年，第4章を参照。

(40) 1次供給業者（サプライヤー）のこのような役割と意義，日本の自動車産業に代表的にみられる部品供給関係の構造については，浅沼，前掲書，第Ⅱ部，藤本，前掲書，第2部を参照。

(41) 上野・河崎，前掲論文，181ページ，中小企業庁編，前掲書，176-177ページ，下川浩一「日本における自動車メーカー・部品メーカー関係とその分業構造の歴史的発展と現代的意義——その技術革新と柔軟性に関連して——」『経営志林』（法政大学），第19巻第2号，1982年7月，25ページ参照。

(42) 藤本隆宏・清　一郎・武石　彰「日本自動車産業のサプライヤーシステムの全体像とその多面性」『機械経済研究』（機械振興協会経済研究所），No.24，1994年5月，16ページ，18ページ，21ページ，34ページ，藤本，前掲書，第5章，中小企業庁編，前掲書，176ページを参照。

(43) 塩見治人「生産ロジステックスの構造」，坂本和一編著『技術革新と企業構造』ミネルヴァ書房，1985年，104-107ページ参照。

(44) 浅沼，前掲書，第8章および178ページ参照。こうした浅沼氏の議論の射程については，植田浩史氏も，「中小企業も含めたサプライヤ一般に該当するものではなく，その対象はおもに自動車メーカーと1次サプライヤーに限られて」おり（植田浩史「サプライヤ論に関する一考察——浅沼萬里氏の研究を中心に——」『季刊経済研究』（大阪市立大学），第23巻第2号，2000年9月，20ページ），「下請分業構造全体にわたる議論としては成立し得ない」（植田浩史「下請はリスクシェアリングか」，上井喜彦・野村正實編著『日本企業理論と現実』ミネルヴァ書房，2001年，102ページ）と指摘されている。渡辺幸男氏が浅沼氏の研究について指摘されるように，発見した事実，特徴の下請関係総体のなかでの位置をどうみるかが重要な問題である。渡辺幸男『日本機械工業の社会的分業構造　階層構造・産業集積からの下請制把握』有斐閣，1997年，29-30ページ参照。

(45) 例えば日産自動車におけるカルロス・ゴーン氏によってかつて推進された下請系列企業の再編についても，日産が直接取引する1次供給企業のレベルでの再編・淘汰をすすめたとしても，そのような再編の結果取引に新たに加わることになった部品製造企業がやはり2次，さらに3次と階層的に下請分業生産構造をかかえ込んでいる以上，ここで指摘したような自動車企業にとっての日本的な階層的下請構造の利点を失

うことにはならないという点こそが，系列再編が成果をおさめることのできた大きな要因のひとつをなすといえる。

(46) 坂本和一『現代巨大企業と独占』青木書店，1978年，48-49ページ。

(47) 岡本博公「現代日本企業の資金調達機構」，谷田庄三・前川恭一編著『現代企業の基礎理論』ミネルヴァ書房，1978年，81ページ。

(48) 坂本，前掲書，46ページ。

(49) 岡本，前掲「現代日本企業の資金調達機構」，82ページ。

(50) 鈴木，前掲書，72-77ページ参照。

(51) 丸山恵也『日本的生産システムとフレキシビリティ』日本評論社，1995年，214ページ。

(52) 同書，181ページ。

(53) 門田，前掲書，183-184ページ。

(54) 門田安弘『新トヨタシステム』講談社，1991年，272ページ，281-282ページ参照。

(55) 丸山，前掲『日本的経営』，125ページ。

(56) 青山茂樹「日本的経営システムの今日的特質――『人間に優しい企業経営』提起との関連で――」『経済』，No. 326，1991年6月，62-63ページ。

(57) 小野隆生「現代日本の生産システムのフレキシビリティ（2）――リジディティの観点から――」『商学論纂』，第36巻第3・4号，1995年3月，655ページ。

(58) 同論文，660-662ページ参照。

(59) 丸山，前掲『日本的経営』，95ページ。

(60) 丸山，前掲『日本的生産システムとフレキシビリティ』，161ページ。

(61) 同書，217ページ。

(62) 同書，224ページ。

(63) 同書，第6章，第9章，京谷栄二「ポスト・フォーディズム段階の労働過程論争――日本的労働過程のフレクシビリティとはなにか――」『長野大学紀要』，第13巻第2・3合併号，1993年12月，39-41ページ，京谷栄二『フレキシビリティとはなにか　現代日本の労働過程』窓社，1993年，241-246ページ，271ページ。

(64) 青山，前掲論文，63ページ。

(65) 風間信隆『ドイツの生産モデルとフレキシビリティ　ドイツ自動車産業の生産合理化』中央経済社，1997年，287-288ページ。

(66) Vgl. Volkswagen AG, *Bericht über das Geschäftsjahr 1977*, S. 15, Daimler-Benz AG, *Geschäftsbericht 1982*, S. 43, Daimler-Benz AG, *Geschäftsbericht 1983*, S. 39, Daimler-Benz AG, *Geschäftsbericht 1985*, S. 67.

(67) Volkswagen AG, *Bericht über das Geschäftsjahr 1983*, S. 56.

(68) U. Jürgens, K. Dohse, T. Malsch, New Production Concepts in West German Car Plants, S. Tolliday, J. Zeitlin（eds.），*The Automobile Industry and Its Works. Between Fordisum and Flexibility*, Cambridge, 1986, p. 259.

(69) M. Schumann, V. B-Kinsky, U. Neumann, R. Springer, Breite Diffusion der Neuen Produktionskonzepte——zörgerlicher Wandel der Arbeitsstrukturen. Zwischenergebnisse aus dem „Trendreport——Rationalisierung in der Industrie", *Soziale Welt*, 41. Jg, Heft 1, 1990, S. 49.

(70) *Ebenda*, S. 52.

(71) Adam Opel AG, *Geschäftsbericht 1984*, S. 11-12

(72) Adam Opel AG, *Geschäftsbericht 1987*, S. 19.

(73) Ford-Werke AG, *Geschäftsbericht 1985*, S. 39.

(74) Volkswagen AG, *Bericht über das Geschäftsjahr* 1987, S. 34.

(75) Vgl. M. Schumann, V. B-Kinsky, U. Neumann, R. Springer, *a. a. O.*, S. 51-52.

(76) R. Bispinck, Montagetätigkeit im Wandel——Arbeitsbedingungen zwischen Fließband und Computer——, *WSI Mitteilungen*, 36. Jg, Nr. 2, Februar 1983, S. 88-89, S. 94-95.

(77) H. Kern, M. Schumann, *a. a. O.*, S. 60.

(78) Vgl. D. Seitz, Rationalisierung und Beschäftigungsentwicklung in der Serienmontage, *WSI Mitteilungen*, 39. Jg, Nr. 2, Februar 1986, S. 59-60.

(79) R. Bispinck, *a. a. O.*, S. 95, S. 97.

(80) Volkswagen AG, *Bericht über das Geschäftsjahr 1983*, S. 27, S. 48.

(81) *Ebenda*, S. 57.

(82) Volkswagen AG, *Bericht über das Geschäftsjahr 1986,* S. 33.

(83) Volkswagen AG, *Bericht über das Geschäftsjahr 1987*, S. 34.

(84) Vgl. Adam Opel AG, *Geschäftsbericht 1983*, S. 11.

(85) Vgl. Adam Opel AG, *Geschäftsbericht 1986*, S. 12.

(86) Vgl. Ford-Werke AG, *Geschäftsbericht 1984*, S. 47, Daimler-Benz AG, *Annual Report 1986*, p. 30, Daimler-Benz AG, *Geschäftsbericht 1987*, S. 29, BMW AG, *Bericht über das Geschäftsjahr 1982*, S. 15-16, BMW AG, *Bericht über das Geschäftsjahr 1985*, S. 17. 。

(87) Vgl. Volkswagen AG, *Bericht über das Geschäftsjahr 1977*, S. 15, Ford-Werke AG, *Geschäftsbericht 1984*, S. 47, Ford-Werke AG, *Geschäftsbericht 1985*, S. 39, BMW AG, *Bericht über das Geschäftsjahr 1980*, S. 11.

(88) Bericht über das Geschäftsjahr 1977 Volkswagenwerk Aktiengesellschaft Wolfsburg. Sperrfrist! Veröffentlichung frei ab 27. April 1978, S. 15, S. 17, S. 41, *Volkswagen Archiv*, 119/447/2, Prospekt Volkswagenwerk Aktiengesellschaft Wolfsburg, Börseneinführung in Wien November 1978, S. 17, S. 20, *Volkswagen Archiv*, 119/447/1.

(89) M. Schumann, Kampf um Rationalisierung——Suche nach neuer Übersichtlichkeit, *WSI Mitteilungen*, 61. Jg, 7 /2008, Juli 2008, S. 380.

(90) H. Kern, M. Schumann, *a. a. O.*, S. 76, S. 83.

(91) Vgl. *Ebenda*, S. 81.

(92) M. Muster, Chancen und Schwierigkeiten arbeitspolitischer Interessenvertretung in

補論 1　1970年代から80年代における生産システムの展開の日独比較　*521*

der Autoindustrie, *WSI Mitteilungen*, 40. Jg, Nr. 6, Juni 1987, S. 339, S. 341.

（93）U. Jürgens, T. Malsch, K. Dohse, *Breaking from Taylorism. Changing Forms of Work in the Automobile Industry*, Cambridge, New York, 1993, p. 372.

（94）Vgl. I. Asendorf, C. Nuber, Qualifizierte Produktionsarbeit――Die Renaissance des Facharbeiters in der industriellen Produktion?, T. Malsch, R. Seltz（Hrsg.）, *Die neuen Produktionskonzepte auf dem Prüfstand. Beiträge zur Entwicklung der Industriearbeit*, 2. Aufl., Berlin, 1988, S. 271, S. 275.

（95）Volkswagen AG, *Bericht über das Geschäftsjahr 1982*, S. 17.

（96）K. G-Börshing, Die Personalentwicklung für Hall 54, P. M-Dohm, H. G. Schütze （Hrsg.）, *Technischer Wandel und Qualifizierung : Die neue Synthese*, Frankfurt am Main, New York, 1987, S. 173-174.

（97）BMW AG, *Bericht über das Geschäftsjahr 1981*, S. 33.

（98）R. Bispinck, *a. a. O.*, S. 99-100.

（99）H. Kern, M. Schumann, *a. a. O.*, S. 79. S. 98-99.

（100）*Ebenda*, S. 54.

（101）Vgl. M. Schumann, V. B-Kinsky, M. Kuhlmann, C. Kort, U. Neumann, *Trendreport Rationalisierung. Automobilindustrie, Werkzeugmaschinenbau, Chemische Industrie*, 2. Aufl., Berlin, 1994, S. 85-90, M. Schumann, V. B-Kinsky, U. Neumann, R. Springer, *a. a. O.*, S. 51-53, S. 62, S. 68.

（102）M. Schumann, V. B-Kinsky, M. Kuhlmann, C. Kort, U. Neumann, *a. a. O.*, S. 165, S. 341.

（103）U. Jürgens, T. Malsch, K. Dohse, *op. cit.*, pp. 384-385.

（104）U. Jürgens, K. Dohse, T. Malsch, *op. cit.*, p. 269.

（105）Vgl. E. Brumlop, *Arbeitsbewertung bei flexiblem Personaleinsatz. Das Beispiel Volkswagen AG*, Frankfurt am Main, New York, 1986, S. 48-49.

（106）Vgl. R. Bispinck, *a. a. O.*, S. 91, Volkswagen AG, *Gruppenarbeit in der Motorenmontage. Ein Vergleich von Arbeitsstrukturen*, Frankfurt am Main, New York, 1980, S. 23-36, S. 49-51.

（107）Volkswagen AG, *Bericht über das Geschäftsjahr 1989*, S. 34.

（108）H. Minssen, J. Howaldt, Gruppenarbeit in der Automobilindustrie―― Das Beispiel Opel Bochum――, *WSI Mitteilungen*, 44. Jg, Nr. 7, Juli 1991, S. 435-437, S. 441.

（109）BMW AG, *Bericht über das Geschäftsjahr 1990*, S. 42.

（110）W. Lux, Das Fallbeispiel Mercedes-Benz, Sindelfingen, W. Heidemann, A. P-Kohlhoff, C. Zeuner（Hrsg.）, *Qualifizierung in der Autoproduktion. Europäische Automobilkonzern reagieren auf die japanische lean production*, Marburg, 1992, S. 113.

（111）渡辺 朗「ハイブリッド型チームから自主設計的チームへ――ドイツにおけるチーム制の発展動向――」, 大橋昭一・竹林浩志編著『現代のチーム制　理論と役割』同文舘出版, 2003年, 110ページ, 113-115ページ参照。

(112) Vgl. T. Haipeter, *Mitbestimmung bei VW. Neue Chancen für die betriebliche Interessenvertretung*, 1. Aufl., München, 2000, S. 312.

(113) Protokoll Nr. 6 /76 über die Sitzung des Wirtschaftsasschusses am 25. 11. 76 (14. 12. 1976), S. 3, *Volkswagen Archiv*, 119/911.

(114) C. Kleinschmidt, *Der produktive Blick*, Berlin, 2002, S. 369, S. 383.

(115) M. Pusch, K. Volkert, H. -J. Uhl, Qualititätszirkel/Werkstattkreise/Aktionskreise der Volkswagenwerke AG. Erfahrungen des Betriebsrats, *Gewerkschaftliche Monatshefte*, 34. Jg, Heft 11, November 1983, S. 741.

(116) A. P-Kohlhoff, Das Fallbeispiel VW Hannover, W. Heidemann, A. P-Kohlhoff, C. Zeuner (Hrsg.), *a. a. O.*, S. 105, S. 112, C. Kleinschmidt, *a. a. O.*, S. 383.

(117) U. Jürgens, K. Dohse, T. Malsch, *op. cit.*, pp. 275–276.

(118) Vgl. Offene Fragen und Themen/Betriebsvereinbarungen (14. 9. 1979), S. 2, *Volkswagen Archiv*, 119/218/1, Protokoll Nr. 2 /77 über die Sitzung des Wirtschaftsasschusses am 22. 02. 1977, S. 2, *Volkswagen Archiv*, 119/911, Protokoll Nr. 1 /76 über die Sitzung des Wirtschaftsasschusses am 11. 02. 1976 (20. 2. 1976), S. 2, *Volkswagen Archiv*, 119/911, Kurzprotokoll. Besprechungzwischen Herrn Briam und dem Gesamtbetriebsausschuß (18. 5. 1979), *Volkswagen Archiv*, 119/218/1, Besprechungsunterlagen für die Gesamtbetriebsratssitzung in Braunschweig am Donnerstag, dem 1. Dezember 1977, 9. 00 Uhr, *Volkswagen Archiv*, 119/218/1.

(119) Volkswagen AG, *Bericht über das Geschäftsjahr 1981*, S. 42.

(120) Adam Opel AG, *Geschäftsbericht 1975*, S. 16.

(121) Adam Opel AG, *Geschäftsbericht 1987*, S. 24.

(122) C. Kleinschmidt, *a. a. O.*, S. 379–380.

(123) U. Dolata, Modernisierung und Umprofilierung der Konzernstrukturen in der Automobilindustrie, *WSI Mitteilungen*, 43. Jg, Nr. 1, Januar 1990, S. 40, S. 42.

(124) U. Jürgens, Produkutionskonzepte und Standortstrategien in der Weltautomobilindustrie, *WSI Mitteilungen*, 43. Jg, Nr. 9, September 1990, S. 597.

(125) H. Kern, M. Schumann, *a. a. O.*, S. 66.

(126) E. W. Schamp, The German Automobile Production System Going European, R. Hudson, E. W. Schamp (eds.), *Towards a New Map of Automobile Manufacturing in Europe? New Production Concepts and Spatial Restructuring*, Berlin, Heidelberg, New York, 1995, p. 103.

(127) U. Dolata, *a. a. O.*, S. 40. オペルのモジュール生産については, U. Jürgens, K. Dohse, T. Malsch, *op. cit.*, をも参照。

(128) M. Keller, *Collision. GM, Toyota, Volkswagen and the Race to Own the 21st Century*, New York, 1993, pp. 173–175〔鈴木主税訳『激突 トヨタ，GM，VWの熾烈な闘い』草思社，1994年，236–238ページ〕.

補論 1 1970年代から80年代における生産システムの展開の日独比較 *523*

（129） U. Jürgens, The Development of Volkswagen's Industrial Model, 1967-1995, M. Freyssenet, A. Mair, K. Shimizu, G. Volpato（eds.）, *One Best Way? Trajectories and Industrial Models of the World's Automobile Producers,* Oxford, 1998, pp. 292-293.

（130） U. Jürgens, *a. a. O.*, S. 598.

（131） M. Schumann, Die deutsche Automobilindustrie im Umbruch, *WSI Mitteilngen*, 50. Jg, Nr. 4, April 1997, S. 223.

（132） F. Speidel, *Mitbestimmte versus managementbestimmte Globalisierung in der Automobilindustrie. Ein Vergleich der Internationalisierungsstrategien und ihrer Verarbeitungen durch die Akteure der industriellen Beziehungen am Beispiel VWs und Renaults,* München, Mering, 2005, S. 103.

（133） A. Eckardt, H. Köhler, L. Pries, Die Verschränkung von Globalisierung und Konzernmodernisierung oder : Der 'Elch-Test' für die deutsche Automobilindustrie, G. Schmidt, R. Trinczek（Hrsg.）, *Globalisierung. Ökonomische und soziale Herausforderungen am Ende des zwanzigsten Jahrhunderts,* Baden-Baden, 1. Aufl., 1999, S. 174.

（134） U. Jürgens, *a. a. O.*, S. 600.

（135） 大塚 忠『ドイツの社会経済的産業基盤』関西大学出版部，2010年，197ページ。

（136） M. Schumann, Die deutsche Automobilindustrie im Umbruch, S. 220.

（137） E. W. Schamp, *op. cit.*, pp. 103-104.

（138） Daimler-Benz AG, *Annual Report 1994*, p. 39, p. 42.

（139） M. Funder, B. Seitz, Unternehmens（re）organisation und industrielle Beziehungen im Maschinenbau. Ergebnisse einer repräsentativen Studie, *WSI Mitteilungen*, 50. Jg, Nr. 1, Januar 1997, S. 58.

（140） U. Jürgens, *op. cit.*, p. 303.

（141） M. Schumann, V. B-Kinsky, M. Kuhlmann, C. Kurz, U. Neumann, Rationalisierung im Übergang――Neue Befunde der Industriesoziologie zum Wandel der Produktionskonzepte und Arbeitsstrukturen――*WSI Mitteilungen*, 47. Jg, Nr. 7, Juli 1994, S. 408, M. Schumann, V. B-Kinsky, M. Kuhlmann, C. Kort, U. Neumann, *a. a. O.*, S. 168.

（142） 安井恒則「小集団活動とチーム作業方式」，大橋・竹林編著，前掲書，86ページ。

（143） S. Roth, Produktionskonzepte in Japan und Deutschland, S. 167.

（144） Vgl. M. Schumann, V. B-Kinsky, M. Kuhlmann, C. Kort, U. Neumann, *a. a. O.*, S. 69.

（145） H. Kern, M. Schumann, *a. a. O.*, S. 86.

（146） U. Jürgens, K. Dohse, T. Malsch, *op. cit.*, pp. 273-274.

（147） U. Jürgens, T. Malsch, K. Dohse, *op. cit.*, p. 380.

（148） S. Roth, Produktionskonzepte in Japan und Deutschland, S. 120, S. 135.

（149） 風間，前掲書，98ページ。

（150） U. Jürgens, T. Malsch, K. Dohse, *op. cit.*, p. 382.

（151） Volkswagen AG, *Bericht über das Geschäftsjahr 1983*, S. 37.

（152） Vgl. U. Dolata, *a. a. O.*, 41.

（153） H-R. Meißner, K. P. Kisker, U. Bochum, J. Aßmann, *Die Teile und Die Herrschaft. Die Reorganisation der Automobilproduktion und der Zulieferbeziehungen*, Berlin, 1994, S. 98.

（154） C. Kleinschmidt, *a. a. O.*, S. 388–389.

（155） H-R. Meißner, K. P. Kisker, U. Bochum, J. Aßmann, *a. a. O.*, S. 134.

（156） L. Pries, S-C. Rosenbohm, Diktiert die Globalisierung Standortverlagerung? Das Beispiel der Werksansiedlung von BMW in Leipzig, L. Pries, C. Bosowski（Hrsg.）, *Europäsche Automobilindustrie am Scheideweg*, München, Mering, 2006, S. 67.

（157） Vgl. H-R. Meißner, K. P. Kisker, U. Bochum, J. Aßmann, *a. a. O.*, S. 112, S. 114, S. 116.

（158） *Ebenda*, S. 25.

（159） *Ward's Automotive Yearbook 1987*, Forty-ninth edition, Ward' s Communications, Detroit, p. 72.

（160） U. Jürgens, The Development of Volkswagen's Industrial Model, p. 296.

（161） J. P. Womack, D. T. Jones, D. Roos, *The Machine that Changed the World : How Japan's Select Weapon in the Global Auto Wars Will Revolutionize Western Industry*, New York, 1990〔沢田 博訳『リーン生産方式が，世界の自動車産業をこう変える：最強の日本車メーカーが欧米を追い越す日』経済界，1990年〕, H. Rudolph, *Erfolgsfaktoren japanischer Großunternehmen. Die Bedeutung von Wettbewerb und individuellen Leistungsanreizen*, Frankfurt am Main, New York, 1996, S. 187–189.

（162） Volkswagen AG, *Geschäftsbericht 1992*, S. 18–19.

（163） Adam Opel AG, *Geschäftsbericht 1993*, S. 22.

（164） W. Strinz, „Der Lieferantenpark kommt ins Werk", *Automobiltechnische Zeitschrift*, 102. Jg, Nr. 7–8, Juli/August 2007, S. 602.

（165） Vgl. B. Schröder, „Logistik im Zeichen des Wettbewerbs", *Automobiltechnische Zeitschrift*, 102. Jg, Nr. 7–8, Juli/August 2000, S. 600. G. Meise, „Auf Just-IN-Time folgt Order-to-Delivery", *Automobiltechnische Zeitschrift*, 102. Jg, Nr. 7–8, Juli/August 2000, S. 601, J. Gebhardt, „Just-In-Time ist nicht mehr wegzudenken", *Automobiltechnische Zeitschrift*, 102. Jg, Nr. 78, Juli/August 2000, S. 601.

（166） Vgl. H. Kilper, J. S-Dilcher, Auf dem Wege zum Ko-Produzenten. Über den Wandel der Produktions- und Lieferbeziehungen in der Automobilbranche, L. Pries, M. Hertwig（Hrsg.）, *Deutsche Autoproduktion im globalen Wandel*, Gelsenkirchen, 1999, S. 3, S. 7, S. 14（in : Institut für Arbeit und Technik, Ruhr-Universität Bochum, *Jahrbuch*, 1998/99, Gelsenkirchen, 1999）.

（167） K. Semlinger, New Developments in Subcontracting : Mixing Market and Hierarchy, A. Amin, M. Dietrich（eds.）, *Towards a New Europe? Structural Change in the European Economy*, Aldershot, Brookfield, 1992, pp. 98–99, pp. 104–105, K. Semlinger, Small Firms in Big Subcontracting, N. Altmann, C. Köhler, P. Meil（eds）, *Technology and Work in*

補論1　1970年代から80年代における生産システムの展開の日独比較　*525*

German Industry, London, New York, 1992, p. 342, p. 350, K. Semlinger, Fremd-
leistungsbezug als Flexibilitätsreservoir――Unternehmenspolitische und arbeits-
politische Risken in der Zulieferindustrie――, *WSI Mitteilungen*, 42. Jg, 9 /1989, S. 517,
S. 524.

（168）S. Roth, Automobilhersteller und ihre Zuliefer in Deutschland und Japan, K. Zwickel
（Hrsg.）, *a. a. O.*, S. 191.

（169）K. Semlinger, New Developments in Subcontracting, p. 110.

（170）European Commission, *Panorama of EU Industry 95/96*, Brussels, Luxemburg, 1995,
Chapter 11, p. 20.

（171）廣江 彰「『日本化』すすめるドイツ自動車産業」『調査季報』（国民金融公庫総合研
究所），第25号，1993年5月，41ページ参照。

（172）U. Jürgens, The Development of Volkswagen's Industrial Model, p. 296.

（173）池田正孝「欧州自動車産業の下請け再編成の動向――日本型下請システムの展開
――」『中央大学経済研究所年報』，第25号（Ⅱ），1995年3月，170ページ，池田正孝
「欧州自動車メーカーの部品調達政策の大転換――ドイツ自動車産業を中心として
――」『中央大学経済研究所年報』，第28号，1998年3月，240ページ。

（174）H-R. Meißner, K. P. Kisker, U. Bochum, J. Aßmann, *a. a. O.*, S. 69.

（175）Vgl. Volkswagen AG, *Geschäftsbericht 1995*, S. 36.

（176）Dailer-Benz AG, *Geschäftsbericht 1993*, S. 21, Daimler-Benz AG, *Annual Report 1993*,
p. 21, Dailer-Benz AG, *Annual Report 1996*, p. 18.

（177）Vgl. M. Reeg, *Liefer- und Leistungsbeziehungen in der deutschen Automobilindustrie.
Strukturelle Veränderungen aus unternehmerischer und wirtschaftspolitischer Sicht*, Berlin,
1998, S. 244.

（178）池田，前掲「欧州自動車メーカーの部品調達政策の大転換」，219ページ，222ペー
ジ，239ページおよび246ページ参照。

（179）Vgl. D. Bauer, Modultechnik in der Motorkühlung, *Automobiltechnische Zeitschrift*, 95. Jg,
Nr. 9, September 1993, ATZ-Supplement, S. Ⅰ-Ⅱ, Brose, Modultechnik bietet techniche
und wirtschaftliche Vorteile, *Automobiltechnische Zeitschrift*, 100. Jg, Nr. 4, April 1998,
S. 272, K. G. Lederer, Neue Formen der Zusammenarbeit entwickeln, *Automobiltechnische
Zeitschrift*, 97. Jg, Nr. 2, Februar 1995, S. 69.

（180）この点については，Y. Lung, M. S. Salerno, M. Zilbovicius, A. V. C. Dias, Flexibility
through Modularity : Experimentations with Fractal Production in Brazil and in Europe,
Y. Lung, J-J. Chanaron, T. Fujimoto, D. Raff（eds.）, *Coping with Variety in the Auto
Industry*, Vermont, 1999, A. Fleury, M. S. Salerno, The Transfer and Hybridization of New
Models of Production in the Brazilian Automobile Industry, R. Boyer, E. Charron, U.
Jürgens, S. Tolliday（eds.）, *Between Imitation and Innovation. The Transfer and
Hybridization of Productive Models in the International Automobile Industry*, Oxford, 1998,

R. Marx, M. Zilbovicius, M. Salerno, The Modular Consortium in a New Volkswagen Truck Plant in Brazil : New Forms of Assembler and Suppliers Relationship, *Integrated Manufacturing Systems*, Vol. 8, Issue 5, 1997などを参照。

（181） Y. Lung, M. S. Salerno, M. Zilbovicius, A. V. C. Dias, *op. cit.*, p. 238.

（182） *Ibid.*, p. 254.

（183） この点については，拙書『戦後ドイツ資本主義と企業経営』森山書店，2009年，第10章第3節，拙書『ヴァイマル期ドイツ合理化運動の展開』森山書店，2001年および拙書『ナチス期ドイツ合理化運動の展開』森山書店，2001年を参照。

（184） Vgl. L. G. G. Salgado, *Die Modulproduktion in der Automobilindustrie Brasiliens. Eine rechtliche und ökonomische Analyse*, Berlin, 2008, S. 128.

（185） 大塚，前掲書，315-316ページ。

（186） Adam Opel AG, *Geschäftsbericht 1984*, S. 11.

（187） Vgl. N. D 'Alessio, H. Oberbeck, D. Seitz, 》*Rationalisierung in Eigenenergie《. Ansatzpunkte für den Bruch mit dem Taylorismus bei VW*, Hamburg, 2000, S. 54.

（188） 小野，前掲「現代日本の生産システムのフレキシビリティ（2）」，655-656ページ参照。

（189） 小野，前掲「現代日本の生産システムのフレキシビリティ（1）」，181ページ参照。

（190） この点に関していえば，ドイツ的な専門労働者のタイプは日本ではまったくみられず，職業教育のシステムがまったく異なるかたちとなっていることがその背景にあるとされている。K. Hiesinger, Lean Production auch in der Berufsbildung?, Hans-Böckler-Stiftung, Industriegewerkschaft Metall（Hrsg.）, *Lean Production : Kern einer neuen Unternehmenskultur und einer innovativen und sozialen Arbeitsorganisation? Gewerkschaftliche Auseinandersetzung mit einem Managementkonzept*, Baden-Baden, 1992, S. 173.

（191） Vgl. Daimler-Benz AG, *Geschäftsbericht 1980*, S. 39, Daimler-Benz AG, *Geschäftsbericht 1983*, S. 39, Daimler-Benz AG, *Annual Report 1984*, p. 39, Volkswagen AG, *Bericht über das Geschäftsjahr 1981*, S. 21, Adam Opel AG, *Geschäftsbericht 1971*, S. 15.

（192） W. Streeck, German Capitalism, C. Crouch, W. Streeck（eds.）, Political Economy of Modern Capitalism, London,1997,p.46〔山田鋭夫訳『現代の資本主義制度』NTT出版，2001年，71ページ〕。

（193） この点については，拙書『現代のドイツ企業』森山書店，2013年，第12章参照。

補論2 1990年代以降における株主主権的経営，コーポレート・ガバナンスへの転換の日独比較
──企業経営の「アメリカ化」の再来とその影響──

　1990年代以降の時期には，グローバリゼーションの進展と同様に，企業経営の「アメリカ化」という傾向が顕著になってきた。「アメリカン・スタンダード」がひとつの有力なモデルとして喧伝され，アメリカの影響は，資本主義的な市場経済モデルの次元のみならず企業経営のレベルでも強くなってきた。そのようなアメリカモデルは，商品市場，金融市場および労働市場のいずれにおいても市場原理に全面的に委ねることを最善とみなす新自由主義的なイデオロギーを基盤とするものである。その影響は，企業経営のレベルでは，資本市場による圧力の増大のもとで，株主価値の極大化をめざす株主主権的な経営およびコーポレート・ガバナンスのシステムを柱とするアメリカ的経営モデルへの転換の動きにみることができる。

　1990年代以降の金融経済の肥大化と企業レベルでのその影響を「金融化」としてとらえたとき，それは「外部的金融化」と「内部的金融化」に分けることができる。前者は，金融市場ないし金融界およびそのオピニオン・リーダーが産業企業とその経営におよぼす影響に関するものである。これに対して，後者は，金融市場志向の業績基準の利用，企業の経営過程の統治や，リストラクチャリングのイニシアティブへの資本市場志向のシステムの利用に関係している[1]。株主価値のコンセプトにおいて考慮される唯一の利害は，所有者の財務的利益である[2]。「金融化」は生産重視から金融重視への転換であり，それは，製品市場における競争から資本市場の圧力に対する対応へのシフトにみられる[3]。資本市場の評価を前提にした配当の増大や株価上昇など株主にとっての利益の増大という株主価値志向の経営の目標は，生産や企業の付加価値の実現から直接生れてくる実体経済の目標とは根本的に異なっている[4]。そのような

現れは，例えば「留保利益の確保と利益の再投資」を基礎にした生産重視から「ダウンサイジングと利益の分配」という金融重視の政策への転換という企業戦略のシフトにみられるが，その世界的な広がりは，実体経済との一層の乖離を生んできた[5]。

またこの時期のアメリカ的な企業統治や株主価値のイデオロギーの普及は，発達した証券市場をもつ同国の特殊な制度の世界的な普及，すなわち証券化を前提としたものである[6]。日本においても，またドイツとEUのレベルにおいても，アメリカ的な線に沿った資本市場の整備のための法制度の改革，規制緩和がすすめられてきた。EUは加盟諸国に対して金融市場の自由化の方向を押し出し，株式市場がより重要なものと位置づけられた。改革は投資家保護と会計基準を強化してきた[7]。1990年代以降には，日本とドイツにおける企業文化は大きく変化した。ドイツでは，1990年から97年頃までの時期には，株主価値主義に基づいて経営される企業は，外国に本拠をもつ大企業グループの子会社が中心であったが，90年代末から2000年代初頭には，より多くの数の世界志向の企業が株主価値主義を利用するようになっていた[8]。

このように，1990年代以降の大きな変化のひとつは，金融業の特殊な状況が産業企業全体にまで広がってきたこと，そしてその結果，株主価値の原則が「支配の原則」から「企業の目標」へと転倒してきたことにある[9]。しかし，アメリカの影響の大きさや実際の経営モデルの転換は，各国によって大きく異なっており，そのようなアメリカ的経営モデルへの収斂化の傾向がみられるわけではない。

ドイツでは，第2次大戦後，「ライン型資本主義」[10]あるいは「調整された市場経済」[11]と呼ばれるような資本主義のタイプのもとで，企業経営においても特徴的なスタイルが築かれてきた。資本所有と人的結合の両面における産業・銀行間の関係，銀行間の協調的関係および共同決定制度のもとでの労使協調的な体制が存在してきた。そのような企業体制は，「ドイツ株式会社」（"Deutschland AG"）と呼ばれ[12]，資本市場の圧力のもとでも，経営の自律性を維持する重要な基盤を形成してきた。一方，日本では，株式の相互持合および役員派遣や役員兼任をとおして，外部の勢力の影響に対する防衛機能が発揮され，それは経営の自律性の確保において大きな意味をもってきた。コーポレ

ート・ガバナンスに関しては，アメリカやイギリスにおける退出に基づくガバナンスと日本やドイツにおける関係性ないし発言権に基づくそれとの間には，大きな相違がみられる[13]。1990年代以降には，アメリカ的「金融化」のもとで，他の諸国においても企業の株主価値志向が拡大し，アメリカ的経営モデルは，1990年代以降，このような日本とドイツの経営に対しても大きな影響をおよぼしてきた。

　そこで，補論2では，アメリカ的な株主主権の経営や資本市場指向のコーポレート・ガバナンスへの転換の圧力のもとでの日本とドイツにおける企業経営の変化について，考察を行う。まず第1節では，それ以前の時期との比較のなかで，1990年代以降における企業経営のアメリカ化の性格がどのように変化してきたかという点にについて考察する。つづく第2節および第3節では，日本とドイツにおける株主価値志向の経営への転換についてそれぞれみていく。それらをふまえて，第4節では，そのような株主主権の経営やコーポレート・ガバナンスのシステムを柱とするアメリカ的経営モデルへの転換の動きにみられる日本的特徴とドイツ的特徴を明らかにしていく。

第1節　1990年代以降の企業経営のアメリカ化における性格の変化とその意義

　1990年代以降のアメリカ的経営モデルの導入は，企業経営の価値基準や行動原理の転換をもたらすものである。それは，企業における経営の自律性を大きく制約する要因であるだけでなく，労働者と同様にステイクホルダーにも大きな影響をおよぼしてきた。それゆえ，アメリカ的な経営のモデルへの抵抗や反発およびそのようなモデルとの相剋も一層強いものとならざるをえない。それゆえ，まず1990年代以降の時期における企業経営の「アメリカ化」の再来という現象をめぐって，そこにみられる性格の変化とそのことのもつ意義について，それまでの時期における企業経営のアメリカ化との比較をとおしてみておくことにする。

　序章でもみたように，歴史的にみると，企業経営のアメリカ化においては，①20世紀初頭から第1次大戦までの時期，②第1次大戦後の時期，③1970年代

初頭までの第2次大戦後の経済成長期，④1990年代以降の時期の4つの波がみられる。1990年代以降の時期には，各国において資本市場志向のアメリカ的な経営モデル，経営方策・手法の導入が取り組まれるようになったが，この点に関して重要なことは，それまでの3つのアメリカ化の波と比較すると，その性格が変化してきたということにある。上述したように，1990年代以降に世界的に普及することになった，企業統治や株主価値という面でのアメリカ的イデオロギーの普及には，証券化というかたちでのアメリカの特殊な制度の世界的な普及が背景にあった。

1970年代初頭までの3つの波において導入が試みられたアメリカの経営方式の多くは，「能率向上」という経営原理，企業の行動メカニズムが経営の実務において歴史的に重視されてきたという同国のプラグマティックな経営風土を背景としたものであった。それだけに，そのようなアメリカ的条件・環境要因を反映した部分，プラグマティックな価値観に基づくあり方が移転先の受け入れ国の条件には必ずしも適合的ではなく，修正されながらの導入となったという面もみられたとはいえ，能率向上という原理は，多くの諸国の企業においても最も重要な行動メカニズムをなした。そのような能率向上の原理を貫くアメリカの経営方式は，日本やドイツの企業の復活・発展にとっての，また経済の発展にとっての重要な原動力となってきたのであった。それゆえ，第1から第3までの波においては，企業経営のアメリカ化は，その受け入れ国側からみても，大きな意味をもつものとなってきた。

これに対して，1990年代以降の時期にみられた第4のアメリカ化の波においては，経営方策そのものという面よりはむしろ，企業を「契約の束」として売買の対象とみるアメリカ的な企業観・イデオロギー，それに基づく経営観，そうした考え方に適合的な経営のあり方，制度の導入という面が強い。そのようなアメリカ的な経営のあり方・価値基準は，それまでの能率（生産性）向上や市場競争上の戦略展開など企業の経営行動そのものに内在する実体経済的基準とは異なる，株価上昇（株主価値の向上）という資本市場の短期的志向の利害・価値基準に準拠・合致した「合理性」原理を基礎としたものである。そのような意味でも，こうしたアメリカ的経営のあり方は，企業経営にとっても，また資本蓄積にとっても抑制的・否定的作用，影響をもたらす「攪乱要因」と

補論 2　1990年代以降における株主主権的経営，コーポレート・ガバナンスへの転換の日独比較　*531*

もなりうるという性格をもつといえる。こうした点は，1990年代以降の時期の企業経営におけるアメリカ化の性格の重要な変化を示すものとなっているが，それだけに，日本やドイツの経営のあり方，スタイルとの相剋も大きなものとならざるをえなかったといえる。

第 2 節　日本における株主価値重視の経営モデルへの転換とその状況

　1990年代以降の企業経営のアメリカ化における以上のような変化をふまえて，本節では，日本における株主価値志向の経営への転換をめぐる諸問題を考察することにしよう。まず日本企業へのアメリカ的「金融化」の影響についてみていくことにする。

1　日本企業におけるアメリカ的「金融化」の影響

　日本では，戦後に形成された間接金融中心の企業の資金調達，株式の相互持合にみられる特徴的な所有構造，メインバンクとしての役割を果たす銀行の存在など，独自の体制が構築され，維持されてきた。しかし，アメリカ的「金融化」の影響はこれらの領域にも現れており，それゆえ，ここでは，これらの点にかかわる変化についてみていくことにしよう。

　企業の資金調達条件の変化による影響について——まず企業の資金調達条件の変化をみると，日本では，ドイツと同様に，戦後，企業における間接金融中心の資金調達方式のもとで，銀行の役割が大きく，証券市場の役割はアメリカやイギリスに比べると小さい傾向にあった。6大企業集団内の大銀行は，メインバンクとして，系列融資のかたちで当該企業の需要する支払決済手段を信用創造によって機動的かつ弾力的に供給し，大企業の外部資金調達において主導的役割を果たした[14]。また総合商社は，自らが属する企業集団内の同系銀行からの借入金を利用して同系企業に対して信用を積極的に提供した[15]。1990年代初頭までは，メインバンクの存在は，企業にとって大きな位置を占めていた。資本金1億円以上の1部上場328社，2部上場企業161社，店頭公開企業114社，非公開企業568社の合計1,171社から回答を得た1992年の富士総合研究

所の調査でも，メインバンクをもつ企業の割合は94.9％にのぼっていた。また準メインバンクをもつ企業は，回答のあった1,094社中71.8％となっていた[16]。メインバンクからの借り入れを基軸とする間接金融優位の資金調達の構造は，アメリカとは大きく異なり，直接金融市場が資金調達の場として必ずしも十分に成熟していなかったことと表裏一体をなすものであった[17]。

1970年代半ばから80年代半ばまでの時期には，利潤率の低下のもとで企業利潤率が利子率を下回るという逆レバレッジ効果が発生するなかで，自己資本比率の改善が課題となり，時価公募への移行のもとで増資が増大した[18]。時価ファイナンスは，比較的収益力が高く好業績の業種の成長企業において多くみられ，エクイティ・ファイナンスの進展のもとで外部資金への依存度が低下し，自己資本比率が上昇した[19]。その後のバブル経済期には，エクイティ・ファイナンスの急増は成長余力のある産業に限定されなかったことが特徴的である[20]。

しかし，バブル経済の崩壊にともない，銀行の不良債権処理の問題，長引く不況の影響などもあり，企業の資金調達の条件は変化してきた。1990年代前半には，メインバンクが赤字企業への融資シェアを低下させたケースは非常に多かった。このことは，メインバンクはモニタリングの過程で取引先の選別を行っていたことを示すものであり，銀行のリスク選別の動きと符合している[21]。

またその一方で，資本市場の自由化の進展，国際的な資本の流動性の高まり，情報通信技術の発展，金融のグローバリゼーションのもとで，資本市場での資金調達の条件は大きく変化した。その結果，直接金融への移行の傾向がみられたが，日本では，バブル経済の崩壊後にみられた株式市場の低迷という状況が，そのような動きに大きな影響をおよぼしてきた。

企業の所有構造の変化による影響について——また企業の所有構造についてみると，日本では，株式の相互持合は，企業集団内のみならず，その系列外の企業との間でも，また金融機関相互でも行われてきた[22]。株式の相互持合には企業集団型のそれと独立企業型のそれとが存在し，同じグループ内の企業間での株式持合が基礎となり，さらにグループ外の他系列の企業との間での持合によって補強されるという重層的構造にあった。異系列企業との株式の持合

補論2　1990年代以降における株主主権的経営, コーポレート・ガバナンスへの転換の日独比較　533

は，共同支配体制の基礎をなしてきた[23]。こうした持合は，外部勢力の「議決権行使による影響力」に対する制約というかたちで，経営の自律性を確保する上で大きな役割を果たしてきた。またメインバンクの経営者と事業法人の経営者の間には，持合を軸に「経営者としての」利害の一致，経営者の相互信任が存在してきた[24]。株式の持合の形成は，短期的に株価が下落したさいの企業買収のリスクを低減させ，長期的な視野に立った経営を実現しうる構造を経営者に与えてきた[25]。日本企業の経営の長期志向，売上高重視という傾向は，そのような条件に支えられたものでもあった。

　しかし，1990年代以降，株式の相互持合が見直され，減少する傾向にある。バブル経済崩壊後の不良債権処理の問題や時価会計の導入による金融資産の時価評価への転換などが，それと関係している。1990年代以降の日本市場における株式所有構造の変化は，①株価の下落を要因とした，金融機関を中心とする株式の相互持合の解消を契機とする株式の持合構造の流動化，②外国人機関投資家のプレゼンスの高まり，③個人金融資産に占める従来の銀行預金や郵便貯金のような安定的形態での金融資産のリスク選好投資（株式投資・投資信託・外国証券等）への動きの出現という3点に集約される[26]。

　そこで，投資部門別の株式保有比率の変化をみると，1990年度, 98年度, 2006年度, 2013年度における銀行系金融機関の株式保有比率は，それぞれ43%，41%，30.7%，26.7%となっており，98年度以降大きな低下を示している。とくに著しい低下を示しているのは都市銀行・地方銀行であり，15.7%，13.7%，4.6%，3.6%となっており，1998年度以降の低下が激しい。また生命保険会社の保有比率もそれぞれ12%，9.9%，5.3%，3.7%となっており，大きく低下している。これに対して，事業法人等の保有比率はそれぞれ30.1%，25.2%，20.8%，21.3%となっており，金融機関と比べると低下はあまり大きなものとはなっていない。その一方で，外国法人等の保有比率は，わずか4.7%であったものが14.1%，27.8%，30.8へと大きく上昇している[27]。

　金融機関と事業法人の安定株式所有の減少分の多くは外国人投資家によって引き受けられたという面もみられ[28]，個人投資家の保有比率の上昇もすすんだとはいえ，金融機関の代替としての外国人投資家のプレゼンスが増大した。この点は基本的にはその後の時期についてもいえる。こうした傾向は，とくに

委員会設置会社において顕著にみられ，東京証券取引所上場企業では，2014年には外国人株式所有比率が10％未満である企業の割合は65.8％，30％以上の企業の割合は8.4％であったが，委員会設置会社では，前者の割合は24.6％であったのに対して，後者の割合は36.8％にのぼっていた[29]。

1990年代以降の安定株主による株式持合関係の弱まりと金融機関の所有比率の低下はまた，機関投資家の比重の増大となってあらわれた。外国人投資家の株式保有比率の大きな上昇も，そのことと深い関連をもっている。機関投資家や外国人投資家の株式保有比率の上昇は，「もの言う株主」[30]としての彼らの行動・圧力を増大させ，自らが株式を所有している企業の経営への関与という方法も含めて，株主主権の経営への転換を強く求めることになった。

例えば企業側から提出された議案に対して「否」等の支持をした機関投資家が存在した割合（ただし重複回答）は，2006年度と2015年度にはそれぞれ63.5％，67.9％となっており，2015年度には2013年度の62.7％よりもさらに上昇している。資本金1,000億円超の企業では，2006年度と2015年度の数値はそれぞれ89.2％，93.0％となっており，2015年度には，2013年度の87.1％よりもさらに上昇している。また「否」の意思表示をした機関投資家等がいたと回答した企業全体に占める「否」の支持があった議案の割合をみると，2006年度には，定款変更議案では72.3％，取締役選任議案では50.2％，利益処分案では40.3％となっていたが，2015年度には，社内取締役選任議案では72.2％，社外取締役選任議案では63.4％，社内監査役選任議案では30.8％，社外監査役選任議案では44.3％，剰余金処分では34.3％となっていた[31]。このように，2000年代の最初の10年間の半ばにはすでに，経営者の選任や利益処分などを中心に，機関投資家の影響が大きなものとなってきた。

外国人投資家，機関投資家，投資ファンドによる株式所有の増大，これらの所有者の行動様式によって，日本企業は，資本市場の圧力への対応として，株価上昇・配当重視という短期的な資本効率重視の経営への転換を一層強く求められることになった。東京証券取引所に上場の企業を対象とした2005年のある調査（複数回答）によれば，コーポレート・ガバナンスの目的として「企業価値（株主価値）の最大化・適正化」をあげた企業の割合は，回答企業全体の

40.4%であり，設定された項目のなかで最も高い割合となっていた[32]。2014年の同様の調査でも，回答のあった東京証券取引所上場の全内国会社のうち52.8%が，コーポレート・ガバナンスへの取り組みに関する基本的な方針やコーポレート・ガバナンスの目的として「企業価値」に言及しており，2012年の数値である55.3%よりはわずかに低いとはいえ，高い割合となっている[33]。また2005年度の上述の調査では，最も重視するステイクホルダーは株主であると回答した企業の割合は62.2%にのぼっていたのに対して，従業員と回答した企業の割合はわずか4.4%にとどまっており[34]，すでにこの頃には，企業による株主重視の傾向が顕著になっている。

　銀行の経営行動の変化による影響について——さらに銀行の経営行動の変化についてみることにする。企業とメインバンクの関係は，貸付・借入金関係だけでなく株式保有関係を通じても補完された長期的・安定的関係にあり，株式発行や増資のさいの引き受けにおいて，銀行が果たす役割は大きかった。そこでは，「取引関係・信頼関係が先にあってこれを追認し補完するのが株式所有」であり[35]，契約に基づく社会的信頼の確保というアメリカ的なあり方とは異なる，「関係性重視の資本主義形態」という日本的特質がある[36]。しかし，こうした産業企業と銀行の間の関係は，1990年代以降における銀行の不良債権処理の問題や企業の資金調達条件の変化など，経営環境の大きな変化の影響を強く受けざるをえなかった。

　また役員派遣，役員兼任による人的結合についてみると，取締役兼任のネットワークでは，むしろ商社が取締役兼任をとおして多くの企業と結びついている傾向にあったのに対して，役員派遣のネットワークでは，金融機関がとりわけ多くの派遣を行っていた[37]。しかし，役員派遣という面での銀行の役割，経営行動は，企業集団の解体や株式の相互持合の減少という現象のなかで，大きく変化せざるをえない状況となってきた。

2　株主価値重視の経営への転換の進展

　つぎに，株主価値重視の経営への転換について具体的に考察を行うことにする。株主価値重視の経営への転換に関して，会計基準の変更と投資家広報活動

の展開，経営者報酬へのストック・オプションの導入，トップ・マネジメント機構の変革をみることにしよう。

会計基準の変更と投資家広報活動の展開について――まず会計制度の変更の問題をみると，2001年に会計制度が改正され，退職給付について将来予想される負担の明示化と金融資産の時価評価が義務づけられた[38]。日本でも，1990年代後半から会計ビッグバンと呼ばれる会計基準の大改革が取り組まれており，国際会計基準やアメリカの会計基準に近づける変更が行われた。その後も，日本基準と国際会計基準との違いを一段となくすレベルへとすすむ収斂化の動きや国際会計基準そのものの採用の動きのほか，国際会計基準の大改訂という会計ビッグバン当時とは別次元の大きな動きもすすんだ[39]。そうしたなかで，国際会計基準やアメリカの会計基準であるUS−GAAPの導入の動きが一層すすむ傾向にあった

このような会計基準のアメリカ化，国際化はまた，投資家広報の面でも大きな意味をもった。東京証券取引所（以下，東証）に上場の企業を対象とした2005年の調査でも，回答のあった企業のうち59％が，すでに投資家広報（IR）に関する専門部署（専門担当者を含む）を設置しており，設置していない企業の割合33.5％を大きく上回っていた[40]。2014年の東証上場している全内国会社の調査では，投資家広報に関する部署または担当者を設置している企業の割合は80.4％であり，マザーズ市場に上場の企業では88.7％，1部上場の企業では85.1％と高いのに対して，2部上場の企業では62.8％とそれらに比べると低い。またジャスダック市場に上場の企業では，その割合は79.9％となっていた。個人投資家向けに定期的に説明会を開催している企業の割合は25.9％であり，海外投資家向けのものではその割合は10.8％にとどまっていたが，アナリスト・機関投資家向けのものでは67.2％となっており[41]，機関投資家重視の姿勢が鮮明にあらわれている。

経営者報酬へのストック・オプションの導入について――また経営者に対する報酬支払いの方法であるストック・オプションの導入をみると，それは，敵対的買収や企業支配権市場とならんで，金融市場の行動の論理を企業の戦略や

補論2　1990年代以降における株主主権的経営，コーポレート・ガバナンスへの転換の日独比較　*537*

内部コントロールの構造のなかにもちこむ伝達メカニズムをなすものである[42]。そのような意味において，インセンティブ・システムとしてのストック・オプションは，株主価値経営の重要な手段をなす。

　日本でも，1997年にストック・オプションが一般企業にも解禁された[43]。東京証券取引所に上場の企業を対象とした2005年の調査では，回答企業のうちストック・オプションを導入していた企業の割合（複数回答）は31.1％であり，業績連動型報酬制度の導入の割合（12.6％）を大きく上回っていた。ストック・オプションを社内取締役・執行役員に対して導入していた企業の割合は，97％に達していた[44]。

　また同様の2012年の調査では，東証上場の全内国会社の87.2％が何らかのインセンティブ付与に関する施策を実施していたのに対して，2014年の調査ではその割合は53.7％となっており，大きく低下している。ストック・オプションを導入している企業の割合は2014年には31.8％であり，2008年の33.6％よりわずかに低下している。しかし，市場区分でみると，マザーズ市場に上場の企業ではその比率は77.8％にのぼっており，東証１部上場の企業に関する数値32.1％，２部上場の企業の数値15.8％，ジャスダック市場に上場の企業の数値30.7％を大きく上回り，突出して高い傾向にある。また外国人株式所有比率が高くなるほどストック・オプション制度の導入の割合が高いのは2005年や2012年の調査結果と同様であり，2014年には，外国人株式所有比率が30％以上の企業では同制度の導入の割合は52.1％に達している。

　ストック・オプションの付与対象者としては，監査役設置会社と委員会設置会社では，社内取締役に対してそれを導入していた企業の割合はそれぞれ97.4％，77.8％となっており，これを従業員に対してみるとそれぞれ66.8％，74.1％となっていた。社外取締役または社外監査役に対してストック・オプションを導入している企業の割合は32.5％であったが，2012年の調査では，社外取締役に対してそれを導入している企業の割合は，社外取締役を選任している企業の19.9％であった。

　このように，ストック・オプション制度の導入については，マザーズ市場に上場の企業ではその比率は非常に高いのに対して，１部および２部の市場に上場の企業では低い傾向にあった。2014年の東証上場企業に関する調査では，こ

うした制度を採用しない企業の比率は68.2%に達していた。不採用の理由はさまざまあげられているが，かつてそれを採用したものの経年後の株価低迷や行使価格の分散化などによってインセンティブとして適切ではないとする判断から廃止したケースや，現時点の報酬体系で十分とするもの，短期的視野の観点からの報酬の支払いに対する疑問視，ストック・オプション制度そのものへの疑問などがあった。同制度が株価下落のリスクを負わず値上がり益を享受する仕組みであることから株主に対する利益相反を含むとする見方もあった[45]。さらに，日本の場合，欧米とは異なり，バブル経済崩壊の影響のもとで株式市場の低迷が長く続いてきたという事情もあった。

また2003年施行の改正商法によって創設可能となった委員会等設置会社では，利益処分として取締役あるいは執行役に対して金銭を配分することが不可能となり，彼らに対する報酬の支給は，すべて発生時に費用として会計処理するかたちとなった。それを契機に，経営者報酬システムの役割という点で変化がみられる可能性も生まれてきた。役員賞与が費用として処理されると企業利益が減少することになり，それゆえ，インセンティブ機能の低下がおこる可能性もあり，その意味において経営者報酬システムの役割に変化が起こりうる状況が生み出されることにもなった[46]。

トップ・マネジメント機構の改革について——日本では，株主価値志向の経営への転換の動きが法制度の改正にともなうトップ・マネジメント機構の改革と関連してすすんだという点に，ひとつの重要な特徴がみられる。日本企業においては，取締役会のみの一層制のトップ・マネジメント機構であり，業務執行の機関・機能と経営者への監督の機関・機能とが分離されていないという体制のもとで，内部監視の機能，本来の監督機能・意思決定機能が十分に発揮されず機能不全をおこし，形骸化しているという問題から，コーポレート・ガバナンス改革の問題が指摘されてきた。こうした問題への対応として，法改正による制度改革が推進されてきた。監査役の役割という面でみると，従来，その機能はほぼ会計監査に限定され，しかも監査役が実質的には取締役会（経営者）によって選任されており，会計監査を超える本来の監督機能を果たしてはこなかった。

補論 2　1990年代以降における株主主権的経営，コーポレート・ガバナンスへの転換の日独比較　*539*

　商法改正を中心とする一連の法改正では，大企業への社外監査役の導入の義務づけ（1993年商法改正）や監査役の機能強化（2001年商法改正，2002年5月施行）がはかられた。大規模な公開会社における監査役会設置会社か委員会設置会社かの選択，監査役会設置会社における監査役の半数以上は社外監査役であることが規定されたほか，監査役の任期が3年から4年に延長された（2001年の商法改正・2002年5月施行）。また取締役会改革として，執行役員制度のもとでの執行役員の役割，機能の強化によって，取締役会における意思決定・経営の監視と執行の分離がはかられた。委員会（等）設置会社をめぐっては，2002年の商法改正（2003年4月施行）によって委員会等設置会社の選択が，2005年公布・2006年施行の会社法によって委員会設置会社の選択が可能となった。そこでは，指名委員会，監査委員会，報酬委員会の設置の規定，と各委員会における半数は社外取締役とする規定が設けられ，アメリカ型企業統治モデルが法律で規定され，その採用が可能となった[47]。また2014年の改正会社法によって監査等委員会設置会社が新たに認められるなどの変化がみられたほか，コーポレートガバナンス・コードの施行など，上場会社の取締役会に影響をおよぼす変化がすすんでいる[48]。

　そこで，委員会設置会社への移行についてみると，2014年には，東京証券取引所上場の全内国会社のうち委員会設置会社を選択している企業の割合は，全体の1.7％にすぎず，98.3％を占めるほとんどの会社は，監査役設置会社であった。ただこれを外国人株式保有比率との関連でみると，その比率がそれぞれ30％以上の企業，20％以上30％未満の企業，10％以上20％未満の企業では，委員会設置会社の割合はそれぞれ7.3％，3.6％，1.8％となっており，外国人株式保有比率が高い企業では，こうした組織形態をとる企業の割合が高い傾向にある[49]。

　また執行役を監督する上で重要な役割を果たす各種委員会のメンバーの半数以上を占めるべき社外取締役をみると，2012年には，それを選任している企業は，東京証券取引所の全内国会社の54.7％，監査役設置会社の53.7％を占めていたが，2014年の数値はそれぞれ64.4％，63.8％に上昇している。2006年には同取引所の全内国会社の数値が42.3％であったこと，また監査役設置会社でのその数値が40.8％であったことと比べると，社外取締役を選任する動きは一段と

加速してきたといえる。また2014年には，社外取締役の人数が取締役会において３分の１以上あるいは過半数を占める企業の割合は，東証上場の企業全体ではそれぞれ13.4％，2.6％にすぎないが，委員会設置会社の状況をみると，2012年においても93.9％，51％にのぼっている。また外国人株式所有比率との関連でみると，2014年には，それが30％以上の監査役設置会社では，86.5％の企業において社外取締役が選任されており，2012年の数値69.9％を大きく上回っている。また社外取締役の数は，2014年には１社当たり平均1.86名であった⁽⁵⁰⁾。

つぎに委員会設置会社における各委員会の社外取締役の比率をみると，東証上場企業においては，2014年には，監査委員会では82.8％，指名委員会では72.4％，報酬委員会では74.1％となっていた。監査委員会については，社内取締役のいない企業が全社の49.1％を占めていた。また各委員会の委員長が社外取締役である企業の割合は，監査委員会では68.4％，指名委員会では54.4％，報酬委員会では61.4％となっており，2010年のそれぞれの数値である54.9％，47.1％，51.0％から上昇している⁽⁵¹⁾。

さらに社外監査役についてみると，2014年には，東証上場の監査役設置会社における１社当たりの監査役の平均人数は3.59名であり，その68.8％にあたる2.47名が社外監査役であったが，社外取締役の場合とは異なり，外国人株式所有比率と監査役・社外監査役の人数との間には相関関係はみられなかった。東証に上場している企業の社外監査役のうち他社の社外取締役あるいは社外監査役を兼任している者の比率は32.1％，他社の業務執行取締役，執行役等であるものの比率は16.5％であった⁽⁵²⁾。

一方，配当の拡大についてみると，株主主権的な経営への資本市場の圧力は，株価の向上と配当の増大を求めることになるが，日本の金融業・保険業を除く営利法人企業では，配当額は，1990年度には４兆2,270億円であったものが2000年度には４兆8,316億円となっており，金額自体にあまり大きな増加はみられないが，2000年代に入ると大きく増大し，2006年度には16兆2,174億円となっており，それまでのピークに達している。その後，配当金額は減少傾向に転じ，2010年度には10兆3,574億円まで減少したが，再び増加し，2012年度には13兆9,574億円，2014年度には16兆8,883億円となっており，2014年度の額は2006年度のそれを上回っている。2006年度の配当額は1990年のそれの3.84倍に達して

補論2　1990年代以降における株主主権的経営，コーポレート・ガバナンスへの転換の日独比較　*541*

いたが，2012年度の配当額は90年度のそれの3.3倍，2014年度には4.0倍となっている。また配当性向をみると，1990年度には24.1％であったものが，93年度には100.7％にまで上昇したほか，配当金額では90年度とほぼ同じであった97年度でも51.1％に上昇しており，企業の配当拡大の傾向が示されている。この期間に配当性向が最高に達したのは1999年度であり，194.7％となっている。配当性向が算定可能な年度でみると，いずれの年度も1990年度の配当性向を大きく上回っている[53]。

3　株主価値重視の経営モデルと日本的経営モデルのハイブリッド化

以上のような株主価値重視の経営への転換の動きはどのように理解されうるであろうか。まずコーポレート・ガバナンスの体制についての企業側のとらえ方という点に関しては，東京証券取引所上場の内国会社1,379社から回答を得た2005年の調査でも，「投資者にとってよりよい企業統治体制を構築するための枠組み」として，米国型あるいは欧州型が望ましいと回答した企業の割合はそれぞれ4.3％，1.8％にすぎない。これに対して，海外の形態にはこだわらず日本で統一的に適用されるものが望ましいとみなす企業の割合は41.9％，コーポレート・ガバナンス原則を元に各社各様にあったものを構築することが望ましいとみる企業の割合は50％であった[54]。

確かに1990年代以降，アメリカ的な株主価値重視の経営モデルへの転換の動きが，資本市場の圧力のみならず，法制度の改革，日本的なコーポレート・ガバナンスのシステムのもつ問題点などからすすんできた。しかし，その現実をみると，日本的な経営モデルとのハイブリッド化となっているという面も強い。この点をとくにトップ・マネジメント機構の変革という面からみると，社外取締役のうち親会社や取引先などの関係者が過半数を占めるケースが多いという傾向にある[55]。例えば東京証券取引所に上場の企業を対象とした2005年の調査（複数回答）によれば，社外取締役を選任している企業のうち関係会社の役職員（当該役職員であった者を含む）がいる企業の割合は37.5％であった。社外出身ではあるが利害関係がある取締役を選任している企業の割合は55.5％にのぼっていた[56]。

また2014年の状況をみると，東証に上場している企業の社外取締役のうち他

社の業務執行取締役や執行役などを兼任している者は，監査役設置会社では38.6％，委員会設置会社では31.0％であり，他社の社外取締役または社外監査役を兼任している者はそれぞれ38.0％，57.1％であり，兼任が多い。監査役設置会社では，親会社出身の社外取締役は7.2％，その他の関係会社出身の社外取締役は9.8％を占めていた。また社外取締役が大株主である場合あるいは大株主である企業に勤務している場合は11.7％であり，2012年の数値である13.6％と比べるとやや低下している。委員会設置会社でも同様の傾向がみられ，「おおむね社外取締役の独立性・中立性という観点からの見直しが進みつつある」とみることもできるが[57]，日本に従来みられた役員派遣や役員兼任のあり方がなお継続しているという面もみられる。

　実際には，アメリカ近似型取締役会と，日本型修正取締役会とが存在しているという状況にあるといえる。商法の改正は，その後に行われた法整備と結びつくことによって，アメリカ的経営組織の選択の促進ではなく，日本型の取締役会の修正，ハイブリッド化を促進した。一方で，委員会制度あるいは執行役員制を充実させることによる意思決定・監督と業務執行の明確な分離，社外取締役によるガバナンスの強化をめざした，委員会（等）設置会社の特徴を色濃くもつ「アメリカ型ハイブリッド」が存在している。他方では，意思決定と業務執行の完全な分離の回避を意図して，執行役員制度などの導入をはかりながらも外部取締役の導入を回避するかたちで日本的経営システムを進化させた「日本型ハイブリッド」が存在している。ことに執行役員制度を導入した企業の多くは，アメリカ型への移行の過渡というよりも，市場化とガバナンス体制の平準化という外部環境の変化に対する日本企業の適応という側面が強い。執行役員制度や委員会（等）設置会社という新しい経営組織への移行の比率は，競争的環境にある産業（医薬品，精密機器，空輸）において高く，鉄鋼，製紙，鉱業などのような成熟型の産業や独占的な産業である電力・ガス産業では低い傾向にある[58]。

　全般的にみると，独立社外取締役に大きな発言力を与えるような取締役会の形成への移行には依然として消極的である傾向がみられる[59]。委員会設置会社では，社外取締役が強い権限を握ることになるため，経済界の拒否的反応は強いという傾向にあった[60]。またスピーディな意思決定によるグローバル競

補論2　1990年代以降における株主主権的経営，コーポレート・ガバナンスへの転換の日独比較　*543*

争への対応という経営課題がトップ・マネジメント機構の変革の契機となった
というケースがみられるという点も，日本的な特徴を示すものである。例えば
トヨタ自動車では，戦略決定と業務執行を組織的に分離することを避け，業務
執行の総括責任者である専務を取締役会メンバーとしてこれら2つの機能を有
機的に結びつける立場におくというかたちがとられた。それは，これら2つの
機能の分離によって業務執行のベースとなる現場の真のニーズの把握・理解が
可能ではない状態で戦略決定が行われることを回避しようとするものであっ
た。取締役会改革のこうしたあり方が追及された理由には，現場重視の強みを
活かした経営のスピードアップという目的があった[61]。現実には，後述する
ような企業の株式持合関係の強化という動きもみられるなかで，なお日本的な
ガバナンス的あり方が維持されているという面も，少なくない。

　このように，日本型の取締役会の修正やアメリカ型とのハイブリッド型取締
役会の形態が生み出されてきたといえる。アメリカ近似型取締役会を導入した
企業の代表的な事例としては，委員会設置会社へと移行したソニー，HOYA，
執行役員制度を導入したキリンビールなどがある。一方，日本型修正取締役会
をもつ企業としては，委員会設置会社では日立グループが，執行役員制度を導
入した企業としては，トヨタ，パナソニックがある[62]。

4　株主価値重視の経営モデルと日本的経営モデルとの相克とその要因

　アメリカ的な株主主権の経営モデルと日本の経営モデルとのハイブリッド化
にみられる状況，そうしたあり方は，何によって規定されているのであろう
か。つぎに，両者の相剋を規定したいくつかの諸要因との関連でみていくこと
にしよう。

　まず株式所有構造との関連でみると，1990年代以降の安定株主化の解消とい
う動きは，日本企業全体において均等にすすんでいるわけではなく，金融機関
と事業法人の合理的選択の結果，株式持合を継続する企業群と解消が進展する
企業群への分化がみられた[63]。1990年代に入って顕著となる株式の相互持合
の「解消」の動きは，この時期の長期不況下で劣化する財務体質の改善を目的
として始まっており，安定株主構造としての株式相互持合の解消をはかるとい
う動機によるものでは必ずしもない。相互持合を行っている企業，商社，銀行

の間で，安定株主構造に影響しない限りで持合株式の放出がすすめられたのであり，とくに1980年代後半のバブル経済の膨張過程で増加した所有株式の放出が大きかった[64]。ことに企業集団のメンバー企業では，株式の相互持合は，それらの企業の間の互恵的な取引に対応して形成されたものでもあり，持合の「解消」の大部分をなす事業会社による所有株式の放出は，関係の薄くなっている企業との間で生じており，関係の濃い「コア」の部分は維持される傾向にもあったという分化がすすんだ[65]。

　また株式の持合が大きく減少した2000年代の半ば頃には，事業会社間では状況はやや異なっている。総企業数に占める持合株式を保有している企業数の割合は，対銀行の場合には，全産業では，1995年度から2006年度までに88.2%からには52.1%に低下しており，事業会社では91.3%から53.4%に低下した。対事業会社のその割合は，全産業では75.9%から46.7%に，事業会社では75.5%から45.7%に大きく低下しているが，銀行では87.2%から90.2%へとわずかに上昇した。また持合株式の保有銘柄数の合計を持合株式保有企業数で割った値である平均保有銘柄数をみると，事業会社の保有する対銀行のそれは同期間に3.4から1.9に，銀行の保有する対事業会社のそれは87.8から44.7に減少した。しかし，金額ベースでみた事業会社同士の持合比率は，2001年度から2006年度にかけての時期には，1.57%から2.97%へと上昇しており，この期間には新規持合も行われている。それは，とくに鉄鋼，電気機器，輸送機器の産業の企業においてみられた[66]。

　このような持合関係の強化という動きは，株主安定化工作という目的とも関連しており，買収防衛策としての役割を果たすものである。2000年以降の特筆すべき動きは，戦略的買収に介在する投資ファンドの台頭である[67]。そのような状況のもとで，日本企業の多くは，M&Aの市場化への対応として，意図せざる株主の登場に対しても経営権を守るべく対応をすすめた。そのひとつが安定株主工作であり，安定株主による議決権固めである。2006年3月29日の合意に基づいて実施された新日本製鉄，住友金属工業，神戸製鋼による株式持合の強化は，その代表的な例である[68]。

　上場企業では，2006年以降に買収防衛策を導入する企業が増加した。その数は，2005年末にはわずか29社であったものが2006年末には175社，2007年末には

補論2　1990年代以降における株主主権的経営, コーポレート・ガバナンスへの転換の日独比較　*545*

409社, 2008年末には569社に大きく増加している。2014年3月末では, その数は512社となっており, 買収防衛策を中止した企業の数135社を大きく上回っている[69]。買収防衛策が導入されていなかったケースでは, 安定株主が発行済み株式数の過半数を握っていることが多く, 敵対的買収への対応の必要性が低いという事情があった。また2000年代後半のアメリカに端を発する金融危機のもとで, 日本では, 投資ファンドは十分な成果を上げることなく活動の大幅な縮小を余儀なくされるという結果となった[70]。こうした状況のもとで, とくに金融危機後には, 資本市場による株主主権の経営への転換への圧力という点での条件は変化してきたという面も強い。

　安定株主比率という点でみると, 2006年の商事法務研究会の調査では, その比率が60%台の企業が25.8%と最も多く, 50%台が25.6%, 40%台が16.3%, 30%台が13.5%となっていた。資本金1,000億円超の企業では, 30%台の企業が32.3%と最も多く, 20%台が20.2%でそれにつづき, 40%台が9.7%となっていた[71]。また2015年度の同様の調査では, 安定株主比率が50%台と60%台の企業の割合がそれぞれ24.3%, 21.0%となっており, 40%台の企業は17.5%を占めていた。資本金1,000億円超の企業では, 安定株主比率が30%台の企業が24.0%と最も多く, 20%台が21.0%でそれにつづき, 10%台が18.0%となっており, 40%台は10%, 50%台は7%にとどまっている。企業全体でみると2015年度の状況は2006度の大きくは変わらないが, 資本金規模の大きい企業ほど安定株主比率は低くなる傾向にある。それには, 株式持合の解消への動きの進展, 外国人株主など機関投資家の持株比率の上昇が関係しているといえる[72]。さらに支配株主・親会社の有無という点をみると, 2014年には東京証券取引所の全上場企業のうち支配株主をもつ企業の割合は18.4%であり, そのうち61.8%（全体の11.4%）は親会社を有する企業であり, 38.2%（全体の7.0%）は, 親会社以外の支配株主を有する企業であり, こうした親会社以外の支配株主においてはオーナーなどの個人株主が一般的である[73]。

　また機関投資家の台頭や法人所有にみられるような株式保有の非個人化という現象でも, 英米との状況の相違がみられる。英米の機関投資家は, 個人から預かった資産を株式投資で運用しながら株価や配当の動きに応じて売買を行う

投資家であり，支配証券としての株式の側面が強調されている。これに対して，日本の場合，事業法人が企業間の結びつきを築くという目的で他社の株式を取得し，比較的長期にわたり保有することが多く，収益証券としての株式の側面が強調されている。こうした相違も，株式所有による企業経営への影響のあらわれ方，株主主権的な経営への転換という問題に深く関係する要因のひとつをなした[74]。

　さらに取締役会の機構，人事構成との関連でみると，日本では，「会長―社長―副社長―専務取締役―常務取締役―取締役」という階層性のもとで，社長の権限が強く，内部昇進の取締役の比率が圧倒的に高い。これらは，経営執行担当者に対する外部取締役によるモニタリング，牽制の機能の発揮を抑制する要因として作用しているほか，資本市場の圧力の主体である投資ファンドなど機関投資家の影響を緩和する条件をなしている。こうした結果は，アメリカと比べた場合の日本企業における取締役の在任期間の長さという点にもあらわれている。例えば2005年の東京証券取引所に上場の企業の調査では，1990年代に入って約15年経過したこの時点でも，取締役の平均在任年数は，4年以上6年未満の企業の割合は24.4％と最も高く，10年以上の企業の割合は17.3％とそれについで高かった。2年以上4年未満，6年以上8年未満の企業の割合は，それぞれ16.8％，16.7％となっており，2年未満の企業の割合はわずか5.9％にとどまっていた[75]。このような事情は，日本企業の経営者がアメリカ企業においてのようには短期的な経営成果への圧力にさらされにくいという状況の基盤をなした。

第3節　ドイツにおける株主価値重視の経営モデルへの転換とその状況

　以上の考察において，日本における株主価値重視の経営への転換の動きについてみてきた。それをふまえて，つぎに，ドイツにおけるアメリカ的な株主価値重視の経営，資本市場指向のコーポレート・ガバナンスのシステムへの転換がどのようにすすんだかという点について考察を行うことにしよう。

補論2　1990年代以降における株主主権的経営，コーポレート・ガバナンスへの転換の日独比較　*547*

1　ドイツ企業におけるアメリカ的「金融化」の影響

　まずアメリカ的「金融化」の影響についてみておくことにする。ドイツの伝統的なコーポレート・ガバナンスのシステムにおいては，①企業金融と監査役会における銀行の支配的な役割，②共同決定制度，③生産重視の経営システムの3つが柱をなしてきた[76]。アメリカのシステムは企業外部の関与に依存するかたちであるのに対して，ドイツのシステムは，「内部の論理」に基づく内部コントロールのシステムである。それは内部情報を基礎にして機能するものであり[77]，なかでも銀行の役割が大きい。そのことは，銀行による株式の直接所有と寄託株式による代理議決権システム，長期・短期の銀行信用を中心とした産業企業の資金調達によるものであった[78]。ドイツ企業においては，他の諸国と比べても資本所有の集中の傾向が強く，ドイツ・モデルにはユニバーサルバンクによって管理されるかたちでの銀行を基礎とする産業企業の財務のシステムが関係している。銀行は，資金供給の構造に深刻な影響をおよぼす短期の投資ファンドの急増を妨げることに成功してきた。しかし，1990年代以降におけるファンドの力の増大やその短期的な投資戦略は，長期志向が「ドイツ・モデル」の最も重要な要素のひとつであるそれまでの金融の慣行の打破を意味するものでもある[79]。

　1990年代以降のドイツの企業体制をとりまく条件の変化においては，①銀行による信用供与に代替する資金調達源の利用可能性の増大，②短期的所有での株式の利回りに比べての株式会社への直接的な資本参加の利回りの低さ，③専門的な資産管理にかかわる企業の数の増加，④コーポレート・ガバナンスの構造に直接影響をおよぼす会社法・税法の改正という4つの傾向が，とくに重要な意味をもった[80]。それゆえ，以下では，企業の資金調達の条件，企業の所有構造，銀行の経営行動の変化との関連でみていくことにしよう。

　企業の資金調達条件の変化による影響について——まず企業の資金調達条件の変化をみると，ドイツでは，ハウスバンク（主力銀行）との産業企業の密接な結びつきのもとで，株式発行による自己資本の調達は第二義的な意義しか果たしてこなかった。1980年代末までは，ドイツの公開会社には，株主の利害への志向は欠如していた。しかし，1990年代以降，国内における資本市場の自由

化の進展，国際的な資本の流動性の高まり，国際競争の激化，情報通信技術の飛躍的な発展によって，変革がおこった。また大規模な多国籍企業の資金需要の増大は，全国的な資本市場や国際的な資本市場において利回りの高い投資を求める多くの個人投資家や機関投資家によってしか調達されえないような規模に達した[81]。

そのような状況のもとで，1990年代半ばには，国際資本市場の自由化は，伝統的に銀行の金融に依存してきたドイツ企業に対して，成長のための資金の調達のためのより安価な方法の考慮を可能にした。こうした変化は，上場企業に事業の再編と自らの期待にそった経営の展開への圧力を加えることによって国内外の機関投資家が活動的なプレイヤーになったことを意味するものである[82]。

1990年代以降の投資ファンドや年金ファンドなどの新しい所有者の重要性の増大は，企業の監督機関としての銀行の役割の後退を前提とするものであった[83]。ただヨーロッパでは，グローバルな金融市場における最も重要なプレイヤーである機関投資家は，大規模な金融機関の投資部門として活動している場合が多く[84]，金融機関が機関投資家としてなお大きな位置を占めていた。

企業の所有構造の変化による影響について——つぎに企業の所有構造の変化をみると，資本市場の国際化はドイツにおける機関投資家の出現とともにすすんだが[85]，株主価値志向は，ドイツの大企業の株主としての機関投資家，とくにアングロ・アメリカの投資家の出現・プレゼンスの上昇と結びついている[86]。イギリスのファンドも，機関投資家として大きな役割を果たした。1999年にはすでに，マンネスマンの株式の40％，ダイムラー・クライスラーの株式の31.3％，ドイツ・テレコムの株式の27.5％，VEBAの株式の22％，バイエルの株式の20％が，英米のファンドによる所有であった[87]。ドイツでも，アメリカの流れに沿った法制度の改革によって私的年金基金の創出が可能となっており[88]，機関投資家としての年金ファンドの地位は，より強力となった[89]。

また株式の所有や持合の対象となっていた他社の保有株式の売却のさいのキャピタル・ゲイン課税の廃止を定めた法改正の実施（2002年施行）も，企業資

補論2 1990年代以降における株主主権的経営,コーポレート・ガバナンスへの転換の日独比較 *549*

産の大きな再配分をひきおこす要因となり⁽⁹⁰⁾,銀行による産業企業の株式所有が減少する要因をなした⁽⁹¹⁾。さらに債権者保護を強く志向してきた株式法が投資家保護の観点から改正された⁽⁹²⁾ ほか,ドイツ・テレコムの民営化や新株発行のためのインフラストラクチャーの強化によって「株式文化」を生み出そうとする政府の努力も,個人株主の拡大をはかる上で重要な意味をもった⁽⁹³⁾。こうして,1990年代半ば頃以降には,ドイツでもある程度の株式文化が生まれることになり⁽⁹⁴⁾,個人株主の増加も含めて,企業の所有構造の変化がもたらされた。

銀行の経営行動の変化による影響について――こうした所有構造や産業企業の資金調達の変化にともなう銀行の経営行動の変化も,大きな影響をおよぼした。産業企業に対する株式所有の減少を意味する民間大銀行の投資銀行への志向,国際的な資本市場の自由化にともなう直接金融による産業企業の資金調達とそれによる特定の金融機関への信用依存からの解放という2つのかたちで,アングロ・アメリカの実践の普及に一致したグローバルな金融市場は,コーポレート・ガバナンスの変化への圧力を加えた⁽⁹⁵⁾。ハウスバンクのパラダイムから投資銀行のそれへとドイツの大銀行が変化し,大銀行は産業企業との強力な結びつきを後退させる傾向にあったことや,大銀行による敵対的買収の支持なども反映して,資本市場は,企業支配権市場としての面が強くなってきた。企業の株主価値志向は,企業がそのような支配の市場にさらされるようになったことと結びついている⁽⁹⁶⁾。M. ヘプナーらの2001年の研究でも,銀行は,2000年代に入るその最近まで一般的に敵対的買収に反対してきたが,1990年代以降の10年間には,いくつかの銀行はそのような買収の支持において重要な役割を果たしてきたとされている⁽⁹⁷⁾。

従来,アメリカの場合よりもはるかに少数の銀行とその他の金融機関への所有の集中のもとで,ドイツの経営者は,株式市場の短期的な圧力からのかなりの隔絶を享受してきた⁽⁹⁸⁾。ドイツのすべてのユニバーサルバンクが人的結合と資本参加によって追求している企業戦略上の利害は,与信者にとってのリスクの低減にあった。大企業の外部的な資本需要が主に株式市場あるいは社債によって充足される場合には,リスクは,銀行によってではなく,企業の倒産の

場合にその資本を失う株主ないし社債の所有者によって負担されることになる。その結果，純粋な投資銀行にとっては，産業企業との緊密な結合関係は，企業戦略的な意味をもたなくなる。投機的な取引の増大にともないリスクの種類が変化してきたことによって，またアングロ・アメリカ的なより高い透明性の確保の傾向によって，内部的なモニタリングがもちうる利点もより小さくなってきた。その一方で，企業の発展にとっての合併・買収の意義の増大は，投資銀行業務を魅力的なものにした[99]。また金融の国際化によっても，信用の供与をめぐって大きな変化が生み出されており，ドイツの銀行が企業に対して行使していた支配力が弱まり，企業の業績をモニターし慎重な長期的な戦略を奨励するという銀行の力も動機も弱まった[100]。主要な銀行が株式所有を資産管理や投資ファンドの事業として戦略的にとらえてきたことも，ドイツの銀行部門における「忍耐深い資本」から株主価値志向へのシフトをもたらした[101]。

　この時期にはまた，銀行は，株式の相互持合を減らし，産業企業との所有関係を整理・再編しただけでなく，役員の兼任のシステムをも後退させ始めた。ドイツ銀行は1990年代初頭に，産業企業への25％を超える資本参加を削減し始めた。そのことには，吸収合併のさいの株式交換の意義が高まるなかで，産業企業への資本参加と結びついた株価の下落が同行の代表者によってますます批判的に評価されるようになったという事情も，関係している[102]。ファンドをとおした間接的な関与の増加の傾向も，産業企業との銀行のかつての緊密な関係を決定的に弱める要因として作用した[103]。

　また金融機関による産業企業の監査役会会長の派遣は，株主価値志向への転換がすすむ1990年代半ば以降に減少しており，企業のモニタリングにおける銀行の役割の明確な低下がみられる。例えばドイツ銀行の最高財務担当者は，同行は1990年代後半以降の数年にわたり他の企業によって提供されている監査役の地位をすべて充たしてはいなかったとしており，将来もより少ない役員しか派遣しないことを公式に宣言している[104]。同行は企業のモニタリングを後退させ，2000年代初頭までにドイツ企業の監査役会会長の数をほぼ半減させてきた[105]。

2　株主価値重視の経営への転換の進展

(1)　株主価値重視の経営への転換の全般的状況

以上のようなアメリカ的「金融化」の影響をふまえて，つぎに，株主価値志向の経営への転換の動きについて具体的にみていくことにしよう。まずその全般的状況をみると，M. ヘプナーは，こうした株主価値の政策は①対投資家広報活動/会計，②事業の経営，③経営者への報酬の3つの次元でみることができるとしている。彼は，上場企業の株主価値志向の度合いの評価の指標として，1）年次報告書の情報の質，2）対投資家広報活動，3）将来キャッシュフローを重視した事業の経営，4）ストック・オプションによる経営者への報酬支払いの4点をあげている[106]。以下では，いくつかの主要な問題についてみていくことにしよう。

会計基準の変更と投資家広報活動の展開について——まず会計制度をめぐる問題をみると，ドイツの会計は非常に保守的で慎重なルールと債権者保護にポイントをおいていた。これに対して，国際会計基準もアメリカの会計基準（US-GAAP）も，より投資家志向であり，企業の正当な価値を評価するために必要な情報を資本市場の参加者に提供するという考えに基づいたものである[107]。資本市場の意義の増大と資本をめぐる競争の激化に直面して，国際会計基準あるいはUS-GAAPのような資本市場の観点をより強く志向した，透明性の一層高い会計ルールが，ドイツの商法典に基づく会計処理に対して優位となった[108]。

ドイツでも，株式をいかに利用するか（株式スワップやストック・オプションなど）ということに関する自由化のほか，国際会計基準の導入，より高い透明性とディスクロージャーの促進がはかられた[109]。ヨーロッパ大陸の企業は，外国の株式市場での上場の増加や国際会計基準の受容というかたちでアングロ・アメリカ的な慣習に適応し始めた[110]。また1997年に開設されたノイア・マルクトに上場の企業には，国際会計基準ないしUS-GAAPに基づく決算書の作成・報告とそれによる透明性の確保が求められた[111]。DAX30社では，すでに1997年には，国際会計基準を採用していた企業の割合は43.3％にのぼっており[112]，2000年代初頭には，400をこえる公開会社が国際会計基準ないしUS-

GAAPに基づいて決算を行っていた[113]。

会計基準のこうした変更の問題は，ストック・オプションの導入とも関連していた。1999年までに経営者にこうした制度を導入していた多くの企業はすでに，US−GAAPないし国際会計基準といったより透明性の高い会計基準の利用によって株主価値に関与してきた。これに対して，ドイツ商法典の会計基準を使用していた企業には，2004年までにストック・オプションを導入していた企業はみられなかった[114]。

このように，国際会計基準やUS−GAAPへの移行がすすんでおり，2001年のエンロンの破綻までは，ドイツでもUS−GAAPを最善の会計基準とみる見方も多かった。しかし，その後は，アメリカのルールは不透明な個別のルールの複合として，魅力が失われることにもなった[115]。そうしたなかで，ヨーロッパではむしろ国際会計基準の適用が重視される傾向にあった。2005年にEUが加盟国における上場企業の連結決算の会計基準として国際会計基準の適用を義務づけることになり，それを導入しようとする動きが世界的に広かっていった[116]。こうしたEUの動きは，ドイツ企業への国際会計基準の導入が拡大する契機となった。

そこで，個別企業についてみると，アメリカ的な株主価値重視の経営を最も強く志向した企業のひとつであるドイツ銀行は，はやくも1995年に資本市場のグローバル化を顧慮して国際会計基準による決算書の作成を開始した[117]。同行は，2001年には，ニューヨーク証券取引所への上場にともない，US−GAAPに基づく決算へと転換した[118]。コメルツ銀行でも，1998年に初めて，国際会計基準に基づく決算が行われるようになっている[119]。保険業のアリアンツでも同様に，1998年の営業年度に対して，国際会計基準に基づく決算が初めて公表されるようになった[120]。ダイムラー・ベンツは，はやくも1993年に，US−GAAPへの会計基準の転換を行うことでニューヨーク株式市場への上場を果たした[121]。フォルクスワーゲンでは，2001年に初めて，国際会計基準に基づく決算書の作成が行われた[122]。ジーメンスは，2001年の営業年度の初めにUS−GAAPに基づく決算に転換した[123]。ティセン・クルップもまた，1998/99年の営業年度に，決算書の作成において国際会計基準およびUS−GAAPを導入した。それは，とくに株主，国際的な投資家およびアナ

補論2　1990年代以降における株主主権的経営, コーポレート・ガバナンスへの転換の日独比較　*553*

リストによる透明性と数値の国際比較の可能性の要求に応えたものであり, アメリカの資本市場への上場の道を開くものでもあった[124]。

このような会計基準のアメリカ化, 国際化はまた, 投資家広報の面でも大きな意味をもった。例えば1998年のDAX100社の調査に基づくA-K. アクライトナーとA. バーゼンの99年の研究では, 回答のあった40社のすべてにおいて投資家広報部門がすでに存在しており, 経営成果に関する公表の頻度が高まる傾向にあった。この年には, すでに回答企業の70%が四半期の経営成果を公表しており, 半年間の経営成果を公表している企業の割合は25%, 1年に1度しか公表していない企業の割合はわずか5%にすぎなかった[125]。

　経営者報酬へのストック・オプションの導入について――またトップ・マネジメントの報酬へのストック・オプションの導入をみると, ドイツでは, それは1996年まではほとんどみられなかったが, 同年にダイムラー・ベンツやドイツ銀行において, その導入が問題となっている[126]。ドイツ銀行のストックオプション・プログラムは, 1996年の株主総会において, 投票の99%以上によって支持された。そこでは, 個人投資家による抵抗を容易に克服する上で, 代理議決権や株式の相互持合が大きな役割を果たした[127]。1990年代末には, 経営者に対するインセンティブはストック・オプションの導入による経営者報酬のひとつの一層大きな要素となったとする見方も多かった[128]。例えばBASFでも, 1999年4月以降には, 同グループの約1,200人の上級経営者にストックオプション・プログラムの利用が可能となった[129]。しかし, この時期には, 全般的にみると, ストック・オプションはまだ必ずしも広く普及したわけではなかった。それは, ドイツの大企業, とくに株主価値原則を志向する大企業のトップ・マネジメントに適用されたにすぎず, その他の企業でそのような制度を利用していたのは, ノイア・マルクトに上場のいくつかのハイテク企業に限られていた。またストック・オプションは, 全般的にみると, 経営者に対する通常の報酬の補足的なものにすぎなかった[130]。

　1997年には, DAX30社のうち60%の企業で経営者に対するストック・オプションが導入されていた[131]。2000年には, ドイツのトップ30社の半分以上が,

トップ・マネジメントにインセンティブを与えるために，アメリカ流のそのような制度を導入していた[132]。DAX30社では，すべての企業が2004年までにストック・オプションを導入した[133]。また大企業125社について調べたある研究では，2006年には65社がストック・オプションを採用しており，そのうち22社は1998年までに採用していた[134]。

　しかし，ストック・オプションの導入に対して抑制的に作用する要因もみられた。アメリカの投資家や外国人の所有への依存，株主価値志向，分散所有か大口保有かといったことが，経営者のストック・オプションの採用と強いかかわりをもっていた[135]。株式所有の集中は，株式をベースにした報酬による経営者へのインセンティブの導入に抑制的に作用するという傾向にあり[136]，家族所有・同族所有は，ストック・オプションの採用に反対する要因となる傾向にあった。またストック・オプションは経営者に雇用の安定よりも株価の重視を強制するものであるので，従業員がその導入に抵抗する傾向もみられた。しかし，そのような抵抗はまったく弱く，時間とともにより弱まりさえした。とはいえ，A. チゼマは2010年に，高度な集団主義と不確実性の回避という文化に基づいて築かれた制度をもつドイツのような社会では，株主志向の改革に対する潜在的な抵抗は過小評価されるべきではないとしている。経営者と従業員との間の報酬の格差を拡大させる潜在的可能性をもつ経営者へのストック・オプションの採用は，いくつかのステイクホルダー（例えば従業員）によって違法とみなされるという状況にもあった[137]。

　経営者へのストック・オプションの導入は，ガバナンスのアメリカ化に関するひとつの重要な試金石，最も重要な説明要因をなすものである[138]。大部分の大企業はストック・オプション・プランを確立していたが，ドイツ企業による経営者へのその利用は，アングロ・アメリカの企業よりははるかに少ない程度にとどまっていた[139]。企業の株式やストック・オプションによる報酬支払いの増大は，ドイツの平等主義的なステイクホルダー志向のガバナンス・システムには合わなかったともいえる[140]。

　こうして，ドイツ企業のストック・オプションは，アメリカとは異なるいくつかの諸特徴をもつものとなった。株式資本のより小さい割合とより多くのトップの経営者をカバーするという意味で，ドイツ企業は，より平等主義的なス

補論2　1990年代以降における株主主権的経営，コーポレート・ガバナンスへの転換の日独比較　555

トック・オプションのプランを導入してきた。ドイツのプランは，経営成果に関係するより多くの条件や質的により確実な経営成果の条件を組み入れたものとなっている[141]。また経営者の報酬全体に占めるストック・オプション部分の割合の低さなどのために，こうした方法での経営者に対するインセンティブは，アメリカほどには強いものでない場合も多い。そうした意味でも，ストック・オプションは，経営者報酬のパッケージのひとつの要素にすぎないという面が強い[142]。またジーメンスやダイムラー・クライスラー，ティセン・クルップの事例などにみられるように，長期的なインセンティブを重視するという傾向も強いなど，ドイツ的な環境に合せたあり方を追求したケースも少なくない[143]。

　ドイツのステイクホルダーの利害は，伝統的な同国のアプローチのなかに広く普及しており，ストック・オプションのような経営者へのストレートなインセンティブ・システムの導入を困難にする要因として作用した[144]。ドイツにおける経営者報酬は，企業に長期的に関与する株主の内部的な声や監査役会の従業員代表によっても強い影響を受けており，従業員というステイクホルダーは，経営者の報酬パッケージに影響をおよぼす強い地位を占めている。さらに，ネットワーク化された企業を優先する税制や法的なルールのほか，銀行の安定的な株式所有も，経営者の報酬を抑制する制度的要因をなしている[145]。例えばM. ゲルゲンらの2008年の研究によれば，支配的な大口保有株主が存在する企業では，CEOはより低い報酬しか得ておらず，また報酬と業績との関係はもはや統計的には重要なものではなかったとされている[146]。

　アメリカ，イギリスに比べてのストック・オプションの導入のこうした状況においては，ドイツ企業の文化的要因の影響も大きい。ドイツ人経営者は長期志向と計画の重視という傾向にある。ドイツ社会は合意を基礎としたものとなっており，平等主義的なあり方をよしとするなかで妬みの社会である。ストック・オプションは非常に大きな危険性をもつインセンティブ手段であり，リスクの受容にはアメリカやイギリスよりも消極的である。資本市場の発展が遅れており，その役割は小さい。ドイツ人経営者は名声を志向する傾向にあるが，妥協への望みが非常に強く，株主価値に重点をおいてはいない[147]。アングロ・アメリカにおいても上場している企業は，よりよい業績への追加的な圧力

を加えられることになっており，それゆえ，経営者のより高い報酬の部分はリスクに対する割増支払いをなすという面もみられる[148]。しかし，リスクに対するドイツ企業の受け止め方のような同国の社会と企業の文化および経営者の考え方や経営観は，アメリカ流のストック・オプションの導入・普及を制約する要因として作用した。

このように，ストック・オプションのような経営者報酬の方法の導入では，大きな修正をともなう場合が多い傾向にあった。全体的にみれば，国際会計基準の採用，ドイツ・コーポレート・ガバナンス・コードの遵守，経営業績を測定するための特定の手段の利用や積極的な投資家広報部門に関する活動の実施では，最も小さな修正でもって導入がすすんだが，ストック・オプションの導入では，状況は大きく異なっている[149]。またストック・オプションが経営者層に対してのみならず，下位にあるミドル・マネジメントなどより低い階層の従業員にまで拡大して導入されていることも特徴的である[150]。しかし，ストック・オプションのそのような導入は，アメリカ的な株主価値重視の経営のより徹底したかたちであるというよりはむしろ，労使の協調的・安定的関係のなかでのある種のバリアントとしての面が強い。

株主価値志向のリストラクチャリングの展開について——つぎに株主価値志向のリストラクチャリングの展開についてみると，1980年代には，多種多様なステイクホルダーのグループの対立する要求の重視のもとで，主に株主に利益となるようなリストラクチャリングの努力のインセンティブも範囲も，限定的であった[151]。しかし，こうした状況は大きく変化してきた。

1990年代以降のリストラクチャリングの展開は，本質的には，グローバルな競争構造の変化に規定されたものであるが，資本市場の強まる影響は，企業に対して，中核事業への集中やM＆Aのような手段での中核事業の強化への圧力を加えた[152]。例えばVEBAの非中核事業単位や業績の低い事業単位の売却，ダイムラー・ベンツにおける中核事業である自動車とトラックの製造への回帰，ヘキストにおける低収益・低成長の工業用化学製品事業からの撤退，世界的なライフサイエンス（医薬と農業化学）企業への展開のためのローヌ・プーランとの合併，さらにはアベンティスというフランス語の新しい企業名を選び

補論2　1990年代以降における株主主権的経営，コーポレート・ガバナンスへの転換の日独比較　*557*

ドイツ企業のアイデンティティを放棄したこと[153] などに，最も典型的にみられる。また金融業の企業，とくに銀行は，アングロ・アメリカの銀行よりも低い収益性に対して機関投資家の強い批判にさらされてきた。機関投資家の要求のひとつは，規模の経済の達成および「オーバーバンキング」の程度の引き下げのための銀行の合併であった[154]。

　経営者は，新しい投資家のグループの圧力によって，中核事業への集中，アウトソーシングによる不採算の構成要素やもはや企業の構造に合わない構成要素の排除あるいは企業からの完全な切り離しを強制される結果となっている[155]。生産能力を部分的に売買するようなM&Aにともなうリストラクチャリングが企業戦略の中核に位置づけられ，経営トップによって自らの役割とみなされるようになったことは，従業員の利益を犠牲にしてでも株価を高めることが経営の主要目的となったことのひとつの重要な原因をなした[156]。

　しかしまた，リストラクチャリングの推進が資本市場の圧力によって強められるという傾向のなかにあっても，そのような再編が必ずしも強い株主価値志向のかたちで推進されたわけではないというケースもみられる。例えばジーメンスでは，半導体部門が切り離され，別会社として上場されるというかたちでのスピン・オフが行われたが，それは，スピン・オフされた会社の支配を確保しうるだけの株式所有の維持を前提として，また経営協議会の支持のもとですすめられた。株主価値の観点からすれば，それは広範囲におよぶものとはなっていなかった[157]。R. ツーゲヘアは，同社の共同決定は事業再編のプロセスにおいて労働者を十分に保護するにはあまりに弱かったとしている[158]。しかし，A. ベルシュも指摘するように，ツーゲヘアはとくに監査役会レベルの共同決定に焦点をあてているとことが問題であり[159]，経営協議会の規制力と協調的なかかわりが株主価値志向のリストラクチャリングの抑制へと働いたことの意味がむしろ重視されるべきであろう。

（2）　主要産業部門における株主価値重視の経営への転換

　つぎに，株主価値重視の経営への転換の圧力が最も強くあらわれた代表的な産業部門についてみていくことにする。ここでは，非金融部門の代表的な例として，自動車産業と化学産業を取り上げて考察を行うことにしよう。

①　自動車産業における株主価値重視の経営への転換

　まず自動車産業をみると，金融の力や金融投資家の要求が増大する一方で，ドイツの自動車企業は同時に，持続的な，あるいは強まりつつさえある生産面の諸要求に対応しなければならず，金融の論理と生産の論理との間の新しいバランスを見出すことが必要となってきた。標準化された製品の大量生産や専門品の生産は，経営資源への長期的な接近と企業内部の幅広い能力を必要とする製品戦略である。それゆえ，製品市場の条件が，限られた程度にしか金融市場の全般的な要求に従わないという状況をもたらした。そのような製品戦略とも関連して，現業的なレベルの行為者は，かなりの力の源泉をもち，トップ・マネジメントによる金融面のパラメーターへの志向とのひとつのバランスを生み出しうることにもなっている。生産経済の規準や諸要求は，一貫して金融面のそれに対するひとつの強い均衡を与えるものとなってきた。株主や資金の貸し手の要求に対処する戦略的経営の論理と現業的な業務や従業員の要求に対処するオペレーショナルなレベルの経営の論理との間でのこのような矛盾する対立的な関係という点では，ドイツの自動車製造業者の行動の余地は，ある程度守られている状況にある[160]。

　自動車企業の実際の経営行動においては，例えば資本市場の圧力の増大とグローバル化の選択肢は，生産の複雑な諸関係のなかでの交渉によって，少なくとも部分的には均衡がはかられている。それは，例えば工場の立地ないしその変更に関する意思決定にもみられる[161]。このように，生産の論理は，金融市場の論理によって完全にとって代わられうるというわけではない[162]。例えばダイムラー・クライスラーとフォルクスワーゲンでは，イデオロギーと組織の実践（コミュニケーション，オペレーションおよび経営者報酬）のレベルのいずれにおいても，株主価値の考え方が採用されたが，それは株主価値の完全な採用を意味するものではない。そこでは，株主価値の長期の増大に焦点があてられており，短期の最大化を重視したものとなってはおらず，長期的な成長への志向が維持されてきた[163]。

　フォルクスワーゲンでも，株主価値は，企業によって達成されるべきひとつの目標として受け入れられてきたが，他の目標とのバランスがはかられており，同社は，一般的なステイクホルダー・アプローチに従ってきた。株主価値

補論2　1990年代以降における株主主権的経営，コーポレート・ガバナンスへの転換の日独比較　*559*

をその優先順位のトップにおくことには慎重であり，そのかわりに，株主価値と労働者の価値との間のバランスが追求された[164]。投資決定における金融面の規準の役割の増大は，完全な株主価値の政策のひとつの印ではなく，自社の株式の市場価値を高めようとする戦略と同時に敵対的買収に対する防衛的な障壁の構築という戦略の追求によるものであった[165]。同社の戦略的な関心は，株主価値の短期的な最大化ではなく企業の長期的な成長にあり，株主価値の考え方を長期的な利益志向と一致させようと試みられてきた。そこでは，株主の利害とステイクホルダーのグループの利害との分かち合いが追求されるかたちとなってきた[166]。

　また金融市場の論理を強くうけて企てられたダイムラーとクライスラーの合併でさえも，少なくとも大部分は，株主ないし金融市場のプレイヤーの短期的な利害にあまりに厳密に従属することを避けるための戦略とみなされるものであった。この合併は，ダイムラー・ベンツの経営陣にとっては，敵対的買収のリスクを低減させるために株価を釣り上げることを意図したものでもあり[167]，そのような防衛的動機も強いものであった。

②　化学産業における株主価値重視の経営への転換

　また化学産業をみると，1990年代以降，株主価値の考え方や資本市場のプレイヤーのなかで，株主価値の主唱者によって，多角化は根本的に問題視されるようになってきた。株主価値重視の経営への圧力は，化学産業のリストラクチャリングの展開を大きく促進してきた。しかし，企業の歴史的に発展してきた特殊な事業ポートフォリオの構造や企業の経済的地位の差異，資本市場の重要なプレイヤーを優先する志向という点での経営陣の相違によって，株主価値重視の経営の圧力への対応，戦略のあり方には，企業によっても大きな差異がみられる[168]。

　純粋なライフサイエンス戦略を採用し，合併を展開してきた**ヘキスト**では，外国，とくにアメリカでの高度な経験をもち1994年にCEOに就任した財務畑出身のJ. ドルマンの主導のもとに，トップ・マネジメントにおいては株主価値志向が強かった[169]。例えば1995年4月25日の株主総会の文書でも，同社の目標は，企業価値の向上と魅力的な配当によって株主に利益となるべき平均以上

の収益率を長期的に達成することであるとされている[170]。1998年5月5日の株主総会の文書でも，企業価値の向上が最上位の目標であり，ヘキスト株の価値と資本市場，株主による評価が同社にとって企業の成功の基準であると指摘されている[171]。ヘキストでは，1997年にヘキスト株式会社を戦略的経営持株会社とする組織再編が取り組まれており，より小さな集中された企業単位への概観しやすい製品カテゴリーの明確な分割によって株主および投資家により高い透明性をもたらすということが，重視されている[172]。

これに対して，**バイエル**では，1992年の財務畑出身のM. シュナイダーのCEOへの就任にもかかわらず，企業経営の「ライン型資本主義」のモデルへの関与が維持されてきた。同社のトップ・マネジメントの全般的な態度は，伝統的な企業文化と多様な製品ポートフォリオの枠組みのなかでのゆるやかな変化が最善の方法であるというものであった。そのことは，ポリマー，化学製品，ヘルスケアおよび農業化学の4つの事業が柱となる構造の維持にみられる[173]。同社では，ヘキストがローヌ・プーランと合併した後の2001年の株主総会でも，株主の90％超によるコンツェルンの経営に対する支持，高い水準のキャッシュフローのもとで，多くの機関投資家や金融仲介機関には，コンツェルンの構造を解体させる意思はなかった[174]。

また**BASF**でも，トップ・マネジメントには，伝統的な結合経済の戦略とそのさまざまな経済性の維持が将来の生き残りにとって最善であるとする信念があった。そこでは，イノベーションと製品の高い品質を中核市場でのコスト・リーダーシップと結びつけることをめざす競争戦略が展開された。またコーポレート・ガバナンスの原則においても，明確なステイクホルダー・アプローチがとられた[175]。同社は，資本の利回りへの投資家の高まる要求を受け入れたとはいえ，資本市場の重要なプレイヤーによるコンツェルンの構造の再編への要求に抵抗した事例をなしており[176]，ヘキストのケースとは大きく異なっている。

3　株主価値重視の経営への転換の限界

このように，1990年代以降，ドイツでも株主価値重視の経営への転換がすすんだが，株主価値の原則の実践による影響は，あまり大きなものではなかった

補論2　1990年代以降における株主主権的経営，コーポレート・ガバナンスへの転換の日独比較　*561*

といえる。ヨーロッパ大陸の他の諸国との比較でさえ，株主価値経済の方向には非常にゆっくりと動いている傾向にあった。1990年代後半の諸変化は，主にダイムラー・クライスラーやジーメンスのような一握りの大企業に影響をおよぼしたのであり，ドイツにおける株主価値経済にとっての基盤は，非常に限られたものであった[177]。

　多様な小さな諸変化にもかかわらず，コーポレート・ガバナンスのドイツのシステムの柱はなお存続しており，銀行を基礎にした資金調達，産業の共同決定や生産重視の経営志向はすべて，1990年代をとおして株主価値の前進を妨げてきた[178]。2000年代に入ると株式ブームと大型合併ブームが終焉し，2003年には新興株式市場であるノイア・マルクトが閉鎖された。そのような状況のもとで，アメリカ的な資本市場志向の株主価値重視の経営への反発や反省，見直しの動きも生まれてきた。2000年代初頭にハイテクブームや株価の崩壊がより全般的になって以来，「株式市場」資本主義（"stock market" capitalism）は，もはや1990年代のようには流行にはならなかった[179]。そうしたなかで，例えばバイエルなどにみられるように，2000年代の後半になってニューヨーク証券取引所への上場を取りやめ，アメリカ的な基準でのルールに従わないですむ方法の選択を行っている企業も現れた[180]。

　また株主価値重視の経営への転換の限界をコーポレート・ガバナンスの面でみても，株主価値志向によって特徴づけられる退出志向のアメリカ的なシステムへの十分な収斂化には至ってはいないといえる[181]。ドイツのコーポレート・ガバナンス・システムの重要な改革や個々の諸要素の多大な諸変化にもかかわらず，同国のシステムを支える多くの諸要素は，大部分，あまり変わらないままであった。伝統的なシステムの主要な諸特徴は，全体としては，なお維持されており，内部的なコントロールのシステムが市場ベースの外部的システムにとって代わられつつあるというわけではない。発言というコントロールの哲学によって特徴づけられるドイツのシステムは，その根本的な特性を継続しているだけでなく，システムに内在的なかたちで強化されてきた[182]。

　ドイツのステイクホルダー型のコーポレート・ガバナンス・システムは，株主価値よりはむしろステイクホルダー価値の最大化に焦点をおいたガバナンスの効率性の基準という点に重要な特徴をもつが，現実には，その変質ではな

く，むしろインクリメンタルな適応という結果となっている[183]。投資家保護，透明性の要求，コーポレートガバナンス・コード，成果志向の報酬支払いや機関投資家の台頭と影響など，ドイツのコーポレート・ガバナンスのシステムは，多くの点でアングロ・サクソンのそれにかなり近づいてはきたが，そのシステムの本質的な諸要素は維持されてきたという面も強い[184]。例えばM.メッテンは2010年に，その直近の5年以内に株主価値コンセプトから企業側の利害への明確な移動がみられたとしている。2002年の営業年度にはまだDAX企業の多数が株主価値を義務づけられていたのに対して，2007年度には，全DAX企業の半分が，戦略の中核的な構成要素を重視した企業側の利害を追求するようになっていた。さらに3分の1の企業では，利害多元的な考慮のなかで株主の利害よりも企業側の利害を優先するハイブリッド戦略が追求されていた[185]。

　株主価値重視の経営への転換の動きにおける企業間の差異も大きかった。株主価値経営への志向が強かったジーメンスとダイムラー・クライスラーの比較でみても，後者の株主価値モデルは大陸をまたがる統合のある手段を示すものであったのに対して，同様の圧力のもとでのジーメンスの変化は，より限定的なものでありつづけた[186]。ジーメンスでは，株主価値アプローチのすべての諸特徴が輸入されたわけでも，アングロ・サクソンの標準と同等の特徴が実施に移されてきたわけでもなかった。最大の変化がみられた情報政策やディスクロージャーの領域でさえ，より強い資本市場志向は，資金調達や配当政策といった財務政策の他の主要な諸特徴に影響を与えることはなかった[187]。

　国際競争にどの程度見舞われることになったかということも，株主価値重視の経営への転換に大きな影響をおよぼすひとつの要因となっている。国際競争から保護された諸部門の企業は，国際競争にさらされた諸部門の企業ほどには株主価値志向ではなかった[188]。監査委員会のようなアメリカ的な内部監査や監視の機能のための委員会の設置などにもみられるコーポレート・ガバナンスのシステムを導入している企業では，その売上の非常に高い割合が国際市場で占められているという状況にあった。こうした点でも，市場のターゲットの大きな割合を国際市場に求めている企業とそうではない企業との間では，差異は大きいといえる[189]。また国際市場への依存度の高い企業では，経営者は，国

補論2　1990年代以降における株主主権的経営，コーポレート・ガバナンスへの転換の日独比較　*563*

際的な製品市場での地位の改善のために，競争激化の時代に収益性へと駆り立てる手段として株主価値のコンセプトを利用したという面も強い[190]。

　さらに，所有構造の相違も，企業間の差異に大きな影響をおよぼす要因をなしている。アングロ・アメリカ的な経営のスタイルの採用や株主価値志向の強まりは公開会社ではより広くみられるのに対して，同族所有の企業では，状況は大きく異なっている[191]。より小規模な大口保有株主と分散した機関投資家との間で所有と支配が共有されているより大規模な企業では，コーポレート・ガバナンスの諸変化は，より大規模であった。これに対して，その大部分が銀行以外の支配的な所有者をもつような中小の上場企業にとっては，変化は限定的であった[192]。

　ドイツでは，調整された資本主義に対する対抗モデルは，純粋な形態で普及してきたわけでも経済全体にわたり普及してきたわけでもない。そのことは，上場企業のセグメントが限られており非上場の大企業や株式会社以外の法的形態・所有形態が有力である大企業も存在していることによるものでもある[193]。こうした事情からも，コーポレート・ガバナンスに関する主として資本市場関連での説明は，同族企業も含めたドイツ企業の多くには限定的にしかあてはまらないといえる[194]。

4　株主価値重視の経営モデルとドイツ的経営モデルのハイブリッド化

　このように，ドイツ企業における現実をみると，株主価値重視の経営というアメリカ的なあり方，諸要素が取り入れられながらも，ドイツの伝統的な経営モデルの諸要素とのハイブリッド化となったという面が強い。S. ヴィトルスは，ドイツ企業の変化は株主価値の徹底的な受容から変化に対する頑固な抵抗までの全体的な範囲におよぶかたちとなっており，かなりの異質性によって特徴づけられるとしている。アングロアメリカ・モデルへの全般的な収斂化ではなく，むしろ少数株主の地位の部分的な向上と経営者の間の，また経営側と労働側との間の交渉での合意のような伝統的なステイクホルダーの慣行との結合というかたちでの，企業組織の「ハイブリッド」モデルの採用となった[195]。

　ドイツの企業は，アメリカやイギリスで実践されてきたものよりも穏やかな株主価値の形態を採用してきた。それは，伝統的なステイクホルダーの持続的

な影響を反映したものである[196]。売上増大，雇用の安定や製品の品質といっ
たドイツ企業の典型的な目標は，現実には，株主価値によっておきかえられる
よりはむしろ強められてきた。それゆえ，株主価値のドイツ的なバリアント
は，「交渉された株主価値」（negotiated shareholder value）と特徴づけられうる
とされている。そこでは，機関投資家の利害はまずステイクホルダー連合の他
のメンバー，とくに大株主や従業員代表と交渉されねばならない。ステイクホ
ルダー連合のメンバーのなかでの利害の相違のために，機関投資家の要求の性
質を変えるような妥協が見出されねばならない。そのような力のバランスを反
映して，株主価値の達成のための手段は，交渉の過程で修正され，多くの手段
は，英米においてとは異なる形態をとることにもなる[197]。

　こうした点については，R. ツーゲヘアも，「ドイツ的企業統治のアングロ・
サクソン的株主行動への適応」と他方での「共同決定の安定性」という「資本
市場と企業の共同決定とが調和的に並存する」状況がみられること，それはハ
イブリッド化という概念でもって最も適切に特徴づけられることを指摘してい
る[198]。またダイムラー・クライスラーとフォルクスワーゲンを比較したL. ゴ
ータスとC. レーンの2009年の研究によれば，両社は株主価値の諸要素を異な
る程度に，また異なる方法で採用してきた。しかし，両社はともに，それをと
おしてコーポレート・ガバナンスの「ハイブリッドな」形態を生み出してき
た。株主価値やそれに関連する実践は，これら2社においてすでに存在してい
た制度的慣行や考え方と混合されたのであった[199]。

5　株主価値重視の経営モデルとドイツ的経営モデルとの相剋とその要因

　以上の考察において，アメリカ的な株主価値重視の経営モデルへの転換をめ
ぐる状況についてみてきた。それをふまえて，つぎに，アメリカ的な経営モデ
ルとドイツ的なそれとの相剋，ドイツ的な特徴・あり方を規定した諸要因，そ
のようなあり方のもつ含意について，みていくことにしよう。

　　(1)　銀行の役割の変化との関連での株主価値重視の経営モデルとドイツ
　　　　的経営モデルとの相剋
　まず銀行の役割の変化との関連でみると，A. オネッティとA. ピゾニーの

補論2　1990年代以降における株主主権的経営，コーポレート・ガバナンスへの転換の日独比較　*565*

2009年の研究によれば，金融機関による株式所有の後退の傾向はみられるもの
の，監査役派遣と株式所有との間には弱い相関関係しかみられず，ドイツ・モ
デルの動揺は比較的小さいとされている。1998年，2001年および2005年のドイ
ツの4大銀行（ドイツ銀行，ドレスナー銀行，コメルツ銀行およびバイエルンヒポ
フェラインス銀行）と2大保険会社（アリアンツ，ミュンヘン再保険会社）による
非金融企業最大100社に対する監査役の派遣数は，118から189に増加した後に
130まで減少した。しかし，2005年のその数は，1998年のそれを上回っている。
最大100社への監査役の派遣全体に占める上位50社への派遣数の割合は，1998
年の84.7％から2001年には78.8％にやや低下した後に，2005年には80.7％に再び
上昇した。上位10社におけるその割合は，43.2％から33.3％に低下した後に
34.6％へとわずかに上昇した。4銀行からの派遣においても，ほぼ同様の傾向
がみられる。監査役の派遣数は2001年に大きく増加した後に2005年には減少し
ているが，ほぼ1998年の水準にあった。さらにこれらの6つの金融機関による
監査役会会長の派遣をみても，上位50社への派遣数の占める割合は，88.8％か
ら80％に低下した後に，88％に再び上昇しており，上位10社では，33.3％から
26.7％に低下した後に，28％へとわずかながら上昇している。このように，一
般的に資本市場の圧力がより強い最大50社，さらに最大10社への金融機関から
の監査役ないし監査役会会長の派遣の一層の集中がみられる。上述の6つの金
融機関が産業企業の監査役会において行使しうる議決権の割合は明らかに高
く，こうした人的結合が産業企業のコーポレート・ガバナンスにおいて果たす
役割も，それだけ大きかったといえる。しかも，ひとつの金融機関がある企業
に対して支配的な役割を行使する地位にあることはまれであり，ドイツの銀
行・産業間関係は，産業企業に対して大きな影響力を行使する，固く結びつけ
られた金融機関のネットワークに基づいている[200]という点にも注意しておく
必要がある。

　このように，人的側面での結合は，全面的に減少しているというわけでは必
ずしもなく，変化は資本の面でのそれと比べると小さかったといえる。銀行に
よる持株の売却や他の企業への監査役の派遣の減少は，コーポレート・ガバナ
ンスにおける銀行の役割の消滅とそのまま同義であることを意味するわけでは
ない[201]。銀行の持株と結びつく寄託株の意義もなお大きい。企業の監査役会

からの銀行代表の退出の主要な結果は，監査役会における「独立した」外部役員の数の増加よりはむしろ，退職時に監査役になったかつての常勤の取締役の数の増加でもあった[202]。コーポレート・ガバナンスのドイツ的なシステムにおける制度面の諸変化は，例えば役員兼任のネットワークに部分的な影響をおよぼしてきたが，そのような影響は，構造的な性格よりはむしろ量的な性格にとどまってきた[203]。銀行の役割の変化がドイツのコーポレート・ガバナンスのシステムにおよぼす影響は，多くのところで主張されてきたものよりははるかに劇的なものではない[204]。ドイツの銀行はなおいくつかの監査役会に対するある種の間接的なコントロールを発揮しているが，それは，適した人物を適切な職位に任命するという，銀行のもつ能力によって強化されているということも重要である[205]。

　また資本市場の状況の変化もみられ，それを基礎にしたエクイティ・ファイナンスの利用の大きな拡大は，2000/2001年の株式バブルの崩壊でもっていったん終わらざるをえない状況にあった。ドイツの金融市場をより市場ベースの方向に転換しようという最大の銀行の野心は，失敗に終わったといえる。2000年代に入った最初の10年間の半ば頃になっても，銀行はドイツの金融システムにおいてキー・プレイヤーにとどまっており，大量の売却にもかかわらず，なお企業の大量の株式を所有していた[206]。銀行と企業との関係は，連続性と変化の両方を示している。確かに銀行と企業との関係の動揺は，高い利益をあげている最大の企業の間では現実にみられる。しかし，同時に企業の他のセグメントは，銀行との非常に強い関係をもち続けている。リレーションシップ・バンキングは，完全に縮小したわけではなく，企業の異なるグループの方向へとシフトしてきた[207]。この頃でさえ，銀行の融資は，なお断然最も重要な資金調達源であり，資本市場は，とくにコーポレート・ガバナンスにおいて重要な役割を果たしていたわけではなかった。所有の高度な集中，他の企業の経営者やとくに同じ会社の以前の経営者が果たす役割の増大，内部コントロールのシステムを支えてきた大口株主，従業員，銀行などによる統治の連携の維持が，その理由である[208]。個別的にはコンツェルンのトップに位置する企業の経営者の支配は増大している場合もみられるほか，企業金融の銀行志向と資本市場をとおしての資金調達との混合は，ドイツの株式会社により多くの選択肢を与

補論2　1990年代以降における株主主権的経営，コーポレート・ガバナンスへの転換の日独比較　*567*

えるものであった(209)。ドイツ企業は，長期の忍耐深い資本へのアクセスを維持しつづけており，株主価値がドイツの企業によって積極的に採用されたり修正されたりしたとはいえ，資金調達およびコーポレート・ガバナンスのドイツ的なシステムのコアは，大部分において変化しないままの状況にあったといえる(210)。

　さらに，銀行は，保険会社，とくに1990年代初頭以降にその株式所有を大きく増大させてきた最大の生命保険会社であるアリアンツによって部分的にとって代わられてきた。保険会社は，銀行の部分的な撤退によって生み出されたギャップを埋め合わせてきたのであり，ミューチアル・ファンドやヘッジファンドのような他の機関投資家よりも忍耐深い，長期的な観点での投資を行ってきたという傾向にあった(211)。ただアリアンツの場合，2006年までは関連企業以外の非金融企業を含めた他社への資本所有は増大の傾向にあったが，2007年以降は，資本を所有している企業の数でみても，また所有比率でみても，減少の傾向にあった(212)。このように，大銀行以外の他の大株主は，コーポレート・ガバナンスの強い役割に関与し続けており，ドイツのステイクホルダー・モデルにおける主要な変化は，むしろステイクホルダーの連合への機関投資家の統合という点にみられる(213)。

　全般的にみれば，銀行は外部の連合の参加者のなかでも影響力を行使する最も強力なグループであり，ドイツのユニバーサルバンク制度に基づいて，依然として銀行の利害が経営側によって最もはやくに考慮されるという状況にあった(214)。また株式志向の業績の目標は，機関投資家と銀行の利害関係者との間で成果や業績の基準をめぐって対立を生み出すという面もみられる(215)。

(2)　機関投資家の影響との関連での株主価値重視の経営モデルとドイツ的経営モデルとの相剋

　つぎに機関投資家の影響との関連でみると，イギリス以外のヨーロッパ諸国では，大部分の企業は，ひとつの大口保有株主によって効果的に支配されており，その結果，ある機関投資家が実力行使から得るものはほとんどないという状況にあるとされている(216)。代表的な投資会社の圧倒的大部分は大規模な銀行や保険会社の子会社であり，その結果として生じる利害の対立から，機関投

資家は，企業の監視に比較的わずかしか関与しなかった[217]。銀行が退出し他のより大きな大口保有株主が存在しないような企業でさえ，新しい金融投資家が大量の株式の所有に関与しているという状況は，まったくわずかなケースであった。また大規模な保険会社や，典型的なミューチアル・ファンドとは対照的な特殊なタイプのファンドは，集中的な長期の投資志向を有しているという傾向にあった[218]。

　機関投資家の圧力・影響については，運用の委託を受けた信託ファンドや投資会社は，短期的な財務的利益の圧力のもとにはるかに強くさらされており，年間の財務成果という主要な基準が，「退出」というはるかに短期的な行動を生み出している。これに対して，直接運用を行うファンドは，安定株主として自らのポジションをとり，長期的な投資戦略を追求し，経営者との関係では「発言」の戦略をとる傾向にある。ドイツでは，運用の委託を受けた信託ファンドでさえ，決定的な圧力となって投資先の企業の経営のあり方を大きく変えるというわけでは必ずしもないという傾向にある[219]。ことに21世紀初頭のコーポレート・ガバナンスの危機の後，長期運用を行う投資家の役割の優位という企業統治における新しい傾向がみられ，株主価値は，その基礎が動揺するなかで理論的にも異議が唱えられる状況になってきた[220]。

(3)　生産重視の経営観，トップ・マネジメントの機構・人事構成との関連での株主価値重視の経営モデルとドイツ的経営モデルとの相剋

　また生産重視の経営観というドイツの企業経営の伝統，企業観，企業文化，それらをも反映したトップ・マネジメントの人事構成といった要因がおよぼした影響[221] も大きかった。経営者に財務の専門家が多いアメリカやイギリスとは異なり，ドイツの経営者には経済学の分野と同様に自然科学や法律の専門家が多い傾向にある[222]。ドイツの工業経営では，企業のトップに位置しているエンジニアの数は他の国よりも多く，例えばイギリスと比べるとはるかに多かった[223]。E.ゲルムの2004年の調査でも，大卒の取締役に占める工学・自然科学分野の出身者の割合は32％であり，情報科学・数学や精神科学の分野の教育を受けた者を含む理科系出身者の割合は，約40％であった[224]。

　ドイツの経営者・管理者は職務志向でありまた技術面に熟達しているという

補論2 1990年代以降における株主主権的経営，コーポレート・ガバナンスへの転換の日独比較　569

傾向が強く[225]，こうした状況がおよぼす影響は大きいといえる。企業を「金銭を生む機械」としてではなく製品が設計され生産・販売される場とみる志向は，金融の目的よりも生産の目的を重視するということと結びついてきた。そのことは，株主価値の最大化がトップ・マネジメントの焦点にはあまりならないという結果をもたらした[226]。このような技術重視・生産重視の経営観とそれを反映した経営者の人事構成に加えて，内部昇進の経営者の割合が高く，経営者の外部労働市場の役割が限定的であるという事情もあった。こうした状況は，アメリカ的な株主価値重視の経営モデルとドイツ的経営モデルとの相剋が生まれる重要な要因のひとつをなした。

　確かに1990年代以降，外部労働市場の役割は明らかに高まっており，外部取締役も増加の傾向にあった。上場産業企業最大40社を対象としたM.ヘプナーの研究でも，外部出身の取締役の割合は，1990年代をとおして約2倍に上昇した。経営者の専門職化，経済的事項や金融面の事項の重要性の増大，外部労働市場からの経営者の採用，在任期間の短縮のような経営者をとりまく社会的環境の変化は，株主価値の戦略が経営者の間で高い評判を得た理由を説明する上で重要なものである[227]。しかし，現実には，内部昇進の経営者の比率はなお相対的に高い。またアングロ・サクソン的な意味での「独立した」外部の役員という強い文化はみられない[228]。

　株主価値重視の経営の志向は，トップ・マネジメントのパーソナリリティの影響が強い場合やそれと結びついている場合も少なくない。そのような経営者としては，ダイムラー・クライスラーのJ.シュレンプやジーメンスのH.v.ピーラー，ヘキストのJ.ドルマンなどが典型的である。ドイツの株主価値は，これらの活動的で名声の高い最高経営責任者によって導入されてきた企業のラディカルな変化のプログラムを意味するものである[229]。

　またドイツ企業のトップ・マネジメントの経営の機構，それをも反映した最高経営責任者（CEO）の役割に関しては，ドイツの法律は，取締役会を企業の意思決定に対して集団責任を負う共同機関とみなしている。取締役会内部には合議制による合意に基づく意思決定への強い志向がみられる[230]。アメリカでは，トップの経営者の役割は典型的に取締役会によってCEOに与えられ，機能は執行役員のような上級管理者のグループに与えられるという原則がとられ

ているが，ドイツでは，そのようなあり方とは大きく異なっている[231]。ドイツでは，取締役会会長に対してCEOに似た機能を負わせることは意図されておらず，またそうなっていないのが通例である[232]。

監査役会と取締役会から構成されるトップ・マネジメントの二層制構造のもとでは，取締役会のトップは「会長」よりはむしろ「議長」であり，意思決定に等しく責任を負う取締役会の各メンバーは，議長/会長に対してよりはむしろ監査役会に対して責任を負うというかたちとなっている[233]。取締役会のメンバーの間での階層的な差異は存在せず，取締役会の会長ないし議長は彼らに対する命令権を有してはいない。こうした点からも，アメリカ的なCEOモデルは，ドイツのコーポレート・ガバナンスとは相容れないものである[234]。

このように，ドイツ企業では，個々の取締役は，意思決定において大きな自律性を享受しており，政治的な支持のために利用しうる選挙区となる基盤をもち，意思決定は典型的に合意を基礎にしてなされるのが通例である。そのことは，取締役会レベルでの根本的な変化に関する意見の一致を困難にする傾向にもある[235]。合議制の経営のひとつの重要な結果は，アングロ・サクソン諸国と比べ経営者の転職率が低いことにあり[236]，内部労働市場を基礎にした経営者の人事構成は，外部取締役の比率や彼らの影響力を制約する要因となっている。またドイツの株式会社では，取締役の任期は，一般的にアメリカと比べ長い。そのことは，取締役が短期の経営成果への圧力から開放されるという状況を可能にする基盤となっており[237]，アメリカ的な株主価値志向の経営よりはむしろ，ドイツ的な生産重視の経営観が重視される要因でもあったといえる。

(4) 共同決定制度との関連での株主価値重視の経営モデルとドイツ的経営モデルとの相剋

さらに共同決定制度の影響をみると，労働組合は監査役会において経営者側と共同で「過度の外部化」，すなわち企業外部からの自らの利害の侵害と戦う体制にある。こうした協調的な体制は，企業の経営過程におけるアメリカ的金融化の強い影響を抑止する重要な基盤をなしてきた。例えばF. シュヴァルツは，ドイツ銀行について，こうした「過度の外部化」との闘いにおける労働組合の最も重要なパートナーは同行であったとしている[238]。共同決定制度のも

補論2　1990年代以降における株主主権的経営，コーポレート・ガバナンスへの転換の日独比較　*571*

とでの労働側の利害と経営の自律性の確保という企業側の利害は，十分に一致しうるものである。ドイツ銀行の事例は，銀行にとっての株主価値志向の重要性のみならず，ドイツ内部およびとくに銀行部門内部でのこうした経営コンセプトに対する抵抗を示すものでもあるという指摘がみられるが[239]，そこでも，共同決定制度のおよぼす影響は大きいといえる。

　監査役会への労働側の半数参加を規定したモンタン共同決定法や1976年共同決定法が適用される企業では，経営陣による労働側代表の監査役との協調がはかられる場合には，外部の勢力にとっては，監査役の半数にあたる出資者側代表のメンバーのすべてを掌握しない限りその主張・利害を実現することが困難になる。また自社株を一定保有することにより企業側が出資者代表の監査役を1人でも確保すれば，労働側代表の監査役との協調・連携によって外部の勢力を制することも可能となる。こうした条件は，資本市場の圧力の増大のもとでも，決定的な変化がみられるというわけではない。

　また共同決定制度の影響を企業内部でみると，政策の重要な変更に関して経営協議会の合意が重要となるという点に，ドイツ企業の意思決定におけるひとつの特徴がみられる。機関投資家によるひとつの重要な要求である，従業員の成果とより結びついた報酬支払いや業績の悪い事業単位の売却・閉鎖，人員整理・雇用調整においても，経営協議会との交渉が必要となる[240]。そのことは，株主価値経営の展開のドイツ的なあり方に大きな影響をおよぼす要因をなした。そうしたなかで，「労働者の団結」は，株主価値への経営側の要求に経営協議会が抵抗することのできる力に影響をおよぼすひとつの決定的な変数となっている[241]。M.ヘプナーは，株主価値は共同決定の効率志向への全般的な傾向を強めているが共同決定は株主価値によって危険にさらされているわけではないという点で，株主価値と共同決定は考えられてきたほどには対立しない関係にあったとしている[242]。例えば資本市場の圧力の増大，株主価値志向の経営の推進のもとで要求されるリストラクチャリングによる企業の構造変革をみても，制度的に保証された方法で労働者の利害が企業の意思決定において考慮される場合には，企業変革において労働者が保護されるという状況にある。そのような前提条件のもとでは，資本市場によって突き動かされ実施される事業再編は，摩擦なしに，またコンフリクトなしに労使協調的にすすむという傾

向にあった[243]。

　そのような状況もあり，アングロ・サクソンの投資家でさえも，実際には共同決定と折りあってきたのであり，一部ではその経済的な利点を認めてきた場合さえみられるとされている[244]。彼らがドイツ企業において短期の株主価値の極大化を追求しようとしても，そのような行動は，同国の経営のシステムやコーポレート・ガバナンスの機構のために必ずしも効果的ではない。それゆえ，アングロ・サクソンの投資家にとっては，ドイツの企業経営の特質や有効性を生かしながら短期的な株主価値の極大化よりはむしろ中長期の株主価値の増大を追求するか，あるいはより高い投資効率の確保のために短期的な株主価値の極大化という彼らの意図により適合的な英米の資本市場に重点的に投資することが，現実的に効率的な行動でありうる。

　さらに共同決定制度とも深いかかわりをもつ労使関係の影響も大きい。J. ケデュトラーらの研究でも，自動車産業では，金融市場の新しい要求・圧力と実体経済との間のコンフリクトは，この部門で構築された労使関係のシステムと結びついて，企業戦略のバランスを保つこと，あるいは必要な場合にはそれを新たに調整することに大きく寄与しうることになったとされている[245]。またG. ジャクソンによれば，共同決定と強力な福祉国家の法的モデルは，ドイツ企業に対して日本においてよりも迅速にそのステイクホルダー・モデルをより大きな株主価値の方向へと適合させることを可能にしてきたとされている[246]。フォルクスワーゲンを事例としたI. クラークの研究でも，同社のケースは，資本側と経営側にとっての株主価値戦略の出現はドイツの経営のシステムにおける中核的な制度としての共同決定や団体交渉を徐々に弱めてきたということを示すものではない，とされている。むしろ同国のビジネス・システムおよびそのなかでの労使関係のパターンは，改革のさいに従わざるをえないひとつの強力な規制力をもつということを示すものである[247]。

　確かに共同決定に対する批判や制度の変容をめぐる動きも活発化してきたが，現実には，共同決定の大規模な改革のきっかけが生み出されたというわけではなく，決定的な状況の変化には至っていないといえる[248]。確かに株主の利害の考慮の強まりのなかで，ステイクホルダーの影響はそれなりに抑制され，経営側の意思決定の余地は狭められる傾向にあった。しかし，監査役会や

補論2　1990年代以降における株主主権的経営，コーポレート・ガバナンスへの転換の日独比較　573

共同決定のような本質的なメルクマールにはわずかな変化しかみられず，銀行や企業の結合の意義は決定的に減少してきたというわけではない[249]。

またリーマン・ショックにともなう金融危機，経済危機の世界的な連鎖の広がり，金融市場のみならず商品市場，労働市場にもおよぼしたその深刻な影響のもとで，アメリカ的な株主価値重視の経営モデル，資本市場指向型コーポレート・ガバナンスに対する批判，反省は一層強まってきた。そうしたなかで，ドイツ的な経営モデル，コーポレート・ガバナンスの評価の高まり，そのような経営モデル，ガバナンスのシステムのより強い志向という傾向もみられる[250]。

第4節　株主価値重視の経営モデルへの転換の日本的特徴と　　　　　　ドイツ的特徴

1　株主価値重視の経営モデルへの転換の日本的特徴

これまでの考察をふまえて，つぎに，株主主権的な経営，コーポレート・ガバナンスというアメリカモデルへの転換の動きにみられる日本的特徴とドイツ的特徴を明らかにしていくことにしよう。コーポレート・ガバナンスのシステムという点でみると，アメリカやイギリスのような株主の利益を第一とする退出に基づくガバナンス，すなわち資本市場指向型あるいは株主指向型のシステムとは対照的に，ドイツや日本では，関係性ないし発言に基づくシステムであり，「ステイクホルダー型ガバナンス」といえる。日本では，トップ・マネジメントの機構は取締役会のみの一層制であることから，銀行からの役員派遣は取締役会に対してであるが，戦後に形成された6大企業集団においては，企業グループ内での株式の相互持合と役員兼任によって，外部の圧力に対する防衛機能を果たしてきた。ただ経営者の行動（意思決定）が株主をはじめとする利害関係者の意向を反映するかたちで行われるような企業管理システムをいかにして構築するかという問題に照らしていえば，日本的なシステムは，いくつかの限界をもつものであった。

日本では，内部的な機構の面でみると，企業内から昇進する経営者が多いという内部労働市場的特質のもとで，業務執行の代表者である社長の権限が強

く，受託経営層としての取締役会による執行経営層に対するモニタリング・牽制が働きにくいという点がある。また監査役の中心的な機能は会計的な監査に限定され，しかも多くの場合，実際には監査役が取締役会によって選任されてきたという事情もあり，経営陣に対するモニタリング機能を発揮することは困難であった。さらに日本における経営参加はドイツのようにトップ・マネジメントのレベルでは存在せず，事業所レベルでの法的拘束力のない労使協議制や職場小集団活動などに限定されている。そのため，労働組合による規制力も弱く，労働側からの経営へのモニタリング機能は，きわめて弱いものとなっている。

　そのような状況のもとで経営者の不祥事が多発するといった事態を受けて，また1990年代以降における企業経営のアメリカン・スタンダードの台頭という状況のもとで，会社組織の改革がすすめられてきた。それだけに，外部取締役の制度や執行役員制度の導入のほか，委員会（等）設置会社にみられるような，トップ・マネジメント機構の面でのアメリカ型の企業統治システムに依拠して，新たな委員会組織の設置を基軸とした機構改革が行われ，コーポレート・ガバナンス改革の一環として推進された。

　しかし，実際には，日本型の取締役会の修正やアメリカ型とのハイブリッド型取締役会の形態が生み出され，委員会（等）設置会社の特徴を色濃くもつ「アメリカ型ハイブリッド」と，執行役員制度などの導入をはかりながらも外部取締役の導入を回避するかたちで日本的経営システムを進化させた「日本型ハイブリッド」が存在している。独立社外取締役に大きな発言力を与えるような取締役会の形成，社外取締役が強い権限を握る委員会設置会社に対しては，経済界においても肯定的な受け止め方よりはむしろ，拒否的反応が強い傾向にあるなど，アメリカナイズされる傾向にはない。

　また株式所有構造との関連でみても，株式持合を継続する企業群と解消が進展する企業群とがみられる。関係の薄くなっている企業との間で，持合の解消の大部分をなす事業会社による所有株式の放出がすすんだ一方で，関係の濃いコアの部分では，所有関係が維持される傾向にもあり，企業間でも差異がみられる。またM＆Aの市場化への対応である買収防衛策として，安定株主による議決権固めというかたちでの株主安定化工作を目的とした持合関係の強化とい

う動きもみられ，このことも，アメリカ的な株主主権の経営モデルへの転換に対して，抑制的に働いた。

さらに取締役会の階層性のもとでの社長の強い権限，内部昇進の取締役の圧倒的に高い比率も，経営執行担当者に対する外部取締役によるモニタリング，牽制の機能の発揮を抑制する要因として作用したほか，資本市場の圧力の主体である投資ファンドなど機関投資家の影響を緩和する条件をなしている。こうしたひとつの結果でもある，アメリカと比べた場合の日本企業における取締役の在任期間の長さという点も，株主価値の向上を第一義の課題とする短期志向の経営ではなく売上高重視，市場シェア重視という長期的観点での経営のあり方を維持するための基盤をなしているといえる。また企業を「契約の束」とみるという考え方のもとに株主と経営者との間の資本の委託・受託を基礎にした経営権の委託・受託が契約関係として成立しているというアメリカの社会構造との相違も，日本における株主主権の経営，資本市場指向のコーポレート・ガバナンスの導入のあり方，アメリカ的モデルとの相剋と関係しているといえる。

アメリカの短期投資家の要望に応えるかたちで金融庁と東京証券取引所の主導で行われた日本の企業統治改革によって，経営者のリスク回避の傾向，長期志向の抜本的な事業改革よりも短期的視野での利益追求を優先する傾向など，さまざまな弊害がもたらされたという状況にもあった[251]。本補論において考察した株主主権的経営，コーポレート・ガバナンスのモデルへの転換の動きにおける状況は，日本の産業社会にもたらされたそのような問題とも深く関係しているものといえるが，同時にまたそのような影響を抑制するというかたちにもなっている。

2 株主価値重視の経営モデルへの転換のドイツ的特徴

こうした日本からみると，ドイツの状況にはいくつかの特徴的な面がみられる。「ドイツ株式会社」と呼ばれるように，資本所有と人的結合の両面での産業・銀行間の関係，銀行間の協調的関係，さらに共同決定制度のもとでの労使協調的な体制があるほか，生産重視の経営観に基づくシステムがドイツ的なガバナンスに関係している。そのようなガバナンスのシステムは，資本市場の圧

力のもとでも経営の自律性を維持する上での重要な基盤をなしてきた。

　ドイツでは，トップ・マネジメントの機構が監査役会と取締役会との二層制であり，前者が後者による経営の執行機能を監視・監督するという体制，資本所有と役員派遣による銀行の関与のシステムがある。ドイツのシステムは，内部情報を基礎にして機能する内部コントロールのシステムであるが，ことに，銀行による信用の供与，ユニバーサルバンク制度のもとでの銀行による株式の直接所有と寄託株式による代理議決権のシステム，それらを基礎にした役員派遣が，内部情報に基づくガバナンスのシステムの基軸をなしてきた。銀行と派遣先企業との協調によって，外部からの影響を抑えながら出資者側（株式側）の監査役の選任などのさまざまな意思決定を行う余地が高まる。銀行は，資金供給の構造に深刻な影響をおよぼす短期の投資ファンドの急増やそのような資本市場による圧力への対抗において重要な役割を果たしてきた。こうしたあり方は，1990年代以降においても，決定的に変化したという状況には必ずしもない。

　また共同決定制度のもとでの労働代表の監査役の存在は，出資者側代表の構成比率の相対的低下をもたらし，当該企業の出身者が監査役に就いている場合には，資本市場の圧力を代表する企業外部の出身の監査役による影響をそれだけ抑制する可能性をもたらす。その結果，企業側の監査役の自律性が高まることにもなりうる。同様の点は，取締役会における経営の自律性にもあてはまる。ことに監査役会の内部での事前討議や，取締役と労働者代表の監査役との間の事前討議などをとおして労働者代表の同意を得ることによって監査役会の構成メンバーの過半数が掌握される場合には，外部からの影響を大きく緩和ないし回避することができる。また共同決定制度のもとでの労働代表の監査役と企業側出身の監査役，さらに銀行代表の監査役が協調する場合には，外部の勢力に対する牽制の機能は一層強く発揮されうる。すなわち，とくに外部の株主の影響力を抑えながら，労働側にとっては雇用の確保，当該企業にとっては経営の安定性と自律性の確保，さらに銀行にとっては派遣先企業の安定した経営の確保による信用の確実な回収や高い投資効率の確保という利害を貫徹させるより大きな可能性が与えられることになる。

　確かに1990年代以降には，資本市場の圧力の増大のもとで，株主価値の極大

補論2　1990年代以降における株主主権的経営，コーポレート・ガバナンスへの転換の日独比較　*577*

化を最重要視する株主主権的な経営，そのような方向性を指向するコーポレート・ガバナンスへの転換，システム改革が取り組まれてきたほか，株主価値重視の経営への接近の傾向も強くなってきた。また大銀行における与信業務から投資銀行業務への重点移動の傾向や銀行からの産業企業への役員派遣の減少傾向もみられる。さらに資本市場の圧力や資本サイドからの共同決定制度の見直しの圧力が強まるなかで，ドイツに特有のこうした経営参加の制度自体も動揺に見舞われているという状況にある。

　しかし，そうしたなかにあっても，人的側面での結合の全面的・決定的な減少となっているというわけでは必ずしもなく，変化は資本の面でのそれと比べると小さい傾向にある。銀行の役割の低下が保険会社によってある程度代替される傾向にもあったほか，株主価値と共同決定は考えられてきたほどには対立しない関係にあるという面もみられる。また取締役会内部における合議制に基づく意思決定のシステムや，それをも反映した，アメリカと比べた場合のCEO（最高経営責任者）の相対的に弱い地位といった機構的要素も，株主価値重視の経営とは相容れないものであった。さらに生産重視の経営観，トップ・マネジメントの人事構成も，ドイツ的な経営やガバナンス・システムの維持の重要な要因となっている。実際には，株主価値重視の経営モデルとドイツ的経営との相剋も強く，アメリカ的な経営モデルとドイツ的な経営の諸要素とのハイブリッド化となっている傾向にあり，ドイツ的なガバナンス機構の枠組みは，基本的な骨格としてはなお維持されている傾向にあるといえる。

　ことに，第2次大戦後の歴史的過程をとおして形成・展開されてきたドイツに特徴的な経営のあり方・モデル，経営観，経済文化，制度的要因などとのかかわりでいえば，技術・品質・生産重視の経営観とそれを反映したトップ・マネジメントにおけるエンジニアの比重の高さ，それらとも深くかかわる価値基準・合理性原理という経済文化がなお大きな意味をもっている。1990年代以降には財務畑の経営者の比重が上昇するという傾向のなかにあっても，ドイツの製造業企業の国際競争力の基盤を背景にして，生産重視の経営観，企業経営の伝統，それらを反映したエンジニアの地位の高さ，トップ・マネジメントの人事構成の特徴は根本的に変化しているというわけではない。こうした生産・技術・品質といった実体経済面での価値基準の重視は，株主主権的な経営に対す

る抵抗感というかたちで，金融面での価値基準とのバランスをはかるものとなっている。

こうしたあり方は，ドイツ資本主義の構造的特質とも強く結びついたものである。1990年代以降のグローバリゼーションの時代になってもなおEU域内の貿易比率が高いこと，資本財・投資財・耐久消費財の諸部門における品質競争市場での競争力を基盤としたヨーロッパ地域での「棲み分け分業的」な市場構造・貿易構造がある。そのことは，国際競争力の基盤としての労働者の熟練や技能の重視という条件をなしており，資本市場の強い圧力のもとでも，労働者との協調，共同決定制度のもとでの労働者の利害の配慮というかたちでのステイクホルダー志向が維持されるとともに，そのことが大きな意味をもつものとなっている。このようなドイツ資本主義の市場構造，それとも深くかかわりをもつ生産力構造，それらをも反映した産業構造の特質の相互連関のなかで，アメリカ的経営モデルの影響の強まりという傾向のなかにあっても，企業経営のドイツ的なあり方とその意義が規定されているといえる。

（1）J. Kädtler, H. J. Sperling, The Power of Financial Markets and the Resilience of Operations : Argument and Evidence from the German Car Industry, *Competition & Change*, Vol. 6, No. 1, March 2002, p. 83, J. Kädtler, H. J. Sperling, Worauf beruht und wie wirkt die Herrschaft der Finanzmärkte auf der Ebene von Unternehemen? Order : Taugt Finanzialisierung als neue Software für die Automobilindustrie?, *SOFI-Mitteilungen*, Nr. 29, Juni 2001, S. 40参照.

（2）J. F. H. Baumüller, *Post Shareholder Value, Zukünftige Unternehmensführungskonzepte nach dem Shareholder Konzept*, Saarbrücken, 2010, S. 104.

（3）J. Froud, C. Haslam, S. Johal, K. Williams, Shareholder Value and Financialization : Consultancy Promises, Management Moves, *Economy and Society*, Vol. 29, No. 1, February 2000, pp. 103-104.

（4）Vgl. S. Becker, Der Einfluss des Kapitalmarkts und seine Grenzen : Die Chemie- und Pharmaindustrie, W. Streeck, M. Höpner（Hrsg.）, *Alle Macht dem Markt? Fallstudien zur Abwicklung der Deutschland AG*, Berlin, New York, 2003, S. 226.

（5）J. Kädtler, H. J. Sperling, After Globalisation and Financialisation : Logics of Bargaining in the German Automotive Industry, *Competition & Change*, Vol. 6, No. 2, June 2002, p. 152.

（6）この点については，工藤 章『日独経済関係史序説』桜井書店，2011年，174ページ。

補論 2　1990年代以降における株主主権的経営，コーポレート・ガバナンスへの転換の日独比較　*579*

（ 7 ）G. Jackson, Stakeholders under Pressure : Corporate Governance and Labour Management in Germany and Japan, *Corporate Governance : An International Review*, Vol. 13, No. 3, May 2005, p. 419, W. Schnitzler, Implementierung der Anforderungen des Sarbanes-Oxley Acts in einem deutschen Großunternehmen, C-C. Freidank, P. Altes（Hrsg.）, *Rechnungslegung und Corporate Governance. Reporting, Steuerung und Überwachungder Unternehmen im Umbruch*, Berlin, 2007, S. 229.

（ 8 ）K. Dörre, H. Holst, Nach dem Shareholder Value? Kapitalmarktorientierte Unternehmenssteuerung in der Krise, *WSI Mitteilungen*, 62. Jg, 12/2009, Dezember 2009, S. 670, K. Dörre, *Kampf um Beteiligung, Arbeit, Partizipation und industrielle Beziehungen im flexiblen Kapitalismus. Eine Studie aus dem Soziologischen Forschungsinstitut Göttingen（SOFI）*, 1. Aufl., Wiesbaden, 2001.

（ 9 ）P. Koslowski, The Limits of Shareholder Value, *Journal of Business Ethics*, Vol. 27, No. 1 /2, September 2000, p. 140.

（10）M. Albert, *Capitalisme contre Capitalisme*, Paris, 1991〔小池はるひ訳『資本主義対資本主義』，新訂版，竹内書店，1996年〕参照。

（11）P. A. Hall, D. Soskice（eds.）, *Varieties of Capitalism*, Oxford, 2001〔遠山弘徳・安孫子誠男・山田鋭夫・宇仁宏幸・藤田奈々子訳『資本主義の多様性』ナカニシヤ出版，2007年〕参照。

（12）W. Streeck, M. Höpner（Hrsg.）, *a. a. O.*, R. Zugehör, *Die Zukunft des rheinischen Kapitalismus : Unternehmen zwischen Kapitalmarkt und Mitbestimmung*, Opladen, 2003, Teil Ⅲ〔風間信隆監訳，風間信隆・松田　健・清水一之訳『ライン型資本主義の将来──資本市場・共同決定・企業統治──』文眞堂，2008年，Ⅲ〕, G. Cromme, Corporate Governance in Germany and the German Corporate Governance Code, *Corporate Governance*, Vol. 13, No. 3, May 2005, p. 362, 海道ノブチカ『ドイツの企業体制──ドイツのコーポレート・ガバナンス──』森山書店，2005年.

（13）T. Buck, I. Filatotchev, M. Wright, Agents, Stakeholders and Corporate Governance in Russian Firms, *Journal of Management Studies*, Vol. 35, No. 1, January 1998, p. 82.

（14）鈴木　健『日本の企業集団』大月書店，1993年，140ページ。

（15）山崎広明「概説　1937-55年」，山崎広明・橘川武郎編『「日本的」経営の連続と断絶』岩波書店，1995年，57ページ。

（16）富士総合研究所『「メインバンク・システムおよび株式持ち合い」についての調査報告書』富士総合研究所，1993年，41ページ，44-45ページ。

（17）経済企画庁編『平成 8 年版経済白書──改革が展望を切り開く──』大蔵省印刷局，1996年，291ページ。

（18）松村勝弘『日本的経営財務とコーポレート・ガバナンス』，第 2 版，中央経済社，2001年，177ページ，180ページ。

（19）同書，181ページ，183ページ，186-187ページ。

(20) 同書，186-187ページ，193-194ページ。

(21) 経済企画庁編，前掲書，305-306ページ。

(22) 松村，前掲書，69ページ，77ページ，82-83ページ。

(23) 松井和夫「日米企業の株式所有構造と株価形成（上）——支配構造との関連で ——」『証券経済』，第128号，1979年5月，33ページ，35ページ。

(24) 松村，前掲書，24-25ページ，98ページ。

(25) 経済企画庁編『平成10年版経済白書』大蔵省印刷局，1998年，209ページ。

(26) 松田 健「日本のコーポレート・ガバナンスの特徴と課題」，海道ノブチカ・風間信隆編著『コーポレート・ガバナンスと経営学 グローバリゼーション下の変化と多様性』ミネルヴァ書房，2009年，113-114ページ。

(27) 全国証券取引所協議会『平成26年度株式分布状況の調査結果について』全国証券取引所協議会，2014年，資4ページ。

(28) 例えば全国証券取引所協議会『平成17年度株式分布調査の調査結果について』，2005年，12ページ参照。

(29) 東京証券取引所『東証上場会社コーポレート・ガバナンス白書 2015』東京証券取引所上場部，2015年，1ページ，5ページ。

(30) この点については，A. O. Hirschman, *Exit, Voice, and Loyalty. Responces to Decline in Firms, Organizations, and State*, Cambridge, Massachusetts, 1970〔矢野修一訳『離脱・発言・忠誠——企業・組織・国家における衰退への反応』ミネルヴァ書房，2005年〕参照。

(31) 商事法務研究会編「株主総会白書 2006年版」『旬刊商事法務』，No. 1784，2006年11月30日臨時増刊号，2006年11月，60-61ページ，商事法務研究会編「株主総会白書 2013年版——影響力を増す機関投資家と景気回復下の株主総会——」『旬刊商事法務』，No. 2016，2013年11月30日臨時増刊号，2013年1月，67ページ，商事法務研究会編「株主総会白書 2015年版——制度改正対応からみえる変化の兆し——」『旬刊商事法務』，No. 2085，2015年12月1日臨時増刊号，2015年12月，75-77ページ。

(32) 東京証券取引所『コーポレート・ガバナンスに関するアンケート調査結果について』，第4回調査（2005年7月29日），東京証券取引所，2005年，別添1ページ。

(33) 東京証券取引所『東証上場会社コーポレート・ガバナンス白書 2013』東京証券取引所上場部，2013年，1-2ページ，東京証券取引所，前掲『東証上場会社コーポレート・ガバナンス白書2015』，3ページ。

(34) 東京証券取引所，前掲『コーポレート・ガバナンスに関するアンケート調査結果について』，別添9ページ。

(35) 松村，前掲書，89ページ，96-7ページ。

(36) 濱口惠俊『日本型信頼社会の復権』東洋経済新報社，1996年，8ページ，28ページ。

(37) 仲田正機・細井浩一・岩波文孝『企業間の人的ネットワーク 取締役兼任制の日米比較』同文舘，1997年，141ページ，149ページ，151ページ，168-169ページ。

補論 2　1990年代以降における株主主権的経営，コーポレート・ガバナンスへの転換の日独比較　*581*

(38)　瀬川新一「株式所有構造と株主行動の変化」，細川　孝・桜井　徹編著『転換期の株式会社　拡大する影響力と改革課題』ミネルヴァ書房，2009年，117ページ。

(39)　藤井康行「金融危機と時価会計」，代田　純編著『金融危機と証券市場の再生』同文舘出版，2000年，109ページ。

(40)　東京証券取引所，前掲『コーポレート・ガバナンスに関するアンケート調査結果について』，別添10ページ。

(41)　東京証券取引所，前掲『東証上場会社コーポレート・ガバナンス白書2015』，72-73ページ，75ページ。

(42)　P. Windolf, Was ist Finanzmarkt-Kapitalismus?, P. Windolf（Hrsg.）, *Finazmarkt-Kapitalismus. Analysen zum Wandel von Produktionsregimen*, Wiesbaden, 2005, S. 46, S. 52.

(43)　瀬川，前掲論文，117ページ。

(44)　東京証券取引所，前掲『コーポレート・ガバナンスに関するアンケート調査結果について』，１ページ，別添22ページ。

(45)　東京証券取引所，前掲『東証上場会社コーポレート・ガバナンス白書2013』，58-61ページ，東京証券取引所，前掲『東証上場会社コーポレート・ガバナンス白書2015』，56-59ページ。

(46)　張　英春「日本のガバナンス改革と経営者インセンティブ問題」，仲田正機編著『比較コーポレート・ガバナンス研究　日本・英国・中国の分析』中央経済社，2005年，76ページ，84ページ。

(47)　会社法の制定と内容に関しては，例えば小松　章「会社法の制定と株式会社」，細川・桜井編著，前掲書，佐久間信夫「株式会社の機関設計とコーポレート・ガバナンス」，細川・桜井編著，前掲書などが詳しい。

(48)　2014年の改正会社法とコーポレートガバナンス・コードの施行などにより東京証券取引所上場会社の取締役会は大きな変貌をとげており，社外取締役の着実な増加（2015年には同取引所上場会社全体の88％の会社が社外取締役を選任していた），女性の社外役員の大幅な増加などがみられた。また機関設計との関連でみると，東京証券取引所上場会社全体のうち監査役会設置会社が93.3％，監査等委員会設置会社が4.8％，指名委員会等設置会社が1.8％となっている。指名委員会等設置会社については，比較的規模が大きく外国人株式保有比率の高い会社が多いのに対して，監査等委員会設置会社については，比較的会社規模が小さく外国人株式保有比率の低い会社が多いとされている（酒井　功「東証上場会社における取締役会と社外取締役の概況と今後の展望――二〇一五年社外取締役・社外監査役白書より――」『旬刊商事法務』，No. 2080，2015年10月５日-15日合併号，2015年10月，57-58ページ，65-66ページ）。なお本補論では，改正会社法とコーポレートガバナンス・コードの施行からの時間の経過が短いこと，アメリカ的企業モデル，経営モデルの影響の分析を研究課題としていることから，それ以前の状況を中心に考察している。

(49) 東京証券取引所，前掲『東証上場会社コーポレート・ガバナンス白書2015』，15-16ページ。

(50) 東京証券取引所，前掲『東証上場会社コーポレート・ガバナンス白書2013』，21ページ，23ページ，26ページ，東京証券取引所，前掲『東証上場会社コーポレート・ガバナンス白書2015』，21ページ，24-26ページ，29ページ。

(51) 同書，45-46ページ。

(52) 同書，37-39ページ，41ページ。

(53) 大蔵省財政金融研究所「法人企業統計年報特集（平成7年度）」『財政金融統計月報』，第532号，1996年8月，18-19ページ，財務省財政総合研究所「法人企業統計年報特集（平成14年度）」『財政金融統計月報』，第616号，2003年8月，18-19ページ，財務省財政総合研究所「法人企業統計年報特集（平成24年度）」『財政金融統計月報』，第738号，2013年12月，24-25ページ，財務省財政総合研究所「法人企業統計年報特集（平成26年度）」『財政金融統計月報』，第762号，2015年10月，24-25ページ。

(54) 東京証券取引所，前掲『コーポレート・ガバナンスに関するアンケート調査結果について』，1ページ，別添4ページ。

(55) 片岡　進「取締役会の改革と会社経営者」，細川・桜井編著，前掲書，96ページ。

(56) 東京証券取引所，前掲『コーポレート・ガバナンスに関するアンケート調査結果について』，別添13-14ページ。

(57) 東京証券取引所，前掲『東証上場会社コーポレート・ガバナンス白書2013』，29-31ページ，東京証券取引所，前掲『東証上場会社コーポレート・ガバナンス白書2015』，33-35ページ。

(58) 宮島英明・新田敬祐「日本型取締役会の多元的進化」，神田秀樹・財務省財務総合政策研究所編『企業統治の多様性と展望』きんざい，2007年，29ページ，35-36ページ，48-49ページ，69ページ。

(59) 瀬川，前掲論文，122ページ。

(60) 佐久間，前掲論文，76ページ。

(61) 井上輝一「トヨタ自動車のコーポレート・ガバナンスに関する一考察」『フィナンシャル・レビュー』，第68号，2013年12月，199-200ページ。

(62) 宮島・新田，前掲論文，37ページ。

(63) 宮島英明・原村健二・江南喜成「戦後日本企業の株式所有構造──安定株主の形成と解消──」『フィナンシャル・レビュー』，第68号，2013年12月，229-230ページ，瀬川，前掲論文，109-110ページ。

(64) 鈴木　健『メインバンクと企業集団』ミネルヴァ書房，1998年，120ページ，129ページ，136ページ，鈴木　健『六大企業集団の崩壊』新日本出版社，東京，2008年，227ページ，274ページ。

(65) 鈴木，前掲『メインバンクと企業集団』，127ページ，鈴木，前掲『六大企業集団の崩壊』，216-217ページ，223-224ページ。

補論 2　1990年代以降における株主主権的経営，コーポレート・ガバナンスへの転換の日独比較　*583*

(66)　伊藤正晴「強化が続く事業会社の株式持合い，銀行も強化へ」（2007年11月27日），大和総研ホームページ所収（http://www.dir.co.jp/research/esg/esg-report/07112701viewpoint.html）（2014年4月15日参照）。

(67)　前田昌孝「金融危機と企業買収」，代田編著，前掲書，45ページ。

(68)　同論文，60-61ページ。

(69)　レコフ「買収防衛策の導入状況〜導入企業は500社をキープしているが，今後，中止企業が増加する可能性も〜」（https://www.marr.jp/mainfo/entry/4317;jsessionid=C78C00399E7577EEE24A09F07302C969.ap）（2014年5月9日参照）。

(70)　前田，前掲論文，63ページ。

(71)　商事法務研究会編，前掲「株主総会白書　2006年版」，65ページ。

(72)　商事法務研究会編，前掲「株主総会白書　2015年版」，82ページ。

(73)　東京証券取引所，前掲『東証上場会社コーポレート・ガバナンス白書 2015』，8ページ。

(74)　植竹晃久「現代企業のガバナンス構造と経営行動――ガバナンス・システムの再構築に向けて――」，植竹晃久・仲田正機編著『現代企業の所有・支配・管理――コーポレート・ガバナンスと企業管理システム――』ミネルヴァ書房，1999年，8ページ。

(75)　東京証券取引所，前掲『コーポレート・ガバナンスに関するアンケート調査結果について』，別添12ページ。

(76)　U. Jürgens, K. Naumann, J. Rupp, Shareholder Value in an Adverse Environment : the German Case, *Economy and Society*, Vol. 29, No. 1, February 2000, p. 59, K. Paetzmann, *Corporate Governance. Strategische Marktrisken, Controlling, Überwachung*, Berlin, Heidelberg, 2008, S. 40.

(77)　S. M. Mintz, A Comparison of Corporate Governance Systems in the U. S., UK and Germany, *Corporate Ownership & Control*, Vol. 3, No. 4, summer 2006, p. 31, A. Hackethal, R. H. Schmidt, M. Tyrell, Banks and German Corporate Governance : On the Way to a Capital Market-based System?, *Corporate Governance*, Vol. 13, No. 3, May 2005, p. 398, S. C. Weber, *Externes Corporate Governance Reporting börsennotierter Publikumsgesellschaften. Konzeptionelle Vorschläge zur Weiterentwicklung der unternehmerischen Berichterstattung*, 1. Aufl., Wiesbaden, 2011, S. 553.

(78)　U. Jürgens, K. Naumann, J. Rupp, *op. cit.*, p. 62.

(79)　H. Oberbeck, N. D' Alessio, The End of the German Model? Developmental Tendencies in the German Banking Industry, G. Morgan, D. Knights（eds.）, *Regulation and Deregulation in European Financial Services*, Basingstoke, 1997, p. 86, pp. 101-102.

(80)　Vgl. J. Kengelbach, A. Roos, Entflechtung der Deutschland AG. Empirische Untersuchung der Reduktion von Kapital- und Personalverflechtungen zwischen deutschen börsennotierten Gesellschaften, *Mergers and Acquisitions*, 1 /2006. S. 12, S. 21.

(81)　F. F. Beelitz, Shareholder Value und Kapitalmarktorientierung im bundesdeutschen

584

Umfeld im Umbruch, H. Siegwart, J. Mahari (Hrsg.), M. Ruffner (Gasthrsg.), *Corporate Governance, Shareholder Value & Finanz*, Basel, 2002, S. 577–578, S. 581.

(82) A. Chizema, Early and Late Adoption of American-style Executive Pay in Germany : Governance and Institutions, *Journal of World Business*, Vol. 45, No. 1, January 2010, p. 10.

(83) P. Windolf, Die neuen Eigentümer, P. Windolf (Hrsg.), *a. a. O.*, S. 9 –10.

(84) K. Dörre, Finanzmarktkapitalismus contra Mitbestimmung? Kapitalmarktorientierte Steuerungsformen und organisierte Arbeitsbeziehungen, J. Huffschmid, M. Köppen, W. Rhode (Hrsg.), *Finanzinvestoren : Retter oder Raubritter? Neue Herausforderungen durch die internationalen Kapitalmärkte*, Hamburg, 2009, S. 104.

(85) P. C. Fiss, E. J. Zajac, The Diffusion of Ideas over Contested Terrain : The (Non) adoption of a Shareholder Value Orientation among German Firms, *Administrative Science Quarterly*, Vol. 49, No. 4, December 2004, p. 506.

(86) M. Höpner, Corporate Governance in Transition : Ten Empirical Findings on Shareholder Value and Industrial Relations in Germany, *MPIfG (MaxPlanck-Institut für Gesellschaftsforschung) Discussion Paper 01/5*, October 2001, pp. 13–14.

(87) Fonds kapitalisieren Europas Firmenelite, *Handelsblatt*, Nr. 216, 8. 11. 1999, S. 22.

(88) この点については，例えば，U. Jürgens, K. Naumann, J. Rupp, *op. cit.*, pp. 67–68, T. Sablowski, J. Ruppe, Die neue Ökonomie des Shareholder Value Corporate Governance im Wandel, *PROKLA*, Heft 122, 31. Jg, Nr. 1, März 2001, S. 64–67, R. v. Rosen, Corporate Governance――Neue Denkansätze in Deutschland, H. Siegwart, J. Mahari (Hrsg.), M. Ruffner (Gasthrsg.), *a. a. O.*, S. 593–609, J. W. Cioffi, M. Höpner, Mit Links in den Shareholder Kapitalismus?, *Die Mitbestimmung*, 51. Jg, Heft 4, April 2005, S. 17などを参照。

(89) Vgl. U. Jürgens, K. Naumann, J. Rupp, *op. cit.*, p. 71.

(90) J. Küke, *Corporate Governance in Germany. An Empirical Investigation*, Heidelberg, 2002, p. 136.

(91) こ の 点 に つ い て は，C. Lane, Changes in Corporate Governance of German Corporations : Convergence to the Anglo-American Model?, *Competition & Change*, Vol. 7, No. 2 –3, June-September 2003, p. 88, S. Vitols, German Corporate Governance in Transition : Implications of Bank Exit from Monitoring and Control, *International Journal of Disclosure and Governance*, Vol. 2, No. 4, December 2005, p. 362, M. Höpner, Unternehmensverflechtung im Zwielicht. Hans Eichels Plan zur Auflösung der Deutschland AG, *WSI Mitteilungen*, 53. Jg, 10/2000, Oktober 2000, A. Chizema, T. Buck, Neoinstitutional Theory and Institutional Change : Towards Empirical Test on the „Americanaization" of German Executive Pay, *International Business Review*, Vol. 25, No. 5, October 2006, p. 496, J. Matthes, Das deutsche Corporate-Governance-System im

補論2 1990年代以降における株主主権的経営，コーポレート・ガバナンスへの転換の日独比較 *585*

Wandel. Übergang zum angelsächsischen System oder nur leichte Annährung?, C. Storz, B. Lageman（Hrsg.）, *Konvergenz oder Divergenz? Der Wandel der Unternehemensstrukturen in Japan und Deutschland*, Marburg, 2005, S. 231などを参照。

（92）G. Cromme, *op. cit.*, p. 362.

（93）J. N. Ziegler, Corporate Governance and the Politics of Property Rights in Germany, *Politics and Society*, Vol. 28, No. 2, June 2000, p. 212, J. N. Gordon, Pathways to Corporate Convergence? Two Steps on the Road to Shareholder Capitalism in Germany, *Columbia Journal of Economic Law*, Vol. 5, No. 219, spring 1999, p. 225, p. 227, p. 238.

（94）Vgl. J. Matthes, *a. a. O.*, S. 221, S. 223.

（95）S. Beck, F. Klobes, C. Scherrer, Conclusion, S. Beck, F. Klobes, C. Scherrer（eds.）, *Surviving Globalization? Perspectives for the German Economic Model*, Dordrecht, 2005, p. 228.

（96）M. Höpner, *op. cit.*, pp. 17-19.

（97）M. Höpner, G. Jackson, An Emerging Market for Corporate Control? The Mannesmann Takeover and German Corporate Governance, *MPIfG Discussion Paper 01/4*, September 2001, p. 18.

（98）J. N. Ziegler, *op. cit.*, p. 200.

（99）Vgl. J. Beyer, Deutschland AG a. D. : Deutsche Bank, Allianz und das Verflechtungszentrum großer deutscher Unternehmen, *MPIfG Working Paper 02/4*, März 2001, S. 6 -7, S. 9 -10.

（100）W. Streeck, German Capitalism, C. Crouch, W. Streeck（eds.）, *Political Economy of Modern Capitalism*, London, 1997, p. 51〔山田鋭夫訳『現代の資本主義制度』NTT出版，2001年，77ページ〕.

（101）Vgl. U. Jürgens, K. Naumann, J. Rupp, *op. cit.*, p. 69.

（102）J. Beyer, *a. a. O.*, S. 11.

（103）Vgl. *Ebenda*, S. 14-15.

（104）Vgl. U. Jürgens, K. Naumann, J. Rupp, *op. cit.*, p. 70, Monopolkommission, *Hauptgutachten 2006/2007. Weniger Staat, mehr Wettbewerb. Gesundheitsmärkte und staatliche Beihilfen in der Wettbewerbsordnung*（Hauptgutachten der Monopolkommission, XⅦ）, 1. Aufl., 2008, Baden- Baden, S. 198.

（105）M. Höpner, *op. cit.*, p. 26, p. 50.

（106）*Ibid.*, p. 11-12参照.

（107）M. Höpner, G. Jackson, *op. cit.*, p. 19, R. Bühner, A. Raheed, J. Rosenstein, Corporate Restructuring Patterns in the US and Germany : A Comparative Empirical Investigation, *Management International Review*, Vol. 37, No. 4, 1997, p. 324.

（108）Vgl. R. v. Rosen, *a. a. O.*, S. 603.

（109）G. Jackson, A. Moerke, Continuity and Change in Corporate Governance : Comparing

Germany and Japan, *Corporate Governance*, Vol. 13, No. 3, May 2005, p. 354.

(110) A. Hassel, M. Höpner, A. Kurdelbusch, B. Rehder, R. Zugehör, Zwei Dimension der Internationalisierung : Eine empirische Analyse deutscher Grossunternehmen, *Kölner Zeitschrift für Soziologie und Sozialpsychologie*, 52. Jg, Heft 3, September 2000, S. 507.

(111) T. Sablowski, J. Ruppe, *a. a. O.*, S. 66, S. Vitols, Changes in Germany's Bank-Based Financial System : Implication for Corporate Governance, *Corporate Governance*, Vol. 13, No. 3, May 2005, p. 389.

(112) U. Jürgens, K. Naumann, J. Rupp, *op. cit.*, p. 69.

(113) F. F. Beelitz, *a. a. O.*, S. 579.

(114) A. Chizema, T. Buck, *op. cit.*, p. 500, WM. G. Sanders, A. Tuschke, The Adoption of institutionally contested Organizational Practices : The Emergence of Stock Option Pay in Germany, *Academy of Management Journal*, Vol. 50, No. 1, February 2007, pp. 49–50.

(115) M. Müller, Enron——eine Lektion auch für Deutschland?, *Die Mitbestimmung*, 48. Jg, Heft 6, Juni 2002, S. 30.

(116) 藤井, 前掲論文, 105–106ページ, 109ページ。

(117) Deutsche Bank AG, *Geschäftsbericht 1995*, S. 6, S. 39, S. 79, Deutsche Bunk, *Deutsche Bank 1870–2010*, München, 2011, S. 197.

(118) Deutsche Bank AG, *Geschäftsbericht 2001*, S. 2, Deutsche Bunk, *a. a. O.*, S. 216.

(119) Commerzbank AG, *Geschäftsbericht 1998*, S. 6.

(120) Allianz Gruppe, *Geschäftsbericht 1998*, S. 23.

(121) S. Vitols, *The Reconstruction of German Corporate Governance : Reassessing the Role of Capital Market Pressures*, Wissenschaftszentrum Berlin für Sozialforschung, June 2000, p. 7, E. H. Schlie, M. Warner, The 'Americanization' of German Management, *Journal of General Management*, Vol. 25, No. 3, spring 2000, S. 43.

(122) Volkswagen AG, *Geschäftsbericht 2001*, S. 28, S. 84.

(123) Siemens AG, *Geschäftsbericht 2000*, S. 54.

(124) ThyssenKrupp AG, *Geschäftsbericht 1998/99*, S. 35–36.

(125) Vgl. A-K. Achleitner, A. Bassen, Entwicklungsstand des Shareholder-Value-Ansatzes in Deutschland——Empirische Befunde, H. Siegwart, J. Mahari (Hrsg.), M. Ruffner (Gasthrsg.), *a. a. O.*, S. 619–620, S. 622–623.

(126) E. Wenger, C. Kaserer, German Banks and Corprate Governance : A Critical View, K. J. Hopt, H. Kanda, M. J. Roe, E. Wymeersch, S. Prigge (eds.), *Comparative Corporate Governance——The State of the Art and Emerging Research——*, Oxford, New York, 1998, p. 513.

(127) *Ibid.*, p. 517.

(128) Vgl. B. Pellems, C. Thomaszewski, N. Weber, Wertorientierte Unternehmensführung in Deutschland——Eine empirische Untersuchung der DAX 100-Unternehemen——,

補論2　1990年代以降における株主主権的経営，コーポレート・ガバナンスへの転換の日独比較　*587*

Der Betrieb, 53. Jg, Heft 37, 15. 9. 2000, S. 1825, C. Aders, M. Hebertingen, C. Schaffer, F. Wiedemann, Shareholder Value Konzept : Umsetzung bei den DAX 100-Unternehmen, *Finanz-Betrieb*, 5. Jg, 2003, M. Höpner, *op. cit.*, p. 12, KPMG, *Value Based Management, Shareholder Value Konzept. Eine Untersuchung der DAX 100 Unternehemen*, Frankfurt am Main, 2000, S. 31, J. Graf, C. Lenke, S. Schießer, *Die Umsetzung des Shareholder-Value-Konzept durch die DAX-Unternehemen. Studie der SGZ-Bank AG*, Frankfurt am Main, 1997, S. 22.

（129） BASF AG, *Jahresbericht 2000*, S. 9.

（130） U. Jürgens, K. Naumann, J. Rupp, *op. cit.*, p. 74.

（131） *Ibid.*, p. 69.

（132） K. Williams, From Shareholder Value to Presentday Capitalism, *Economy and Society*, Vol. 29, No. 1, February 2000, p. 5.

（133） A. Chizema, T. Buck, *op. cit.*, p. 499.

（134） A. Chizema, *op. cit.*, p. 13.

（135） T. Buck, A. Chizema, The Adoption of an American Executive Pay Practice in Germany, R. Strange, G. Jackson （eds.）, *Corporate Governance and International Business. Strategy, Performance and Instituitional Change*, Basingstoke, 2008, p. 256, p. 258.

（136） A. Tuschuke, W. G. Sanders, Antecedents and Consequences of Corporate Governance Reform : The Case of Germany, *Strategic Management Journal*, Vo. 23, No. 7, July 2003, p. 634, p. 645.

（137） A. Chizema, *op. cit.*, pp. 16–17.

（138） A. Chizema, T. Buck, *op. cit.*, p. 490, A. Börsch, Globalisation, Shareholder Value, Restructuring : The （Non)-Transformation of Siemens, *New Political Economy*, Vol. 9, No. 3, September 2004, p. 377.

（139） S. Vitols, Negotiated Shareholder Value : The German Variant of an Anglo-American Practice, *Competition & Change*, Vol. 8, No. 4, December 2004, p. 371.

（140） WM. G. Sanders, A. Tuschke, *op. cit.*, p. 40.

（141） A. Bruce, T. Buck, B. G. M. Main, Top Executive Remuneration : A View from Europe, *Journal of Management Studies*, Vol. 42, No. 7, November 2005, p. 1503.

（142） T. Buck, A. Shahrim, The Translation of Corporate Governance Changes across National Cultures : The Case of Germany, *Journal of International Business Studies*, Vol. 36, No. 1, 2005, pp. 58–59, Siemens AG, *Geschäftsbericht 2000*, S. 51–52.

（143） A. Börsch, *op. cit.*, p. 377, p. 381, DaimlerChrysler AG, *Geschäftsbericht 2005*, S. 110, ThyssenKrupp AG, *Geschäftsbericht 1998/99*, S. 37, Thyssenkrupp AG, *Geschäftsbericht 2001/2002*, S. 190.

（144） E. H. Schlie, M. Warner, *op. cit.*, S. 43.

（145） A. Bruce, T. Buck, B. G. M. Main, *op. cit.*, pp. 1501–1503.

（146）M. Goergen, M. C. Manjon, L. Renneboog, Recent Developments in German Corporate Governance, *International Review of Law and Economics*, Vol. 28, Issue 3, September 2008, p. 190.

（147）C. Scott, The Influence of National Culture on Stock-Option-Programmes as Motivators. The Case of Managers in Germany, *International German Management Association Review*, No. 2, 2008, p. 18, pp. 20–26, pp. 29–34.

（148）L. Oxelheim, T. Randóy, The Anglo-American Financial Influence on CEO Compensation in non-Anglo-American Firms, *Journal of International Business Studies*, Vol. 36, No. 4, July 2005, p. 481.

（149）こうした傾向については，例えばL. Goutas, C. Lane, The Translation of Shareholder Value in the German Business System : A Comparative Study of DaimlerChrysler and Volkswagen AG, *Competition & Change*, Vol. 13, No. 4, December 2009, p. 341などを参照。

（150）*Ibid.*, p. 335–337, S. 340, Bayer AG, *Geschäftsbericht 2000*, S. 6などを参照。

（151）R. Bühner, A. Rasheed, J. Rosenstein, *op. cit.*, p. 334.

（152）R. W. Herden, H. Reinhard, M&A-Volumen in Europa setzt neue Maßstäbe, *M&A Review*, 12/1999, S. 526.

（153）S. Vitols, *The Reconstruction of German Corporate Governance*, p. 7.

（154）S. Vitols, Negotiated Shareholder Value, p. 369.

（155）M. Völcker, ʼ*Das Wars mit der Deutschland AGʻ——Der Schareholder-Value-Kapitalismus und dessen (soziale) Folgen*, 1. Aufl., GRIN Verlag, München, 2009, S. 18.

（156）R. Dore, *Stock Market Capitalism. Japan and Germany versus the Anglo-Saxons*, Oxford, Tokyo, 2000, p. 194〔藤井眞人訳『日本型資本主義と市場主義の衝突　日・独対アングロサクソン』東洋経済新報社，2001年，284ページ〕。

（157）A. Börsch, *op. cit.*, pp. 380–381.

（158）Vgl. R. Zugehör, *a. a. O.*, S. 166〔前掲訳書，165ページ〕.

（159）A. Börsch, *op. cit.*, p. 387.

（160）J. Kädtler, H. J. Sperling, The Power of Financial Markets and the Resilience of Operations, p. 81, pp. 84–86, pp. 91–93.

（161）J. Kädtler, H. J. Sperling, After Globalisation and Financialisation, pp. 164–165.

（162）M. Alff, *Automobilkonzern unter Druck. Beschäftigungsentwicklung bei Opel, Volkswagen und der Shareholder Value*, Saarbrücken, 2007, S. 107–108.

（163）L. Goutas, C. Lane, *op. cit.*, pp. 338–340, p. 342.

（164）U. Jürgens, Y. Lung, G. Volpato, V. Frigant, The Arrival of Shareholder Value in the European Auto Industry. A Case Study Comparison of Four Car Makers, *Competition & Change*, Vol. 6, No. 1, March 2002, pp. 69–73.

（165）*Ibid.*, p. 78.

補論 2　1990年代以降における株主主権的経営，コーポレート・ガバナンスへの転換の日独比較　*589*

（166）L. Goutas, C. Lane, *op. cit.*, pp. 333–336, p. 339, p. 341.

（167）J. Kädtler, H. J. Sperling, After Globalisation and Financialisation, p. 161, p. 164.

（168）Vgl. S. Becker, *a. a. O.*, S. 235–236.

（169）S. Vitols, Shareholder Value, Management Culture and Production Regimes in the Transformation of the German Chemical-Pharmaceutical Industry, *Competition & Change*, Vol. 6, No. 3, September 2002, pp. 310–311, pp. 315, S. Vitols, Viele Wege nach Rom? BASF, Bayer und Hoechst, W. Streeck, M. Höpner（Hrsg.）, *a. a. O.*, S. 199, S. 211.

（170）Hoechst AG, Bericht des Vorsitzenden des Vorstands Jürgen Dormann. Ordentlche Hauptversammlung am 25. April 1995, S. 6, *Hoechst Archiv*, Hauptversammlung 1995.

（171）Hoechst AG, Bericht des Vorsitzenden des Vorstands Jürgen Dormann. Ordentlche Hauptversammlung am 5. Mai 1998, S. 7, *Hoechst Archiv*, Hauptversammlung 12/1998. ただヘキストでも，長期的な観点での株主価値，企業価値が重視されている傾向にあった。Vgl. Die Schrift von Dr. Friedmar Nusch an Herr Holger Dannenberg（29. 4. 1996）, *Hoechst Archiv*, Korrespondenz Dormann Nusch 1996, Hoechst AG, Bericht des Vorsitzenden des Vorstands Jürgen Dormann. Ordentlche Hauptversammlung am 6. Mai 1997, S. 4, *Hoechst Archiv*, Hauptversammlung 12/1998, Hoechst AG, Erläuterungen zu den Tagesordnungspunkten 6, 7 und 8 der ordentlichen Hauptversammlung der Hoechst Aktiengesellschaft am 6. Mai 1997, S. 7, *Hoechst Archiv*, Hauptversammlung 12/1998.

（172）Hoechst AG, Erläuterungen zu den Tagesordnungspunkten 6, 7 und 8 der ordentlichen Hauptversammlung der Hoechst Aktiengesellschaft am 6. Mai 1997, S. 8–9, *Hoechst Archiv*, Hauptversammlung 12/1998.

（173）S. Vitols, Shareholder Value, Management Culture and Production Regimes in the Transformation of the German Chemical-Pharmaceutical Industry, pp. 310–311, pp. 318–319, S. Vitols, *a. a. O.*, S. 199, S. 211–213.

（174）S. Becker, *a. a. O.*, S. 238.

（175）S. Vitols, Shareholder Value, Management Culture and Production Regimes in the Transformation of the German Chemical-Pharmaceutical Industry, pp. 310–311, pp. 320–321, S. Vitols, *a. a. O.*, S. 213–215.

（176）S. Becker, *a. a. O.*, S. 238–239.

（177）U. Jürgens, K. Naumann, J. Rupp, *op. cit.*, pp. 74–75.

（178）K. Williams, *op. cit.*, p. 5.

（179）C. Lane, *op. cit.*, p. 99.

（180）Bayer AG, *Geschäftsbericht 2007*, S. 19.

（181）A. Chizema, *op. cit.*, p. 9, G. Jackson, A. Moerke, *op. cit.*, p. 358, E. Gerum, *Das Corporate Governance-System. Ein empirische Untersuchung*, Stuttgart, 2007, S. 114, S, 418, S. 431, S, 434–435.

590

(182) A. Hackethal, R. H. Schmidt, M. Tyrell, *op. cit.*, pp. 397–398, p. 401, pp. 404–5, E. Gerum, *a. a. O.*, S. 434–435.

(183) Vgl. S. Pönisch, *Die Entwicklung des deutschen Systems der Corporate Governance. Analyse und Entwicklungsdynamiken*, Saarbrücken, 2007, S. 111, M. Goergen, M. C. Manjon, L. Renneboog, *op. cit.*, p. 190.

(184) J. Matthes, *a. a. O.*, S. 239–240, S. C. Weber, *a. a. O.*, S. 554.

(185) Vgl. M. Metten, *Corporate Governance. Eine aktienrechtliche und institutionenökonomische Analyse der Leistungsmaxime von Aktiengesellschaften*, 1. Aufl., Wiesbaden, 2010, S. 256–257.

(186) C. Carr, Are German, Japanese and Anglo-Saxin Strategic Decision Styles still Divergent in the Context of Globalization?, *Journal of Management Studies*, Vol. 42, No. 6, September 2005, p. 1158.

(187) A. Börsch, *op. cit.*, p. 381.

(188) M. Höpner, *op. cit.*, pp. 15–16.

(189) Vgl. E. Knapp, *Interne Revision und Corporate Governance. Aufgaben und Entwicklungen für die Überwachung*, 2. Aufl., Berlin, 2009, S. 73, S. 185, S. 188.

(190) M. Höpner, *Wer beherrscht die Unternehmen? Shareholder Value, Managerschaft und Mitbestimmung in Deutschland*, Frankfurt am Main, 2003, S. 204.

(191) C. Carr, *op. cit.*, p. 1171, p. 1174.

(192) S. Vitols, German Corporate Governance in Transition, p. 358.

(193) Vgl. M. Faust, J. Kädtler, Nach dem Shareholder-Value, *Die Mitbestimmung*, 55. Jg, Heft 6, Juni 2009, S. 24, M. Faust, R. Bahnmüller, C. Fisecker, *Das kapitalmarktorientierte Unternehemen. Externe Erwartungen, Unternehmenspolitik, Personalwesen und Mitbestimmung*, Berlin, 2011, S. 397–399.

(194) Vgl. K. Paetzmann, *a. a. O.*, S. 43.

(195) S. Vitols, *The Reconstruction of German Corporate Governance*, p. 1.

(196) S. Vitols, Continuity and Change : Making Sence of the German Model, *Competition & Change*, Vol. 8, No. 4, December 2004, S. 334.

(197) S. Vitols, Negotiated Shareholder Value, p. 358, p. 368, p. 372.

(198) R. Zugehör, *a. a. O.*, S. 38, S. 186 〔前掲訳書，26ページ，186ページ〕.

(199) L. Goutas, C. Lane, *op. cit.*, p. 340, p. 342.

(200) A. Onetti, A. Pisoni, Ownership and Control in Germany : Do Cross-Shareholdings Reflect Bank Control on Large Companies?, *Corporate Ownership & Control*, Vol. 6, No. 4, summer 2009, p. 61, p. 64, pp. 66–67, pp. 70–73参照。

(201) S. A. Jansen, *Mergers & Acquisitions. Unternehmensakquisition und –Kooperation. Eine strategische, organisatorische und kapitalmarkttheoretische Einführung*, 5. Aufl., Wiesbaden, 2008, S. 31, S. Vitols, Changes in Germany's Bank-Based Financial System,

補論 2 1990年代以降における株主主権的経営, コーポレート・ガバナンスへの転換の日独比較 *591*

p. 395.

（202） S. Vitols, German Corporate Governance in Transition, p. 358, pp. 363-366, M. Höpner, *Wer beherrscht die Unternehmen?*, S. 206.

（203） T. Heinze, Dynamics in the German System of Corporate Governance? Empirical Findings regarding Interlocking Directors, *Economy and Society*, Vol. 33, No. 2, May 2004, p. 232.

（204） S. Vitols, German Corporate Governance in Transition, p. 358.

（205） J. J. du Plessis, B. Großfeld, C. Luttermann, I. Saenger, O. Saudrock, M. Casper, *German Corporate Governance in International and European Context*, second edition, Heidelberg, 2012, p. 357.

（206） S. Vitols, Changes in Germany's Bank-Based Financial System, p. 387.

（207） G. Jackson, A. Moerke, *op. cit.*, p. 356.

（208） A. Hackethal, R. H. Schmidt, M. Tyrell, *op. cit.*, p. 401, pp. 404-405.

（209） Vgl. E. Gerum, *a. a. O.*, S. 114, S, 418-419.

（210） L. Goutas, C. Lane, *op. cit.*, p. 342.

（211） S. Vitols, Changes in Germany's Bank-Based Financial System, p. 387, p. 391, p. 395.

（212） Vgl. Allianz Gruppe, *Geschäftsbericht 1995*, S. 58, Allianz Gruppe, *Geschäftsbericht 1997*, S. 79, Allianz Gruppe, *Geschäftsbericht 1998*, S. 141, Allianz Gruppe, *Geschäftsbericht 1999*, S. 156, Allianz Gruppe, *Geschäftsbericht 2006*, S. 237, Allianz Gruppe, *Geschäftsbericht 2007*, S. 256, Allianz Gruppe, *Geschäftsbericht 2008*, S. 274, Allianz Gruppe, *Geschäftsbericht 2009*, S. 359.

（213） S. Vitols, Negotiated Shareholder Value, p. 368, p. 372.

（214） K. Beisel, *Deutsche Corporate Governance——Identifikation und Interessenanlage der relevanten Akteure*, 1. Aufl., München, 2002, S. 22.

（215） Zhonghua Wu, A. Delios, The Emergence of Portfolio Restructuring in Japan, *Management International Review*, Vol. 49, No. 3, 2009, p. 333.

（216） J. Hendry, P. Sanderson, R. Baker, J. Roberts, Resoponsible Ownership, Shareholder Value and the New Shareholder Activism, *Competition & Change*, Vol. 11, No. 3, September 2007, p. 237.

（217） J. Matthes, *a. a. O.*, S. 219, W. Gerke, F. Mager, T. Fürstmann, Die Rolle von Finanzintermediären bei der Corporate Governance im Wandel, P. Hommelhoff, K. J. Hopt, A. v. Werder（Hrsg.）, *Handbuch Corporate Governance. Leitung und Überwachung börsennotierter Unternehmen in der Rechts und Wirtschaftspraxis*, 2. Aufl., Stuttgart, 2009, S. 516.

（218） S. Vitols, German Corporate Governance in Transition, pp. 363-364.

（219） C. Dupuy, Y. Lung, Institutional Investors and the Car Industry Geographic Focalisation and Industrial Strategies, *Competition & Change*, Vol. 6, No. 1, March 2002, pp. 52-53, pp. 56-57.

（220）M. Aglietta, New Trends in Corporate Governance : The Prominent Role of the Long Run Investor, *Competition & Change*, Vol. 12, No. 2, June 2009, p. 203, p. 220.

（221）第 2 次大戦後のドイツ企業におけるこうした問題について詳しくは，拙書『戦後ドイツ資本主義と企業経営』森山書店，2009年を参照。

（222）M. Völcker, *a. a. O.*, S. 13.

（223）W. Eberwein, J. Tholen, *Euro-Manager or Splendid Isolation? International Management——An Anglo-German Comparison*, Berlin, New York, 1993, p. 173.

（224）Vgl. E. Gerum, *a. a. O.*, S. 143.

（225）F. C. Brodbeck, Unternehmensführung——made in Germany, *Die Mitbestimmung*, 50. Jg, Heft 4, April 2004, S. 12.

（226）P. C. Fiss, E. J. Zajac, *op. cit.*, p. 505.

（227）M. Höpner, *op. cit.*, pp. 21–24, p. 49.

（228）S. Vitols, German Corporate Governance in Transition, p. 358.

（229）Vgl. U. Jürgens, K. Naumann, J. Rupp, *op. cit.*, p. 68.

（230）M. Höpner, G. Jackson, *op. cit.*, p. 21, E. Gerum, *a. a. O.*, S. 419, S, 432–433, P. Mäntysaari, *Comparative Corporate Governance. Shareholders as a Rulemaker*, Heidelberg, 2005, S. 398, G. P. Dyas, H. T. Thanheiser, *The Emerging European Enterprise*, London, 1976, p. 129, p. 137.

（231）S. M. Mintz, *op. cit.*, p. 28.

（232）Vgl. E. Gerum, *a. a. O.*, S. 419, S. 421, S, 432–433.

（233）S. Vitols, German Corporate Governance in Transition, pp. 360–361.

（234）P. Witt, Vorstand, Aufsichtsrat und ihr Zusammenwirken aus betriebswirtschaftlicher Sicht, P. Hommelhoff, K. J. Hopt, A. v. Werder（Hrsg.）, *a. a. O.*, S. 306.

（235）S. Vitols, *The Reconstruction of German Corporate Governance*, p. 6.

（236）S. Vitols, German Corporate Governance in Transition, p. 361.

（237）P. Witt, *a. a. O.*, S. 306.

（238）F. Schwarz, *Die Deutsche Bank. Riese auf tönernen Füßen*, Frankfurt am Main, 2003, S. 78.

（239）S. Gross, *Bank und Shareholder Value. An Overview of Bank Valuation und Empirical Evidence on Shareholder Value for Banks*, Wiesbaden, 2006, S. 1.

（240）S. Vitols, Negotiated Shareholder Value, pp. 370–371参照.

（241）S. Vitols, *The Reconstruction of German Corporate Governance*, p. 7.

（242）M. Höpner, *op. cit.*, pp. 35–36.

（243）Vgl. R. Zugehör, *a. a. O.*, V, Ⅵ. 5〔前掲訳書，Ⅴ, Ⅵ. 5参照〕.

（244）M. Faust, J. Kädtler, *a. a. O.*, S. 24, R. Zugehör, *a. a. O.*, S. 182〔前掲訳書，182ページ〕.

（245）Vgl. J. Kädtler, H. J. Sperling, *a. a. O.*, S. 32, S. 41–42.

（246）G. Jackson, *op. cit.*, p. 426.

（247）I. Clark, Another Third Way? VW and the Trials of Stakeholder Capitalism, *Industrial*

Relations Journal, Vol. 37, No. 6, November 2006, p. 599, p. 604.

(248) Vgl. K. Pistor, Corporate Governance durch Mitbestimmung und Arbeitsmärkte, P. Hommelhoff, K. J. Hopt, A. v. Werder（Hrsg.）, *a. a. O.*, S. 245-246.

(249) J. Matthes, *a. a. O.*, S. 239.

(250) この点については，例えば，風間信隆「金融・経済危機とドイツの企業統治システム――多元的企業統治モデルと共同決定の意義――」『商学論纂』（中央大学），第53巻第5-6号，2012年3月を参照。

(251) 加護野忠男「企業統治3・0」『日本経営学会第90回大会報告要旨集』，2016年，61ページ，63ページ。

索　引

あ行

IE ············131, 132, 133, 134, 136, 138, 268
IE委員会···131
アウグスト・ティセン·····················52, 53
AEG·································133, 153, 394, 406
旭化成···311, 362
アジア·· 1
圧縮されたライフ・サイクル······234, 452
後工程引き取り方式·····················482, 483
アメリカ·····1, 2, 12, 18, 19, 28, 29, 59, 130,
　132, 133, 137, 150, 155, 188, 200, 260,
　276, 314, 320, 343, 357, 380, 382, 395,
　398, 405, 408, 460, 461, 469, 529, 555,
　563, 568, 575
アメリカ化·········7, 8, 15, 18, 243, 287, 298,
　341, 342, 408, 441, 447, 452, 453, 462,
　467, 527, 529, 530
アメリカ型企業統治モデル·················539
アメリカ型ハイブリッド··············542, 574
アメリカ技術援助・生産性プログラム····
　258, 277, 283, 317
アメリカ近似型取締役会·····················542
アメリカ市場·························334, 354, 508
アメリカ資本主義·················452, 468, 470
アメリカ的「金融化」············529, 531, 547
アメリカ的経営モデル·························528
アメリカ的大量生産システム·············476
アメリカ的な労働編成·················490, 492
アメリカの技術と経営方式の導入··18, 25
アメリカの経営方式の導入·············11, 15
アメリカのコンサルタント会社·393, 394
アメリカの事業部制組織·····················400
アメリカの生産性の優位·····················179
アメリカの世界戦略·····················12, 13
アメリカの大学·································278
アメリカの対ドイツ政策·····················13
アメリカ的管理方式·····················130
アメリカ的経営方式の国際移転··········· 7
アメリカ的経営方式の導入··········17, 130
アメリカ的合理主義·····················270
アメリカン・スタンダード·················527
アメリカ化···321
アリアンツ·································552, 567
安定株式所有·································533
安定株主工作·································87
安定株主比率·································545
EU·································1, 17, 463, 467, 528
EUの東方拡大·································17
委員会設置会社·····537, 539, 540, 542, 543
イギリス····18, 283, 380, 529, 555, 563, 568
IGファルベン·········28, 29, 30, 62, 357, 391
石川島播磨重工業·····························377
1次下請企業·············486, 487, 488, 489
一部事業部制·································360, 453
一層制·································428, 538, 573
意図せざる株主·································544
イノベーション·································469
インダストリアル・エンジニア·········134,
　136, 137, 138, 158, 160, 452

インダストリアル・エンジニアリング
················7, 130, 454, 464
ウエットなマーケティング·········338, 447
ヴォルフスブルク工場··············222, 225
売上高・市場シェア重視の経営観····447,
453
売上高利益率································335, 404
売手市場·························318, 331, 373
ウンターテュルクハイム工場·····231, 232
英米の機関投資家·························545
エクイティ・ファイナンス·········532, 566
ME化··463
ME技術···237, 238, 254, 480, 481, 493, 495,
496, 497, 502, 513, 514
MTM······131, 134, 135, 137, 147, 150, 151,
152, 160, 454, 464
MTP·······157, 261, 263, 265, 267, 268, 269,
270, 271, 272, 273, 274, 277, 284, 292,
294, 454, 455
エンジニア·····················276, 456, 464, 577
欧州債務危機·······························467
欧州石炭鉄鋼共同体·························49
欧州統合·························463, 467, 468
欧米··401
OR·······································142, 144
大きな本社·························402, 422
OJT·······················271, 273, 275, 455
オートメーション·········133, 138, 139, 225,
226, 229, 231, 232, 236
オペル·····228, 242, 494, 495, 499, 503, 504,
508
オペレーションズ・リサーチ（OR）······7,
141, 322
親会社··································46, 47
親子型の企業グループ··············6, 56, 60

オランダ·····································283
温情主義·····································197

か行

会計制度の変更·····························536
会計ビッグバン·····························536
外国人投資家·························533, 534
改善活動·····················491, 492, 511
改善技術·····································155
改善業務·····································139
改善提案活動·········186, 199, 240, 285, 447,
505, 515
改善提案制度·························155, 501
階層的下請制·······························454
階層的下請分業生産構造·················239
買手市場·························318, 331, 373
外部的金融化·······························527
外部取締役············542, 546, 569, 570, 575
外部労働市場·························16, 569
価格維持·····································323
価格競争·················343, 461, 468, 474, 515
化学産業·····30, 75, 153, 310, 311, 312, 324,
325, 361, 362, 364, 382, 559
価格政策·························306, 323, 342
科学的管理·································263
加工組立産業···21, 138, 454, 464, 480, 484,
486, 489
過剰投資······································60
寡占的競争···5, 25, 29, 30, 55, 62, 428, 429
寡占的体制·····································28
家族工場見学·························180, 182
家族制度·····································177
家族通信·····································182
家電産業·························313, 337
ガバナンス機能·····························121

株式市場によるモニタリング……………33
株式所有構造…………………………533, 543
株式所有の法人化………………………87
株式の相互持合…31, 32, 33, 34, 59, 77, 78,
　79, 82, 88, 110, 112, 113, 427, 436, 528,
　531, 533, 543, 550, 86, 87
株式法………………………………94, 96
株式保有の非個人化……………………545
株主安定化…………………32, 33, 34, 59, 88
株主安定化工作……………………544, 575
株主価値………527, 528, 530, 558, 563
株主価値経営……………………………21, 537
株主価値志向のリストラクチャリング…
　556
株主価値重視の経営………………18, 562
株主価値の極大化…………………527, 572
株主主権的な経営………………………527
借入保証……………………………………86
カルテル…55, 62, 323, 324, 435, 436, 442,
　465
川崎重工業………………………………377
川崎製鉄……………144, 184, 186, 267, 272
関係会社…………………………427, 455
監査委員会………………………539, 540
監査役………………100, 106, 538, 539, 574
監査役会…93, 94, 100, 107, 108, 115, 570,
　573
監査役会会長………100, 103, 104, 108, 109
監査役会設置会社………………………539
監査役設置会社……………537, 540, 542
監査役の派遣……………………102, 429
間接金融……38, 80, 81, 428, 433, 434, 531,
　532
官庁………………………………………265
監督者訓練………………265, 266, 273

かんばん…………………………216, 217
かんばん方式……………216, 217, 483, 492
管理機構…………………………………357
管理者教育………………261, 272, 455, 465
管理的決定………………………………394
管理的調整………………………………517
管理方式・生産方式…………………… 7
関連会社…………………………………47, 158
機械産業…………………………325, 373
機械の多台持ち…………………………217
機関投資家……534, 536, 545, 548, 557, 564,
　575
企業家……………………………………280
企業観………………………8, 530, 568
企業間関係………………………430, 436, 468
企業間関係に基づく産業システム……14,
　438, 442
企業間の協調的な関係…………………62
企業金融…………………………80, 566
企業グループ…5, 6, 31, 53, 56, 57, 59, 402
企業グループ体制………5, 14, 25, 62, 427
企業経営の「アメリカ化」…2, 6, 7, 16, 21,
　129
企業経営の価値基準……………………18
企業経営の構造体系…11, 12, 431, 436, 442
企業経営の伝統……………16, 18, 446, 453
企業経済学説……………………………10
企業合理化促進法………………………261
企業支配権市場…………………536, 549
企業者的決定……………………………394
企業集団…6, 27, 31, 32, 33, 34, 39, 41, 42,
　44, 45, 55, 57, 59, 60, 61, 62, 69, 77, 78,
　79, 80, 81, 82, 83, 86, 87, 89, 92, 113,
　114, 427, 428
企業集団金融……………………………85

企業集中……………………………59, 427

企業体制……………………………528, 547

企業統治…32, 92, 100, 107, 108, 115, 433,
436, 442, 528, 530

企業と市場との関係……15, 434, 436, 441,
442

企業内教育…………………………261, 263

企業内訓練…………………………264, 272

企業内の昇進システム………………16, 455

企業の所有構造……………………532, 548

企業文化………………………………408

企業別組合………………………432, 434, 437

議決権行使…88, 96, 97, 101, 102, 110, 111

疑似事業部制………………………400, 455

技術・品質・機能重視の市場特性……244,
461

技術・品質・生産重視の経営観………286,
343, 455, 462, 463

技術援助・生産性プログラム……178, 179,
258, 259, 278, 318

技術援助計画………………………………7

技術革新……………………………133, 177

技術重視の協調的な企業文化…………465

技術の選択的導入……………………210

技術畑の経営者………………………343

寄託株・97, 98, 101, 102, 113, 114, 115, 565

寄託株式制度………………………109, 110

寄託議決権……………96, 99, 102, 108, 115

既定時間法……149, 150, 151, 152, 153, 161

規模の経済…237, 241, 242, 243, 477, 483,
513

キャノン………………………………374

QCサークル…………198, 240, 500, 505, 511

QCサークル活動………491, 492, 505, 515

狭隘で多様化した国内市場………433, 437,

451, 452, 453

教育制度……………19, 275, 287, 465

業界団体………………279, 285, 465, 474

教授資格論文制度…………………276

競争……………………………………469

競争構造…6, 15, 16, 61, 63, 341, 426, 462,
465

競争制限防止法……………13, 435, 439, 442

競争戦略…………………………………63

競争力………………………………344, 430

協調的経営者資本主義…………………470

協調的資本主義…………………468, 468

協調的労使関係………………………228

協調融資……………41, 84, 85, 435, 436

共同管理………392, 393, 406, 408, 409, 456,
465

共同決定………194, 195, 196, 200, 228, 438,
441, 443, 448, 561, 564, 572, 573

共同決定制度………108, 109, 110, 111, 112,
196, 462, 464, 547, 570, 571, 575, 576

共同決定法……………………………108

共同市場………………………………16, 17

共同市場化…………2, 7, 13, 435, 438, 442

共同投資……………………31, 45, 79, 112

銀行…5, 6, 27, 31, 33, 35, 38, 41, 44, 56, 57,
58, 63, 80, 81, 83, 87, 89, 90, 91, 92, 99,
100, 111, 112, 113, 427, 531, 549, 566,
567, 573, 576

銀行間の協調体制………………………102

銀行業…………………………………29, 50

銀行系の企業集団……………………34, 37, 61

銀行指向的ガバナンス・システム……107

銀行制度…………………………………14

銀行代表の監査役……………………99, 104

金融化………………………………527

金融機関…31, 33, 34, 36, 44, 79, 82, 86, 87, 89, 90, 114, 533, 548, 565

金融機関の協調行動……………………101

金融市場………14, 434, 435, 437, 441, 443

金融システム……………14, 433, 436, 439

金融自由化……………………………469

金融のグローバリゼーション…………108

勤労意欲………………177, 181, 492

グーテホフヌング………………28, 29, 54

苦情処理機関……………………………183

苦情処理制度……………181, 182, 185, 188

久保田鉄工………………………………373

組立自動化………………………495, 503

グランツシュトッフ……153, 191, 279, 325, 389

クルップ………………28, 29, 53, 54, 399

クレックナー……………………………29, 53

グローバリゼーション……………21, 527

グローバル・アジア化………………9, 468

グローバル化………………1, 2, 9, 558

グローバル地域化………………3, 465

経営学ブーム…………161, 269, 284, 455

経営学方法論争…………………………276

経営家族主義…………198, 199, 447, 454

経営観…8, 16, 18, 200, 286, 287, 341, 343, 444, 445, 446, 454, 453, 455

経営教育改革…………………258, 265

経営協議会…………151, 448, 462, 557, 571

経営協定……………151, 443, 464

経営近代化………………………………449

経営経済学………………………………276

経営権の委託・受託…403, 447, 448, 455, 575

経営参加………14, 109, 180, 200, 506, 574

経営資源…………………………………359

経営者教育………………271, 272, 455, 465

経営者教育・管理者教育…………298, 444

経営者団体……………………106, 197

経営者の権限のイデオロギー的基盤・286

経営者の公職追放………………………436

経営者の世代交代・261, 320, 449, 455, 458

経営者のネットワーク…………………465

経営者の不祥事…………………………574

経営戦略…………………………………357

経営組織法………………………………196

経営の近代化………177, 199, 262, 446, 454

経営のグローバル化………………2, 3

経営のグローバル展開…………………515

経営の自律性………………528, 571, 576

経営の民主化……………………………178

計画的陳腐化………300, 321, 323, 336, 337, 343, 450, 452, 455, 456, 461, 465

経済同友会……184, 187, 188, 361, 400, 403

計数管理………………………159, 452

契約……………………………452, 454

契約関係…………403, 446, 454, 455

契約社会………………………156, 454

契約的な人間関係………………199, 454

契約による分業…………………………62

契約の束……………8, 448, 455, 530, 575

系列化された流通チャネル……………336

系列化政策………………………………337

系列企業…………………………………81

系列銀行…………………………………81

系列取引………………31, 79, 112, 427

系列内取引………………………………41

系列融資…38, 39, 41, 80, 81, 82, 83, 84, 85, 86, 87, 89, 434, 436

ゲスラー委員会………………95, 103

結合経済…………………………51, 55

権限委譲……………………400
権限と責任の関係の明確化……………448
権限の委譲……………………458
現場監督者……………………270, 271
現場主義……………137, 447, 454, 455
減量経営……………………463
高圧マーケティング……300, 301, 316, 455
工科大学……………………275
合議制……………393, 408, 569, 570
合議制原理……………………456, 465
広告……………………318, 324, 330
広告・宣伝……307, 308, 320, 321, 341, 342
広告代理店……319, 320, 321, 322, 327, 331, 332
工場IE……………………146
工場共同体思考……………………193
交渉された株主価値……………………564
行動科学……………………267
合同製鋼……………………28, 29, 51, 53, 62
神戸製鋼……………………157, 379
合理化……157, 158, 447, 454, 455, 462, 478, 493, 494, 498
合理化運動……………………162
小売業態……………………308
合理性原理……………………19, 577
コーポレート・ガバナンス………113, 114, 433, 528, 561, 563, 564, 565, 566, 567, 570, 572
コーポレート・ガバナンス改革………538
コーポレートガバナンス・コード……539
子会社……46, 47, 48, 61, 402, 407, 427, 455
国際会計基準……………536, 551, 552, 556
国際競争……………………434, 562
国際競争力……2, 14, 21, 238, 240, 433, 438, 440, 443, 450, 452, 460, 467, 469, 479, 500, 513

国際市場への依存……………………562
国際通貨体制……………………7, 12
国際マーケティング……………310, 455
互恵的な取引関係……………………33
故障の少ない製品・240, 432, 454, 466, 502
個人主義……………………270
個人責任主義……………447, 455, 490
個人的な信頼関係……………………337
コスト・センター……………………384
護送船団方式……………………432, 436
国家と企業の関係………13, 431, 435, 436
固定相場制……………………12
コメルツ銀行………50, 101, 102, 106, 552
顧問会……………105, 106, 429
顧問会制度……………105, 111, 442
雇用保障……………438, 443, 462
コングロマリット……………………380
コンチネンタル……………………279, 394
コンツェルン……5, 6, 49, 53, 55, 56, 78, 116
コンツェルン体制……………14, 25, 429, 439
コントローラー……………………454
コントローラー制度………………22, 159
混流生産……………238, 480, 481, 484, 502

さ行

債権者保護……………………551
最高経営責任者……………409, 569, 577
再構造化………11, 15, 16, 20, 130, 441, 447, 454, 459, 464
再集権化……………361, 451, 455
再生産構造……………………463
財閥……………26, 27, 36, 56, 80
財閥解体・・13, 27, 27, 31, 35, 77, 78, 79, 89, 261, 284, 427, 436

索　引　*601*

財閥銀行…………………………………80
財閥系の企業集団………………………61
作業改善…………………………………447
作業研究……………130, 133, 139, 464
作業者の専用性…………………………490
作業設計……………………………150, 151
作業測定………130, 138, 155, 156, 166, 454
作業長制度…………154, 187, 267, 452, 455
作業の標準化………………………219, 268
作業標準………………156, 447, 454
サプライヤー………………………489, 510
差別化…………………………341, 343, 467
産業・銀行間関係に基づく産業システム
　………………………5, 25, 29, 110, 114
産業企業…………………………5, 32, 44, 427
産業構造…14, 16, 17, 61, 62, 81, 83, 87, 434,
　436, 442, 450, 454, 459, 460, 462, 467
産業集中…………………………1, 429, 463
産業集中体制…………………………1, 5, 77
産業集中のカルテル的特質……………429
産業政策…………13, 431, 433, 435, 436, 442
産業団体…………………………………280
産業特性………………………………14, 489
産業ベースの調整された市場経済……434
産業ロボット……………………………503
3 次下請企業……………………………487
3 大銀行……………51, 101, 103, 104, 106
残余利益…………………………………404
GE…………………………………………395
CEO……………………409, 555, 570, 577
CCS…………………261, 269, 270, 273, 453
CCS講座………263, 265, 268, 269, 271, 284,
　451, 455
ジーメンス……152, 192, 279, 327, 328, 387,
　396, 397, 398, 406, 552, 555, 561, 562

ジーメンス＆ハルスケ…………………221
JIT…………482, 483, 484, 487, 507, 508
JIT生産……………………488, 507, 514
JIT生産方式………………………482, 484
JST…………………………………263, 265
時価会計…………………………………533
時間・動作研究……………………130, 136
時間研究……………………………147, 169
時間研究・動作研究……………………131
事業……………………………………363
事業部………47, 48, 364, 365, 368, 370, 371,
　373, 375, 377, 383, 384, 386, 388, 390,
　391, 392, 393, 396, 399, 400, 401
事業部制…46, 360, 361, 362, 366, 367, 370,
　371, 372, 373, 374, 377, 379, 399, 401,
　403, 451
事業部制組織……8, 159, 298, 335, 357, 360,
　361, 362, 363, 365, 368, 372, 375, 380,
　381, 382, 384, 392, 393, 397, 399, 408,
　409, 411, 455, 465
事業部制組織と職能部制組織との混合形
　態………………………………………394
事業部制の廃止…………………………362
事業部制マネジメント・コントロール・
　システム………………………………404
事業部長………363, 371, 383, 387, 390, 404,
　405, 406, 407, 409, 455
事業部の自己充足性………………403, 447
事業部の利益責任………………………406
事業部門制………………………………364
事業法人…………………………………533
事業本部…363, 364, 370, 374, 377, 378, 404
事業本部制………………………362, 377, 455
自己金融………………84, 108, 435, 442
自己啓発…………………………………273

市場……………………………………2
市場化の限界………………………441
市場原理……………………………527
市場構造……14, 15, 16, 243, 287, 341, 434,
　437, 440, 443
市場細分化…………………………300
市場細分化政策……………………300
市場シェア……………………334, 428
市場シェア重視の経営……………335
市場条件……………………………208
市場セグメント………………………55
市場戦略……………………………443
市場調査………303, 304, 312, 317, 324, 337
市場統合………………………………17
市場特性………………………………18
市場と資源の競争をめぐる新展開……469
市場と資本の世界的連鎖………………2
市場の世界的連鎖………………7, 442
市場問題…………………………………6
システム・サプライヤー…………509, 510
システム化…………………479, 511, 514
システム規制工……………………497, 498
下請企業……………………………487
下請制……158, 432, 435, 436, 449, 484, 485,
　488, 489, 507
下請分業生産構造…484, 485, 486, 512, 519
執行役員制度………………………539, 574
実体経済……………………………527, 528
自動化…………481, 484, 492, 493, 495, 497
自動車産業……138, 145, 151, 208, 209, 220,
　300, 314, 316, 325, 329, 440, 459, 476,
　490, 497, 498, 502, 558
支配…………………………………115, 127
支配証券……………………………546
資本市場……………………85, 527, 549

資本市場指向のコーポレート・ガバナン
　ス………………………………18, 21
資本市場の圧力……92, 108, 527, 528, 534,
　557, 558, 571
資本自由化……………………………34
資本主義…………………………………6
資本主義諸国間の協調体制………………6
資本主義的市場化……………………15
資本主義の構造変化………………476, 477
資本主義の再生産構造………………10, 470
資本主義の蓄積構造………25, 77, 426, 470
資本主義の世界的構造……12, 13, 436, 442
指名委員会……………………………539, 540
社外監査役……………537, 539, 540, 542
社会共同体としての企業…………………19
社会的合理性…………………………19
社会的市場経済……………435, 441, 442
社外取締役……………537, 539, 540, 542
ジャスト・イン・タイム……………482, 490
ジャスト・イン・タイム生産……215, 216,
　449, 452, 512
ジャスト・イン・タイム生産方式……451,
　482
社長会……31, 33, 34, 35, 36, 37, 59, 69, 77,
　91, 112, 113, 427
社内資本金制度……………………405, 453
社内報……180, 181, 183, 184, 192, 193, 197
ジャパナイゼーション……………476, 513
収益証券……………………………546
重化学工業………430, 434, 436, 442, 463
重化学工業化………61, 63, 81, 428, 436
従業員ハンドブック…………………180
従業員面接制度……………………182
重工業……………………28, 324, 333
終身雇用………197, 199, 269, 402, 432, 434,

索　引　*603*

437, 437

終身雇用制度………………183, 452, 491

集団主義的経営……………………315

集団主義的行動様式…………300, 446, 455

集団責任主義………………447, 455, 491

集団ベースの調整された市場経済……434,
　435

集団労働……………498, 499, 500, 505, 506

柔軟な職務構造……………………492, 511

自由貿易体制………………………… 7

熟練労働……………………………228

熟練労働者…………………………498

熟練労働力…231, 243, 438, 439, 443, 458,
　460, 464, 496, 502, 513

受注生産……………………………310

シュレンプ…………………………569

商科大学……………………………275

証券化………………………469, 528, 530

証券業務……………………………95, 111

証券市場……………………………531

証券発行業務………………………96

商社……5, 31, 32, 34, 35, 41, 43, 44, 83, 87,
　90, 114, 427

商社金融……………………………42, 43

少人化………………………491, 492, 500

承認図方式…………………………486

消費財………………………………440

消費財産業…………………310, 324, 340

消費財市場…………………………298, 459

消費財部門…………………………465

消費者志向的マーケティング……………300

消費の標準化………………………440, 461

商品市場……14, 16, 437, 443, 451, 461

商法改正……………………………539

職業教育制度……14, 18, 243, 439, 443, 458,

462

職長教育……………196, 205, 286, 465

職能………………………286, 287, 408

職能に基づく権威…………………458

職能部制組織………361, 383, 384, 387, 392,
　394, 399

職能部制と事業部制との混合形態……399

職能部制と持株会社との混合形態……380,
　381, 465

職能別事業部………………………401

職能別事業部制……………402, 448, 455

職能別組織……360, 361, 373, 374, 380, 381

職能別本部制………………………367

職場懇談会…………………180, 181, 182

職場集団の自律性…………………492

職場小集団活動……198, 240, 454, 491, 500,
　501, 506, 514, 515

職務給………………………………155

職務の細分化………………………490

職務分析……………………………155

人員配置の柔軟化…………………500

人事院監督者研修…………………265

人事相談制度………………181, 188, 197

新自由主義…………………………527

信託…………………………………287

信託銀行……………………39, 82, 88, 90

新日本製鉄…………………………48

信任…………………………………408

信任を基礎にした権威……………458

信頼関係……………446, 448, 454, 455

垂直的統合…………………………358

スーパー・マーケット……………309

スーパー・マーケット方式………215, 216

スケール・メリット………………512

鈴木自動車工業……………………147

スタッフ部門……………155, 160
スタンフォード研究所··319, 327, 382, 384
ステイクホルダー………554, 559, 563, 564, 567, 572
ステイクホルダー・アプローチ………558
ステイクホルダー型ガバナンス………573
ストック・オプション………536, 537, 538, 551, 552, 553, 554, 555, 556
ストップ・ウォッチ……………169
ストップ・ウォッチ法………146, 147, 148
スピンオフ……………47, 61
住友金属工業……………141
棲み分け競争……………314
棲み分け分業………17, 75, 116
棲み分け分業的な貿易構造··430, 438, 440
擦り合わせ型アーキテクチャ…………239
生産管理……………161
生産技術……………233
生産工程の同期化………215, 235, 433, 454
生産財産業····310, 321, 324, 435, 440, 442, 459, 460, 465
生産システム……………210, 477
生産システム改革………476, 502, 512, 514
生産システムの総合化…………238
生産システムのフレキシブル化………502
生産重視の経営観…………570, 575, 577
生産重視の経営システム…………547
生産性向上運動···7, 13, 136, 176, 177, 257, 262, 265, 283, 436, 438, 442, 444
生産設備近代化 5 ヵ年計画………212, 213
生産と消費の標準化…………461
生産と消費の矛盾…………513
生産ネットワーク…………509
生産の同期化…………482
生産の平準化…………217, 483

生産力構造···14, 16, 17, 433, 437, 439, 443, 449, 459
精神工学……………191
製造技術……………233, 234
製造技術者……………234
制度……………447
製品改良重視のマーケティング………338
製品計画……………306, 354
製品差別化……………300, 465
製品事業部……………374, 465
製品政策………306, 307, 313, 323, 324
製品戦略……………438, 443
製品の差別化……………242
製品の多様性……………479
製品のライフサイクル…………306, 314
製品分野間の棲み分け分業…………55, 62
製品別事業部·363, 373, 377, 381, 387, 388
製品別事業部制組織····357, 389, 393, 394, 410
製品別生産の集中・専門化…………470
製品別本部制……………379
製品補完による分業…………55, 62
精密機械産業……………374
生命保険会社……………39, 82
世界資本主義体制……………12
世界貿易制度……………12
積水化学……………365
石炭・鉄鋼業……………28, 49, 72
石油化学産業……………136
ゼネラル・スタッフ…………365, 369, 376
1976年共同決定法…………109, 571
1965年株式法……………105
専業戦略……………360
戦後改革…………29, 78, 286, 449, 458
戦術的決定……………370, 371

索　引　*605*

宣伝⋯⋯⋯⋯⋯⋯⋯⋯⋯⋯298, 324
宣伝部門⋯⋯⋯⋯⋯⋯⋯⋯⋯⋯⋯321
専門化⋯⋯⋯⋯⋯⋯⋯⋯55, 62, 429
専門家的な熟練労働者⋯⋯⋯243, 514
専門技能資格制度⋯⋯14, 18, 19, 243, 439,
　443, 458, 464
専門経営者⋯⋯⋯⋯⋯⋯⋯⋯34, 262
専門主義⋯⋯⋯⋯⋯⋯⋯⋯286, 287
専用化⋯⋯⋯⋯⋯⋯⋯477, 478, 480
専用機⋯⋯⋯211, 213, 226, 229, 231, 236
戦略エレメント⋯⋯⋯⋯⋯⋯⋯359
戦略的意思決定⋯⋯⋯⋯⋯⋯⋯340
戦略的イニシアチブ⋯⋯⋯⋯⋯401
戦略的決定⋯⋯⋯⋯⋯⋯⋯370, 371
占領政策⋯⋯⋯⋯⋯⋯⋯13, 25, 431
総合商社⋯31, 33, 42, 44, 89, 114, 338, 531
総合大学⋯⋯⋯⋯⋯⋯⋯⋯⋯⋯275
相互銀行⋯⋯⋯⋯⋯⋯⋯⋯⋯⋯82
造船業⋯⋯⋯⋯⋯⋯⋯⋯⋯152, 271
造船重機械産業⋯⋯⋯⋯⋯⋯⋯375
組織構造⋯⋯⋯⋯357, 360, 380, 382
組織構造は戦略に従う⋯⋯⋯⋯360
組織の編成原理⋯⋯⋯⋯⋯357, 394

た行

第一線監督者⋯⋯⋯⋯⋯⋯154, 159
大企業体制⋯⋯⋯⋯⋯⋯⋯6, 14, 63
大企業の解体⋯⋯⋯⋯26, 28, 29, 30, 75
大企業の解体政策⋯⋯⋯⋯⋯⋯28
大企業の再結合⋯⋯⋯⋯30, 49, 51, 54
耐久消費財⋯306, 310, 434, 440, 461, 467,
　469, 479
耐久消費財市場⋯⋯⋯⋯⋯⋯⋯209
耐久消費財部門⋯⋯436, 442, 450, 455, 465,
　513

第3次企業集中運動⋯⋯⋯⋯⋯63
大衆消費市場⋯⋯⋯⋯⋯⋯304, 313
大衆消費社会⋯⋯⋯⋯⋯⋯298, 302
大衆的モータリゼーション⋯⋯⋯208
退出に基づくガバナンス⋯⋯⋯529
態度調査⋯⋯⋯180, 181, 182, 187, 197, 454
ダイムラー・クライスラー⋯⋯⋯555, 558,
　561, 562
ダイムラー・ベンツ⋯⋯151, 230, 242, 319,
　323, 343, 344, 501, 504, 506, 507, 510,
　552, 553, 556, 559
大量生産⋯29, 208, 298, 299, 455, 476, 513
大量生産システム⋯⋯⋯⋯⋯2, 450
大量生産システムの改革⋯⋯⋯21
大量生産体制⋯⋯⋯⋯⋯⋯⋯208
大量販売⋯⋯⋯⋯⋯⋯⋯⋯⋯299
大量流通⋯⋯⋯⋯⋯⋯⋯⋯⋯298
多角化⋯⋯340, 357, 358, 359, 360, 361, 362,
　368, 371, 374, 375, 379, 381, 394, 401,
　402, 410, 455, 465
多角化戦略⋯⋯306, 334, 358, 359, 360, 361,
　373, 379
多工程持ち⋯⋯⋯⋯⋯⋯218, 219, 454
多台持ち⋯⋯⋯⋯⋯⋯⋯⋯⋯454
多能工⋯⋯218, 238, 452, 455, 491, 505, 511,
　515
多能工化⋯⋯⋯211, 217, 219, 239, 437, 448,
　451, 491, 492
多品種化戦略⋯⋯⋯⋯⋯⋯237, 477
多要因分析⋯⋯⋯⋯⋯⋯⋯⋯⋯10
多様化高品質生産⋯228, 438, 440, 464, 465
　炭鉱と鉄鋼の結合　　　　50
団体交渉⋯⋯⋯⋯⋯⋯⋯⋯⋯199
段取り時間の短縮⋯⋯⋯⋯⋯483
地域化⋯⋯⋯⋯⋯⋯⋯⋯1, 2, 3, 9

地域経済圏………………………1, 2

地域顧問会………105, 106, 111, 114

地域部門………………………383, 388

チーム作業………………………491

チーム制………240, 437, 448, 506, 511, 512, 514, 515

チェーン・ストア………………310

蓄積構造のヨーロッパ的展開………3, 462

地方銀行………………………82

中小企業…………183, 197, 266, 454, 465

長期継続的取引関係………………455

調整された市場経済……200, 434, 441, 528

直接金融………………………532

直接投資…………………298, 319, 322

直接労働と間接労働の職務統合………496

賃金保障………………438, 443, 464

追指導………………………271, 455

通産省………………………265

提案制度………180, 181, 185, 186, 187, 197, 219, 492, 501

DAX30社………………104, 551, 553, 554

TQC………………………157, 219

TWI………157, 178, 185, 186, 195, 196, 258, 263, 265, 266, 268, 269, 271, 272, 273, 274, 277, 278, 279, 282, 283, 285, 286, 291, 292, 454, 455, 456, 465

ディーラー…………310, 315, 329, 330

ディーラー制度…………………315

定型教育…………264, 269, 270, 272

定型訓練………………………264

ディスカウント・ストア………………313

ティセン…………50, 51, 52, 53, 333

ティセン・グループ………52, 54, 552, 555

テイラー・システム…………7, 130, 506

テイラー的労働編成………………498

敵対的買収………………………549

デザイン・イン………………486, 509

鉄鋼IE研究会……………………131

鉄鋼業…29, 48, 51, 132, 133, 136, 138, 139, 183, 333, 379, 490

鉄鋼生産性視察団…………………131

デトロイト・オートメーション………228

デュポン………………………357

電機産業……133, 136, 138, 147, 151, 152, 220, 221, 312, 327, 361, 366, 373, 394

電気通信省………………………265

ドイツ……1, 6, 7, 16, 17, 18, 56, 58, 59, 62, 77, 344, 382, 407, 461, 469, 528, 529, 563

ドイツ・コーポレート・ガバナンス・コード………………………556

ドイツMTM協会………150, 151, 162, 464

ドイツ株式会社………………528, 575

ドイツ企業………………………2

ドイツ銀行…50, 57, 96, 101, 102, 103, 106, 550, 552, 553, 570

ドイツ経済合理化協議会……278, 281, 318

ドイツ高級鋼株式会社………………52

ドイツ工業連盟………………280, 318

ドイツ市場…………440, 456, 508

ドイツ資本主義…………………111

ドイツ資本主義の協調的特質…………114

ドイツ資本主義の再生産構造……464, 467

ドイツ的経営……………………474

ドイツ的生産モデル………………493

ドイツのコンツェルン………………60

ドイツの大学………………274, 279

ドイツフォード…………494, 500, 501

統一的指揮………………………60

投下資本利益率………307, 335, 384, 403

統計的品質管理……………………7

索　引　*607*

統合型ものづくり…………………………239
統合的マーケティング……………………301
動作研究…………………………………150
投資家広報…………………………536, 553
投資家保護………………………………528
投資銀行…………………………………549
投資助成策…………………………432, 442
投資センター………………………403, 405
同質的競争…………………………314, 337
同質的マーケティング……………………335
東芝………………………………………371
投資ファンド………………534, 544, 545
東洋工業…………………………………147
東レ………………………………………364
独占委員会……………96, 97, 101, 103, 104
独占規制……………………429, 435, 442
独占規制政策……………………………436
独占禁止法………………13, 33, 431, 436
独立採算制……367, 368, 373, 379, 384, 403,
　404, 454, 465
都市銀行…33, 39, 41, 43, 80, 81, 82, 83, 85,
　86, 88, 90
トップ・マネジメント…………279, 286, 341,
　369, 386, 408, 409, 458, 568, 569
トップ・マネジメント機構……………538
トップ・マネジメント機構の改革……538
トップ・マネジメント機構の変革……541,
　543
トップ・マネジメント組織………………384
トップ・マネジメントの機構……576, 577
トップ・マネジメントの二層制…107, 127
トヨタ……210, 211, 212, 217, 218, 234, 237,
　238, 291, 501
トヨタ自動車…………………478, 484, 492, 543
トヨタ自動車工業…145, 157, 186, 268, 315

トヨタ自販……………………………315, 316
トヨタ生産方式…………………………234, 483
トラスト………………30, 55, 62, 435, 470
トランスファーマシン………213, 214, 225,
　229, 231, 232
取締役……………………………99, 389, 391
取締役会……90, 94, 115, 386, 396, 428, 465,
　538, 546, 569
取締役会改革……………………………539
取締役会会長……………………………570
取締役会スタッフ…………………384, 386
取締役兼任…………………………90, 114
取締役の在任期間…………………546, 575
ドルトムント・ヘルデ製鉄連合…………53
ドルマン……………………………559, 569
ドレスナー銀行………50, 57, 101, 102, 105

な行

内部子会社化………………………………46
内部昇進の経営者………………………569
内部昇進のシステム………………451, 460
内部的金融化……………………………527
内部振替価格……………………………405
内部労働市場…………16, 269, 286, 434, 570
流れ作業機構……………………………243
流れ作業方式………133, 209, 212, 213, 222,
　236, 452, 462
ニーダーライン製鉄………………………52
2 次下請企業…………………487, 488, 489
西ヨーロッパ統合………………………442
二層制………………………………570, 576
日米貿易摩擦……………………………434
日産………146, 178, 187, 188, 210, 211, 212,
　267, 478, 518
日本鋼管…………………………………187

日本……1, 6, 7, 18, 19, 59, 77, 401, 469, 529, 575

日本型修正取締役会…………542, 543

日本型ハイブリッド……………542, 574

日本企業……………………………… 2

日本銀行……………………………433

日本経営者団体連盟（日経連）…180, 181, 182, 185, 186, 189, 266, 273

日本産業訓練協会…………………268

日本市場……………………………452

日本生産性本部……197, 262, 263, 271, 302

日本的集団主義……………………270

日本的生産システム……238, 338, 480, 484, 492, 502, 513

日本的な労働編成…………………217

日本的ものづくり…………………236

日本的労働管理モデル……………504

日本電気…………………47, 148, 371

日本の企業グループ………………60

日本の事業部制組織………………402

人間関係管理……………178, 180, 181, 266, 447, 454

年功序列…………………………197, 269

年功序列型賃金…………199, 432, 437

ノイア・マルクト…………551, 553, 561

能率………………………………444

能率原理……………………………461

能率向上……………19, 130, 200, 461, 530

能率主義…………………………287, 452

能力主義管理………………………273

ノルトホッフ……………225, 329, 330

は行

バーデン・バーデンセミナー……280, 281, 318

ハーバード・ビジネス・スクール……280, 281

バーリ＝ミーンズ…………………127

ハーン…………………………………332

バイエル……28, 75, 191, 194, 205, 278, 384, 387, 406, 560

買収防衛策…………………544, 545, 574

配当…………………………………540, 541

配当性向……………………………541

ハイブリッド………………………209

ハイブリッド化………9, 445, 446, 541, 542, 563, 577

ハウスバンク…………95, 96, 107, 547, 549

ハノーファー工場…………………224

パブリック・リレーションズ………… 7

バブル経済の崩壊…………………532

範囲の経済…………………………513

販売経路の支配……………………300

販売促進……………………………324

販売促進政策……………306, 307, 308

販売部門……………………………320

汎用化…………451, 491, 492, 512, 513, 514

汎用機………………………………481

汎用性………………………………481

P＆G……………………322, 323, 327

非カルテル化………………………28

ビジネススクール………269, 274, 275, 276, 281, 282, 283, 286, 287, 292, 451, 455, 463

日立化成工業………………………365

日立製作所………………………148, 370

日立造船……………………………184

ひとつの産業体系を基盤とした企業グループ…………………59, 62, 116

ひとつの産業体系を基盤としたコンツェ

索　　引　*609*

ルン……………………………463
批判的経営学……………………10
百貨店……………………………309
ヒューマン・リレーションズ………7, 176,
　257, 263, 277, 278, 444, 454, 462, 463
ヒュルス…………………………325, 392
標準………………………………132, 136
標準化……………………………139, 142
標準作業票の書き換え……………211
標準時間………133, 139, 145, 146, 147, 148,
　155, 156, 161
標準設定業務……………………139
品質‥240, 434, 452, 454, 467, 474, 514, 515
品質管理…………………157, 484, 501
品質競争………341, 428, 443, 461, 468, 474
品質競争への特化…………………63
品質競争を重視した経営……………56
品質競争を重視した戦略……………116
品質重視のフレキシブルな生産構想‥17,
　243, 439, 443, 459, 462
BASF……………28, 75, 153, 387, 553, 560
BMW………242, 344, 497, 499, 501, 507, 509
VEBA……………………………556
フェニックス……………………51
フェニックスライン鋼管……………53
フォアマン………………154, 188, 198, 454
フォード・システム………7, 208, 209, 210,
　220, 235, 237, 454, 462, 476, 477, 480
フォード財団……………………260
フォルクスワーゲン………3, 221, 226, 227,
　230, 232, 242, 279, 329, 331, 332, 344,
　478, 493, 494, 495, 496, 498, 501, 502,
　504, 505, 506, 507, 509, 510, 552, 558
フォルクスワーゲン・グループ………500
フォルクスワーゲンゴルフ……………503

福利厚生活動……………………197
福利厚生施策……………………189
富士製鉄…………………………143, 271
富士電機…………………147, 157, 268
部品欠陥率…………240, 434, 452, 466, 502
プラグマティズム……18, 19, 159, 263, 286,
　287
ブラック・ボックス部品………………486
プラットフォーム共通化戦略…………515
フランチャイズ・システム………315, 316
ブランド・ロイヤリティ……………243, 461
不良債権処理の問題…………532, 533, 535
フルセット産業的連関…………………59
フルライン化………………………335
フルライン政策……………………300
フルライン戦略……………………314
フレキシビリティ………211, 219, 235, 237,
　437, 439, 443, 454, 459, 464, 478, 480,
　481, 488, 489, 491, 492, 502, 503, 511,
　512, 513
フレキシブル自動化………………493, 494
フレキシブル生産…………………513
フレキシブル大量生産方式………235, 454
フレキシブルな標準作業システム……211
プロフィット・センター……365, 368, 373,
　376, 377, 383, 387, 388, 397, 403, 407
プロフェッショナリズム……………286, 287
分業…………………………………62
分業化………………………………55
分権化……………………396, 397, 403
分権管理……………………………458
分社化………………………………362
ヘキスト………28, 75, 387, 391, 556, 559
ヘッシュ…………………28, 53, 54
ヘンケル‥153, 278, 279, 323, 326, 327, 382

貿易構造·····················63, 462
貿易政策·······13, 15, 16, 431, 435, 436, 442
貿易におけるアメリカ依存·············1
貿易の自由化·····················12
貿易摩擦·····················2, 450
貿易立国·························25
報酬委員会·····················539, 540
方法改善·················136, 138, 156, 454
方法研究·························130
ボーフム・フェライン···············53, 54
ボーフム工場·····················229
ホール54·················495, 497, 503
保険会社·····················111, 567
ボッシュ·················151, 171, 277
ボトムアップ型のマーケティング····448,
453
本社·························401
本社IE·························146
本社スタッフ部門·················384, 386
本社部門·························397
本店顧問会·············105, 106, 111, 114
本部制·················363, 370, 377, 378

マ行

マーケティング·······7, 298, 299, 301, 302,
307, 310, 317, 318, 320, 332, 447, 450,
455, 465
マーケティング・ミックス·······306, 308,
327, 329, 340
マーケティング・リサーチ··298, 304, 322
マーケティング革命·················317
マーケティング戦略·········339, 340, 344
マーケティング部門·················320
マーシャル・プラン·····7, 12, 13, 283, 442
マーチャンダイジング·················306

マイスター·····················154, 454
マイスター制度·······18, 243, 439, 458, 464
マス・マーケティング·················312
マスターテーブル·········146, 147, 148
マッキンゼー·····················389, 394
松下電器·············47, 148, 357, 366, 405
マネジリアル・マーケティング·······300,
301, 302, 303, 337, 453
マンネスマン·············28, 53, 54, 398
マンハイム工場·····················232
見込生産·························310
三菱企業集団·······················61
三菱重工業·························375
三菱電機·············132, 148, 272, 368
ミドル・マネジメント··262, 265, 278, 284
メイド・イン・ジャーマニー·············241
メインバンク··6, 34, 38, 41, 44, 77, 81, 83,
84, 85, 90, 92, 113, 121, 428, 434, 436,
531, 532, 535
メインバンク・システム·····80, 81, 84, 92,
428
メソッド・エンジニアリング·············148
モジュール·························511
モジュール化·······················511
モジュール生産方式·········510, 511, 515
持合関係の強化·················544, 575
持株会社·······26, 31, 78, 380, 407, 423, 427
持株会社形態·······················465
モデルチェンジ·················300, 314
モニタリング·······44, 90, 92, 107, 113, 428,
546, 550, 574, 575
もの言う株主·····················534
ものづくり·················236, 239, 243
モラール·················140, 177, 181
モンタン共同決定法·········109, 196, 571

や行

役員兼任·················112, 429, 528, 535
役員派遣··44, 77, 89, 90, 99, 100, 103, 111,
　112, 114, 121, 429, 436, 528, 535, 576
八幡製鉄·········142, 154, 157, 187, 267, 268
US－GAAP·····················536, 551, 552
USスティール·····························333
融資·················31, 33, 43, 79, 82, 99
ユーロ·······································467
輸出······································2, 332
ユニット・システム·····231, 232, 235, 464,
　510, 511
ユニバーサルバンク····6, 88, 96, 107, 110,
　113, 428, 547, 549
ユニバーサルバンク制度········29, 77, 102,
　439, 441, 442, 443, 567, 576
ヨーロッパ·····2, 3, 7, 13, 16, 317, 320, 445,
　462, 465
ヨーロッパ化·····························1, 465
ヨーロッパ市場······6, 16, 17, 63, 235, 341,
　430, 438, 440, 443, 452, 456, 459, 467,
　468, 508, 461
ヨーロッパ生産性本部·············179, 260
予算統制··································384

ら行

ライン・アンド・スタッフ組織·········154
ライン型資本主義··············200, 528, 560
ライン鋼管·····················51, 496, 497
ライン製鋼·························53, 398
ラインハウゼン製鉄······················54
リーマン・ショック·····················573
リーン生産方式·····················499, 508
利益計画··································384

利益責任単位·······················372, 403
リストラクチャリング···46, 556, 557, 559
リベート·························307, 334
流通系列化····304, 306, 313, 335, 336, 337,
　338, 447, 448, 450, 452, 455
流通経路政策·····························304
流通経路の支配·····················304, 336
流通チャネル·····························342
流通チャネル政策·········304, 305, 306, 308
リュッセルスハイム工場····229, 230, 494,
　508
量産効果·······················55, 62, 439
レファ·····134, 135, 149, 150, 153, 160, 161,
　278
レファ・エンジニア·····················134
レファ・システム·················161, 464
レファ（REFA）·························133
レファ方式·······························134
労使関係·····12, 19, 177, 193, 194, 195, 199,
　200, 277, 432, 437, 438, 447, 448, 454,
　464, 511, 572
労使関係の変革·····························200
労使協議会·······················182, 183
労使協議制·············198, 199, 432, 437
労資協調··································454
労使懇談会··································182
労資の同権化·······················7, 432
労働運動の高揚·····177, 266, 449, 454, 455
労働協約···················13, 438, 448
労働組合·········151, 178, 196, 197, 198, 200,
　266, 438, 443, 448, 454, 455, 570
労働組合の法的承認·····················285
労働市場····14, 16, 434, 437, 443, 451, 460,
　465
労働省·······························265, 266

労働の人間化……………………495, 498, 500
労働のフレキシビリティ………………492
労働の包括性………………………………490
労働民主化………………………177, 452
労働力への職業教育投資…………438, 443
労働力利用の汎用化……………………502
労務管理………………………………156, 197
6大企業集団…5, 27, 30, 31, 32, 56, 58, 86,
　112, 427, 436, 531

わ行

ワーク・ファクター社………132, 149, 162,
　452, 462
ワーク・ファクター法（WF法）………131,
　132, 134, 135, 136, 137, 145, 146, 147,
　148, 149, 151, 152, 155, 160, 166, 454,
　464
ワンセット型産業関連…………………………39
ワンセット主義……………………………35

著者略歴

山崎 敏夫
（やまざき とし お）

1962年　大阪府に生まれる
1985年　同志社大学商学部卒業
1990年　同志社大学大学院商学研究科後期博士課程単位取得
1989年　高知大学人文学部に勤務，助手，専任講師，助教授をへて
1994年　立命館大学経営学部助教授
現　在　立命館大学経営学部教授　博士（経営学）

　主要著書
『ドイツ企業管理史研究』森山書店，1997年
『ヴァイマル期ドイツ合理化運動の展開』森山書店，2001年
『ナチス期ドイツ合理化運動の展開』森山書店，2001年
『現代経営学の再構築』森山書店，2005年
『戦後ドイツ資本主義と企業経営』森山書店，2009年
『現代ドイツ企業』森山書店，2013年
German Business Management : A Japanese Perspective on Regional Development Factors, Springer, 2013（日本比較経営学会第1回学会賞学術賞，2015年5月受賞）
『ドイツ戦前期経営史研究』森山書店，2015年

企業経営の日独比較
（きぎょうけいえい にちどくひかく）
―― 産業集中体制および「アメリカ化」と「再構造化」 ――
（さんぎょうしゅうちゅうたいせい）　　　　　（か）　　　（さいこうぞうか）

2017年10月17日　初版第1刷発行

著　者　ⓒ山崎敏夫
　　　　　（やま ざき とし お）

発行者　菅田直文

発行所　有限会社　森山書店　〒101-0054　東京都千代田区神田錦町1-10林ビル
TEL 03-3293-7061　FAX 03-3293-7063　振替口座 00180-9-32919

落丁・乱丁本はお取りかえします　印刷／製本・シナノ書籍印刷

本書の内容の一部あるいは全部を無断で複写複製することは，著作権および出版社の権利の侵害となりますので，その場合は予め小社あて許諾を求めてください。

ISBN 978-4-8394-2168-7